BURGUND
Kernland des europäischen Mittelalters

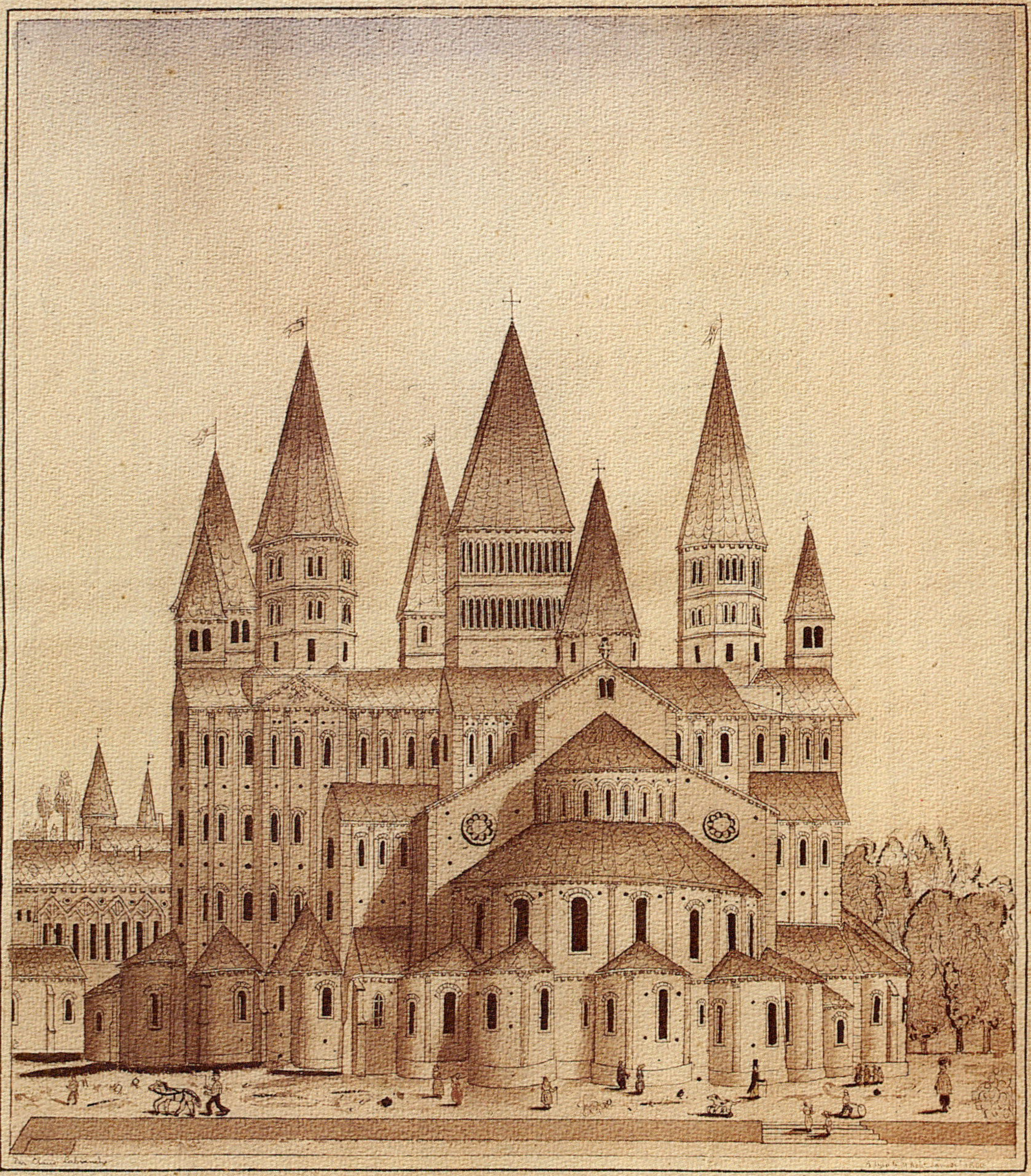

Eglise de l abbaye de Cluny (12 Siècle)

Thorsten Droste

BURGUND

Kernland des europäischen Mittelalters

Hirmer Verlag München

Georg Wriedt und Otto von Simson zum Gedenken

Die Deutsche Bibliothek – CIP-Einheitsaufnahme

Ein Titeldatensatz kann bei der Deutschen Bibliothek angefordert werden.

Auf der Umschlagvorderseite:
Rogier van der Weyden, Detail aus dem Weltgerichtsaltar.
Beaune, Hôtel-Dieu

Auf der Umschlagrückseite:
Blick auf die Kirche Ste-Madeleine in Vézelay von Süden

Frontispiz:
Die Abteikirche Cluny III vor dem Abbruch.
Aquarellierte Zeichnung, 1800

2., überarbeitete Auflage

Satz: OK Satz GmbH, Unterschleißheim
Lithographie: Schwitter, Basel
Druck und Bindung: Passavia Druckservice, Passau
ISBN 3-7774-8990-8
Printed in Germany

Inhalt

Vorwort

Unter den Kunstlandschaften Frankreichs ist Burgund die einzige, die in allen Epochen des Mittelalters – beginnend mit der frühen Romanik im anbrechenden 11. Jahrhundert bis zum Ausklang der Gotik im zu Ende gehenden 15. Jahrhundert, also über ein halbes Jahrtausend – kontinuierlich Denkmäler von überregionaler Bedeutung hervorgebracht hat, die noch heute weitgehend erhalten und erlebbar sind. Burgund nimmt deshalb nicht nur in der französischen, sondern zugleich in der gesamteuropäischen Kunstgeschichte einen besonderen Rang ein. Nur im Rheinland und in Oberitalien, speziell in der Toskana, findet sich eine ähnliche Dichte künstlerischer Leistungen jener Zeit. Die einzelnen Epochen des burgundischen Mittelalters, ihre herausragenden Schöpfungen und die jeweiligen historischen Bedingungen und geistigen Beweggründe sichtbar zu machen und im Rahmen der abendländischen Kulturgeschichte zu definieren, ist Ziel dieses Bandes. Schwerpunkte bilden dabei die aus Burgund hervorgegangenen Reformorden der Cluniazenser und Zisterzienser, die Höhepunkte romanischer Architektur und Skulptur in Autun und Vézelay, die gotischen Kathedralen in Auxerre und Sens sowie, im Zeitalter der Großen Herzöge von Burgund, die epochalen Schöpfungen Claus Sluters in Dijon.

Die Zufälle der Geschichte und die spezifische Geographie Burgunds fügen es, daß man vor Ort, also im Verlauf einer Rundreise durch die Bourgogne, die Epochen der Kunst chronologisch nachvollziehen kann. Dieser konkreten Route folgend, beginnt unsere Darstellung mit den Kirchen der frühen Romanik im Süden Burgunds (in den Landschaften Mâconnais und Brionnais), führt weiter zu den Denkmälern der Spätromanik und der Kathedralgotik im Norden der Bourgogne (Auxerrois und Senonnais), um den Kreis im Süden mit den Zeugnissen aus der Zeit der Großen Herzöge in Dijon und Beaune und zuletzt einem Abstecher nach Brou wieder zu schließen.

Dem Buch liegt ein eigenes Konzept zugrunde: Text und Bilder sind gleich gewichtet und direkt aufeinander bezogen. Für eine nahtlose Verklammerung zwischen beiden sorgt der Randspaltenkommentar, der über die reine Bildlegende hinaus den Haupttext ergänzt und vertieft.

Im Anhang wird dieser kunst- und kulturgeschichtliche Exkurs in das burgundische Mittelalter noch einmal konkret nachvollzogen, ergänzt um weitere Sehenswürdigkeiten, die im Haupttext keine Berücksichtigung finden konnten. Hierbei wurde die vom Thema bestimmte Beschränkung auf das Mittelalter als der großen Zeit Burgunds gelockert, indem auch Denkmäler der Neuzeit, vor allem Schlösser der Renaissance, einbezogen sind. Nicht zuletzt diese Vervollständigung sowie spezielle Hinweise für den Benutzer vor Ort verleihen dem Buch über die Zielsetzung einer Gesamtdarstellung des burgundischen Mittelalters hinaus den praktischen Nutzen eines Reiseführers für besondere Ansprüche.

Mein Dank gilt dem Hirmer Verlag, insbesondere der Lektorin Margret Haase-Determann, die mich zu diesem Titel angeregt und seine Gestaltung wesentlich mitgetragen hat.

Tutzing / Salzburg, im Mai 1993 — Thorsten Droste

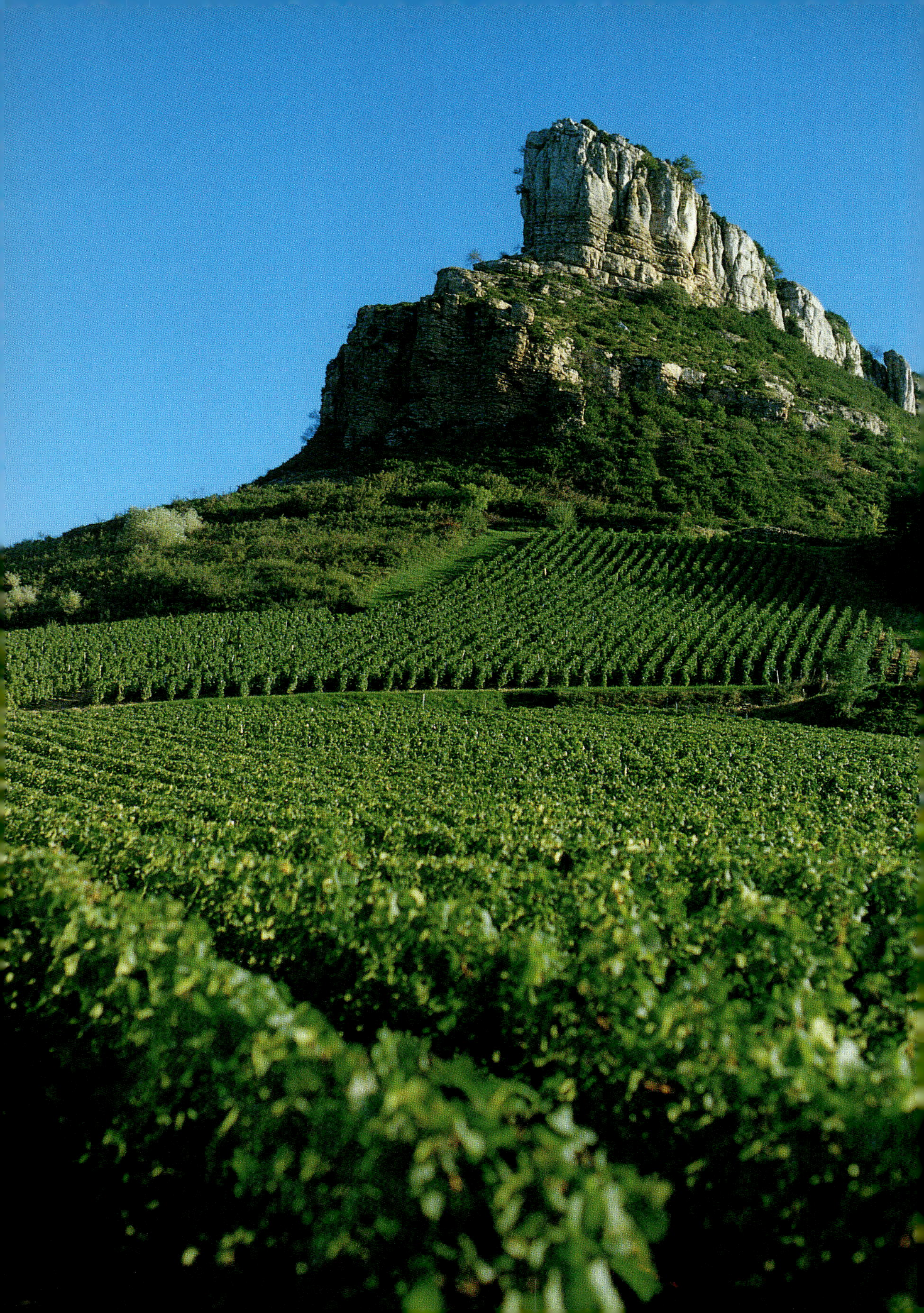

Geographische Voraussetzungen

Bei näherer Betrachtung der Geographie Mittel- und Westeuropas drängt sich der Eindruck auf, als habe der Raum Burgunds nicht zufällig jene Rolle gespielt, die dieser Landschaft über Jahrhunderte eine Schlüsselstellung in Europa zuwies. Das auffallendste Merkmal ist die allseitige Offenheit Burgunds, denn in keine Himmelsrichtung besteht eine markante Eingrenzung in Gestalt einer Küste oder eines Gebirgszuges. Nach Norden erfolgt ein derart fließender Übergang zur Ebene der Ile de France, daß eine klare Trennung zwischen beiden Landschaften nicht erkennbar wird; nach Westen fungiert der Lauf der Loire mehr als Reißverschluß denn als Scheidelinie zwischen Burgund und den westlichen Nachbarn Berry, Bourbonnais und Auvergne; das Rhône-Saône-Becken bildet nach Süden einen durchgängigen Trichter, und nach Osten sorgt die »Burgundische Pforte« zwischen Besançon und Belfort für Durchlässigkeit zum germanischen Raum. Obwohl die Landschaft in ihrem Innern einige Mittelgebirge aufweist, werfen auch diese sich nicht zu nennenswerter Höhe auf.

Diese Offenheit hat dazu geführt, daß Burgund seit frühester Menschheitsgeschichte ein Wegkreuz der Völker war. Die Funde, die unterhalb des **Felsens von Solutré** gemacht wurden und der altpaläolithischen Epoche des Solutréen zu ihrem Namen verhalfen (20 000/18 000 v. Chr.), haben den Nachweis dafür erbracht, daß schon lange vor unserer Zeitrechnung das heutige Südburgund weit dichter besiedelt war als andere Regionen Frankreichs. Die Nord-Süd-Achse des Rhône-Saône-Grabens diente, lange bevor die Römer ins Land kamen, den aus Kleinasien in Südgallien eingewanderten Griechen als Handelsweg. Das auf den britischen Inseln geschürfte Silber, aus dem im 7. Jahrhundert v. Chr. die Ägineten als erste Griechen ihre Münzen schlugen, war auf diesem Wege von der Nordsee an die Küste des Mittelmeers gelangt. Der bislang sensationellste Keltenfund Frankreichs, der *Schatz von Vix*, der 1953 nahe bei Châtillon-sur-Seine gehoben wurde, erzählt mit seinen kostbaren Bronzegegenständen vom regen Austausch, der zwischen Griechen und Kelten bestand. Auf derselben Route organisierte Cäsar seine großangelegte Niederwerfung ganz Galliens, die keineswegs zufällig gerade in Burgund, bei Alesia, mit der Niederringung des Vercingetorix ihren Abschluß erfuhr. Nicht minder bedeutsam ist die Ost-West-Achse, die als Senke zwischen den Vogesen und dem Jura die Städte Belfort, Besançon und Beaune miteinander verbindet. Seit dem Einfall der Kimbern und Teutonen in Gallien (105 v. Chr.) ist dies die von der Natur vorgeschrie-

Farbtafel links:
Der Felsen von Solutré – bedeutendste Natursehenswürdigkeit im Mâconnais, der südlichsten Landschaft Burgunds
Von Osten nach Westen erfolgt ein seichter Anstieg, der jäh in einem Steilhang endet. Über diese Klippe trieben die altpaläolithischen Jäger Herden von Wildpferden, die am Fuße des Steilfelsens zu Tode stürzten. Früher hat man vermutet, daß das Pferdefleisch verzehrt wurde; inzwischen neigen die Prähistoriker eher zu der Annahme, daß es sich beim Felsen von Solutré um eine Kultstätte gehandelt haben könnte.
Bereits 1866 wurden erste Funde gemacht, neben zahlreichen Pferdeknochen auch Handwerkszeug und andere Gegenstände des täglichen Bedarfs. Anfang des 20. Jahrhunderts wurden dann in mehreren systematischen Grabungskampagnen tausende von Pferdeskeletten geborgen. Einige der Funde sind heute in einem kleinen Museum in dem Dorf am Fuße des Felsens ausgestellt, andere sind ins Museum nach Mâcon gebracht worden. So reichlich fiel das zu Tage geförderte Material aus, daß man aber auch zahlreiche Museen in aller Welt damit versorgen konnte.
Das Solutrépferd war kleiner als heutige Pferderassen. Eine plastische Vorstellung vom Aussehen des prähistorischen Pferdes vermitteln Felsbilder und Hochreliefs an Orten in Südwestfrankreich, vor allem in der Höhle von Pech-Merle (Département Lot) und unter dem Abri du Cap-Blanc (Département Dordogne).

Geographische Karte der heutigen Provinz Bourgogne

Die Situation ist weitgehend identisch mit dem historischen Herzogtum Burgund vor dessen Ausdehnung zur Zeit der Valois-Herzöge im 14. und 15. Jahrhundert.

bene Verbindung zwischen germanischem und gallischem Raum. Ob im Deutsch-Französischen Krieg 1870/71 oder im Urlaubsverkehr unserer Tage: niemals hat dieser Weg an Attraktivität und Aktualität eingebüßt.

Burgund hat indes nicht die Funktion eines Sammelbeckens wahrgenommen, wie dies für die Ile de France zutrifft, der die Geschichte den Part der Zentrale Frankreichs zugewiesen hat. Burgund erscheint vielmehr wie ein Trichter, der vieles aufnimmt, zugleich aber auch weitergibt. Die Flüsse dieser Landschaft drücken das sinnfällig aus. Auf begrenztem Raum entspringen im Dreieck zwischen Langres, Auxerre und Chalon zahlreiche Flüsse, doch nehmen sie alle unterschiedliche Richtungen: Seine, Armançon und Yonne führen ihre Wasser nach Norden, der Arroux zieht westwärts der Loire entgegen, die Saône mit ihren Seitenarmen schlägt den Weg nach Süden ein und vereinigt sich bei Lyon mit der Rhône.

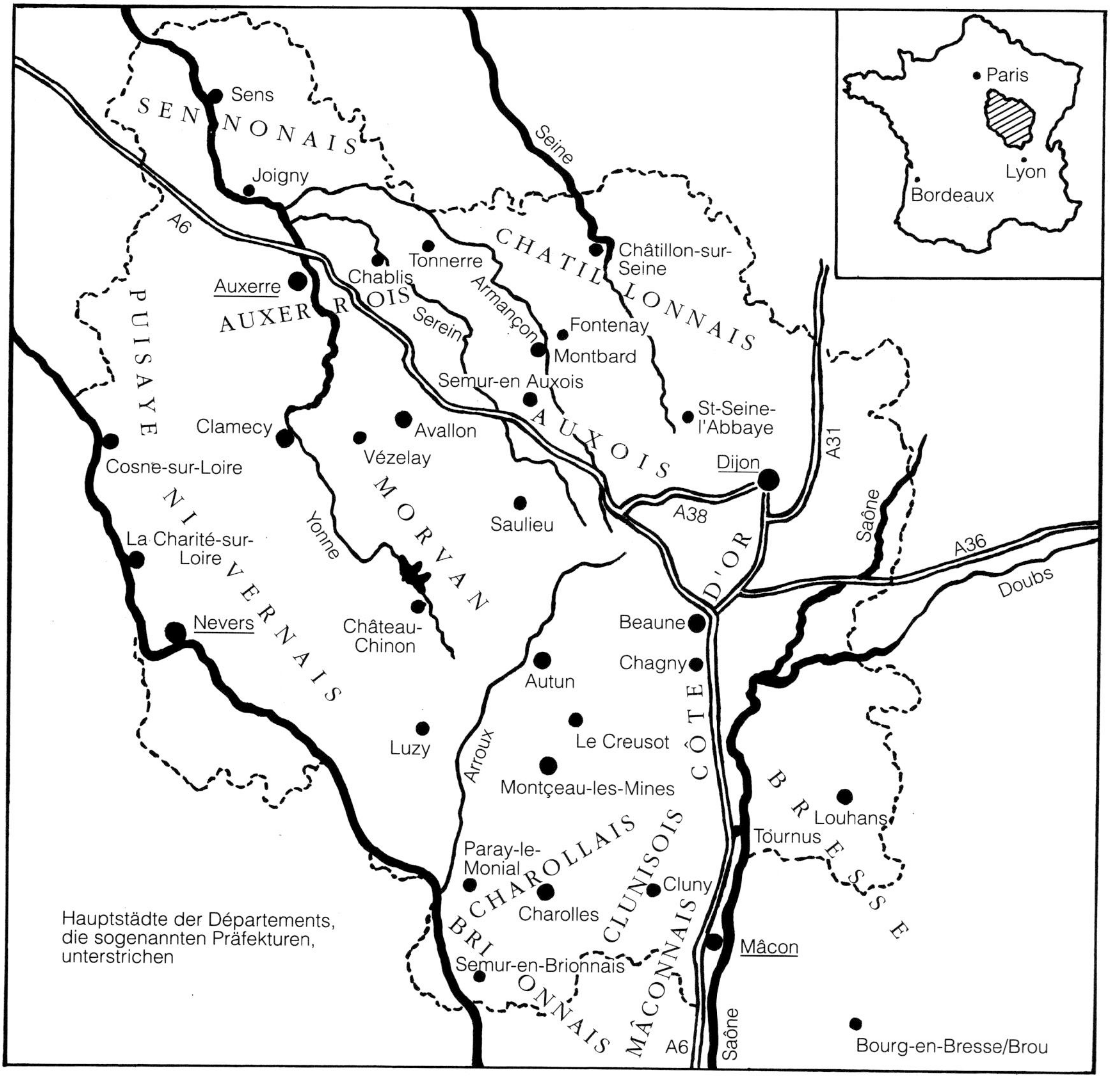

Das geschichtliche Werden Burgunds

Der Name der *Burgundiones* taucht in den Quellen römischer Historiographen erstmals im 1. Jahrhundert n. Chr. auf. Damals ist dieser ostgermanische Stamm von Skandinavien – konkret: aus Dänemark – in Teilen wohl auch von der Insel Bornholm (= Burgundarholm) aufgebrochen, um zunächst in der Lausitz und in Brandenburg seßhaft zu werden. Im 3. Jahrhundert zogen Teile der Burgundiones weiter westwärts und ließen sich im Stammesgebiet der Alemannen am Main nieder. Zu Beginn des 5. Jahrhunderts überquerten sie den Rhein und begründeten im Bereich zwischen Worms und Mainz einen neuen Siedlungsraum, der sich nach heutiger Auffassung jedoch auf beide Ufer des Rheins erstreckte und als »Erstes Burgunderreich« in die Geschichte Eingang gefunden hat. In Ortsnamen wie Burgunthart (im Odenwald) oder Guntersblum (bei Worms) leben ferne Erinnerungen an diese Periode bis heute fort. Doch schon 435/36 ging dieses Herrschaftsgebilde unter und lieferte damit jenen Stoff, aus dem das Nibelungenlied hervorgegangen ist. Darin werden die Hunnen Attilas für den Untergang der Burgunder verantwortlich gemacht; die neuere Forschung sieht indes in dem weströmischen Feldherrn Aëtius den wahren Totengräber des Burgunderreichs am Rhein.

Vom Rhein verdrängt, suchten die Überlebenden dieses Völkerringens weiter südlich eine neue Heimstatt, die sie im Bereich des französischen Jura und der westlichen Alpen fanden. Im Jahr 443 wurden die Burgundiones unter dem Signum der *foederati* Roms offiziell in der *Sapaudia* (Savoyen) angesiedelt. Zugleich mit der Konsolidierung dieses »Zweiten Burgunderreichs« hob nun der Prozeß der Romanisierung an. Die Keimzelle Burgunds liegt also in Savoyen und keineswegs dort, wo wir Burgund heute geographisch festmachen.

Im Jahr 507 taucht der Begriff *Burgundia* in einem Brief Theoderichs des Großen namentlich zum ersten Male auf. Zu dieser Zeit – inzwischen war das weströmische Imperium endgültig untergegangen (476 n. Chr.) – hatten die tatkräftigen Burgunder ihren Herrschaftsbereich bereits auf das Viennois, große Teile der einstigen römischen Provinzen *Gallia Lugdunensis* und *Narbonensis*, also bis in das (heutige!) südliche Burgund und weit in die Provence ausgedehnt; Königssitz war Lyon. Wenn man davon ausgeht, daß die *reliqui Burgundionum*, die dem Gemetzel von 435 entgangen waren, kaum mehr als 25 000 Menschen ausmachten,[1] stellt deren Herrschaftsbildung eine außerordentliche Leistung dar, die zugleich ein bezeichnendes Schlaglicht auf den Elan wirft,

1 Diese Schätzung bei: Laetitia Boehm, *Geschichte Burgunds*, Stuttgart 1971, 2. Aufl. 1979. S. 55.

Autun, Porte St-André
Autun besitzt den reichsten Denkmälerbestand aus gallo-römischer Zeit in Burgund, neben der hier abgebildeten Porte St-André ferner die Porte d'Arroux, die Ruine des Theaters und den sogenannten Janustempel. Die Porte St-André ist das am besten erhaltene dieser Monumente. Sie zeigt das klassische Muster des römischen Stadttores mit zwei großen Durchgängen in der Mitte für den Fuhrverkehr und zwei kleineren Toren an den Seiten für den Fußgängerverkehr. Die Architekturdekoration des Obergeschosses mit Kapitellen und kannellierten Pilastern war Vorbild für die Bauornamentik der romanischen Baukunst.

mit dem die Germanen auf dem Territorium des einstigen römischen Weltreichs ihre Staatenbildungen vorantrieben. Seinen Höhepunkt erlebte das neue Burgunderreich unter König Gundobad (480-516), der dem jungen Staatsgebilde mit der *lex Gundobada* das erste burgundische Volksgesetz gab. Als einen zusätzlichen Schritt von weittragender Bedeutung hat man das Bekenntnis zur römischen Orthodoxie zu Beginn des 6. Jahrhunderts zu werten, indem sich die Erben Gundobads, Sigismund und Godomar, vom Arianismus abwandten und nach katholischem Ritus taufen ließen.

Doch auch der Bestand dieses zweiten Burgunderreichs war nur von begrenzter Dauer; denn mit vehementem Ausdehnungsdrang schoben die Franken von Norden ihre Einflußsphäre beharrlich nach Süden vor. Im Jahr 507, in der Schlacht bei Vouillé (vor den Toren von Poitiers), mußten sich die Westgoten Alarichs II. den Franken geschlagen geben, die hier noch tatkräftig von den Burgundern unterstützt worden waren. Schon wenig später wurde ihnen diese Waffenbruderschaft schlecht gelohnt. 534 ging das *regnum Burgundiae* im expandierenden Frankenreich auf, und 537 dehnten die Franken ihren Herrschaftsbereich bis in die Provence aus, die vorübergehend an die Ostgoten gefallen war. Fortan

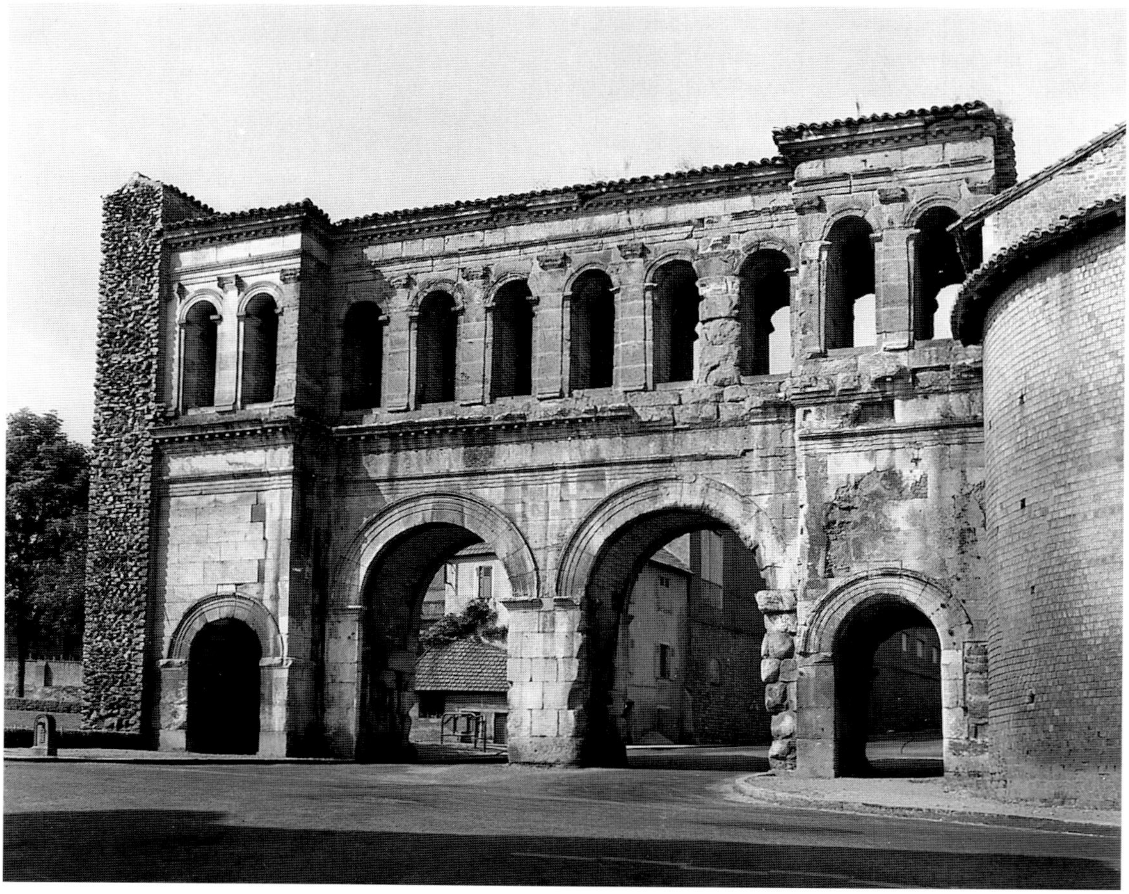

gliederte sich das Reich der Franken in die drei Teilreiche *Neustrien, Austrasien* und *Burgund*. Mit dem Namen Burgund war damals praktisch der gesamte Südosten des heutigen Frankreich gemeint.

Die nachfolgende Zeit bescherte diesem fränkischen Königreich Burgund einen ständigen und schwer entwirrbaren Wechsel von erbrechtlich bedingten Teilungen und gegenläufigen Bestrebungen zur Vereinheitlichung, die hier nicht weiter zu verfolgen sind. Während sich der Schwerpunkt fränkischer Großmachtpolitik vom 6. bis zum 8. Jahrhundert an den Nieder- und Mittelrhein verlagerte, war Burgund in dieser Epoche ein Nebenschauplatz von eher untergeordneter Bedeutung.

Dies änderte sich erst wieder in der Folge der wiederholten karolingischen Reichsteilungen. Im Vertrag von Verdun wurde das Universalreich Karls des Großen unter die drei Söhne Kaiser Ludwigs des Frommen geteilt: das westfränkische Königreich fiel an Karl den Kahlen, das ostfränkische Königreich an Ludwig den Deutschen und das Mittelreich, das von der Nordsee bis ans Mittelmeer und nach Unteritalien reichte und mit der Kaiserwürde verbunden war, an Lothar I. Dieses lotharingische Mittelreich hatte indes nur kurz Bestand; im Vertrag von Mersen wurde der nördliche Teil (Lothringen) 870 zu Ostfranken geschlagen, während Italien als karolingisches Teilreich in kleinere Herrschaften zerfiel und eigene Wege ging. Am Ende dieser Teilungsprozesse waren die historischen Grundlagen für die Staatenbildung Deutschlands und Frankreichs gegeben. Für den Begriff Burgund ergeben sich in diesem Zusammenhang neue und vielfältige Konstellationen.

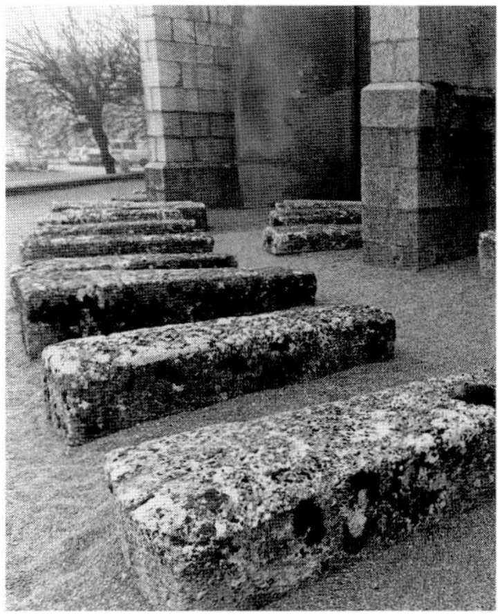

Quarré-les-Tombes, merowingisches Gräberfeld

Sichtbare Zeugen aus der Epoche der Merowinger sind in Burgund Rarität. Das wichtigste Denkmal dieser Zeit ist das Gräberfeld in dem Dorf, das etwa 20 km südöstlich von Vézelay im Herzen der Landschaft Morvan liegt und seinen Namen den Sarkophagen verdankt. 111 Steinsärge ziehen sich in einem weiten Oval um die Pfarrkirche des Ortes. Zumeist handelt es sich um schlichte Granitkästen, doch an einigen von ihnen entdeckt man Spuren ornamentalen Reliefdekors. Da an sechs von ihnen ein Kreuz dargestellt ist, steht außer Zweifel, daß es sich um eine christliche Nekropole handelt. Die Sarkophage von Quarré-les-Tombes werden ins 6. Jahrhundert n. Chr. datiert.

Das Herzogtum Burgund *(Bourgogne)*

Das vormalige *regnum Burgundiae* war bei der Teilung von 840 in zwei Hälften zerschnitten worden, deren Grenze Saône und Rhône bildeten. Auf westfränkischer Seite begründete Graf Richard von Autun um 880 das *Herzogtum Burgund*, und damit nimmt unsere Region, die französische Kulturlandschaft *Bourgogne*, in ihren historischen Umrissen Gestalt an. Nach dynastischen Wechselfällen gewann hier das neue Königsgeschlecht der Kapetinger, das nach dem Aussterben der westfränkischen Karolinger (987) drei Jahrhunderte lang den französischen Thron innehatte, die Oberhand und belehnte 1031 eine jüngere Linie mit der Herrschaft im Herzogtum Burgund. Damit ist die enge Bindung dieser Landschaft an die französische Krone festgeschrieben. Doch die kapetingische Herzogsgewalt entfaltete in Burgund keine prägenden Kräfte; dies taten vielmehr die Orden, allen voran die Cluniazenser und die Zisterzienser; an ihre Stelle traten im 13. Jahrhundert die Bischofsstädte.

Das änderte sich jedoch mit dem Wechsel der Herzogsdynastie 1361: das burgundische Lehen fiel an eine Nebenlinie des regierenden Hauses Valois. Es folgt das Jahrhundert der vier Großen Herzöge, in deren weit über die Grenzen der Bourgogne ausgreifenden Herrschaft die Idee eines

Farbtafel rechts:
Frühromanische Kirche St-Martin in Chapaize
Während sich in der Nordhälfte Burgunds überwiegend Denkmäler der hohen Romanik und der Gotik finden, stehen im südlichen Teil der Landschaft noch zahlreiche Bauten der frühen Romanik, als bekanntester St-Philibert in Tournus (vgl. S. 21ff). Ein besonders aussagekräftiges Beispiel ist die Kirche St-Martin in dem Dorf Chapaize, das an der Straße liegt, die Cluny mit Tournus verbindet. Der Bau stammt aus derselben Zeit wie der in Tournus, also aus dem ersten Drittel des 11. Jahrhunderts. Kennzeichnend für die Baukunst dieser Epoche sind die Verwendung eines kleinteiligen, nur grob bearbeiteten Bruchsteins und die »lombardische« Gliederung mit flachen Lisenen und Blendarkadenfriesen. Ungewöhnlich ist der mit 35 m Höhe stolz auftrumpfende Glockenturm. Der dreischiffige Innenraum gehört zu den frühesten eingewölbten Kirchen der Romanik in Frankreich. Die Halbtonne, mit der das Mittelschiff ursprünglich eingewölbt war, wurde im 12. Jahrhundert nach cluniazensischem Vorbild durch eine Spitztonne ersetzt. Die Kreuzgratgewölbe der Seitenschiffe – dieselbe Lösung wie in Tournus – sind dagegen noch original.

Mittelreiches zwischen den Machtblöcken Frankreich und Deutschland Auferstehung feierte. Der Traum zerplatzte jäh, als Herzog Karl der Kühne 1477 im Kampf gegen die Eidgenossen fiel. Die Bourgogne wurde als erledigtes Lehen eingezogen; Frankreich mußte jedoch die übrigen burgundischen Lande den Habsburgern überlassen; denn die Schlüsselfigur dieser Epoche, Maria von Burgund, die Tochter Karls des Kühnen, war die Gemahlin des späteren Kaisers Maximilian I. Die Geschichte Burgunds war mit der Aufteilung des burgundischen Erbes im Vertrag von Senlis 1493 faktisch beendet. Burgund aber lebte fort, was immer auch darunter verstanden worden ist. Noch als Kaiser Joseph II. sich mit dem Gedanken trug, Altbayern im Tausch gegen die österreichischen Niederlande zu erwerben, liest man für diese erneut den Namen Burgund.

Doch mit diesem Herzogtum Bourgogne ist der Begriff Burgund keineswegs ausreichend definiert. Burgund, das ist festzuhalten, bezeichnet vielmehr im Mittelalter mehrere, unterschiedliche Herrschaftskomplexe. Um diesen komplizierten Tatbestand zu erhellen, müssen wir noch einmal zurückblenden und auf das Ergebnis der karolingischen Reichsteilungen schauen.

Nieder- und Hochburgund (Arelat)

Während sich, wie oben dargelegt, auf französischer Seite der *ducatus Burgundiae* formierte, bildeten sich im östlichen Teil des vormaligen fränkischen Königreichs Burgund aus dem lotharingischen Mittelreich zwei Königsherrschaften aus: Zum einen das *regnum Provinciae* mit der Hauptstadt Arles, auch als *Niederburgund* bezeichnet; zum andern das *regnum Jurense* oder *Hochburgund* mit großen Teilen der heutigen Schweiz und Besançon als Hauptstadt. Das Geschlecht der Bosoniden in Niederburgund[2] verzehrte seine Kräfte in dem Kampf italienischer Nationalkönige um den Kaisertitel; sozusagen im Tauschgeschäft überließ Hugo von der Provence schon 931 gegen Verzicht auf Ansprüche in Italien die Herrschaft in Niederburgund dem Rivalen in Hochburgund. Von hier aus bereitete sich unter den Rudolfingern die Verbindung dieser beiden Burgund mit dem Heiligen Römischen Reich deutscher Nation von langer Hand vor. Ein wichtiger Schritt auf diesem Weg war die Eheschließung Ottos I. mit Adelheid, Tochter Rudolfs II. von Hochburgund und Witwe Lothars von der Provence. Beim Tod Rudolfs III. fiel dann 1032 der Herrschaftskomplex Hoch- und Niederburgund, für das sich der Name *Arelat* durchsetzte, dem Reich zu und bildete fortan neben Deutschland und Italien einen Bestandteil des Imperiums. Auch wenn sich dieses Burgund – und das gilt in besonderem Maße für die Provence – eine beträchtliche Selbständigkeit bewahren konnte, blieb seine Zugehörigkeit zum deutschen Reich bis in das ausgehende Mittelalter formell bestehen; daran vermochten weder die gewaltsame Annexion der Provence durch Karl von Anjou Mitte des 13. Jahrhunderts, noch

2 Laetitia Boehm, *Rechtsformen und Rechtstitel der Burgundischen Königserhebungen im 9. Jahrhundert,* in: Hist.Jahrb. 80, 1961, S. 1-57; wiederabgedruckt in: *Königswahl und Thronfolge in Fränkisch-Karolingischer Zeit,* Wege der Forschung Bd. CCXLVII, Darmstadt 1975, S. 393ff.

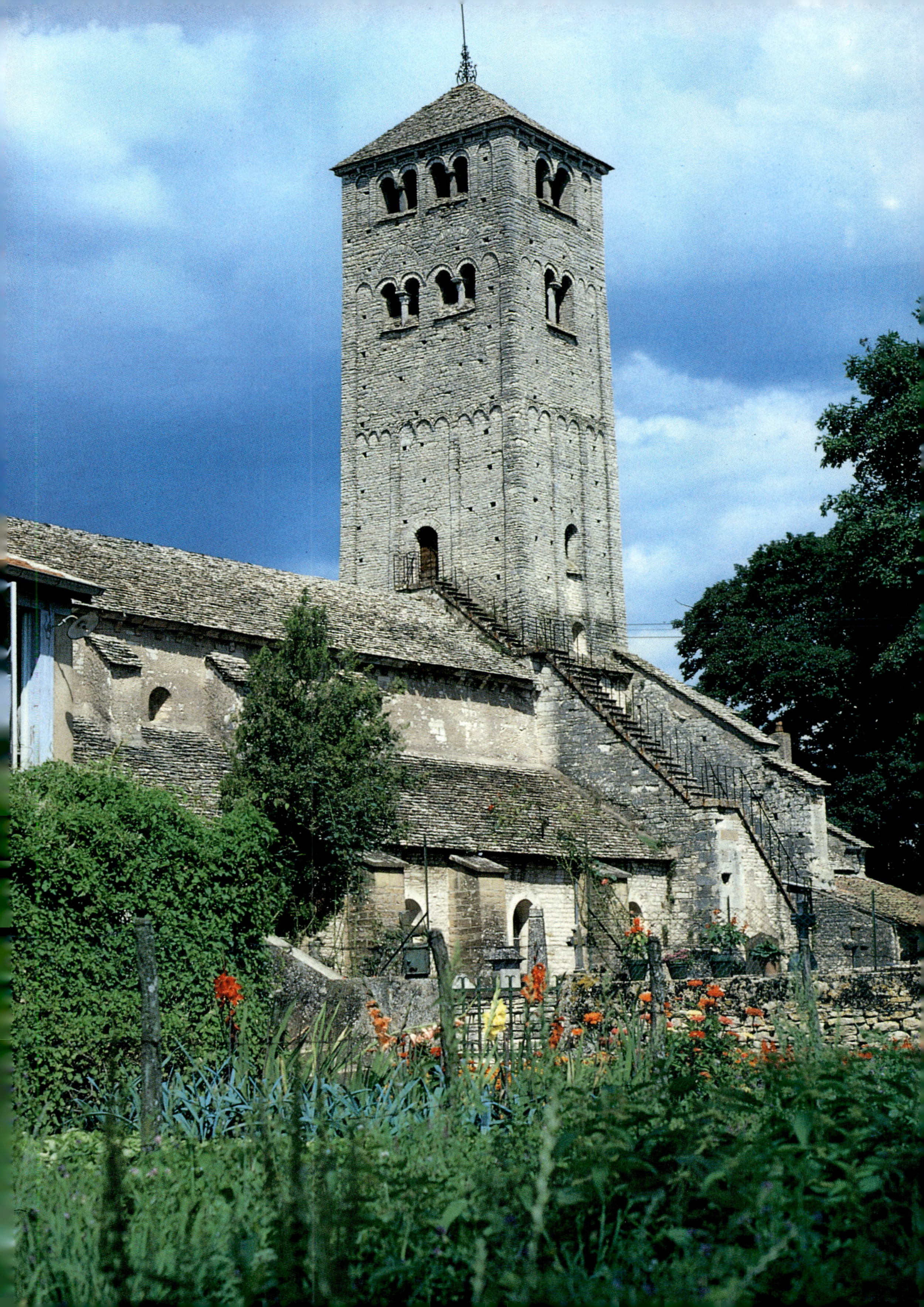

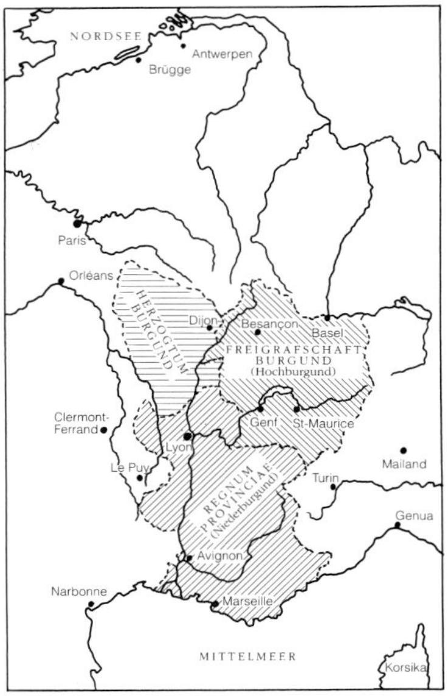

Karte der drei Territorien Burgund im Mittelalter
Niederburgund *mit der Provence und* ***Hochburgund*** *mit der Dauphiné und der Franche-Comté wurden im 10. Jahrhundert zu einem gemeinsamen Herrschaftsbereich zusammengefaßt. Dieses* ***Königreich Burgund*** *(auch* ***Arelat*** *genannt) fiel im 11. Jahrhundert durch Erbfolge an das Heilige Römische Reich Deutscher Nation. Das* ***Herzogtum Burgund*** *blieb dagegen im Lehnsverband mit der französischen Krone.*

das stets begehrliche Ansinnen der französischen Könige auf Südfrankreich etwas zu ändern. Drei deutsche Herrscher ließen sich offiziell zu Königen über das Arelat krönen: Heinrich III. 1043 in Solothurn, Friedrich I. Barbarossa 1178 in Arles und noch einmal Karl IV. 1365 in Arles. Dieser letzte gab zwar 1378 seinen Herrschaftsanspruch weitgehend auf, doch erst 1481, bei Aussterben der Anjou-Dynastie, fiel die Provence endgültig an Frankreich.

Hochburgund wurde im Spätmittelalter zur Wurzel verschiedener mehr oder minder eigenständiger Territorien:

Bereits zu Ende des 13. Jahrhunderts war es zu einem ersten *Städtebund Schweizerischer Eidgenossen* gekommen, der im 14. Jahrhundert weitere Städte an sich zog. Nach dem erfolgreichen Abwehren der Machtambitionen des letzten Valois-Herzogs bei Grandson und Murten (1476) und der geglückten Abgrenzung gegen das aufstrebende Savoyen hatte sich die Eigenständigkeit der Eidgenossen 1536 endgültig gefestigt und fand schließlich 1648 die völkerrechtliche Sanktion.

Aus der römischen Provinz Sapaudia, der ersten Heimstatt der Burgundiones auf gallischem Boden, war im 11. Jahrhundert das Stammesfürstentum *Savoyen* hervorgegangen, das zu Beginn des 14. Jahrhunderts die Erhebung in den Stand eines Reichsfürstentums, 1361 die Reichsfreiheit und im frühen 15. Jahrhundert den Aufstieg zum Herzogtum erfuhr. Savoyen, das sich im Osten nach Piemont ausgedehnt hatte, wurde schließlich im 19. Jahrhundert zur Triebfeder bei der Einigung Italiens.

Die *Franche Comté* genannte Freigrafschaft Burgund, die den nördlichsten Teil Hochburgunds ausmachte (Zentrum: Besançon), gehörte im Spätmittelalter zum Territorium der Großen Burgunderherzöge und ging nach dem Ende Karls des Kühnen zusammen mit Flandern und Artois an die Habsburger Dynastie über. Ihre gewaltsame Annexion durch Ludwig XIV. erfolgte erst 1678.

Schließlich ist noch die *Dauphiné* (zwischen Savoyen und Provence) zu nennen, die im 14. Jahrhundert vertraglich an Frankreich kam. Indem der Thronerbe diese Grafschaft traditionell als Apanage erhielt und deshalb den Titel Dauphin führte, blieb die Krone mit diesem Ableger Hochburgunds noch bis zum Untergang des Ancien régime eng verbunden.

Wir ersehen aus dieser kurzen historischen Lektion, daß Burgund in früheren Jahrhunderten niemals ein exakt definierter Begriff war. Burgund – das ist vielmehr »ein Raum ohne Volk«, ein europäisches »Reich der Mitte« und als solches Kernland und Kraftzentrum der mittelalterlichen Kultur über ein halbes Jahrtausend.

Für uns ist der Name Burgund heute de facto nur noch identisch mit der Keimzelle des einstigen Herzogtums: der Landschaft zwischen Saône und Loire. Zur Auseinandersetzung mit den Denkmälern dieser eng umrissenen Region wollen wir anregen, wobei Ausblicke in jene weitgespannten Sphären, die sich einstmals mit dem Namen Burgund verbanden, unausweichlich sind.

Die Epochen der Romanik und Gotik

11.-13. Jahrhundert

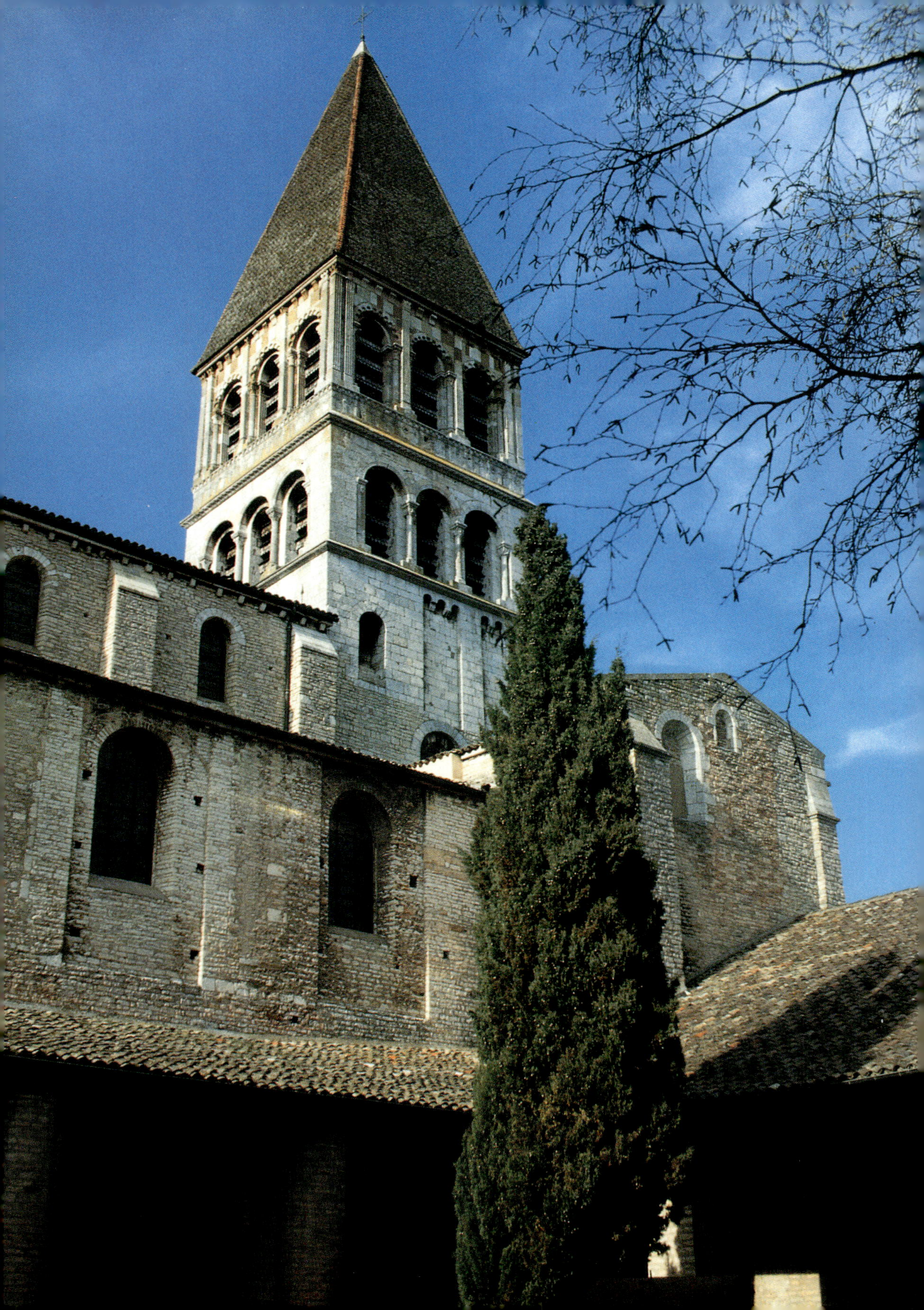

Die frühromanische Baukunst des 11. Jahrhunderts

Burgund hat zur Genesis romanischer Baukunst zwei Denkmäler von epochalem Rang beigetragen: **St-Philibert in Tournus** und **St-Bénigne in Dijon.** Einzig St-Martin-du-Canigou in den Pyrenäen wäre im Überblick aller französischer Kunstlandschaften als drittes Beispiel bedeutungsgeschichtlich hervorragender Bauten dieser Frühzeit zu nennen. Alle drei Bauwerke stellen originelle Sonderleistungen dar und führen die Einwölbung als Novum in die mittelalterliche Architektur ein. Während St-Bénigne nur als Fragment auf uns gekommen ist, vermittelt Tournus einen gewaltigen, zugleich archaischen Eindruck. Dieser Ort ist der gegebene Auftakt für eine Reise durch das burgundische Mittelalter.

Der kreative Schub, der um die Wende vom ersten zum zweiten Jahrtausend unserer Zeitrechnung einsetzte, erklärt sich aus der wiedergefundenen Beruhigung des Landes. Nacheinander stießen vom 8. bis zum 10. Jahrhundert erst die Sarazenen von Süden, dann die Normannen von Norden bzw. Westen und schließlich die Ungarn von Osten bis tief ins Innere des westfränkischen Reiches vor. Die Landschaft zwischen Saône und Loire blieb davon weitgehend verschont. Dies hatte zur Folge, daß Burgund nun das Ziel zahlreicher heimatloser Mönche wurde, die, meist mit wertvollen Reliquien im Gepäck, vor den Invasoren geflüchtet und auf der Suche nach einer neuen Heimstatt waren. Die Entstehungsgeschichte des Philibertklosters in Tournus erscheint symptomatisch für diese Zeit.

Farbtafel links und unten:
Tournus, ehem. Abteikirche St-Philibert
St-Philibert besitzt das erste bekannte Beispiel einer Zweiturmfassade. Der Südturm (rechts) hat noch sein ursprüngliches Aussehen bewahrt. Der Nordturm wurde im 12. Jahrhundert unter dem Eindruck der cluniazensischen Baukunst um zwei Geschosse und ein Pyramidendach erhöht. Dergestalt lassen sich die Unterschiede zwischen früher und reifer Romanik im direkten Vergleich ablesen:
Das 11. Jahrhundert verharrt in der Fläche, in der die Arkadenöffnungen wie ausgeschnitten wirken; die Baukunst des 12. Jahrhunderts eliminiert das Kontinuum der Wandfläche. Mit Hilfe von Säulen, Kapitellen, Unterzügen und anderen Architekturdekorationen wird die Mauermasse plastisch durchgeformt. Dieses sowie der deutliche Vertikaldrang führen folgerichtig auf die gotische Kunst hin.
Der Vierungsturm entstand gleichzeitig mit der Erhöhung des Nordturms.

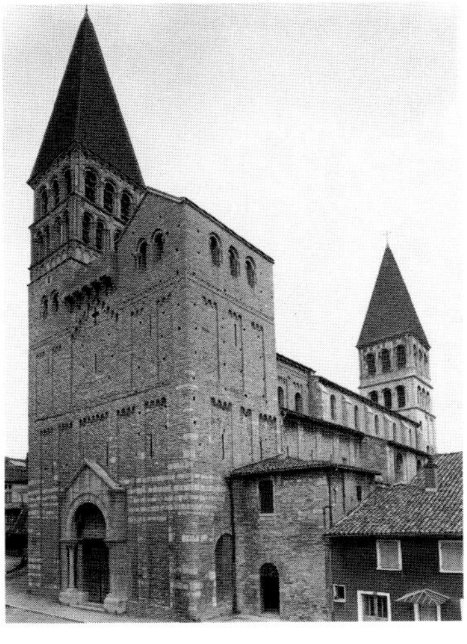

St-Philibert in Tournus

Das Kloster St-Philibert hatte sich ursprünglich auf der Insel Noirmoutier im Atlantik befunden, wo es schutzlos den Übergriffen von seiten der Normannen ausgesetzt war. Die Mönche gaben das Kloster Anfang des 9. Jahrhunderts auf und suchten zunächst im unteren Loiretal, in St-Philibert-de-Grandlieu, Zuflucht. Dort war ihres Bleibens auch nicht lange, und so führte sie eine bald ein halbes Jahrhundert währende Irrfahrt kreuz und quer durch das Westfrankenreich. 875 wies ihnen schließlich Kaiser Karl der Kahle ein bereits bestehendes kleines Kloster in Tournus an der Saône zu, das am Grabe des hl. Valerian entstanden war. Doch schon 937 wurde dieses neue Philibertkloster von den Ungarn überfallen; es folgten Hungersnöte, die die Mönche zwangen, 946 erneut auf Wan-

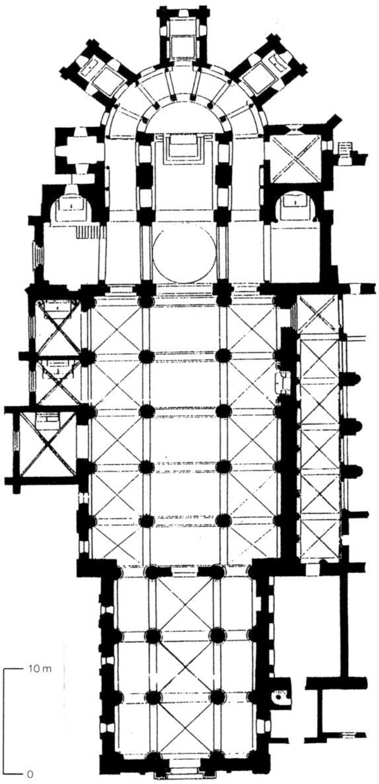

Tournus, St-Philibert, Grundriß
Wir unterscheiden drei Baukörper: den dreischiffigen Narthex, die dreischiffige Basilika, im Osten den Pilgerchor mit Umgang und Radialkapellen. Dieser entstand erst im 12. Jahrhundert; da er jedoch auf einem frühmittelalterlichen Vorgänger beruht, gilt St-Philibert als eines der ersten Beispiele für eine derartige Chorlösung.

Rechte Seite:
Tournus, St-Philibert, Blick nach Westen
Die schlanken, hohen Säulen vermitteln ein Höhenstreben, wie es für die frühe Romanik eher ungewöhnlich ist.

derschaft zu gehen. Dieser Exodus war jedoch nur temporär. Bereits 949 kehrten die Mönche aus der Auvergne, in deren Hauptstadt Clermont-Ferrand sie Zuflucht gesucht hatten, nach Tournus zurück, um dann offenbar unverzüglich den Wiederaufbau ihrer Kirche in Angriff zu nehmen. Wieweit es sich dabei um eine Reparatur des alten Bauwerks oder um einen kompletten Neubau handelte, ist aus dem jetzigen Bestand nicht mehr zu schließen. Dieser Bau fiel jedenfalls 1007 einem verheerenden Klosterbrand zum Opfer. Erst danach wurde eine vollkommen neue Kirche errichtet, deren großzügige Abmessungen offenbar bereits Rücksicht auf eine rege Wallfahrt nahmen, die zum Grabe des hl. Philibert in Gang gekommen war.

Mit diesem Aufschwung stand Tournus beileibe nicht allein da. Zur selben Zeit hatten sich schon zahlreiche Klöster in Burgund und auch bereits über Burgund hinaus der von Cluny ausgegangenen Reform des abendländischen Mönchtums angeschlossen, was in der Vielzahl der bald nach dem Jahr 1000 entstandenen Kirchen seinen sichtbaren Niederschlag gefunden hat. Der Mönch Radulfus Glaber berichtet um 1050 davon, daß sich in den Jahren nach 1000 das ganze Land »mit einem weißen Mantel von Kirchen überzog«, worin wir die Folgeerscheinungen der nach 950 begonnenen politischen, kulturellen und geistigen Neuorientierung erkennen können. An dieser Schwelle zu einem Neubeginn fehlte es indes Burgund an geschulten Fachleuten. Man mußte sich nach tatkräftiger Unterstützung umtun und fand diese in Gestalt lombardischer Baumeister. Die Lombardei hatte nämlich schon früh, ihrerseits anknüpfend an spätantike Traditionen, konkret an die Bauten Ravennas, als damals einzige Kunstlandschaft Italiens eine eigene Bauschule ausgebildet. Die Kreativität der Lombarden verband sich mit einer eigentümlichen Wanderfreudigkeit, die im 11. Jahrhundert in großen Teilen Europas befruchtend zum Niederschlag kam. Lombardische Künstler wurden in Katalonien ebenso tätig wie in Burgund oder im Rheinland. Ihre Spuren lassen sich bis nach Skandinavien verfolgen, wo sie mit der Kathedrale in Lund (Schweden) die Kunst des Steinbaus einführten. Die Etymologie macht deutlich, daß die Erinnerung an die Lombarden in der französischen Sprache bis heute nachlebt: der Begriff des *maçon* (Maurer) leitet sich vom Namen der *maestri comacini* her, wie man im Mittelalter speziell die Handwerker aus Como nannte.[3] Anhand einiger grundlegender Merkmale läßt sich – unschwer auch für den Laien – die Eigenart dieser lombardischen oder auch ostromanischen Kunst ablesen: Die Mauern sind aus kleinteiligem und wenig bearbeitetem *Bruchstein* geschichtet, als Gliederung dienen schmale *Lisenen* (der Wand aufgelegte Mauerstreifen ohne Fuß und Kapitell) und kleine *Blendarkadenfriese*. Die Lisenen sind eher in einem dekorativen Sinn denn als echte Gliederungsmotive zu verstehen, da sie in der Regel keinen Bezug zur räumlichen Disposition des Innern aufweisen; in Tournus gilt dies besonders für den Westbau.

St-Philibert entstand, abweichend von der verbreiteten mittelalterlichen Baupraxis, von Westen nach Osten. Der älteste Teil ist also der

3 Zur Frage der Lombarden und der Maestri Comacini ausführlich: Harald Keller, *Die Kunstlandschaften Italiens*, München 1960. Wir beziehen uns auf die Nachaufl. Stuttgart 1983, Bd. II, S. 684. Fortan zitiert: Keller.

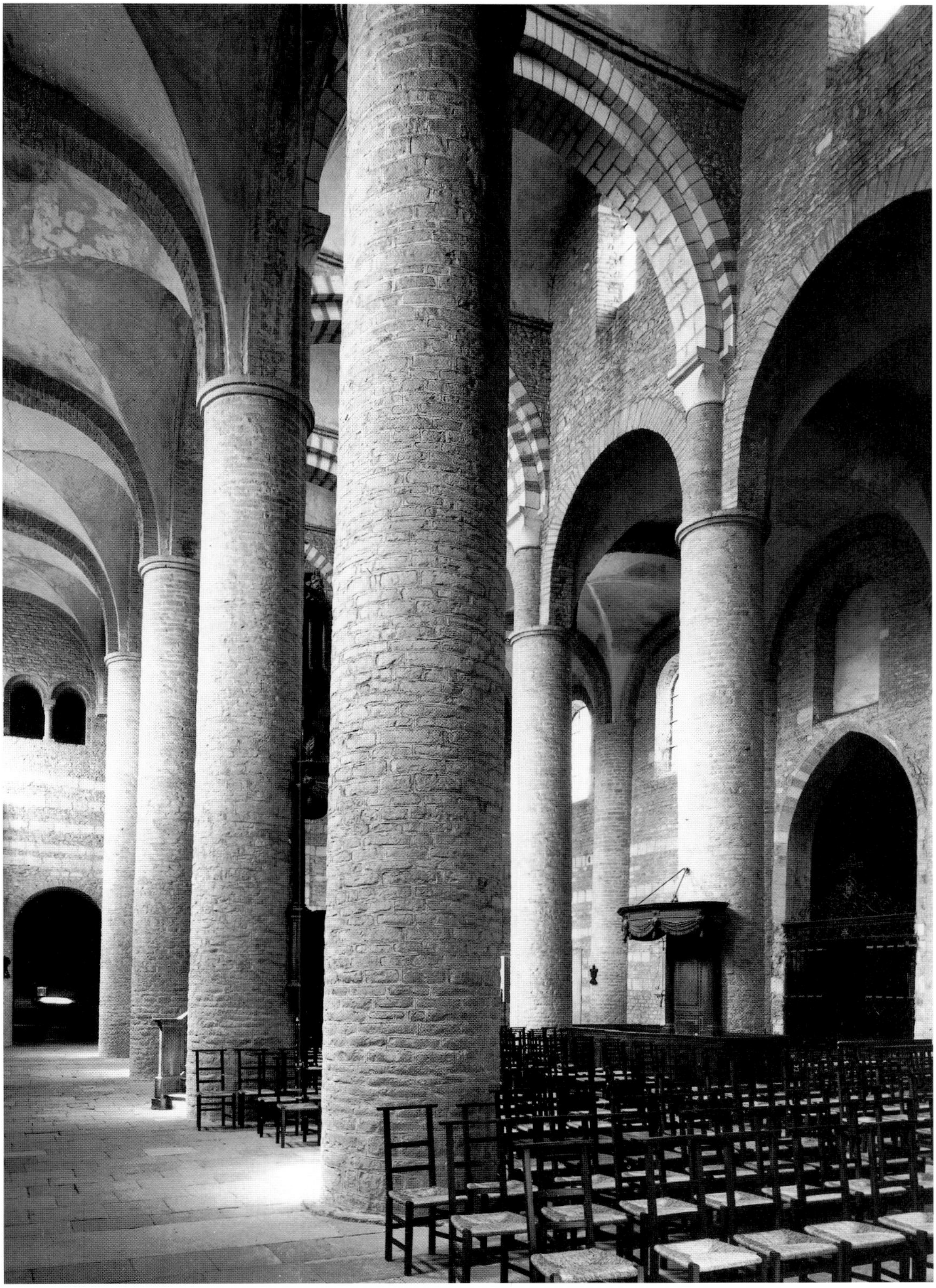

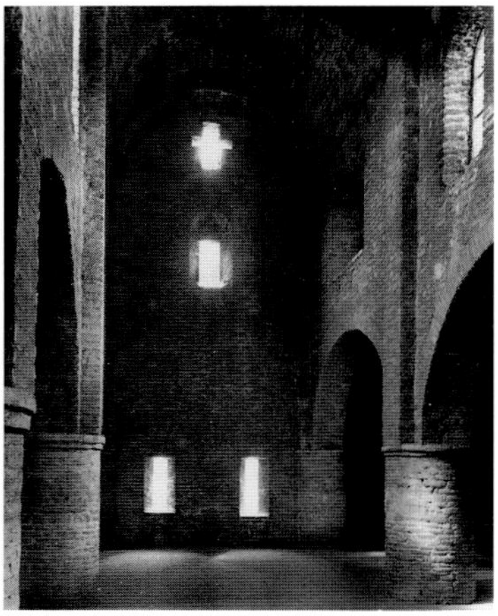

Tournus, St-Philibert, Narthex
Die beiden Aufnahmen zeigen das Unter- und das Obergeschoß des Narthex. Der untere Raum ist eine Halle mit Kreuzgratgewölben in allen drei gleich hohen Schiffen; der obere (Michaelskapelle) dagegen zeigt einen basilikalen Aufriß mit Kreuzgraten in den Seitenschiffen und einer Längstonne (Longitudinaltonne) im Mittelschiff.

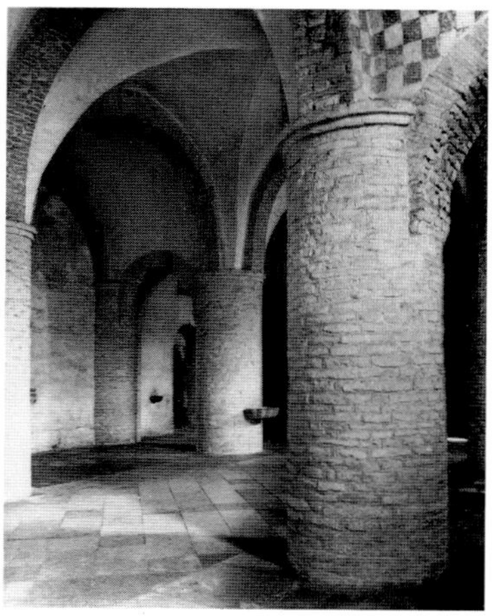

westliche Vorbau, der in der Zeit um 1020/30 errichtet wurde. Es handelt sich um eine doppelgeschossige Anlage, in der das Motiv des karolingischen Westwerks fortlebt. Das Untergeschoß ist ein geschlossener dreischiffiger Narthex mit gleich hohen Schiffen, darin der Unterkirche des gleichzeitig entstandenen Baus in St-Martin-du-Canigou verwandt; das Obergeschoß eine lichtdurchflutete, ebenfalls dreischiffige Halle und wie fast alle hochgelegenen Oratorien des Mittelalters dem Erzengel Michael geweiht. Die auffallende Besonderheit dieses Vorbaus sind seine beiden Türme. Der rechte, südliche, besitzt noch seine originale Gestalt: ein gedrungener Stumpf mit einem kleinen Satteldach; der linke wurde im 12. Jahrhundert aufgestockt. Hier erleben wir zum ersten Male das Motiv der *Zweiturmfassade* und damit die Geburtsstunde eines architektonischen Typus, der von der Romanik über die gesamte Ära der Gotik bis in die sakrale Architektur der Neuzeit zu einem Erkennungsmerkmal der europäischen Baukunst werden sollte. Bezeichnend für die Offenheit und Durchlässigkeit Burgunds ist es in dem Zusammenhang, daß sich die weitere Ausbildung der Zweiturmfassade mit der Emanzipation der beiden Türme, die in Tournus noch kleine Stümpfe sind, in der Normandie vollzog. Um 1050 erscheinen sie an der Abtei von Jumièges, einer Gründung des hl. Philibert aus dem 7. Jahrhundert, und gegen 1070 an St-Etienne in Caen zu monumentaler Form gesteigert.

Der Innenraum des basilikalen Langhauses präsentiert sich als eine der eigenwilligsten Schöpfungen der frühen romanischen Baukunst. Während das Mittelschiff um 1050 möglicherweise zunächst noch mit einer einfachen Halbtonne eingewölbt war, erfolgte nach der Jahrhundertmitte eine Bauplanänderung in Form einer Verbreiterung des Langhauses, das zuvor dieselbe Breite besessen hatte wie der Narthex und jetzt seitlich über diesen hinausfluchtet. Das ungewöhnlich breit proportionierte Mittelschiff war nach dem damaligen technischen Stand mit einer Tonne unmöglich zu überfangen, denn diese hätte mit ihrem stark zu den Seiten wirkenden Schub das Gebäude unweigerlich zum Einsturz gebracht. So entschloß man sich zu einer unkonventionellen Lösung: Anstelle einer längsgerichteten Tonne wurden den fünf querrechteckigen Jochen des Langhauses *quergestellte Tonnen über Schwibbögen* eingezogen. Mit diesem scheinbar einfachen Kunstgriff, dem indes planvolle Überlegungen, vielleicht auch Experimente an einem Modell vorausgegangen sein müssen, gelang es dem Architekten, das mit der Tonnenwölbung verbundene Dilemma des Horizontalschubs zum Vorteil umzumünzen. Denn nun stützen sich die kleinen Tonnen an ihren aneinanderstoßenden Fußpunkten gegenseitig, so daß die Schubkräfte aufgehoben werden; was bleibt, ist das reine Nettogewicht der Steine, aus denen das Gewölbe geschichtet ist. In Tournus begegnet uns *das erste sich selbst tragende Gewölbe der nachantiken Zeit.* Diese baustatische Entlastung machte auch stärkere Substruktionen hinfällig.

Unklar ist, warum ein derart überzeugendes und ästhetisch gelungenes System keine Nachfolge gefunden hat. In der Tat steht St-Philibert in Tournus einzig da. Ebensowenig, wie wir Vorstufen für dieses kühne

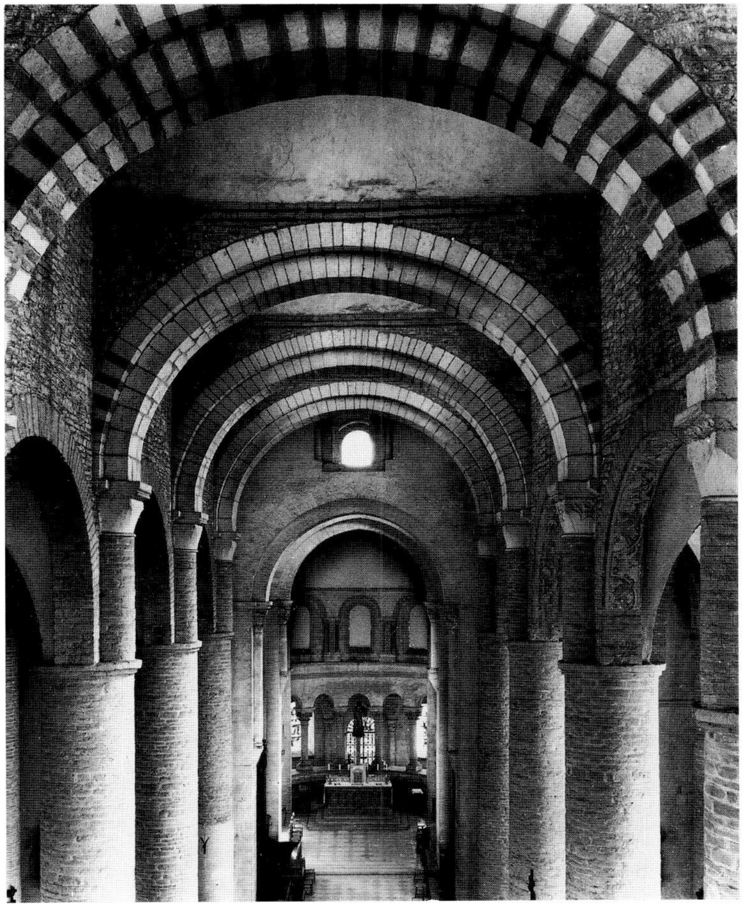

Tournus, St-Philibert, Blick in das Mittelschiff

Leider kann der Besucher der Kirche diesen Blick vom Narthex-Obergeschoß durch den Gerlanusbogen nach Osten heute nicht mehr erleben, weil die Orgel den Gerlanusbogen verstellt. Die Aufnahme verdeutlicht den bestimmenden Charakter der quergestellten Schwibbögen und der über ihnen aufgehenden Transversaltonnen in der Gesamtwirkung des Raumes. St-Philibert erscheint wie ein exemplarisches Architekturlexikon der Frühromanik, denn in diesem einen Gebäude finden sich alle dem 11. Jahrhundert bekannten Wölbungsformen.

Isometrischer Schnitt durch das Mittelschiff von St-Philibert

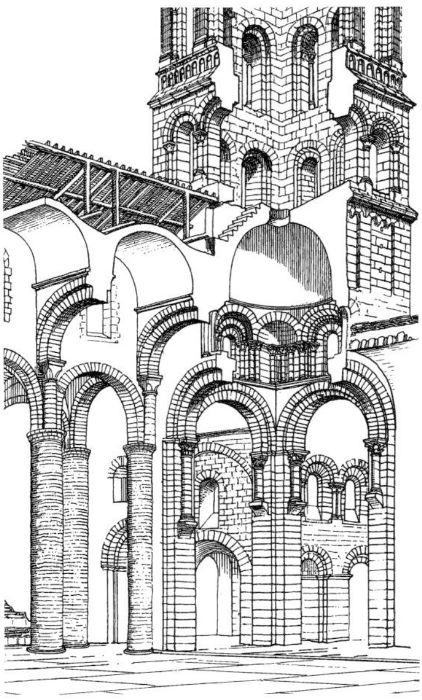

Bauwerk ausmachen können, läßt sich ein Schulzusammenhang konstruieren, da wir tatsächlich keinen vergleichbaren Bau kennen. Die Erklärung hierfür ist wohl im liturgischen Bereich zu suchen: In einer Zeit, in der der Kirchenraum eine Sphäre der mystischen Begegnung mit den Kräften der Jenseitswirklichkeit darstellte, mag die klare Nüchternheit von St-Philibert dem Bedürfnis nach der Geborgenheit im Halbdunkeln wenig entsprochen haben. Es kommt hinzu, daß die Kirche der Romanik – und dies gilt für Pilgerkirchen in besonderem Maße – nicht statisch erfahren wurde (weshalb die heutige Bestuhlung in allen diesen Bauten grundsätzlich fehl am Platze ist), sondern in der Prozession, also aus einer Bewegung heraus. Dem stellt sich hier das Motiv der quergestellten Tonne buchstäblich in den Weg, die jeder – auch der heutige Besucher wird das deutlich verspüren – als retardierend empfinden muß. Es scheint aber auch müßig, um die Mitte des 11. Jahrhunderts bereits Schulzusammenhänge konstruieren zu wollen. Man wird dieser Epoche, namentlich in Burgund, eher gerecht, wenn man sie als eine phantasiebegabte Phase des Experimentierens begreift. Dieser Esprit innovativer Schöpferkraft wird auch an St-Bénigne in Dijon erkennbar.

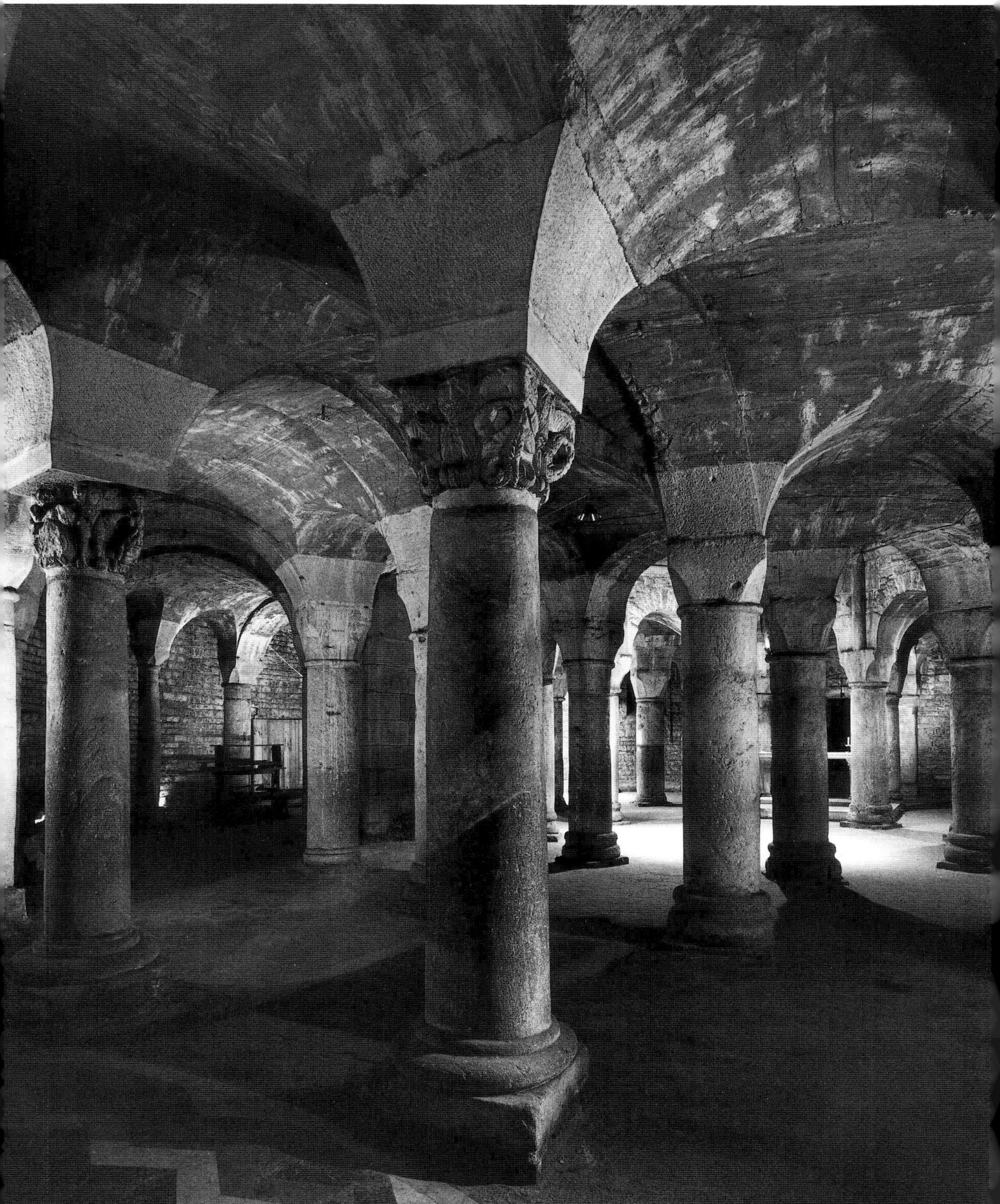

St-Bénigne in Dijon

Das Benignuskloster war 989 in den Bann der cluniazensischen Reform geraten und erhielt schon wenig später, 1001, mit dem aus Italien berufenen Wilhelm von Volpiano einen Abt, der zu den großen Persönlichkeiten des frühen 11. Jahrhunderts zählt. Die von ihm begonnene Abteikirche, die nach überraschend kurzer Bauzeit bereits 1018 geweiht werden konnte, dürfte in ihrer Zeit den Ruhm von Tournus noch überstrahlt haben. Die Rekonstruktion zeigt einen höchst ambitionierten, beispiellosen Sakralbaukomplex: Als Auftakt ein basilikales fünfschiffiges Langhaus, dahinter ein gleichfalls sehr breit proportioniertes Querhaus mit Vierungsturm und ein ebenso breiter rechteckiger Chor (in der Krypta darunter das Grab des Benignus); in der Verlängerung nach Osten schloß sich diesem monumentalen Kirchenbau eine dreigeschossige Rotunde als eine Art Mausoleum für den Kirchenpatron und ersten Märtyrer von Burgund an; den östlichen Abschluß der Anlage bildete schließlich ein ebenfalls dreigeschossiger Anbau mit Kapellen über längsrechteckigem Grundriß. Allein schon die Konstellation von derartig heterogenen Baukörpern stellte im frühen 11. Jahrhundert eine seltene Kühnheit dar. Indem heute nur noch das Untergeschoß der Rotunde und die untere der drei Kapellen im Osten erhalten sind (und auch das nur, wie Wilhelm Schlink nachgewiesen hat, in rekonstruierter Fassung des 19. Jahrhunderts)[4], können wir uns lediglich eine schwache Vorstellung von dem machen, was St-Bénigne einstmals dargestellt hat.

Inwieweit auch hier Lombarden mitgewirkt haben, ist nicht mit Sicherheit zu entscheiden. Während man den Bau früher praktisch ohne Mitwirkung heimischer Bauleute ausschließlich der Initiative der erwähnten *maestri comacini* zuweisen wollte (Conant, Durliat, Oursel u. a.), hat Schlink deren Mitwirken als »Phantom« abgetan. Die Wahrheit wird wohl zwischen diesen beiden Polen liegen. Man weiß, daß Wilhelm in den Jahren, die seiner Berufung nach Dijon folgten, wiederholt in Italien war. Dort gründete er das Kloster Fruttuaria, mit dem zugleich die cluniazensische Reform Einzug auf der Apenninenhalbinsel hielt. Angesichts der erstaunlichen Mobilität mittelalterlicher Künstler und der Lombarden zumal will es durchaus naheliegend erscheinen, daß italienische Handwerker zumindest an St-Bénigne mitbeteiligt waren. Italien hat auf jeden Fall, das hat Schlink überzeugend herausgearbeitet, geistig Pate gestanden. In der Rotunde hat man eine Anlehnung an das Pantheon in Rom zu sehen, das in christlicher Zeit zu einem Sanktuarium für alle Märtyrer umgewandelt worden war. Und auch St-Bénigne ist ja in erster Linie als Märtyrerkirche zu verstehen. Zugleich ist erneut an der Gestalt Wilhelms von Volpiano die Vermittlerrolle Burgunds namentlich im Austausch zwischen Norden und Süden exemplarisch abzulesen. Denn kaum hatte der rührige Abt sein Reformvorhaben in Dijon durchgesetzt, folgte er dem Ruf Herzog Richards II. nach Fécamp in der Normandie. Auch wenn sein dortiges Wirken in architektonischer Hinsicht

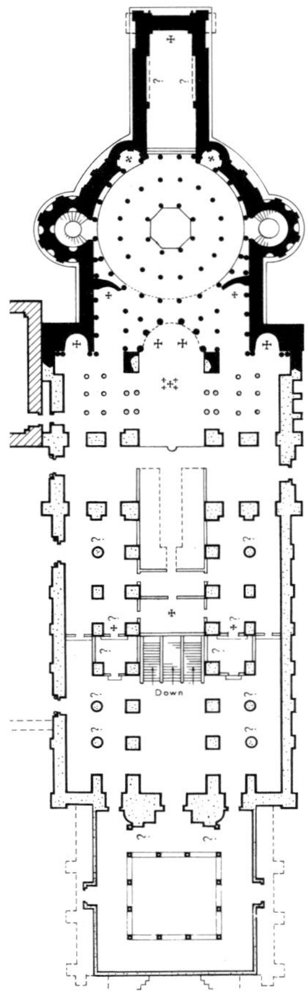

Dijon, Grundriß der frühromanischen Kirche St-Bénigne
Der quadratische Vorhof und die fünfschiffige Basilika sind rekonstruiert. An ihrer Stelle erhebt sich heute die gotische Kirche des 13. Jahrhunderts. Lediglich das Untergeschoß des Ostteils mit der Rotunde Wilhelms von Volpiano ist erhalten.

Linke Seite:
Das Kryptengeschoß der Rotunde von St-Bénigne
Im 19. Jahrhundert erfolgte eine Teilrekonstruktion. Die Gewölbe stammen ausnahmslos aus dieser Zeit.

4 Wilhelm Schlink, *Saint-Bénigne in Dijon – Untersuchungen zur Abteikirche Wilhelms von Volpiano*, Berlin 1978.

Dijon, St-Bénigne, Rekonstruktion (nach Conant) und Längsschnitt
Der gewaltige Baukörper besteht aus fünf Abschnitten: der fünfschiffigen Basilika, dem Querhaus mit Vierung bzw. Vierungsturm, dem Chor, der Rotunde und dem rechteckigen dreigeschossigen Kapellenanbau im Osten.

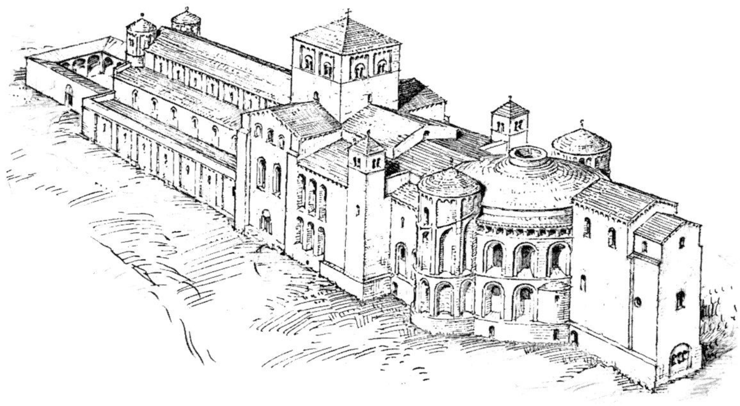

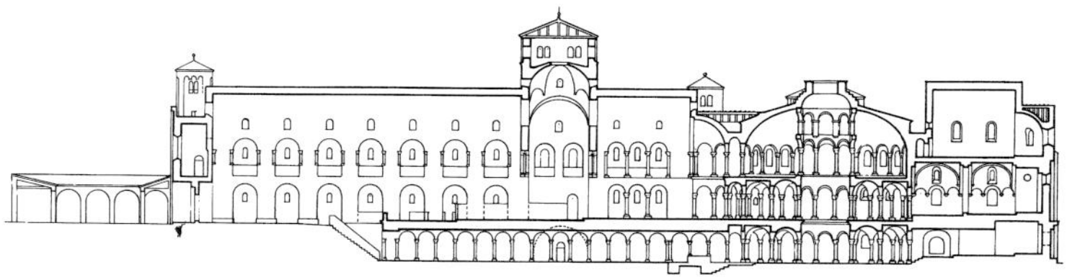

nicht mehr genauer nachprüfbar ist, gilt es als sicher, daß Wilhelm die Entwicklung der normannischen Baukunst entscheidend mitgetragen hat.

Der »Clocher Porche« des Abtes Gauzlinus in St-Benoît-sur-Loire (Orléanais)
Dieser Bau aus der ersten Hälfte des 11. Jahrhunderts hat – besonders im Hinblick auf die Kapitellplastik – starken Einfluß auf die burgundische Romanik ausgeübt.

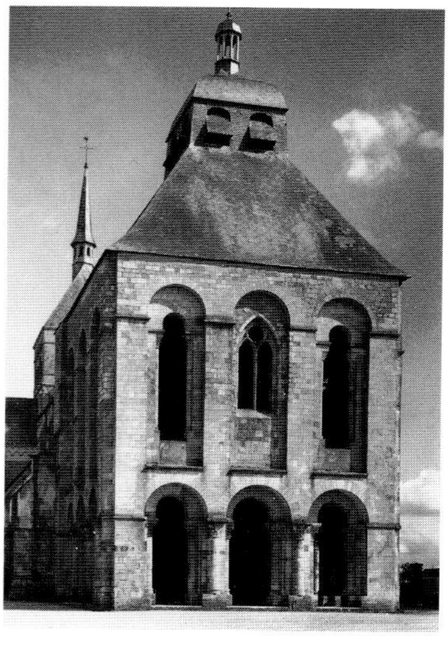

St-Philibert in Tournus und St-Bénigne in Dijon sind demnach nicht lokaltypische Ausprägungen, sondern in ihrer individuellen Eigengesichtigkeit die Leistungen einzelner markanter Bauherren, wie dies auch für andere bahnbrechende Bauten des frühen 11. Jahrhunderts gilt. So ist St-Martin-du-Canigou, wenn auch in allgemeinen Zügen von lombardischem Geist getragen, zuvorderst als das schöpferische Resultat des Priors Sclua zu sehen; dasselbe beobachten wir in St-Benoît-sur-Loire, dessen ehrgeiziger Abt Gauzlinus einen Turm im Westen seiner Klosterkirche erstellen ließ, von dem er programmatisch feststellte, daß »dieser ganz Gallien als Vorbild leuchten« solle, ein Wunsch, der keineswegs ein kühner Gedanke blieb, da man Ableger des Gauzlinus-Turmes (sog. clocher porche) bis in die Auvergne (z. B. Ebreuil) und das Limousin (z. B. St-Leonard-de-Noblat) verfolgen kann. Diese Erkenntnis läßt auch den Einfluß, den man Cluny hat zuerkennen wollen, in neuem Licht erscheinen. Obwohl das Reformwerk von dort ausgehend die Klöster Burgunds und seiner Nachbarlandschaften rasch und tiefgreifend durchdrang, ist die direkte Auswirkung von Cluny II in baugeschichtlicher Hinsicht zunächst auf solche Priorate beschränkt geblieben, die in direkter Abhängigkeit vom Mutterkloster standen. Erst die Ende des 11. Jahrhunderts errichtete Kirche, die wir Cluny III nennen, hat wirklich schulbildenden Charakter erlangt (vgl. S. 40ff).

St-Etienne in Nevers

Die einstige Grafschaft Nevers am Westrand des Herzogtums Burgund besitzt mit ihrer Kirche St-Etienne einen weiteren bemerkenswerten Bau des 11. Jahrhunderts. In diesem Fall sind wir ausnahmsweise einmal über die wichtigsten Baudaten präzise im Bilde: Die Grundsteinlegung erfolgte 1063, 1090 die Weihe. Der Grundriß ist konventionell und bietet keine auffallenden Eigenheiten (dreischiffiges Langhaus, Querschiff, Chor mit Radialkapellen). Ungewöhnlich ist der Aufriß der Hochschiffwand, denn zwischen die Arkaden des Untergeschosses und die Fensterreihe des Obergadens ist ein *Emporengeschoß* gerückt. Man geht davon aus, daß im ersten Bauplan noch keine Wölbung vorgesehen war. Demnach hätte die Empore der Wandaufbrechung gedient, ein Gedanke, der direkt mit der Baukunst der Normandie in Verbindung steht. Die nachträglich vorgenommene Einwölbung mit einer halbrunden Tonne hat das Unternehmen zu einer risikoreichen Angelegenheit werden lassen. Denn jetzt sitzt die Empore weit unterhalb jener Zone, an der die Schubkräfte der Tonne ihren Druck ausüben.

Das Experiment von Nevers blieb nicht ohne Folgen. Die südwestlich an Burgund angrenzende Auvergne hat die Empore alsbald übernommen, ihr aber über ihren wandgliedernden Charakter hinaus eine baustatische Aufgabe zugewiesen. In den auvergnatischen Kirchen ist die Empore in die neuralgische Zone am Fußpunkt der Tonne hinaufgerückt und dient dort folglich der soliden Absicherung des Mittelschiffgewölbes. Auch in diesem Fall hat Burgund die Rolle des Vermittlers zwischen Norden und Süden gespielt. In der burgundischen Baukunst sollte die Empore eine Ausnahme bleiben.

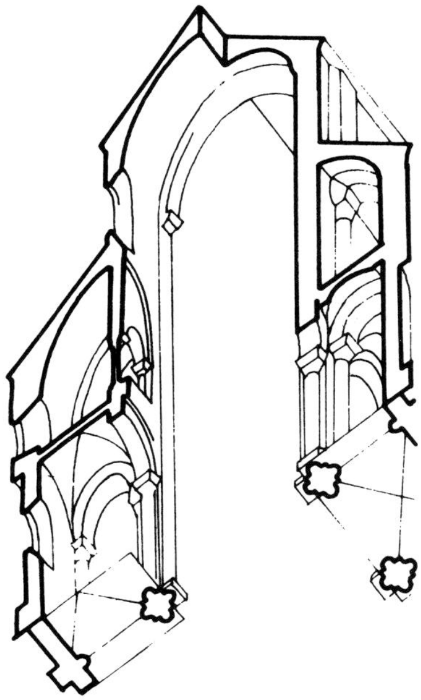

Nevers, St-Etienne, isometrischer Schnitt (nach Kubach)
Die Zeichnung verdeutlicht, daß diese Geschoßfolge von Arkade, Empore und Obergaden keine baustatisch befriedigende Lösung hinsichtlich der Absicherung des Mittelschiffgewölbes bot. Erst die Kirchen der Auvergne haben den baustatischen Wert der Empore entdeckt.
Die Empore sollte in der Baukunst des 11. und 12. Jahrhunderts mit der Pilgerbewegung nach Santiago de Compostela verknüpft bleiben. Die bedeutendsten Emporenkirchen neben den Beispielen in der Auvergne sind: St-Sernin in Toulouse, Ste-Foy in Conques, die Jakobskirche in Santiago de Compostela.

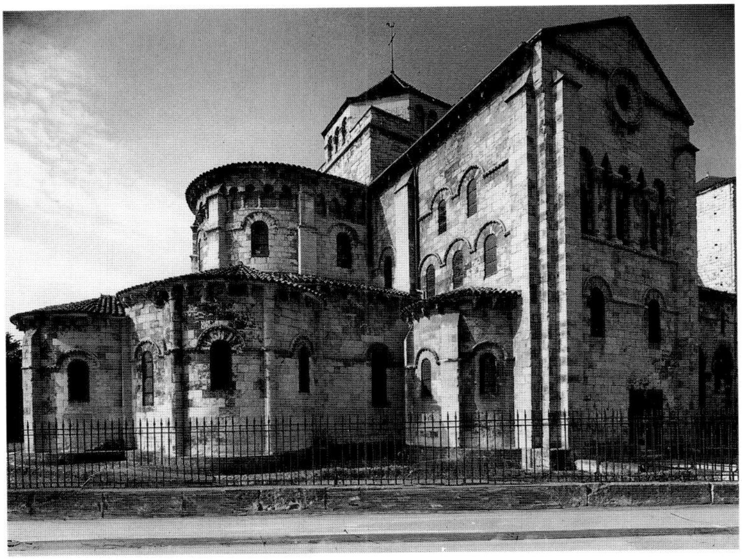

Nevers, St-Etienne, Querhaus und Chor
Der Chor mit Umgang und Radialkapellen zeigt den typischen Aufbau der Pilgerkirche.

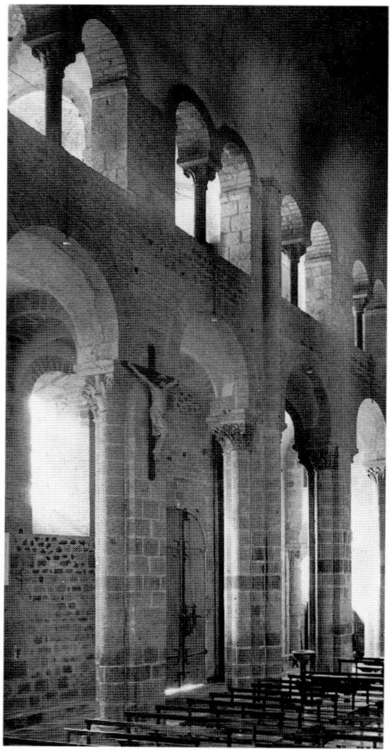

Orcival (Auvergne), Blick in das Mittelschiff der romanischen Kirche Notre-Dame
Gegenüber St-Etienne in Nevers fällt die Vereinfachung des Aufrisses auf. Es wurde auf den Obergaden und damit auf eine direkte Beleuchtung des Mittelschiffs zugunsten einer solideren Absicherung der Mittelschifftonne verzichtet. Gegenüber den romanischen Kirchen Burgunds sind deshalb jene der Auvergne deutlich dunkler und besitzen einen fast höhlenhaften Charakter.

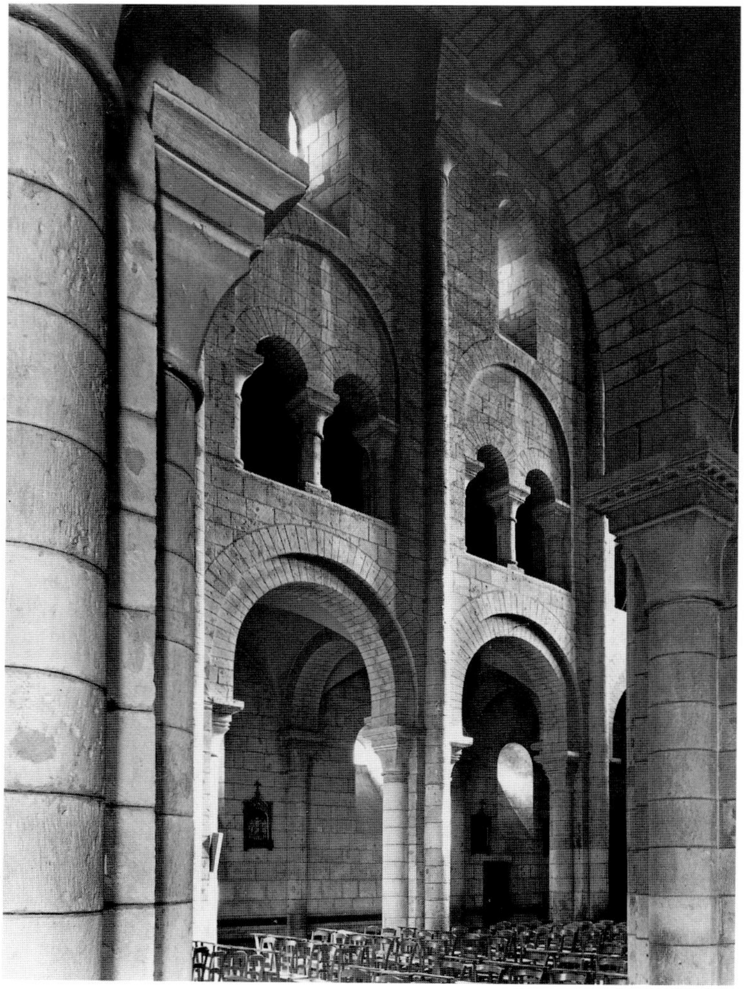

Rechts:
Nevers, St-Etienne, Blick in das basilikale Mittelschiff
Der dreigeschossige Wandaufriß hat nur in einem einzigen Beispiel Nachfolge gefunden: Notre-Dame in Châtel-Montagne nordöstlich von Vichy, also etwa auf halber Strecke zwischen Burgund und dem Kern der Auvergne.

Es wäre also völlig verfehlt, bereits im 11. Jahrhundert von einer burgundischen Bauschule sprechen zu wollen. Wir erleben vielmehr einzelne, zum Teil herausragende Bauten, die, aus verschiedenen Wurzeln hervorgegangen und getragen von der Initiative einzelner Bauherren, eine »Baukunst in Burgund« darstellen, ohne deshalb als lokalspezifische Ausprägung gelten zu können. Diese Erkenntnis setzt die Bedeutung der Baukunst des 11. Jahrhunderts in Burgund keineswegs herab, ganz im Gegenteil: Indem wir Abschied nehmen von einem der am meisten verhätschelten Wunschgedanken der Kunstgeschichte, gewinnen wir einen unbefangeneren Blick für die erstaunliche Vielfalt dieser Epoche und für den Gedankenreichtum, den sie zu Beginn einer der großen Phasen der europäischen Kunst aufzufächern imstande war.

Cluny und die reife romanische Baukunst

Mit der Behandlung der Klosterkirche von Cluny steuern wir auf einen der zentralen Punkte der Kunstgeschichte Burgunds zu. In dem Zusammenhang ist es unerläßlich, zunächst das Umfeld dieses leider nur noch in Bruchstücken erhaltenen Bauwerks zu skizzieren. Wir wollen den Fragen nach Entstehung, Aufgabe und Wirkung der Cluniazenser nachgehen.

Die Gründungsgeschichte des Klosters

Zunächst ist festzuhalten, daß die Gründung Clunys im Jahr 910, als das abendländische Mönchtum im Strudel des Niedergangs der Karolinger-Dynastie auf einem Tiefpunkt angekommen war, nicht aus bodenständigen burgundischen Kräften hervorgegangen ist. Der Gründer war Herzog Wilhelm der Fromme von Aquitanien, und der erste Abt, Berno, wurde aus Baume-les-Messieurs in der Franche-Comté (Hochburgund) zum Vorsteher der jungen Mönchsgemeinschaft berufen. Man scheint von Anbeginn hochfliegende Pläne mit Cluny gehabt zu haben. Dies können wir aus der Rechtsposition des Klosters schließen, die in ihrer Zeit etwas absolut Neues darstellte. Diese Sonderstellung ist bedingt durch die *Exemption.* Sie bedeutet, daß das Kloster der Autorität des Bischofs (in diesem Fall von Mâcon) entzogen und direkt dem Papst unterstellt war. Mit diesem Schritt wurde dem Kloster ein Freiraum garantiert, den es zuvor in der rechtlichen Organisation des Klosterwesens nicht gegeben hatte. Zudem erhielt Cluny das Privileg, selbständig Tochterniederlassungen zu gründen, die ihrerseits wieder nur dem Mutterkloster gegenüber verantwortlich waren. Diese Aushöhlung der bischöflichen Autorität und die damit einhergehende Stärkung der Stellung der Äbte war einer der Garanten für den raschen Aufstieg von Cluny. Als weiteren Grund dafür, daß sich Cluny neben Rom zum zweiten Zentrum der abendländischen Christenheit entwickeln konnte, nennen wir die Ansiedlung des Klosters in einem Bereich, der ein machtpolitisches Vakuum darstellte. Denn zum einen bestand keine Anbindung des Herzogtums an das Reich, zum anderen war auch das Verhältnis zur französischen Krone nur ein lockeres. Zudem sah die exempte Stellung Clunys vor, daß Rechtsfreiheit des Klosters nicht nur gegenüber den Bischöfen, sondern auch gegenüber den Herzögen bestand. Da-

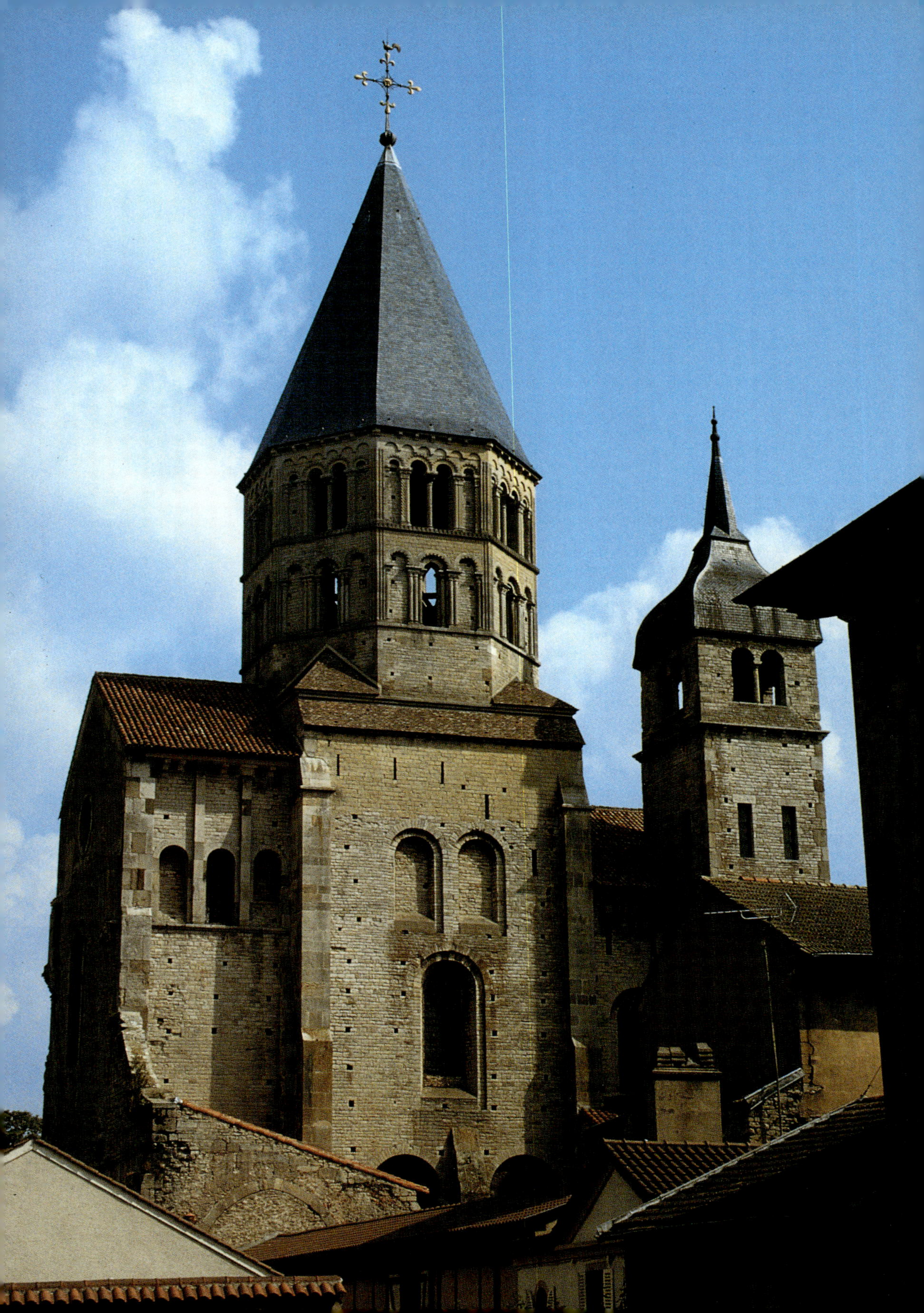

neben wurde die weitere Entwicklung durch die ungewöhnlich langen Amtsperioden der Äbte mitbegünstigt. In den zweieinhalb Jahrhunderten vom Tag der Gründung bis zur Mitte des 12. Jahrhunderts lenkte nur wenig mehr als ein halbes Dutzend Äbte die Geschicke von Cluny. Die wichtigsten sind:

Berno (910-927)
Odo (927-942)
Majolus (963-994)
Odilo (994-1049)
Hugo von Semur (1049-1109)
Petrus Venerabilis (1124-1156)

Die Herausbildung neuer Autoritätsstrukturen im 10. Jahrhundert wurde von den Cluniazenseräbten rasch und konsequent genutzt. Bereits in der ersten expansiven Phase griffen die Cluniazenser weit über das Herzogtum Burgund aus, blieben andererseits zunächst noch innerhalb der Grenzen des ersten burgundischen Reiches König Gundobads (491-516), wie S. Berthellier bereits 1938 nachgewiesen hat.[5] Doch schon um die Wende vom 10. zum 11. Jahrhundert dehnte Cluny seine Einflußsphäre beträchtlich aus und zog Priorate in seinen Bann, die weit außerhalb der burgundischen Teilreiche lagen. In dem Zusammenhang kommt einer Bemerkung Cinzio Violantes besondere Bedeutung zu, wenn er feststellt, daß Cluny »über die Grenzen der zeitgenössischen Formationen hinaus drang, wobei Regionen zusammengeschlossen wurden, die untereinander keinerlei politische Verbindung gehabt hatten«.[6] Cluny, wenn auch aus Burgund hervorgegangen, ist alles andere als ein spezifisch burgundisches Phänomen. Cluny ist vielmehr der alle Grenzen überschreitende Ausdruck der hochmittelalterlichen Religiosität, die sich noch bis gegen die Mitte des 12. Jahrhunderts beinahe zwangsläufig mit dem Mönchtum verband. Dabei ist zu betonen, daß ungeachtet der Ausbildung einer deutlichen Autoritätspyramide, an deren Spitze der Abt des burgundischen Mutterklosters stand, zahlreiche Klöster eine deutliche Sonderstellung wahrten und eigene Anziehungskraft, zum Beispiel auf die Pilger, ausübten. Es sei nur an St-Bénigne in Dijon erinnert; auch Moissac in Aquitanien wäre an dieser Stelle zu nennen.

Farbtafel links:
Cluny, Blick auf den Turm über dem Südquerhaus der Abteikirche Cluny III
Ein Teil des südlichen Querhausarmes und der Turm darüber sind das einzige, was von der einst größten Kirche der abendländischen Christenheit erhalten blieb. Das übrige Gebäude wurde Anfang des 19. Jahrhunderts gesprengt. Große Teile des romanischen Klosters waren bereits zuvor, im 18. Jahrhundert, abgerissen und durch pompöse Bauten des Spätbarock ersetzt worden, die von den Zerstörungen in der Zeit der Säkularisation unbeschadet blieben. Wie durch ein Wunder sind von der romanischen Substanz noch die Chorkapitelle erhalten, die heute im ehemaligen Kornspeicher des Klosters, im Musée du Farinier, aufbewahrt werden (vgl. S. 55ff). Fragmente des Westportals gelangten ins Musée Ogier (vgl. S. 54f).

Liturgie und Spiritualität der Cluniazenser

Der zentrale Mittelpunkt im Leben der Cluniazenser war die Liturgie, das *opus Dei*. So bildete denn auch die Gemeinschaft im Gebet den Kern ihrer Reform, da dies in den Klöstern zu Beginn des 10. Jahrhunderts zu einer Nebensächlichkeit verkommen war. Abt Odo hat sein Frömmigkeitsideal in die Formel der »Pfingstkirche« gegossen, die durch die Kraft der Liebe belebt wird und in ihr alle ihre Glieder vereint findet. Nach seiner Auffassung war dieses Ideal nur durch die Überwindung des Egois-

5 S. Berthellier, *L'expansion de l'ordre de Cluny et ses rapports avec l'histoire politique et économique du Xe au XIIe siècle*, in: Revue archéologique XI, 1938, S. 319-36.
6 Cinzio Violante, *Il monachesimo Cluniacense di fronte al mondo politico ed ecclesiastico*, in: Convegni del Centro di studi sulla spiritualità medievale II, Todi 1960, S. 155-242.

Teilansicht des Modells mit der Abteikirche von Cluny III und dem Kloster
Trotz der riesenhaften Dimensionen der Kirche wird die enge Umbauung verhindert haben, daß in der äußeren Erscheinung die tatsächliche Größe deutlich wurde. Die Kirche war demnach primär auf die Raumwirkung des Inneren ausgelegt, wie es für die gesamte romanische Baukunst kennzeichnend ist.

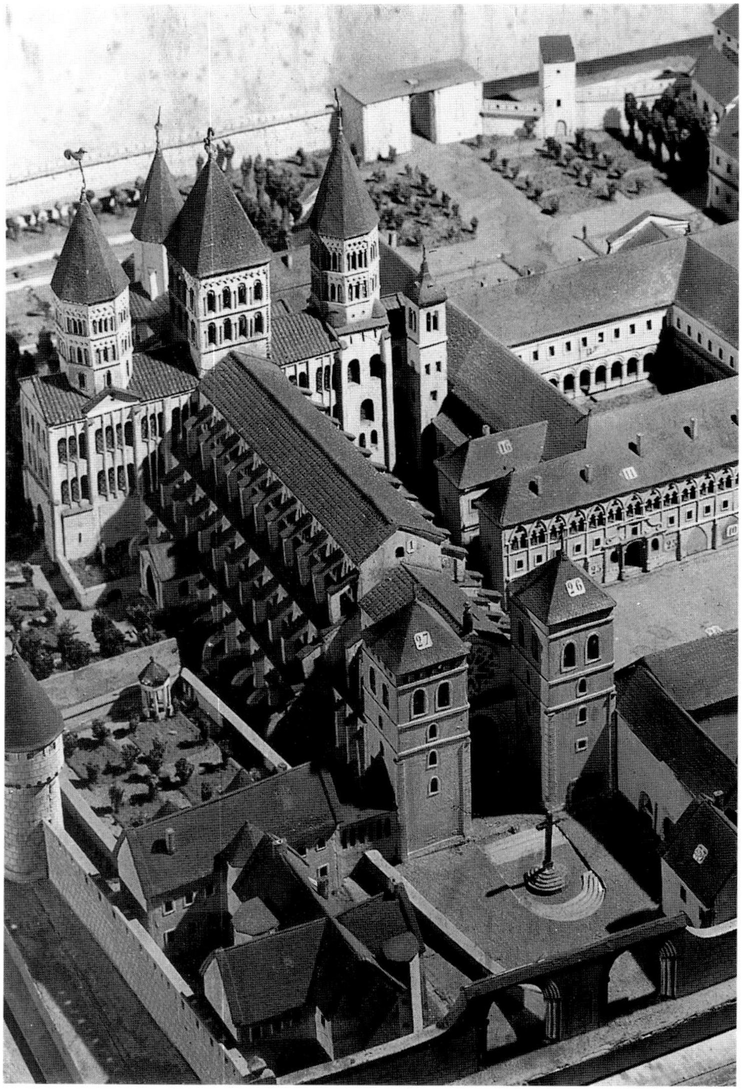

mus zu erreichen, und er postulierte die praktizierte Nächstenliebe im Sinne völliger Einmütigkeit *(unanimitas)*. Wir müssen diesen Aspekt der Einmütigkeit besonders herausstreichen, weil in ihm der wichtigste Unterschied zu späteren Mönchsorden, selbst der Zisterzienser, zu sehen ist. Denn es fällt auf, daß in den Cluniazenserklöstern, zumindest in der Anfangszeit, keine Unterschiede zwischen einzelnen Gruppierungen bestanden, wie später bei den Zisterziensern zwischen Konventualen und Konversen. (Der Stand der Konversen wurde in Cluny erst im ausgehenden 11. Jahrhundert institutionalisiert.) Die »Ich-Losigkeit« des Mönchs ist die Voraussetzung für die Eingebundenheit in das »Gruppen-Ich«, wie es der polnische Philosoph Jean Gebser genannt hat.[7] Der damit verbundene Rückhalt im »Wir-Gefühl« entspricht dem Clan, dem Stamm, der Sippe archaischer Frühzeiten. Unbestreitbar steht fest, daß

7 Jean Gebser, *Ursprung und Gegenwart*, Stuttgart 1949, hier zitiert nach der 3. Aufl. der TB-Ausgabe München 1988, S. 89.

die Liturgie zu Zeiten Hugos von Semur mit einem Aufwand einherging, der in seinem Prunk manchem Zeitgenossen ein Dorn im Auge war. Andererseits hat die Kritik an Cluny, mit besonderer Schärfe von Bernhard von Clairvaux artikuliert, dazu geführt, daß auch spätere Zeiten – und zwar bis heute – das übersteigerte Zeremoniell als Zeichen der Dekadenz gebrandmarkt haben. Tatsächlich traten bereits im späten 10. Jahrhundert asketische Tugenden wie Fasten, Nachtwachen, Schweigen in den Hintergrund, die Kontemplation blieb dessenungeachtet ein zentrales Anliegen, wie unter anderem Abt Majolus' intensive Auseinandersetzung mit den Schriften des Dionysius Areopagita zeigt. Hierin haben wir auch den Hauptgrund dafür zu sehen, daß die körperliche Arbeit zugunsten geistiger Interessen mehr und mehr in den Hintergrund trat, in den Augen des hl. Bernhard ein besonders verwerflicher Verrat an den Geboten des hl. Benedikt. Es mutet schon etwas kurios an, daß dem Anliegen der Cluniazenser ausgerechnet von zisterziensischer Seite in jüngerer Zeit Genugtuung widerfuhr. Der Zisterzienser Hugh Talbot ist zu der Einsicht gelangt, daß »alle Elemente der Spiritualität des 12. Jahrhundert, die im hl. Bernhard ihren höchsten lyrischen Ausdruck fanden, tatsächlich bereits in Cluny ihre Heimat hatten«.[8]

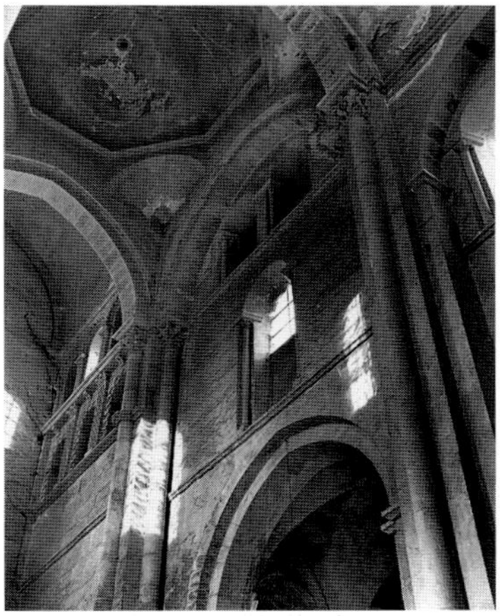

Cluny, Blick in das erhaltene südliche Querschiff der Abteikirche Cluny III
An der Obergadenwand wurden zum Teil nachträglich Veränderungen vorgenommen, so daß der klassische cluniazensische Wandaufriß nicht überall klar in Erscheinung tritt. Auf unserem Bild ist dies links noch der Fall, wo man im oberen Wandabschnitt die zweizonige Abfolge von Blendtriforium und Obergadenfenster erkennen kann. Exemplarischer als in Cluny selbst erlebt man die Charakteristika der cluniazensischen Bauschule in Paray-le-Monial (vgl. S. 48ff).

Die Aufgaben des Reformklosters

Das Wirken der Cluniazenser blieb indes auf Fragen der Spiritualität durchaus nicht beschränkt, sondern nahm auf verschiedenen Gebieten des gesellschaftlichen Lebens ganz konkret Gestalt an. Vom Reformeifer und der Ausbreitung des Ordens war bereits die Rede. Wir richten unseren Blick auf die Pilgerbewegung, die von den Cluniazensern vehement gefördert wurde. Unter der Oberfläche der *stabilitas loci* waren das 11. und 12. Jahrhundert von einer erstaunlichen Mobilität erfüllt. Offenbar hatte man in Cluny eine tiefe Einsicht in diesen Bewegungsdrang gewonnen, wußte auch um die Gefahren, die damit verbunden waren. Die breite Masse der Gläubigen wurde auf den geistlichen Weg gelenkt, und dessen Ziel hieß damals Santiago de Compostela, wo die sterblichen Überreste Jakobus' des Älteren ruhten. Obwohl dessen Grab schon zu Anfang des 9. Jahrhunderts im Nordwesten Spaniens entdeckt worden war, wurde die Pilgerfahrt dorthin erst dank der planvollen Initiative von Cluny zur Massenbewegung. Es zeugt von einem brillanten Management, wie der Strom der Hunderttausende kanalisiert wurde. Im 11. Jahrhundert hatten sich vier Hauptwege durch Frankreich formiert, an denen sich die Klöster wie Perlen aufreihten; hinzu kamen Pilgerstationen, Hospize und sogar eigene Friedhöfe für solche, die unterwegs gestorben waren.

Das Aggressionspotential der Ritterschaft fand dagegen in der Bewegung der Kreuzzüge ein zielgerichtetes Ventil. 1095 rief in Clermont-Ferrand Papst Urban II., der selbst aus der Kongregation der Cluniazen-

8 Hugh Talbot O. Cist., *Cluniac Spirituality*, in: The life of the spirit, Blackfriars 1945, Vol. II. No. 18, S. 97-101.

Die vier Hauptrouten der Pilger nach Santiago de Compostela durch Frankreich
1 Via Touronensis
2 Via Lemovicensis
3 Via Podiensis
4 Via Tolosana
Die Cluniazenser waren die entscheidende Triebfeder bei der Organisation der Pilgerbewegung. Eine der vier großen Routen, die Via Lemovicensis (so benannt nach der Stadt Limoges), nahm ihren Ausgang in Burgund. Hier versammelten sich vorwiegend Pilger aus dem deutschsprachigen Raum. Die Pilgerfahrt zum Grab des Apostels Jakobus im nordwestlichen Spanien erlebte im 12. Jahrhundert ihren Höhepunkt, als auch Cluny seinen Zenit erreicht hatte. Mit dem schwindenden Einfluß der Cluniazenser im Hochmittelalter ging die Bedeutung der Jakobus-Wallfahrt zurück.

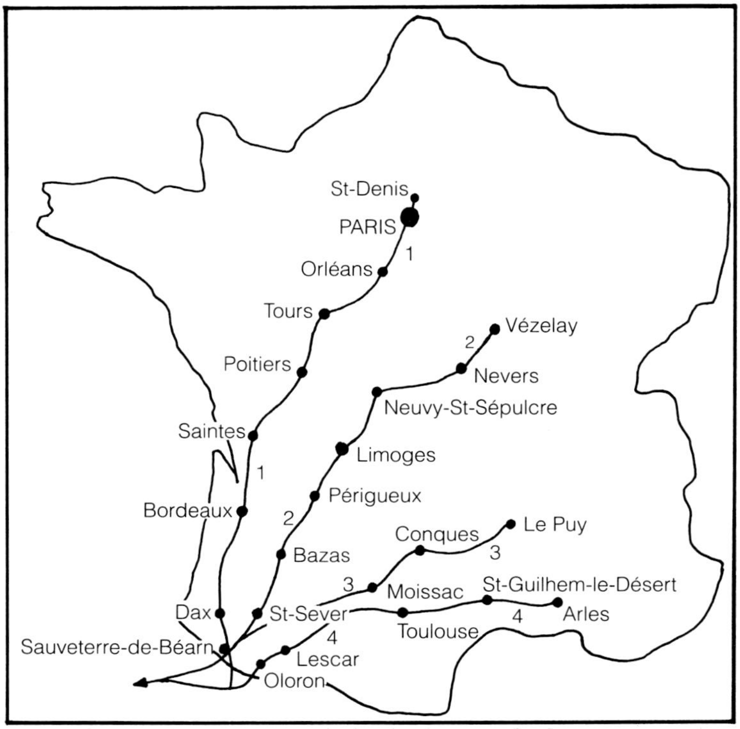

ser hervorgegangen war, zum Ersten Kreuzzug auf. Zuvor hatte er Cluny besucht, um die Meinung Abt Hugos zu diesem Thema einzuholen. Deshalb auf eine direkte Initiative Clunys zu schließen, geht sicher zu weit, wie auch die Hypothese, wonach Cluny die Reconquista, den Befreiungskampf der Christen gegen die Mauren in Spanien, gefördert haben soll, nach Tellenbach »bloße Phantasie« ist.[9] Wir können aber festhalten, daß Cluny sein ganzes Gewicht in die Waagschale warf, wenn es darum ging, alle Stände der damaligen Gesellschaft im Sinne einer religiösen Beeinflussung zu durchdringen. Dies zeigt sich auch im Umgang mit dem »Gottesfrieden«. Unter dem Signum der *pax Dei* war erstmals auf dem Konzil von Narbonne 990 ein Fehdeverbot ausgesprochen worden, das, getragen vom Episkopat Südfrankreichs, vor allem bestimmte Örtlichkeiten wie Mühlen, bebaute Felder und natürlich Klöster vor räuberischen Übergriffen zu schützen suchte. 1040 spann Abt Majolus von Cluny diesen Gedanken weiter. Im Zusammenwirken vor allem mit Vertretern des burgundischen Klerus wurde nun die *treuga Dei* aus der Taufe gehoben, die darüber hinaus Kampfeshandlungen an bestimmten Tagen untersagte und mit der Verhängung schwerer Kirchenstrafen bis hin zur Exkommunikation drohte. Wenn damit auch die rauflustige Ritterschar – die Bezeichnung Ritter war noch bis in das 12. Jahrhundert ein Schreckensbegriff! – nicht ad hoc domestiziert war, so blieben diese Maßnahmen auf keinen Fall völlig wirkungslos. Wenn man heutigentags mit dem Terminus der Ritterlichkeit eine besondere Tugend anspricht, so lebt in dieser Wertung ein gerüttelt Maß vom Wirken der Cluniazenser

9 Gerd Tellenbach, *Zum Wesen der Cluniazenser – Skizzen und Versuche*, in: Cluny – Beiträge zu Gestalt und Wirkung der cluniazensischen Reform, Wege der Forschung Bd. CCXLI, Darmstadt 1975, S. 125-140.

fort. Das Studium der Quellen führt uns denn auch immer wieder auf konkrete Hinweise, die die moralische Einflußnahme bedeutender Ordensleute gerade auf weltliche Herren hervorheben. Für Wilhelm von Volpiano liest man die Bezeichnung des *spiritualis medicus* König Roberts des Frommen von Frankreich, Majolus von Cluny war Ratgeber Kaiser Ottos II. und seiner Mutter Adelheid. Die Vita des hl. Vitalis von Savigny berichtet davon, wie der Heilige einen Grafen, der seine Frau schwer mißhandelt hatte, dahin brachte, durch öffentliche Selbstgeißelung Reue zu zeigen – die Auswahl der Beispiele ließe sich beliebig fortführen.

Diese Autoritätsstellung des Reformmönchtums erfuhr in Gestalt des hl. Hugo von Semur ihre sinnbildliche Personifikation. An ihn wandten sich Päpste und die gekrönten Häupter seiner Zeit in wichtigen politischen Fragen, wobei es ihm offenkundig stets gelang, eine neutrale Position zu wahren und nicht explizit für die eine oder die andere Seite Stellung zu beziehen. Selbst der dem Kaiser trotzende Reformpapst Gregor VII. hat sich der Autorität Hugos gefügig gezeigt. Nach ihm sollte erst wieder Bernhard von Clairvaux eine derartige Anerkennung von seiten der Mächtigen erfahren. Doch anders als Hugo stellte sich der große Zisterzienser mitten hinein in die politischen und theologischen Spannungen seiner Tage – auch dies ein markanter Unterschied zwischen dem Geist von Cluny und dem von Cîteaux.

Die wirtschaftliche Grundlage dieser breitgefächerten Aktivitäten stellte der ausgedehnte Landbesitz dar, den Cluny Zug um Zug hatte mehren können. Im 10. Jahrhundert war bereits der Grundstein zu dem später ins Gigantische gewachsenen Vermögen gelegt – auch dies eine der Angriffsflächen, auf die der hl. Bernhard seine verbalen Geschütze abfeuerte. Dieser Besitz war zum größten Teil durch Schenkungen vor allem von seiten weltlicher Herren zusammengekommen, daneben vermehrten die Mönche ihr Hab und Gut durch Erwerb und Tausch. Insgesamt unterschied sich ihr methodisches Vorgehen nicht sonderlich von der Wirtschaftsform weltlicher Grundherren. Ungeachtet seiner spirituellen Selbstbestimmung stand Cluny doch immer mitten im Leben und hat sich niemals der Mitverantwortung für die Gemeinschaft aller Christen entzogen.

Die Kirchenbauten Cluny I und Cluny II

Die wachsende Bedeutung des Klosters hat in der Folge dreier Kirchenbauten ihren deutlichen Niederschlag gefunden. Cluny I nennt man jenes erste Oratorium, das Abt Berno unverzüglich nach der Gründung durch Wilhelm von Aquitanien errichtete. Die Weihe ist bereits für das Jahr 915 überliefert, was für eine bescheidene Dimensionierung des Bauwerks spricht, das man sich als ungewölbten einschiffigen Saal zu denken hat. Von Cluny II besitzen wir eine klarere Vorstellung, da zumindest Teile davon ergraben werden konnten. Diese Kirche wurde 948

Längsschnitt durch die zerstörte Kirche Cluny II (nach Conant)
Die Proportionen des Bauwerks entsprechen denen zahlreicher anderer Klosterkirchen des 11. Jahrhunderts. Erst mit Cluny III entstand seit dem ausgehenden 11. Jahrhundert ein Denkmal, das den großen Einfluß der Cluniazenser in der mittelalterlichen Gesellschaft reflektiert.

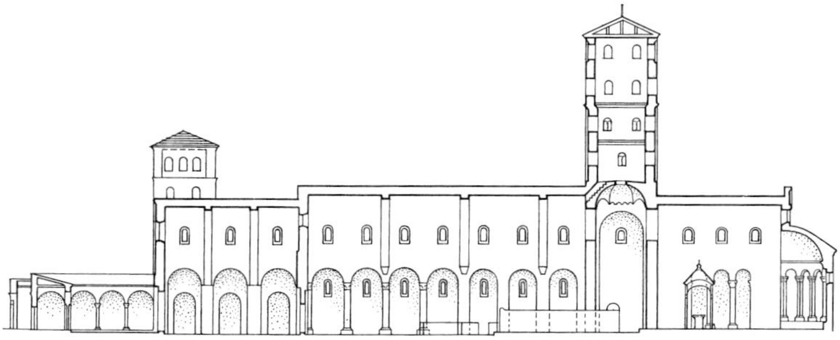

begonnen und von Abt Majolus 981 geweiht. Sie besaß Ausmaße, die dem gereiften Selbstverständnis der Cluniazenser angemessen waren, und inspirierte, anders als die nur unwesentlich älteren Bauten von St-Bénigne in Dijon und St-Philibert in Tournus, eine Reihe von anderen Bauten zur Nachahmung. Im Westen war der Kirche ein Atrium vorgelagert, wie es für viele Bauten des 11. Jahrhunderts zwar quellenmäßig belegt, jedoch nirgends mehr original erhalten ist. Vom Atrium zum Kircheninnern vermittelte ein offener Portikus über querrechteckigem Grundriß, dessen Gestalt möglicherweise mit dem Westturm des Gauzlinus in St-Benoît-sur-Loire in Verbindung stand (vgl. Abb. S. 28). Die Kirche besaß ein dreischiffiges basilikales Langhaus mit sieben Jochen und ein weit ausladendes einschiffiges Querhaus. Diese Raumteile hatten zunächst offene Dachstühle. Sie sollen gegen das ausgehende 11. Jahrhundert mit Längstonnen eingewölbt worden sein. Soweit stand Cluny II in einer allgemeinen Tradition, ohne selbst nennenswerte Neuerungen hervorgebracht zu haben.

Eine schöpferische Eigenleistung war jedoch die Anlage, die sich östlich an das Querhaus anschloß. Sie bestand aus einer komplizierten räumlichen Konstellation von nicht weniger als sieben Kapellen. Diese Disposition ist aus dem Typus der Dreiapsidenanlage hervorgegangen, bei der den Hauptchor zwei kleinere seitliche Kapellen begleiten. Die Vielzahl verehrungswürdiger Reliquien verlangte eine angemessene Aufstellung, die zur Vermehrung der Kapellen führte. Zudem war den Architekten daran gelegen, eigene Räumlichkeiten für das stille Gebet und für die Meditation zu schaffen. Die Chorgestalt von Cluny II ist also direkt aus den liturgischen Bedürfnissen der Mönchsgemeinschaft entstanden. Man hat diese räumliche Anordnung deshalb auch den *Benediktinischen Chor* genannt. Daneben hat sich der Begriff *Staffelchor* eingebürgert, abgeleitet aus dem Erscheinungsbild der Kapellen, die nämlich vom Hauptchor in der Mitte zu den Schmalseiten der Querschiffarme an Größe abnehmen.

An der Ausbreitung dieser neuartigen Chorlösung ist der schulbildende Charakter von Cluny erstmalig nachzuweisen. Der Staffelchor taucht in La Charité-sur-Loire auf, dessen Kirche, 1059 durch den hl. Hugo gegründet, in der zweiten Hälfte des 11. Jahrhunderts entstand; von dort wanderte das Motiv über das Loireufer nach Westen und Süden. Heute kennen wir noch zwei Kirchen, die mit sieben Kapellen dem Vor-

Grundriß der Klosterkirche von Châteaumeillant in Burgunds westlicher Nachbarlandschaft Berry
Châteaumeillant besitzt den besterhaltenen Staffelchor der französischen Romanik. Ähnlich hat man sich die Chorlösung von Cluny II vorzustellen.

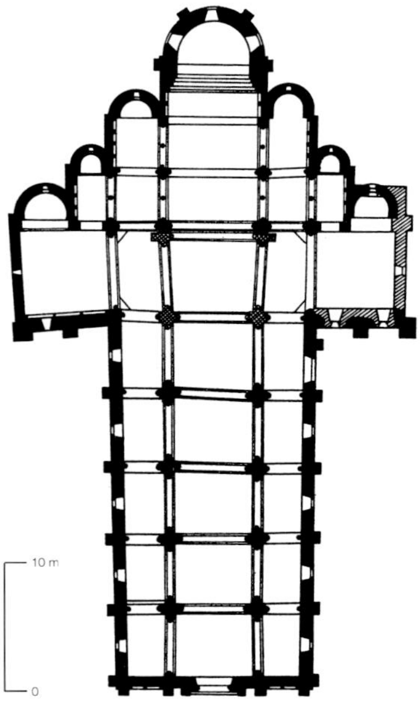

bild von Cluny II nacheiferten: Châteaumeillant im Berry und St-Sever in der Gascogne. Im 12. Jahrhundert hatte der Staffelchor bereits wieder an Aktualität verloren. Die offene Haltung der Klöster gegenüber der Pilgerbewegung machte dieses ausgeklügelte, jedoch nur auf die klösterlichen Bedürfnisse zugeschnittene System hinfällig. An seine Stelle trat der Chor mit Umgang und mit Radialkapellen.

Das Kloster des Abtes Odilo

Nachdem die Arbeiten an Cluny II im wesentlichen fertiggestellt waren, ging man unter Abt Odilo dazu über, das Augenmerk auf den Ausbau des Klosters zu richten. Während aber der Spaten etliche Erkenntnisse zur Kirche Cluny II aufdecken konnte, haben die Grabungen, die der amerikanische Architekt Conant über Jahrzehnte vorgenommen hat, über die Klosterbaulichkeiten nur einen spärlichen Aufschluß ermittelt, so daß bei der Rekonstruktion die Zuhilfenahme von schriftlichen Quellen unerläßlich war. Dennoch ist es gelungen, eine weitgehend getreue Vorstellung vom Kloster Odilos zu gewinnen. In einem Organismus, wie man ihn bis dahin noch nicht gekannt hatte, war allen liturgischen, wirtschaftlichen und sonstigen Bedürfnissen des alltäglichen Lebens Rechnung getragen. Damit hatte ein gedankliches Modell, wie ein »Idealkloster« beschaffen sein könnte – in dem berühmten Klosterplan von St. Gallen aus dem 9. Jahrhundert zunächst nur als Utopie entworfen – reale Gestalt gewonnen. Schon das 11. Jahrhundert ist sich des Modellcharakters dieses Klosters bewußt gewesen, denn Gäste wurden nach einem vorgeschriebenen Plan durch alle Räumlichkeiten geführt. Genauere Auskunft darüber gibt der Bericht eines unbekannten Geistlichen, der 1063 in Begleitung des Kardinals Petrus Damianus nach Cluny kam, diesen Rundgang mitvollzog und voller Bewunderung das Erlebte schriftlich festhielt.[10] Als besonders hervorhebenswert erwähnt der Chronist die Tatsache, daß überall im Kloster fließendes Wasser verfügbar war, das aus versteckten Kanälen gespeist wurde. Die Handhabung solcher Techniken ist nur aus einer intensiven Auseinandersetzung mit der arabischen Kultur Spaniens zu erklären. Da sich Cluny vehement für die Reconquista, den Befreiungskampf der spanischen Christen gegen die Mauren, engagierte, bestanden ganz konkrete Verbindungen zu Spanien. Als Ende des 11. Jahrhunderts die Kirche Cluny III gebaut wurde, flossen nicht unbeträchtliche Mittel von seiten der spanischen Könige nach Burgund, die entscheidend zum raschen Fortgang des riesenhaften Projektes beitrugen. Die Bewunderung der Zeitgenossen galt auch besonders dem Kreuzgang, der ganz aus Marmor errichtet worden war. Die Kostbarkeit des Werkstoffes diente der Versinnbildlichung dieses Bauteils als Herzstück des gesamten Komplexes – in einer Zeit, in der das Schöne zugleich immer Sinnbild des Guten war, zwischen Ethik und Ästhetik keine Grenze gezogen wurde, ein einleuchtendes Faktum.

10 *De Gallica Patri Damiani Profectione et eius ultramontana Itinere.* Verfaßt von einem unbekannten Reisebegleiter, um 1063, in: Monumenta Germaniae Historica, Scriptores Vol. XXX, ii, S. 1043.

Cluny, Rekonstruktion des Innern der Abteikirche Cluny III (nach Conant)
Der ambitionierte Bau von Cluny III macht deutlich, daß bereits Jahrzehnte vor der Entstehung der Gotik das Vertikalstreben als ein allgemeiner Zug mittelalterlichen Bauens zum Tragen kam und keineswegs der Gotik vorbehalten blieb. Wenn Cluny III dennoch nicht jene Steilheit besaß, die für die Kathedralen des 13. Jahrhunderts so kennzeichnend ist, liegt dies in erster Linie an dem Wölbungsprinzip der Längstonne.
Abgesehen von der Wölbung zeigt die Rekonstruktion des Mittelschiffs der fünfschiffigen Basilika, daß Cluny in Gestalt des zugespitzten Arkadenbogens und des dreigeschossigen Wandaufrisses der gotischen Baukunst in wesentlichen Zügen den Weg bereitet hat.

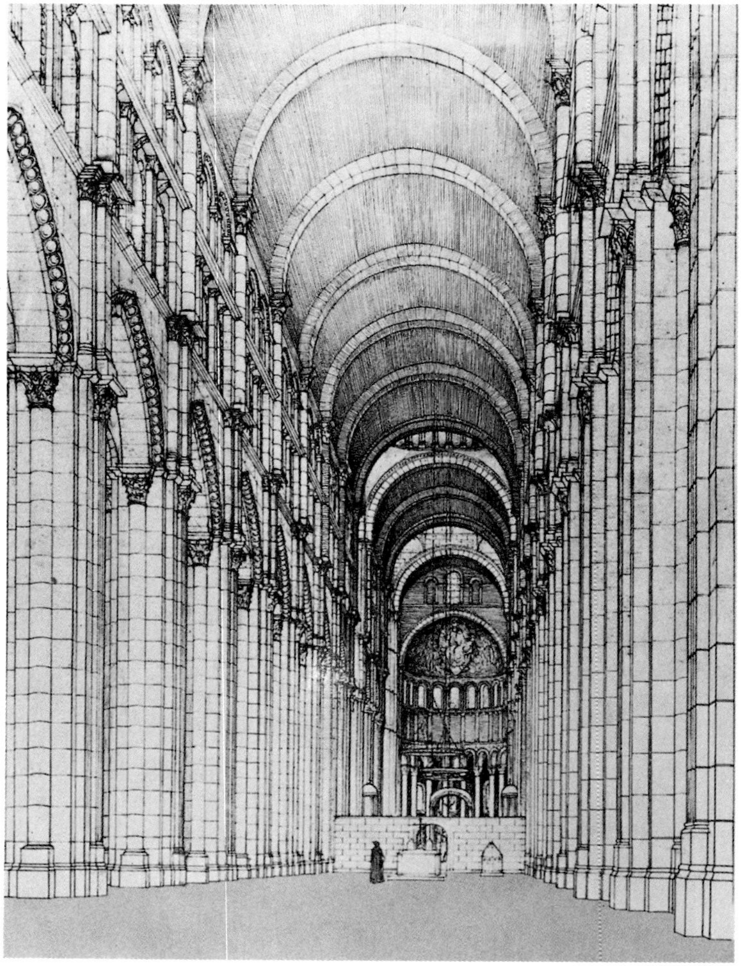

Cluny III: Die größte Kirche der Christenheit

Gegen das ausgehende 11. Jahrhundert, als Cluny den Zenit seiner Geschichte erreicht hatte, machte man sich daran, in Gestalt der größten Kirche der Christenheit das gewaltigste Bauprojekt des europäischen Mittelalters in Szene zu setzen. Nicht einmal die kühnsten Kathedralprojekte des 13. Jahrhunderts haben dieselben Dimensionen erreicht wie die Cluny III genannte Klosterkirche. Erst der Neubau von Sankt Peter in Rom im 16./17. Jahrhundert hat die Maße von Cluny III übertroffen. Über die Dauer der Planungsphase herrscht Uneinigkeit. Während Wolfgang Braunfels[11] eine Vorbereitungszeit von lediglich drei Jahren vermutete, nimmt Heinfried Wischermann[12] dafür rund 20 Jahre an. Die unsichere Quellenlage gibt uns in diesem Zusammenhang keine Grundlage zu einer genauen Festlegung. Aufschlußreich ist indes, was ein Biograph des Bauherrn Hugo von Semur in seiner Vita des hl. Abtes um

11 Wolfgang Braunfels, *Abendländische Klosterbaukunst*, Köln 1969, S. 80; fortan zitiert: Braunfels, Klosterbaukunst.
12 Heinfried Wischermann, *Kunstdenkmäler Frankreich – Burgund*, Darmstadt 1991, S. 382.

1122 als Hintergrundinformation zur Entstehung der Kirche festgehalten hat. Demnach sollen Gunzo, dem vormaligen Abt von La Baume, der sich in fortgeschrittenerem Alter als Mönch in Cluny niedergelassen hatte, die hll. Petrus, Paulus und Stephanus am Krankenlager erschienen sein, um ihm den Auftrag zum Bau einer neuen Klosterkirche zu offenbaren.[13] Um diese Begebenheit heute als bloße Fieberphantasie eines Todkranken *(ut aut ad extrema iam se devenisse crederet)* abzutun, nennt der Bericht in zu hohem Maße ganz konkrete Details. So verspricht Petrus dem Bettlägerigen noch volle sieben Jahre schaffensfrohen Lebens und macht sich selbst daran, mit einem Seil Länge und Breite des von ihm gewünschten Bauwerks vorzugeben. Gunzo genas und trug Abt Hugo den Wunsch der Heiligen vor. 1088 erfolgte die Grundsteinlegung zu einem Projekt, das ja nicht nur in technischer Hinsicht etwas Unerhörtes darstellte, sondern auch als finanzielle Herausforderung ohne Beispiel dastand. In dieser Richtung scheint man allerdings von langer Hand Vorsorge getroffen zu haben, weshalb die von Braunfels vermuteten drei Jahre der Vorbereitung vielleicht doch etwas zu knapp bemessen erscheinen. Endlos ist die Kette der Stifter, die bis zu den Königen des christlichen Spanien reichte. 1090 versprach Alfons von Kastilien anläßlich eines Zusammentreffens mit Hugo in Burgos die Zahlung von 200 Goldunzen. Das solide finanzielle Fundament, auf dem die Planungen basierten, garantierte ein zügiges Voranschreiten des Bauvorhabens. So konnte Papst Urban II. bereits 1095 den Hauptaltar im Chor weihen. Das Klosterleben wurde von den Arbeiten kaum tangiert, denn anders als bei vergleichbaren Projekten ging dem Neubau kein Abriß der alten Klosterkirche voran. Cluny II blieb vorerst unangetastet, so daß die Kontinuität der Liturgie, die ja den Mittelpunkt im monastischen Leben Clunys ausmachte, nicht beeinträchtigt wurde. So weit war die Baustelle vom Kloster Odilos abgesetzt, daß möglicherweise nicht einmal eine akustische Störung gegeben war.

Hugo starb 1109 nach einer Amtszeit, die mehr als ein halbes Jahrhundert gewährt hatte. Obwohl sein Nachfolger, Pons de Megeuil (1109-22), aus der Art bisheriger Cluniazenser-Äbte schlug und wegen seiner Arroganz vertrieben und schließlich sogar exkommuniziert wurde, erfuhr das Bauprojekt, das inzwischen eine Eigendynamik entwickelt hatte, keine nennenswerte Unterbrechung. Nachdem 1122 in Gestalt des Petrus Venerabilis wieder eine starke Persönlichkeit auf dem Abtstuhl saß, zugleich der letzte der großen Äbte, die Cluny hervorgebracht hat, schritt der riesenhafte Baukörper zügig seiner Vollendung entgegen.

Doch waren die anbrechenden 1120er Jahre zunächst von einer Katastrophe überschattet: ein Teil der Tonnenwölbung des Mittelschiffs stürzte ein. Es war klar, daß man unmöglich wieder auf die traditionelle Halbtonne mit ihren baustatischen Unwägbarkeiten zurückgreifen konnte. Die räumliche Disposition des 12 m breiten Mittelschiffs forderte eine technische Innovation, denn eine Wiederbelebung des altchristlichen und frühmittelalterlichen offenen Dachstuhles kam schon aus Prestigegründen nicht in Betracht. Zu Recht hat man immer in

13 Die Quelle zitiert bei: Braunfels, Klosterbaukunst a. a. O. (Anm. 11) S. 294.

Cluny III den Gegenpol zu Speyer gesehen. Der salische Kaiserdom am Rhein, ursprünglich ungewölbt, hatte im Zuge der weitreichenden Umbaumaßnahmen, die Kaiser Heinrich IV. veranlaßt hatte und die in eben denselben Jahrzehnten wie Cluny III – zwischen 1080 und 1106 – durchgeführt wurden, ein zukunftweisendes System von Kreuzgratgewölben erhalten. Cluny als Inbegriff der Kirchenreform durfte dem nicht nachstehen. Man folgte aber nicht dem Speyerer Beispiel, sondern kreierte mit der *Spitztonne* eine ganz neue Lösung. Das Motiv steht zwar nicht voraussetzungslos in der Architekturgeschichte da, denn es gab Vorbilder für den Spitzbogen in der arabischen Baukunst, in der der Spitzbogen aus der Überschneidung von Rundbögen entwickelt worden war (von den Normannen an ihren Domen in Apulien und auf Sizilien als Dekorationsform vielfach übernommen), doch bedeutete die Übertragung der Gewölbezuspitzung auf ein monumentales Bauwerk wie Cluny III einen Schritt von epochaler Reichweite. Die Zuspitzung des Gewölbes schwächt die Wirkung der horizontalen Schubkräfte der Tonne ab und gewährleistet eine stärkere Ableitung des Gewölbedrucks in der Vertikalen und damit konkret auf die tragenden Stützen der Pfeiler und der Außenwände. Es ist keine Überraschung, daß sich unverzüglich zahlreiche Baumeister diesen neuen Gedanken zu eigen machten, denn abgesehen von den statischen Vorteilen schlug die Spitztonne auch in finanzieller Hinsicht vorteilhaft zu Buche: Kirchenwände mußten fortan nicht mehr derart massiv gemauert werden, wie es zuvor vonnöten gewesen war. Als weitere Konsequenz konnte man nun auch die Fensteröffnungen vergrößern und den Innenraum lichtdurchlässiger gestalten. Ohne die unbestrittenen Errungenschaften der Normandie und ihre für die Gotik richtungweisenden Leistungen in bezug auf die fortschreitende Auflösung der Wand in Frage zu stellen, muß dieser Beitrag Clunys zur weiteren Entwicklung der hochmittelalterlichen Baukunst doch in aller Deutlichkeit herausgestellt werden. Der Spitzbogen, das Erkennungsmerkmal der Gotik, hat seine Heimat in der burgundischen Architektur Clunys.

Diese Neuerungen waren in der traditionellen Mauertechnik des 11. Jahrhunderts nicht zu bewerkstelligen. In Cluny III wurde deshalb der Bruchstein aufgegeben, an seine Stelle trat das glatt bearbeitete *Quadermauerwerk*, das die Normannen schon einige Jahrzehnte zuvor entwickelt hatten. Ende des 11. Jahrhunderts wird in Burgund der lombardisch-ostromanische Stil von den Prinzipien des westromanischen Kunstkreises abgelöst und damit zugleich die Phase der Hochromanik eingeleitet. Mit Hilfe des Quaders war der Weg frei, die bis dahin vorherrschende Auffassung der Wand als einer scheibenartig geschlossenen Fläche aufzugeben und sie im Sinne bauplastischen Gliederns durchzuformen, denn erst der Quader hatte das System von Diensten, Wandvorlagen, Gesimsen und vor allem das Triforium ermöglicht.

Nur gute 40 Jahre nach der Grundsteinlegung war das Bauwerk 1131 im wesentlichen vollendet, so daß die Gesamtweihe vollzogen werden konnte. Als letzten Teil ließ Petrus Venerabilis den geschlossenen drei-

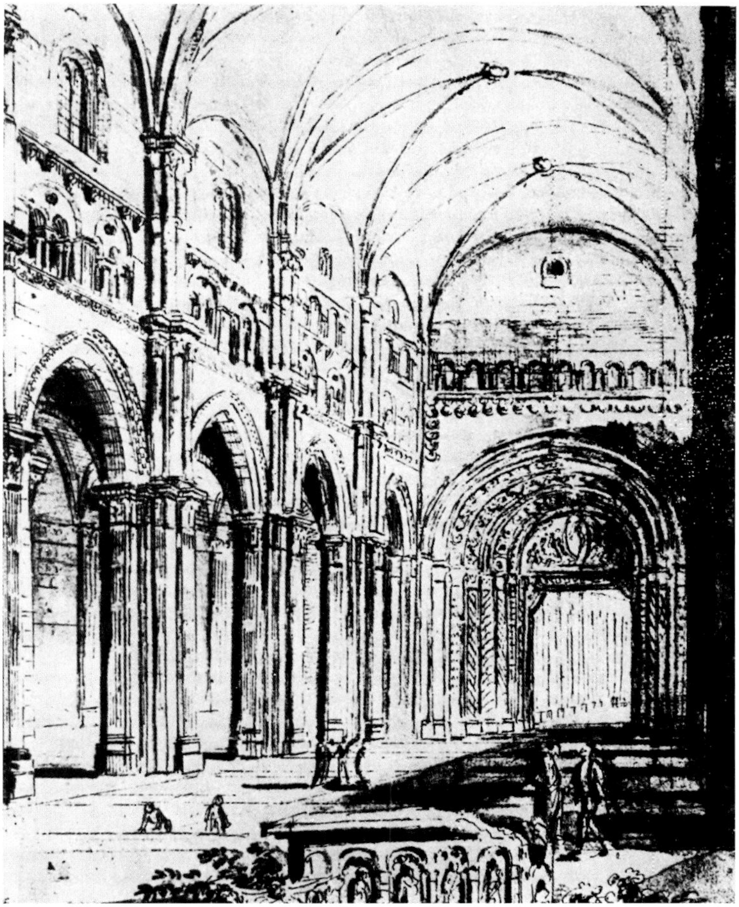

Cluny III, Rekonstruktion des Narthex (nach Conant)
Mit der Errichtung des dreischiffigen Narthex unter Abt Petrus Venerabilis kam das größte Kirchenprojekt des europäischen Mittelalters zum Abschluß. Der Aufriß des Mittelschiffs wiederholt in seiner Dreigeschossigkeit das bauliche Muster der Abteikirche Cluny III. Im Gewölbe hat sich jedoch bereits die Gotik Bahn gebrochen, denn anstelle der Spitztonne kam hier das System der Kreuzrippen zur Anwendung.
Vom Narthex sind heute nur noch spärliche Reste vorhanden. Teile der linken Arkaden erkennt man in den Außenmauern des Hôtel de Bourgogne, einige der Säulenbasen sowie die unteren Partien der rechten Arkaden und der rechten Außenmauer wurden 1991/92 bei Ausgrabungen freigelegt. Im Zuge der archäologischen Arbeiten wurde die Treppe rekonstruiert, die vom Vorplatz zur Kirche hinabführte. Hier beginnt auch heute wieder die offizielle Besichtigung der erhaltenen Teile von Cluny.

schiffigen Narthex im Westen anfügen, der noch im 13. Jahrhundert zwei flankierende Türme erhielt. Die Gesamtlänge von der Scheitelkapelle des Chorumgangs bis zum Westportal des Narthex betrug 187 m, das Mittelschiffgewölbe erreichte eine Höhe von knapp 30 m (zum Vergleich: die gotische Kathedrale von Chartres hat im Mittelschiff eine Höhe von 36 m).

Das Kloster des Abtes Petrus Venerabilis

Mit dem Bau von Cluny III ging auch eine erneute Umgestaltung der Konventsbauten einher. Als einschneidendste Maßnahme ist der Teilabriß der bald nach 1120 funktionslos gewordenen Kirche Cluny II zu nennen. Es wurde allerdings nur das Langhaus niedergelegt. Die Ostteile mit Querhaus und dem Staffelchor blieben aus Gründen der Pietät erhalten, da hier einige Äbte bestattet worden waren; desgleichen blieb der vordere Teil des Narthex stehen, der fortan die Aufgabe eines Portikus als Eingang zur Klausur erfüllte. Den durch den Abraum der Basilika freigewordenen Platz nutzte man zu einer Vergrößerung des Kreuzganges, der nun etwa die doppelten Ausmaße erhielt wie zur Zeit Odilos. Zuvor waren schon, zum Teil sogar noch von Hugo von Semur initiiert, der Krankentrakt und die Gästeräume erweitert worden. Im 13. Jahrhundert wußte man stolz zu berichten, daß anläßlich des Zusammentreffens König Ludwigs des Heiligen mit dem Kaiser von Byzanz und Papst Innozenz IV. in Cluny (1245) jeder dieser drei mitsamt seinem Gefolge (allein der Papst hatte 12 Kardinäle und 20 Bischöfe sowie deren ganze Dienerschaft mitgebracht) problemlos einquartiert werden konnte und die Mönche deshalb nicht einmal einen ihrer Trakte hätten räumen müssen – und im Kloster lebten damals rund 1000 Konventualen!

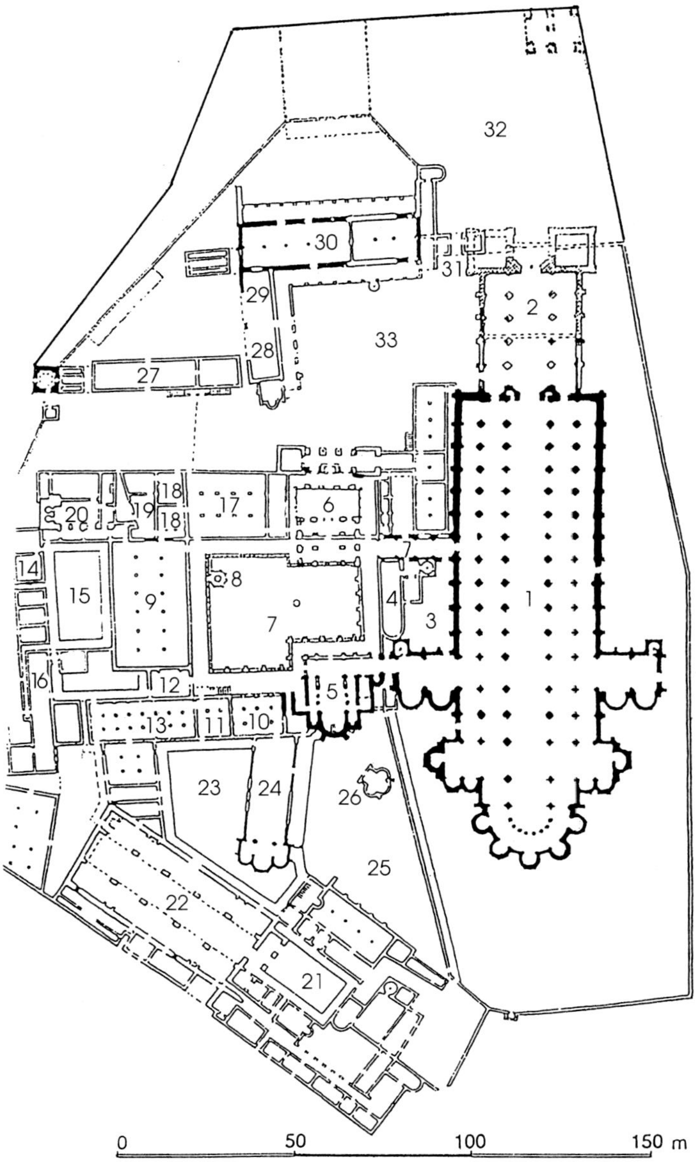

Grundriß des Klosters von Cluny
Der Plan gibt die Situation zur Zeit des Abtes Petrus Venerabilis im 12. Jahrhundert wieder:
1 Kirche Cluny III
2 Narthex des Petrus Venerabilis
3 Sakristei
4 Kapelle des Abtes
5 Ostpartie der Kirche Cluny II
6 Atrium
7 Kreuzgang
8 Brunnen/Lavabo
9 Refektorium
10 Kapitelsaal
11 Parlatorium (Sprechraum)
12 Calefactorium (Wärmeraum)
13 Camera
14 Noviziat
15 Kreuzgang der Novizen
16 Latrinen
17 Vorratsräume
18 Küchen
19 Brotkammer
20 Bäckerei
21 Kleiner Kreuzgang
22 Der große Krankensaal des Abtes Petrus Venerabilis
23 Krankenhof
24 Kirche Ste-Marie
25 Mönchsfriedhof
26 Friedhofskapelle Notre-Dame
27 Stallungen
28 Schuppen
29 Hospiz des Abtes Petrus Venerabilis
30 Hospiz des Abtes Hugo
31 Pforte
32 Vorhof
33 Großer Innenhof

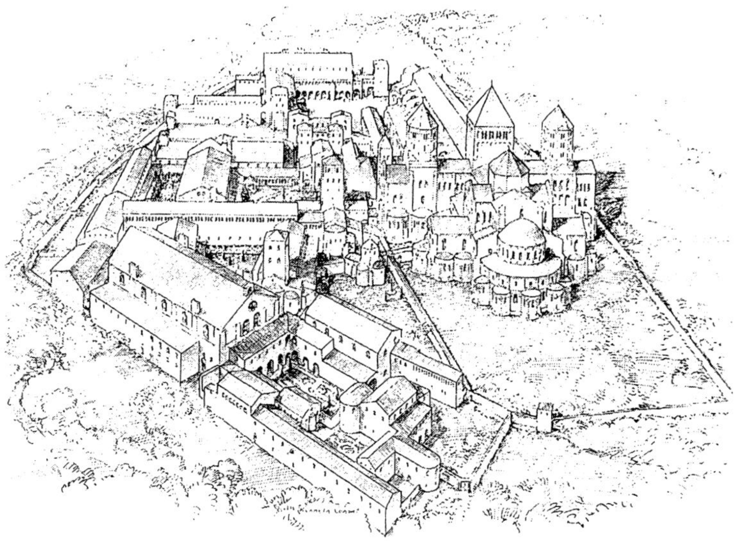

Rekonstruktion des Klosters Cluny (nach Conant)
Die Rekonstruktion zeigt den gewaltigen Klosterkomplex von Osten aus der Vogelperspektive (zur Bestimmung der einzelnen Baulichkeiten siehe die Legende auf Seite 44).
Während die Kirche Cluny II in das Kloster eingebunden erscheint, macht die Rekonstruktion deutlich, daß der Riesenkörper der Kirche Cluny III etwas davon abgesetzt wurde. Insgesamt ist zu erkennen, daß Cluny in unterschiedlichen Bauphasen entstanden ist, gleichsam wie »ein riesenhaftes Lebewesen, in dem die Vielfalt der Funktionen den klaren Ordnungsgedanken verunklärt« (Braunfels). So unterscheidet sich Cluny nicht nur in seinen Dimensionen, sondern auch in der Baustruktur von den Abteien der Zisterzienser, die meist wie aus einem Guß erscheinen und alle einem einheitlichen Muster folgen, das von Ordnung und Klarheit bestimmt ist (vgl. den Plan von Fontenay S. 137).

Niedergang und Zerstörung

Obwohl Cluny zu diesem Zeitpunkt seinen Höhepunkt überschritten hatte, sollte das Kloster auch weiterhin stets mit Baustellen leben. Doch fanden nach dem 13. Jahrhundert keine herausragenden Ergänzungen mehr statt. Vereinzelt kamen noch einige Kapellen hinzu, auch das Abtslogis wurde nach dem jeweils herrschenden Geschmack späterer Zeiten um- oder gänzlich neu gestaltet. Jedenfalls hat man an dem vorhandenen Bestand immerhin noch zahlreiche Manipulationen vorgenommen, so daß die einstmals klare Klosterstruktur des 11. und 12. Jahrhunderts letztendlich verlorenging. Dies sollte Cluny im 18. Jahrhundert zum Verhängnis werden. 1727 wurde das über Jahrhunderte organisch gewachsene Bauwirrwarr der Klostergebäude abgerissen, einzig die Kirche blieb unangetastet. Von dem ehrgeizigen Plan, nach dem in Cluny eine der typischen Fürstabteien des Spätbarock hätte entstehen sollen, ist 1750 nur ein Teil realisiert worden. Cluny III überlebte diese massiven Eingriffe keine 100 Jahre. Im Zuge der der Revolution nachfolgenden Säkularisation wurde das historische Bauwerk an ein privates Abbruchunternehmen verkauft und zu Beginn des 19. Jahrhunderts systematisch niedergelegt. Der Abriß wurde von den bald nach 1820 einsetzenden restaurativen Bestrebungen eingeholt, doch war zu dieser Zeit nicht mehr viel zu retten. Heute steht von der Abteikirche Cluny III nur noch der Südarm des großen Querhauses mit dem darüber aufgehenden, in zwei Geschosse gegliederten oktogonalen Glockenturm. Er dient dem Besucher als einziger Anhaltspunkt, eine Vorstellung von der einstigen Größe der Kirche zu gewinnen.

Seit durch erneute Grabungen in den Jahren 1988-92 ein Teil des Narthex, von dem zuvor nur zwei Turmstümpfe über die späteren Aufschüttungen lugten, wieder freigelegt wurde, hat unsere Imaginationskraft eine zusätzliche Hilfe erhalten. So lassen sich zumindest die gewaltigen Dimensionen des Bauwerks plastischer vergegenwärtigen. Um sich jedoch eine präzisere Vorstellung von der Abfolge der einzelnen Raumteile und der Gestalt des Aufrisses zu machen, muß man den Grundriß und die Rekonstruktionsmodelle, die auf der Grundlage der Erkenntnisse von K. Conant angefertigt wurden, zu Rate ziehen. Cluny III haben wir uns demnach wie folgt zu denken:

Der Narthex war eine geschlossene Anlage mit drei basilikal abgestuften Schiffen. Mit etwa 40 m Länge besaß er allein schon die Größe einer ganzen Kirche; das Langhaus von Paray-le-Monial hätte gleich zweimal darin Platz finden können. Der Hauptteil des Gebäudes hatte die traditionellen Bestandteile des mittelalterlichen Kirchenbaus verdoppelt. So besaß das basilikale Langhaus nicht zwei Seitenschiffe, sondern deren vier, war also insgesamt fünfschiffig. Von der Westwand bis zur ersten Vierung reihten sich elf Joche hintereinander, Raum genug für mindestens zehntausend Pilger. Die beiden Arme des Querhauses fluchteten so weit nach Norden und Süden, daß hier Platz genug für zwei Kapellen auf jeder Seite entstanden war. Weiter nach Osten wurde das Langhaus noch einmal in drei weiteren Jochen fortgeführt, um dann in ein zweites Querhaus zu münden. Obwohl dessen Arme gegenüber dem ersten Querschiff verkürzter ausfielen, befanden sich auch dort nochmals zwei wieder nach Osten ausgerichtete kleinere Sanktuarien. In Anbetracht der verschwenderischen Proportionen der Gesamterscheinung überrascht lediglich die

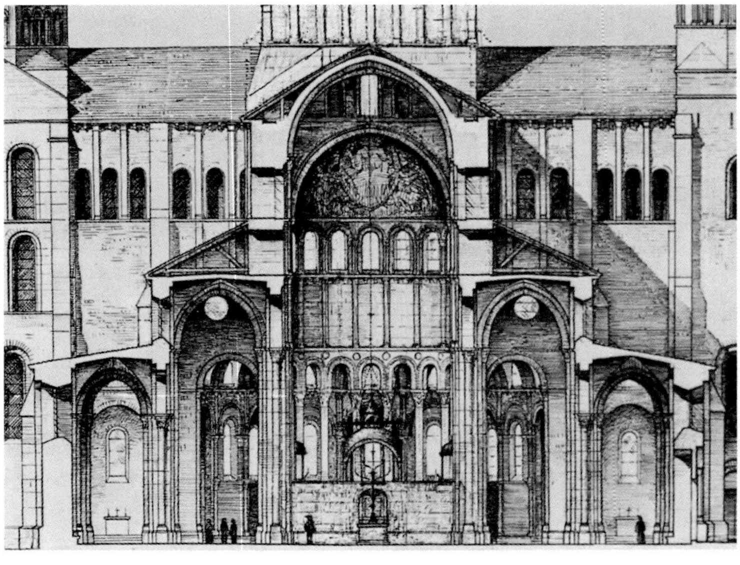

Kirche Cluny III, Querschnitt (nach Conant)
Die Rekonstruktion zeigt die Staffelung der fünf Schiffe der Basilika. Über dem Querhaus gingen drei Türme auf: der beherrschende Vierungsturm und zwei kleinere über den Querhausarmen, von denen der Südturm erhalten blieb (vgl. Farbtafel S. 32). Den Abschluß bildete im Osten der Chor mit Umgang und Radialkapellen. Mit dieser Öffnung des Chores für Pilger und Laien dokumentierte das benediktinische Mönchswesen des 11. Jahrhunderts seinen Anspruch, das Leben der mittelalterlichen Gesellschaft aktiv mitzugestalten. Zugleich sind die Größe und die Pracht von Cluny III sinnbildhafter Ausdruck für die tragende Rolle, die das Mönchtum in jener Zeit tatsächlich spielte.

Tatsache, daß die Querhausarme auffallend schmal bemessen waren. Um das Chorhaupt legte sich ein Umgang, von dem fünf Radialkapellen ausstrahlten (im Regelfall säumten den Umgang einer Pilgerkirche nur drei Kapellen). Diese Chorlösung stellte eine einschneidende Abweichung vom Vorgängerbau des Majolus dar. Hatte man dort noch den Bedürfnissen der Mönche in jeder Hinsicht Rechnung getragen, so versteht sich der *Chor mit Umgang und Radialkapellen* als eine Konzession an die Pilger, die das Kloster seit dem 11. Jahrhundert in großen Scharen aufsuchten. Früher hat man in der Chorlösung von Cluny III, die in fast allen Kathedralen der Gotik in nur geringfügig veränderter Form weiterlebte, einen der ersten Vertreter dieses Typs sehen wollen. Diese Ansicht ist inzwischen durch die Forschung der letzten Jahrzehnte korrigiert worden. Grabungen an verschiedenen Orten haben den Nachweis erbracht, daß Chöre mit Umgang und Radialkapellen bereits an Bauten des 10. Jahrhunderts existierten. Heute sieht man in den (nicht erhaltenen, lediglich durch Grabungsbefund gesicherten) Anlagen von St-Martin in Tours und der Kathedrale von Clermont-Ferrand die ältesten Vertreter. Die Mönche von Tournus, die sich, wie schon ausgeführt wurde, im 10. Jahrhundert kurzzeitig in Clermont aufgehalten hatten, brachten von dort diese Neuerrungenschaft mit nach Burgund (der Chor in Tournus entstammt in seiner heutigen Gestalt dem 12. Jahrhundert und hängt wiederum von Cluny III ab, er fußt jedoch auf den Grundmauern des frühmittelalterlichen Vorgängers und hält sich an den von diesem vorgegebenen Grundriß).

Soweit läßt sich das einstige Aussehen von Cluny III aus dem (rekonstruierten) Grundriß ableiten. Da immerhin noch ein kleiner Teil der Kirche mitsamt seinem Gewölbe aufrecht steht, läßt sich auch ein Bild des Aufrisses nachzeichnen. Im Untergeschoß wuchsen mächtige Pfeiler auf, denen an allen vier Seiten kannelierte Pilaster aufgelegt waren. Den oberen Abschluß bildete eine Reihe von zugespitzten Arkaden. Die von der Lichtführung her gesehen blinde Zone, wo sich von außen die Pultdächer der Seitenschiffe an die Hochschiffwand lehnten, war mit Hilfe eines Triforiums gegliedert, das dem Mauerwerk in Gestalt dreier durch kleine Pilaster voneinander getrennte Rundbögen aufgeblendet worden war. Darüber entsprachen im Obergaden drei gleichfalls rundbogige Fenster dem Gliederungsschema der Triforiumszone. Obwohl alle Geschosse durch ein schmales Gesims gegeneinander abgegrenzt erschienen, sorgten Dienste, die über den Säulen emporwuchsen und sich nach oben in die Gurtbögen des Gewölbes fortsetzten, für eine vertikale Verklammerung aller Geschosse, ein System, das in ähnlicher Form in der Normandie ausgebildet worden war und nahtlos in der gotischen Baukunst fortlebte. So unverwechselbar mittelalterlich der Raumeindruck auch insgesamt gewesen sein muß, so deutlich hat daneben auch das antike Erbe mitgesprochen, wenn vielleicht auch mehr im ornamentalen Detail: korinthische Kapitelle, Pilaster, Kanneluren. Auf jeden Fall ist festzustellen, daß die Frage der Antikenrezeption im 12. Jahrhundert keineswegs auf den Bereich Niederburgund (Provence) beschränkt blieb,

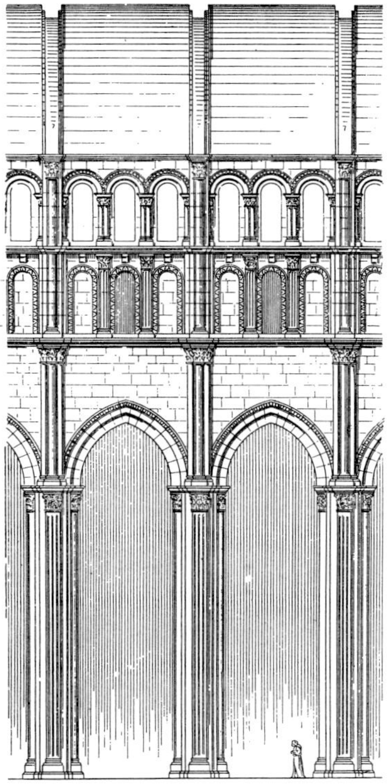

Cluny III, Aufriß des Mittelschiffs
Mit der Abfolge von hochgestelzter Arkade, Blendtriforium und durchfenstertem Obergaden war ein baulicher Kanon festgelegt, dem sich in der Folgezeit zahlreiche Klosterkirchen und Kathedralen auch weit über die Grenzen Burgunds hinaus anschlossen. Obwohl es sachlich nicht fehlgeht, in diesem Zusammenhang von einer burgundischen Bauschule zu sprechen, erscheint es doch angesichts der geographisch weiten Streuung dieses Bautypus präziser, den Terminus der cluniazensischen Bauschule zu verwenden.

Farbtafel rechts:
Paray-le-Monial, ehem. Klosterkirche von Westen
Von allen Kirchen der cluniazensischen Bauschule bietet Paray-le-Monial das getreulichste (wenn auch stark verkleinerte) Abbild der untergegangenen Kirche Cluny III.
Paray-le-Monial ist auch heute noch ein rege besuchtes Wallfahrtsziel. Zwischen 1671 und 1678 lebte im nahen Couvent de la Visitation die selige Marguerite-Marie Alacoque, der in wiederholten Visionen der Heiland erschienen sein soll, auf sein Herz als Zeichen seines Leidens und der Erlösung weisend. Daraus entstand der Herz-Jesu-Kult, der in Frankreich zu großer Popularität kam und namentlich Ende des 19. Jahrhunderts seinen Höhepunkt erlebte, als sich die Bewegung des »renouveau catholique« breitmachte, eine Art nationaler Sühne als Reaktion auf die schmachvolle Niederlage gegen Preußen im Krieg von 1870/71.

sondern auch im Herzogtum Burgund inspirierend zum Ausdruck kam, während sie in der Baukunst der anderen Landschaften Frankreichs kaum eine Rolle spielte.

Zu erwähnen sind schließlich noch die Türme, fünf an der Zahl, die vielen kleinen Treppentürme nicht mitgerechnet. Den Narthex flankierten zwei Türme, von denen die unteren Geschosse noch stehen. Nach Osten erlebte das Ensemble eine Steigerung. Den Armen des westlichen Querhauses saßen zwei Türme auf (der südliche erhalten), zwischen diesen ragte ein weiterer, noch etwas voluminöserer und höherer Turm auf. Die spitzen Helme erhielten sie erst im 15. Jahrhundert anstelle der ursprünglich gedrückter gehaltenen Dächer. Der *Kirchturm* ist eine der ureigenen Leistungen der mittelalterlichen Baukunst. Die mit ihm verbundene Vertikalakzentuierung des Kultbaus war der Antike und auch noch der frühchristlichen Architektur unbekannt. Türme gehören zum verbreiteten Erscheinungsbild der Bauten nicht nur in Deutschland und Frankreich, sondern ebenfalls Englands, Italiens und Spaniens. Die Komposition zu ganzen *Turmgruppen* wie hier in Cluny blieb jedoch auf die Länder nördlich der Alpen beschränkt.

Paray-le-Monial – verkleinertes Abbild von Cluny

Paray-le-Monial, Grundriß der ehem. Klosterkirche
Das Langhaus ist mit nur drei Jochen auffallend kurz geraten. An das Querhaus schließt der Chor mit Umgang und Radialkapellen an, was beweist, daß auch Paray-le-Monial Anteil an der Pilgerbewegung hatte.

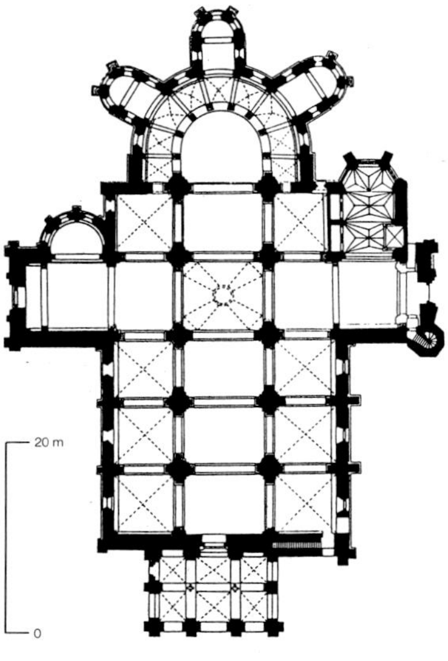

Die in Cluny erhaltenen Reste sind derart bruchstückhaft, daß die Vorstellungskraft, die man aufbringen muß, um das originale Bild zu rekonstruieren, aufs äußerste strapaziert wird. Hilfesuchend schaut man sich nach Bauten um, die in der Nachfolge von Cluny III stehen. Ein solches Beispiel bietet Paray-le-Monial, rund 70 km westlich von Cluny. Der dortigen Prioratskirche blieb das Schicksal des großen Vorbilds im Mâconnais deshalb erspart, weil die Einwohner des Ortes das Bauwerk in einer beherzten Gemeinschaftsaktion Anfang des 19. Jahrhunderts dem Staat abkauften und damit seinen Fortbestand sicherten. Allerdings fällt in Paray-le-Monial alles bedeutend kleiner aus. Die Kirche ist 63 m lang, das entspricht exakt einem Drittel der einstigen Größe von Cluny III. Man hat Paray-le-Monial auch salopp als ein »Cluny im Taschenformat« tituliert. Nichtsdestoweniger bildet diese Kirche den verläßlichsten Brückenschlag zu unserem tieferen Verständnis der untergegangenen Abteikirche von Cluny.

In der Außenansicht bietet der Blick auf die Ostpartie den nachhaltigsten Eindruck. Hier erfährt man in der *pyramidalen Staffelung des Chores* die Auffassung von klarer Ordnung, die zugleich ein lebendiger Spiegel der mittelalterlichen Hierarchievorstellung ist. In der untersten Zone von Kapellen und Chorumgang war der Platz der Laien; denn hier defilierten die Pilger, die durch das nördliche Seitenschiff der Basilika Einzug gehalten hatten, an den in den Radialkapellen aufgestellten Altären vorbei. Über dem Dach des Umgangs wächst das Chorhaupt auf, über dem das Chorjoch weiter an Höhe gewinnt. Hier war im Innern der

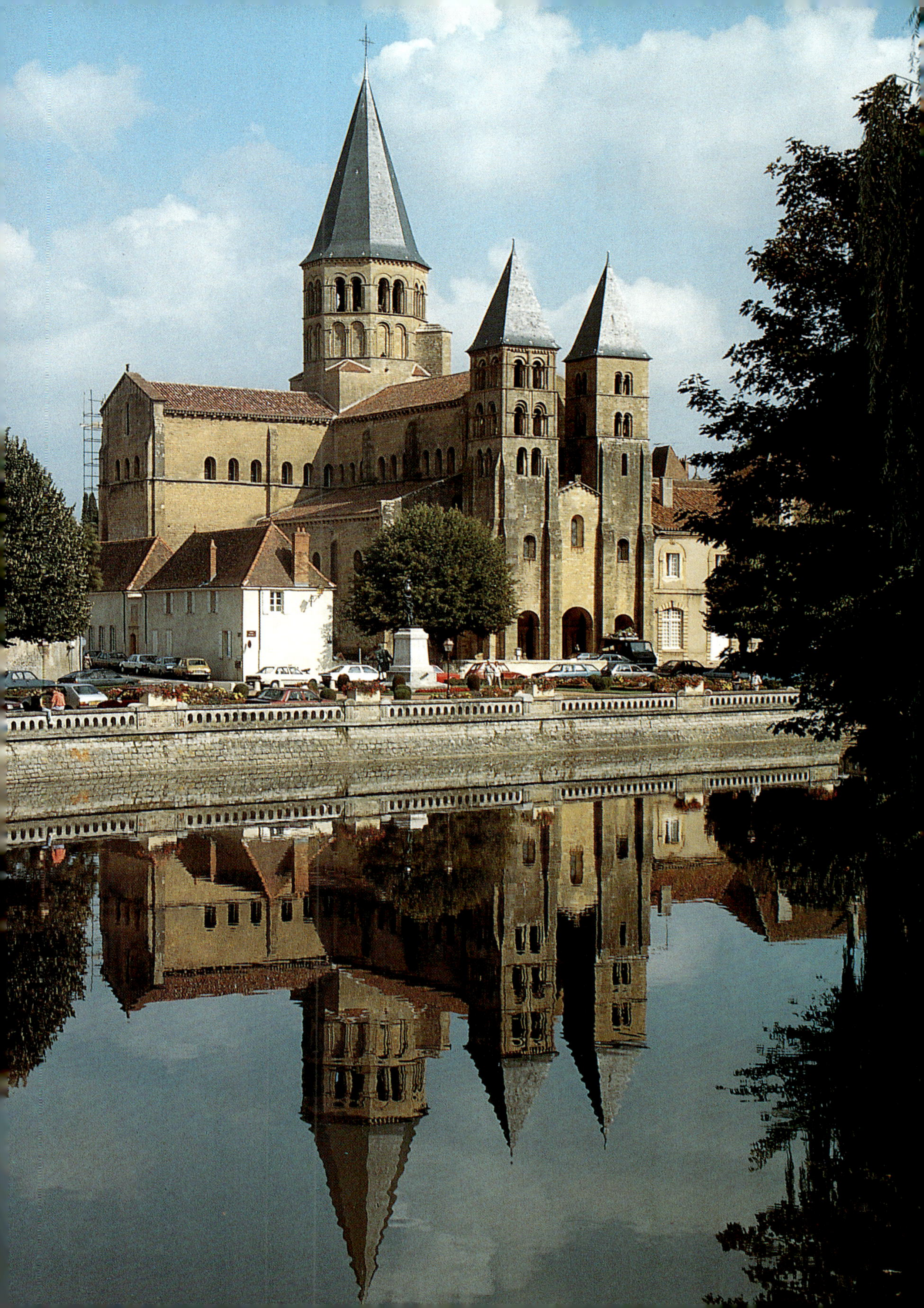

Paray-le-Monial, Ostpartie der ehem. Klosterkirche
Da die Ostteile der Kirche von späteren Verbauungen unbeeinträchtigt blieben, läßt sich an dieser Stelle die pyramidale Staffelung der cluniazensischen Chorlösung exemplarisch studieren: Die unterste Zone bilden die Radialkapellen. Die Aufnahme macht deutlich, daß es mißverständlich wäre, von einem Kapellenkranz zu sprechen, da die Kapellen voneinander isoliert sind. Erst in der Gotik rücken sie nahtlos aneinander, weshalb dort der Begriff des Kranzes angemessen ist. Die pyramidale Bedachung des Vierungsturms ist eine originalgetreue Rekonstruktion des 19. Jahrhunderts.

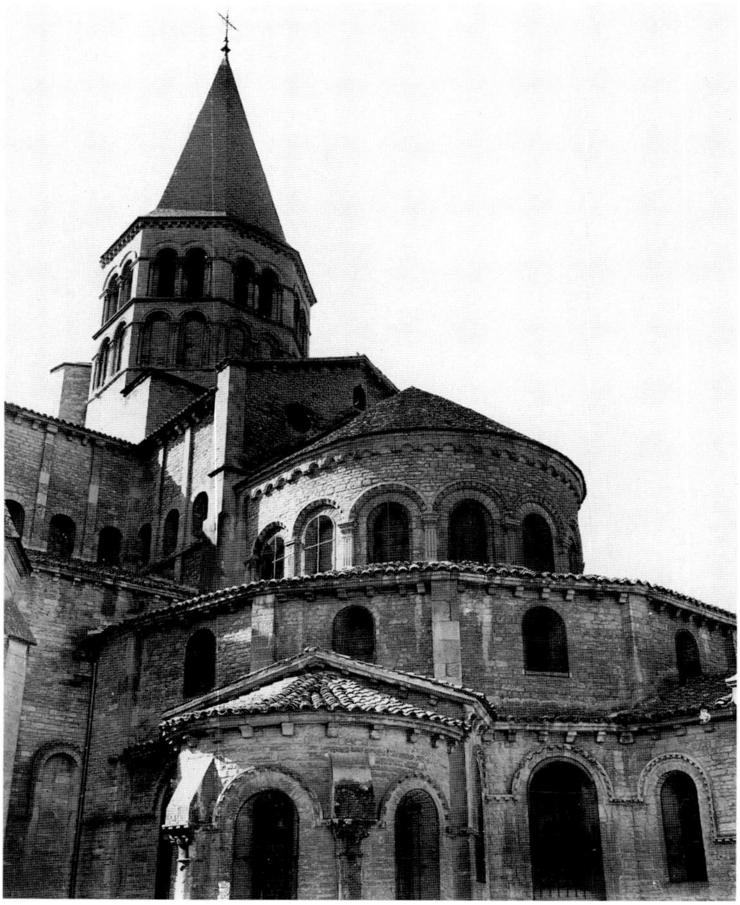

Platz für die Kleriker, die das gemeinsame Gebet verrichteten, ohne vom Strom der Wallfahrer beeinträchtigt zu werden. Den Gipfel markiert der zweigeschossige Vierungsturm, der nach oben in eine spitze Bedachung mündet. Da der Kreuzgrundriß der Kirche im Mittelalter sich symbolisch mit der Vorstellung vom Kreuz Christi verband, kennzeichnet die Vierung demzufolge jenen Punkt, an dem man sich das Haupt des Erlösers zu denken hat. So hat das Selbstverständnis des Mönchtums, das sich in der Rolle des Vermittlers zwischen irdischem und himmlischem Bereich sah, in dieser Bauform seinen steingewordenen Ausdruck gefunden.

Die Ansicht von Westen wird dominiert von den beiden Türmen, die den offenen Narthex seitlich einfassen. Sie entfalten trotz ihres Emporstrebens nicht dieselbe monumentale Wirkung wie die Ostpartie, erfahren aber eine gefällige Steigerung durch die Spiegelung im Wasser der gemächlich vorbeiziehenden Bourbince.

Das Rauminnere steht der Erhabenheit von Cluny wohl am nächsten. Das Mittelschiff der dreischiffigen Basilika erreicht immerhin noch stolze 22 m Höhe, ist also nur 8 m niedriger als das Vorbild. Nachdrücklich teilt sich in dieser räumlichen Disposition das kühne Himmelstreben cluniazensischen Bauens mit, das in der gotischen Kathedrale seine konsequente Fortsetzung erfuhr. Im Gesamteindruck entsteht ein spannungsvoller Gegensatz zwischen der Steilheit des Langhauses und der Muldenform des etwas niedriger gehaltenen Chores. Zudem erfährt das Bauwerk eine sublime Lichtsteigerung nach Osten, was sich nicht allein aus der Vielzahl der Chorfenster erklärt, sondern durch die auffallend schlank gehaltenen Säulen mitbegünstigt wird, die Chorhaupt und -umgang voneinander scheiden. Außerdem wurde auf Vorlagen in Gestalt von Diensten verzichtet, um den Abstand und damit die Lichtdurchlässigkeit zwischen den Stützen nicht unnötig zu mindern.

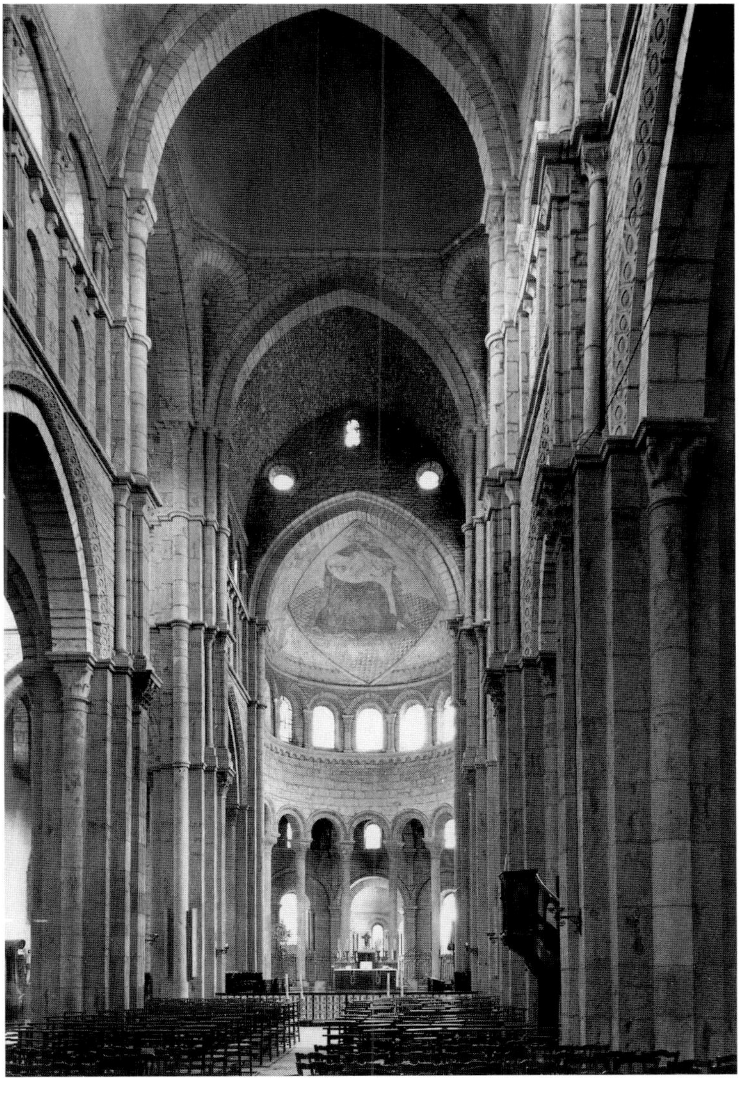

Paray-le-Monial, Innenraum der ehem. Klosterkirche
Der Blick geht von Westen in Richtung auf den Chor. Die steile Raumproportionierung des basilikalen Mittelschiffs ist eines der auffälligsten Charakteristika der cluniazensischen Bauschule. Der Chor wird durch die Lichtführung als der heiligste Bereich des Kirchenraumes definiert. Dieses metaphysische Prinzip eines Lichtweges innerhalb der romanischen Kirche wurde wenig später in Vézelay zur Vollendung gebracht (dazu ausführlich S. 118ff).

Neben Paray-le-Monial gibt es noch eine ganze Gruppe weiterer Kirchenbauten, die sich zum Teil eng an Cluny III anschließen. Als wichtigste Beispiele in Burgund sind Semur-en-Brionnais, die Kathedrale in Autun, Notre-Dame in Beaune und die Kathedrale von Langres zu nennen. Bei genauer Betrachtung ist jedoch festzustellen, daß nicht alle diese Bauten sich mit derselben akribischen Detailtreue wie Paray-le-Monial an das Vorbild halten. Vielmehr erscheinen in jeder der genannten Kirchen die Gedanken Clunys weiterentwickelt. So steht zwar mancher Nachfolger im Einflußbereich des großartigen Vorbildes, doch kaum einer in dessen Bann!

Auch außerhalb der Grenzen des Herzogtums Burgund kamen die Neuerungen Clunys zum Niederschlag. Besonders die provenzalische Baukunst der Romanik, die erst spät mit ihren reifen Lösungen in Erscheinung tritt – wichtige Kirchen entstanden erst gegen die Mitte des 12. Jahrhunderts oder sogar erst nach 1150 –, hat sich das Prinzip der Spitztonne zu eigen gemacht. Man findet sie in hochrangigen Bauwerken (z. B. St-Trophime in Arles) ebenso wie in abgelegenen Kapellen und Prioraten, die dann aber meist, wie im Fall von Ganagobie (Haute-Provence), in einem rechtlichen Abhängigkeitsverhältnis zu Cluny standen. Aber auch in anderen Landschaften Frankreichs taucht die Spitztonne um 1130 auf; diese bahnbrechende technische Innovation fand sogar Eingang in die sonst sehr eigenständige Baukunst Aquitaniens (z. B. Ste-Radegonde in Talmont an der Gironde). Die Anwendung cluniazensischer Formen blieb andererseits außerhalb Burgunds immer selektiv, beschränkte sich also auf Einzelmotive und übernahm nicht das gesamte cluniazensische Muster. Es ist besonders zu betonen, daß die kirchenrechtliche Verbindung mit Cluny keineswegs bedeutete, daß man sich deshalb auch überall im Lande der Architektur des Mutterklosters verpflichtet sah. Zahlreiche Niederlassungen der Cluniazenser haben gänzlich eigene Wege verfolgt und Bauten errichtet, die aus einer lokalgebundenen Schule hervorgegangen sind. Dies gilt etwa für Moissac, für St-Martin-des-Champs in Paris oder für das untergegangene Kloster von St-Martial in Limoges. In manchen Landschaften wie etwa der Auvergne sucht man sogar vergeblich nach Spuren der Cluniazenser. In dieser Hinsicht unterscheidet sich Cluny himmelweit von Cîteaux bzw. Clairvaux, denn dort wurden Maximen aufgestellt, die für alle Angehörigen des Ordens galten. Nicht zu unterschätzen ist indes der Beitrag, den Cluny zur Ausbildung der hochgotischen Kathedrale geleistet hat, in der der Spitzbogen ebenso wie der dreigeschossige Aufriß noch über Jahrhunderte fortlebte.

Abschließend seien die wichtigsten Erkennungsmerkmale der von Cluny III begründeten Bautradition festgehalten, wie sie Wilhelm Schlink[14] in einer ausführlichen Studie zur Kathedrale in Langres zusammengestellt hat:

14 Wilhelm Schlink, *Zwischen Cluny und Clairvaux*, phil.Diss. Berlin 1970, S. 80. Fortan zitiert: Schlink, Zw. Cluny u. Clairvaux.

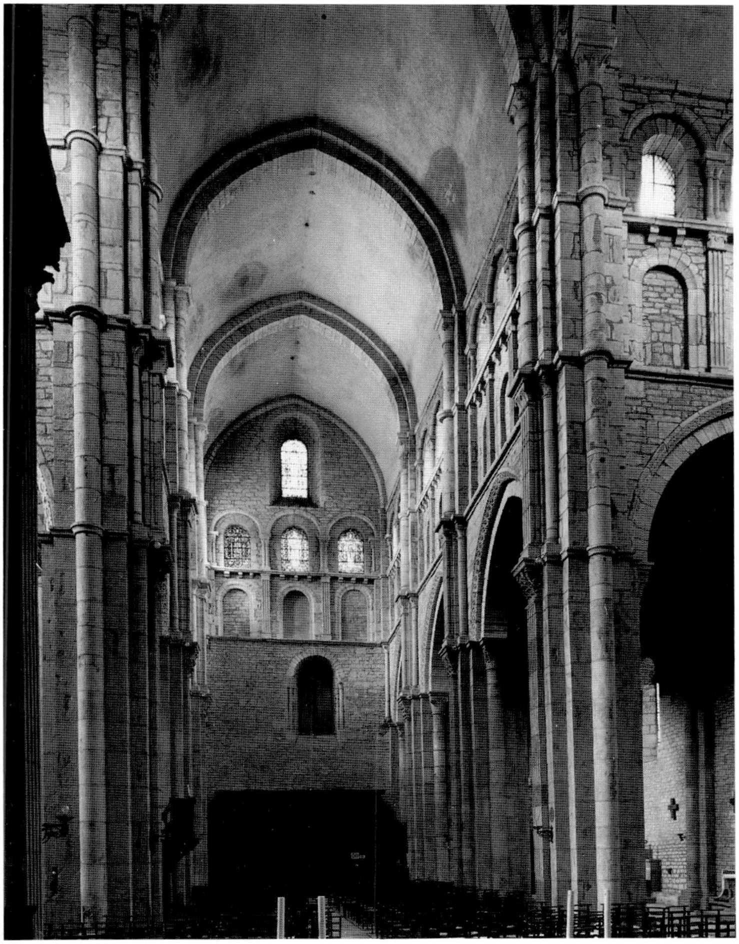

Paray-le-Monial, Blick vom Chor in das Langhaus der ehem. Klosterkirche
Die Architektur läßt alle wesentlichen Merkmale der cluniazensischen Bauschule erkennen, wie sie nebenstehend aufgelistet sind. In einer Hinsicht weicht Paray-le-Monial allerdings vom Vorbild Cluny III ab: Die Kirche besitzt kaum bauplastischen Dekor. Besonders fällt der weitgehende Verzicht auf figurale Kapitelle auf. Die Gliederungsmotive – Pilaster im Triforium, Gesimse und dergleichen – wurden andererseits liebevoll ornamentiert und zeugen vom hohen Niveau der burgundischen Steinmetze im 12. Jahrhundert.

- Aneinanderreihung kurzer, queroblonger Traveen in allen hohen Teilen;
- schmale, ungefähr quadratische Seitenschiffkompartimente;
- kurze Querhausflügel;
- ein der Langhaustravée gleichgebildetes Chorjoch;
- dreigeschossiger Aufriß (Arkade, Triforium, Obergaden) mit deutlicher Horizontal- (Gesimse) und Vertikalverklammerung (Dienste) aller Joche und Geschosse;
- der Kreuzpfeiler mit Vorlagen (Pilaster oder, wie in Saulieu, Halbsäulen);
- zugespitzte Arkaden und Gurtbögen sowie zugespitzte Tonnenwölbung, Fenster und Blendbögen (im Triforium) dagegen auch weiterhin halbrund;
- Blendtriforium mit drei Bögen, dazwischen Pilaster als Vorlagen;
- Kannelierung der Pilaster.

In Ergänzung zu Schlink nennen wir darüber hinaus, vor allem den Außenbau betreffend:

- Zweiturmfassade mit nicht besonders hohen Türmen;
- Narthex im Westen (offen oder geschlossen);
- kräftiger Vierungsturm;
- Chorpyramide mit der Abfolge von Radialkapellen, Umgang, Chorhaupt, Vorchor bzw. Chorjoch und Vierungsturm;
- Verzicht auf Dienste bzw. Vorlagen an den Säulen des Chorumgangs.

Es bleibt die Frage, inwieweit wir nun in der Baukunst der Cluniazenser eine spezifisch burgundische Ausprägung zu erkennen haben. Das Urteil Nicolaus Pevsners, der die von Cluny III begründete Bauschule als »den typisch burgundischen Stil«[15] darstellt, ist in dieser kompromißlosen Festlegung nicht zu halten. Beispiele wie Anzy-le-Duc oder Vézelay lenken die Aufmerksamkeit auf das Phänomen, daß auch im 12. Jahrhundert, wie zuvor schon im 11. Jahrhundert, unterschiedliche Baugesinnungen zur selben Zeit innerhalb der Kunstlandschaft Burgund nebeneinander auftraten (vgl. Abb. S. 72, 118). Wir können die cluniazensische bestenfalls einschränkend als »eine burgundische Bauschule« des 12. Jahrhunderts ansprechen, wenn auch die ohne Zweifel wichtigste, wobei offenbleibt, was denn nun eigentlich als das »Burgundische« zu gelten hat. Und gerade dafür lassen sich keine stichhaltigen Argumente ins Feld führen. Cluny ist zuvorderst identisch mit sich selbst, mit der cluniazensischen Schule, ist Ausdruck des Mönchtums und nicht der Niederschlag eines Stammesempfindens, wie es Harald Keller so eindringlich für die Kunstäußerungen der unterschiedlichen Landschaften Italiens nachgewiesen hat.[16] Anders liegen die Verhältnisse dagegen im Bereich der cluniazensischen Skulptur, die es gesondert zu betrachten gilt.

Die Skulpturen von Cluny III

Zu den größten Verlusten, die wir heute zu beklagen haben, gehört das Westportal von Cluny III, das bei der Sprengung des Narthex 1810 zerstört wurde. Von seinem Aussehen können wir uns nach der Schriftlage und Zeichnungen des 18. Jahrhunderts nur eine unvollkommene Vorstellung machen. Die dürftigen Bruchstücke im Musée Ogier geben gleichfalls keinen Aufschluß. Nur so viel ist gewiß: Das Tympanon zeigte eine Majestas Domini, also die Gestalt Christi in der Pose des Herrschers in einer Mandorla, die von Engeln gehalten wurde, umringt von den vier Symbolen der Evangelisten. Da aus den Quellen auf eine Datierung dieses Portals in das zweite Jahrzehnt des 12. Jahrhunderts geschlossen werden darf, geht es damit allen großen romanischen Portalen, die wir heute noch kennen, zeitlich voran. Es ist unmißverständlich herauszustellen, daß Cluny in der Verwendung großfiguriger Reliefs am Portal richtungweisend war und somit als eine wichtige Voraussetzung für die Ent-

15 Sir Nikolaus Pevsner, *Lexikon der Weltarchitektur*, München 1971, S. 109.
16 Keller a. a. O. (Anm. 3)

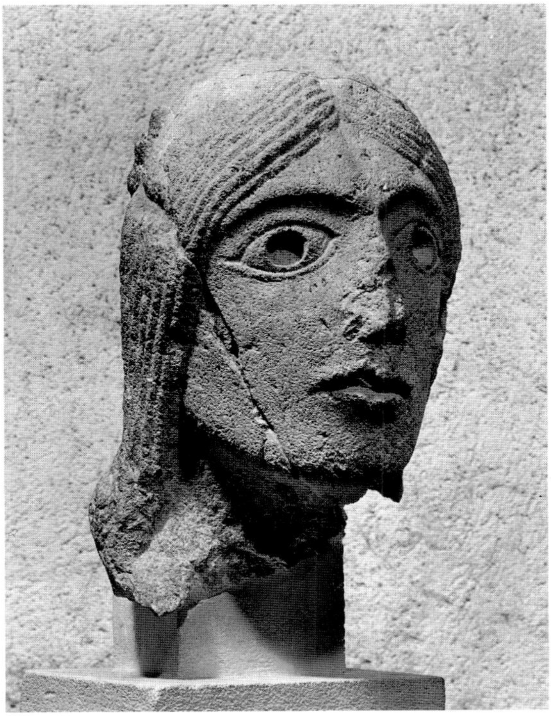

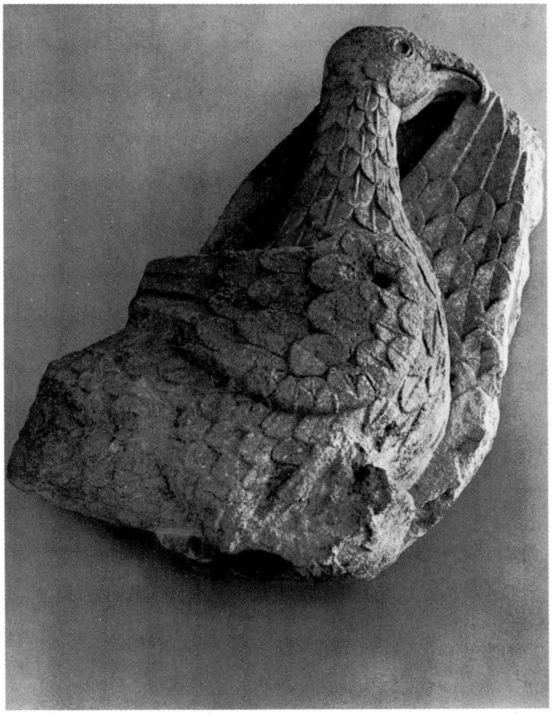

stehung der berühmten Portale auch Südwestfrankreichs zu gelten hat, in stilistischer Hinsicht aber eigene Wege gegangen ist, die sich mit den Strömungen anderer Landschaften nur am Rande berührten.

Wie durch ein Wunder blieben die acht Kapitelle der Säulen des Chorumgangs erhalten. Man hat sie 1949 im Musée du Farinier aufgestellt, dem im 13. Jahrhundert erbauten Kornspeicher des Klosters, der als einziger Teil des mittelalterlichen Komplexes alle Zerstörungen überdauert hat. Sie waren bei der Sprengung des Chores aus großer Höhe niedergestürzt und haben infolgedessen manche Blessur davongetragen. Um so mehr überrascht ihr vergleichsweise guter Erhaltungszustand. Die Kontroverse zur Frage der Datierung dauert bis auf den heutigen Tag an. Im wesentlichen hat sich die Auseinandersetzung auf die Alternative »noch 11.« oder »bereits 12. Jahrhundert« zugespitzt. Unsere Kenntnis des Bauvorgangs würde für die Frühdatierung sprechen, konkret für die Zeit um 1095, zumal man heute davon ausgeht, daß sich der Bau des Chores in vertikalen Abschnitten vollzog. Dagegen wurde eingewandt, daß diese Kapitelle eine derart fortschrittliche Gesinnung innerhalb der Entwicklung der romanischen Skulptur vertreten, daß eine Entstehung frühestens zwischen 1110 und 1115 angenommen werden dürfe. Das hätte jedoch zur Voraussetzung, daß die Kapitelle als bestenfalls grob behauene Werkstücke um 1095 ihren Platz im Chor fanden und erst nachträglich von Bildhauern in ihre spätere Form gebracht wurden – nach unserer Kenntnis mittelalterlicher Praxis ein höchst ungewöhnliches Verfahren. Man kann vorerst, solange die Forschung keine neuen stichhaltigen Ar-

Fragmente vom einstigen Westportal der Abteikirche Cluny III

Einige wenige Fragmente des zerstörten Westportals sind heute auf verschiedene Museen verteilt. Der Kopf (Cluny, Musée Ogier) gehörte nach Auffassung Conants zu einem der Engel, die um die Mandorla gruppiert waren. Die Flächigkeit des Gesichts, das sorgfältig gesträhnte Haar sowie die mandelförmigen Augen mit einer tiefen Bohrung für die Pupillen (dort waren ursprünglich farbige Steine eingesetzt) sind burgundische Stileigentümlichkeiten, die sich auch im Œuvre des Meisters Gislebertus in Autun wiederfinden, besonders bei der Gestalt der Eva (vgl. Abb. S. 98). Das zweite Fragment, der Torso eines Adlers, vermutlich das Symbol des Evangelisten Johannes, befindet sich im Louvre in Paris.

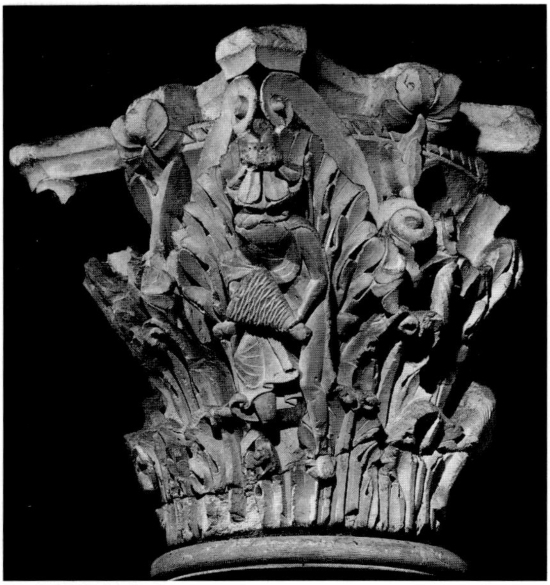

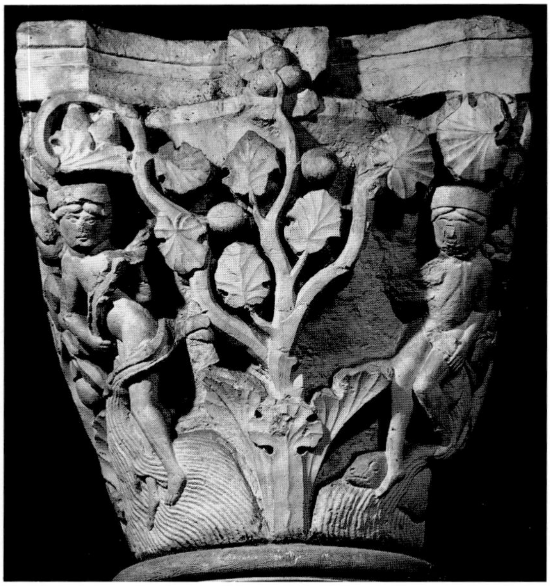

Cluny, Musée du Farinier, Kapitelle aus dem Chorumgang der zerstörten Abteikirche
Das linke Kapitell mit vier männlichen Gestalten an den Ecken inmitten von Akanthuslaub ist nicht eindeutig zu bestimmen. Es könnte sich um Personifikationen der Winde handeln, Conant hat indes an die Darstellungen von Imkern mit Bienenkörben gedacht. Unstrittig ist dagegen die ikonographische Festlegung des rechten Kapitells. Es zeigt Personifikationen der vier Paradiesströme Euphrat, Tigris, Geon und Phison. Zwischen den Figuren stehen Pflanzen, die aufgrund ihrer botanisch korrekten Wiedergabe exakt zu bestimmen sind (Apfelbaum, Feigenbaum, Mandelbaum und Weinstock).

gumente vorlegt, mit aller Behutsamkeit lediglich eine Datierung in die Zeit um 1100 in Betracht ziehen. Auf jeden Fall sind die Arbeiten etwa um ein Vierteljahrhundert vor die großen Leistungen der burgundischen Skulptur in Autun und Vézelay zu stellen. Die Reife ihres Ausdrucks muß allemal in Erstaunen setzen. Obwohl reich mit Figuren und szenischen Darstellungen verziert, bleibt das Muster des korinthischen Akanthusblattkapitells in allen acht Beispielen der verbindliche Rahmen. Es handelt sich also um die Durchdringung einer altüberlieferten Form der Antike mit dem neuen, erst in der Romanik geborenen Typus des Figurenkapitells. Die Gestalten heben sich einerseits recht plastisch vom Kapitellgrund ab, andererseits weisen sie in ihrer Zartgliedrigkeit und Biegsamkeit auf die späteren Arbeiten des Gislebertus in Autun hin, in denen die burgundische Skulptur ihren Gipfel finden sollte. Nur eines dieser Kapitelle zitiert ein biblisches Motiv: den »Sündenfall«, aufgeteilt in zwei Bilder mit der Versuchung und der Entdeckung des sündigen ersten Menschenpaares durch Gottvater. Ein anderes Kapitell beschränkt sich auf eine Ausschmückung mit Akanthusblättern und lenkt insofern die Aufmerksamkeit auf das antike Erbe, dem gerade die Kunst Clunys so viel verdankt. Alle anderen Kapitelle verleihen in Form von Personifikationen abstrakten Begriffen eine konkrete Gestalt. Es fehlen dagegen völlig Darstellungen von Tieren und Monstern, die sonst immer einen tragenden Pfeiler der romanischen Bilderwelt abgeben. Man sieht Gestalten der Paradiesflüsse, Symbole für die Universalität der christlichen Heilslehre, Figuren der Jahreszeiten Frühling und Sommer, die für das Wachsen und die Reife im Glauben stehen, Personifikationen zweier Tugenden (Spes und Caritas) und der Wissenschaften (Grammatica und Prudentia) als Ideale des Mönchtums. Das hohe Maß an Abstraktion, das

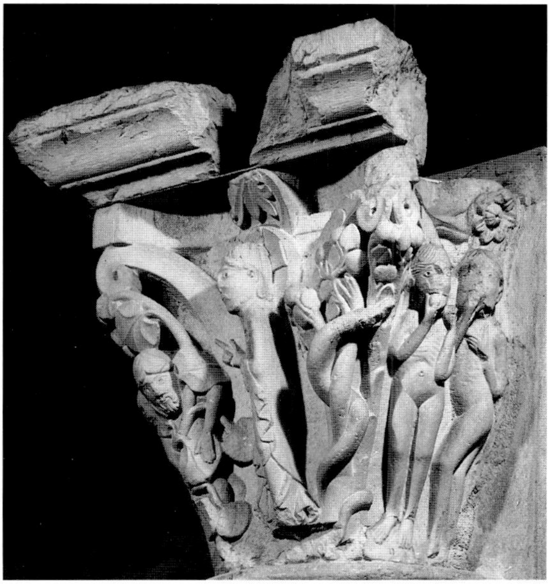

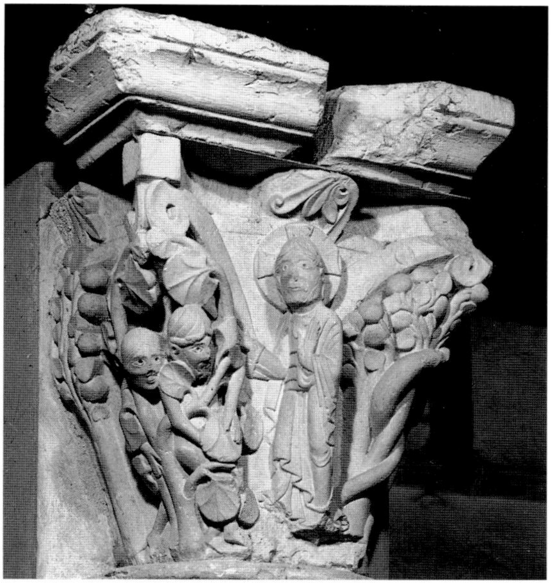

aus diesen Bildern spricht, stellt nicht nur ein Novum innerhalb der romanischen Skulptur dar, es ist zugleich sinnfälliger Ausdruck für die Geistigkeit der Cluniazenser.

Ein weiteres Kapitell aus dem Chorumgang von Cluny III: das einzige mit biblischer Thematik. Die linke Ansicht zeigt den Sündenfall, die rechte die Entdeckung des sündigen ersten Menschenpaares durch Gottvater (da dieser in der Romanik nicht darstellbar war, erscheint stellvertretend für ihn Christus, erkennbar an dem Kreuznimbus). Der Kopf der Eva des Sündenfalls ist nahezu identisch mit dem Engelskopf vom Westportal (vgl. S. 55).

Zur Bedeutung der Musik

Am deutlichsten spricht das mönchische Selbstverständnis aus jenen beiden Kapitellen, die, gleichfalls in Gestalt von Personifikationen, die acht Töne des gregorianischen Gesangs versinnbildlichen. Die acht Gestalten sind, einer klaren Ordnung folgend, auf zwei Kapitellblöcke verteilt. Sie erscheinen an dem ersten Kapitell jeder für sich in einer kleinen Mandorla wie auch einige der anderen Personifikationen, an dem zweiten dagegen von breit auslappenden Blättern hinterfangen (dieses Kapitell ist sehr stark zerstört). Der Künstler hat der individuellen Erscheinung jeder Figur große Aufmerksamkeit gewidmet, indem einige sitzend, andere stehend oder wie in einer tänzerischen Bewegung sich drehend wiedergegeben sind. Zudem besitzt jede ein anderes Attribut. Der erste Ton spielt ein Instrument, das man als Laute deuten könnte (die Laute kommt aus dem arabischen Kulturkreis), der dritte ein leierähnliches Instrument (das es nach K. Meyer in dieser Form nicht gab[17]), der vierte Ton betätigt sich an Glocken, die an einem Querbalken aufgehängt sind (dasselbe an einem Kapitell in Autun). Allenthalben spricht auch die mittelalterliche Zahlensymbolik mit. Wir können das aus der Tatsache schließen, daß der zweite Ton als einziger der acht in Frauengestalt erscheint. Während die Eins Inbegriff der Einigkeit, des Unteilbaren war,

17 K. Meyer, *The eight Gregorian modes on the cluny-capitals*, in: The Art Bulletin 34, 1952, S. 75ff.

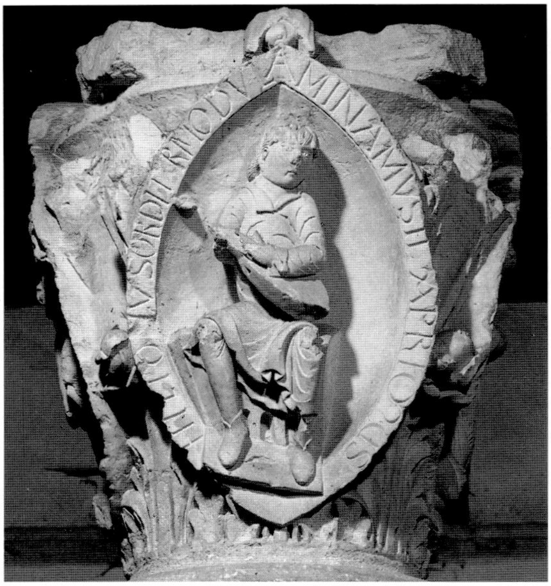

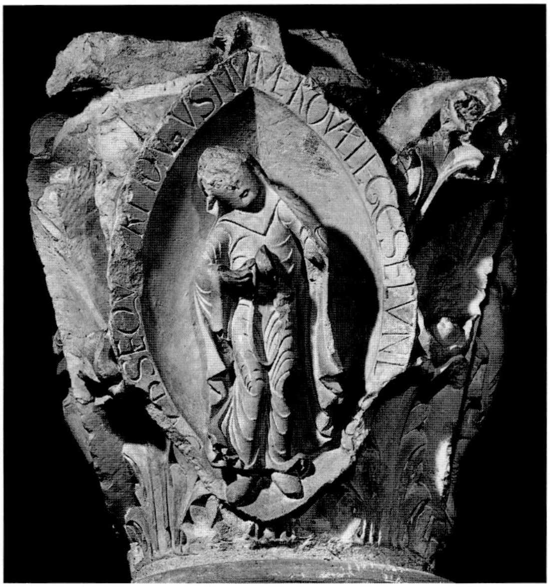

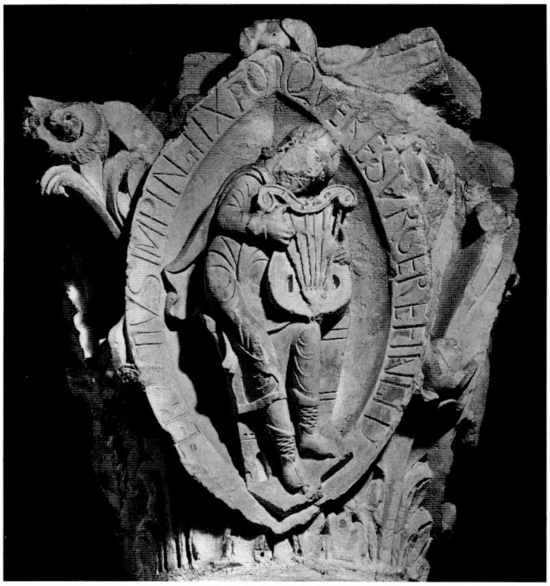

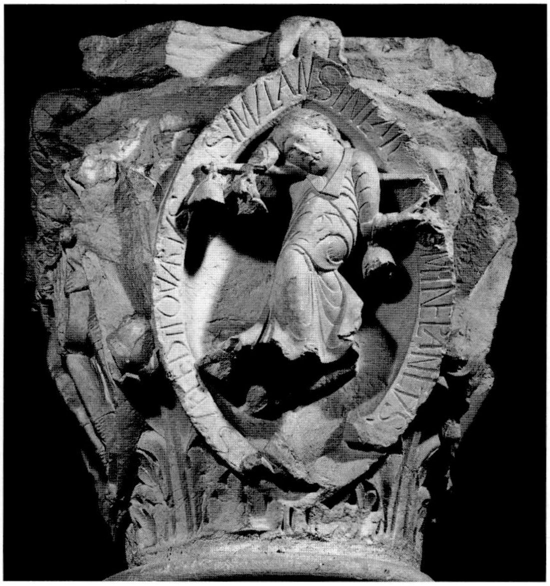

galt die Zwei, die erste teilbare Zahl, als Sinnbild der Zwiespältigkeit und des Widerspruchs, den man in der von Männern beherrschten Welt des Mittelalters gern mit der Frau in Verbindung brachte. Aber das Wesentliche, um das es hier letztlich geht, ist das Anliegen, dem Stellenwert der Musik und damit der Liturgie, die ja weitgehend gesungen wurde, einen adäquaten Ausdruck zu verleihen. Der hl. Benedikt, nach dessen Regel die Cluniazenser lebten, bemerkt im 19. Kapitel seiner Unterweisungen in einer freien Anlehnung an Psalm 138,1-2: »Vor dem Angesicht der

Engel will ich dir Psalmen singen.« Der Chor der Mönche ist dem Ordensgründer der Benediktiner gleichsam die Vorstufe zu den himmlischen Chören. Mit Hilfe des Gesangs erscheint es schon hier auf Erden möglich, den Schleier, der Jenseits und Diesseits voneinander trennt, zu zerreißen. Georges Duby führt in diesem Zusammenhang aus: »Die monastische Welt sucht ihren Glauben nicht zu begründen; statt dessen bemüht sie sich, ihn durch die kollektive Verzückung anzuregen, die die Teilnehmer des Gottesdienstes erfüllt. Sie kümmert sich weder um Ursachen noch um Wirkungen und Beweise, sondern um die Kommunikation mit dem Unsichtbaren, und kein Weg scheint ihr kürzer als die Erfahrung des liturgischen Chors.«[18] Die Musik ist überdies ohne Zahl und Maß nicht vorstellbar, auch daran erinnern diese Kapitelle, die ja an besonders geweihter Stelle angebracht waren. Die Bilder gemahnen daran, daß das Gebäude, dem sie eingebunden waren, seine Schönheit aus der kalkulierten Umsetzung von Maßverhältnissen bezog.

Optische Harmonie wurde mit den Klängen des Gesangs zu einem Gesamtakkord verbunden, der im Wirken aller Teile miteinander als direkter Widerschein der göttlichen Weltordnung erlebt wurde. Treffender als in diesen Kapitellen hätte sich das benediktinische Ideal der Cluniazenser nicht artikulieren lassen.

Linke Seite:
Cluny, Musée du Farinier, Kapitell aus dem Chorumgang von Cluny III
Die Abbildungen zeigen vier Ansichten eines einzigen Kapitells. Dargestellt sind die vier ersten Töne des gregorianischen Gesangs. Die genaue Bestimmung der Personifikationen erhellt sich aus den lateinischen Umschriften, die auf den Rändern der Mandorlen erscheinen. Während die drei ersten Figuren eine recht natürliche Haltung einnehmen, zeigt sich die letzte, mit einem mit Glocken behängten Balken über den Schultern (dasselbe Motiv an einem Kapitell in Autun) in merkwürdiger Verdrehung. Möglicherweise dachte der Bildhauer hier an Akrobaten, wie sie in der romanischen Kunst oft dargestellt wurden.

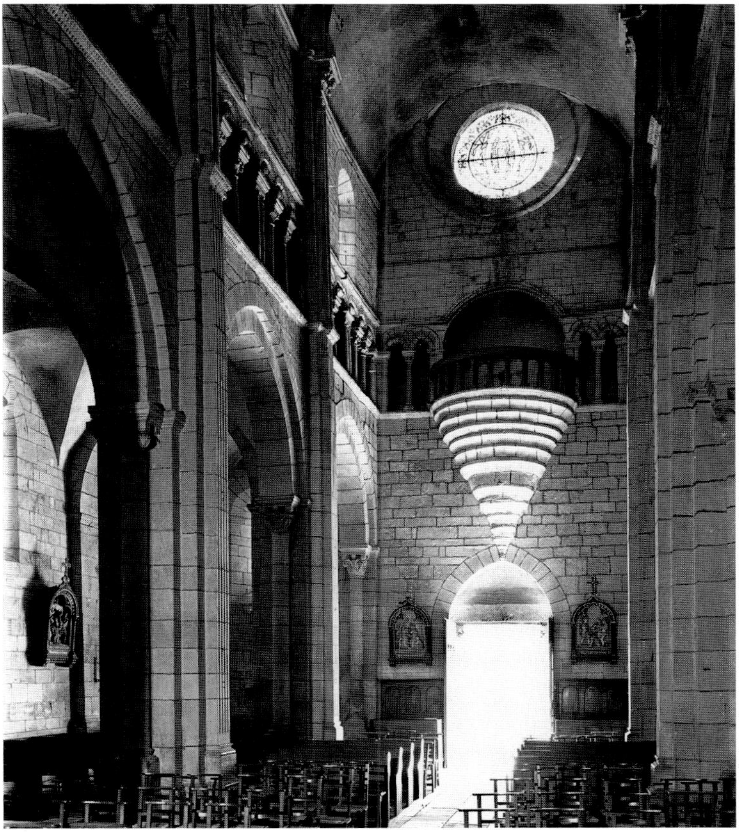

Semur-en-Brionnais, romanische Kirche St-Hilaire, Blick auf die innere Westwand
St-Hilaire in Semur-en-Brionnais, in der südwestlichsten Ecke Burgunds gelegen, ist ein weiterer Bau der cluniazensischen Schule. Er besitzt als einziger ein für die Liturgie der Cluniazenser wichtiges Detail: die Sängerempore an der Westwand. Dort war eine kleine Gruppe von Mönchen postiert, die echoartig auf den Gesang der Hauptgruppe der Mönche im Chor der Kirche antwortete. (Zu Semur-en-Brionnais ausführlicher auf S. 84f).

18 Georges Duby, *Die Zeit der Kathedralen – Kunst und Gesellschaft 980-1420*, Frankfurt am Main 1980, S. 132f.

Wir können unsere Abhandlung zu Cluny nicht beschließen, ohne der Frage nach der malerischen Ausstattung der Kirche nachzugehen. Unsere Kenntnis zu diesem Thema ist allerdings, das muß man schonungslos zugeben, noch bruchstückhafter als zu allem anderen. Wir wissen lediglich mit Bestimmtheit, daß die Kuppelkalotte des Hauptchores mit einem Monumentalfresko ausgemalt war, das in enger Anlehnung an die Portalikonographie eine Majestas Domini zeigte. Inwieweit auch andere Teile von Cluny III Wandbilder besaßen, ist nicht mehr festzustellen. Insgesamt hat der Denkmälerbestand auf dem Gebiet der Wandbilder dramatische Einbußen erlebt.

Wir kennen heute nur noch einen einzigen vollständig erhaltenen Zyklus der romanischen Wandmalerei in ganz Burgund. Dieser steht jedoch in so enger Beziehung zu Cluny, daß ein Blick darauf eine ungefähre Ahnung davon vermittelt, was man sich in Cluny selbst vorzustellen hat. Gemeint ist die Kapelle der Mönche (Chapelle des Moines) in dem Dorf Berzé-la-Ville, 10 km südlich von Cluny. Sie gehörte zu einem kleinen Vorposten von Cluny, vermutlich einem Gutshof, auf den sich der hl. Hugo häufiger zurückgezogen haben soll, um Abstand von seinen vielfältigen Verpflichtungen zu gewinnen. Die Malereien wurden Ende des 19. Jahrhunderts in der oberen Kapelle des zweigeschossigen Sanktuariums unter einer dicken Putzschicht wiederentdeckt. Ursprünglich war der ganze Raum ausgemalt, erhalten blieb nur die Ausschmückung des Chores. Das Zentrum bildet eine monumentale Gestalt Christi in einer Mandorla, um die sich von beiden Seiten die Schar der Apostel drängt. Der Erlöser hat die rechte Hand zum Segensgestus erhoben, mit der linken überreicht er Petrus ein Schriftband. Die Darstellung nimmt Bezug auf die *traditio legis*, die Institution der Kirche, die ihre Legitimation direkt von der göttlichen Autorität empfängt. Die Ikonographie ist in direktem Zusammenhang mit Cluny zu sehen, das ja dem päpstlichen Stuhl (= Petrus) direkt unterstand und dessen Kirche den Apostelfürsten Petrus und Paulus geweiht war. Auch die seitlichen Bilder stehen in diesem Kontext. Sie schildern die Martern der hll. Blasius und Laurentius, römischer Märtyrer, an anderer Stelle erscheinen noch einmal der hl. Laurentius sowie der hl. Vincentius, die Patrone dieser Kapelle. In einem Streifen unterhalb der Majestas tauchen kleingestaltig weitere Heilige auf, von denen einige als Vertreter der Ostkirche zu identifizieren sind. Nachdem es erst 1054 zum endgültigen Bruch zwischen Rom und Byzanz gekommen war, wird hierin der Universalitätsanspruch der römischen Kirche nachdrücklich propagiert.

Die bewegte Malweise und die Verwendung unterschiedlicher Farbschattierungen legen Zeugnis ab vom hohen Niveau der burgundischen Wandmalerei. Die Datierung der Fresken ist, wie kaum anders zu erwarten, ein umstrittenes Thema. Gegen die Mitte des 12. Jahrhunderts spricht der Einwand, daß nach dem hl. Hugo (gestorben 1109) kein wei-

Farbtafel rechts:
Berzé-la-Ville, Chapelle des Moines, romanische Fresken
Den Mittelpunkt des Freskenzyklus bildet die monumentale Gestalt des Heilands in der Wölbung der Apsis. Links und rechts von Christus erscheinen die Apostel in zwei Sechsergruppen. Im Anschnitt sind darunter die Patrone der Kapelle, Blasius und Laurentius, zu erkennen; im Streifen unter den Füßen des Heilands zwei der Heiligenfiguren, deren Benennung angeblich bei der Freilegung der Fresken im 19. Jahrhundert noch lesbar war. Für romanische Fresken, die überwiegend in Rot- und Ockertönen gehalten sind, verblüfft die Bandbreite der Farbskala. Die Malereien in Berzé-la-Ville werden als »eines der bedeutendsten Werke der französischen Wandmalerei« angesehen (Otto Demus: Romanische Wandmalerei, München 1968/1992, S. 137). Die vielfältigen Quellen, aus denen die Maler geschöpft haben – karolingische, ottonische, italobyzantinische, stadtrömische, süditalienische und nordische – sind hier »eine erstaunlich harmonische Verbindung eingegangen«.

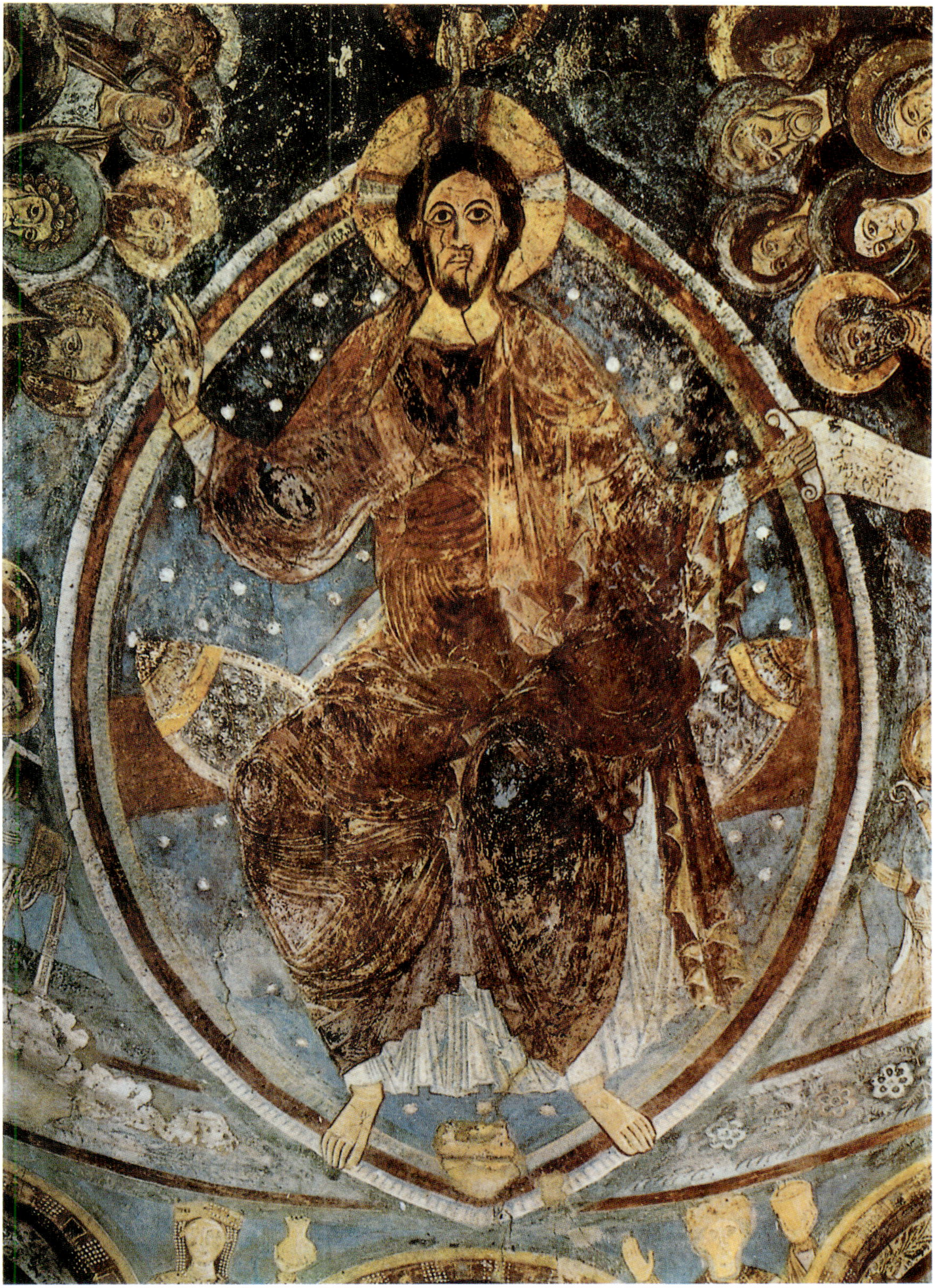

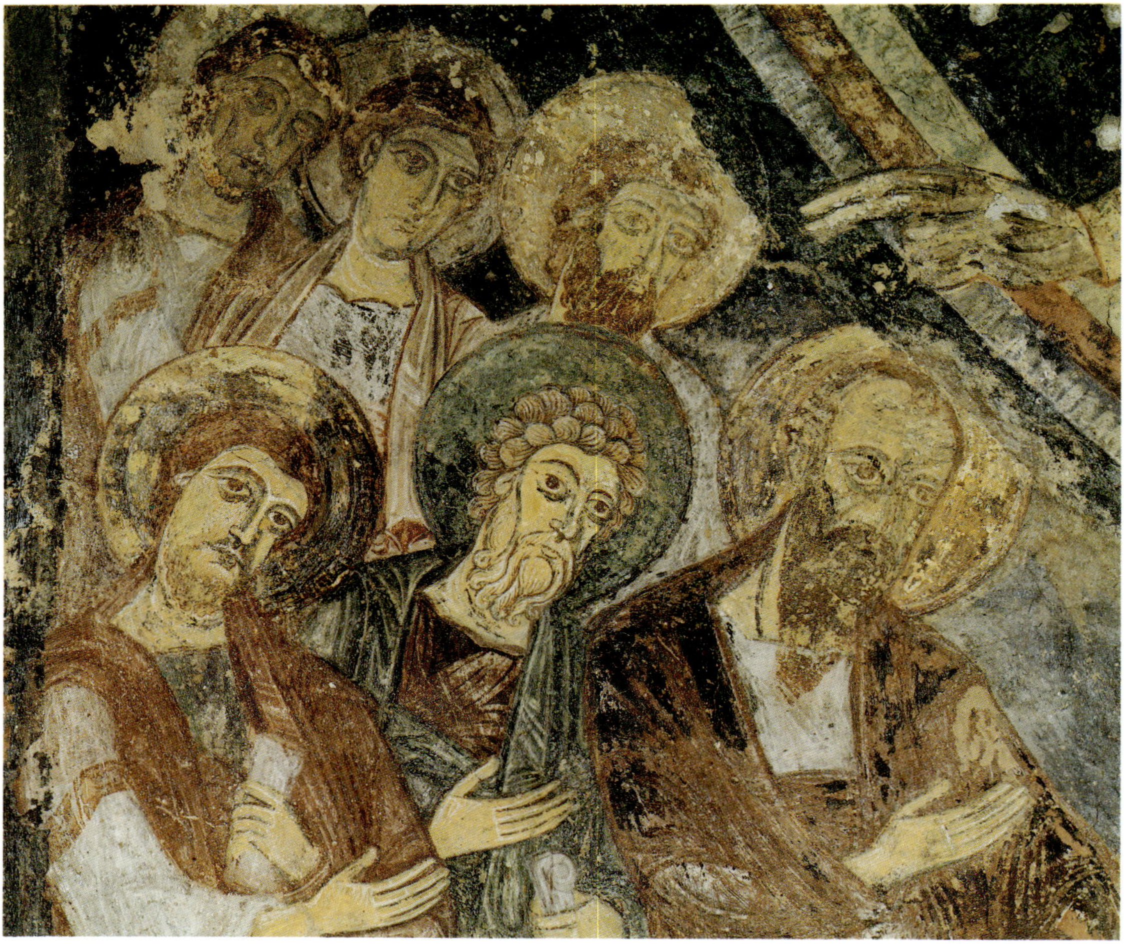

Oben und rechte Seite:
Berzé-la-Ville, Details aus dem Freskenzyklus in der Chapelle des Moines
Oben die linke der beiden Apostelgruppen um Christus, angeführt von Paulus (auf der rechten Seite Petrus, der das Schriftband mit dem Auftrag zur Gründung der Kirche entgegennimmt – vgl. Farbtafel S. 61). Paulus hat sein Schriftstück bereits empfangen.

terer Abt von Cluny Berzé-la-Ville besucht hat. Der künstlerische Rang der Bilder setzt einen hochkarätigen Auftraggeber voraus, und das kann in diesem Fall kein anderer gewesen sein als der hl. Hugo selbst. Vermutlich hatte er eine Gruppe von Malern aus Cluny hierher beordert, um sein Privatoratorium standesgemäß auszustatten. Demnach kommt nur die Zeit um 1100 in Betracht. Allerdings zeigt sich die Komposition, vor allem die bewegte Gewanddraperie Christi, der gleichzeitigen Bildhauerei gegenüber entwickelter und kennzeichnet eine Stufe, die wir vom Portal in Vézelay her kennen (und das bedeutet um 1120/30). Vergleiche mit anderen Freskenzyklen Frankreichs klären indessen darüber auf, daß die Malerei der Romanik der Entwicklung der Skulptur immer um einen Schritt voraus war.

So unersetzlich insgesamt der Verlust von Cluny ist, aus den erhaltenen Denkmälern im näheren Umkreis vermögen wir mit etwas Geduld doch eine Vorstellung vom einstigen Aussehen und vom kulturellen Rang dieses größten Klosters der abendländischen Christenheit herauszufiltern.

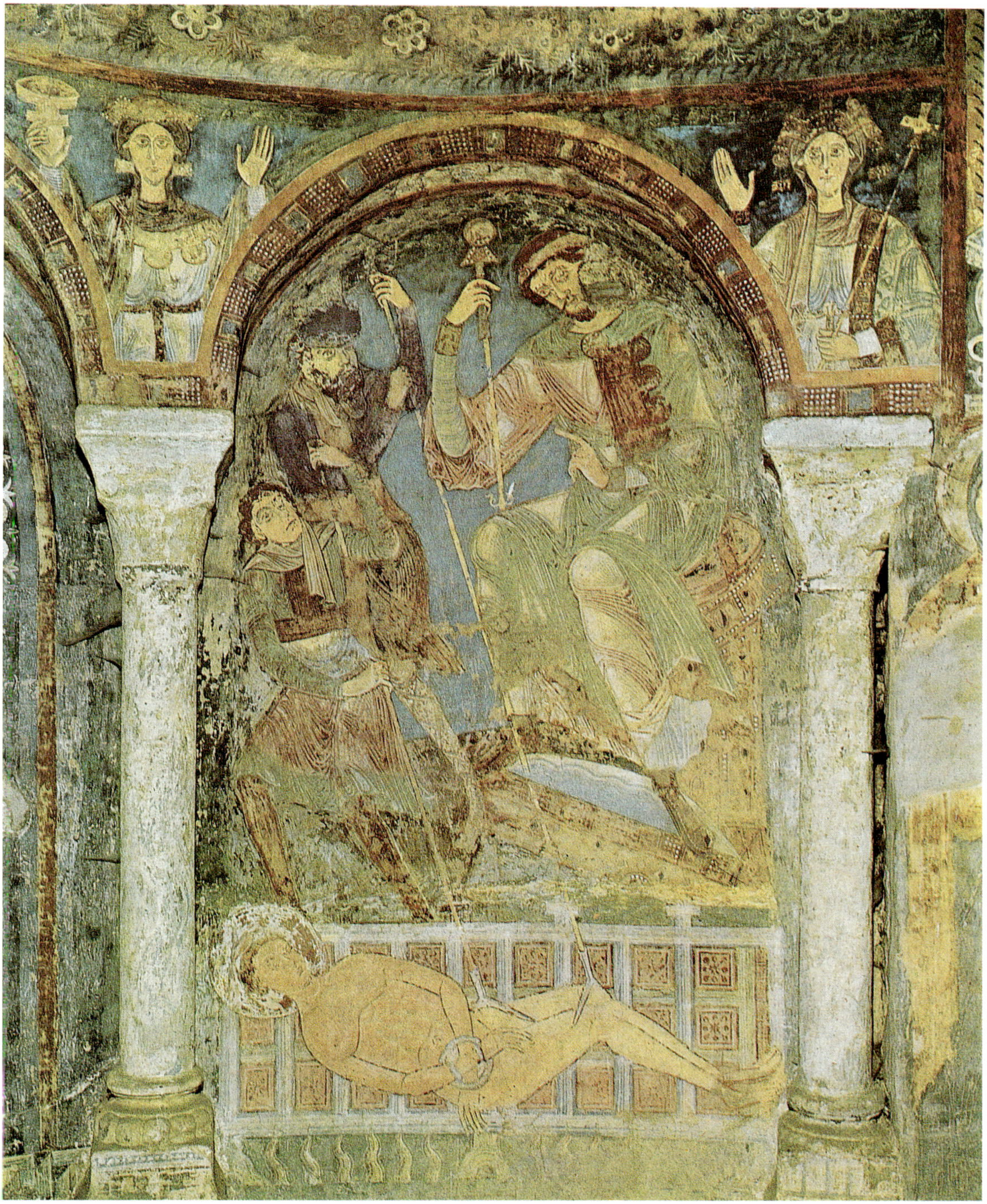

Fresko an der Südwand der Apsis: Martyrium des hl. Laurentius, der auf einem Rost einen qualvoll langsamen Tod starb. Der Richter, der den Urteilsspruch überwacht, ist Kaiser Valerian (253-260 n. Chr.).

Die burgundische Skulptur im 11. und 12. Jahrhundert

Die Betrachtung der Chorkapitelle in Cluny hat uns bereits in den Themenkreis burgundischer Skulptur der Romanik eingeführt. Die Landschaften **Charollais** und **Brionnais** im südwestlichen Burgund besitzen dazu eine solche Fülle des Anschauungsmaterials, wie es innerhalb Frankreichs nur noch von der Konzentration romanischer Denkmäler in der südlichen Saintonge übertroffen wird. In einem wesentlichen Punkt unterscheiden sich Saintonge und speziell das Brionnais: Während in der südwestfranzösischen Landschaft fast alle bildhauerischen Arbeiten der reifen Phase der romanischen Skulptur zwischen 1120 und 1150 angehören, erleben wir in Südburgund eine zeitliche Auffächerung, die sich vom mittleren 11. Jahrhundert bis in die Spätzeit der Romanik um 1150 erstreckt. Beziehen wir in unseren Überblick zudem die frühesten Äußerungen der Steinskulptur in Burgund mit ein (Tournus und Dijon), so können wir auf überschaubarem Raum die Entwicklung der gesamten romanischen Bildhauerkunst von ihren Anfängen bis zum Anheben der Gotik nachvollziehen.

Der Stil und seine Voraussetzungen

In vielen Bereichen der Kunstgeschichte haben ältere Forschergenerationen immer ein streng evolutionäres Fortschreiten erkennen wollen, ein Wunschdenken, dem oftmals die tatsächlichen Verhältnisse untergeordnet, wenn nicht gar gewaltsam angepaßt wurden. Doch inzwischen ist die Einsicht gereift, daß sich Entwicklungen auch unregelmäßig, sprunghaft, abrupt oder auch wieder schleppend, retardierend vollziehen können. Selbst die Kunstgeschichte wird über kurz oder lang an gewissen Erkenntnissen, die sich aus der Chaostheorie ergeben, nicht vorübergehen können.

Der Weg der burgundischen Skulptur, wie er sich uns heute aus dem weitgehend gesicherten Datierungsrahmen herleitet, wird davon allerdings kaum berührt. In der Zeit zwischen 1020 und 1160 tritt uns eine so geradlinig von Erwachen über Blüte bis hin zum Absterben sich spannende Entwicklung vor Augen, daß in diesem Zusammenhang alle die inzwischen suspekt gewordenen Sprachanleihen aus dem Bereich der Botanik wie selbstverständlich erscheinen. Ja, nur selten hat es in der Kunstgeschichte des Abendlandes Epochen gegeben, in denen sich ein derart klarer Duktus nachvollziehen läßt. Zudem ist zu berücksichtigen, daß die romanische Skulptur im frühen 11. Jahrhundert nahezu voraussetzungslos ihren Weg begann, da das bildhauerische Bearbeiten von Stein seit der Spätantike – und das bedeutet konkret für mehr als ein halbes Jahrtausend – kein Thema mehr gewesen war. Die Folgerung scheint simpel, und doch sei sie hier besonders hervorgehoben, denn erstaunlicherweise findet man das Kind zu selten beim Namen genannt: Die romanische Skulptur, und das gilt insbesondere für die burgundische, stellt eine der überragenden Kulturleistungen der Menschheit dar, vergleichbar mit der Entdeckung der Monumentalskulptur der Griechen, die ja gleichfalls kaum Vorstufen besitzt und innerhalb eines Zeitraumes von ebenfalls rund 150 Jahren (640 bis 490 v. Chr., von der frühen Archaik bis zum Beginn der Klassik) eines der grundlegenden Kapitel der europäischen Kunstgeschichte geschrieben hat.

Jede Abhandlung der mittelalterlichen Skulptur beginnt mit dem berühmten **Türsturz von St-Genis-des-Fontaines** im Roussillon, der seinen Ruhm vor allem der präzisen Inschrift verdankt, die die Entstehung des Werkes für das Jahr 1020 verläßlich garantiert. Zum Teil wurde daraus eine Führungsrolle des nördlichen Pyrenäenvorlandes abgeleitet, was auf keinen Fall zu halten ist. Da wir aus derselben Zeit auch die ersten tastenden Versuche auf dem Terrain der Steinskulptur in Burgund kennen, ist weder auf die eine noch auf die andere Landschaft als Vorreiter zu setzen. Im Klima des anbrechenden 11. Jahrhunderts mit seinem explosionsartigen Bauboom stand das Bedürfnis nach skulpturaler Ausschmückung offenbar an verschiedenen Orten zu gleicher Zeit im Raum.

In Ermangelung direkter Vorläufer hat man sich offenbar unterschiedlicher Inspirationsquellen bedient. Da sind zum einen die zeitgenössischen Kleinkünste zu nennen: Buchmalerei, Goldschmiedekunst und auch die Elfenbeinschnitzerei. Vor allem letztere würde die kerbschnittartige Behandlung der Reliefs in der Frühzeit um 1120 erklären, der auffallende Linearismus hingegen ist in Zusammenhang mit der Buchillustration zu sehen. Den Vorbildcharakter der Wandmalerei haben wir am Beispiel der Fresken von Berzé-la-Ville bereits angesprochen. Daß es letztlich um die Umsetzung einstmals gemalter Vorlagen ging, ist aus der seit dem späten 11. Jahrhundert kanonisch gewordenen Portalform zu schließen, die das Motiv des in einer Mandorla thronenden Pantokrator aus dem Halbrund der Chorwölbung herausschälte und in das Kreissegment des Portaltympanon übertrug.

Eine andere Wurzel, aus der die romanische Plastik ihren Nährstoff bezog, war die Antike. *Antikenrezeption* im 11. und 12. Jahrhundert bedeutet jedoch keineswegs einen bewußten Rückgriff, eine kritische Auseinandersetzung, sondern vielmehr die intuitive Verarbeitung von Vorbildern, die damals noch in beträchtlicher Zahl, auch in Burgund, anzutreffen waren. Besonders deutlich ist das römische Erbe in der Gestalt des korinthischen Kapitells zum Niederschlag gekommen, wie auch andere ornamentale Motive dem antiken Formenschatz entlehnt erscheinen. Es ist an die Kannelierung der Pilaster in Autun zu erinnern.

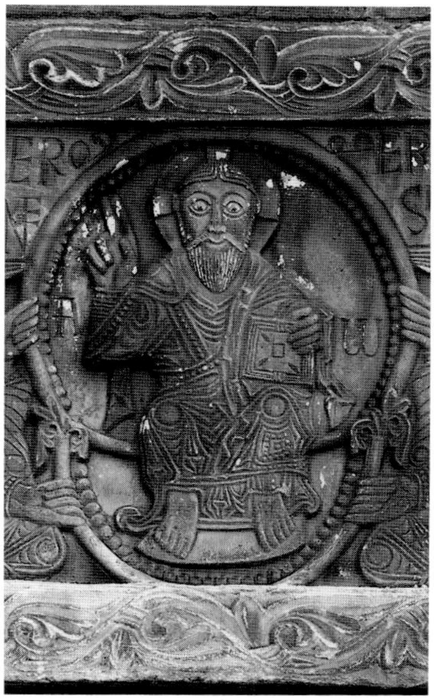

St-Genis-des-Fontaines, Roussillon, Detail aus dem Türsturz
Diese Darstellung von Christus (mit Engeln und Heiligen) ist eines der ersten fest datierten Werke der frühromanischen Steinskulptur in Frankreich. 1020 entstanden, ist der Türsturz etwa zeitgleich mit den bildhauerischen Arbeiten in der Rotunde von St-Bénigne in Dijon und dem Gerlanusbogen in Tournus (vgl. Abb. S. 68). Die kerbschnittartige Bearbeitung des Steins mit einem nur wenige Millimeter tiefen Relief erinnert an Elfenbeintafeln. Bei diesem frühen Werk der Steinskulptur in Südfrankreich kann man ebensowenig wie bei den gleichzeitigen Schöpfungen Burgunds von bildhauerischen Arbeiten sprechen. Vermutlich wurden sie von Steinmetzen geschaffen. Erst im späten 11. Jahrhundert emanzipierte sich die Bildhauerei zu einer eigenständigen Kunstgattung.

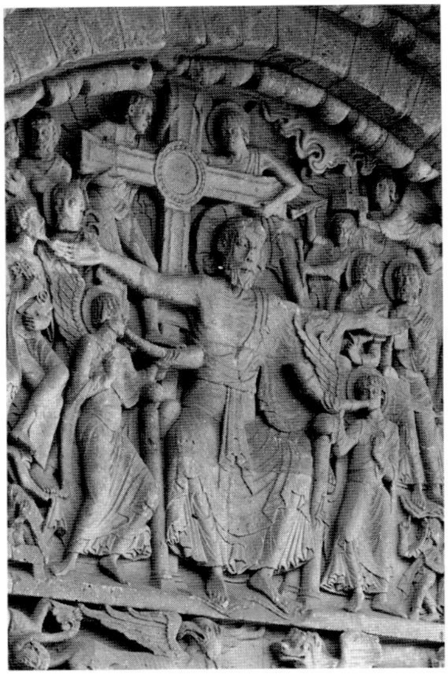

Beaulieu-sur-Dordogne, Portal der ehem. Klosterkirche, Ausschnitt aus dem Tympanon

Das Tympanon von Beaulieu im südwestlichen Frankreich gibt die Szene des Weltgerichts in einer eigenwilligen Auslegung wieder. Christus erscheint hier mit ausgebreiteten Armen als Triumphator. Zugleich klingt das Thema des Wundmalechristus an, das im 13. Jahrhundert ein zentraler Gegenstand vieler gotischer Portale werden sollte (besonders in Amiens).

Während die Skulpturen Südwestfrankreichs in der Regel kompakte Körperlichkeit aufweisen (z. B. die Könige im Portal von Moissac), lassen die Gestalten in Beaulieu in ihrer Feingliedrigkeit burgundische Stileigentümlichkeiten erkennen. Die Verbindung zwischen Beaulieu und Burgund war eng. Das Priorat von Beaulieu unterstand der Aufsicht von Cluny, und seine Kirche war, wie jene des burgundischen Mutterklosters, den hll. Petrus und Paulus geweiht.

Daneben hat die Sarkophagplastik eine wichtige Rolle gespielt, was sich in der Anordnung einzelner Figuren unter einer fortlaufenden Reihe von Arkadenbögen unmißverständlich ablesen läßt. Hierfür liefert das Westportal von Charlieu ein anschauliches Beispiel (vgl. Abb. S. 73). Im Nordportal des Narthex ebenfalls in Charlieu ist der Gedanke des römischen Triumphbogens mit mehreren Toren in die christliche Formensprache übersetzt worden (vgl. Abb. S. 82, 83). Folglich zeigt sich denn auch die Romanik keineswegs von antikischem Geist vollständig durchdrungen; sie wählt vielmehr selektiv aus und breitet auf dem mittelalterlichen Boden eine antike Zitatensammlung aus. Dabei bot das Erbe der Römer besonders im Hinblick auf die Monumentalität wichtige Anstöße. So wie der Bau von Cluny III ja nicht nur Spiegel der kosmischen Harmonie, sondern zugleich Sinnbild von der Vorstellung eines Ecclesia-Imperiums sein sollte, hat diese Epoche ebenso in der Herrschergestalt – nicht im Bild des geopferten Christus – ihre Auffassung vom Gottessohn in eine feste Form gegossen.

Alle Landschaften Frankreichs haben im Verlauf des 12. Jahrhunderts regionale Stileigentümlichkeiten ausgebildet. Am profiliertesten sind dabei Burgund, die Languedoc und die Provence hervorgetreten. Während sich aber in der Provence in besonders enger Anlehnung an römische Vorbilder die Äußerungen auf zwei große Werkkomplexe beschränken (Arles und St-Gilles), haben Burgund und Languedoc einen breiteren Wirkungsradius entfaltet. Dabei ist nicht zu übersehen, daß diese beiden großen Kunstzentren nicht isoliert nebeneinanderstanden, sondern korrespondierend in Austausch miteinander traten. So finden wir burgundische Stileigentümlichkeiten im Portal von Beaulieu an der Dordogne, das damit zugleich eine Stellung zwischen Moissac und Autun einnimmt, wie umgekehrt ein Eindringen südwestfranzösischer Gedanken in Burgund, namentlich in der Übernahme bestimmter ikonographischer Typen, zu erkennen ist. Weder Burgund noch Languedoc lassen sich letztlich in die Folie geographischer Grenzziehungen einschweißen. Gerade im Hinblick auf die Skulptur können wir diese beiden Provinzen durchaus als einen großen Kulturraum ansprechen.

Während die Skulptur Südwestfrankreichs insgesamt ihren Figuren ein kompakteres Volumen gab und dem szenischen Bezug, der Interaktion von Figuren untereinander, besondere Aufmerksamkeit widmete, sind die Gestalten der burgundischen Romanik dagegen ausgedünnter, vergeistigter und mehr auf sich selbst bezogen. Wilhelm Messerer hat diese Unterschiede auf eine griffige Formel gebracht, indem er als hauptsächlichen Wesenszug der languedocisch-aquitanischen Plastik das Moment der *Bewegung* und in Abgrenzung dagegen jenen der burgundischen als den der *Beweglichkeit* charakterisierte;[19] für die von antikem Pathos getragene Sprache der Provence hat Messerer den Begriff der *Bewegtheit* eingeführt.

Der besondere Stil Burgunds läßt sich darüber hinaus an zwei Eigentümlichkeiten ablesen. Zum einen ist dort das romanische Relief aus einer Art von übereinander projizierten Platten entstanden. Zum Ver-

19 Wilhelm Messerer, *Romanische Plastik in Frankreich*, Köln 1964.

gleich assoziiert man die Art von Terrainbildungen bei modernen Architekturmodellen. Bernhard Rupprecht spricht in diesem Zusammenhang ausdrücklich vom *Plattenstil*.[20] Aus der fortschreitenden Einebnung dieser Platten entstand ein bewegtes lineares Gefüge, wie es für die Gewandstrukturen der Portalfiguren in Autun und Vézelay charakteristisch ist (vgl. Abb. S. 95-97, 112-115). Um bei einem weiteren griffigen Vergleich zu bleiben: Man fühlt sich in diesem Zusammenhang an das Bild von den Jahresringen eines Baumes erinnert. Die Folge dieser Verdichtung ist nun als zweites der für die reife burgundische Skulptur kennzeichnende *Linearismus*, der das Ausbilden eines körperlichen Volumens schon im Keim erstickte. In einem derartigen linearen Gefüge vermochten die Bildhauer indes eine spannungsvolle Dynamik zu entfalten, die im Œuvre des Meisters Gislebertus ihren Höhepunkt erfuhr. In einer Hinsicht bleibt aber alle romanische Skulptur, wo immer und von wem auch immer sie geschaffen wurde, einem ungeschriebenen Gesetz treu: Sie ist grundsätzlich als *Relief* einem übergeordneten architektonischen Zusammenhang unlösbar eingebunden. Dies gilt ebenso für die frühesten Werke des 11. Jahrhunderts wie auch noch für die Spätformen um die Mitte des 12. Jahrhunderts. Obwohl wir einen Weg nachzeichnen können, der von einem extrem flachen Relief zu einer bald vollplastischen Ablösung der Figuren von ihrem Hintergrund fortschreitet, besitzt auch das spätromanische Relief keine Partien, die eine imaginäre Vordergrundbegrenzung durchbrechen würden. So bewegt sich alle romanische Skulptur zwischen den beiden Flächen einer hinteren, real sichtbaren, und einer vorderen, für den Betrachter nicht sinnlich erfahrbaren Ebene. Ungeachtet des Reichtums, den die Epoche dieser selbstauferlegten Beschränkung abgewann, barg diese Einschnürung zugleich den Keim zur späteren Erlahmung. Erst die Gotik sollte diese Gesetzmäßigkeit durchbrechen, die Skulptur aus der Flächenbindung lösen und damit den Weg zur Freiplastik öffnen.

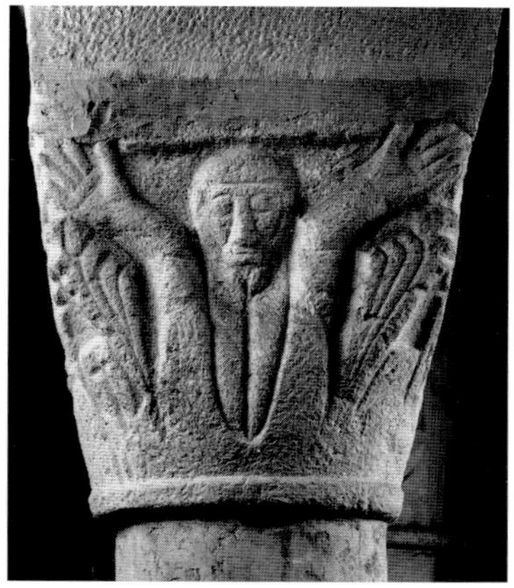

Dijon, Kapitell aus dem Untergeschoß der Rotunde von St-Bénigne
Diese Reliefs fallen gröber aus als am Türsturz von St-Genis-des-Fontaines und wirken deshalb noch archaischer. Das hier abgebildete Beispiel zeigt einen grotesk verrenkten Mann. Die Kapitelle von St-Bénigne stehen am Beginn der Entwicklung des romanischen Figurenkapitells, über dessen Form und Funktion auf S. 69ff ausführlich eingegangen wird.

Das 11. Jahrhundert: Die Zeit des Aufbruchs

Die ältesten uns bekannten Werke der Steinskulptur finden sich in **Tournus** und in **Dijon**. Im Untergeschoß der Rotunde von St-Bénigne sind einige Kapitelle erhalten, die der Zeit um 1020 entstammen. Von bildhauerischen Arbeiten kann man bei ihnen nur unter Vorbehalt sprechen. Die kantige Behandlung der Reliefs läßt eher an Steinmetze denken, denn die Bildhauerei als eigene Kunstgattung begann erst im Laufe des 11. Jahrhunderts Gestalt anzunehmen. Um so verblüffender erscheint es, daß in der Formgebung schon ein Weg eingeschlagen ist, der in der Folgezeit konsequent weiter beschritten wurde. So sieht man bereits das typisch romanische Prinzip der Auflösung zwischen Ornament und konkreter Gestalt, indem stilisierte Menschenfiguren mit vegetabilen Formen verwachsen, und auch das Dämonische blitzt in phantasievollen Gestalten auf.

20 Bernhard Rupprecht, *Romanische Skulptur in Frankreich*, München 1975, S. 55.

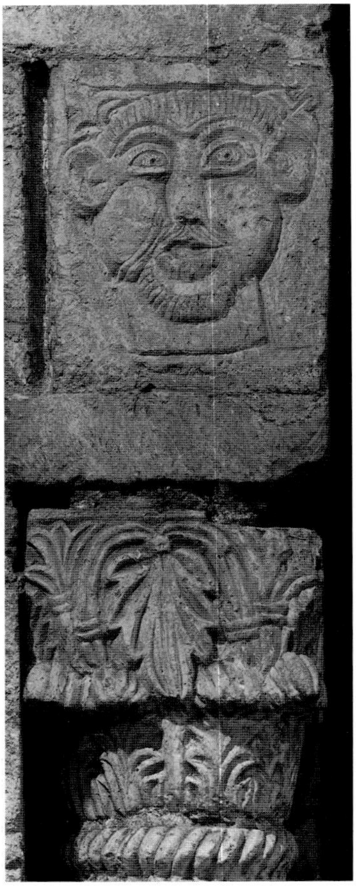

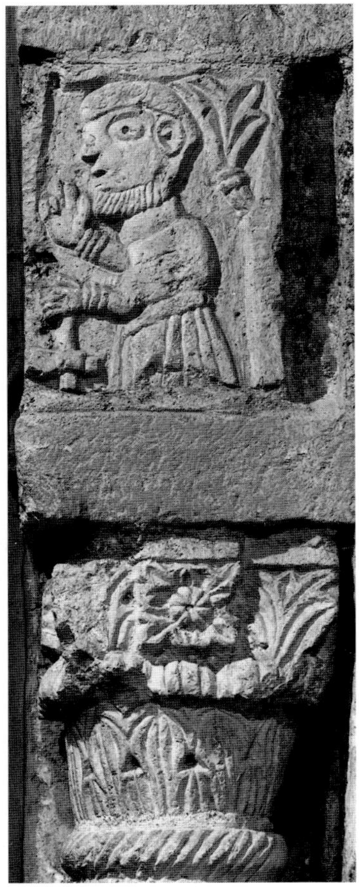

Tournus, ehem. Klosterkirche St-Philibert, Reliefs am Gerlanusbogen
Die nebenstehenden Abbildungen zeigen die beiden Kapitelle der Michaelskapelle (vgl. Abb. S. 24), über denen der sogenannte Gerlanusbogen aufgeht, sowie die beiden unteren Steine des Bogens mit den Darstellungen eines bärtigen Männergesichts und eines Steinmetzen bei der Arbeit, in dem eines der ersten Künstlerselbstporträts des europäischen Mittelalters vermutet wird.

Kapitell aus der Vorhalle (Clocher Porche) der Abteikirche von St-Benoît-sur-Loire
Der Kapitellzyklus mit den ältesten szenischen Darstellungen ist in die Zeit 1040–1050 datiert. Dieses Beispiel zeigt die Flucht nach Ägypten. Es gilt als sicher, daß die bildhauerischen Arbeiten von St-Benoît (im Orléanais) den Werdegang der burgundischen Skulptur wesentlich mitbeeinflußt haben.

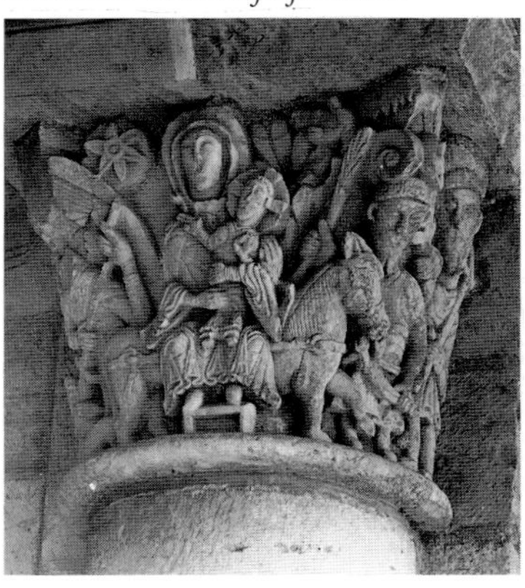

Nur unwesentlich später, zwischen 1020 und 1040, sind die Arbeiten am sogenannten Gerlanusbogen in Tournus entstanden, der seinen Namen nach einer der ältesten überlieferten Künstlersignaturen trägt. Neben unterschiedlichen Pflanzenornamenten sind an diesem Bogen, der den Durchblick von der Michaelskapelle im Obergeschoß des Narthex zum Mittelschiff der Basilika rahmt, eine bärtige Männermaske und ein Steinmetz bei der Arbeit auszumachen, möglicherweise ein Selbstporträt des inschriftlich erwähnten Gerlanus.

Der Stand der Skulptur gegen die Mitte des 11. Jahrhunderts läßt sich aufgrund des schmalen Denkmälerbestandes dieser Epoche nur außerhalb der Nordgrenze Burgunds fassen. Der oben erwähnte Turm des Abtes Gauzlinus in **St-Benoît-sur-Loire** (vgl. Abb. S. 28) besitzt einen reichen Kapitellzyklus, in dem wir eine der ersten wirklich bildhauerischen Äußerungen der Romanik sehen können. Das Relief hat sich aus der extremen Flächenhaftigkeit gelöst und zu einer bewegteren Sprache vor der Folie des Hintergrundes gefunden. Alle weiteren Entwicklungsstufen können wir uns auf dem engen Raum zwischen Paray-le-Monial und Charlieu vergegenwärtigen.

Das Figurenkapitell – eine Eigenform der Romanik

In die zweite Hälfte des 11. Jahrhunderts sind die **Kapitelle von Anzy-le-Duc** zu setzen. Die Kirche selbst stellt mit ihrem zweigeschossigen Aufriß und einer Folge von kreuzgratgewölbten Jochen im Mittelschiff der Basilika eine alternative Baulösung gegenüber Cluny III dar, die in Vézelay noch über 1120 hinaus einen wichtigen Nachfolger gefunden hat. Der Kapitellzyklus, der einer der reichsten der frühen Romanik überhaupt ist, fächert ein breites inhaltliches Spektrum aus. Insgesamt lassen sich fünf Gruppen unterscheiden:

- Alttestamentarische Szenen (Samsons Kampf mit dem Löwen, Daniel in der Löwengrube)
- Illustrationen aus dem Neuen Testament, diese jedoch deutlich in der Minderzahl (Muttergottes mit Christuskind)
- allegorische Szenen mit unterschiedlichen Menschendarstellungen (Gaukler, Akrobaten, Ringkämpfer, Musiker und andere)
- Tierdarstellungen (sehr häufig der Löwe, aber auch Vögel, Affen und diverse Fabelwesen)
- vegetabile Schmuckformen (Blätter, Ranken).

Dies entspricht einer Auswahl, die für alle Kapitellzyklen der Romanik, auch außerhalb Burgunds, charakteristisch ist. Alttestamentarische Sequenzen erscheinen vorwiegend in einem typologischen Sinn, also als Ankündigungen des Erlösungswerks, zu denen die Bilder des Neuen Testaments als sinnfälliges Gegenüber gedacht sind. Die allegorischen Bilder beinhalten die Gegenüberstellung guter und böser Gewalten und damit das thematische Hauptanliegen der romanischen Bilderwelt überhaupt. Tierdarstellungen spielen zumeist auf die sündigen Seiten des Menschen an, können aber auch oft im gegenteiligen Sinn verstanden werden, wie besonders der Blick auf die Gestalt des Löwen lehrt, der in wechselnden Rollen, mal als Vertreter des Heils, dann wieder als Metapher des Bösen erscheint. Die Pflanzen sind weit mehr als bloße Dekoration. Zu gefälligen Ornamenten drapiert, sind sie Ausdruck der himmlischen Ordnung auf Erden, als schlangenähnliche Ranken hingegen, in denen sich Menschen verstricken, Boten jener Mächte, die die Gläubigen immer und überall in die Fallen der Verführung zu locken drohen. Bislang ist in der Deutung dieser Phänomene zu stark die duale Gegenüberstellung von Gut und Böse hervorgehoben worden. Die oftmals fließenden Übergänge, die es auch hier in Anzy-le-Duc nicht leicht machen, immer zu einer präzisen Festlegung der Wertigkeiten zu kommen, sollten vielmehr der Erkenntnis Platz machen, daß das Zeitalter der Romanik in einer tiefen Einsicht in eschatologische Grundwahrheiten unserer menschlichen Existenz in dem Bewußtsein lebte, daß alle Erscheinungen des Daseins auf den Kern eines gemeinsamen Ursprungs zurückgehen.

In dem Zusammenhang ist die Frage aufzuwerfen, warum gerade das Kapitell eine so hohe Wertschätzung in der Kunst des 11. und 12. Jahr-

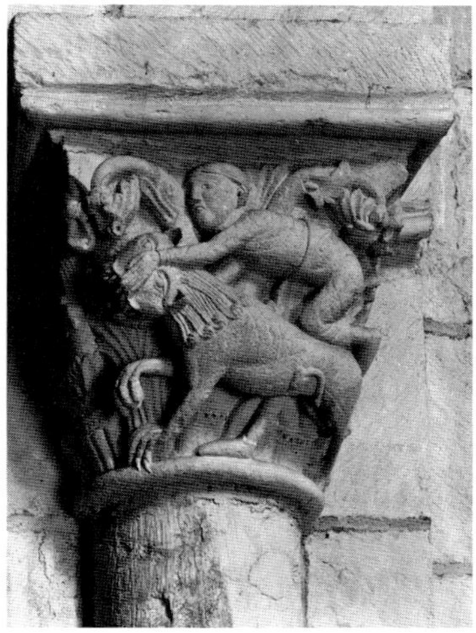

Zwei Kapitelle aus der ehem. Klosterkirche von Anzy-le-Duc
Samsons Kampf mit dem Löwen (oben) gehört zu den wenigen sicher benennbaren Szenen des Kapitellzyklus. Das Motiv der sich gegenseitig am Bart ziehenden Männer (unten) taucht in der romanischen Kapitellskulptur häufig auf, ohne schlüssig interpretiert werden zu können.

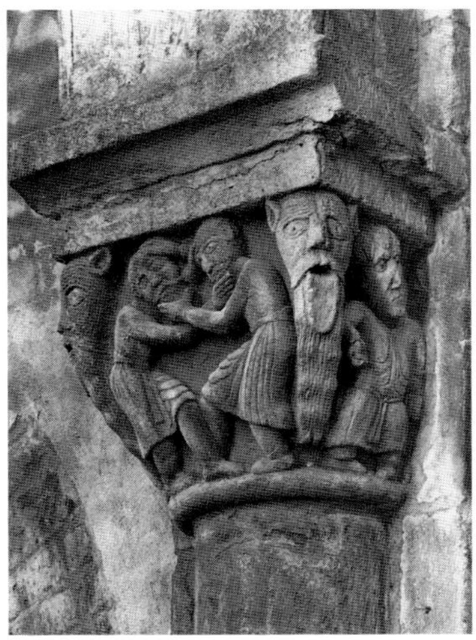

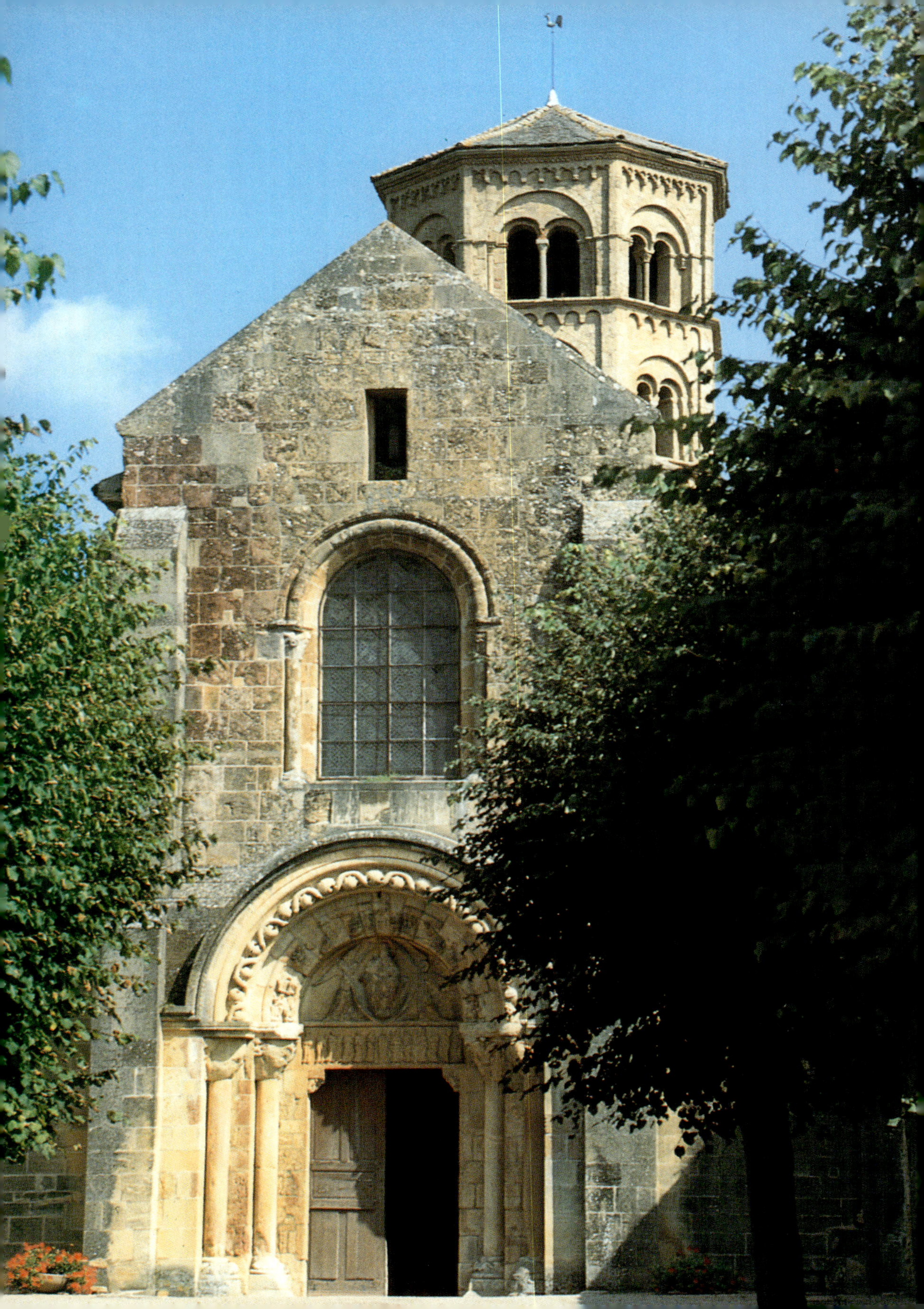

hunderts erfuhr. Wir müssen festhalten, daß die Gestalt des *Figurenkapitells* erst nach 1020 als Typus in Erscheinung tritt und ursächlich an die Romanik gekoppelt blieb. Mit dem Absterben dieser Epoche sollte auch das Figurenkapitell aus dem Fundus der europäischen Kunst wieder verschwinden. So ist der Säule zwar schon bei den Ägyptern und später bei Griechen und Römern eine architekturikonologische Dimension zugemessen worden, doch hat diese im Mittelalter einen Bedeutungswandel durchgemacht. In der Antike galt die Säule vorwiegend als Baum, ihr Kapitell als Blätterkrone, ein Verständnis, das mit der Schöpfung des korinthischen Kapitells greifbaren Ausdruck annahm. In der Romanik sah man in der Säule indes eine Metapher des Menschen, eine gewiß nicht zufällige Bestimmung, denn auch in dieser Richtung hatte die antike Vorstellungswelt in Gestalt von Atlanten und Karyatiden den Weg gewiesen.[21] Abt Suger von St-Denis, der Bauherr des ersten gotischen Chores, benennt die Säulen seiner neuen Abteikirche ausdrücklich als Apostel. Das Kapitell war in der Romanik demnach nicht mehr Laubkrone, sondern Kopf. Dort genau ist jene Gedankenvielfalt zu orten, die im Figurenkapitell zu bildnerischem Ausdruck gelangte. Dieser überzeugend logischen Herleitung steht eine gänzlich irrationale Komponente entgegen: Die Säule ist der tragende Teil eines Gebäudes, in ihr nehmen die Wirkungskräfte von Schub, Druck und Stütze sichtbare Form an; das Kapitell besetzt jenen baustatisch brisanten Platz, an dem die Lasten auf einzelne Punkte gesammelt und auf ein kleines Widerlager konzentriert werden. Auch das mag ein Grund dafür sein, daß sich der rationale Geist antiker Baumeister nicht dazu hinreißen ließ, die Geschlossenheit des Kapitellblocks aufzugeben. Doch genau das vollzieht sich im 11. und 12. Jahrhundert. Das Kapitell erscheint so, als sei es seiner Aufgabe im baulichen Kontext entkleidet, die wahren Verhältnisse werden verschleiert. Dies erscheint jedoch aus dem Blickwinkel einer Epoche, die von einem tiefen Mißtrauen gegen alle Erscheinungen irdischer Realitäten erfüllt war, durchaus nachvollziehbar. Aber lassen wir uns nicht täuschen! Trotz scheinbar völliger Negation der Gegebenheiten bewahrt das romanische Kapitell doch letztlich die Grundform dieses Architekturdetails. Die Verhältnisse werden verunklärt, aber nicht bis zur Unkenntlichkeit verzerrt, denn die Kelchform bleibt im Kern auch weiterhin unangetastet, und die Voluten des ionischen bzw. korinthischen Kapitells erscheinen zu kleinen Köpfen von Mensch oder Tier an den vier Ecken des Blocks umgedeutet. Dem scheinbaren Chaos liegt die Vorstellung einer geregelten Ordnung zugrunde. Diese Gesamtwirkung wird von dem Umstand mitgetragen, daß die *romanische Kapitellskulptur immer Relief* bleibt und wie von einem unsichtbaren Mantel umschlossen anmutet.

Diese etwas allgemeiner gehaltenen Beobachtungen gelten natürlich nicht für unser Beispiel Anzy-le-Duc allein, sondern sind auf die romanische Kapitellplastik insgesamt anwendbar. Indem aber gerade Burgund den größten Schatz romanischer Kapitellzyklen besitzt (auf jene von **Autun**, **Saulieu** und **Vézelay** wird noch gesondert einzugehen sein), ist

Farbtafel links:
Anzy-le-Duc, ehem. Klosterkirche Ste-Trinité, Ste-Croix-et-Ste-Marie von Westen
Der Besuch dieser vielleicht schönsten romanischen Kirche im Brionnais vermittelt einen lebendigen Anschauungsunterricht zum Thema der Entwicklung der romanischen Skulptur in Burgund. Der Kapitellzyklus im Innern der Kirche entstammt noch dem 11. Jahrhundert, während das Portal der Westseite (vgl. S. 75) ins anbrechende 12. Jahrhundert zu stellen ist. Mit dem bildhauerischen Werk des Meisters Gislebertus steht ein weiteres Portal in der Einfriedung des ehemaligen Priorats in Verbindung (vgl. Abb. und Text S. 78/79).
Während die Kirche von Anzy-le-Duc im wesentlichen noch im 11. Jahrhundert errichtet wurde, entstammt der vielfach durchbrochene Vierungsturm dem 12. Jahrhundert. Sein Gliederungsreichtum ist ein eindrucksvolles Beispiel für den fortschreitenden Einfluß der westfranzösischen Romanik in Burgund.

21 Diesen Bezug stellt her: Günter Bandmann, *Mittelalterliche Architektur als Bedeutungsträger*, Berlin 1951, S. 78ff.

Anzy-le-Duc, ehem. Klosterkirche, Innenansicht

Der Blick in das Mittelschiff des basilikalen Langhauses gibt Anzy-le-Duc als einen Bau zu erkennen, der sich deutlich von der cluniazensischen Schule unterscheidet. Der Aufriß der Hochschiffwand ist zweigeschossig, die Joche sind von Kreuzgratgewölben überfangen (der später entstandene Bau von Cluny III hat die Spitztonne eingesetzt). Bei der Errichtung der großen Wallfahrtskirche Ste-Madeleine in Vézelay griff man auf das Muster von Anzy zurück. Dort allerdings ist die Abweichung von Cluny III im Sinne einer Opposition zu interpretieren: In Vézelay war man bestrebt, sich von der mächtigen Konkurrenz Clunys deutlich abzugrenzen (dazu ausführlich S. 119f).

Die Ostpartie von Anzy-le-Duc ist der älteste Teil dieser Kirche und wird in das frühe 11. Jahrhundert datiert. Mit fünf ungleich großen Kapellen ist sie heute das besterhaltene Beispiel eines Staffelchores auf burgundischem Boden (zum Thema Staffelchor ausführlicher auf S. 38). Die bauliche Gestalt dieser Choranlage weist auffällige Übereinstimmungen mit dem ergrabenen Bestand in Charlieu auf, so daß vermutet wird, an beiden Orten sei dieselbe Baugruppe tätig gewesen.

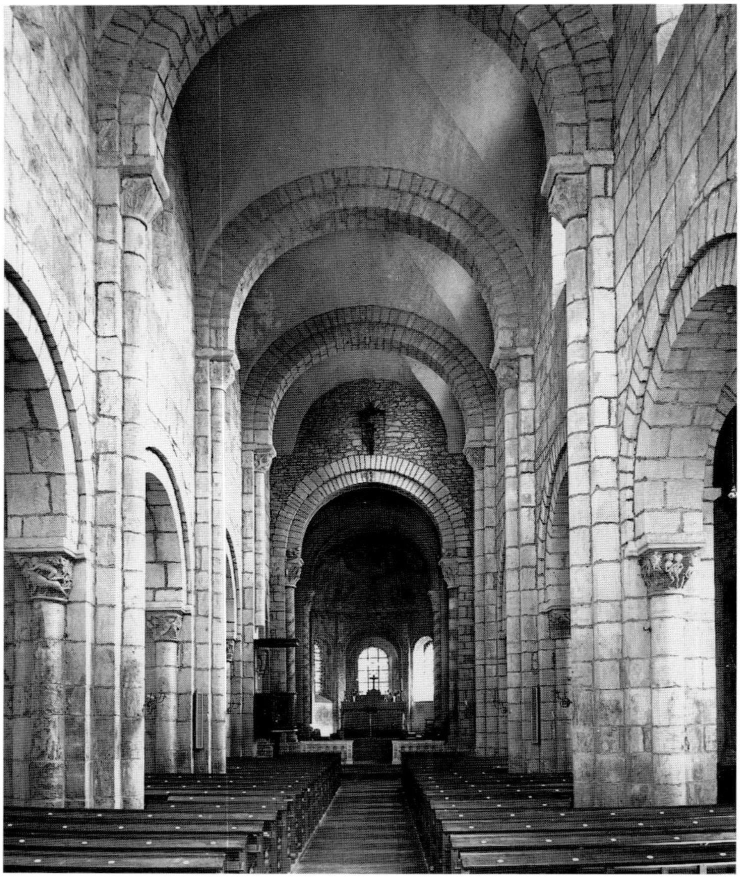

in einer Geschichte der mittelalterlichen Kunst Burgunds diesem Thema besonderes Gewicht beizumessen. Einzig die großen Zyklen der Auvergne ließen sich jenen Burgunds an die Seite stellen (Clermont-Ferrand, Issoire, Mozac, St-Nectaire, um nur die wichtigsten zu nennen). Doch ist die gleichzeitige Skulptur der Auvergne andere Wege gegangen. Hier nimmt die Gestalt des Menschen und szenischer Zusammenhänge die zentrale Stelle ein, die Ornamentik wird strikt als eigener Bereich ausgegrenzt, und Tierdarstellungen spielen nur eine untergeordnete Rolle.

Die Ausbildung des mittelalterlichen Stufenportals

Den nächsten Schritt in der Chronologie nach den Kapitellen von Anzy-le-Duc markiert das **Westportal in Charlieu**. Die dortige von Cluny abhängige Prioratskirche St-Fortunat, ein Nachfolgebau von Cluny II, wurde Anfang des 19. Jahrhunderts vollständig abgetragen. Erhalten blieben einzig der Narthex und mit ihm die romanischen Portale. Das Westportal gehört noch zum Bestand der Kirche des 11. Jahrhunderts und ist in die Zeit um 1090 datiert. Die nach Norden ausgerichteten Narthexportale entstanden erst gegen Mitte des 12. Jahrhunderts. So kann man in Charlieu im direkten Vergleich nachvollziehen, welchen Weg die romanische Skulptur vom Ende des 11. bis zur Mitte des 12. Jahrhunderts gegangen ist.

Bereits im frühen 11. Jahrhundert war das Bestreben erwacht, der Skulptur an der Westseite des christlichen Kultraums und damit konkret im Eingangsbereich einen festen Platz zuzuweisen. Gleichzeitig vollzog sich ein grundlegender Wandel in der Bewertung der Bildersprache. Waren die Kunstäußerungen bis dahin nur einem kleinen Kreis von Geistlichen vorbehalten und zudem meist ursächlich in den Kult einbezogen gewesen (Reliquiare, Meßbücher, Kruzifixe, liturgisches Gerät), so wendet sich das neuentdeckte Medium der Steinskulptur dank seiner Anbringung am Außenbau der Kirchen an die Öffentlichkeit. Entsprechend war eine neue Kunstgattung geschaffen, die an der Ausübung des Kults keinen Anteil hatte. Während die frühesten Skulpturen an Porta-

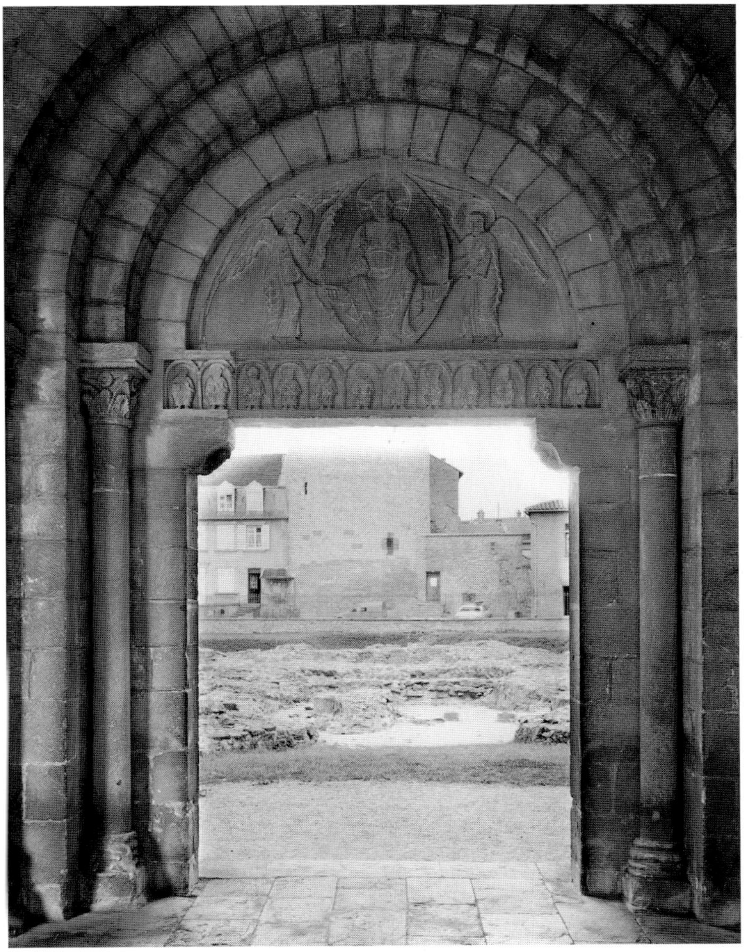

Charlieu, ehem. Klosterkirche St-Fortunat, Westportal
Es handelt sich um eines der ersten Stufenportale mit eingestellten Säulen und skulptiertem Tympanon (ausführlich S. 74 unten). Die Kirche, die man einst durch dieses Portal betrat, ist restlos zerstört. Lediglich ihre Grundmauern wurden freigelegt. Vom Kloster blieben der gotische Kreuzgang und der romanische Kapitelsaal erhalten. In ihm befindet sich heute ein kleines Museum mit romanischen Skulpturen.
Das Kloster war wegen seiner strategisch wichtigen Lage am Verbindungsweg zwischen den Tälern der Rhône und der Loire im 13. Jahrhundert mit einem Festungswall umgeben worden, von dem noch Teile stehen.

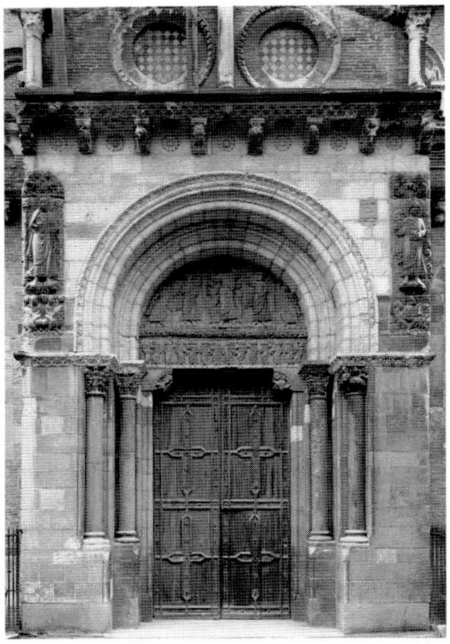

Toulouse, St-Sernin, Porte Miégeville
An der Ausbildung des romanischen Stufenportals war neben Burgund auch der südwestfranzösische Raum beteiligt. Bald nach der Porte des Comtes, die in den ersten Jahren des 12. Jahrhunderts an der Südseite von St-Sernin angelegt wurde, entstand gegen 1118 die Porte Miégeville, die wie das Westportal in Charlieu eingestellte Säulen und ein Tympanon aufweist. Hier erscheint zum ersten Mal in der mittelalterlichen Portalplastik das Thema der Himmelfahrt Christi, das auch bald burgundische Bildhauer beschäftigte (Montceaux-l'Etoile, vgl. S. 75ff) und neben dem Weltgericht eines der beliebtesten Tympanon-Motive der französischen Romanik wurde. Aus Toulouse ging eine große Zahl bedeutender Bildhauer hervor, die auch in Moissac, Souillac und zahlreichen anderen Orten der Languedoc und Aquitaniens tätig wurden. Der Rang der Bildhauerei in Südwestfrankreich kommt der Burgunds im 12. Jahrhundert gleich. Während aber Burgund diese große künstlerische Tradition noch bis in das späte Mittelalter fortsetzen konnte, verblaßte der kunstgeschichtliche Rang der Landschaften Südwestfrankreichs nach dem 12. Jahrhundert zu provinzieller Bedeutungslosigkeit.

len noch keine verbindliche Ordnung einnehmen, hob Ende des 11. Jahrhunderts eine Entwicklung an, die bis zu den großen Portalen der gotischen Kathedralen einen gradlinigen Weg gegangen ist. Burgund hat auch dabei entscheidende Anstöße gegeben. Das Westportal von Charlieu ist das erste vollausgebildete Beispiel eines *Stufenportals*. Die Tür ist hier nicht mehr nur ein einfacher Ausschnitt aus der Wand, sondern in einer mehrfachen Treppung in das Mauerwerk hineingemuldet. Damit wird ein kanonischer Typus um 1090 festgelegt, der, über Cluny an andere Bauwerke weitervermittelt, zum Grundmuster des mittelalterlichen Kirchenportals geworden ist.

Das Stufenportal besitzt folgende Merkmale:
- ein getrepptes Gewände zu seiten der Tür, in das kleine Säulen eingestellt wurden, darüber
- in den oberen Ecken der Tür zwei Kragsturzsteine, auf denen der
- Querbalken (Architrav, Türsturz) ruht, sowie
- mehrfach abgestufte Bögen über der Tür, die später mit Archivolten zusätzlich gefüllt wurden; sie bewirken eine Entlastung des halbrunden Feldes, in dem fortan
- das Tympanon als wichtigster Bildträger der Romanik seinen Platz hatte.

Es hieße aber die Rolle Burgunds überstrapazieren, wenn man hier die einzige Wiege dieses Portaltyps sehen wollte, wie ja umgekehrt nicht das Roussillon für sich allein in Anspruch nehmen kann, die Initialzündung zum Entstehen der mittelalterlichen Skulptur gegeben zu haben. Denn praktisch gleichzeitig mit dem Westportal von Charlieu entstand die Porte des Comtes an der heute größten erhaltenen Kirche der Romanik, St-Sernin in Toulouse. Dieses Doppeltor weist alle oben genannten Bestandteile in fast derselben Ausprägung auf mit Ausnahme des Tympanon, das erst etwa 15 Jahre später an demselben Bau in der berühmten Porte Miégeville auftaucht. Wieder sehen wir, daß ein bestimmtes Anliegen, in diesem Fall der Wunsch, dem Portal eine feste Form zu verleihen, an unterschiedlichen Orten zur selben Zeit zu ganz ähnlichen Lösungen führen konnte. Darüber hinaus ist erneut darauf hinzuweisen, daß wir in Burgund und dem südwestlichen Frankreich einen Raum beträchtlicher Gemeinsamkeiten sehen dürfen.

Das Tympanon des Westportals von Charlieu zeigt einen in einer Mandorla thronenden Christus. Das Oval der Glorie halten zwei Engel. Obwohl die Figuren viel freier Raum umspielt, ist die ganze Komposition fest in den Rahmen des Halbrunds verspannt und gerät deshalb nicht ins Schwimmen. Diese Disposition sollte gleichfalls ein fester Typus bleiben, der immer wieder in der burgundischen Romanik auftaucht. Im Architrav haben unter kleinen Arkaden die zwölf Apostel Platz genommen. Das Relief ist noch recht flächig gehalten und steht insofern den Arbeiten des frühen 11. Jahrhunderts nahe. Dagegen ist die Modellierung der Körper und ihrer Gewandungen weicher und vollzieht sich in fließenderen Übergängen. Die fein ziselierte Verspieltheit späterer Arbeiten ist hier noch nicht vorbereitet.

Vielfalt der Formen im 12. Jahrhundert

Die Kapitelle in Anzy-le-Duc und das Westportal von Charlieu zeigen noch nicht die typisch burgundischen Stileigentümlichkeiten. Diese werden erst nach der Wende zum 12. Jahrhundert ausgebildet und erscheinen bald nach 1100 im **Tympanon von Anzy-le-Duc** (vgl. Abb. S. 70). Obwohl es sich ikonographisch eng an Charlieu anlehnt, wird das Thema deutlich weiter gefaßt. Im Tympanon bilden wieder Christus und zwei Engel das Zentrum. Die Reihe der Apostel im Architrav ist durch die Gestalt der Maria erweitert, so daß die Vorstellungen von *Parusie* (Wiederkunft Christi, die dem Weltgericht vorangeht) und Himmelfahrt des Herrn ineinanderspielen. Den Anknüpfungspunkt für eine solche Synchronisation zeitlich differenter Begebenheiten bot die Apostelgeschichte (1,9-11), wo berichtet wird, daß im Augenblick der Himmelfahrt Christi zwei Engel erschienen, um den Aposteln kundzutun, daß der Herr, so wie sie ihn jetzt emporsteigen sähen, dereinst wiederkehren werde. Diese Form einer visionären Synopsis sollte nur wenig später an der figurenreichsten Portalwand der gesamten französischen Romanik, an der Kathedrale in Angoulême, zu einem komplizierten theologischen Programm gesteigert werden. Auch der Hinweis auf das nahende Weltgericht ist in Anzy berücksichtigt, indem in der Stirnarchivolte, die nachträglich (wohl um 1130) angefügt wurde, die apokalyptischen Könige erscheinen. In Verbindung mit der inhaltlichen Ausweitung hat auch die Reliefsprache dieses Portals neue Möglichkeiten erschlossen. Das Relief hebt sich stärker vom Grund ab. Indem die Engel sich nicht mehr der Mandorla zuwenden, sondern ihre Köpfe zu den Seiten drehen, kommen Bewegung und Spannung in die Szene.

Noch einen Schritt weiter geht der Meister des Portals von **Perrecy-les-Forges**, das nur wenige Kilometer nordwestlich von Paray-le-Monial liegt. Das dortige Tympanon ist um 1120 entstanden. Auch hier wird das Bogenfeld von der Majestas Domini mit zwei Engeln beherrscht. Die Flügel der Engel heben sich akzentuiert vom Grunde ab, alle hochstehenden Partien des Reliefs sind scharfkantig gearbeitet. Im Türsturz ist die stereotype Reihung einzelner Figuren zugunsten einer bewegten Szenenfolge aufgegeben, in der einzelne Sequenzen aus der Passion vorgetragen werden.

Etwa derselben Zeit (vielleicht nur geringfügig später, um 1125/30) ist das reizende kleine Portal der Dorfkirche in **Montceaux-l'Etoile** zuzurechnen. Zwar ist auch hier Christus in einer Mandorla dargestellt, doch sieht man ihn, abweichend von allen anderen bislang aufgeführten Beispielen, nicht thronend, sondern stehend. Die Identifikation als Himmelfahrt wird durch die Tatsache, daß die Engel schweben und darunter die aufgeregte Versammlung der Apostel mit der Muttergottes erscheint, gesichert. Dieses Thema gehörte seit der Porte Miégeville in Toulouse (vgl. Abb. S. 74) zum traditionellen Formenschatz der romanischen Portalplastik und fand vor allem in der Languedoc und an Bauten in den

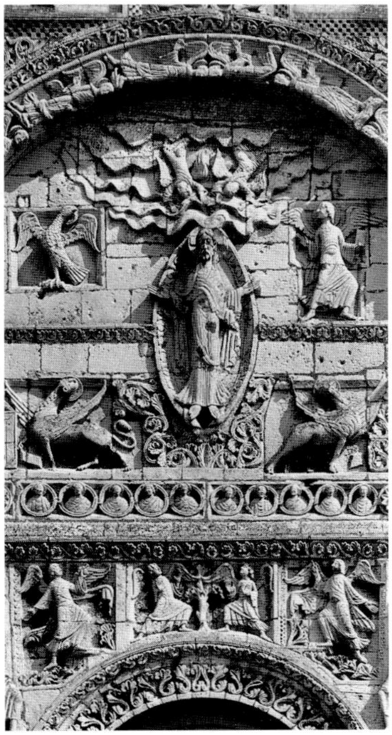

Angoulême, Kathedrale St-Pierre, Detail der romanischen Fassade
Der Ausschnitt zeigt Christus stehend in der Mandorla. Himmelfahrt wie Wiederkunft des Herrn (Parusie) sind hier gleichermaßen angesprochen. Die Skulptur der Landschaften im mittleren Westen Frankreichs (Poitou, Saintonge und Angoumois) ist, was die Plazierung der Bildwerke am Bau anbetrifft, andere Wege gegangen als Burgund. Die Skulpturen besetzen oftmals die gesamte Westwand einer Kirche, eine Disposition, die erkennbar mit der künstlerischen Gesinnung Spaniens korrespondiert. In Burgund konzentriert sich der Portaldekor dagegen fast ausschließlich auf die Tympana, wofür auf den folgenden Seiten exemplarische Beispiele vorgestellt werden.

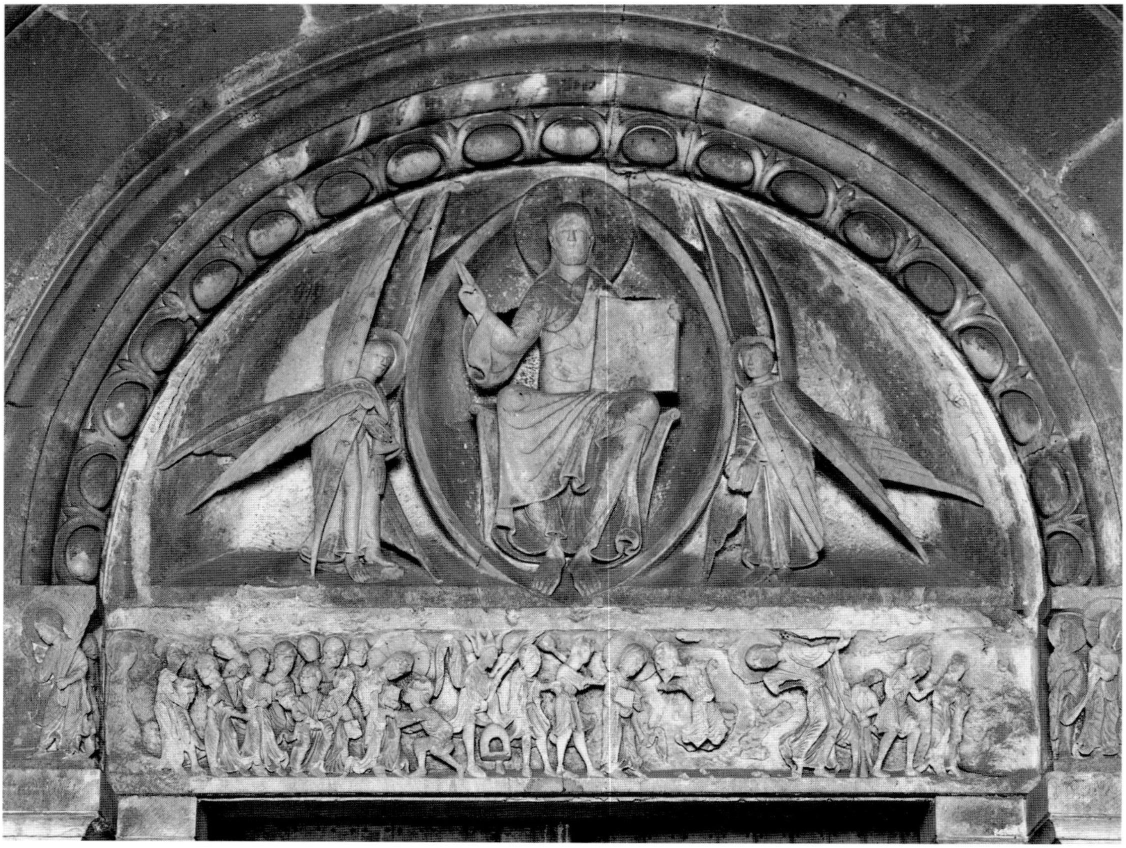

Perrecy-les-Forges, romanische Kirche Sts-Pierre-et-Benoît, Tympanon des Westportals
Das Tympanon zeigt den traditionellen burgundischen Typus eines Christus in der Mandorla, die von zwei Engeln gehalten wird. Während der Stil der Tympanonfiguren hartkantig und hierarchisch ist, kennzeichnet die Szenen des Architravs (Judaskuß, Gefangennahme, Christus vor Pilatus u. a.) eine dramatische Bewegtheit. Hier waren zwei verschiedene Künstler tätig; auch erscheint es denkbar, daß man einen gewissen zeitlichen Abstand zwischen Tympanon und Architrav anzusetzen hat.

ihr benachbarten Landschaften weite Verbreitung (z. B. Pérignac in der Saintonge, Cahors im Quercy, Mauriac in der Auvergne). Ein Detail, nämlich jene Apostelgruppe, bei der sich einer der Zwölf einem ahnungslosen Nachzügler zuwendet, um ihn auf das unvorstellbare Ereignis aufmerksam zu machen, sollte ein bleibender Topos werden. Über die Assunta Tizians (Venedig, Frarikirche) blieb das Motiv bis in die Kunst des süddeutschen Rokoko lebendig (Gruppe der Mariae Himmelfahrt von Egid Quirin Asam in der Stiftskirche von Rohr, Bayern). Die Emanzipation des Reliefs ist nun schon so weit fortgeschritten, daß sich namentlich die Engel fast vollplastisch vom Grund lösen. Doch bleiben Bindung an den Hintergrund und Respektierung der Vordergrundebene auch weiterhin eherne Gesetze der romanischen Skulptur.

Mit der Entdeckung der plastischen Möglichkeiten ging trotz der Beschränkungen, die das Verharren im Relief mit sich brachte, eine Aufsplitterung der stilistischen Auffassungen einher. Die Skulptur der Zeit nach 1125 ist aus einem Stamm hervorgegangen, doch können wir in der Zeit der Reife (1125-50) drei eigenwillige Strömungen ausmachen und an Beispielen im Brionnais konkret verfolgen.

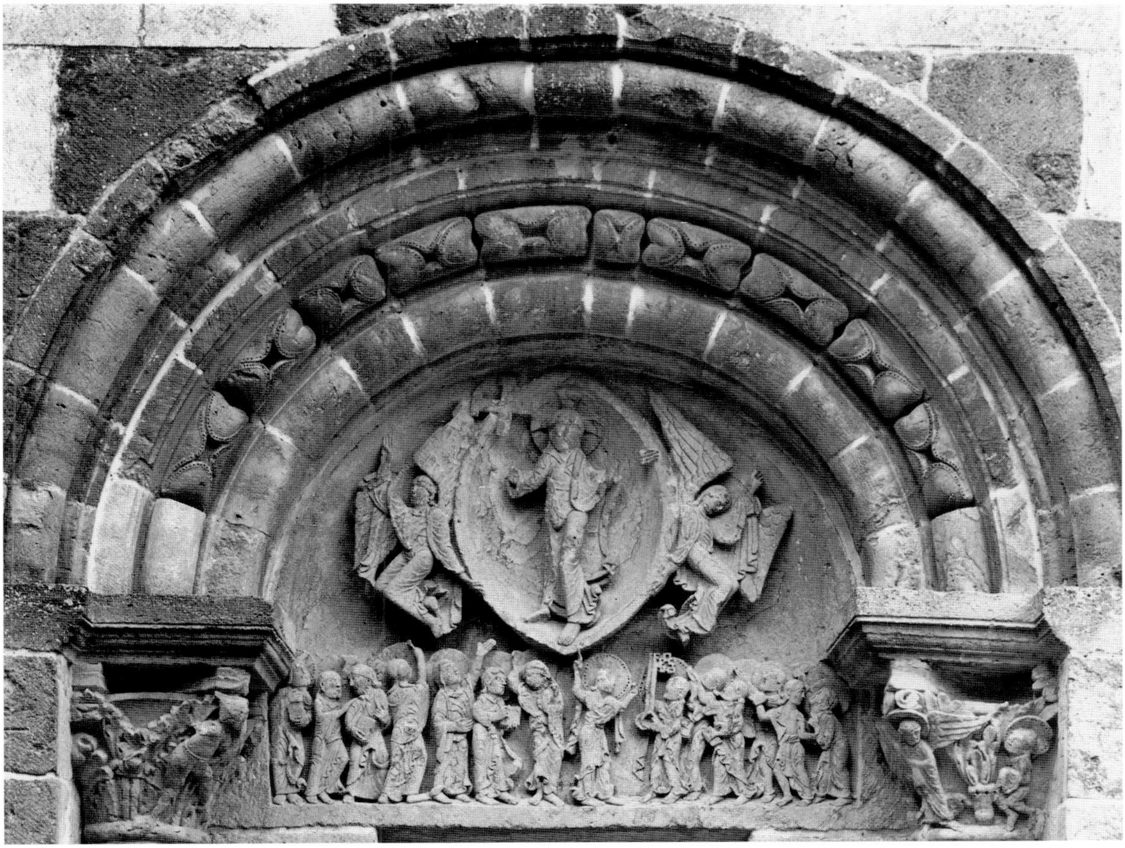

Seit etwa 1120 war die profilierteste Gestalt unter den Bildhauern des 12. Jahrhunderts in Burgund, Meister Gislebertus, in Autun tätig. Die von ihm geschaffenen Figuren stellen in puncto Entkörperlichung einen Gipfel dar. An verschiedenen Orten läßt sich die Nachwirkung des Gislebertus erkennen, so auch in **Anzy-le-Duc**. Die **südliche Klostereinfassung** besitzt ein kleines Tympanon, das in der Nachfolge des Genies von Autun steht. Leider hat die Verwitterung den weichen Kalkstein so weit zersetzt, daß alle Feinheiten des Reliefs verloren sind. Der szenische Kontext ist allerdings noch problemlos zu entschlüsseln: Anbetung der Könige und Sündenfall besetzen in zwei Hälften das Halbrund des Tympanon, im Architrav darunter werden Verdammte der Hölle überantwortet. Die Gestalten sind ausgedünnt, doch nicht so extrem wie jene in Autun. Allen gemeinsam ist eine fast schlangenhafte Biegsamkeit, auf die W. Messerers Schlagwort von der »Beweglichkeit« die treffendste Anwendung findet. Daß die Arbeit qualitativ hinter den Leistungen von Autun deutlich zurückbleibt, ist aus der Unfähigkeit des Künstlers zu ersehen, dem merkwürdig Schwimmenden, das aus dieser gummihaft labilen Auffassung des Reliefs resultiert, einen stringenten Zusammenhalt entgegenzusetzen. Es fehlt das struktive Gerüst, die kompositorische Festigung im Rahmen, was in Charlieu so instinktsicher geglückt war.

Montceaux-l'Etoile, romanische Kirche Sts-Pierre-et-Paul, Tympanon des Westportals
Die Beschränkung der räumlichen Abmessung bei diesem kleinsten Tympanon der burgundischen Romanik hat es mit sich gebracht, daß auf die übliche Trennung von Tympanon und Architrav verzichtet wurde. Beide Teile erscheinen hier zu einem zusammenhängenden Bildfeld vereinigt, in dem die Himmelfahrt Christi dargestellt ist.

In Montceaux-l' Etoile läßt sich eine konzentrierte Kunstreise im südlichen Burgund auf das Angenehmste unterbrechen: von hier führt im Tal der Arconce ein malerischer Wanderweg zu dem etwa 45 Minuten Fußmarsch entfernten Anzy-le-Duc.

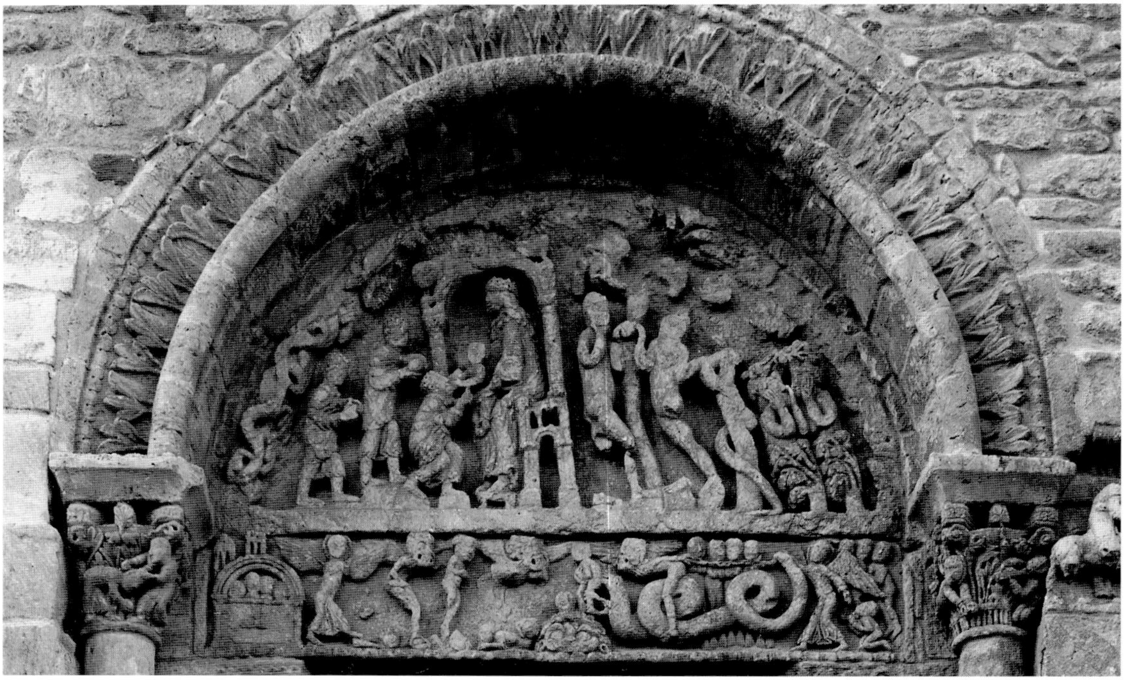

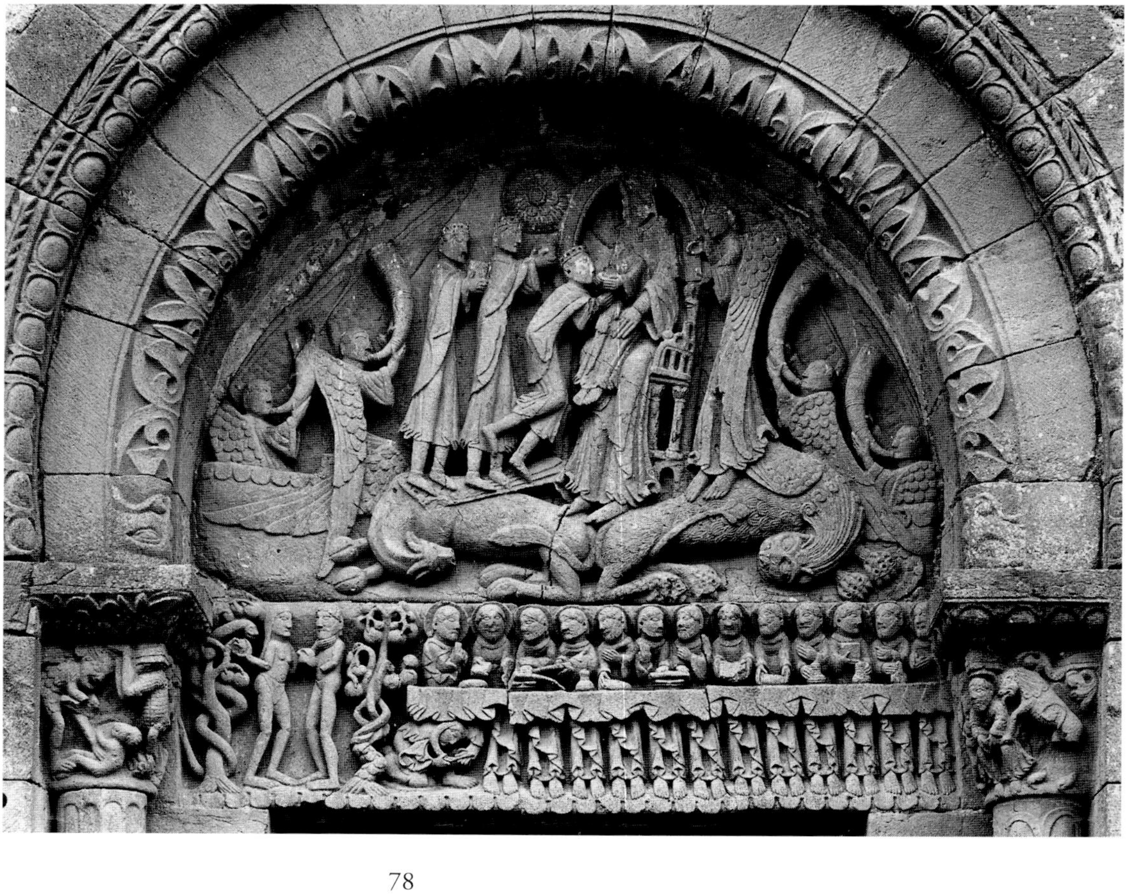

Nicht weit entfernt, doch schon auf dem westlichen Loireufer, findet sich ein weiterer Ableger vom Geiste des Gislebertus. Das Tympanon in **Neuilly-en-Donjon** (Bourbonnais) ist sehr viel besser erhalten als das der Klostereinfriedung in Anzy-le-Duc. Stilistisch und thematisch steht es jenem derart nahe, daß man fast dieselbe Künstlerhand vermuten möchte, die dieses Werk im zeitlichen Bereich nach 1130 geschaffen hat. Die Anbetung der Muttergottes durch die Heiligen Drei Könige steht hier im Mittelpunkt, gerahmt von fünf Engeln (vier von ihnen mit riesenhaften Blasinstrumenten). Die Szenerie vollzieht sich schwankend auf dem Rücken zweier mächtiger Tierleiber, die man immer als »wilde Monstren« oder »Bestien« charakterisiert findet.[22] Als geflügeltes Rind und gleichfalls mit Flügeln versehener Löwe sind sie jedoch eindeutig als die Symbole des Lukas und des Markus zu identifizieren. Die Komposition gerät noch stärker als in Anzy-le-Duc ins Taumeln. Die Szene des Sündenfalls, in Anzy der Anbetung als typologisches Gegenstück zur Seite gestellt, erscheint hier an den Rand des Architravs gedrängt. Dennoch bleibt auch hier der typologische Bezug bestehen, da Adam und Eva vom Baum der Erkenntnis mit der Schlange und dem fruchttragenden Lebensbaum eingefaßt werden. Drei Viertel des Architravs nimmt die seltene Darstellung vom Gastmahl im Hause des Simon ein. In enger Anlehnung an gleichzeitige Abendmahldarstellungen (vor allem in der Kapitellplastik der Auvergne sehr verbreitet) sieht man Christus und die zwölf Jünger an einem Tisch aufgereiht. Links kauert die Büßerin Magdalena unter dem Tisch und trocknet mit ihrem lang wallenden Haar die Füße des Herrn. Die wie knochenlos erscheinenden Gestalten, deren insektenhafte Extremitäten sich in Verbindung mit ihrer unsicheren Postierung zu einem Höchstmaß an Instabilität verdichten, kennzeichnen jenen Entwicklungsstrang der hochromanischen Skulptur Burgunds, der eine Fortentwicklung, zugleich aber auch einen Niedergang der von Gislebertus begründeten Richtung darstellt. Um eine prägnante Unterscheidung zu den anderen Stilströmungen zu gewährleisten, geben wir diesen Werken aus dem Umkreis bzw. aus der Nachfolge des Gislebertus den Namen *Kurvenstil*.

In eine andere Richtung zielt jene Gesinnung, die in einem dritten **Tympanon aus Anzy-le-Duc** zum Ausdruck kommt (um 1140/50). Es befand sich ursprünglich im Westportal des Klosterhofes und wurde nach dessen Abriß nach **Paray-le-Monial** in das **Musée Hiéron** überführt. Die Disposition im Bogenfeld mit zwei Engeln und dem thronenden Christus in der Mandorla bleibt dem in Charlieu festgelegten Typus treu. Doch bringt die Ikonographie des Architravs eine völlig neue Komponente. Gerahmt von acht weiblichen und männlichen Heiligen, unter denen lediglich Petrus durch seine Schlüssel namentlich zu bestimmen ist, sieht man dort in der Mitte die stillende Muttergottes *(Maria lactans)*, ein Thema, das in der älteren romanischen Kunst vor 1130 unvorstellbar gewesen wäre. Die Gegenüberstellung von Majestas und Mutter mit Kind ist als Anspielung auf die Doppelnatur Christi (Triumphator und Mensch) zu verstehen, wie es Abt Odilo von Cluny in einer seiner

Links oben:
Anzy-le-Duc, Tympanon in der Einfriedung des ehem. Klosters
Der Grundgedanke ist – wie fast immer in der Romanik – die Gegenüberstellung von Sünde (Sündenfall) und Erlösung (Anbetung der Könige). Die Darstellung der Anbetung ist ein Bildgedanke, der erst in der reifen Romanik auftaucht und als Indiz für die allmählich stärker werdende Marienverehrung im Laufe des 12. Jahrhunderts zu werten ist.

Links unten:
Neuilly-en-Donjon, Tympanon der romanischen Kirche Ste-Madeleine
Neuilly-en-Donjon liegt in Burgunds westlicher Nachbarlandschaft Bourbonnais; das Tympanon ist indes noch ganz dem burgundischen Kunstkreis zuzuordnen, wie der Vergleich mit dem oben abgebildeten Tympanon in Anzy-le-Duc lehrt. Hier nimmt das Thema der Anbetung der Könige fast das ganze Bogenfeld ein. In einer seltenen Kombination unterschiedlicher ikonographischer Typen klingt aber auch der Weltgerichtsgedanke an; darauf spielen die Fabeltiere zu Füßen der Anbetungsgruppe und die posauneblasenden Engel an.

22 zuletzt bei: Klaus Bußmann, *Burgund – Kunst, Geschichte, Landschaft*, Köln 1977, S. 110.

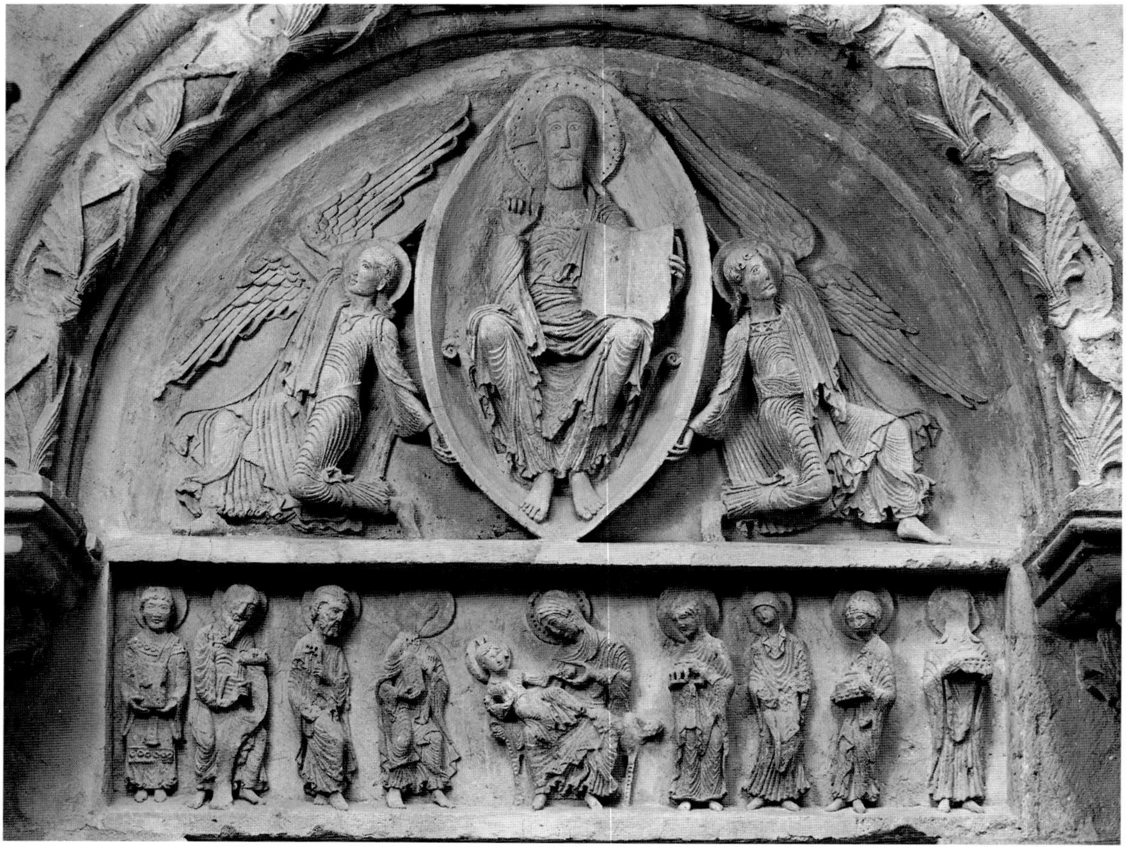

Paray-le-Monial, Musée Hiéron, Tympanon aus Anzy-le-Duc
Es ist nicht mehr festzustellen, wo genau sich das heute im Museum ausgestellte Tympanon aus Anzy-le-Duc einst befand. Entweder gehörte es zu einer untergegangenen Vorhalle der Kirche oder – was wahrscheinlicher ist – es zierte ein Portal in der (westlichen?) Klostereinfriedung.

Dichtungen beschrieben hatte. Dieses Tympanon verdeutlicht, daß der von Meyer Schapiro[23] geprägte Begriff des »Konkretisierungsprozesses« für den Werdegang der romanischen Kunst in einem doppelten Sinn zutrifft. In demselben Maße, wie das Relief Schritt um Schritt weiter in den Raum ausgreift und damit konkreter wird, vollziehen auch die dargestellten Bildinhalte eine Abwendung von den jenseitsbezogenen Verschlüsselungen hin zu einer konkreter am Diesseits orientierten Wirklichkeitstreue. Den Realitätscharakter unterstreicht die besondere künstlerische Sprache in diesem dritten Tympanon von Anzy. Es arbeitet, weit von der Gummihaftigkeit des Kurvenstils entfernt, mit hart gezeichneten Konturen und kantig gemeißelten Strukturen bei gleichzeitiger großer Plastizität des Reliefs. Dieser *Kantenstil* erfährt seine ausdrucksstarke Lebendigkeit nicht zuletzt aus dem spannungsvollen Wechselspiel von Licht und Schatten, das in den tief gegrabenen Relieffurchen die fortschreitende Verräumlichung des Reliefs wirkungsvoll unterstreicht. In der harten Linienführung von Perrecy-les-Forges hatte sich diese Sonderrichtung innerhalb der spätromanischen Skulptur Burgunds schon vorbereitet. Die beiden kleinen Tympana in **La Charité-sur-Loire**, gleichfalls aus der Zeit um die Jahrhundertmitte stammend, zeigen eine ähnliche Gesinnung. Während der Kurvenstil und der gleich noch zu be-

23 Meyer Schapiro, *Romanische Kunst*, Köln 1987.

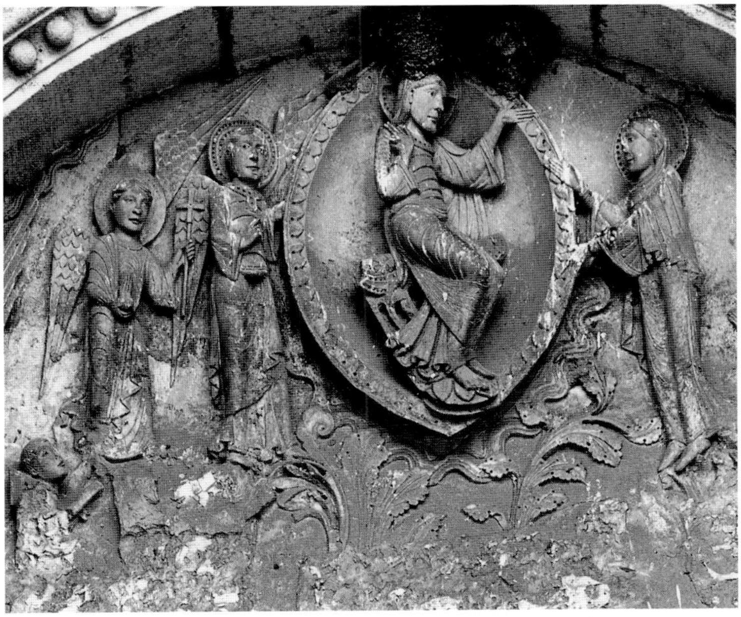

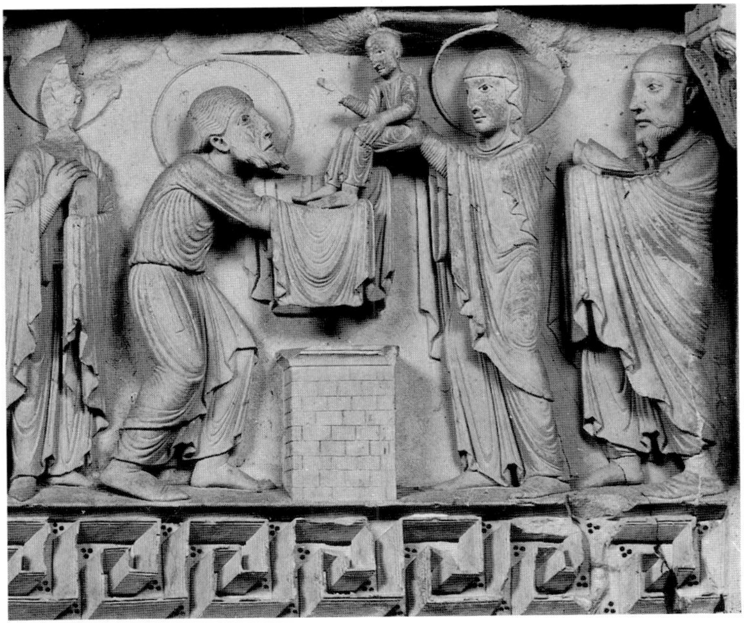

La Charité-sur-Loire, Details aus zwei Tympana der ehem. Klosterkirche
Die Abbildung oben zeigt ein Tympanon mit der Darstellung der Himmelfahrt Christi. Es befindet sich noch in situ an der Westseite der Kirche. Das andere Tympanon, aus dem hier als Detail die Darbringung des Christuskindes im Tempel wiedergegeben ist, findet man heute im Innern der Kirche. La Charité-sur-Loire liegt in der Landschaft Nivernais an der Westflanke Burgunds. Die ehemalige Klosterkirche steht im Banne von Cluny, dem La Charité als Priorat unterstand. Mit der Größe des Kirchenbaus trat das Priorat jedoch mit stolzem Selbstbewußtsein in Konkurrenz zum Mutterkloster. In der Revolutionszeit wurde die Kirche schwer verstümmelt. Heute stehen nur noch ein Teil der Westfront und die Ostpartie mit zwei Jochen des Langhauses, dem Querhaus und dem Chor. Der größte Teil des Langhauses wurde abgerissen. Einige der Arkaden des einstmals fünfschiffigen Gebäudes sind in angrenzende Wohnbauten integriert worden. Mit der stattlichen Länge von 122 m besaß das Kloster von La Charité-sur-Loire nach Cluny III die zweitgrößte romanische Kirche Burgunds.

sprechende »barocke Spätstil« die Romanik in die Sackgasse steuerten und ohne weitere Nachfolge blieben, mündet der Kantenstil in die frühen Äußerungen der gotischen Skulptur, wie sie in Burgund in Autun (Lazarusgrab) und an der Fassade in Avallon (St-Lazare) in Erscheinung treten (vgl. Abb. S. 105, 160).

Die eben erwähnte dritte Richtung, als *barocker Spätstil* zu charakterisieren, ist gleichfalls im südlichen Brionnais, exemplarisch vertreten.

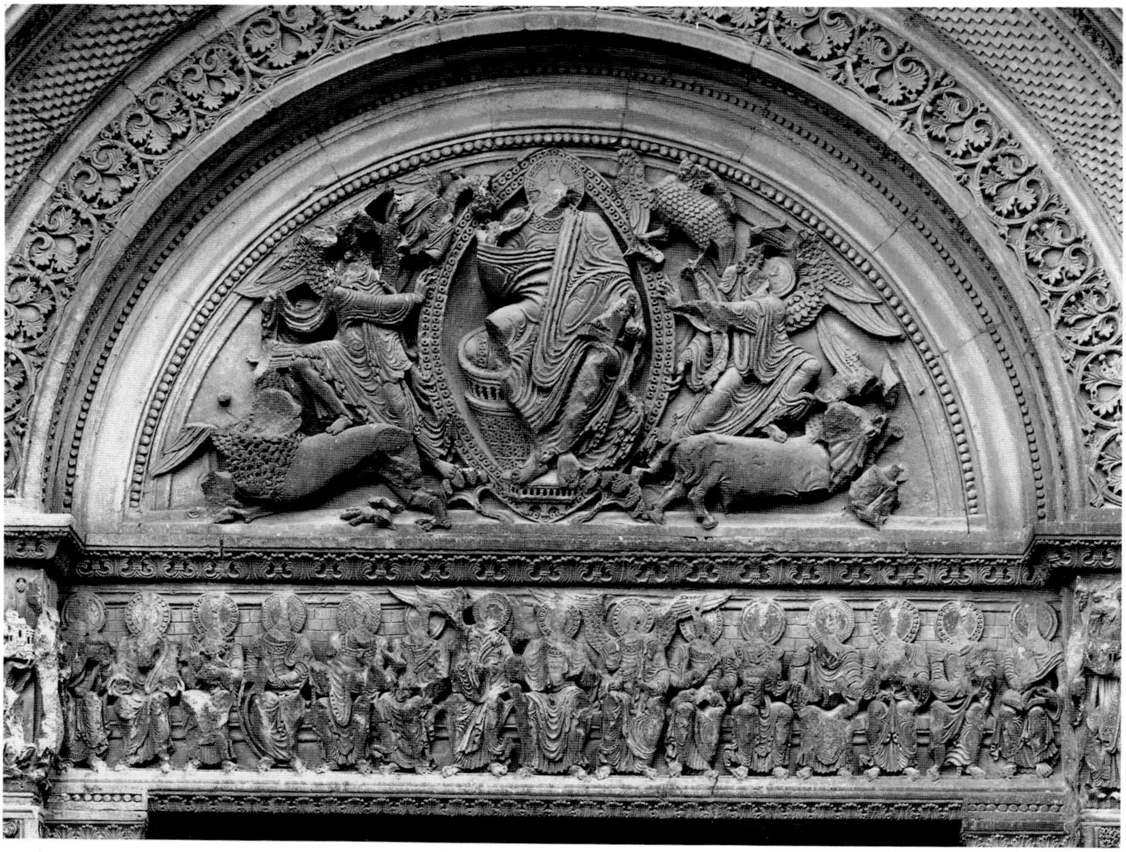

Charlieu, ehem. Klosterkirche St-Fortunat, Tympanon auf der Nordseite des Narthex
Mitte des 12. Jahrhunderts wurde der Westseite der heute zerstörten Kirche ein offener Narthex vorangestellt, dessen Nordseite reich mit Skulpturen geschmückt ist. Im Architrav des Hauptportals thront inmitten der Schar der Apostel die Gestalt der Gottesmutter, umgeben von zwei Engeln. Diese Konfiguration weist darauf hin, daß die Darstellung im Tympanon mit der von den Evangelistensymbolen flankierten Erscheinung Christi wieder in einem doppelten Sinn zugleich als Himmelfahrt und Parusie zu verstehen ist.

Der **Narthex in Charlieu** besitzt zwei nach Norden ausgerichtete Portale, die von derselben Künstlerhand um die Mitte des 12. Jahrhunderts geschaffen wurden. Das größere Tympanon zeigt wiederum Christus in der Mandorla, doch gesellen sich hier in einer Ausweitung des Themas den beiden traditionellen Engeln die vier Evangelistensymbole hinzu. Im Architrav erscheinen die zwölf Apostel, jedoch nicht mehr als isolierte Einzelgestalten, sondern als dichtgedrängte Gruppe. Alles ist in eine schwingende Bewegung versetzt. Das Grundmuster der Beweglichkeit als Erkennungsmerkmal der burgundischen Skulptur ist hier zu einer letzten Steigerung im Sinne expressiver Dramatik gelangt. Zudem findet sich kein Flecken freien Raumes mehr. Tympanon und Architrav sind bis in den letzten Winkel gefüllt, und auch die Rahmenteile, Pilaster, Kapitelle, Gesimse, Leisten und Archivolten zeigen sich von einer überbordenden Ornamentfülle überwuchert. Dieser *horror vacui* kennzeichnet viele Werke der späten Romanik; wir sehen dergleichen im Poitou (z. B. Fassade von Notre-Dame-la-Grande in Poitiers) ebenso wie in Aquitanien (Beaulieu-sur-Dordogne) und in der Provence (Arles, St-Trophime). Barocke Bewegtheit und Horror vacui sind gängige Erscheinungen zu Ende gehender Epochen. Dasselbe Phänomen ist bereits im Hellenismus wie in der späten Gotik oder im Manierismus des 16. Jahr-

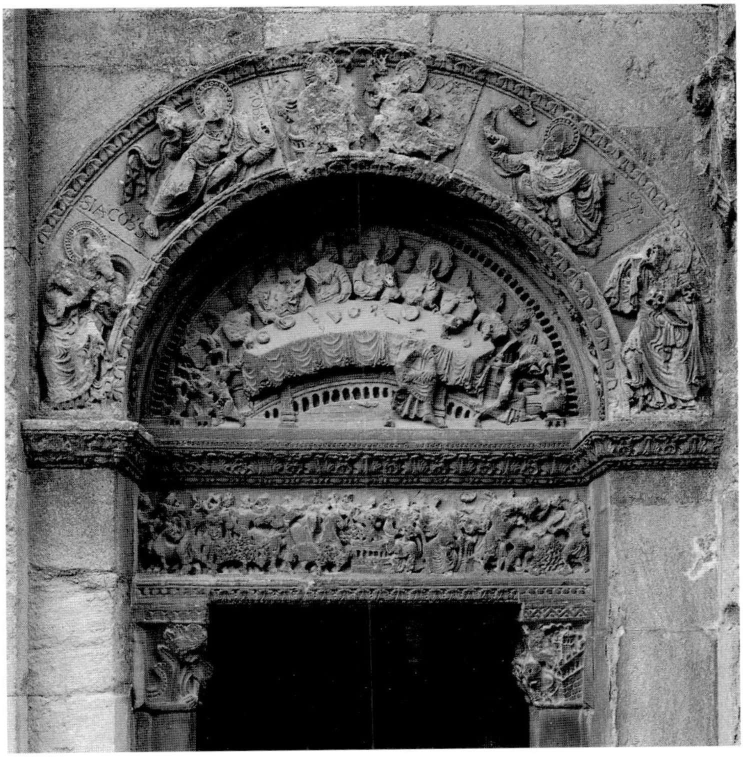

Charlieu, St-Fortunat, Seitenportal des Narthex
In der Zeit um 1130 erfährt der Typus des figurengeschmückten Kirchenportals eine Ausweitung. Nun entstehen – wie hier in Charlieu – immer häufiger Anlagen mit nicht nur einem Tor, sondern mit mehreren von Skulpturen eingefaßten Eingängen. Diese Entwicklung mündete in die großen Dreiportalanlagen der gotischen Kathedralen. Seltenheitswert besitzt das zweite Narthexportal von Charlieu mit der Darstellung des Abendmahls. Das formale Problem ist auf originelle Weise gelöst, indem der Tisch dem Halbrund des Bogens angeglichen wurde.

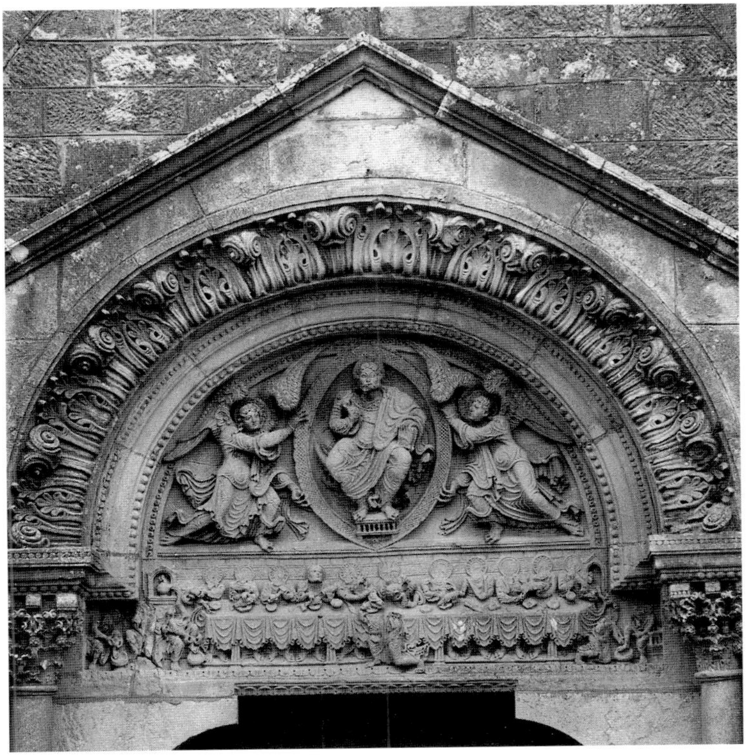

St-Julien-de-Jonzy, Tympanon der romanischen Kirche St-Julien
Sowohl ikonographisch als auch stilistisch besteht ein enger Zusammenhang zwischen den Tympana von Charlieu und jenem von St-Julien, das wie eine Kompilation der beiden Portale von Charlieu anmutet: im Tympanon die Erscheinung Christi, im Architrav das Abendmahl, das in Charlieu Thema des Seitenportals ist. Das antike Erbe, in der burgundischen Romanik immer gegenwärtig, kommt hier in der Stirnarchivolte mit einem Fries breit auslappender Akanthusblätter zum Tragen.

Semur-en-Brionnais, ehem. Klosterkirche St-Hilaire, Tympanon des Westportals
Das Tympanon zeigt das traditionelle Bildschema der burgundischen Romanik mit der Erscheinung Christi in einer Mandorla. Ungewöhnlich sind dagegen die Szenen im Architrav, die dem hl. Hilarius von Poitiers gewidmet sind. Hilarius (um 315-366), seit 350 Bischof seiner Heimatstadt Poitiers, wurde 356 von einem Konzil arianisch gesonnener Geistlicher nach Phrygien in die Verbannung geschickt (Synode von Biterrae), von wo er erst nach Jahren zurückkehren durfte. In der Zeit des Exils verfaßte er die breit angelegte Streitschrift »De Trinitate«, die ihm 1851 postum die Erhebung in den Rang eines Kirchenlehrers (Doctor ecclesiae) eintrug. Auf diese Ereignisse spielt der Architrav an. Dargestellt ist das Konzil, das Hilarius verurteilt. Auf der Reise erscheint ihm ein Engel (Mittelszene), der ihm die spätere Rückkehr in die Heimat verheißt. Den Vorsitzenden der arianischen Bischofsversammlung traktiert unterdessen ein Teufel.

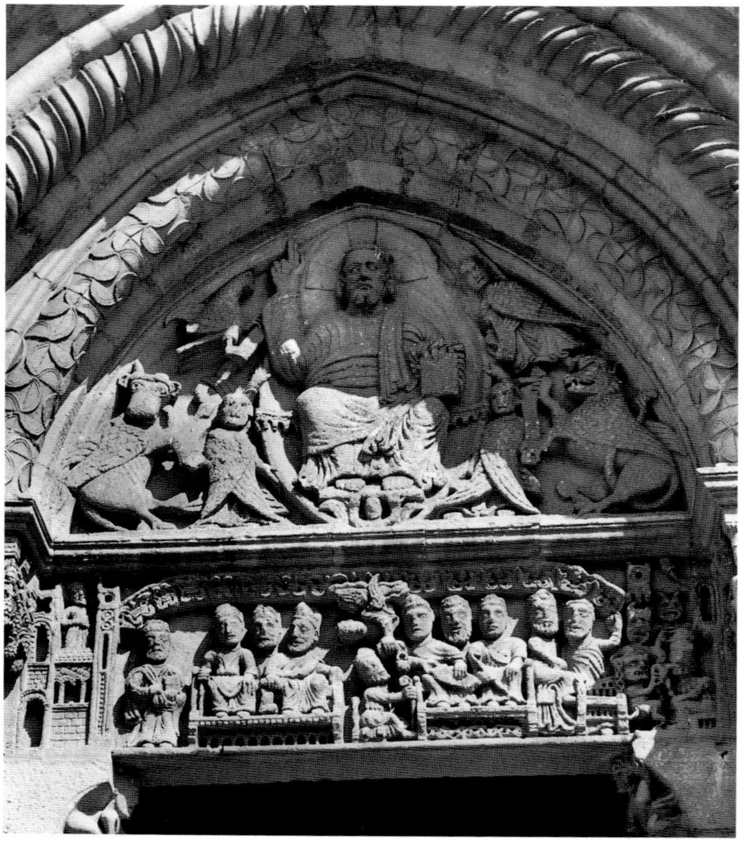

hunderts zu beobachten. Innerhalb der romanischen Skulptur Frankreichs hat indessen keine andere Landschaft ein solches Extrem an Verrenkungen, Verdrehungen und Bauschungen erreicht wie der Meister in Charlieu. Selbst das kleine Format des Seitenportals vermochte seinen Bewegungsdrang nicht zu zügeln. Dort sind auf engstem Raum die Verklärung Christi (in der Archivolte), das Abendmahl (im Tympanon) und die Hochzeit zu Kana (im Architrav) zusammengedrängt. Die Darstellungen haben sich vom religiösen Ernst der frühen Romanik gelöst und erinnern in ihrer zur Ekstase gesteigerten Dynamik eher an ausschweifende Festgelage.

Wahrscheinlich war derselbe Meister am **Tympanon von St-Julien-de-Jonzy** tätig, in dem die barocke Gesinnung ihren gipfelnden Abschluß erreicht hat. Über dieses Maß der Gespreiztheit hinaus ist keine weitere Steigerung mehr vorstellbar. Ungeachtet seiner geringen Abmessungen mutet das Portal wie ein rauschender Schlußakkord an, mit dem die an Erscheinungen wunderbarer Vielfalt überreiche Skulptur der Romanik in Burgund gegen 1150 ihrem Ende entgegenschritt.

Das letzte Kapitel zu diesem Thema wurde in **Semur-en-Brionnais** geschrieben. In der grobschlächtigen Kontur des dortigen Tympanon (es schildert Begebenheiten aus dem Leben des hl. Hilarius von Poitiers) zeigen sich die schöpferischen Kräfte Burgunds erlahmt. Alles sinkt zurück in die Fläche, wirkt schwammig und hat den Geist verloren, der alle vorangegangenen Werke, gleich welcher Richtung wir sie zuzurechnen haben, mit seinem Elan erfüllt hatte. In der Zeit bald nach 1150 traten die Klöster in Burgund, die Träger dieser Kunst gewesen waren, in den Hintergrund. Fortan erlag die Landschaft dem Einfluß der Gotik, die von der Ile de France nach Süden vordrang. Erst die Bildhauerei des 14. Jahrhunderts sollte wieder an die großen Leistungen der romanischen Skulptur anknüpfen.

Den Ausführungen zu den Portalen von Autun und Vézelay vorgreifend, ziehen wir schon an dieser Stelle ein wichtiges Fazit: Es ist festzuhalten, daß Burgund als *einzige* Kunstlandschaft Frankreichs vom Beginn der Romanik um 1020 bis zu ihrem Ableben um 1150 *kontinuierlich eigene Leistungen* hervorgebracht hat. Zwar trat das Roussillon gleichzeitig mit Burgund Anfang des 11. Jahrhunderts mit den frühesten Beiträgen auf den Plan, doch noch im Laufe des späteren 11. Jahrhunderts meldete sich diese Landschaft ab, um der Languedoc die Vorreiterrolle zu überlassen, die ihrerseits vor 1090 ohne eigene Leistungen dasteht. Das Roussillon hat erst wieder um 1150 eine späte Blüte hervorgebracht (St-Michel-de-Cuxa, Serrabonne). Provence und Auvergne sind Landschaften der Spätzeit, die ohne erkennbare Vorstufen erst im 12. Jahrhundert zu ihrer Sprache fanden. Dasselbe gilt für große Teile des Südwestens, insbesondere für die bilderreichen Landschaften Poitou, Saintonge und Angoumois. Allein diese Tatsache sichert Burgund einen ersten Rang unter den Kunstlandschaften Frankreichs.

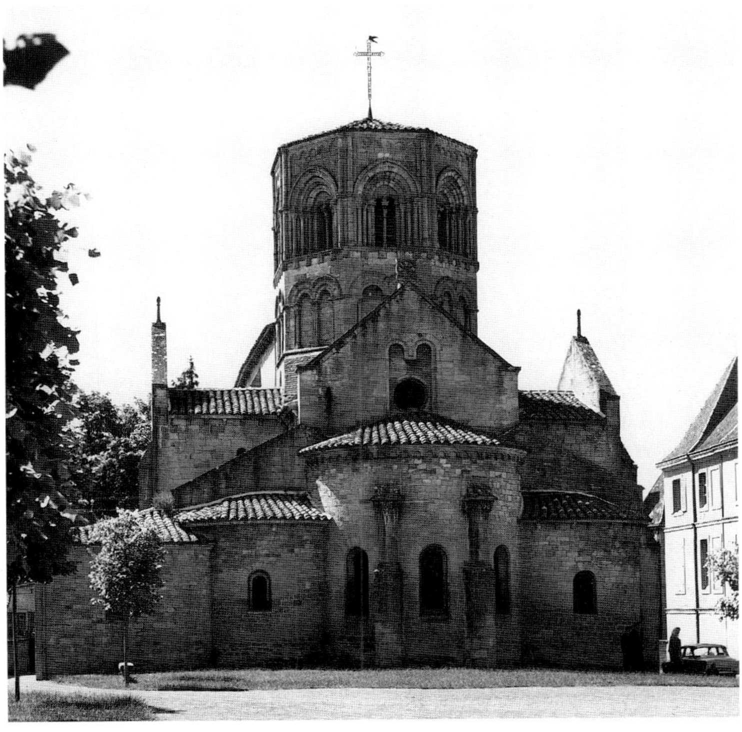

Semur-en-Brionnais, ehem. Klosterkirche St-Hilaire von Osten
Obwohl das kleine Priorat in Semur-en-Brionnais abseits der Pilgerwege lag, erhielt es eine auffallend großzügig proportionierte Klosterkirche. Dies wird der Initiative des Abtes Hugo von Cluny verdankt, der aus Semur stammte. Die Ruine des Stammschlosses seiner Familie steht in naher Nachbarschaft zur Kirche. Hugo stellte einen eigenen Bautrupp von Cluny ab, der sich des Projekts von St-Hilaire annahm. Entsprechend schließt sich St-Hilaire eng an Cluny III an. Die Spitztonne wurde im 19. Jahrhundert durch eine Halbtonne ersetzt. Lediglich der Chor weicht vom Vorbild des Mutterklosters ab. Da man in Semur keine Rücksicht auf die Belange von Pilgern nehmen mußte, konnte auf die aufwendige Lösung eines Chores mit Umgang und Radialkapellen zugunsten einer schlichten Dreiapsidenanlage verzichtet werden. Der markante oktogonale Vierungsturm entstand erst in gotischer Zeit.

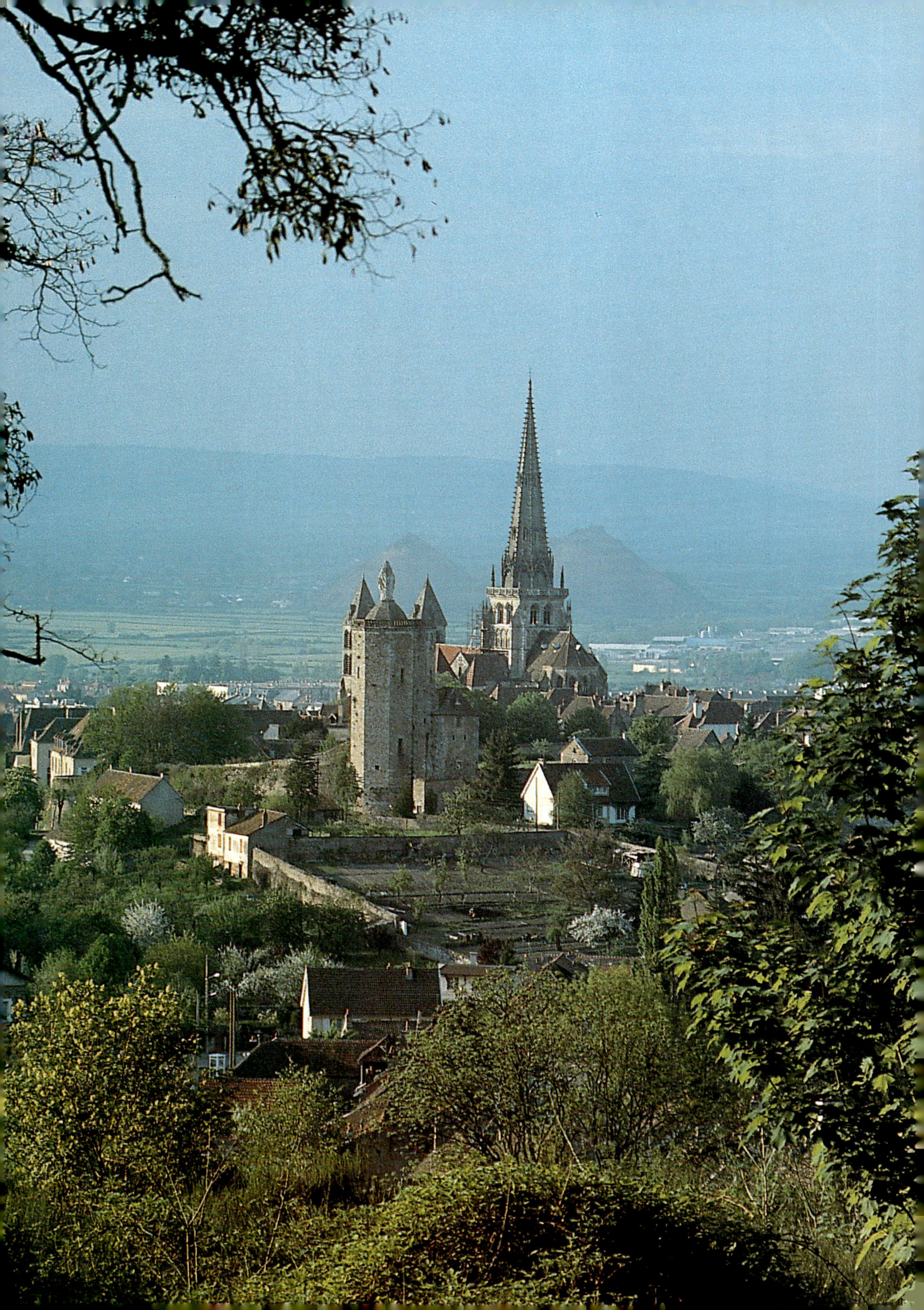

Autun und der Meister Gislebertus

Autun und Vézelay bilden die Höhepunkte der romanischen Kunst in Burgund. Ihre Bedeutung verdanken die beiden Denkmäler nicht allein der überragenden Qualität ihrer skulpturalen Leistungen und ihrer Architektur, sondern besonders der Tatsache, daß sie, unbeschadet durch spätere Eingriffe, in ihrer Gesamtheit erhalten blieben.

Autun ist seit alters ein geistliches Zentrum in Gallien gewesen. Hier befand sich die wichtigste Druidenschule, von der in der Regierungszeit des Kaisers Tiberius die letzte ernstzunehmende Erhebung gallischer Stämme gegen die Römerherrschaft ausging. Die Niederschlagung dieses Aufstandes nutzten die Römer unter anderem dazu, die Erinnerung an das keltische Erbe durch massive Überbauung auszumerzen. So entstand im ersten Jahrhundert der neuen Zeitrechnung das antike Augustodunum, von dessen Ruhm und Größe noch eine ganze Denkmälergruppe Zeugnis ablegt: die beiden Stadttore (Porte d'Arroux und Porte St-André, Abb. S. 14), die Ruinen des Theaters und der sogenannte Janustempel. Im 6. Jahrhundert war der Ort zeitweilig Hauptstadt des Zweiten Burgunderreichs. An diese glanzvolle Tradition knüpfte das Mittelalter wieder an.

Baugeschichte und Baugestalt der Kathedrale St-Lazare

Man kann die Baugeschichte der Kathedrale von Autun nicht verstehen, ohne einen Seitenblick auf die Bedeutungssteigerung des Reliquienkultes im hohen Mittelalter zu werfen. Autun besaß seit der Spätantike Reliquien des hl. Nazarius, eines römischen Märtyrers der neronischen Epoche, dem die erste Kathedrale von Autun geweiht war. Wann die Gebeine des hl. Lazarus nach Autun gelangten, ist nicht mit Sicherheit festzustellen. Die *Legenda aurea* des Jakobus de Voragine erzählt davon, daß sich in jenem Schiff, das die heiligen Marien an die Küste der Provence trug, nebst einigen anderen prominenten Heiligen auch Lazarus, der Bruder Marthas und Magdalenas, befunden haben soll. Wie alle Sagen und Legenden birgt auch dieser Bericht einen historischen Kern, denn in dem Bild von dem aus dem Heiligen Land gekommenen Schiff, das in Südfrankreich landete, ist der Christianisierung, die über die Provence Eingang in den gallischen Raum gefunden hatte, ein sinnfälliger Ausdruck verliehen worden. Lazarus soll der erste Bischof von Marseille gewesen

Farbtafel links:
Blick von Osten auf Autun und seine Kathedrale St-Lazare
St-Lazare erhebt sich weithin sichtbar auf einer Anhöhe über dem Tal des Arroux. Den dominierenden Akzent bildet der spätgotische Vierungsturm, der auf Veranlassung des Kardinals Rolin errichtet wurde, Sohn des burgundischen Kanzlers Nicolas Rolin (vgl. S. 262ff). Links von der Kathedrale ist ein Turm der ehemaligen Stadtbefestigung erhalten, den man, da er sich in Nachbarschaft des (untergegangenen) Ursulinenklosters befand, Tour des Ursulines genannt hat.

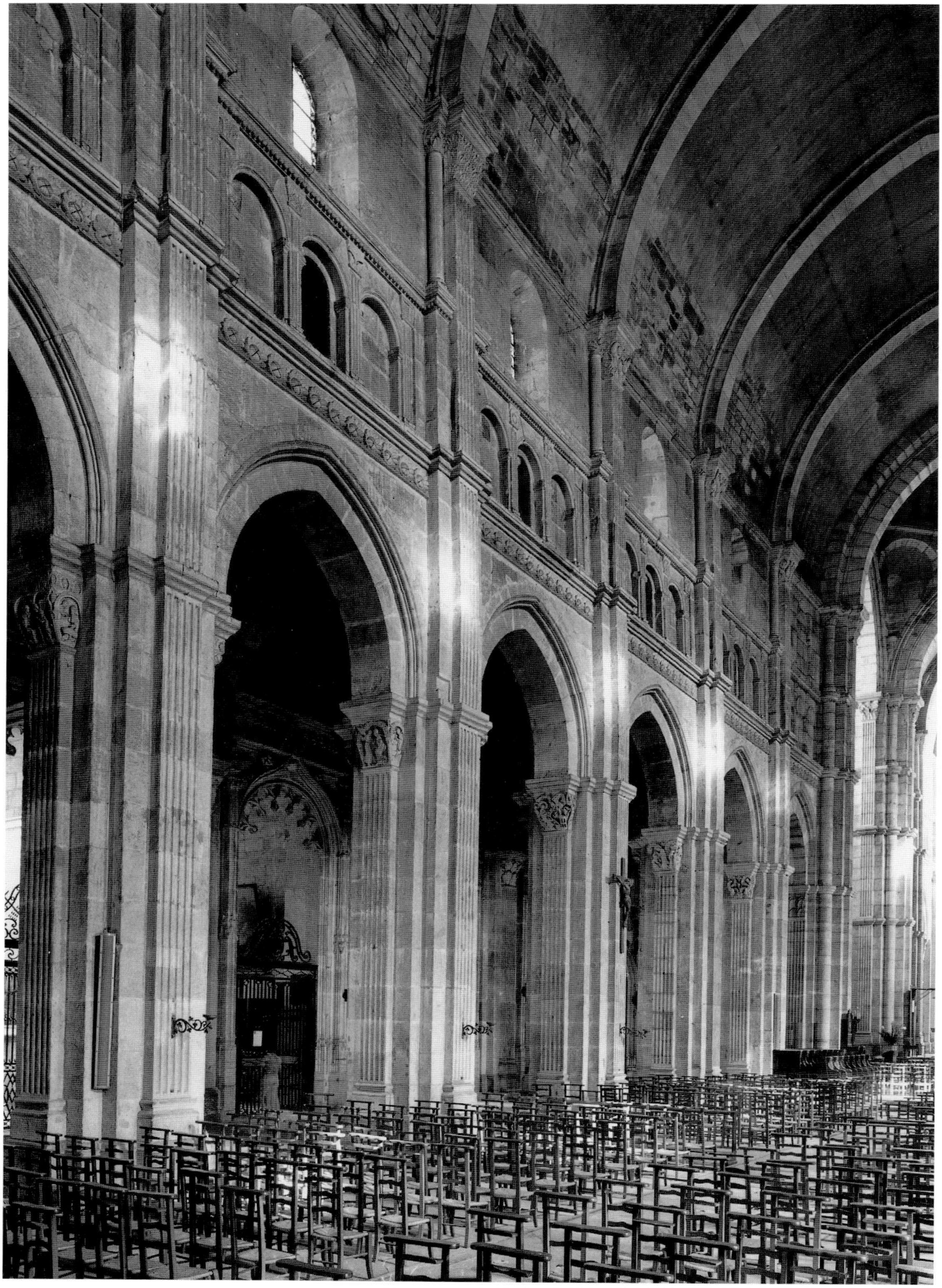

sein. Die Legenda aurea berichtet, daß die Gebeine der Magdalena und ihres Bruders Lazarus im 8. Jahrhundert vor den Sarazenen in Sicherheit gebracht wurden. Magdalena fand in Vézelay, Lazarus in Autun eine neue Ruhestätte. Das Auffallende ist in dem Zusammenhang, daß die Lazarusreliquien in Autun zunächst offenbar wenig Beachtung fanden. Erst das Aufstreben Vézelays als Ziel einer überregionalen Wallfahrt im Laufe des 11. Jahrhunderts stachelte den Ehrgeiz der Bischofsstadt an. Fortan hatte der hl. Nazarius ausgedient, denn nun hieß das Aushängeschild Lazarus. Die Aufwertung einer ganzen Stadt durch die Bedeutungssteigerung ihres Reliquienbesitzes ist kein Einzelfall. Unter den zahllosen Parallelerscheinungen nennen wir als bekanntestes Beispiel Venedig, dessen Patron, der hl. Theodor, schon im 9. Jahrhundert vom Evangelisten Markus in den Hintergrund gedrängt worden war. Anfang des 12. Jahrhunderts sollte dies in Autun auch architektonisch zum Ausdruck kommen.

Die Grundsteinlegung der neuen Kathedrale ist für das Jahr 1120 überliefert. Nach einem raschen Fortschreiten des Projektes konnte Papst Innozenz II. bereits 1130 die Weihe vollziehen. Es ist allerdings davon auszugehen, daß zu diesem Zeitpunkt nur ein Teil des Gebäudes fertiggestellt war, denn die feierliche Überführung der Lazarusreliquien fand erst 1147 statt. Mit der Anlage des offenen Portikus nach der Mitte des 12. Jahrhunderts und der Errichtung des gewaltigen Lazarusgrabes zwischen 1170 und 1189 fanden die Arbeiten ihren endgültigen Abschluß. Danach scheint die alte Kathedrale kaum noch Bedeutung gehabt zu haben, denn seit 1195 wird nur noch St-Lazare als Bischofskirche tituliert. St-Nazaire stand noch bis ins 18. Jahrhundert auf der Nordseite von St-Lazare und wurde dann abgetragen. St-Lazare erhielt in spätgotischer Zeit auf beiden Seiten des Langhauses Seitenkapellen, im 18. Jahrhundert erfolgte eine Teilbarockisierung. Der empfindlichste Eingriff, der dabei vorgenommen wurde, war der Abbruch des Nordportals und des Lazarusgrabes. Von beiden blieben nur Fragmente übrig, die heute im Musée Rolin aufbewahrt werden (vgl. Abb. S. 98f).

Während sich das Bauwerk insgesamt eng an Cluny III anschließt, gingen die Architekten im ältesten Teil der Kirche, dem Chor, eigene Wege. Hier verzichtete man auf Chorumgang und Radialkapellen und beschränkte sich auf eine Dreiapsidenanlage, für eine Kirche mit regem Pilgerbetrieb eine eher ungewöhnliche Disposition. St-Lazare sollte damit allerdings nicht alleine bleiben. Das basilikale Langhaus hängt dagegen mit Cluny III zusammen, ohne indes das Vorbild sklavisch zu kopieren. Obwohl das Mittelschiff in Autun etwa 7 m niedriger ist, entsprechen die Proportionen denen von Cluny. Indem das Mittelschiff zugleich schmaler angelegt ist, beträgt das Verhältnis von Breite zu Höhe in Autun wie in Cluny eins zu drei. In der Durchbildung der Hochschiffwand findet der Architekt von St-Lazare trotz der engen Anlehnung an Cluny III zu einem eigenen Entwurf. So erscheint im Obergaden nur noch ein Fenster pro Joch (in Cluny waren es drei). Diese Beschränkung in der Wanddurchbrechung dürfte als direkte Reaktion auf den Ge-

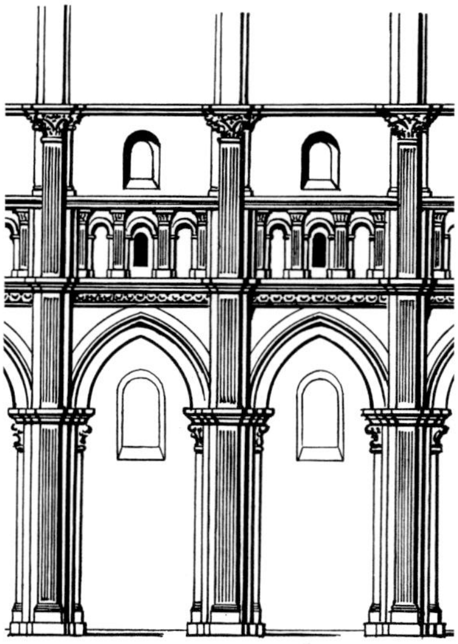

Autun, Kathedrale St-Lazare, Blick in das Mittelschiff des Langhauses (links) und Aufriß der basilikalen Hochschiffwand (oben)
Aus der Ferne meint man, mit der Kathedrale von Autun ein gotisches Bauwerk vor sich zu haben (vgl. Abb. S. 86). Das Erlebnis des Innenraumes klärt darüber auf, daß die von Kardinal Rolin im 15. Jahrhundert inszenierte Gotisierung die romanische Substanz des Bauwerks nur partiell in Mitleidenschaft gezogen hat. Weitere Veränderungen erfolgten in der Barockzeit. Der Entschluß zur Entfernung des barocken Hochaltars im Jahre 1939 führte dazu, daß der Besucher das Gebäude wieder weitgehend authentisch erleben kann. Im 19. Jahrhundert mußten die Vierungspfeiler verstärkt werden, was die Abnahme einiger Kapitelle bedingte, die heute in der Salle capitulaire ausgestellt sind (vgl. S. 101ff).

wölbeeinsturz in Cluny zu Beginn der 1120er Jahre zu werten sein. Die Dreigeschossigkeit blieb dagegen verbindlich, doch hat man in Autun insgesamt eine Abstufung gewählt, die gegenüber Cluny eine Sublimierung darstellt. Wir beobachten eine von Geschoß zu Geschoß abnehmende Verwendung des gliedernden Architekturdekors. Den reichsten skulpturalen Schmuck besitzen die Arkaden des Untergeschosses. Die Pilaster der Scheidbögen gipfeln in einer Vielzahl von Kapitellen, deren Gesamtsumme nur noch von dem Zyklus in Vézelay übertroffen wird. In bezug auf die bildhauerische Qualität darf jedoch Autun den ersten Rang für sich beanspruchen. Das Gesims, das Arkaden und Triforium voneinander abgrenzt, ist mehrfach profiliert und besonders plastisch ausgebildet. Wie in Cluny sind auch hier die Blendbögen durch kleine kannelierte Pilaster getrennt. Zwischen Triforium und Obergaden ist ein weiteres Gesims eingeflochten, das weniger raumgreifend gehalten ist als das untere. In der Obergadenzone werden die Gliederungselemente weiter zurückgenommen. Hier beschränkte man sich auf eine Trennung der Joche, während die Wandfläche zu beiden Seiten der Fenster glatt und unbearbeitet blieb. Zuletzt erscheint ein Gesims als Scheide zwischen Obergaden und Gewölbe, das nur noch aus zwei gerundeten Leisten besteht. Dieser schrittweisen Zurücknahme der Wandgliederung verdankt der Raum trotz seiner Kompaktheit eine gewisse Leichtigkeit, die oft als Kühle empfunden wird. Insgesamt kann man nicht umhin, St-Lazare in Autun als die *vollkommenste Ausprägung des cluniazensischen Ideals* anzusprechen.

Die Werke des Meisters Gislebertus

Über die Biographie des Gislebertus tappen wir völlig im dunkeln. Außer der Künstlersignatur im Westportal von St-Lazare besitzen wir keine gesicherten Daten. Nur so viel ist festzustellen: Nach einer anfänglichen Tätigkeit in Vézelay muß er schon bald nach dem Baubeginn von St-Lazare nach Autun berufen worden sein, weil bereits im Chor seine Handschrift erkennbar wird. Mit den drei großen Aufgaben: dem **Nordportal**, dem **Kapitellzyklus** und dem **Westportal**, scheint dieses Künstlerleben voll ausgefüllt gewesen zu sein, denn wir kennen außerhalb Autuns keine weiteren Werke, die wir seiner Hand zuweisen könnten. Da sich sein Wirken in Autun bis in die Zeit nach 1145 erstreckt, hat man davon auszugehen, daß er bald drei Jahrzehnte an diesem Ort tätig war, so daß sich sein Name in der Kunstgeschichte des Mittelalters unlösbar mit dem der Kathedrale St-Lazare verbindet.

Thema des **Westportals** ist das Weltgericht. Den alles beherrschenden Mittelpunkt bildet die 5 m hohe Gestalt Christi, dessen Strahlenglanz, die Mandorla, vier Engel tragen. Zu seinen Füßen, im Architrav, und zu den Seiten, auf die die nach außen gerichteten Hände weisen, spielen sich die einzelnen Sequenzen des Gerichtsgeschehens ab. Nach verbreiteter

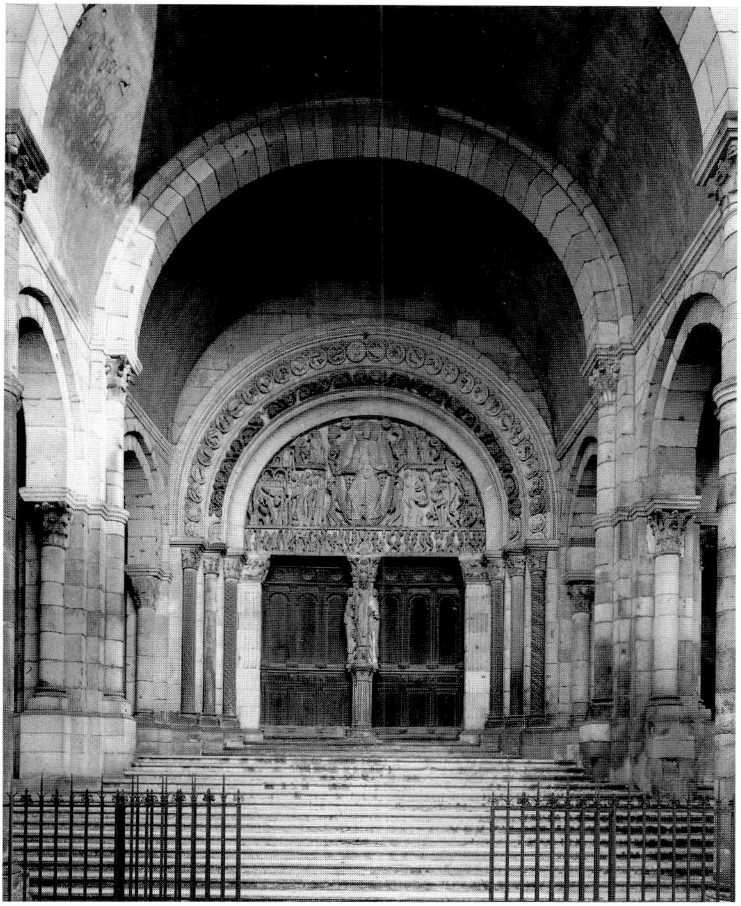

Autun, Vorhalle und Westportal der Kathedrale St-Lazare
Heute bildet das Westportal den Hauptzugang zur Kathedrale. Ursprünglich hatte das in der Barockzeit zerstörte Nordportal diese Funktion. An der Westseite wurden im 19. Jahrhundert im Zuge der Restaurierung beträchtliche Veränderungen vorgenommen. Wo sich heute die kleinen seitlichen Zugänge zu den Seitenschiffen der Basilika auftun (hier im Bild nicht sichtbar), standen vormals zwei kleine Kapellen, die abgetragen wurden, als man die monumentale Treppe anlegte. Zuvor befand sich nur auf der Nordseite ein kleiner Zugang zur Vorhalle; im Westen reichte einstmals der Friedhof der Domkanoniker bis nahe an die Kirche.
Es wird vermutet, daß der Narthex als Aufenthaltsraum für Leprakranke diente, die mit den gesunden Gläubigen, die St-Lazare durch das Nordportal betraten, nicht in Kontakt kommen und auch das Kircheninnere nicht betreten durften. Bei geöffneten Türen hätten sie das Lazarusgrab im Chor sehen können, was zugleich eine Erklärung für seine hoch aufragende Gestalt wäre *(vgl. S. 104).*

mittelalterlichen Auffassung findet sich das Gute an dem ihm zugehörigen Platz, also rechts, das Böse demgegenüber auf der linken Seite (aus der Perspektive des Richters gesehen). In der Gruppe der dicht gedrängten Apostel ist nur Petrus mit einem überdimensionalen Schlüssel in der Hand namentlich bestimmbar. Er wendet sich zur Seite und hilft einem Auserwählten mit der freien Hand bei dessen Eintritt ins Paradies. Das Himmlische Jerusalem erscheint daneben in Form eines Architekturmodells, dessen Tür weit offen steht; darüber thront die Muttergottes. Tubablasende Engel wecken die Toten auf, die im Architrav ihren Sarkophagen entsteigen. Von dort ziehen sie dem Mittelpunkt entgegen, wo ein Engel postiert ist, der ihnen den weiteren Weg weist. Auf der Seite der Auserwählten erkennt man unter anderen zwei Bischöfe, einen Mönch, Kinder und Pilger. Die Gestalten der Verdammten erscheinen teils im Ausdruck des Schmerzes, teils auch bereits den höllischen Martern ausgesetzt. Über ihrer aller Schicksal entscheidet die Seelenwägung, die sich im Tympanon darüber vollzieht. Zwischen dem mandorlatragenden Engel und dem Erzengel Michael an der Waage erscheint eine schmale Gestalt, die möglicherweise als einer der Apostel zu deuten ist,

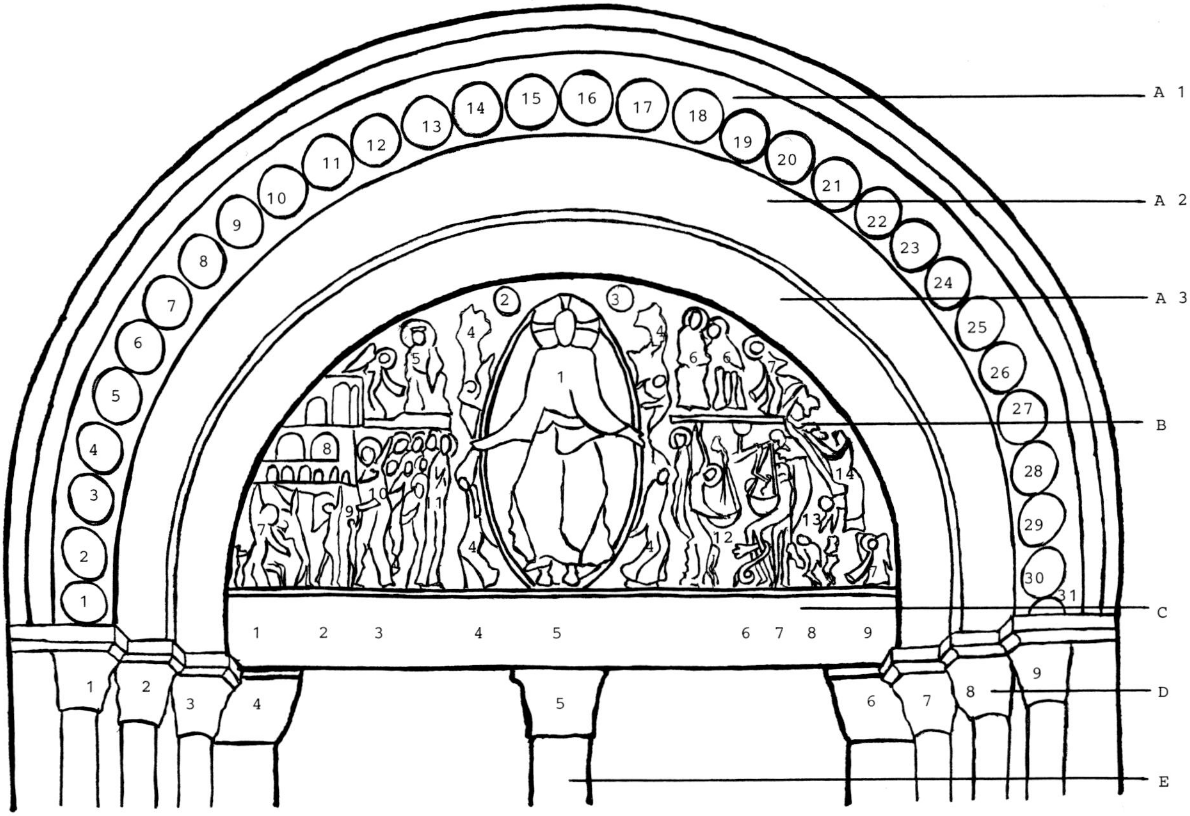

Autun, Kathedrale St-Lazare, Schema des Westportals – Ikonographie

A1 Stirnarchivolte: Medaillons mit Darstellungen der Jahreszeiten, Tierkreiszeichen und Monatsarbeiten: 1 Blume, 2 Blume, 3 Personifikationen der Jahreszeiten Frühling und Herbst, 4 Personifikationen der Jahreszeiten Sommer und Winter, 5 Ein Mann wärmt seine Füße am Feuer = Januar, 6 Wassermann, 7 Nochmals ein Mann, der sich am Feuer wärmt = Februar, 8 Fische, 9 Beschneiden der Weinstöcke = März, 10 Widder, 11 Tiere werden auf die Weide getrieben = April, 12 Stier, 13 Ein Mann mit einem Pferd (Wanderschaft, Feldarbeit?) = Mai, 14 Zwillinge, 15 Im Zentrum des Zyklus steht eine zu einem lateinischen A stilisierte Männergestalt = Personifikation des Jahres (lat. annus), 16 Krebs, 17 Ein Mann erntet Obst von einem Baum und verzehrt eine Frucht = Juni, 18 Löwe, 19 Ein Bauer wetzt seine Sense = Juli, 20 Jungfrau, 21 Das Dreschen des Getreides = August, 22 Waage, 23 Weinernte und Zerstampfen der Trauben im Bottich = September, 24 Skorpion, 25 Schweine werden zur Mast mit Eicheln nach draußen gebracht = Oktober, 26 Schütze, 27 Holzsammeln für den Winter = November, 28 Steinbock, 29 Das Schlachten der Schweine = Dezember, 30 Blume, 31 (angeschnitten) Blume

A2 Mittlere Archivolte: ein verschlungenes Rankenornament

A3 Innere Archivolte: verloren, da sie beim Eingipsen des Portals in der Barockzeit abgearbeitet wurde

B Das Tympanon mit dem Weltgericht: 1 Christus als Weltenrichter in der Mandorla, 2 und 3 Brustbildnisse als Personifikationen von Mond und Sonne, 4 Vier Engelsgestalten, die die Mandorla tragen, 5 Thronende Muttergottes als Sinnbild des Paradieses, 6 Zwei männliche Heilige, wahrscheinlich die Apostel Jakobus d. Ä. und Johannes (auch als die alttestamentarischen Propheten Elias und Enoch gedeutet), 7 Vier tubablasende Engel, die die Toten auferwecken, 8 Das Himmlische Jerusalem, 9 Auserwählte, die ins Paradies aufgenommen werden, 10 Petrus empfängt die Seelen der Erlösten, 11 Gruppe der Apostel, 12 Seelenwägung, 13 Teufel und Verdammte, 14 Der Schlund eines Ungeheuers als Pforte zur Hölle

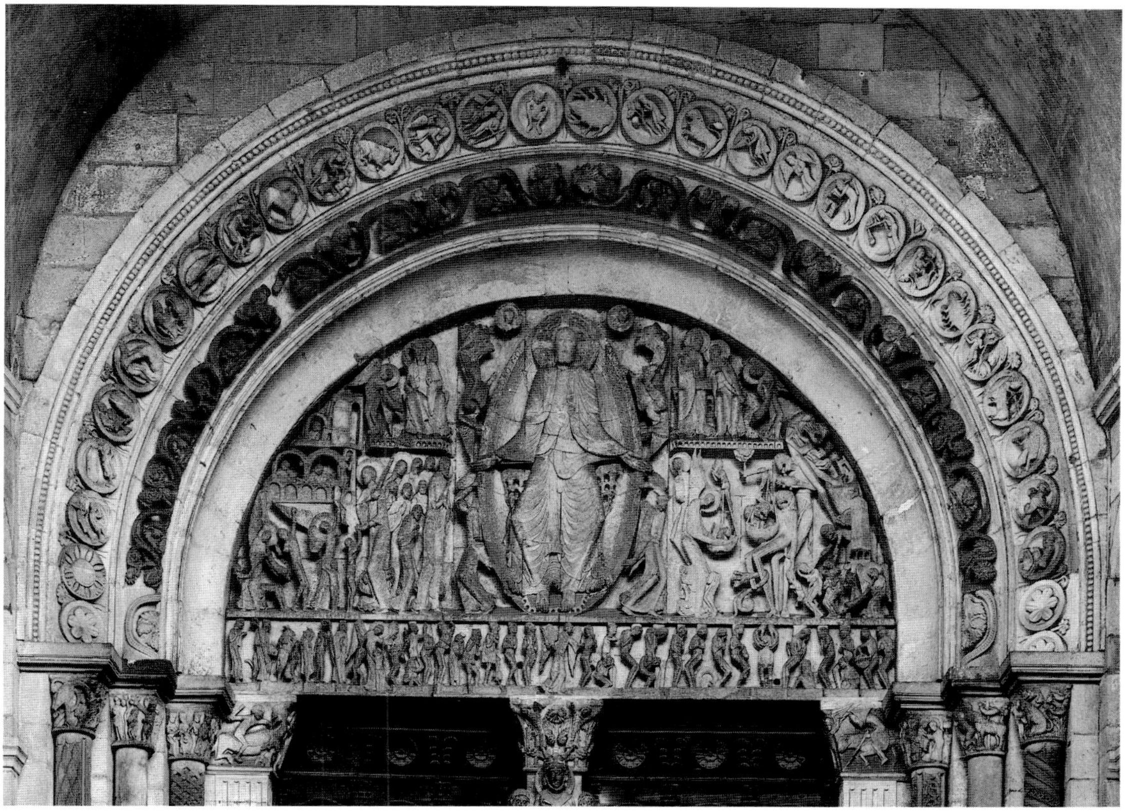

C Architrav: Figurenreiche Darstellung der Toten, die ihren Gräbern entsteigen; auf der linken Seite (also zur Rechten des Richters) die Auserwählten, gegenüber die Verdammten; im einzelnen:
1 Ein Abt oder Bischof, 2 Ein weiterer hoher kirchlicher Würdenträger mit Krummstab, 3 Ein Engel, der drei kindlichen Gestalten den Weg zur Mitte weist, 4 Ein Jakobspilger, 5 Ein Engel, der einen Sünder in Richtung Hölle stößt, 6 Personifikation der Unzucht (eine Frau, an deren Brüsten zwei Schlangen hängen), 9 Ein Mann, der auf ein Faß trommelt (Darstellung der Trunksucht?); alle anderen Gestalten sind nicht näher bestimmbar

D Kapitelle:
1 Fabel vom Storch und vom Wolf (nach Äsop), 2 Abraham verstößt Hagar, 3 Greise der Apokalypse, 4 Ein apokalyptischer Reiter? (Replik, das Original in der »Salle capitulaire«), 5 Zwei Atlanten, 6 Der Prophet Bileam auf seiner Eselin (Replik, das Original in der »Salle capitulaire«), 7 Darbringung des Christuskindes im Tempel, 8 Hl. Eustachius, 9 Hl. Hieronymus mit seinem Löwen

E Die drei Gestalten am Trumeau (Lazarus und seine Schwestern Magdalena und Martha) sind Neuschöpfungen des 19. Jh.

denn in der Gruppe bei Petrus zählt man nur neun der Jünger. Die beiden letzten noch fehlenden sieht man sitzend über der Szene der Seelenwägung. Daß es sich hier um ein Ereignis von kosmischer Dimension handelt, verdeutlichen die Medaillons mit Mond und Sonne zu seiten des Nimbus Christi und die Darstellungen der Monatsarbeiten und Tierkreiszeichen in der Stirnarchivolte.

Alle Gestalten sind über die Maßen gestreckt. In ihrer manieristischen Überlängung erscheinen sie entkörperlicht und dadurch einem Bereich zugehörig, der nicht mehr von dieser Welt ist. Die fein ziselierte Durchbildung ihrer Gewänder läßt alles wie von einer inneren Vibration erfüllt aussehen, die bis in die Biegsamkeit einzelner Figuren weiterwirkt. Trotz des personenreichen Getümmels herrscht ein stringenter Zusammenhalt. So wie die kräftig ausgebildeten Archivolten einen festen äußeren Rahmen abgeben, erweist sich auch der Aufbau im Innern von einem struktiven Gerüst durchwirkt. Der Begriff des Tympanon, der aus dem Griechischen abgeleitet ist und wörtlich übersetzt »Handpauke« bedeutet, ist kaum jemals treffender mit Inhalt gefüllt worden. Denn einerseits erleben wir Trommelwirbel, Tumult und Schrecken, andererseits wohnt allem ein fester Rhythmus inne, schimmert inmitten der bewegten Szenerie ein Ahnen um die Kräfte der Weltordnung auf.

Gislebertus gibt sich darüber hinaus als ein Künstler zu erkennen, dem alle Schattierungen menschlichen Empfindens vertraut sind. Diesem psychologischen Einfühlen Gestalt gegeben zu haben, ist vielleicht als seine bedeutsamste Leistung zu würdigen. Auf der Seite der Auserwählten sehen wir Kinder, die vor Aufregung herumhüpfen und sich an die fürsorgliche Erscheinung eines Engels klammern. Einer der beiden Bischöfe ist in Gedanken vertieft und stützt sein Haupt in die Hand. Den Pilgern, die sich aufwärts schreitend fortbewegen, sieht man einerseits ihre Mühsal an, doch ist zugleich der Ausdruck der Erwartung in ihren nach oben gerichteten Blicken nicht zu übersehen. Auf der Seite der Verdammten herrscht demgegenüber das blanke Entsetzen. Die meisten verbergen ihr Gesicht in den Händen, beugen sich unter dem Druck der zu erwartenden Pein oder reißen den Mund zu einer vom Grauen übermannten Grimasse auf. Der geöffnete Mund ist ein besonderer Topos, den erst Gislebertus in die Kunst des Mittelalters eingebracht hat. Am nachhaltigsten wirkt jene Figur in der Mitte der rechten Architravhälfte (aus der Sicht des Betrachters), auf die sich von oben zwei riesenhafte Hände niederlassen, um ihren Hals zu umklammern. Hier wird das Grauen nicht als Ganzes ausgemalt, der Künstler beschränkt sich auf eine Chiffre. In der wie flüchtig hingeworfenen Szene schimmert ein Vorbote des spezifisch französischen Esprits auf, der in den Karikaturen und Skizzen eines Honoré Daumier, Henri de Toulouse-Lautrec oder in den Novellen von Guy de Maupassant im 19. Jahrhundert zu seiner ausdrucksvollsten Entfaltung gelangte.

Das *Weltgericht*, so heißt es immer, sei das wichtigste Thema der romanischen Portalplastik. Hier ist der Ort, diese Feststellung gründlich zu korrigieren. Gewiß, das Weltgericht nimmt eine zentrale Stelle in der

Kunst des 12. Jahrhunderts ein, doch keinesfalls die beherrschende. Von allen Tympana, die hier bereits angesprochen wurden, ist keines diesem Thema ausschließlich gewidmet. Bei einer kritischen Zusammenschau aller großen Portale Frankreichs lassen sich letztlich nur vier als echte Weltgerichtsportale einstufen: Beaulieu-sur-Dordogne (Quercy), Conques (Rouergue), Arles (Provence) und Autun. Daneben besteht eine Fülle anderer Inhalte: die *Parusie* (Moissac), die *Himmelfahrt*, auf die bereits näher eingegangen wurde (Toulouse, Cahors, Montceaux-l'Etoile), das *Pfingstgeschehen* (Vézelay) oder die *Anbetung der Könige* (St-Gilles, Neuilly-en-Donjon), um nur die wichtigsten zu nennen. In dem Zusammenhang fällt es auf, daß, obwohl fast alle großen romanischen Kirchen Klosterkirchen sind, unter vieren mit dieser Thematik gleich zwei Bischofskirchen (Autun und Arles) ein Weltgerichtstympanon besitzen. Mit dem Weltgericht verbindet sich automatisch eine starke Betonung der pädagogischen Seite. Hier werden Gut und Böse vor allem im Hinblick auf die sich daraus ergebenden Konsequenzen für den einzelnen gegeneinander ausgespielt. Nun war gerade der Auftraggeber des Gislebertus, Bischof Etienne de Bagé, ein Theologe von Rang, der besonders mit

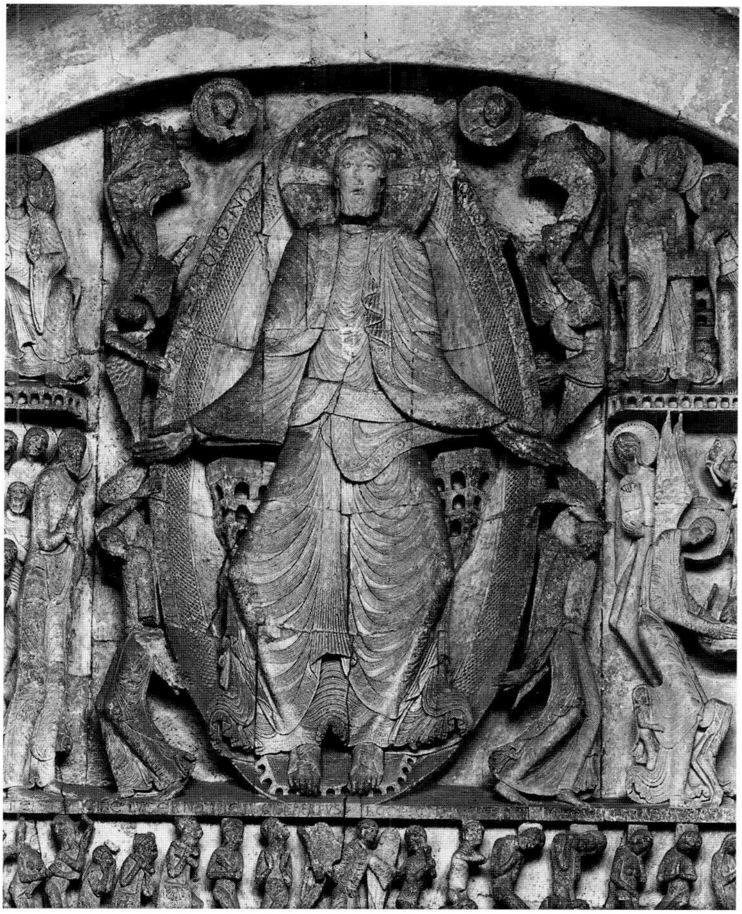

Autun, Kathedrale St-Lazare, Ausschnitt aus dem Weltgerichtstympanon des Meisters Gislebertus mit der Darstellung des Weltenrichters

Das Tympanon besteht aus 29 einzelnen Reliefplatten, die eine Tiefe von 35 cm besitzen. Es ist 6,40 m breit, die Gestalt Christi ist 3,05 m hoch.
Der Rand der Mandrola trägt eine lateinische Inschrift: OMNIA DISPONO SOLUS MERITOS CORONO QUOS SCELLUS EXERCET ME IUDICE POENA COERCET.
Es handelt sich dabei um zwei sogenannte leoninische Verse, Hexameter, bei denen sich Versmitte und -ende reimen, ein gerade in der Zeit der Romanik besonders beliebtes Versmaß.
Die Inschrift besagt zu deutsch: Ich allein ordne alles, ich allein kröne das Verdienst, die das Verbrechen ergriff, die richte und strafe ich.
Zu Füßen Christi ist die Künstlersignatur zu erkennen: GISLEBERTUS HOC FECIT (Gislebertus hat dies geschaffen).
Die Rahmenleisten des Architravs tragen weitere Inschriften. Sie lauten (oben): QUISQUE RESURGET ITA QUEM NON TRAHIT IMPIA VITA ET LUCEBIT EI SINE FINE LUCERNA DIEI (So wird jeder auferstehen, der nicht ein unfrommes Leben führt, und für ihn wird auf ewig leuchten das Licht des Tages); und (unten): TERREAT HIC TERROR QUOS TERREUS ALLIGAT ERROR NAM FORE SIC VERUM NOTAT HIC HORROR SPECIERUM (Daß hier der Schrecken jene erschauern lasse, die der irdische Irrtum fesselt, denn der Schrecken dieser Bilder bedeutet, daß dies ihr Schicksal sein wird).

Autun, Kathedrale St-Lazare, Ausschnitt aus dem Weltgerichtsportal des Meisters Gislebertus, Paradiesseite
Die Gruppe der Apostel. Petrus wendet sich zur Seite, um Auserwählte, die in das Paradies gelangen, in Empfang zu nehmen.
Mit dieser Paradiesseite des Gerichts dürften die Kleriker geliebäugelt haben, die nach ihrem Ableben in Sichtweite des Portals an der Westseite der Kathedrale bestattet wurden. Möglicherweise diente diese Darstellung der Verheißung und des Heils aber auch den Leprösen, die schon zu Lebzeiten die Hölle durchzumachen hatten, als Quelle der Hoffnung.

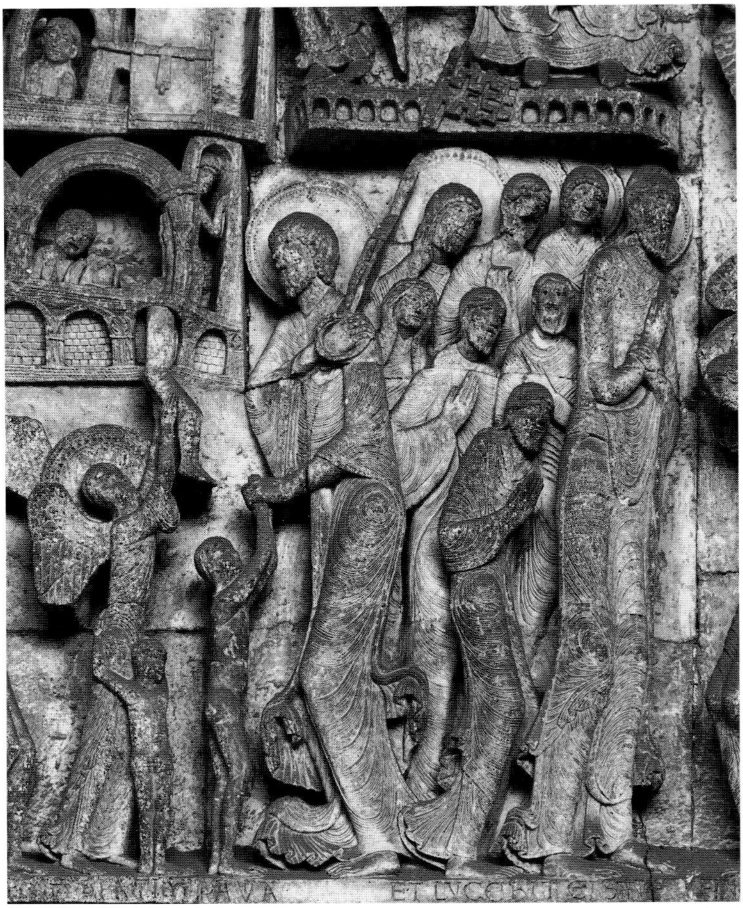

seiner Schrift *De sacramento altaris* hervorgetreten war. In ihm sieht die Theologie den Urheber des Begriffs der *Transsubstantiation*. Da die Künstler dieser Epoche weitgehend den Richtlinien der verantwortlichen Geistlichen verpflichtet waren, dürfen wir als sicher annehmen, daß ein Mann vom Schlage des Etienne de Bagé das Bildprogramm seiner Kathedrale in besonderem Maße mitzugestalten wußte. Seiner Einflußnahme ist es zuzuschreiben, daß das Weltgericht im Tympanon von St-Lazare mit solcher Schärfe artikuliert ist.

Doch wie stellt sich Gislebertus zu dieser thematischen Festlegung? Seiner hohen Befähigung, mit expressiver Verve die Tiefen des Grauens auszuloten, ist hinreichend Beifall gespendet worden. Die andere Seite im Wesen des Gislebertus ist das Empfinden für Freude, Glück und Verheißung – wir sahen das bereits mit Blick auf die Auserwählten im Architrav. Dieselbe Qualität schwingt in der Seelenwägung mit. Wo Michael und Satan um die Seelen der Verstorbenen ringen, nimmt der Künstler unverhohlen Partei: Der Erzengel manipuliert das Verfahren, um einer Seele den Weg ins Paradies zu ebnen, indem er die Waagschale beherzt anpackt und auf seine Seite niederdrückt, indes sein Gegenüber

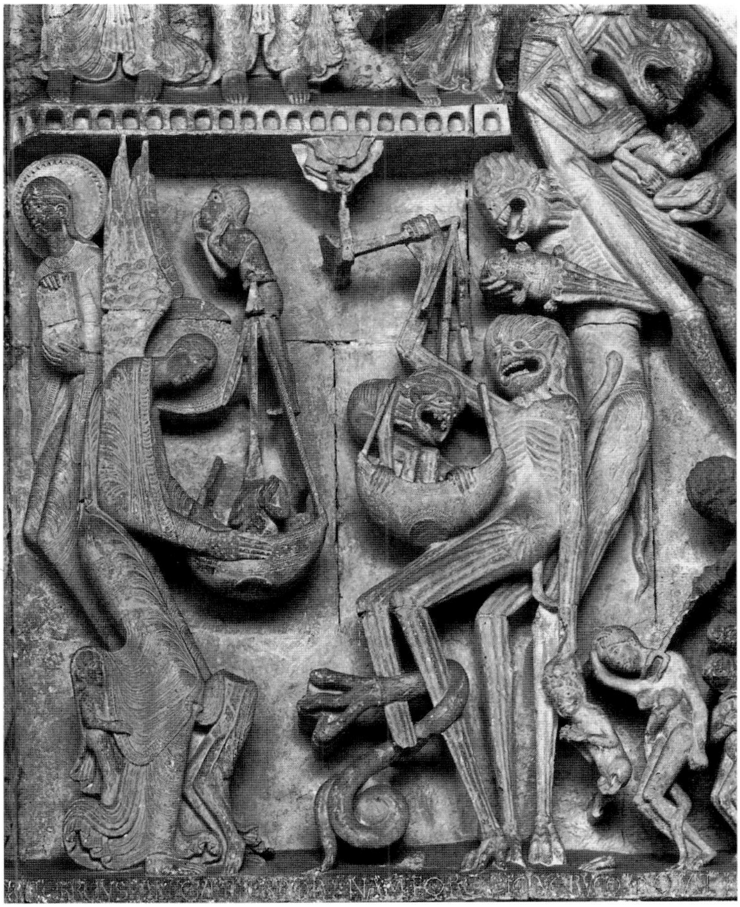

Ausschnitt aus dem Weltgerichtsportal des Meisters Gislebertus, Höllenseite
Das Detail zeigt die Seelenwägung mit dem Erzengel Michael und der Gruppe der Teufel.
Eine ähnliche Drastik in der Unterscheidung zwischen Gut und Böse sollte erst wieder 300 Jahre später Rogier van der Weyden in dem großen Weltgerichtsaltar formulieren, den er für das Hôtel-Dieu in Beaune malte (vgl. S. 253ff).

ob des Betrugs laut aufheult. Dem eilt ein zweiter riesenhafter Teufel zu Hilfe, um noch rasch eine fette Kröte in Satans Schale zu werfen – allein, er kommt zu spät. Inmitten des Schreckens verhilft Gislebertus dem Prinzip der Hoffnung zu seinem Recht. Spätere Portale der Gotik ließen ein derart fließendes Spiel zwischen den polaren Mächten nicht mehr zu.

Als wichtigstes Stück ist vom **Nordportal**, das wahrscheinlich im Tympanon die Auferweckung des Lazarus zeigte, die Gestalt der Eva erhalten geblieben, als deren Gegenüber man sich die Figur Adams zu denken hat. Sie hatte im Architrav ihren Platz, woraus sich ihre liegende Haltung erklärt. In einer Vermischung unterschiedlicher Anschauungswinkel, wie es erst die Malerei Picassos wiederentdeckte, zeigt der Künstler den Körper der Frau in Frontalansicht, während ihr Kopf und die Beine im Profil erscheinen. Selbst zur Schlange geworden, windet sie sich durch ein Geflecht verschiedenartiger Pflanzen, die ihrerseits wie vom Züngeln des verhängnisbringenden Reptils erfüllt anmuten. Es war der Persönlichkeit des Gislebertus vorbehalten, dem Begriff von Sünde und Verführung in der romanischen Kunst Burgunds eine derart sinnliche Form zu geben.

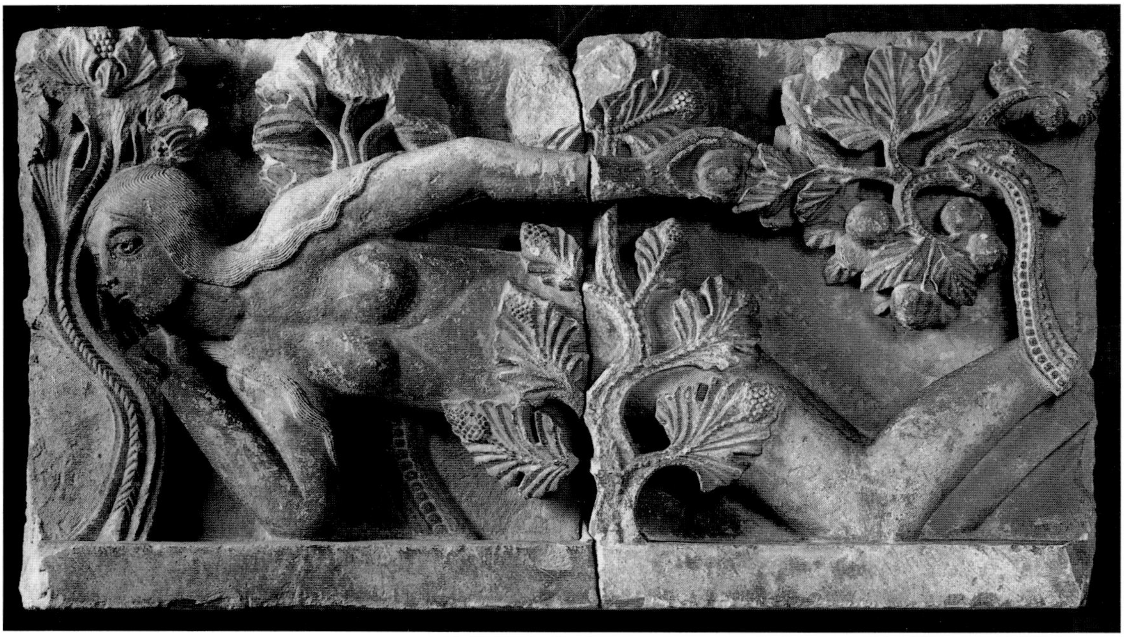

Oben und rechte Seite:
Autun, die Eva des Gislebertus im Musée Rolin

Rekonstruktion des zerstörten Nordportals
Architrav:
I Eva
Kapitelle:
II a Die Witwe von Nain
II b Lazarus und der Reiche
III a Der Reiche mit dem Teufel, Lazarus und Abraham
III b Der verlorene Sohn
Tympanon bzw. Archivolte:
IV Der hl. Martin von Tours (?)
V Mariä Himmelfahrt
VI Männliche Gestalt
VII Engel (jetzt im Metropolitan Museum of Art in New York)
VIII Eine Wunderheilung (?)
IX Füße, die vermutlich zur Auferweckung des Lazarus gehörten (verschollen)

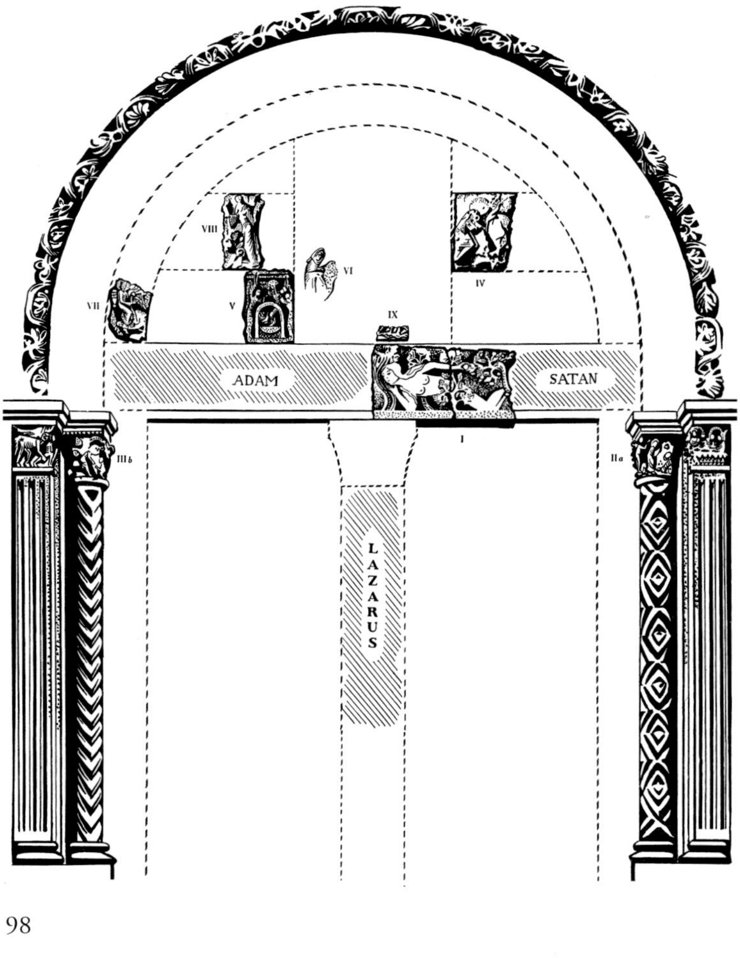

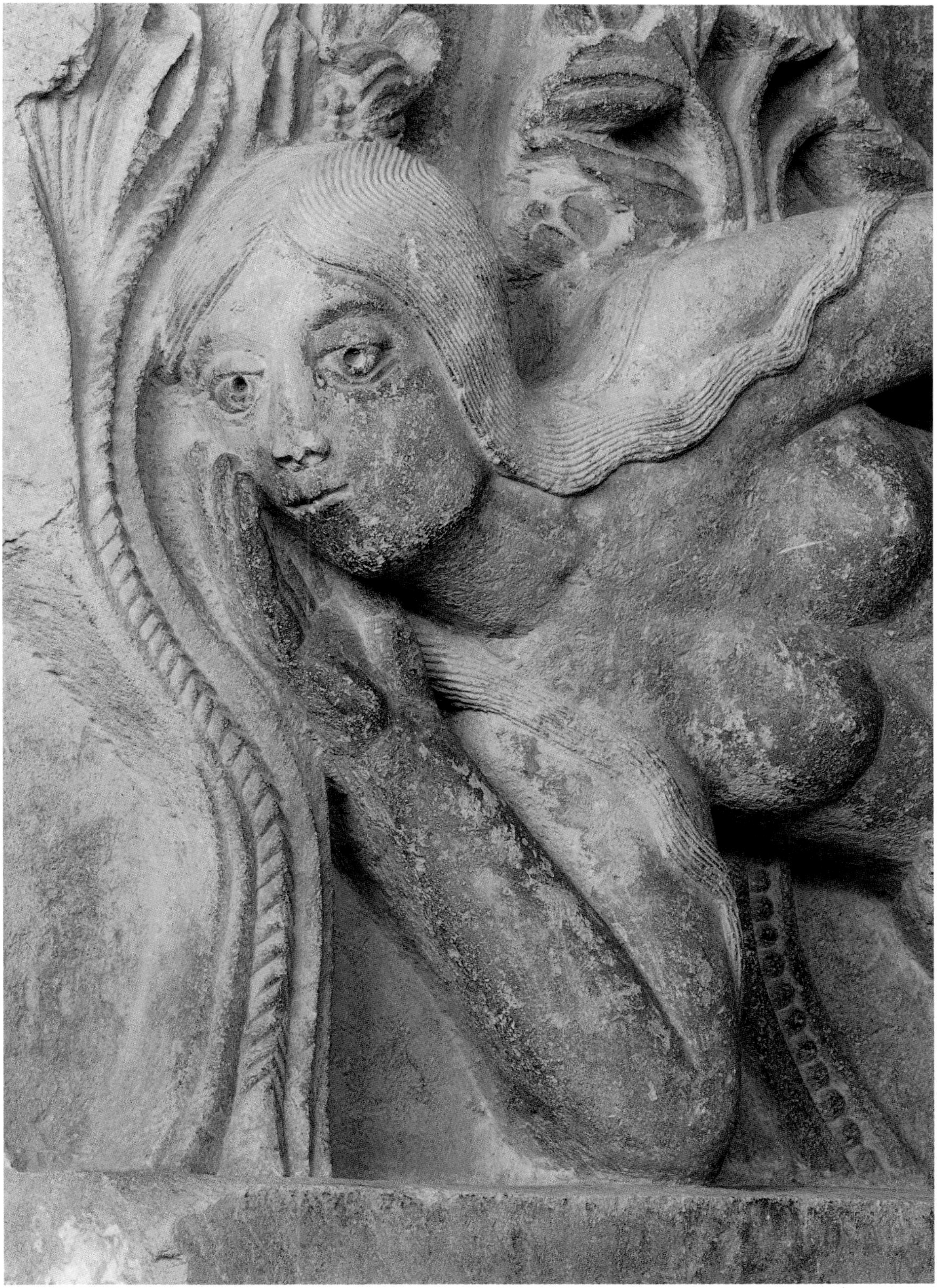

Autun, St-Lazare, Plan der Kapitelle

(eckige Klammer = Original in der Salle Capitulaire bzw. im Musée Rolin; Kreuz = in Stuck restauriert)

A1 *Ira*
A2 *Löwen und menschlicher Kopf*
A3 *Zwei Löwen*
A4 *Eule*
A5 *Sitzende Gestalt (Christus?)*
A6 *Szene mit einem Engel*
1+ *Die vier Paradiesflüsse*
2a, b+ *Gang nach Emmaus*
3+ *Erste Versuchung Christi*
4+ *Luxuria*
[5a–c] *Flucht nach Ägypten*
[6] *Konstantin*
[7] *Mann reitet auf einem Vogel*
[8] *Dreiköpfiger Vogel*
[9] *Kampf mit dem Basilisken*
[10a–c] *Die Könige vor Herodes*
[11] *Traum der Könige*
[12a–e] *Anbetung der Könige*
[13a–c] *Darstellung einer Kirche*
[14a, b] *Gott befragt Kain*
15 *Der Baum Jesse*
16 *Der Traum Nebukadnezars*
[17a, b] *Tod des Judas*
[18] *Tod Kains*
[19a–c] *Zwei Tugenden und zwei Laster*
20a–c *Arche Noah*
21a–c *Christus erscheint Magdalena*
22a, b *Samson stürzt den Tempel*
23 *Hahnenkampf*
24 *Faun und Sirene*
25a–d *Steinigung des Stephanus*
26a–c *Jakob ringt mit dem Engel*
27a, b *Daniel in der Löwengrube*
28 *Zweite Versuchung Christi*
29 *Samson und der Löwe*
30 *Moses und das goldene Kalb*
31 *Fußwaschung*
32a, b *Bekehrung des Paulus*
33a–c *Petrus im Kerker*
34 *Der vierte Ton der Musik*
35 *Flug des Simon Magus*
36a, b *Drei Jünglinge im Feuerofen*
37a, b *Verkündigung an Anna*
38a, b *Sturz des Simon Magus*
39 *Opferung Isaaks*
40a, b *Geburt Christi*
41a–c *Der Leichnam des hl. Vinzenz wird von zwei Vögeln beschützt*

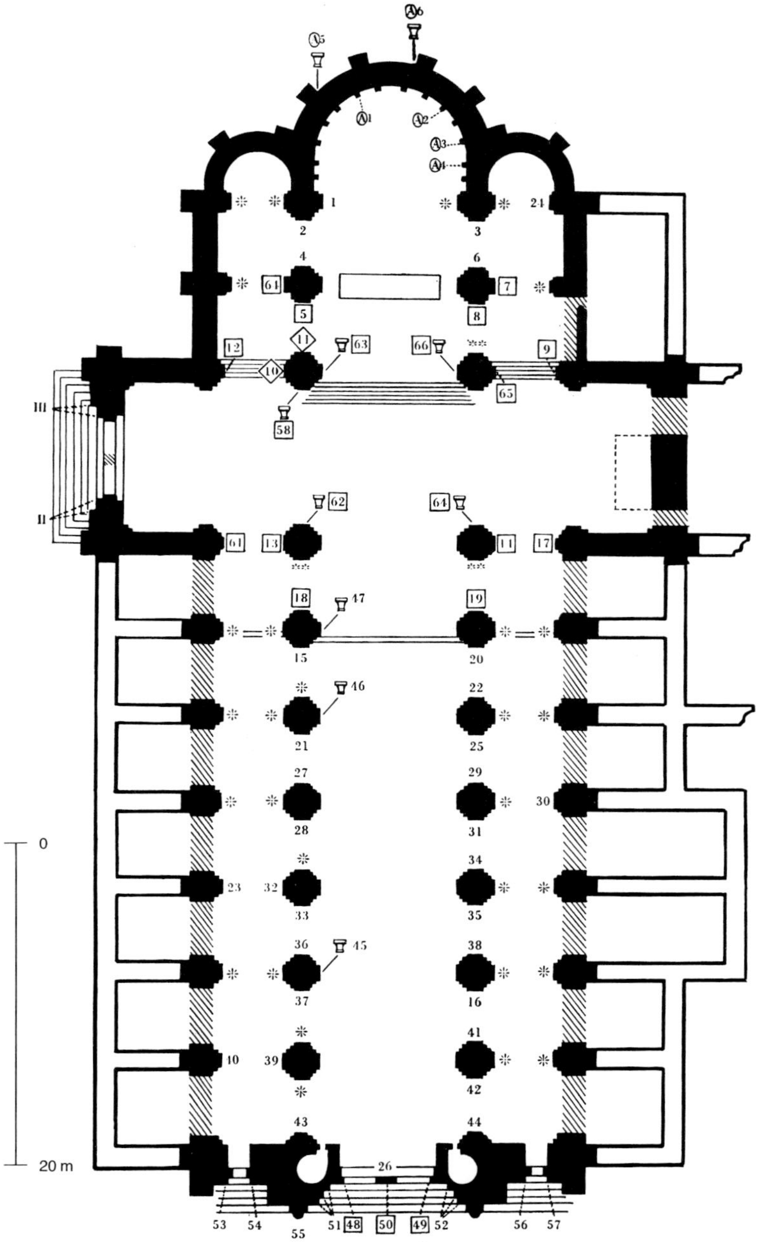

42 *Greif*
43 *Teufel und Schlange*
44a, b *Teufel mit Feuergabel*
45 *Löwen*
46 *Ballspieler*
47 *Verkündigung an Joseph*
[48] *Äthiop (?)*
[49] *Bileam*
[50a, b] *Zwei Atlanten*
51 *Wolf und Kranich, Abraham verstößt Hagar und Ismael, Sechs Älteste der Apokalypse*
52 *Darstellung im Tempel, Eustachius, Hieronymus*
53 *David mit der Schleuder*
54a, b *David und Goliath*
55 *Krieger*
56 *Junger Mann mit Affen*
57 *Kopf eines Ungeheuers*

Neben die skulpturalen Leistungen der beiden Portale tritt der **Kapitellzyklus** als ebenbürtige Schöpfung. Während man die meisten Kapitelle der Hand des Gislebertus zuweisen kann, ist nur ein geringerer Teil als Werkstattarbeit einzustufen. Auch hier reicht die Bandbreite der Ausdrucksmöglichkeiten vom schrillen Entsetzen (z. B. im Sturz des Magiers Simon) bis hin zu zartfühlender Intimität (z. B. das Noli-me-tangere). Schier unerschöpflich erweist sich zudem die Phantasie des Meisters im Bereich der Ornamentik. Leider sind die Kapitelle derart hoch angebracht, daß man nur mit Hilfe eines Fernglases die Details studieren kann. Im 19. Jahrhundert wurden jedoch einige dieser Arbeiten von den Vierungspfeilern (die damals verstärkt werden mußten) abgenommen (dort durch Gipsnachbildungen ersetzt) und in den sogenannten Kapitelsaal der Kathedrale überführt, wo man sie seither aus unmittelbarer Nähe erlebt. Szenen wie die »Anbetung der Könige« oder der »Selbstmord des Judas« machen hier noch einmal nachdrücklich das weitgefächerte Spektrum im Œuvre des Gislebertus deutlich. Zu den anrührendsten Äußerungen der mittelalterlichen Kunst gehört das Kapitell mit dem »Traum der Könige«, die sich, wie es in mittelalterlichen Herbergen Usus war, ein Lager und eine gemeinsame Decke teilen. Dabei ist zu beachten, daß sich auch dieser Vollender des romanischen Figurenkapitells streng an das ungeschriebene Gesetz der Respektierung der beiden Reliefebenen wie der Kelchform des Kapitells hält.

Autun, Salle capitulaire in der Kathedrale St-Lazare: Kapitell des Meisters Gislebertus mit der Darstellung der Anbetung der Könige
Ungewöhnlich für die romanische Kunst mit ihrem eher strengen Christusverständnis ist die spontane Kindlichkeit, mit der das Knäblein nach dem dargebotenen Geschenk greift.

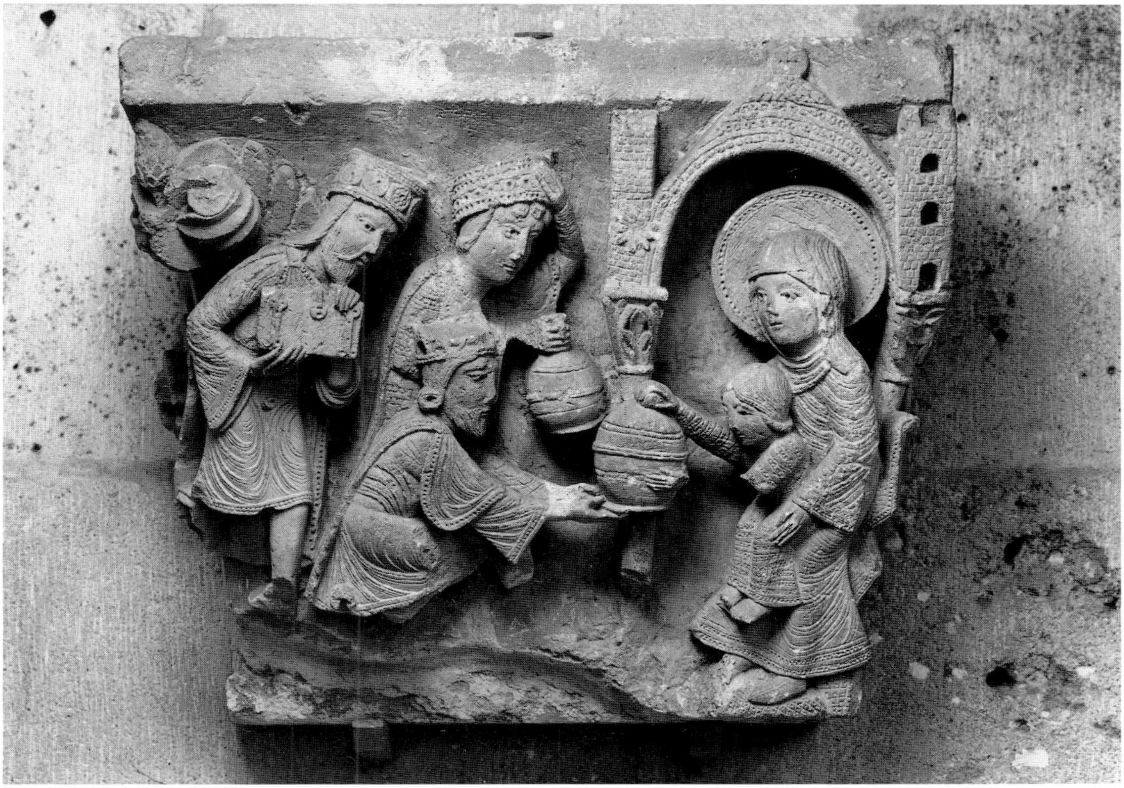

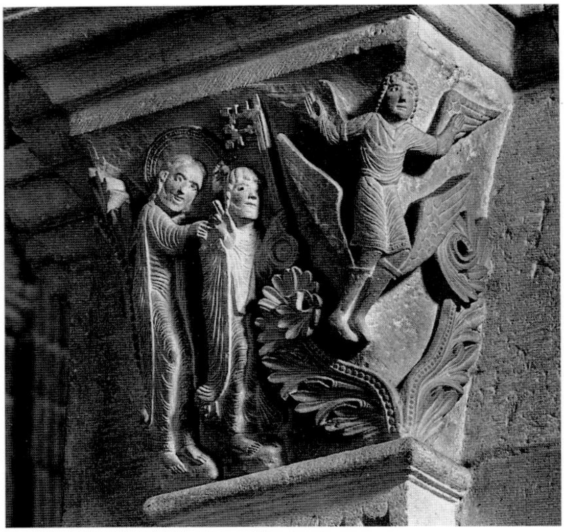

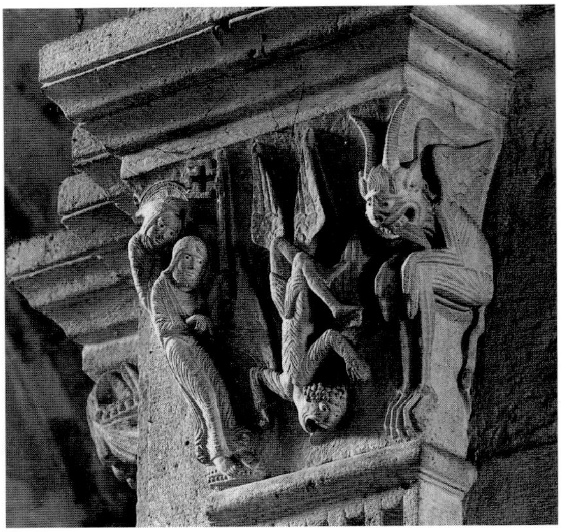

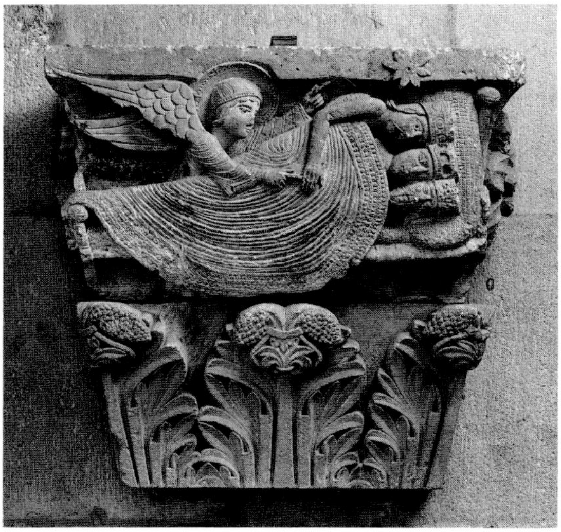

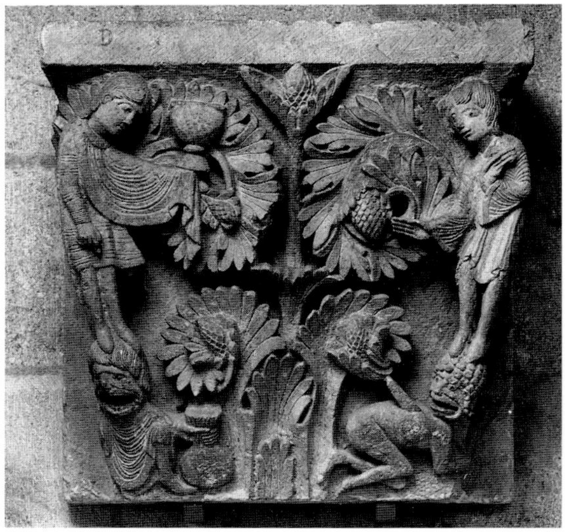

Autun, Kathedrale St-Lazare, Kapitelle des Meisters Gislebertus
Die beiden oberen, die die Geschichte vom Flug und Sturz des Magiers Simon erzählen, befinden sich noch in situ. Zwar berichtet die Bibel von dem Magier Simon (Apostelgeschichte 8, 9-24), erwähnt aber nicht seinen vermeintlichen Flug und den Sturz, der die Folge des Gebetes der Apostel war. Diese ausschmückende Episode ist apokryphen Ursprungs.
Die beiden unteren Kapitelle sind heute in der Salle capitulaire ausgestellt.
Das linke zeigt den Traum der Könige: ein Engel weist auf den Stern, dem sie folgen sollen. Rechts allegorische Darstellungen von Tugenden und Lastern: links sitzend die Gestalt der Habsucht mit zwei prall gefüllten Geldsäcken, auf ihr stehend, mit einem Kelch in Händen, die Gestalt der Barmherzigkeit; gegenüber kauert die Personifikation des Jähzorns (ira) am Boden; über ihr erscheint die Geduld, abwartend, mit nichts in Händen.

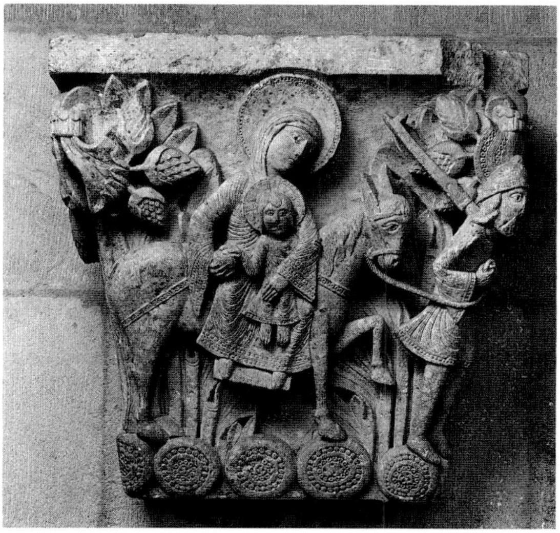
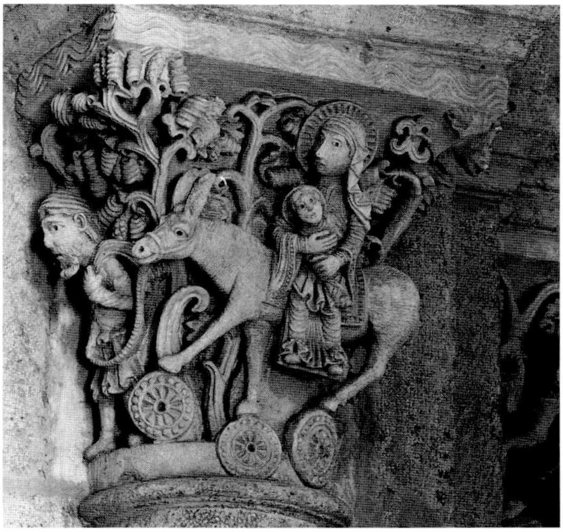
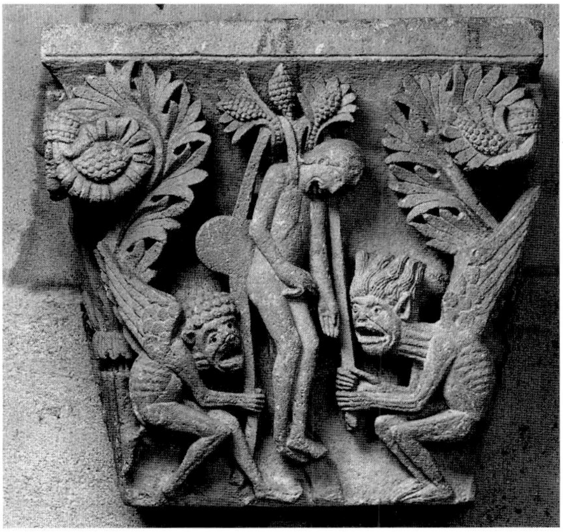
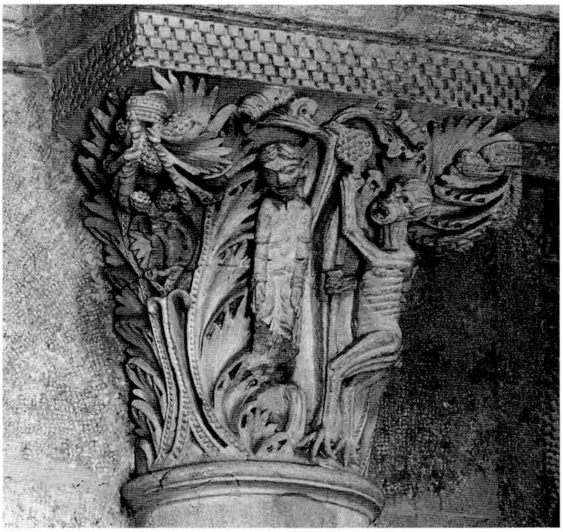

Gegenüberstellung von Kapitellen in Autun und in der Kirche St-Andoche in Saulieu

Auf der linken Seite die Beispiele aus Autun, rechts die entsprechenden Versionen aus Saulieu. Das obere Bildpaar zeigt jeweils die Flucht nach Ägypten, das untere den Selbstmord des Judas. Der direkte Vergleich verdeutlicht die enge künstlerische Verwandtschaft. Andererseits fallen die Unterschiede ins Auge: Die Kapitelle aus Saulieu haben ein stärkeres plastisches Volumen und erscheinen zugleich etwas unbeholfener als die Werke in Autun. Der Meister von Saulieu steht in engem Kontakt mit Gislebertus, kann aber nicht mit diesem identisch sein. Die merkwürdigen Räder unter den Hufen des Esels der Fluchtszenen sind möglicherweise eine Anspielung auf jene hölzernen Eselsfiguren, die im Mittelalter während bestimmter Prozessionen umhergezogen wurden.

Bemerkenswert ist die Anordnung der Kapitelle in der Kirche von Saulieu. Im Westen, also nahe dem Eingang, sind biblische Szenen dargestellt; es folgen Allegorien, zum Teil verschlüsselte Anspielungen auf die generelle Thematik der Gegenüberstellung von Gut und Böse; schließlich geht der Zyklus im Osten, in Altarnähe, zu rein ornamentalen Arbeiten über. Hier wird ein Weg vom Gegenständlichen zur Abstraktion, vom logischen Denken zur Intuition bildlich nachvollziehbar.

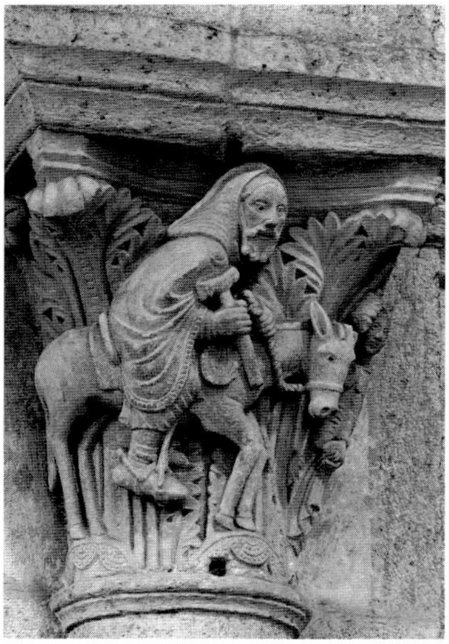

Saulieu, romanische Kirche St-Andoche, Kapitell mit der Darstellung des falschen Propheten Bileam
In Autun findet sich dieselbe Szene am rechten Kragstein unter dem Architrav des Weltgerichtsportals.

Die Kapitelle von St-Andoche in Saulieu

Daß es möglich war, auch dem Kapitellrelief eine größere Tiefe abzugewinnen, demonstrieren die Werke aus St-Andoche in Saulieu, die sich so eng an die Arbeiten des Gislebertus anschließen, daß man in ihnen früher Originale von seiner Hand zu sehen meinte. Die derbere Sprache der Skulpturen in Saulieu macht diese Vermutung gegenstandslos. Die Übereinstimmungen mit Autun beziehen sich vielmehr auf die getreue Nachformung bestimmter Motive. »Der falsche Prophet Bileam auf seiner Eselin«, »Der Selbstmord des Judas« und vor allem die »Flucht nach Ägypten« stehen den vergleichbaren Szenen in Autun besonders nahe. Indem jedoch die Kapitelle in Saulieu über Halbsäulen aufgehen, während ihnen in Autun flach gehaltene Pilaster entsprechen, gewinnen sie ein körperhafteres Volumen und greifen stärker in den Raum aus. Damit kennzeichnen sie die allgemeine Stilauffassung, die die romanische Skulptur überall gegen die Mitte des 12. Jahrhunderts erreicht hatte.

Das Lazarusgrab

Autun, Rekonstruktion des Lazarusgrabes, das im Zuge der Barockisierung der Kathedrale zertrümmert wurde (G. Rollier, 1985)

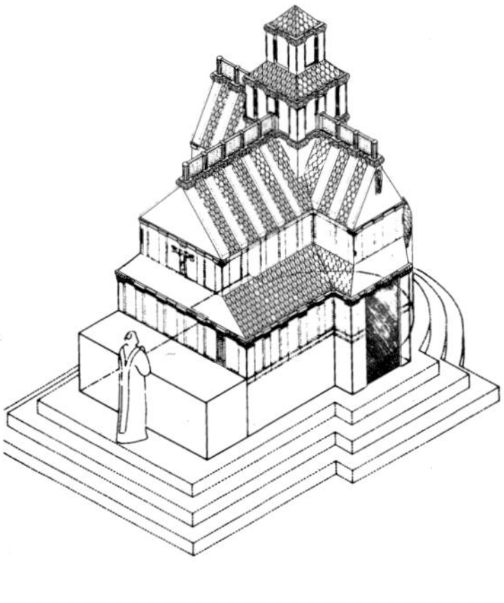

Keines der bislang behandelten Werke der Bildhauerei war nach der Mitte des 12. Jahrhunderts anzusiedeln. Die einzige, nur kurz gestreifte Ausnahme ist das kleine Portal in Semur-en-Brionnais, das, bald nach 1150 entstanden, den Niedergang der burgundischen Skulptur in der zu Ende gehenden Romanik illustriert (vgl. Abb. S. 84). Auf eine kurze Spanne der Atemlosigkeit folgte ein Neubeginn, der allerdings nicht allein aus eigenem Antrieb erfolgte, sondern erst durch den inspirativen Schub von seiten der frühgotischen Bildhauerei seinen auslösenden Impuls empfing. In diesem neuen Klima ist in den 1170er und 80er Jahren das Lazarusgrab entstanden, dessen Künstler uns dank einer an einem Bruchstück zu entziffernden Inschrift ebenfalls namentlich bekannt ist: Es handelt sich um den Mönch Martinus. Aus den erhaltenen Fragmenten ist zu schließen, daß das Denkmal ursprünglich mindestens 7 m hoch war. Es stellte somit zugleich den monumentalen Höhepunkt der mittelalterlichen Schreine dar, die, ausgehend von relativ schlichten Kästen im 11. Jahrhundert, über die reich verzierten Gehäuse in der ersten Hälfte des 12. Jahrhunderts zu der von Nicolaus von Verdun formulierten basilikalen Gestalt des Dreikönigenschreins in Köln geführt hat. Während jedoch alle diese Beispiele Werke der Goldschmiedekunst sind, ist das Lazarusgrab in Autun aus Stein gehauen. Die Rekonstruktion hat folgendes Bild ergeben: Es handelte sich um eine zweistöckige Anlage, unten mit einem offenen Gehäuse, oben mit einem geschlossenen Kasten, die auf einem mehrstufigen Sockel postiert war. An den Ecken standen vier Trauernde, von denen im Musée Rolin der Apostel Andreas, Magdalena und Martha erhalten sind, der Kopf des Petrus gelangte in den Louvre, sein Körper ist verloren. In diesen Gestalten haben wir die *ersten Äußerungen der Freiplastik in Burgund* zu sehen. Zugleich sollte der Typus der Trauernden am monumentalen Grabmal in der Kunst Burgunds fortwirken und in den Pleurants Claus Sluters in Dijon zur Vollendung gelangen (vgl. Abb. S. 225, 227).

Fragmente vom Lazarusgrab
Autun, Musée Rolin
Die Gestalten der trauernden Magdalena, Andreas und Martha sind erste Beispiele frühgotischer Skulptur in Burgund. Die Darstellung menschlicher Gefühle ist der romanischen Bilderwelt weitgehend fremd geblieben und hat lediglich im Werk des Gislebertus einen Vorläufer.

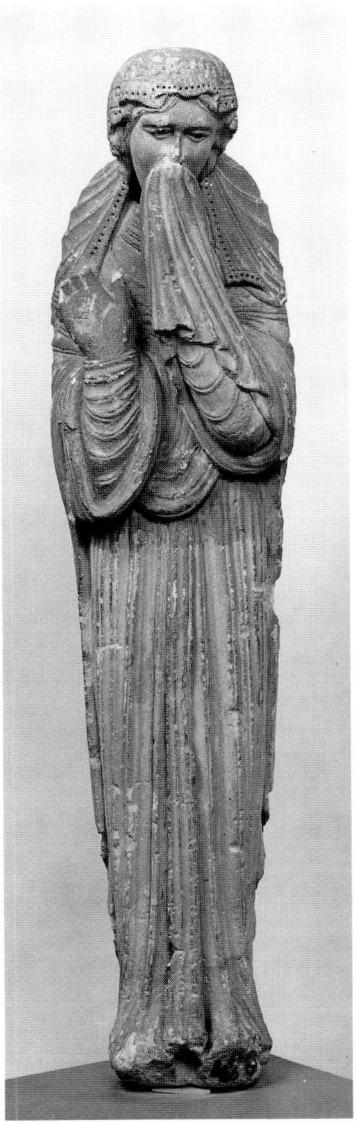

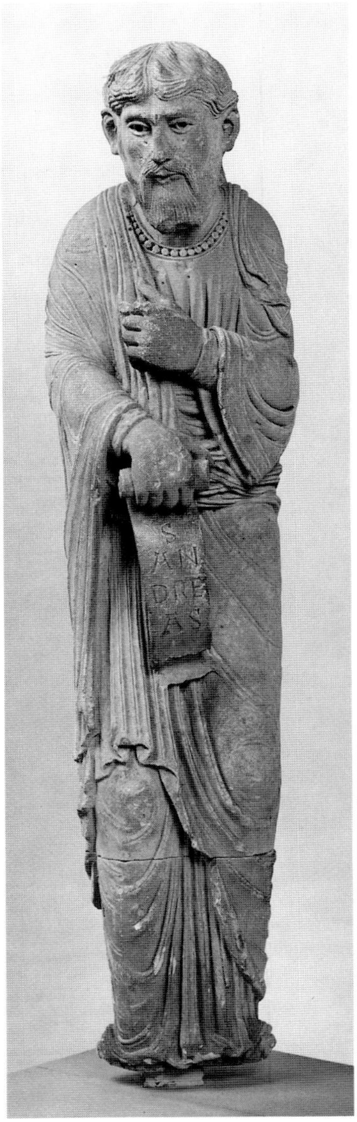

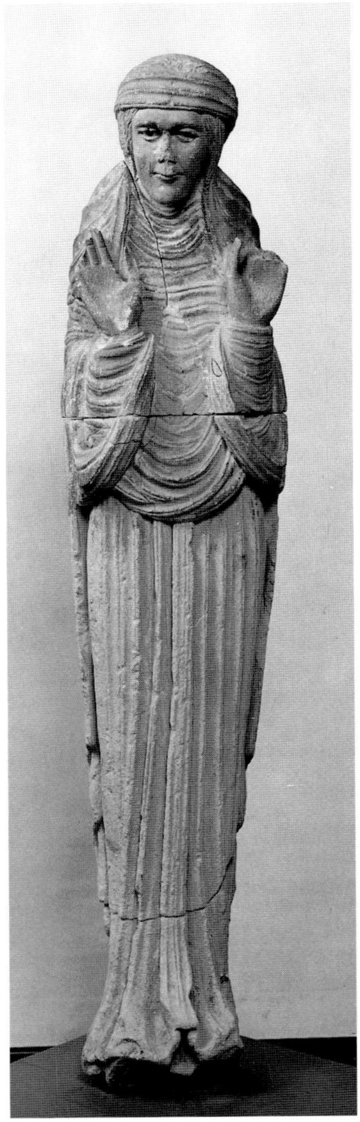

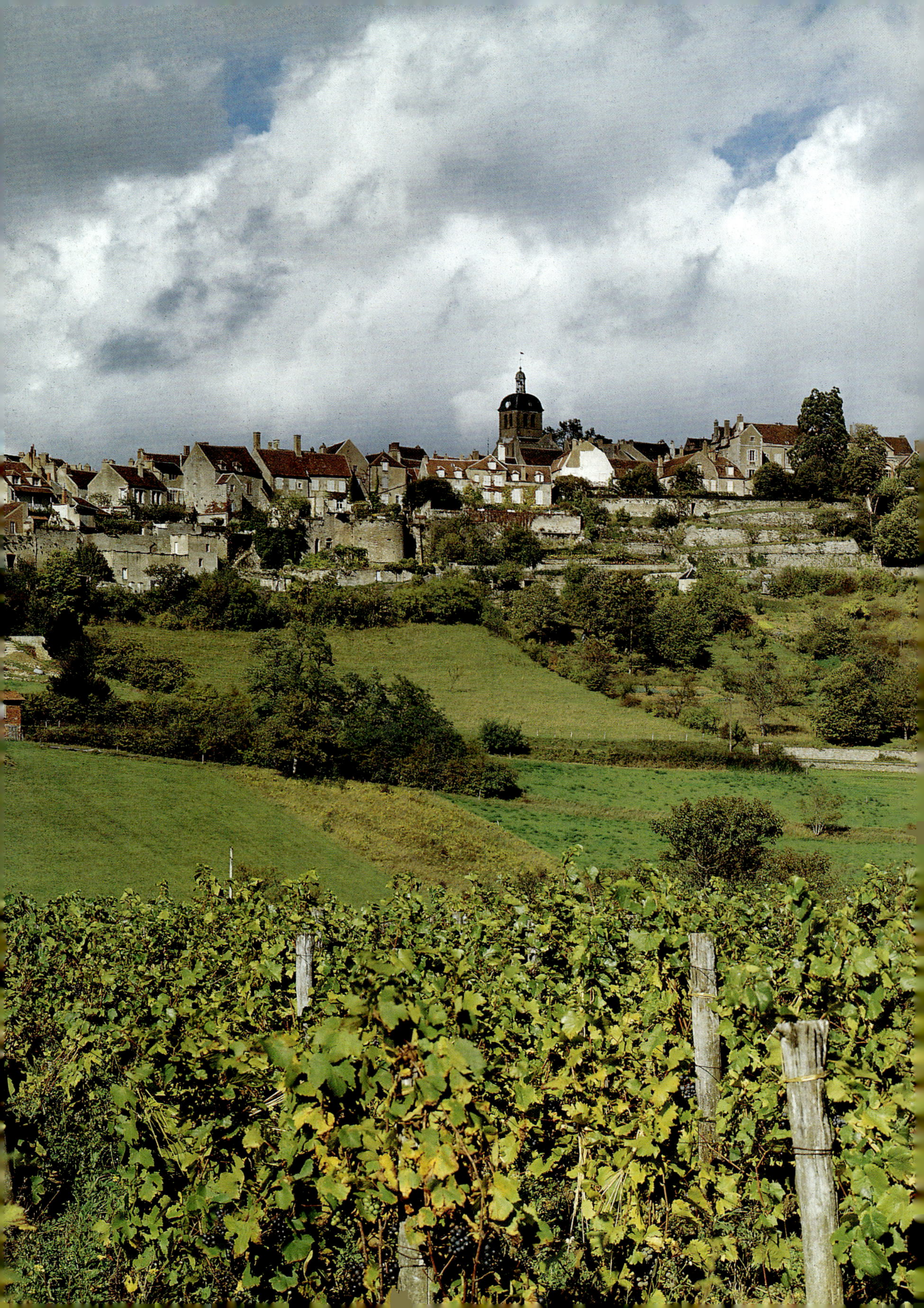

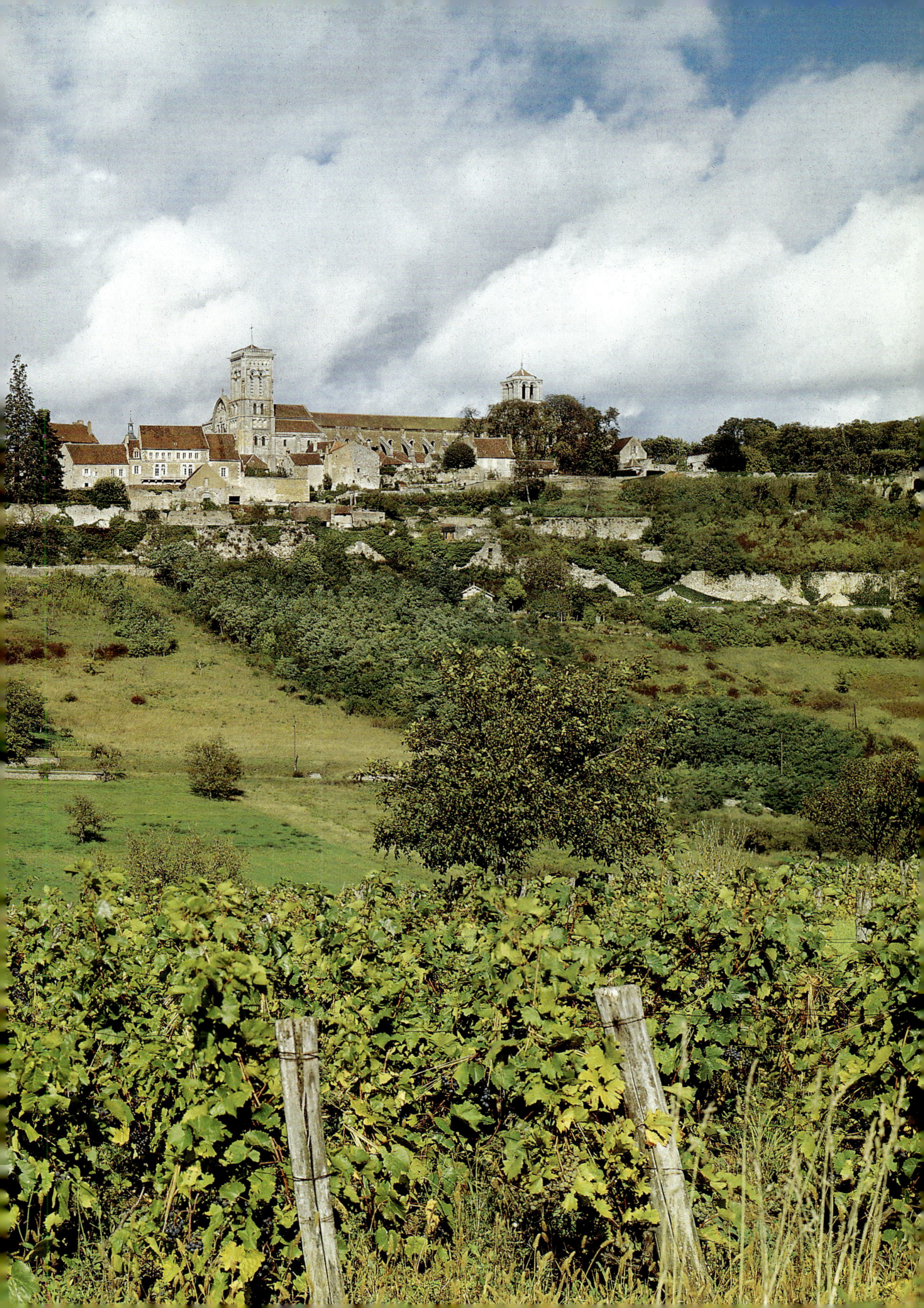

Vézelay – Pfingstkirche und Lichtmystik

Der künstlerische Rang der Kirche Ste-Madeleine in Vézelay würde allein schon ausreichen, diesem Denkmal einen ersten Platz unter den Bauten des burgundischen Mittelalters zu sichern. Das alte Wallfahrtsziel ist darüber hinaus durch seine Lage auf einer seichten Hügelkuppe des nördlichen Morvan ausgezeichnet.

Die Geschichte des Wallfahrtsortes

Die Ursprünge von Vézelay wurzeln nicht auf dem Hügel, sondern unterhalb desselben am Ufer der Cure, wo Mitte des 9. Jahrhunderts Girard de Roussillon, Graf von Vienne, ein Kloster ins Leben rief. Heute steht dort die kleine gotische Kirche **St-Père-sous-Vézelay**. Der Legenda aurea zufolge sollen schon zur selben Zeit die Gebeine der Magdalena hierher gebracht worden sein, nachdem in der Provence infolge der arabischen Okkupation keine sichere Aufbewahrung für die Reliquien mehr gewährleistet war. Doch fällt es auf, daß der Magdalenenkult erst Mitte des 11. Jahrhunderts Anziehungskraft auszuüben begann, nachdem sich die Cluniazenser zu eifrigen Förderern der Wallfahrt aufgeschwungen hatten. Ihr besonderer Einsatz für Vézelay resultiert aus der Verehrung, die Magdalena in der Auffassung des Abtes Odo von Cluny erfuhr, der in dieser Heiligen das Urbild der Reue erblickte. Zu diesem Zeitpunkt war der Umzug auf den benachbarten Hügel längst vollzogen, denn nach einer Plünderung durch die Normannen hatte man das Kloster schon Ende des 9. Jahrhunderts vom Tal auf die Anhöhe verlegt. Der stetig anschwellende Pilgerstrom führte zu Beginn des 12. Jahrhunderts zum Bau der großen romanischen Kirche. Vézelay war inzwischen nicht nur Ziel einer eigenen Wallfahrt, sondern zugleich Ausgangspunkt einer der vier großen Pilgerrouten nach Santiago de Compostela, die nach einer ihrer wichtigsten Etappen, der Stadt Limoges, die *via Lemovicensis* genannt wurde. Inzwischen war die Bevölkerung auf geschätzte 10 000 Einwohner angewachsen, die sich der Autorität des Abtes nicht widerspruchslos unterordneten. 1106 kam es zu einer blutigen Revolte der Bürger gegen das Kloster, dessen Abt Artaud von den Aufrührern ermordet wurde. Der Konflikt schwelte auch danach weiter und eskalierte schließlich 1152 in der Ausrufung einer freien Kommune. Die Klosterinsassen wurden vertrieben und suchten Zuflucht bei König Ludwig VII. Es bedurfte der

Farbtafel Seite 106/107:
Blick auf Vézelay von Süden
Bei Ausgrabungen stieß man auf die Reste eines keltischen Oppidums auf der Hügelkuppe am Nordrand des landschaftlich besonders reizvollen Morvan. Die römische Siedlung, die einen Tempel, Thermen und ein Forum besaß, trug den Namen Vertillum. In der Spätantike wurde der Ort offenbar aufgegeben. Die Wiederbesiedlung erfolgte erst im 9. Jahrhundert.

Vermittlung von seiten des französischen Herrschers, um einen Kompromiß herbeizuführen, an dem auch Papst Eugen III. beteiligt war. Ungeachtet dieser Spannungen konnte Vézelay seinen Weg auf der Popularitätsskala nach oben unverdrossen weiter fortsetzen. Seinen Zenit hatte der Ort 1146 erreicht, als Bernhard von Clairvaux im Beisein des französischen Königspaares von hier zum Zweiten Kreuzzug aufrief. Vézelay mag sich damals als Mittelpunkt der Christenheit gesehen haben – und damit automatisch in Konkurrenz zu Cluny, von dem man sich in der architektonischen Gestalt der Kirche deutlich abzugrenzen suchte. Seither war Vézelay neben seiner Funktion als Pilgermagnet zugleich auch traditioneller Ausgangspunkt der nachfolgenden Kreuzzüge: 1190 vereinigten die rivalisierenden Könige von Frankreich und England, Philipp II. August und Richard Löwenherz, an dieser Stelle ihre Heeresaufgebote, um gemeinsam ins Heilige Land aufzubrechen; 1248 und erneut 1270 rüstete König Ludwig IX. der Heilige von Frankreich von Vézelay aus zu seinen beiden verunglückten Kreuzzügen, von dessen zweitem er nicht mehr heimkehren sollte.

Doch ebenso spektakulär, wie sich der rasante Aufstieg von Vézelay vollzogen hatte, brach der Niedergang über den Wallfahrtsort herein. Die Hintergründe, die zum Sturz von Vézelay führten, werfen erneut ein Schlaglicht auf die eminent hohe Bedeutung, die die Reliquien im Hochmittelalter besaßen. Als 1245 Raimund-Berengar, Graf der Provence, ohne männlichen Nachfolger starb, bemächtigte sich dort Karl I. von Anjou, ein Bruder König Ludwigs IX. von Frankreich, der Herrschaft, die er gegen den Widerstand des lokalen Adels mit rücksichtsloser Härte durchsetzte. Die Provence diente der aufstrebenden Anjou-Dynastie als willkommenes Sprungbrett ihrer ehrgeizigen Italienpolitik, als deren prominentestes Opfer 1268 der letzte Vertreter des Staufergeschlechts, der junge Konradin, in Neapel den bitteren Gang auf das Schafott antreten mußte. Die oppositionellen Kräfte der Provence blieben desungeachtet aktiv. Deshalb sann der Sohn Karls I., Karl II. von Anjou, auf ein wirkungsvolles Mittel, um die Legitimität der Anjou-Herrschaft im besten Licht erscheinen zu lassen. Dieses fand er in Gestalt der Magdalenenreliquien. 1270 ließ er in St-Maximin-la-Sainte-Baume graben, nachdem ihm angeblich durch einen Engel im Traum offenbart worden war, daß er dort die sterblichen Überreste der Heiligen finden würde. Tatsächlich wurden die Knochen, die man in einer auf spätantike Zeit zurückgehenden Nekropole gehoben hatte, als die vermeintlich echten Reliquien der Magdalena der Öffentlichkeit präsentiert. Mit dem Fund bzw. Besitz solcher Reliquien ließ sich der Herrschaftsanspruch mühelos rechtfertigen. Der zwangsläufige Rechtsstreit zwischen Vézelay und St-Maximin über deren Echtheit brachte die höchste Entscheidungsinstanz, den Papst, in eine mißliche Lage. Er konnte es auf keinen Fall riskieren, sich mit dem mächtigen Nachbarn zu überwerfen, denn das Patrimonium Petri sah sich in der zweiten Hälfte des 13. Jahrhunderts – wie schon zuvor durch das Reich der Staufer – von Norden und Süden her vom Herrschaftsgebiet der Anjou umklammert. Papst Bonifaz VIII. entschied des-

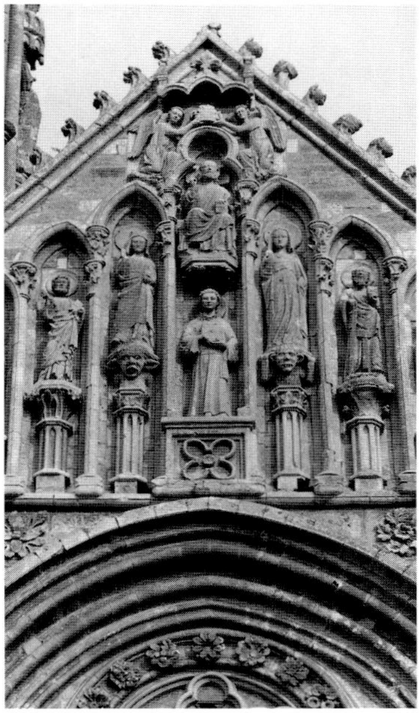

St-Père-sous-Vézelay, Teilansicht der Fassade der gotischen Kirche Notre-Dame

Das Bauwerk, eine dreischiffige Basilika, entstand im wesentlichen im 13. Jahrhundert und ist ein anschauliches Beispiel für die burgundische Gotik mit ihrer lockeren Wandaufbrechung. Der Chor wurde im 14. Jahrhundert erneuert, zur selben Zeit entstand die Vorhalle im Westen. Diese ist reich mit Ornamenten und Figuren dekoriert. Der vielfach gegliederte Glockenturm ist mit 50 m so hoch wie die Kirche insgesamt lang ist.
Notre-Dame in St-Père-sous-Vézelay besitzt eine ungewöhnlich schöne Akustik. Die Kirche hat einen volltragenden Resonanzraum ohne eine allzugroße Hallwirkung, die den Musikgenuß in den meisten anderen Kirchen oftmals zum Problem werden läßt.

Vézelay, Chor der ehem. Abtei- und Wallfahrtskirche Ste-Madeleine
Die Schlichtheit des Chores und besonders die Rundbogenfenster der Kapellen evozieren einen durchaus romanischen Eindruck. Die Tatsache jedoch, daß es sich in diesem Fall um einen echten Kapellenkranz mit unmittelbar aneinanderstoßenden Umgangskapellen handelt, wie es erst die Gotik als Bautypus hervorgebracht hat, verrät, daß der Chor der ansonsten romanischen Kirche aus gotischer Zeit stammt.

halb 1298 gegen Vézelay, das über Nacht vom Gipfel seines Ruhms in die völlige Bedeutungslosigkeit absank. Wer sich fortan zu den Reliquien der Magdalena hingezogen fühlte, pilgerte nach St-Maximin in der Provence, für das der damals noch junge Orden der Dominikaner eifrig die Werbetrommel rührte.

Vézelay geriet über Jahrhunderte in Vergessenheit. Erst die im 19. Jahrhundert anhebende Begeisterung für das Mittelalter entdeckte den Ort von neuem. Viollet-le-Duc organisierte die Wiederherstellung der baufällig gewordenen Kirche, Romain Rolland nahm hier seinen Wohnsitz, und Maurice Barrès prägte das Schlagwort von der *colline inspirée*. Seither ist Vézelay zum Inbegriff mittelalterlicher Größe geworden.

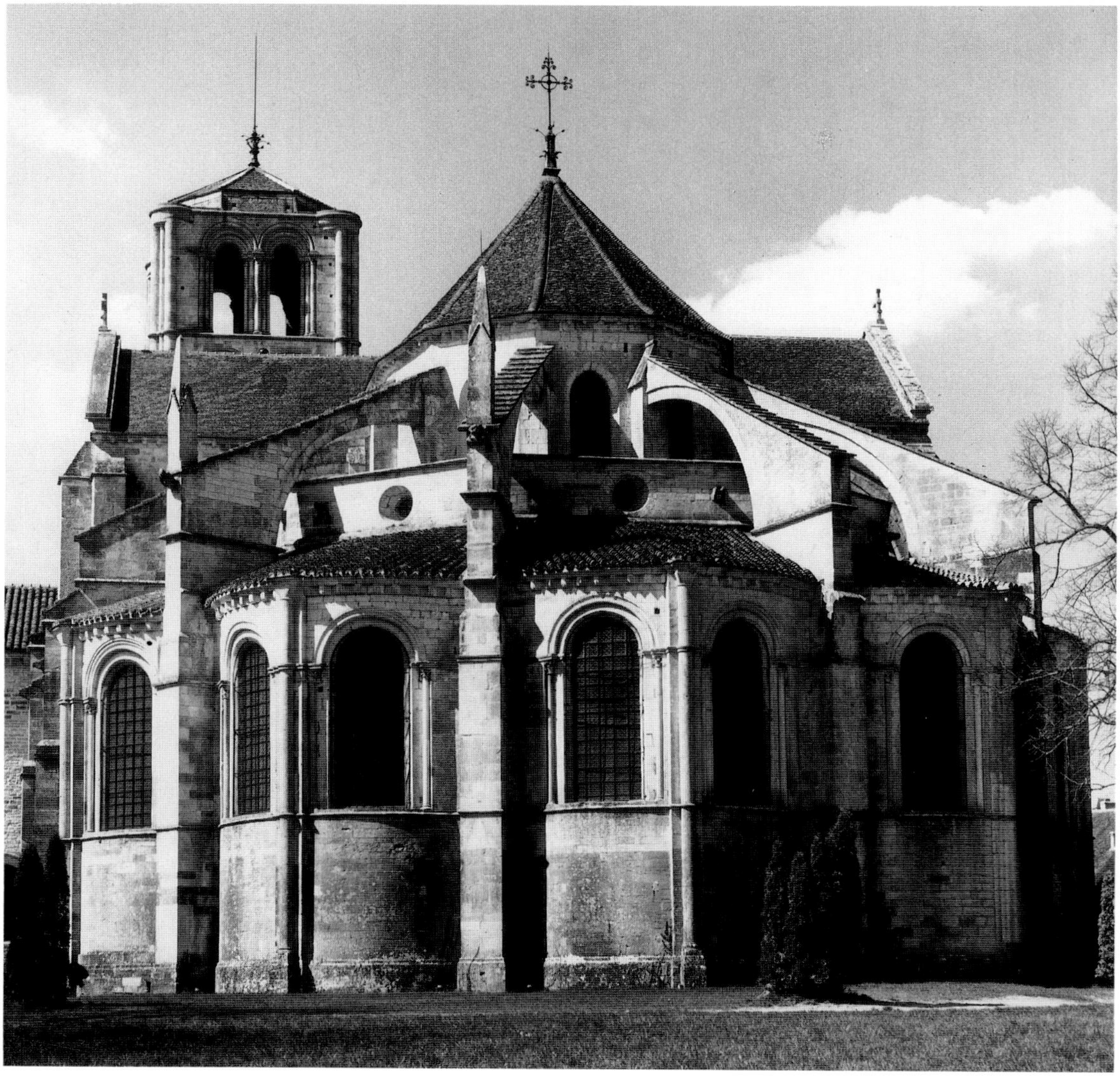

Baugeschichte von Ste-Madeleine

Ende des 11. Jahrhunderts entschloß sich Abt Artaud, derselbe, der wenig später seinen Hochmut gegenüber den Bürgern mit dem Leben bezahlen mußte, zu einem Kirchenneubau, dem der alte karolingische Vorgänger weichen mußte. 1096 erfolgte die Grundsteinlegung, bereits 1106 konnten die Ostteile (Chor und Querhaus) geweiht werden. 1106 kam es infolge des Bürgeraufstands zu einer Unterbrechung des Vorhabens. 1120 wurde der unfertige Bau das Opfer einer Feuersbrunst, bei der auch eintausend Pilger den Tod gefunden haben sollen. Dieser Brand scheint hauptsächlich den älteren Teil aus vorromanischer Zeit getroffen zu haben. Dies können wir aus der Tatsache schließen, daß Abt Renaud von Semur, ein Verwandter des hl. Hugo von Cluny, seinen Neubau im Westen begann, also die Ostteile, so weit sie noch benutzbar waren, vorerst stehenließ. Zwischen 1120 und 1140 entstand das basilikale Langhaus, nach dessen Fertigstellung die Narthexhalle errichtet wurde. 1165 hatte ein erneuter Brand im Ostteil der Kirche den Chor des Abtes Artaud beschädigt, den man nun nicht noch einmal renovierte, sondern durch einen kompletten Neubau ersetzte, der bereits ganz in gotischen Formen gehalten ist. Seine Vollendung zog sich bis in das frühe 13. Jahrhundert hin. Danach wurden nur noch geringfügige Veränderungen vorgenommen.

Zu einschneidenden Maßnahmen kam es erst wieder im Zuge der Wiederherstellung im 19. Jahrhundert. Die drei westlichen Joche des Langhauses erhielten ein neues Gewölbe, zudem wurde das Westportal des Narthex mit neu geschaffenen Skulpturen versehen, denn der romanische Bilderschmuck der Außenseite war in der Revolution zerstört worden. Für eine Zertrümmerung der Skulpturen im Innern des Narthex und der Kirche hatte der Elan der Revolutionsgarden – gottlob! – nicht ausgereicht.

Das Westportal

Das Westportal der Kirche, das vor der Errichtung des Narthex offen zutage trat, ist als Zeichen für den Universalitätsanspruch der Kirche gedeutet worden. Sein Thema bildet einen Sonderfall unter den romanischen Bildprogrammen Frankreichs. Zwar ist auch hier der Mittelpunkt des Tympanon der in einer Mandorla sitzende Christus, doch handelt es sich weder um Wiederkunft oder Himmelfahrt des Heilands noch um ein Weltgericht wie in Autun. Die von seinen erhobenen Händen auf die Häupter der Apostel niederführenden steinernen Stege sind als Lichtstrahlen zu verstehen, so daß sich das Ganze als eine Darstellung des Pfingstgeschehens zu erkennen gibt. Das Portal schildert den Augenblick der kollektiven Erleuchtung, als die Jünger vom Heiligen Geist die Befähigung erlangen, sich in allen Sprachen der Welt zu artikulieren, um

Vézelay, Ste-Madeleine, Details der Archivolte des Westportals mit Darstellungen von Monatsarbeiten und Tierkreiszeichen

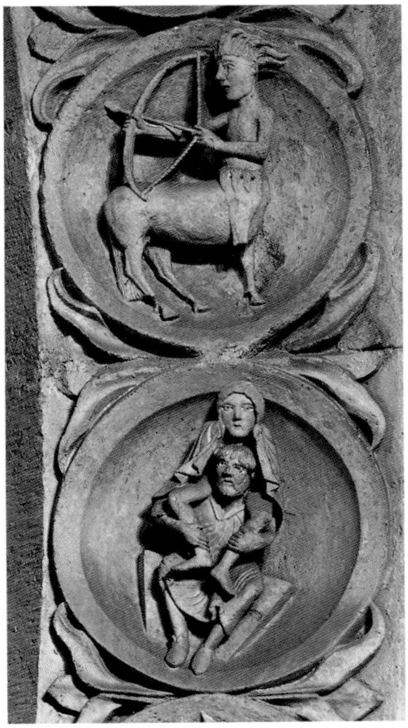

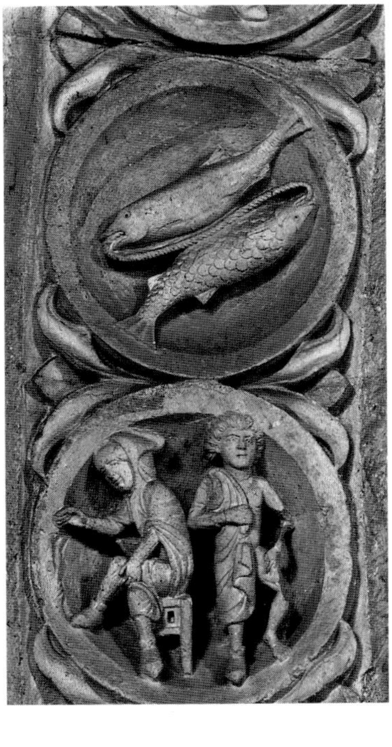

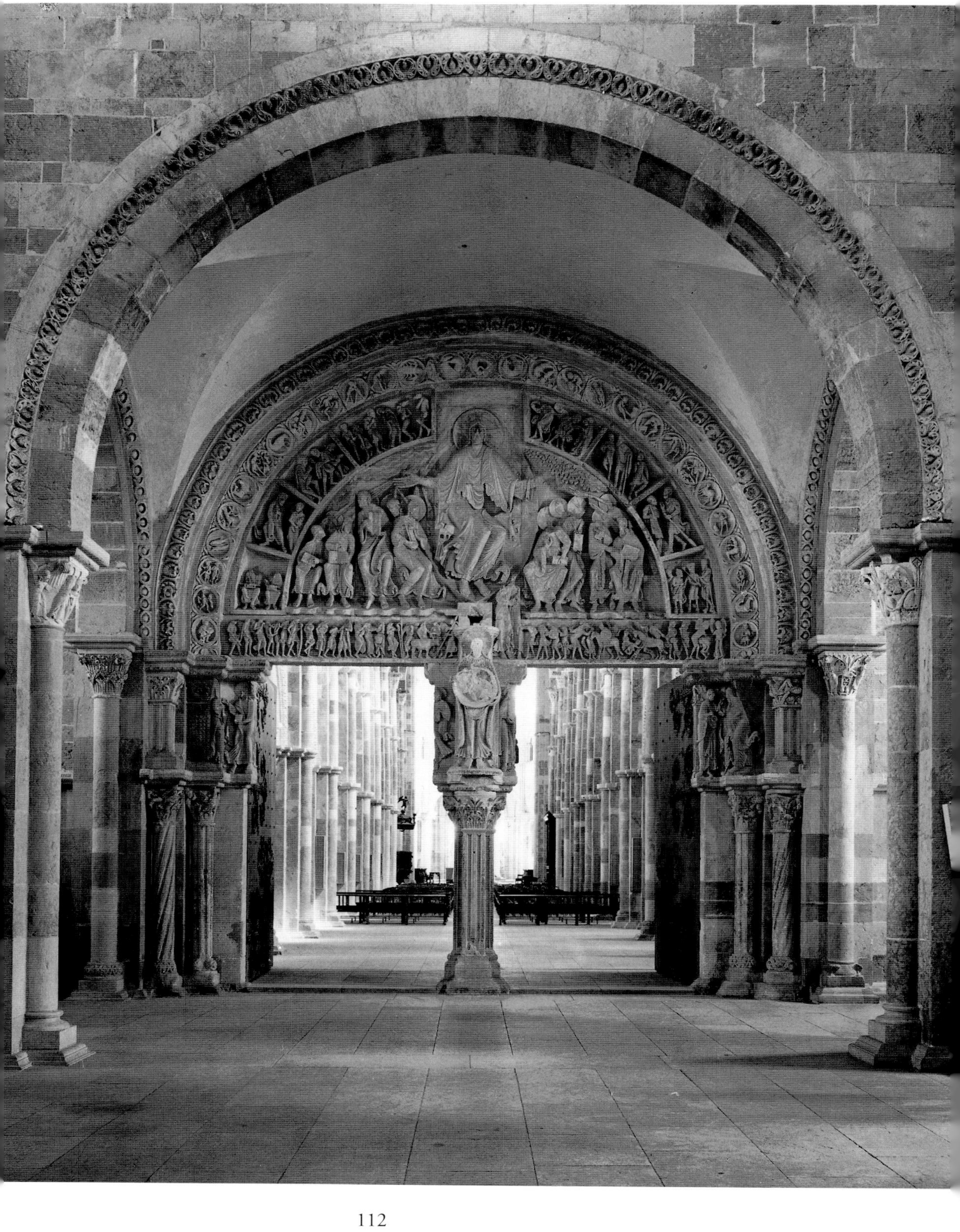

fortan das Wort des Herrn über alle Grenzen hinweg zu verkünden. Unter den Zwölfen können wir nur Petrus dank seiner Schlüssel namentlich bestimmen. Er sitzt zur Rechten Jesu und wendet sich diesem zu. Als Sinnbild der Kirche schlechthin nimmt Petrus an diesem Portal eine zentrale Stelle ein. Er taucht noch zweimal auf: einmal gleich zu Füßen Christi, wo er, die Trennung zwischen Architrav und Tympanon durchbrechend, zwischen den Figuren im Türsturz und dem Hoheitsraum des Bogenfeldes vermittelt, ein weiteres Mal im Disput mit Paulus am rechten Außenpfeiler.

Die Bildauswahl im Architrav und in den acht Kassetten, die das Tympanon konzentrisch einfassen, gehört zum Ungewöhnlichsten, was wir im Rahmen der mittelalterlichen Kunst kennen. In unterschiedlichsten Darstellungen erscheinen hier alle Völker der Erde. Im Architrav werden zudem einzelne Berufsstände aufgeführt: Bäcker, Fischer, Hirten und Soldaten. In einzelnen Szenen sind Pygmäen zu erkennen oder (ganz rechts im Türsturz) die Panotier, die man am Ende der Welt vermutete. Sie besitzen überdimensionale Ohren, die sie über ihrem Kopf zusammenklappen können, um sich vor Unbilden der Witterung zu schützen. In den Kassetten erscheinen schweinsnasige Gestalten, Riesen, Stelzenläufer, die als Armenier gedeutet wurden, und, als origineller Höhepunkt der Abnormitätenprozession, hundsköpfige Menschen, sogenannte Kynokephalen, in denen man die Inder zu sehen hat. Solche Darstellungen basieren zum Teil auf den Schriften des Isidor von Sevilla und anderer Enzyklopädisten des frühen Mittelalters. Doch ist nicht jedes Detail restlos zu entschlüsseln.

Ähnlich wie in Autun spannt sich auch hier eine Archivolte über das Portal, in deren Medaillons Personifikationen der Tierkreiszeichen und Monatsarbeiten erscheinen. Den *Trumeau* (Mittelpfeiler des Portals) besetzt eine große Figur Johannes des Täufers, ihm zu seiten zwei weitere Apostel. Indem sein Kopf über den Pfeiler hinausreicht und den Türsturz überschneidet, darf man ihn als den Vermittler zwischen den Gläubigen, die den Kirchenraum betreten, und dem Herrscher im Himmel ansprechen.

Facettenreicher, origineller und zugleich anschaulicher ist das Pfingstgeschehen in der christlichen Kunst nicht ein zweites Mal zur Darstellung gekommen. Der Künstler, der mit mehreren Gehilfen zusammenarbeitete, hat darüber hinaus der vorgegebenen Form des Tympanon völlig neue Gestaltungsmöglichkeiten abgewonnen. Zwar hat auch Gislebertus sein Weltgericht im Sinne einer flächenübergreifenden Zusammenschau konzipiert, doch lebt in der zonenweisen Anordnung, die er links und rechts von der Richtergestalt vornimmt, unverkennbar die Tradition des Registerportals mit mehreren Bildstreifen fort. In Vézelay füllen dagegen die auf zwei Gruppen verteilten Apostel die Bildfläche des Tympanon gänzlich aus. Die Freiheit in der Handhabung des Bildraums spricht auch in den Kassetten mit, deren Figuren sich ungezwungen in ihrem Geviert bewegen, ohne axial auf die Kreisform des Tympanon bezogen zu sein. Für die Zeit der Entstehung – anzunehmen ist die Spanne

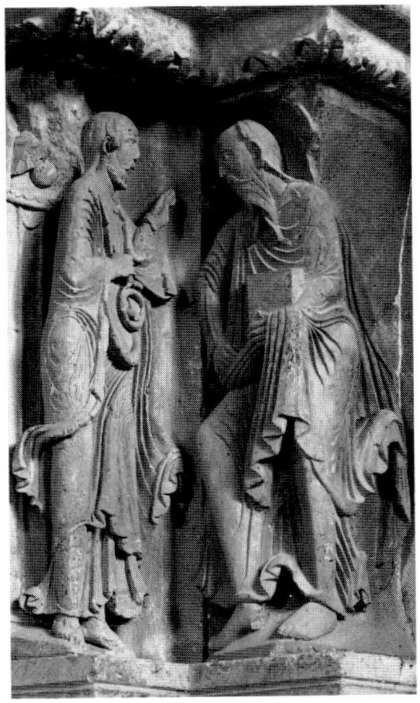

Vézelay, Ste-Madeleine, Detail vom rechten Türpfosten des Mittelportals mit den Figuren der disputierenden Apostel Petrus und Paulus.
Die Gewänder der beiden Heiligen erscheinen wie von einem Windhauch bewegt, wie es auch an den Gestalten zu beobachten ist, die das Tympanon besetzen.

Linke Seite:
Vézelay, Ste-Madeleine, Blick in den Narthex und auf das Westportal
Aus dieser Perspektive wird das Auge des Eintretenden ganz auf das figurenreiche Portal gelenkt. Die Pfeiler der dahinter befindlichen Basilika rücken im optischen Eindruck zu einer geschlossenen Reihe zusammen. Der Raum kommt in seiner tatsächlichen Tiefe nicht zum Tragen, vielmehr hinterfängt das helle Kircheninnere das Portal in einem zweidimensionalen Sinn als eine Lichtaura, eine Wirkung, die von seinen Schöpfern offenbar bewußt miteinkalkuliert wurde.

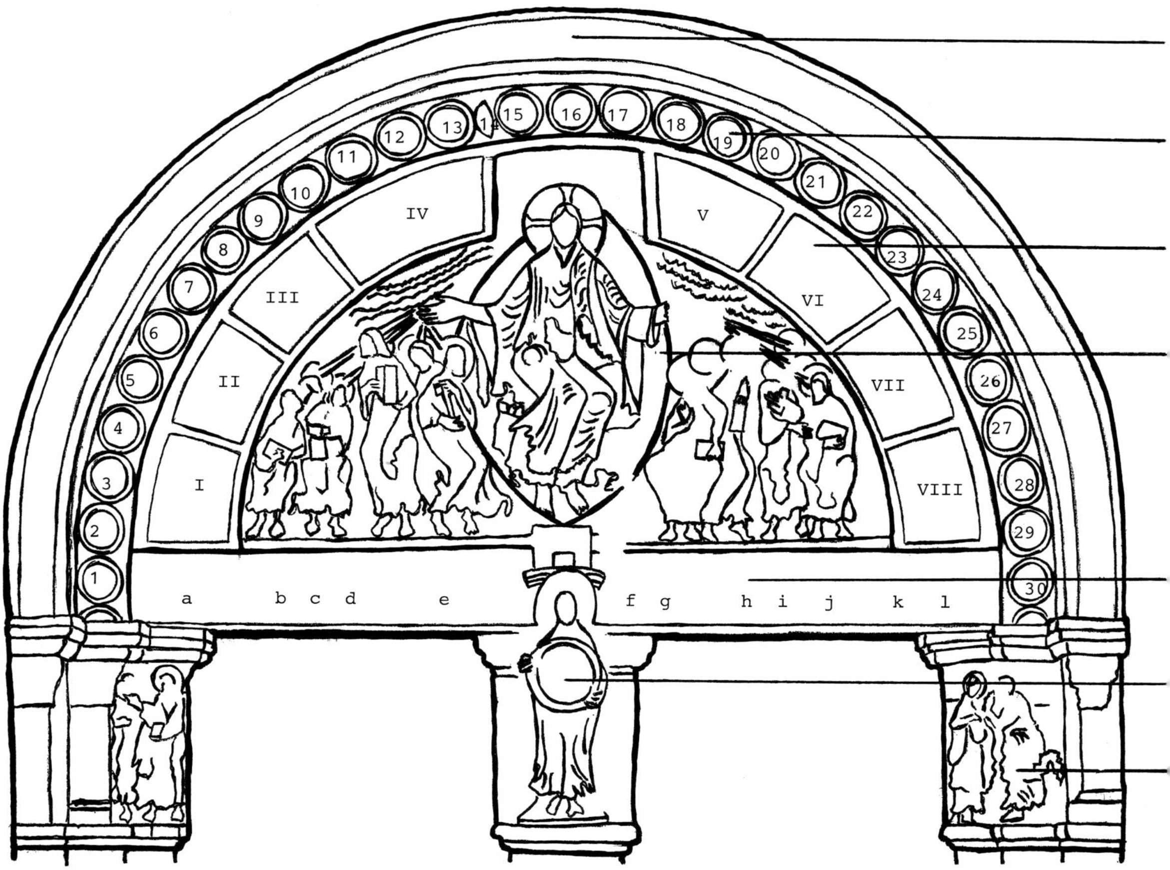

Vezelay, ehem. Abteikirche Ste-Madeleine, Schema des Narthexportals, Ikonographie
A Stirnarchivolte: Blattornamente (Symbol für Kosmos = Ordnung, Weltordnung)

B Medaillons mit Darstellungen der Tierkreiszeichen und Monatsarbeiten: 1 Lässig sitzender Mann: Personifikation des Monats Januar (man ist warm gekleidet und wohl versorgt), 2 Wassermann, 3 Zwei Menschen, von denen sich einer aus-, der andere anzieht, Hinweis auf warme Kleidung = Februar, 4 Fische, 5 Beschneiden der Weinstöcke = März, 6 Widder, 7 Ziegen werden ins Freie gelassen = April, 8 Stier, 9 Ein Krieger = Kriegsgott Mars = Personifikation des Frühlings, 10 Ein tanzender nackter Mann = allgemein Frühling, hier = Mai, 11 Zwillinge, 12 Heuernte = Juni, 13 Krebs. Die folgenden vier Medaillons fallen aus dem Rahmen; sie zeigen: 14 Die Fabel von Fuchs und Kranich (nach Äsop), 15, 16 Ein Hund, ein Mensch kreisförmig, 17 Sirene (Mischwesen halb Fisch, halb Frau). Dann geht es im Zyklus weiter: 18 Löwe, 19 Getreideernte = Juli, 20 Jungfrau, 21 Dreschen = August, 22 Mehlvorrat wird eingelagert = September, 23 Waage, 24 Weinlese = Oktober, 25 Skorpion, 26 Schweineschlachten = November, 27 Schütze, 28 Ein alter Mann (bärtig) trägt eine junge Frau auf den Schultern = das alte Jahr geht und zieht das neue Jahr nach sich = Winter = hier wohl konkret Dezember, 29 Steinbock, 30 Mann mit einem Weinbecher = eine weitere Personifikation für den Monat Dezember.

C Radialkassetten, in denen die Völker der Erde dargestellt sind: I Zwei schreibende Männer = wahrscheinlich zwei Apostel bzw. Evangelisten, II Zwei diskutierende Männer, von Salat und E. Mâle als Juden gedeutet, III Drei Männer, zwei davon im Disput (der eine mit »Flammenhaar« als Symbol der Wildheit bzw. Sünde), der dritte zieht sich einen Dorn aus dem Fuß, nach Salet = Kappadokier bzw. Griechen, IV Insgesamt sechs Gestalten; zwei dozierende Bärtige mit jeweils einem jüngeren Partner, diese als Araber gedeutet, daneben zwei sogenannte Kynokephalen (Hundsköpfige), nach mittelalterl. Auffassung die Inder, V Zwei Bucklige, als Äthiopier gedeutet, daneben zwei Menschen mit Schweinsnasen (Bedeutung ungeklärt), VI Drei unterschiedlich große Männer, einer von ihnen mit einer phrygischen Mütze, Sinnbild des Heidentums, VII Zwei diskutierende Männer, laut Salet = Byzantiner, VIII Vier Menschen auf Stelzenschuhen, nach E. Mâle Armenier.

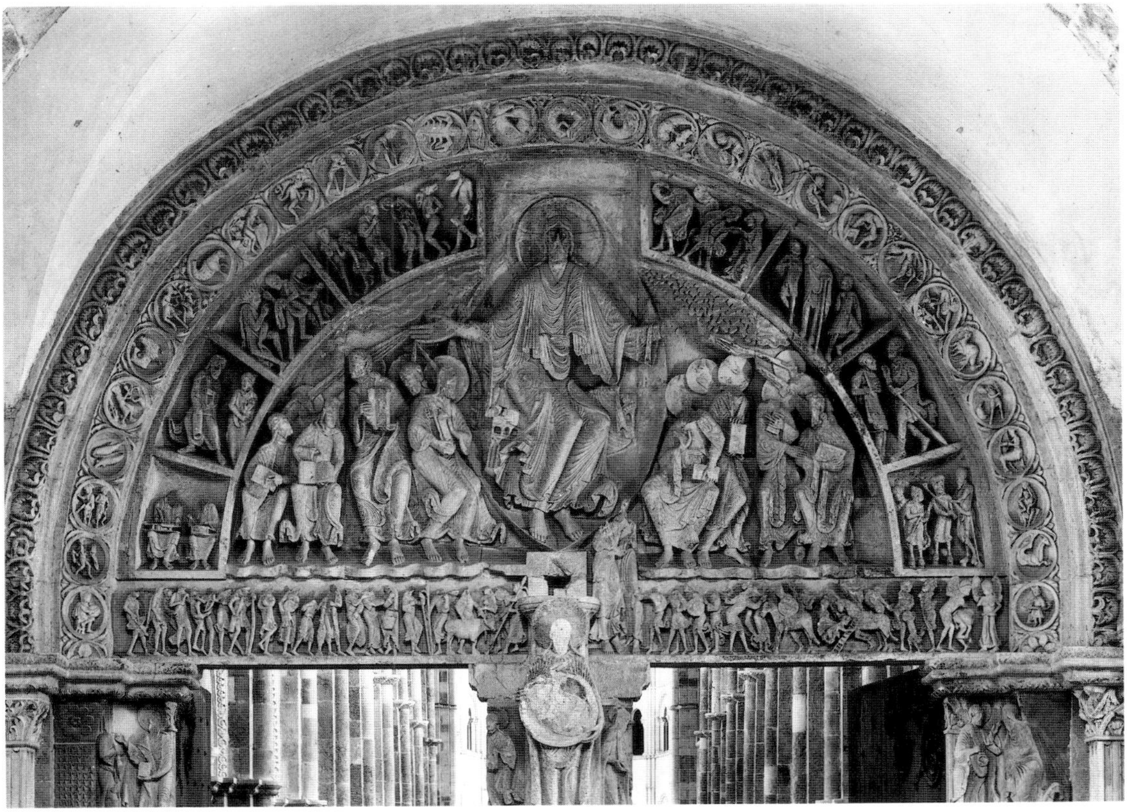

D Tympanon mit Christus in der Mandorla; neben ihm in zwei Gruppen die zwölf Apostel; auf sie gehen von den Händen Christi Strahlen aus. Namentlich bestimmbar nur Petrus (rechts neben Christus).

E Architrav mit weiteren Darstellungen der Völker der Erde bzw. der Berufe oder Berufsstände: a Sieben Bogenschützen (= Krieger, Soldaten), b Mann mit Früchtekorb (= Gärtner), c Mann mit einem Laib Brot (= Bäcker), die Gestalt daneben nicht identifizierbar, d Mann mit Fisch (= Fischer), e Figurenreiche Gruppe um einen Stier, unterschiedliche Deutungen: Hirten, Skythen, Römer; genaue Festlegung nicht möglich, f Petrus (ins Tympanon aufragend), g Gruppe von vier nicht bestimmbaren Männern, h Evtl. weiterer Apostel (Paulus?), i Ein Ritter zu Pferde, j Ein Zwerg (= Pygmäe) besteigt mit Hilfe einer Leiter ein Pferd, k Zwei Riesen und ein weiterer Pygmäe, l Drei Figuren mit übergroßen Ohren (einer zusätzlich mit Zottelfell) = die Panotier am Ende der Welt.

F Am Trumeau die Gestalt Johannes des Täufers mit dem Agnus Dei.

G Im Gewände vier Apostel, zwei auf jeder Seite; rechts Petrus und Paulus, die beiden linken namentlich nicht bestimmbar.

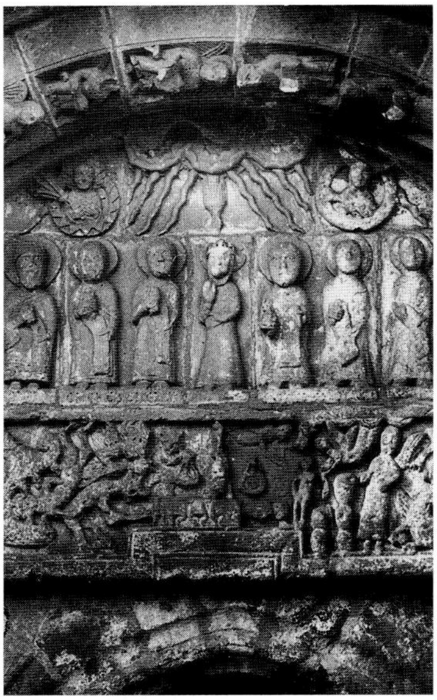

Ausschnitt aus dem Tympanon der romanischen Kirche in Perse/ Espalion in der Landschaft Rouergue
Es handelt sich um ein Registerportal mit drei Bildstreifen übereinander. Während der untere Streifen Szenen des Weltgerichts zeigt, beziehen sich die beiden oberen auf das Pfingstgeschehen. Im Zenit erscheint die Taube, das Symbol des Heiligen Geistes; seitlich davon gehen wellenförmige Strahlen auf die Häupter der Apostel nieder. Hier ist also im klassischen Sinn das Pfingstereignis dargestellt, während in Vézelay der Pfingstdarstellung durch die Präsenz Christi im Zentrum zusätzliche Bedeutungsinhalte gegeben wurden.

zwischen 1120 und etwa 1135 – verblüfft außerdem das Verhältnis der Figuren zu ihrem Grund. In der plastischen Abhebung des Reliefs und dem hohen Maß an Verräumlichung erreicht der Meister von Vézelay einen Entwicklungsstand, den die romanische Skulptur Burgunds nur noch in Charlieu und in St-Julien-de-Jonzy übertreffen sollte (vgl. Abb. S. 82, 83).

In dem Zusammenhang ist die Frage zu stellen, ob es sich hier im strengen Sinne um eine Darstellung des Pfingstgeschehens handelt. Die Apostelgeschichte (2,1-4) spricht unmißverständlich vom Heiligen Geist, der über die Jünger kam, hier aber erscheint Christus an seiner Stelle. Daß es durchaus auch eine andere, textgetreuere Auffassung vom Pfingstbild gab, verdeutlicht der Vergleich mit dem kleinen Portal von Espalion in der Landschaft Rouergue, wo man eine Taube und seitlich von dieser Lichtstrahlen sieht, die auf die Jünger niederführen.[24] In Vézelay wird indes Christus in herrscherlicher Pose als die Quelle von Licht und Inspiration definiert. Mit der ausschließlichen Festlegung auf das Pfingstereignis allein ist der tiefe religiöse Gehalt dieses Portals nicht hinreichend erfaßt. Die Romanik erhebt den Erlöser zum Mittelpunkt ihres theologischen Denkens. Daß er dabei in praktisch derselben Haltung erscheint wie als Weltenrichter, macht einmal mehr deutlich, daß diese Epoche in Christus allein den unumschränkten Souverän sah, der alles Leiden und alle Pein des Diesseits überwunden hat. In einer anderen Hinsicht zeigt sich das Tympanon dann wieder von einer frappierenden Textgenauigkeit. Der Bericht des Lukas spricht davon, daß »plötzlich ein Brausen vom Himmel wie eines gewaltigen Windes« das Haus erfüllte, in dem sich die Jünger aufhielten. Wenn man die Gewänder Christi und der Apostel genauer anschaut, erkennt man, daß ihre Säume wie von einem Lufthauch gebauscht erscheinen. So hat denn auch das Portal nichts Statisches, sondern zeigt sich von einer vibrierenden Lebendigkeit erfüllt, die bis in die feine Liniensprache der wie nervös wirkenden Fältchen mitspricht. Alle Bewegung entwickelt sich aus dem Kreis heraus. Sie entsteht zunächst in jenem Wirbel von Gewandfalten, der über der leicht abgewinkelten Hüfte Christi erscheint, und erfaßt, sich von dort konzentrisch in die Peripherie ausbreitend, die gesamte Gestalt des Erlösers, die Apostel und erreicht schließlich den Rand des Tympanon und die Archivolten, die so gesehen wie Wellen auf einem Teich anmuten, in den man einen Stein geworfen hat. Wogen und Himmelsgewölk tauchen übrigens auch bildlich in Form geschwungener und zerknautschter Partien oberhalb der Hände von Christus auf. Wir sehen den Kreis überall: in den Heiligenscheinen, in der Schale, die der Täufer trägt, in den Medaillons, ganz besonders in den zu einem Kreis verdrehten Gestalten eines Hundes und eines Menschen im Scheitel der Archivolte. Schließlich ergibt die nach unten gedachte Verlängerung des von der Archivolte beschriebenen Kreissegmentes einen Vollkreis, dessen Fußpunkt eben den Boden berührt, auf dem wir stehen. Dergestalt wird der Betrachter unweigerlich in den Kreislauf der Dinge eingebunden.

Neben der Luft (die die Gewänder bauscht), der Erde (der Stein, aus dem alles geschlagen ist) und dem Wasser (Wellen) wird auch das vierte

24 Abb. in: *Rouergue Roman*, Zodiaque, St-Léger-Vauban, 1974, Nr. 82.

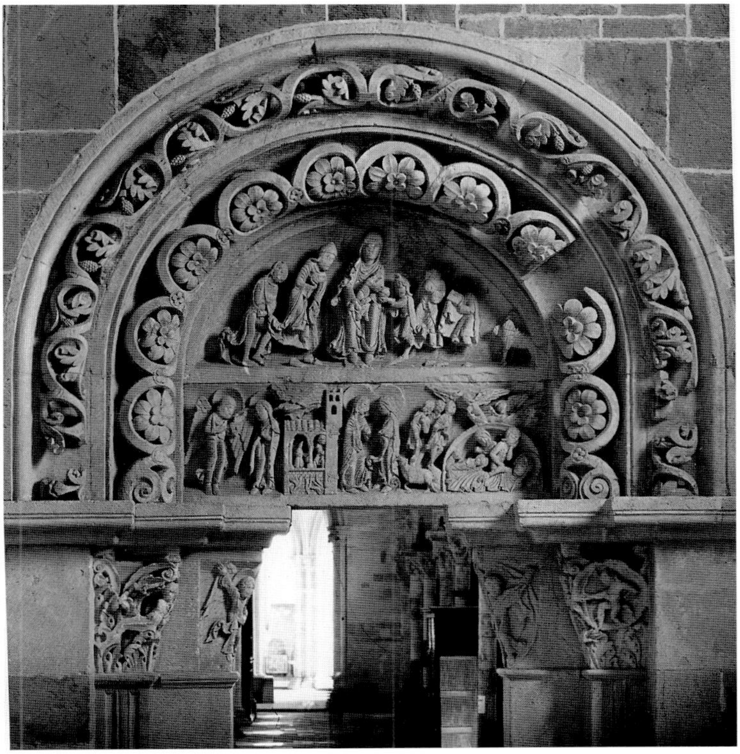

Vézelay, Ste-Madeleine, Tympana der beiden Seitenportale
Vézelay besitzt eine der ersten Dreiportalanlagen des französischen Mittelalters. In der Gotik sollte dies der vorherrschende Portaltypus werden. Das ikonographische Programm ist auf das Hauptportal abgestimmt. Im Südportal (oben) sind Begebenheiten aus der Kindheit Jesu geschildert: Verkündigung, Heimsuchung, Verkündigung an die Hirten und die Geburt im unteren Streifen, darüber die Anbetung der Könige.
Das Nordportal (unten) zeigt im unteren Streifen die Emmausgeschichte: den Gang nach Emmaus, das Mahl in Emmaus und die Rückkehr der Jünger nach Jerusalem; darüber die Himmelfahrt Christi. Die beiden Tympana stellen also Anfang und Ende des Erscheinens des Gottessohnes auf Erden dar.
Beide Tympana werden von kunstvoll durchbrochenen Archivolten mit vegetabilem Dekor überfangen.

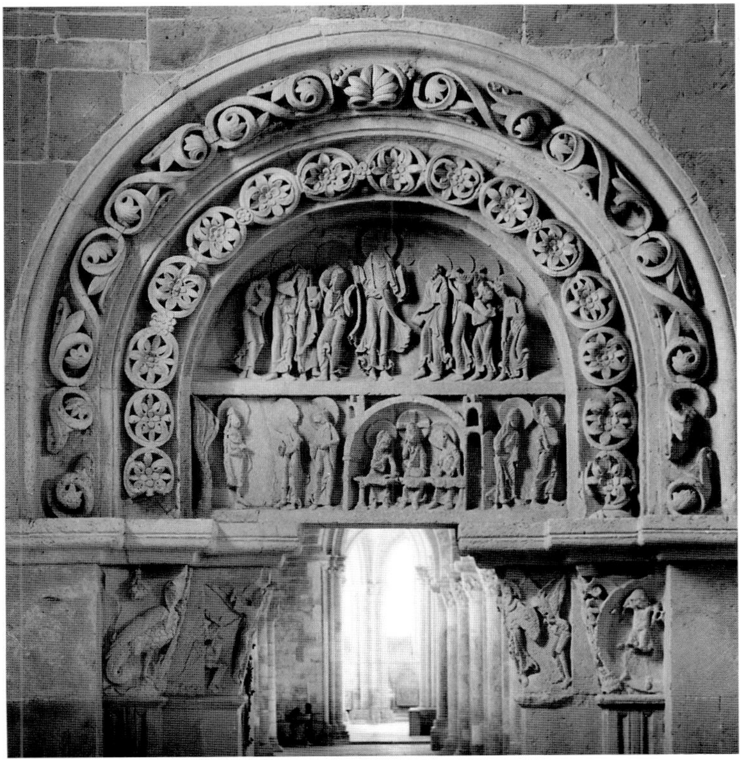

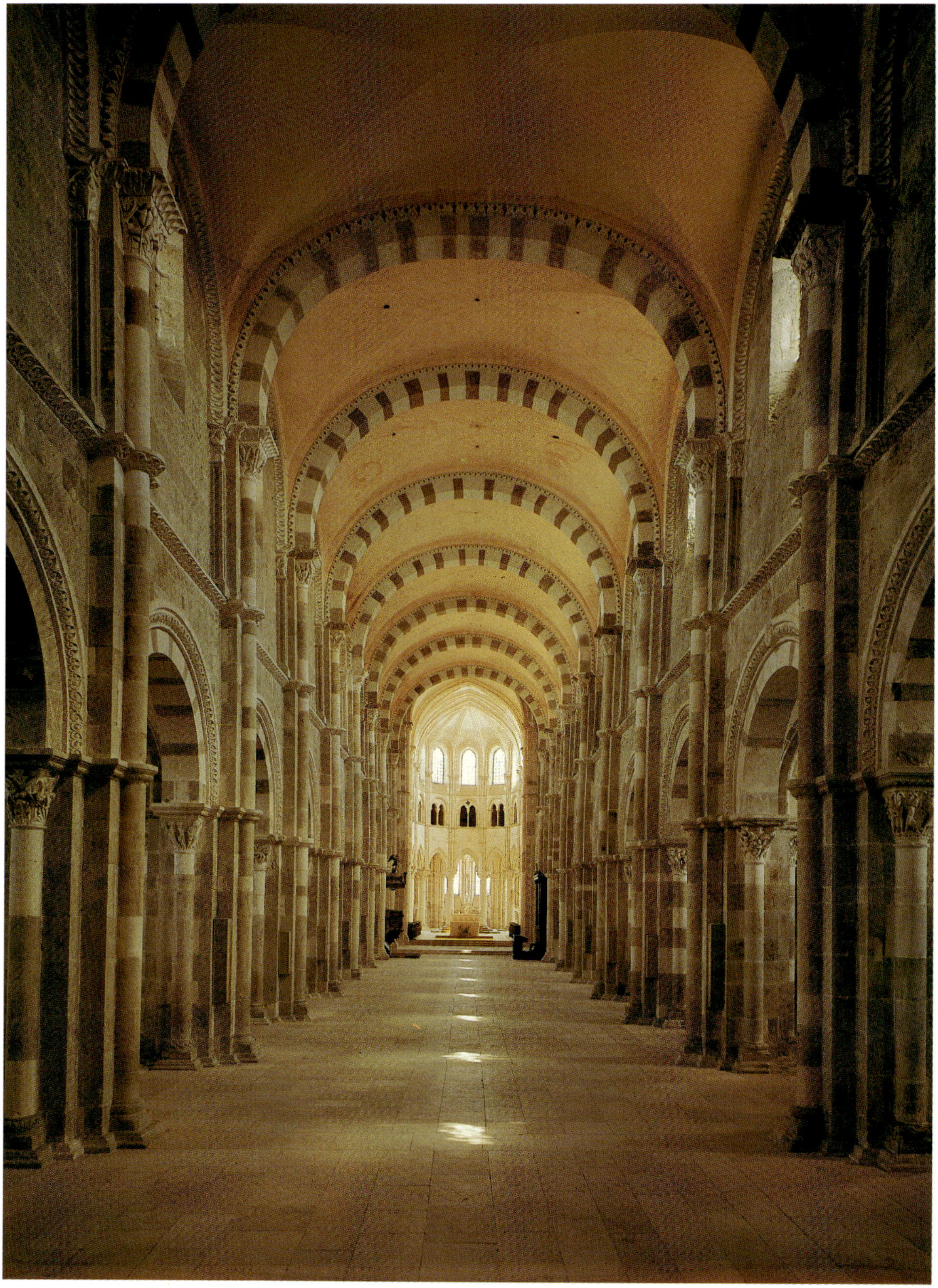

der Elemente, das Licht, als Teil der Gesamtdramaturgie in diese gewaltige Vision miteinbezogen. Von einem bestimmten Punkt in der Mittelachse des Narthex aus betrachtet, erlebt man das Tympanon wie von einer Lichtaura hinterfangen, die der dahinterliegende Raum bildet. Die Architektur und ihre beträchtliche Tiefe kommen dabei nicht zur Geltung, sie erscheint wie zu einer zweidimensionalen Lichtfolie zusammengezogen. Diesen Eindruck trägt ursächlich der Umstand mit, daß man aus dieser Perspektive, nicht zuletzt dank der Verbreiterung des Trumeaus im oberen Teil, keines der Fenster als Quelle des realen Lichteinfalls wahrnimmt. Man wähnt sich in der Illusion, der Stein würde aus sich selbst heraus leuchten. Der Weg, der durch dieses Portal führt, ist ein Weg des Lichts.

Da in allem – besonders die dreifach wiederholte Gestalt Petri läßt das erkennen – zugleich der Universalitätsanspruch der Kirche mitschwingt, wurde auch die Überlegung ins Feld geführt, das Bildprogramm mit dem Auftreten des hl. Bernhard in Vézelay 1146 in Verbindung zu bringen.[25] Denn der Aufruf zum Kreuzzug ist ja nichts anderes als die militante Seite der Missionsaufgabe, vor die sich die Institution gestellt sah. So legitim diese Überlegung auch ist, man sollte auf keinen Fall versuchen, das Portal von Vézelay auf diesen einen Aspekt allein festzulegen. Vielmehr scheint hier in einer tiefen Dimensioniertheit alle Weisheit des mittelalterlichen Mönchtums zu einer kaum auslotbaren Vielschichtigkeit zusammengeströmt zu sein.

Farbtafel links:
Vézelay, Ste-Madeleine, Innenraum
Erst nach Durchschreiten des Portals erlebt man die tatsächliche Tiefe des Innenraumes, der stattliche 103 m lang ist. Der Chor, am Außenbau leicht mit romanischer Architektur zu verwechseln (vgl. S. 110), gibt sich nach innen unmißverständlich als gotisch zu erkennen. Die Lichtsteigerung nach Osten, die für viele Bauten des 12. Jahrhunderts charakteristisch ist (vgl. Paray-le-Monial, S. 51), fällt angesichts der großzügigen Durchfensterung des gotischen Chores besonders ins Gewicht.
Die Aufnahme entstand am Tag der sommerlichen Sonnenwende, wenn zur Mittagszeit die durch die Fenster des südlichen Obergadens einfallenden Sonnenstrahlen eine Reihe von Lichtreflexen auf den Kirchenboden werfen, die eine geradlinige Verbindung zwischen dem Trumeau des Portals und dem Altar im Chor herstellen. Mit dem Fortgang der Sonne wandert diese Lichtstraße zum Chor hin.

Die architektonische Gestalt der Wallfahrtskirche

Ein krasserer Gegensatz als jener, der die Bauten der cluniazensischen Tradition von Vézelay trennt, ist kaum vorstellbar. In Paray-le-Monial und Autun ordnet sich dem Vertikalstreben als wichtigstem Impuls alles andere unter. In Vézelay erleben wir dagegen eine deutlich geringere Raumhöhe (18,5 m) und eine größere Breite des Mittelschiffs (10,6 m. Zum Vergleich Autun: 23,4 m Höhe zu 8,4 m Breite). Einem Verhältnis von 3 : 1 in Bauten der von Cluny ausgehenden Schule stehen in Ste-Madeleine Proportionen von weniger als 2 : 1 gegenüber. Daraus resultiert eine Gesamtwirkung, in der Höhe und Breite in eine harmonisch ausgewogene Relation zueinander treten. Bereits in der Baukunst des 11. Jahrhunderts waren ähnliche Lösungen gefunden worden, zum Beispiel in Anzy-le-Duc, wo die Baugestalt von Ste-Madeleine vorbereitet ist (vgl. Abb. S. 72). Von Cluny weichen auch alle anderen Formen ab, so der vereinfachte zweigeschossige Aufriß und die Kreuzgratgewölbe im Mittelschiff. Insgesamt erkennt man in Ste-Madeleine einen selbstbewußten und akzentuierten *Gegenpol zu Cluny*. Obwohl Vézelay Cluny seit dem 11. Jahrhundert rechtlich assoziiert war, nutzten die Mönche von Vézelay den Neubau ihrer Klosterkirche zu einer Demonstration ihrer Eigenständigkeit.

25 Ch. Beutler, *Das Tympanon zu Vézelay – Programm, Planwechsel und Datierung*, in: Wallraf-Richartz-Jahrb. 29, 1967, S. 77ff.

Besonderes Gewicht hat die Lichtsteigerung, die sich von Westen nach Osten vollzieht. Dasselbe Phänomen konnten wir zwar auch in Paray-le-Monial beobachten, doch tritt es hier akzentuierter in Erscheinung. Der gotische Chor leistet in dem Zusammenhang mit seiner maximalen Wandaufbrechung beträchtliche Unterstützung. Wo immer Romanik und Gotik aufeinandertreffen, erlebt man die beiden großen Stilepochen des Mittelalters meist unversöhnlich nebeneinander. In Vézelay geht der gotische Baukörper indes mit der romanischen Substanz eine geglückte Symbiose ein (sie ist in dieser Vollkommenheit nur noch einmal, in der Kathedrale St-Nazaire in Carcassonne, gelungen). Darin einen Zufall zu sehen, hieße der streng kalkulierenden Ökonomie der mittelalterlichen Baumeister nicht genügend Rechnung zu tragen. Sobald sich der Pilger aus dem Bann des Portals löst, folgt er dem Weg des Lichtes dieser Pfingstkirche in Richtung auf den Chor. Der Sonnenstand war bei der Anlage der Kirche von Anbeginn in die Planung miteinbezogen. Am Tag der sommerlichen Sonnenwende fällt das Sonnenlicht in der Mittagszeit in einem solchen Winkel in die Fenster des südlichen Obergadens ein, daß sich auf der Mittelachse des Kirchenbodens eine gradlinige Reihe

Vézelay, Ste-Madeleine, nördliches Seitenschiff
Mit Kreuzgratgewölben im Mittelschiff wie in den Seitenschiffen hat man sich in Vézelay für ein einheitliches Wölbungssystem in der gesamten Kirche entschieden. Dies trägt wesentlich zu der stringenten Harmonie des basilikalen Bauwerks bei.

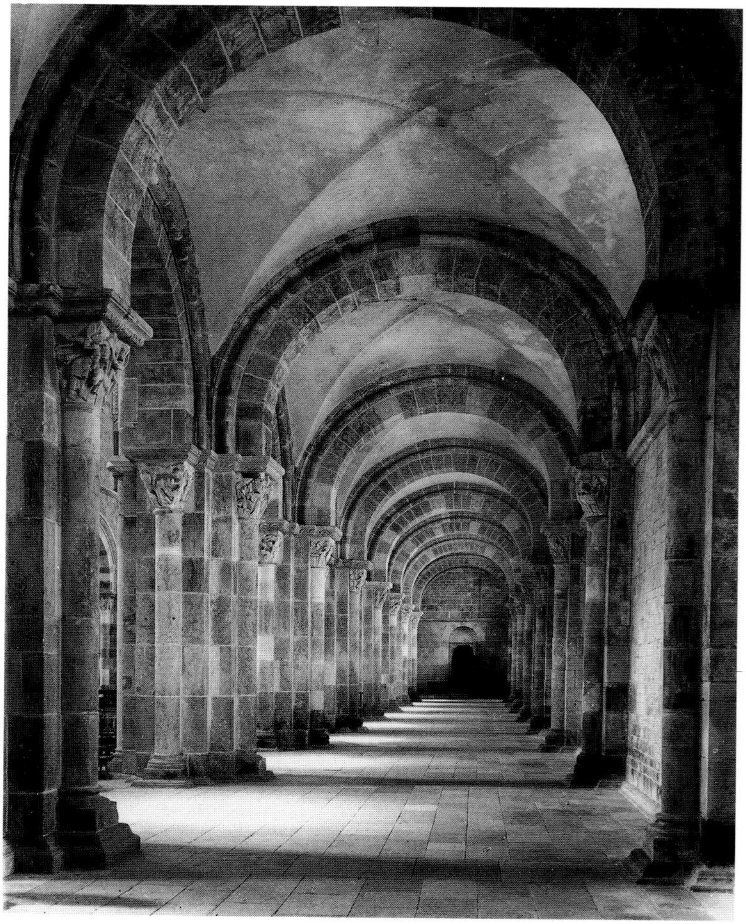

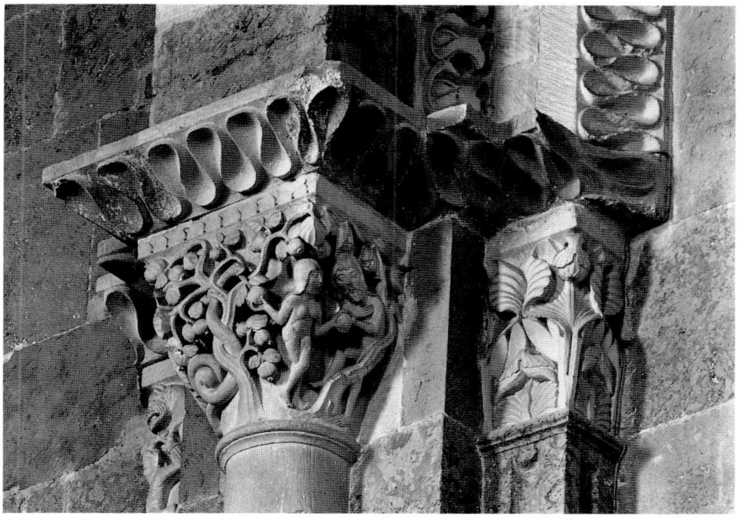

Vézelay, Ste-Madeleine, Kapitell an der Hochwand des Mittelschiffs
Das Schema der folgenden Seite benennt die Kapitelle an den Pfeilern. Doch besitzen auch zahlreiche der Säulen und Pilaster, die die Hochschiffwand der Basilika gliedern, figural oder ornamental ausgearbeitete Kapitelle.
Das abgebildete Beispiel ist das vierte Kapitell auf der Nordseite mit der Darstellung des Sündenfalls.

von Lichtreflexen vom Mittelpfeiler des Portals bis zum Altar ergibt. Diese wandern, dem Lauf des Gestirns folgend, allmählich nach Osten, beschreiben also ganz konkret einen Weg des Lichts, der auf den Altar hinführt, an dem stets aufs neue und für jeden Menschen das Opfer vollzogen wird (vgl. Abb. S. 118).

Auf eine bemerkenswerte Besonderheit ist hier noch einzugehen: Die Basilika weist bestimmte Unregelmäßigkeiten auf, die bislang aus Verschiebungen innerhalb des Mauerwerks erklärt wurden. Man erkennt, daß sich die Wände des Mittelschiffs geringfügig nach außen neigen, wobei der Winkel von Westen nach Osten deutlich zunimmt. Es heißt, dies sei auf die Schubkräfte des Gewölbes zurückzuführen. Tatsächlich ist denn auch zu beobachten, daß die Gurtbögen mit ihrem maurisch anmutenden Wechselspiel dunkler und heller Keilsteine nicht alle exakt halbrund, sondern zum Teil als denkbares Resultat eines nachträglichen Nachgebens fast korbbogenartig gedrückt sind. Nur widerspricht ein Umstand aller Logik: Die Bögen sind dort am tiefsten gedrückt, wo das Mauerwerk dem Gewölbeschub am wenigsten nachgegeben hat, während gerade dort, wo die Wände sich am auffälligsten nach außen neigen, die Bögen ausgerechnet am höchsten aufragen. Daraus ist zu folgern, daß die Wände sich nur ganz geringfügig nachträglich verschoben haben, vielmehr die aufsteigende Tendenz des Gewölbes bereits im Bauplan vorgesehen war. Dieser Kunstgriff trägt wesentlich dazu bei, daß sich der Raum spürbar nach Osten hin weitet. Mit einer derartigen offenbar bewußt angepeilten Unregelmäßigkeit steht Vézelay nicht allein. So weiß man heute, daß der Schiefe Turm von Pisa gleichfalls bereits schief gebaut wurde und diese Erscheinung durch nachträgliche Absenkung des Baugrundes nur noch verstärkt wurde. Schon die Griechen kannten das Prinzip, durch kalkulierte Unregelmäßigkeiten die optische Wirkung eines großen Bauwerks zu steigern, wie der Nachweis der Kurvatur an den Stufen des Parthenon oder der Entasis (Schwellung) zahlreicher

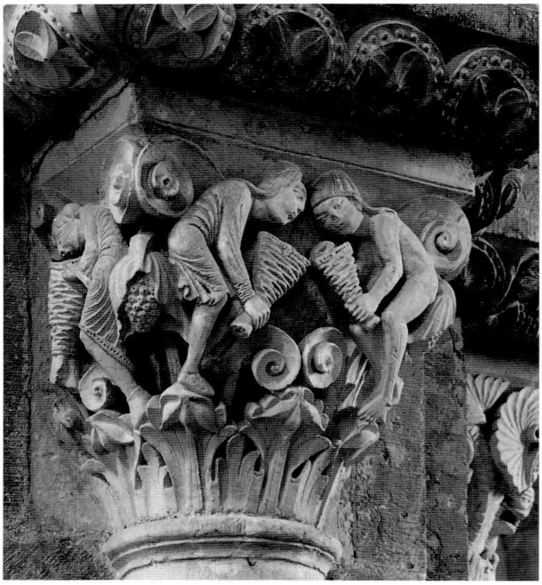

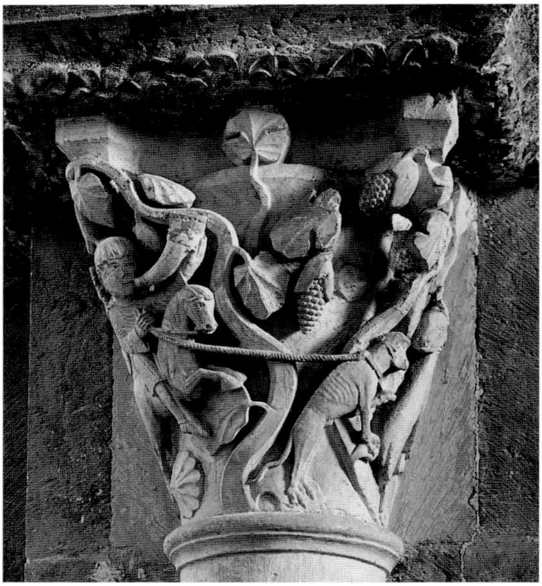

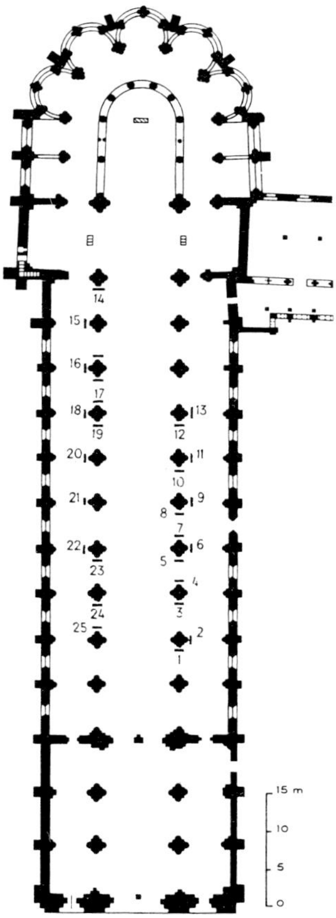

Vézelay, Ste-Madeleine, Grundriß

Kapitelle am rechten Seitenschiff:
1 *Duell*
2 *Luxuria und Verzweiflung*
3 *Legende des hl. Hubertus*
4 *Tierkreiszeichen: Waage*
5 *Die mystische Mühle*
6 *Tod des bösen Reichen und des Lazarus*
7 *Lamech tötet Kain*
8 *Die vier Winde*
9 *David bezwingt einen Löwen*
10 *Der hl. Martin wehrt einen Baum ab, der ihn im Fall zu treffen droht*
11 *Daniel in der Löwengrube*
12 *Der Kampf Jakobs mit dem Engel*
13 *Isaak segnet Jakob*

Kapitelle am linken Seitenschiff:
14 *Befreiung des Petrus aus dem Gefängnis*
15 *Adam und Eva*
16 *Legende des hl. Antonius*
17 *Tod Agags*
18 *Legende der hl. Eugenie, die durch Verkleidung Abt eines Männerklosters wurde: angeklagt, eine Frau belästigt zu haben, öffnet sie ihren Rock, um ihre Unschuld zu beweisen*
19 *Tod des hl. Paulus Eremita, für den die Löwen das Grab graben*
20 *Moses und das Goldene Kalb*
21 *Tod des Absalom*
22 *Davids Kampf gegen Goliath*
23 *Moses tötet einen Ägypter*
24 *Judith und Holofernes*
25 *Falschheit und Geiz*

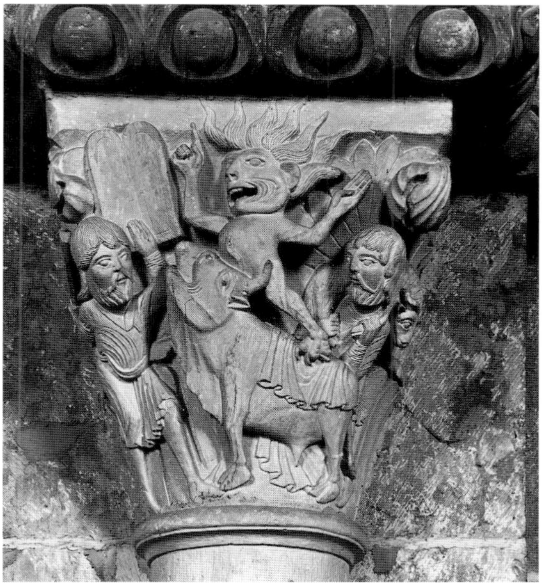 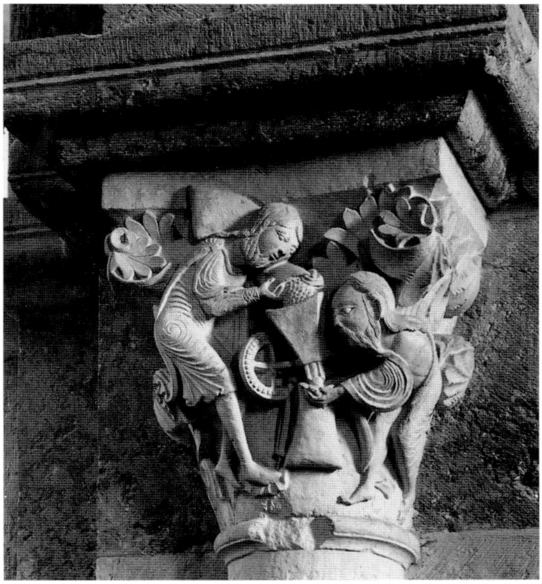

Tempelsäulen schlüssig belegt. Diesbezüglich wäre für Vézelay allerdings noch der genaue Nachweis in Form exakter Vermessungen am Bau zu erbringen. Auch gälte es, den Umfang der von Viollet-le-Duc vorgenommenen Maßnahmen nachzuprüfen, denn nur auf dem Wege einer exakten Bauuntersuchung ließe sich das Geheimnis von Ste-Madeleine lüften.

Vézelay, Ste-Madeleine, vier Kapitelle
Von links nach rechts:
Männer mit Blasebälgen in Händen stehen als Personifikationen der Winde (dasselbe auch in Cluny, vgl. S. 56). Wahrscheinlich reicht ihre Bedeutung aber noch weiter: In den vier Winden sind Anspielungen auf die vier Himmelsrichtungen und die vier Temperamente enthalten.

Der hl. Eustachius zu Pferde.

Anbetung des goldenen Kalbes und Moses mit den Gesetzestafeln.

Die mystische Mühle. Ein Prophet schüttet von oben her Korn in die Mühle, während unten ein Apostel (Paulus?) das Mehl in einem Sack auffängt. Das Kapitell ist eine der qualitätvollsten Arbeiten innerhalb des Zyklus und könnte aus dem Umkreis des Tympanonmeisters stammen.

Der Kapitellzyklus

Neben Autun besitzt Ste-Madeleine den umfangreichsten Kapitellzyklus der burgundischen, ja der gesamten französischen Romanik. Entsprechend den überlieferten Baudaten für die Basilika des Abtes Renaud von Semur ist sein Entstehen zwischen 1125 und 1140 anzusetzen. Eine ganze Gruppe von Künstlern ist an dem Projekt beteiligt gewesen, was die zum Teil beträchtlichen Qualitätsschwankungen erklärt. Da insgesamt der szenische Kontext stärker im Vordergrund steht und nicht jene geniale Verschmelzung von ornamentalen Strukturen und figürlicher Plastizität erreicht wurde, die für die Kapitelle des Gislebertus charakteristisch ist, stehen sie hinter dessen Werken, aber auch gegenüber dem Portal in Vézelay selbst zurück. Wie meist in größeren Kapitellzyklen, so ist auch hier ein stringenter Zusammenhang zwischen den Bildern nicht nachzuweisen. In der unerschöpflichen Vielfalt scheint andererseits der Geist eines hochgebildeten Theologen zum Ausdruck gekommen zu sein. Es wird vermutet, daß Petrus Venerabilis, der vor seiner Berufung zum Abt von Cluny Prior in Vézelay gewesen war, entscheidende Anstöße zu diesem Bildprogramm gegeben hat.

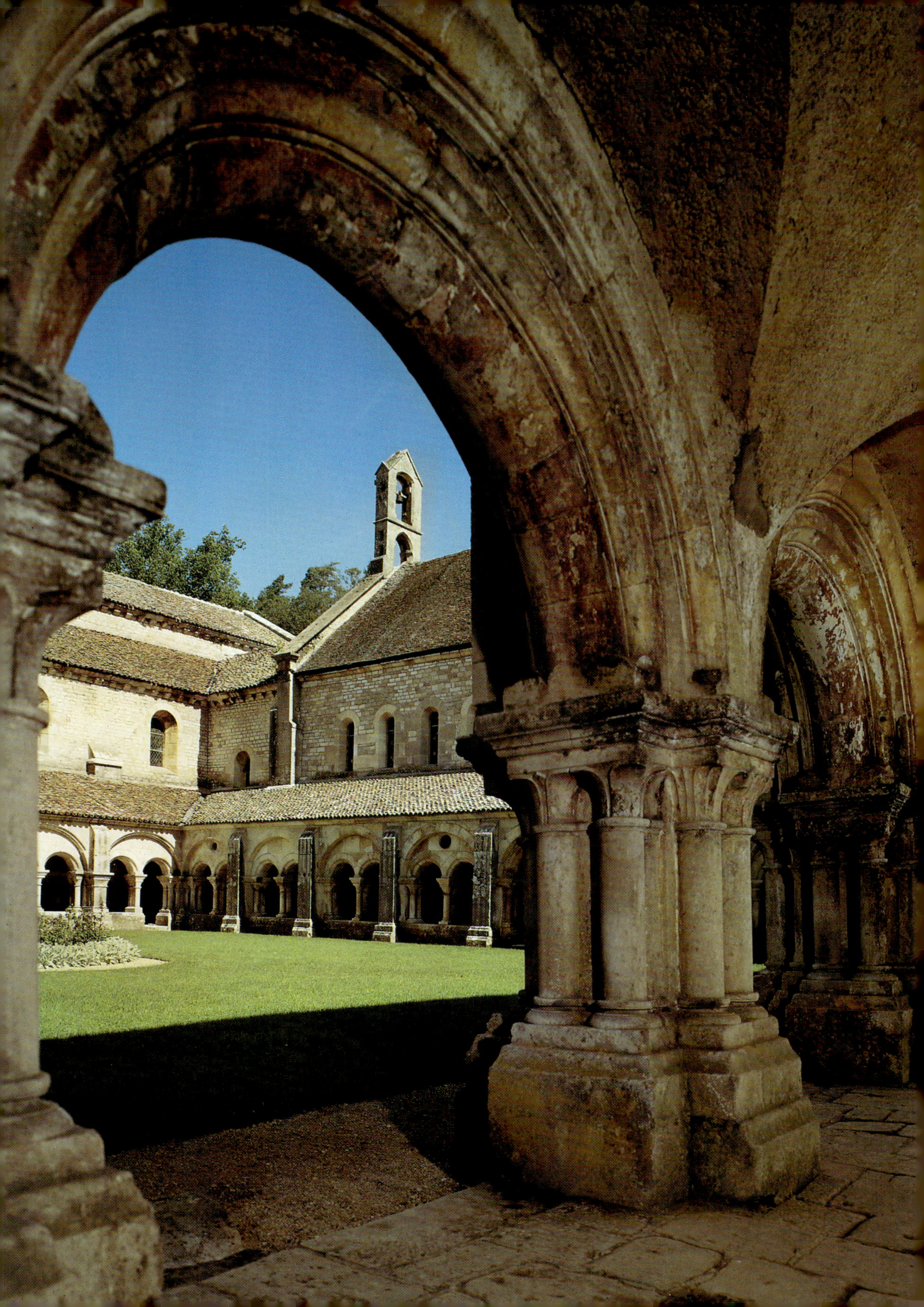

Die Kunst der Zisterzienser

Während sich Cluny Ende des 11. Jahrhunderts noch im Glanze seines Ruhmes sonnen konnte und sich voller Elan daran machte, dem mönchischen Ideal in Gestalt der riesigen Abteikirche ein bleibendes Denkmal zu setzen, rührte sich bereits an verschiedenen Orten die Opposition gegen den Alleinvertretungsanspruch der Benediktiner von Cluny. Schon Mitte des 11. Jahrhunderts hatte sich Petrus Damianus kritisch über die Kopflastigkeit der Liturgie geäußert. Dies sollte auch das wichtigste Argument der bald vernehmlicher werdenden Kritiker von Cluny sein, wenn auch nicht ihr einziges. Ende des 11. Jahrhunderts mehrten sich die Gegner von Cluny, die in der aufwendigen Lebensart der burgundischen Mönche ein Anzeichen von Dekadenz erblickten. Zu konkreten Schritten kam es erstmals 1084, als der hl. Bruno von Köln in Hochburgund, nördlich von Grenoble im Gebirgszug der Chartreuse, den Orden der Kartäuser gründete. Sein Ziel war eine radikale Wiederhinwendung zu den Geboten des hl. Benedikt. Im Kielwasser der Kartäuser folgten die Chalaisianer, deren Stammkloster 1101 gleichfalls im Chartreuse-Massiv ins Leben gerufen wurde. In dieses Klima überall sich regender Erneuerungsbestrebungen des Mönchtums fiel die Gründung von Cîteaux, und wieder sollte Burgund die treibende Kraft sein.

Geschichte des Zisterzienserordens

Als Robert von Molesme 1098 in einem entlegenen Winkel Burgunds, nämlich in den sumpfigen Saôneniederungen im Dreieck zwischen Dijon, Beaune und Dôle, das Kloster **Cîteaux** gründete, sah es zunächst so aus, als würde sich diese neue Zelle gleichrangig in die Reihe der Reformklöster stellen. Robert hatte zuvor bereits in Saint-Michel-de-Tonnere und in Saint-Ayoul in Provins, wo er jeweils Prior gewesen war, den Versuch unternommen, eine strengere Auslegung der Benediktinerregel durchzusetzen. 1075 gründete er Molesme als erstes eigenes Kloster mit dem Ziel einer durchgreifenden Reform. Doch scheute er die Popularität, die er hier rasch gewonnen hatte. Deshalb suchte er die Einsamkeit von Cîteaux, um ungestört von unliebsamen Besuchern die geplante Reform konsequent realisieren zu können.

Anfangs führte Cîteaux ein wenig beachtetes Dasein, und der Zulauf an jungen Mönchen verlief schleppend. Zu sehr war die Jugend an der

Farbtafel links:
Kreuzgang der ehem. Zisterzienserabtei Fontenay
Die Abbildung zeigt den Blick vom Südflügel des Kreuzgangs in dessen Nordostecke. Links erscheint die Klosterkirche, rechts das Dormitorium.

Von dem einstmals umfangreichen Bestand an Zisterzienserklöstern in Burgund ist allein die Abtei Fontenay weitgehend unbeschadet erhalten geblieben. In Pontigny steht immerhin noch die Kirche, die Klosterbaulichkeiten sind indes verloren.
In Clairvaux, dem Kloster des hl. Bernhard, wurde nach der Revolution ein Gefängnis eingerichtet.
Von allen Zisterzienserabteien Frankreichs ist jene in Noirlac (Berry) die am vollständigsten erhaltene. Der Besuch läßt sich durchaus in das Programm einer Reise durch Burgund integrieren. Noirlac liegt im Tal des Cher, etwa auf halber Strecke zwischen Bourges und Montluçon, und ist von Nevers aus mit dem Auto in einer Stunde zu erreichen.

Holzschnitt aus den »Collectanea privilegiorum ordinis cisterciensis«
Die Illustration zeigt die Ordensväter von Cîteaux, die von Papst Paschalis II. die Bestätigung ihrer Regel in Empfang nehmen. Im Vordergrund knien der Gründer von Cîteaux, Robert von Molesme, seine beiden ersten Nachfolger, Alberich und Stephen Harding, sowie Bernhard von Clairvaux, der zur treibenden Kraft bei der raschen Ausbreitung des Ordens im 12. Jahrhundert wurde. Alle vier wurden kanonisiert und sind deshalb mit Heiligenscheinen dargestellt.
Der Verfasser der Collectanea, Dom Jean de Cirey, war Ende des 15. Jahrhunderts Abt von Cîteaux. 1491 aufgelegt und ausschließlich für den Gebrauch des Ordens bestimmt, war die Collectanea das erste Buch, das in Dijon gedruckt wurde.

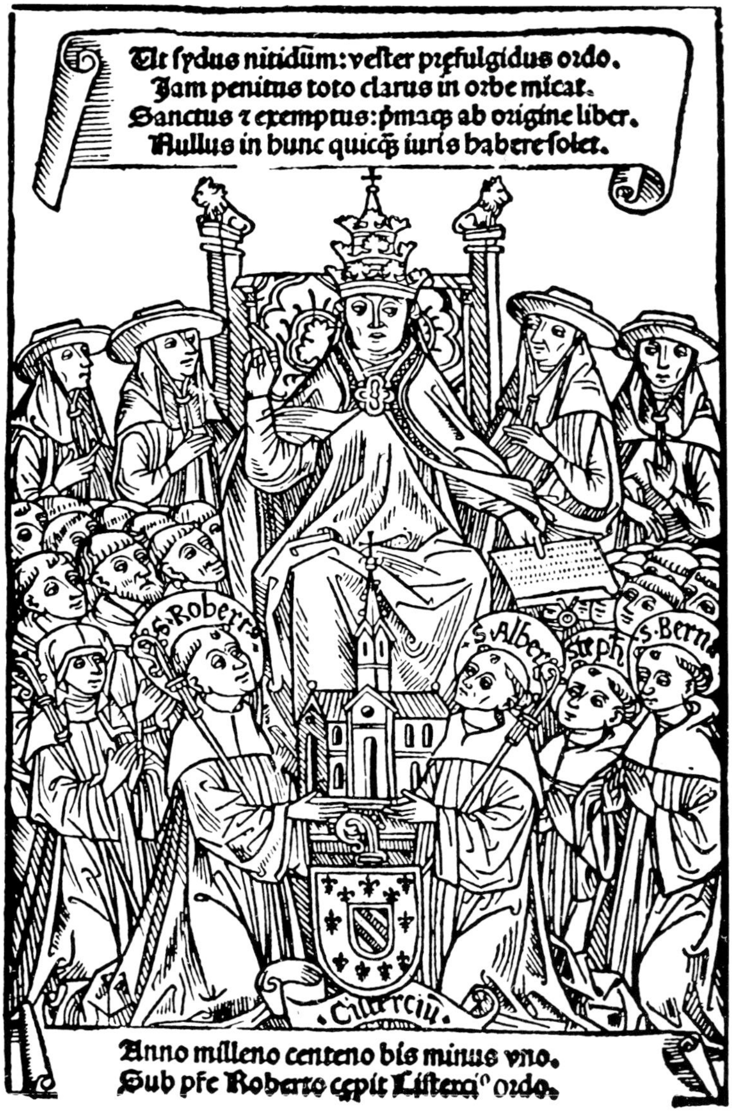

Wende zum 12. Jahrhundert noch von der Strahlkraft Clunys geblendet, als daß man sich auf breiterer Basis der gegen Cluny gewandten Reform angeschlossen hätte. Nach wenigen Jahren schien es fast, als wäre dem Kloster Roberts, das inzwischen von dessen zweitem Nachfolger, Stephen Harding (1109-33 Abt von Cîteaux), geführt wurde, ein baldiges Ende beschieden, als sich die Szene mit dem Eintritt des jungen Bernhard von Fontaine in den Orden 1112 schlagartig wandelte. Bernhard brachte nicht nur seine vier Brüder, sondern auch 26 weitere junge Männer aus dem burgundischen Adel mit nach Cîteaux, das nun in die Phase seiner Entfaltung eintrat. Binnen kurzem wurden mit **Pontigny**, **La Ferté**, **Morimond** und **Clairvaux** vier Tochterniederlassungen gegründet, die ihrerseits zu Müttern einer endlosen Reihe von Filiationen werden sollten.

Bernhard übernahm, erst fünfundzwanzigjährig, die Abtswürde von Clairvaux. Von nun an breiteten sich die Zisterzienser mit atemberaubender Geschwindigkeit über ganz Europa aus. Bereits Mitte des 12. Jahrhunderts zählte der Orden 350 Niederlassungen, im späten Mittelalter waren es schließlich insgesamt 742. Doch hatte schon im 13. Jahrhundert die enorme Schubkraft der Anfangszeit nachgelassen. Im 13. Jahrhundert entstanden nur noch 169 gegenüber 525 im 12. Jahrhundert, im 14. Jahrhundert fiel die Zahl der Neugründungen auf 18 zurück. Die Blüte des Ordens blieb ursächlich an die Gestalt seines Ziehvaters, des hl. Bernhard, gekoppelt. Dies zeigt auch der statistische Überblick über die Gründungsaktivitäten der fünf ersten Zisterzienserabteien. Während von Clairvaux aus, dem Kloster Bernhards, 355 Filiationen ins Leben gerufen wurden, »schaffte« Morimond immerhin 193, Cîteaux noch 109, Pontigny »nur« 43 und La Ferté gar nur noch ganze 17. Bald gingen bedeutende Bischöfe aus dem Orden hervor, und 1145 gelangte mit Eugen III. der erste Zisterzienser auf den Stuhl Petri. Doch schon im Laufe des 13. Jahrhunderts begann der Stern von Cîteaux zu verblassen, denn mit dem Auftreten der Bettelorden schälte sich ein völlig neuartiges Verständnis des christlichen Mönchtums heraus. Eine kurze Renaissance erlebte der Orden noch einmal im 14. Jahrhundert, als nach langer Unterbrechung mit Benedikt XII. in Avignon noch einmal ein Zisterzienser Papst wurde. Danach trat der Orden ganz in den Hintergrund. Im 17. Jahrhundert ging eine Reform von dem Kloster La Trappe in Nordfrankreich aus, das den Zweig der »Zisterzienser der strengen Observanz«, auch Trappisten genannt, gründete. Heute gibt es weltweit noch 176 Zisterzienserklöster (81 Männer- und 95 Frauenklöster), die meisten davon in Spanien; in Frankreich zählt man noch 30 Ordensniederlassungen.

Zur Organisation der Zisterzienser

Das Aufblühen des jungen Ordens fiel in eine Zeit tiefgreifender Umwälzungen, auf die wir im Zusammenhang mit der Entfaltung der gotischen Kunst noch näher eingehen werden. Wir betonen hier zunächst die ökonomischen Veränderungen. Verbesserte Methoden der Landwirtschaft, vor allem der Übergang von der Zweifelder- zur Dreifelderbewirtschaftung, die Verwendung neuartiger Pflüge sowie die fortschreitende Rodung und Urbarmachung brachliegenden Landes hatten auf breiter Ebene einen Wohlstand hervorgebracht, den das Mittelalter bis dahin nicht gekannt hatte. Die Zisterzienser schlüpften rasch in die Rolle einer Triebfeder in diesem Prozeß. Da eine ihrer zentralen Maximen darin bestand, die Klöster weitab menschlicher Siedlungen anzulegen, waren sie gezwungen, die Urbarmachung unbewohnter Gebiete voranzutreiben. Ihre Niederlassungen entstanden in Sümpfen (Cîteaux, Valmagne in der Languedoc), in entlegenen unfruchtbaren Tälern (z. B. Sénanque

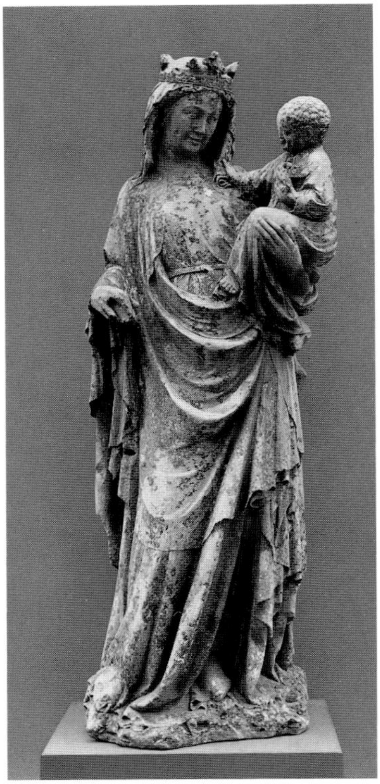

Madonna in der Zisterzienserkirche von Fontenay
Bildwerke waren in den Zisterzienserkirchen grundsätzlich verboten. Die Ausnahme bildete ein Standbild der Muttergottes, das laut Ordensstatut sogar ausdrücklich gefordert wurde. Daneben waren einfache bemalte Kruzifixe gestattet. Die Madonnen, die zu Lebzeiten des hl. Bernhard Aufstellung fanden, waren streng frontale Sitzstatuen, ähnlich wie sie an einigen romanischen Portalen Burgunds im Zusammenhang mit der Anbetung der Könige überliefert sind (vgl. Neuilly-en-Donjon, Anzy-le-Duc, Abb. S. 78; Vézelay, Abb. S. 117). Von diesen frühen Werken ist keines erhalten. Die Madonnen gewannen unter dem Eindruck der Kathedralskulptur an Größe und wurden seit dem 13. Jahrhundert als Standfiguren gearbeitet. Die »Vierge de Fontenay« stammt aus der Zeit um 1300. Sie ist mit 2 m Höhe überlebensgroß und stellt das stilgeschichtliche Bindeglied zwischen der Vierge dorée in Amiens und der Trumeau-Madonna Claus Sluters in Dijon dar (dazu ausführlich S. 207f).

in der Provence), auf fast menschenleeren Inseln (z. B. Les Châtelliers auf der Ile de Ré) oder inmitten unzugänglicher Wälder, woran die Namen noch oft erinnern (z. B. Silvanès in den Cevennen), jedoch zum Zeichen der Demut niemals auf Anhöhen oder Bergesgipfeln. Die einzige unverzichtbare Voraussetzung war stets das Vorhandensein von Wasser. Obwohl Bernhard seinen Aufruf »Ihr werdet selbst sehen, daß man aus Steinen Honig und aus den härtesten Felsen Öl gewinnen kann« im Sinne der »Beackerung« der Seele meinte, kann man ihn fast als programmatische Formel auf das reale Wirken der Zisterzienser in der Welt übertragen. In den allgemeinen wirtschaftlichen Aufschwung des 12. Jahrhunderts griff der Orden mit seinen eigenen Leistungen aktiv ein. Jedes Kloster war nicht nur ein autarker Betrieb, der sich vollständig selbst versorgte, sondern zugleich Produktionsstätte und Lieferant unterschiedlicher Erzeugnisse. Fontenay etwa betrieb eine große Schmiede, anderenorts wurde Holz für den Haus- und Schiffsbau gewonnen, insgesamt nahm aber die landwirtschaftliche Produktion den vorrangigen Platz ein, und neben all dem war natürlich gerade in Burgund der Weinbau eine weitere gewichtige Einnahmequelle. Mit dem Clos de Vougeot ist ein zisterziensisches Weingut des 12. Jahrhunderts erhalten, das noch heute (wenn auch schon längst nicht mehr von Zisterziensern betrieben) einen der besten Weine der Côte d'Or liefert. Das alles gedieh auf eigenem Grund und Boden, der dem Orden in Form von Stiftungen, Schenkungen und testamentarischen Hinterlassenschaften in reichem Maße zufiel. Dabei darf nicht verschwiegen werden, daß die Klöster oftmals mit verblüffender Rücksichtslosigkeit zu Werke gingen. Es gibt hinreichend viele Fälle, in denen sie Bauern enteigneten oder sich deren Besitzes auf prozessualem Weg bemächtigten, wenn es etwa darum ging, verstreute Parzellen zu einer Flächeneinheit zusammenzuschweißen. In einem merkwürdigen Widerspruch zu ihren eigenen hohen Idealen machten sie sich das Denken und Handeln weltlicher Lehensherren zu eigen, und das nicht erst in späteren Zeiten fortschreitender Verweltlichung, sondern bereits im 12. Jahrhundert! Da sich die Mönche andererseits kompromißlos an das Gebot der Armut hielten und für sich selbst keinen persönlichen Bedarf reklamierten, verfügte der Orden binnen kurzem über die finanziellen Mittel, die zum Bau seiner großen Klöster vonnöten waren. Die Zisterzienserabteien sind auf der Grundlage eines immensen Vermögens gewachsen. Abweichend von den Cluniazensern, die einen Großteil ihres gleichfalls beträchtlichen Besitzes verpachtet hatten, bewirtschafteten die Zisterzienser ihre Güter selbst, was der Effizienz ihrer Bemühungen zugute kam.

Die rasche Expansion wurde durch zusätzliche Besonderheiten begünstigt, die von bisheriger cluniazensischer Tradition abwichen. Jedes Kloster besaß den Status einer freien Abtei mit eigenem Abt. Es gab also nicht die Staffelung subordinierter Priorate, die in Rechtsabhängigkeit eines Mutterklosters standen, dem sie in allen Belangen Rechenschaft schuldeten. Auch erhoben die Zisterzienser keinen Anspruch mehr auf die Besetzung von Pfarreien, die als sichere Pfründe den Cluniazensern

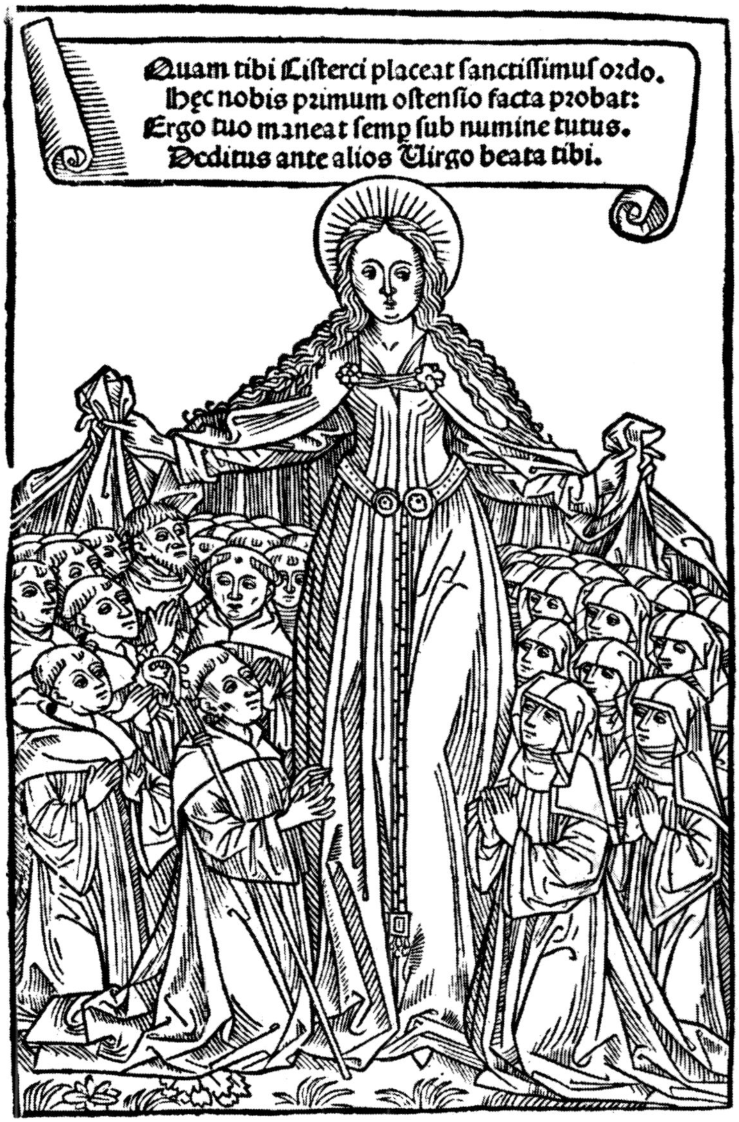

Holzschnitt aus den »Collectanea privilegiorum ordinis cisterciensis« des Dom Jean de Cirey von 1491
Der Holzschnitt zeigt das im Spätmittelalter beliebte Thema der Schutzmantelmadonna. Hier drängen sich die Mönche und Nonnen des Zisterzienserordens unter den Schutz der Muttergottes, die seit jeher bei den Zisterziensern in größtem Ansehen stand.

sehr am Herzen gelegen waren. Ihre Abkehr von der Welt hatte darüber hinaus zur Folge, daß sich die Zisterzienser konsequent vom Pilgerrummel fernhielten. Alle diese Faktoren verschafften dem Orden die Sympathie von seiten des Episkopats. Hatte dieser mit Cluny in ständigem Streit in Kompetenzfragen gelegen, so standen derartige Auseinandersetzungen mit den Zisterziensern gar nicht erst an. Deshalb haben ausgerechnet die Zisterzienser den Kompetenzzuwachs der Weltgeistlichkeit im Laufe des 12. Jahrhunderts unbeabsichtigt entscheidend mitgetragen.

Während in der Organisation nach außen keine erkennbare Hierarchie aufgebaut wurde, herrschte nach innen dafür eine um so deutlichere Abstufung, gerade andersherum, als es in Cluny der Fall war. Es wurde bereits an anderer Stelle darauf hingewiesen, daß die Gleichförmigkeit

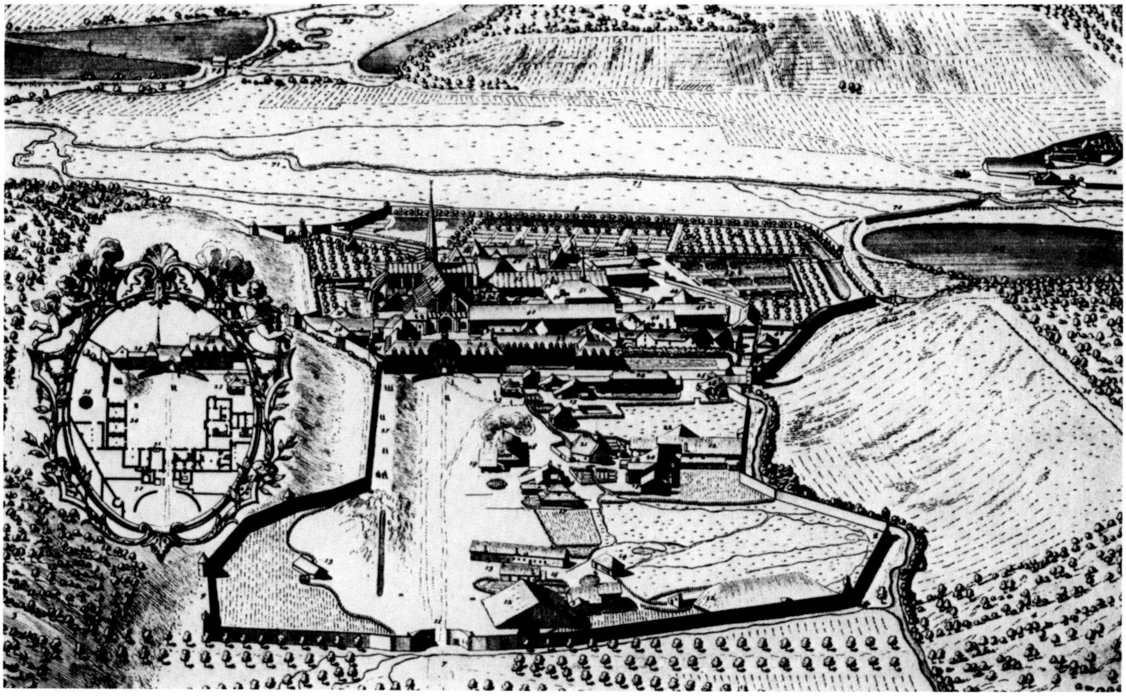

Clairvaux, Zisterzienserabtei, Stich vom Anfang des 18. Jahrhunderts
Das Stammkloster des hl. Bernhard war neben Cîteaux eine der größten Anlagen des Ordens. Die Abbildung läßt zwei Kreuzgänge (links und rechts des Südquerhauses der Kirche) erkennen. Von Clairvaux ist nur wenig erhalten geblieben. Heute befindet sich dort eine staatliche Strafvollzugsanstalt, eine Besichtigung ist ausgeschlossen.
Die Größe des Klosters scheint im Widerspruch zum Armutsideal des hl. Bernhard zu stehen. Ursprünglich war Clairvaux bedeutend kleiner. Angesichts des anhaltenden Zustroms neuer Mönche war aber bereits zu Lebzeiten Bernhards ein kompletter Neubau des Klosters erforderlich geworden, dem sich der Heilige anfangs vehement widersetzte. In der ersten, schon bald nach dem Tode Bernhards verfaßten Vita des Heiligen wird die Rede der Mönche zitiert, mit der sie ihren Abt von der Notwendigkeit des Neubaus zu überzeugen versuchten:
»Nunc vero cum quotidie gregem suum Deus multiplicet, aut repellendi sunt quos mittit, aut providenda mansio, in qua suscipiantur. Nec dubium est, qui

der Gemeinschaft der cluniazensischen Mönche der Struktur der frühmittelalterlichen Gesellschaft entsprach, wo in der Uniformität der Herde das Gesicht des einzelnen keine Kontur besaß. In Cîteaux wurde im Gegensatz dazu eine Trennung von unterschiedlichen Gruppen gleich zu Beginn praktiziert. Dies geschah im Sinne gezielter Kompetenzteilung. Die Konversen, Laienbrüder, die nicht die strengen Gelübde abgelegt hatten, lebten zwar im Kloster, besaßen dort aber ihre eigenen Räumlichkeiten. Sie besorgten in erster Linie die Arbeit außerhalb der Klausur, auf Feld und Acker, in den Scheunen und Werkstätten. Die Patres dagegen, die die Regel in aller Strenge befolgten, verließen die Klausur nur im Ausnahmefall. Sie widmeten sich hauptsächlich dem Gebet, dem Gesang, der Meditation sowie den Wissenschaften, wenngleich auch der hl. Bernhard nicht hatte eingestehen wollen, daß deren Pflege letztlich ein zentrales Anliegen des Mönchtums blieb. Zudem unterschied sich die soziale Herkunft der Zisterzienser von jener der Cluniazenser. Die Mönche von Cluny rekrutierten sich aus allen Schichten der Gesellschaft, während die Zisterzienser hauptsächlich dem Ritter- und Adelsstand entstammten, was die Gegner von Cîteaux stets kritisch vermerkt haben. Und wurden die Mönche Clunys in der Regel schon im Kindesalter dem Kloster überantwortet, waren also unter Ausschaltung ihres freien Willens in die Gemeinschaft hineingewachsen, traten die Zisterzienser dem Orden erst als Erwachsene bei und vollzogen damit einen aus eigener Verantwortung resultierenden Entschluß.

Insgesamt kann man festhalten, daß sich die Zisterzienser ungeachtet ihrer verbal vorgetragenen Ablehnung aller Weltlichkeit nach denselben

Grundsätzen formierten wie die Lehnsgesellschaft, die gerade im 12. Jahrhundert ihre Strukturen festigte. Das gilt für ihre Organisation im Innern genauso wie für die Handhabung der wirtschaftlichen Seite ihres »Unternehmens«.

parat mansores, quin praeparet mansiones. Absit autem, ut pro diffidentia sumptuum confusionis huius incurramus discrimina.« (Da Gott nun aber seine Herde Tag für Tag vergrößert, sind die, welche er sendet, entweder zurückzuweisen, oder es ist für Unterkunft zu sorgen, in der sie aufgenommen werden können. Es ist nicht in Zweifel zu ziehen, daß der, der Bewohner aufnimmt, auch für Wohnraum zu sorgen hat. Gott aber möge verhüten, daß wir aus Furcht vor den Kosten eine Entscheidung fällen, die zu solcher Verlegenheit führt.) Diesen Argumenten konnte sich auch der hl. Bernhard nicht verschließen, und der Text fährt fort: »Audiens haec abbas, fide et caritate eorum delectus est, et aliquando tandem consiliis acquievit.« (Als der Abt dies vernahm, war er von ihrem Vertrauen und ihrer Liebe tief berührt und stimmte schließlich den Plänen zu.) (Der lateinische Text bei: Migne, Patrologia Latina, CLXXXV, col. 284-88, die Übersetzung vom Verfasser.)

Der hl. Bernhard von Clairvaux

Eine Beschäftigung mit den Zisterziensern kommt ohne eine Auseinandersetzung mit dem Ordensvater nicht aus, dessen Biographie wir kurz nachzeichnen wollen. Bernhard von Fontaine wurde vermutlich im Jahr 1090 auf dem Stammschloß seiner Eltern in der Nähe von Châtillon-sur-Seine in Nordburgund geboren. Er war das dritte von insgesamt sieben Kindern. Als Knabe besuchte er den Unterricht in der Klosterschule von St-Vorles in Châtillon. Als tiefen Einschnitt muß der Heranwachsende den frühen Tod – Bernhard war damals 16 – seiner Mutter Aleth von Montbard erlebt haben. Sein Verhältnis zu Frauen blieb zeitlebens zwiespältig. Während er einerseits mit Ausfällen gegen das andere Geschlecht nicht sparte, verhalf er andererseits der Marienverehrung zur Aufwertung, und während sonst alles Bildwerk in Zisterzienserkirchen verpönt war, stand in einer jeden eine Statue der Muttergottes.

Der Eintritt in Cîteaux war kein spontaner Entschluß, wie man aus manchen Schilderungen schließen könnte. Vielmehr hatte Bernhard schon in jungen Jahren damit begonnen, sich Kasteiungen zu unterwerfen, um sich auf einen Weg der Innerlichkeit zu begeben. An den Waffenspielen und Festgelagen seiner Altersgenossen nahm er keinen Anteil. Dem endgültigen Entschluß, sich der Bewegung von Cîteaux anzuschließen, ging eine sechsmonatige Vorbereitungszeit voraus, an der auch vier seiner Brüder und zahlreiche Freunde teilnahmen. Als Bernhard dann im Frühjahr des Jahres 1112 endgültig die Kutte nahm, befand er sich in Begleitung von nicht weniger als 30 Gesinnungsgenossen. Sein Vater und sein jüngster Bruder sollten ihm wenige Jahre später auf diesem Weg folgen. Im Alter von 25 Jahren wurde er bereits Abt des von ihm selbst gegründeten Klosters Clairvaux im Grenzgebiet zwischen Burgund und der Champagne. Dies sollte zugleich das einzige offizielle Amt bleiben, das er jemals annahm. Obwohl ihm später Bischofssitze, der Kardinalshut und sogar der Stuhl Petri angetragen wurden, blieb er der einfache Abt von Clairvaux. Bernhard bedurfte keiner Ämter und sichtbarer Würdenzeichen, um seine Autorität geltend zu machen. Bis in die späten 20er Jahre des 12. Jahrhunderts hinein beschränkte sich seine Aktivität vorerst auf die Gründung neuer Klöster. Erst 1128 begann er die Reihe seiner öffentlichen Auftritte, die ihn zur schillerndsten Figur seines Jahrhunderts machten.

1998, als weltweit des 900. Gründungstags des Zisterzienserordens gedacht wurde, ergoß sich eine wahre Flut von Veröffentlichungen zum Thema auf den Buchmarkt, darunter viel Populärwissenschaftliches, das wenig Neues mitzuteilen hatte. Herausragend indes die Bernhard-Biographie des Stuttgarter Professors Peter Dinzelbacher: *Bernhard von Clairvaux – Leben und Werk des berühmten Zisterziensers,* Darmstadt 1998

In dem acht Jahre währenden Schisma, das dem Tod Papst Honorius' II. folgte, wurde Bernhard zur Schlüsselfigur. Obwohl die Wahl von Innozenz II. (1130-43) überstürzt und unter Abwesenheit wichtiger Kar-

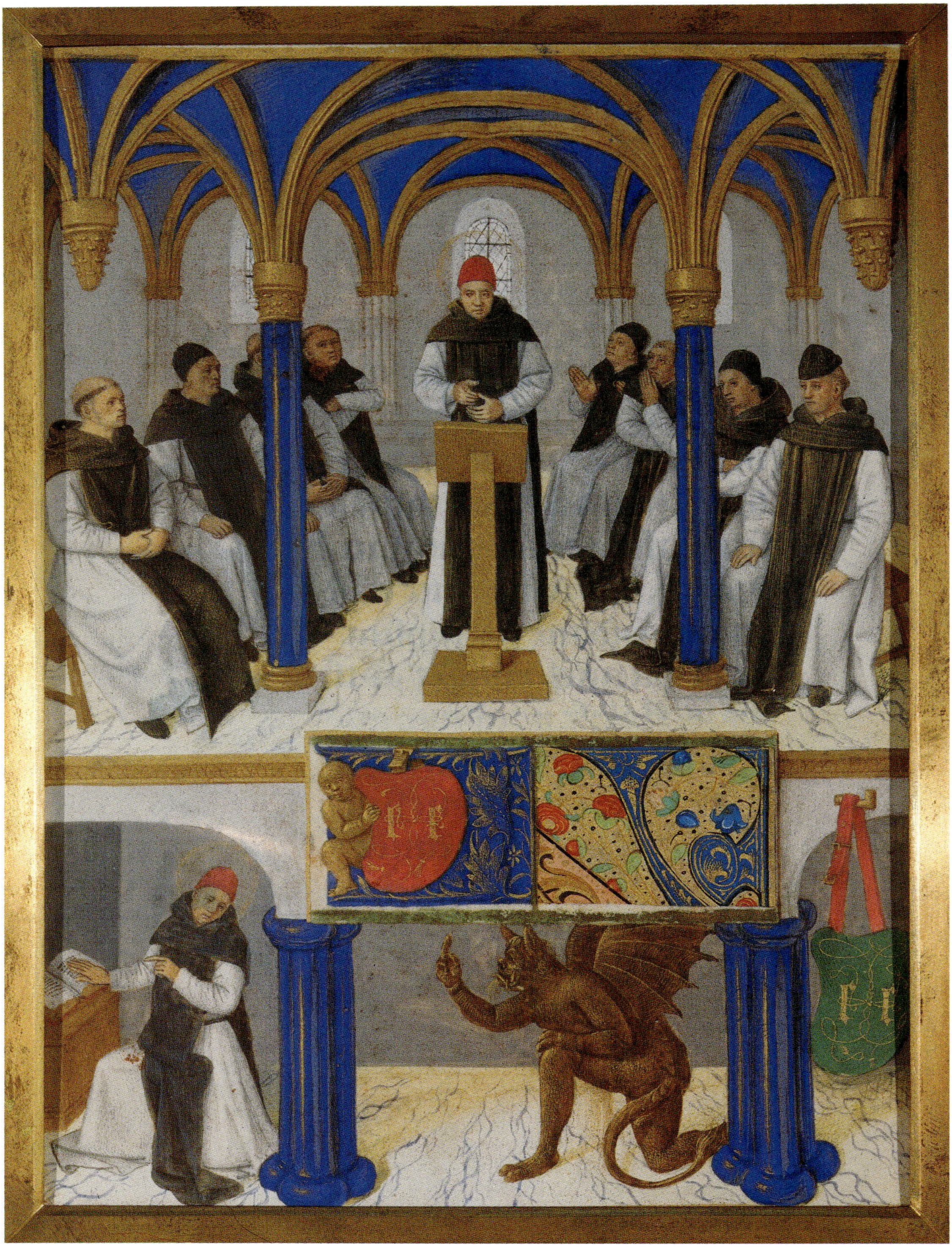

dinäle vonstatten gegangen und mit Anaklet II. (1130-38) ein Gegenkandidat gekürt worden war, der sich nicht nur als ein anerkannter Vertreter des Reformpapsttums profiliert hatte, sondern darüber hinaus auf ein ordentliches Wahlverfahren verweisen konnte, bezog der Zisterzienserabt Stellung für Innozenz. Auf mehreren Romreisen und Konzilien setzte er schließlich die Anerkennung Innozenz' II. durch und erreichte die Verdammung Anaklets. Der Kirchenhistoriker Georg Schwaiger stellt zur Beendigung des Schismas fest, daß »im Streit der Päpste nicht das Recht, sondern die Autorität Bernhards von Clairvaux entschied«.[26] Er räumt aber ein, daß »auch große Heilige sich zuweilen irren«.

Mit derselben Schärfe, mit der Bernhard die Brandmarkung Anaklets als Gegenpapst durchgesetzt hatte, trat er gegen die Theologie des Frühscholastikers Abälard auf den Plan. Dessen Versuche einer rationalen Beweisführung der Existenz Gottes müssen dem Mystiker Bernhard ein Greuel gewesen sein. 1140 erreichte er auf der Synode zu Sens dessen Verurteilung. 1145 predigte er in Südfrankreich, um den sich rasch ausbreitenden Häretikern (Katharer, auch Albigenser genannt) das Wirkungsfeld zu entziehen, ein Unterfangen, das indes von keinem Erfolg gekrönt war. Auch der zweite Kreuzzug, für den sich Bernhard so vehement eingesetzt hatte, führte letztlich in ein Fiasko. Allein, wir sehen daran, daß Bernhard in allen politischen und religiösen Belangen seiner Zeit maßgeblich tätig war. Seine flammenden Briefe waren an Adressaten in England, Frankreich, Italien, Deutschland, Dänemark, Böhmen und Polen gerichtet. Seine Gesprächspartner waren Päpste, Könige und Kaiser. Erst in den letzten Jahren seines Lebens reduzierte sich sein Wirken, nicht zuletzt, weil ihn gesundheitliche Beeinträchtigungen dazu zwangen. 1153 starb Bernhard von Clairvaux, der schon 20 Jahre nach seinem Tod heiliggesprochen wurde. Der letzte große Abt von Cluny, Petrus Venerabilis, mit dem sich Bernhard erbitterte Wortgefechte geliefert hatte, folgte ihm übrigens nur drei Jahre später in den Tod. Mit diesen beiden überragenden Vertretern ist zugleich die spezifisch mittelalterlich geprägte Idee des Mönchtums ins Grab gesunken.

Bernhard von Clairvaux hatte zeit seines Lebens mit schweren Magenleiden zu kämpfen. Daran waren wohl nicht allein seine extremen Fastenübungen schuld. Die moderne Psychologie hat in seiner Krankheit zudem psychosomatische Störungen ausmachen wollen. Unbestritten ist jedenfalls, daß Bernhard ein konflikt- und spannungsreiches Dasein führte. Während er einerseits nicht darin erlahmte, die Stille hinter den Klostermauern als das Elysium auf Erden auszumalen, zog es ihn selbst immer wieder fort aus dieser Ruhe an die Brennpunkte des Zeitgeschehens. Die damit einhergehende innere Zerrissenheit klingt in vielen seiner Briefe an. Am deutlichsten formuliert er es in einem Schreiben an den ihm sehr nahestehenden Zisterzienserpapst Eugen III. Dort resümiert er, daß »alle diese verfluchten Beschäftigungen dem Herzen die Gottesfurcht und die Aufgeschlossenheit für die Menschen rauben«,[27] eine Feststellung von so zeitloser Aktualität, daß man sie den vielen

Farbtafel links:
Der hl. Bernhard von Clairvaux im Kapitelsaal; der Teufel versucht den hl. Bernhard; Miniatur von Jean Fouquet
Die Miniatur ist eine Illustration im Stundenbuch des Etienne Chevalier, der unter Karl VII. das Amt des königlichen Schatzmeisters innehatte. Jean Fouquet malte die Miniaturen um 1450. Der Hauptteil des Stundenbuchs (40 Blätter) befindet sich heute im Musée Condé im Schloß Chantilly bei Paris, weitere Fragmente davon gelangten in die Bibliothèque Nationale (Paris) und in das British Museum (London).
Jean Fouquet (geb. um 1415/20, gest. ca. 1480) war der erste Franzose, der nach mehrmaligen Italienaufenthalten konsequent die Neuerungen der italienischen Renaissance übernahm. Die Darstellung des hl. Bernhard im Kapitelsaal ist streng nach den Gesetzmäßigkeiten der Zentralperspektive komponiert.

26 Georg Schwaiger, *Geschichte der Päpste*, München 1964, S. 122f.
27 Zitiert nach der Textauswahl bei: Bernardin Schellenberger O. Cist., *Bernhard von Clairvaux – Gotteserfahrung und Weg in die Welt*, Freiburg i. Br. 1982.

»Streßgeplagten« unserer Tage ins Stammbuch schreiben möchte. Bernhard hat diesen Zwiespalt zwischen der Sehnsucht nach Weltflucht und dem Sendungsdrang selbst einmal auf den Punkt gebracht, indem er sich als »die Chimäre des Jahrhunderts« bezeichnete.

Bernhards große Gabe war sein rhetorisches Talent, das er in allen Kontroversen zu einer spitzen Waffe schmiedete. Alle seine Gegner sollten das zu spüren bekommen. Der unermüdliche Mahner nahm sich dabei erstaunliche Freiheiten heraus. So schrieb er unter anderem an Papst Eugen III.: »Du trägst die Mitra? Du glitzerst von Edelsteinen, glänzt in Seide, bist mit Federn bekränzt und mit kostbaren Metallen überladen? Wenn du dies alles beim Nachsinnen wie Morgengewölk vor deinem Angesicht zerstreust und wegbläst, wenn du siehst, wie rasch dies vorübergeht und wie schnell es vorbei ist, was zeigt sich dann? Der nackte, arme, erbärmliche und erbarmungswürdige Mensch!«[28] Hat jemals zuvor, jemals danach ein Mensch derart mit einem Papst gesprochen? In der unerschöpflichen Bandbreite seiner Ausdrucksmöglichkeiten konnte er sich aber ebensogut lyrisch und feinfühlig äußern. In seinen zahlreichen Predigten zum Hohelied kommt dieser Zug zum Ausdruck. Durchaus typisch für seine Zeit ist der Reichtum an bildlichen Vergleichen und Metaphern. Bei Bernhard entfaltet sich diese Tendenz zu einer barocken Sprachfülle, die in einem eklatanten Widerspruch zu seiner sonstigen Ablehnung gegenüber Bildern steht. Fast möchte man einen Vergleich zwischen der Sprache des hl. Bernhard und den Portalen von Charlieu und St-Julien-de-Jonzy ziehen, die auf ihre Art in Stein festschreiben, was dem *magister mellis* (Meister des Honigs), wie man Bernhard auch genannt hat, geläufig aus der Feder oder über die Lippen floß.

Sendungsbewußtsein und Utopie

Bernhard hatte alles darangesetzt, die offizielle Verurteilung Abälards zu ertrotzen. Er sah nicht, wie nahe er dem Pariser Theologen letztlich stand. Denn eines verbindet diese beiden großen Geister des 12. Jahrhunderts: Sie befanden sich gemeinsam in der Strömung einer Umbruchszeit, die anfing, das Individuum zu entdecken. Wie Abälard »das Gesicht der Seele« zeigen wollte, so wendet sich auch Bernhard an den einzelnen, den er zur Erforschung seiner Seele aufruft. Indem die Zisterzienser indes das Individuum zugleich in den Verband der Gruppe einschweißen, »bestätigt Cîteaux seine Modernität im Konservativismus«, wie Georges Duby feststellte.[29] Der Scholastiker Abälard und der Mystiker Bernhard entzweiten sich vielmehr in der Frage der Vorgehensweise. Während Abälard den Weg zur Erlösung im diskursiven, logisch schlußfolgernden Denkungsprozeß sah, propagierte der Zisterzienser den Kurs der Intuition, dessen Vehikel die Meditation ist, die stille Versenkung, in der sich allein – nach Auffassung Bernhards – die Einsicht und die Rückkehr in den Ursprung aller Dinge vorzubereiten vermögen.

28 Zitiert nach der Textauswahl bei: Elisabeth Hense, *Bernhard von Clairvaux*, Freiburg i. Br. 1990.
29 Georges Duby, *Der heilige Bernhard und die Kunst der Zisterzienser*, Frankfurt am Main 1991, S. 77. Fortan zitiert: Duby, hl. Bernhard.

Bernhard stand mit dieser Auffassung gegen die Tendenzen seiner Zeit. Die Zukunft sollte den Nachfolgern Abälards gehören. Vielleicht ist es ein Teil der Bedeutung des hl. Bernhard, daß wir uns heute darüber bewußt werden sollten, in welche Sackgasse die Menschheit geraten ist, seitdem sie nur noch die Rationalität diskursiver Denkungsweise gelten läßt, die die Vielfalt des Lebens auf die Schmalspur von Zweck und Nutzen einzwängt.

Nicht zu übersehen ist die enge Affinität der Zisterzienser zum Stand der Ritter, dem ja viele Mitglieder des Ordens entstammten. Duby sieht in ihrer Gemeinschaft den höfischen Geist lebendig und stellt weiter fest, daß gerade »dieser Geist vor allem die Neigung zum Heldentum bewahrt, von der das klösterliche Heer beseelt ist. Es führt seinen Kampf gegen die Mächte des Bösen wie ein Turnier.« An dieser Stelle gilt es, den zentralen Nerv im Selbstverständnis der Zisterzienser zu berühren. Ihre betonte Weltflucht war nur eine äußerliche. Obwohl sie darauf verzichtet hatten, die Christenmenschen einer direkten Belehrung zu unterziehen, war ihnen sehr wohl daran gelegen, in der ganzen Christenheit wirksam zu werden. Dies dürfen wir zum einen aus ihrem vehementen Verbreitungsdrang schließen, zum anderen wird ihr Sendungseifer in der Gestalt des hl. Bernhard höchstselbst plastisch faßbar. In seinem tiefen Innern muß Bernhard die Zeichen der Zeit erkannt haben, die sich zunehmend gegen das Mönchtum richteten. Doch um so trotziger verfolgte er die Vision von einer Gesellschaft, die sich in ihrer Gesamtheit nach seinen mönchischen Idealvorstellungen auszurichten hatte. Nur so können wir den Kampf Bernhards und seiner Mitstreiter an allen Fronten verstehen: gegen die Katharer, gegen den (vermeintlich) unrechtmäßigen Papst, gegen die Heiden (durch Einsatz für den Kreuzzug), gegen die Scholastik und so weiter. Aus dieser Perspektive erscheint das Ziel der Zisterzienser als Utopie, denn es lief der allgemeinen Entwicklung des 12. Jahrhunderts entgegen. Bernhards Einsatz trägt einen Zug von nostalgischer Rückwendung zu einer hehren Vorstellung vom Mönchtum, die ihren geistigen Vater kaum überlebte. So hat das mittelalterliche Mönchtum zugleich an der Schwelle zu einem Zeitalter, in dem gerade dieser Stand nur noch geringe Bedeutung haben sollte, seine reinste Inkarnation gefunden. Und gerade dieser prägnant konservative Zug offenbart sich in der Gesamtschau überzeitlicher Zusammenhänge als ein Grundmerkmal burgundischer Geschichte, denn auch die Epoche der Valois-Herzöge brachte die Idee des Rittertums erst am Vorabend seines Absterbens zu seiner schönsten Blüte.

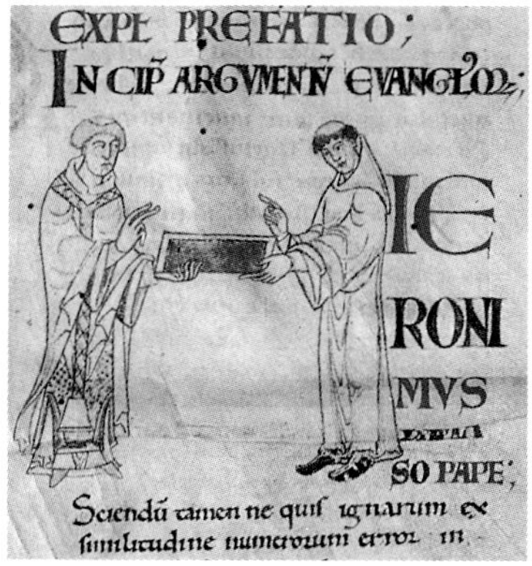

Initiale H aus der Bibel von Cîteaux, auch Bibel Stephen Hardings genannt

Die Initiale zeigt den hl. Hieronymus und Papst Damasus.
Die Bibel von Cîteaux besteht aus vier Bänden, die zwischen 1098 und 1109 entstanden. Das Original wird in der Bibliothèque de Dijon (Ms. 12-15) aufbewahrt.
Obwohl der hl. Bernhard der Handarbeit gegenüber gelehrsamer und künstlerischer Betätigung der Mönche eindeutig den Vorzug gab, sind aus den Skriptorien der Zisterzienser bedeutende Handschriften hervorgegangen, viele von ihnen mit den von Bernhard angefeindeten Malereien verziert.

Die Baukunst der Zisterzienser

Die Entfaltung zisterziensischer Klosterbaukunst im 12. Jahrhundert läßt sich in drei Phasen einteilen. In den Jahren, die der Gründung von Cîteaux folgten, gab es noch keinen exakt festgelegten Baukanon. Un-

Die Bauvorschriften der Zisterzienser:
1134 wurde auf dem alljährlich in Cîteaux tagenden Generalkapitel des Ordens erstmalig eine Bauverordnung festgelegt, der in den nachfolgenden Jahren immer neue Vorschriften folgten. Alle diese Bestimmungen frappieren durch ihre ungeschminkte Direktheit und Unmißverständlichkeit. Wir zitieren nachstehend einige dieser Bauvorschriften nach der bei Braunfels veröffentlichten Übersetzung (vgl. Anm. 11, S. 40).

1. Kap.: Keines unserer Klöster ist in Städten, Kastellen oder Dörfern zu errichten, sondern an entlegenen Orten, fern vom Verkehr der Menschen.

12. Kap.: Zwölf Mönche, mit dem Abt dreizehn, sollen zu einem neuen Kloster entsendet werden: doch sollen sie dorthin nicht gewiesen werden, bis der Ort... versehen ist mit Oratorium, Refektorium, Dormitorium, Gast- und Pförtnerzelle...

20. Kap.: Wir verbieten, daß in unseren Kirchen oder in irgendwelchen Räumen des Klosters Bilder und Skulpturen sind, weil man gerade auf solche Dinge seine Aufmerksamkeit lenkt und dadurch häufig der Nutzen einer guten Meditation beeinträchtigt und die Erziehung zu religiösem Ernst vernachlässigt wird. Wir haben jedoch bemalte Kreuze aus Holz.

21. Kap.: Es schickt sich nicht, daß außerhalb der Klosterpforte irgendein Haus zum Bewohnen gebaut wird, außer für Tiere, weil eine Gefährdung der Seelen dadurch entstehen könnte.

31. Kap.: Wenn also jemand gegen (diese) Kapitelstatuten schon gebaut haben sollte, sollen diese Gebäude ohne jeden Dispens fallen und Kosten und Mühen umsonst sein.

80. Kap.: Die Glasfenster sollen weiß und ohne Kreuze und Bilder sein.

sere Kenntnis dieser Frühzeit ist lückenhaft, da keine Bauten des Ordens aus den ersten Dezennien des 12. Jahrhunderts erhalten sind. Lediglich von Clairvaux wissen wir, daß die Kirche einen äußerst schlichten Grundriß hatte. Das Kloster besaß ein Dormitorium, das an die Kirche grenzte, doch ein an allen vier Seiten von Konventsbauten umschlossener Kreuzgang fehlte noch. Die sprunghaft steigende Zahl der Mönche machte indes ein planvolles Vorgehen alsbald unumgänglich. Anfangs scheint der hl. Bernhard Widerstände gegen den Ausbau von Clairvaux gehabt zu haben, doch konnte sich auch der strenge Ziehvater des Ordens nicht lange gegen die Notwendigkeit stemmen, den Klöstern neben einer dezidierten Regel auch eine klare bauliche Organisation zu verleihen. In die Zeit nach 1130 fällt die zweite Phase der Ordensbaukunst, die zur Ausbildung eines perfekt durchdachten Klosterorganismus führte. 1134 wurden erstmalig exakte Bauvorschriften formuliert, die später auf den regelmäßig tagenden Generalkapiteln Ergänzungen und Erweiterungen erfuhren. Damit war allen Klöstern eine gemeinsame Richtschnur gegeben, die die Einheitlichkeit sämtlicher Niederlassungen gewährleistete. Zwar haben sich je nach dem Standort verschiedene Gesinnungen mit zu Worte gemeldet, erhielt ein Kloster in Burgund oder in der Provence eine andere Erscheinung als eines in Norddeutschland oder Skandinavien, wo man anstelle von Haustein mit Ziegeln baute, doch in der Nüchternheit der Räume, der Bestimmung der einzelnen Baukörper und ihrer Anordnung im Klosterkontext sind alle Abteien untereinander eng verwandt. Die Baubestimmungen der Zisterzienser sind ein einzigartiges Dokument, denn sie stellen ein Novum im Rahmen der mittelalterlichen Baukunst dar.

Als hervorstechendste Merkmale der Baukunst der Zisterzienser lassen sich folgende Kriterien benennen:
Die Kirche betreffend:
- Turmlosigkeit
- Schmucklosigkeit der Fassade und der Portale
- Pfeilerbasilika, schmucklos, d. h. ohne skulptierte Kapitelle, ohne farbige Fenster, ohne Wandmalerei
- Lettner zur Trennung von Konversen und Mönchen im Kirchenraum (als Original nirgends erhalten)
- einschiffiges Querhaus mit Kapellen zu seiten des Chores und direktem Zugang zum Dormitorium
- Chor ohne Umgang bzw. Radialkapellen, oft mit geradem Abschluß

Die Klausur betreffend:
- Anlage aller Räume mit direktem Zugang zum Kreuzgang
- wie in der Kirche, so auch hier strikte Trennung von Mönchen und Konversen (2 Dormitorien, 2 Refektorien)
- Brunnenhaus gegenüber dem Eingang zum Refektorium
- nur *ein* beheizbarer Raum, in der Regel zugleich Bibliothek
- kleiner Sprechraum (Parlatorium)

Die kreativste Phase der Zisterzienserkunst fällt in die Zeit zwischen 1130 und 1160. Schon bald nach dem Tode Bernhards traten die ersten

Spuren von Verwässerung auf, mußte das Generalkapitel ständig die Vorschriften überprüfen und neu fassen, um der aktuellen Entwicklung gegenzusteuern. Doch ließ sich das strenge Ideal restloser Entsagung nicht lange über die Mitte des 12. Jahrhunderts hinaus aufrechterhalten. Der Gestaltungswille sollte zuletzt die Oberhand behalten, die Bauten gewannen an Größe, und nach und nach sickerten Dekorationsformen ein, die zu Lebzeiten des hl. Bernhard undenkbar gewesen wären.

Die mittelalterliche Kunst hat überall, nicht nur in Burgund, schlimme Einbußen hinnehmen müssen. Die Zerstörung der Zisterzienserklöster hat ein besonders katastrophales Ausmaß erreicht. Der Grund dafür liegt auf der Hand: Als begnadete Techniker hatten die Zisterzienser dem Stein, den dekorativ zu formen ihnen versagt war, mit solcher Akribie bearbeitet, daß spätere Epochen ein willkommenes Baumaterial darin sahen. Deshalb dienten im 18. und 19. Jahrhundert zahlreiche Klöster als willfährige Steinbrüche. Der Zufall hat es gewollt, daß wir in Burgund mit Fontenay noch einen einzigen Vertreter besitzen, der zu Lebzeiten Bernhards von Clairvaux entstanden ist und uns deshalb exemplarisch das Ideal zisterziensischen Bauens in der Aufbruchzeit des Ordens vermittelt.

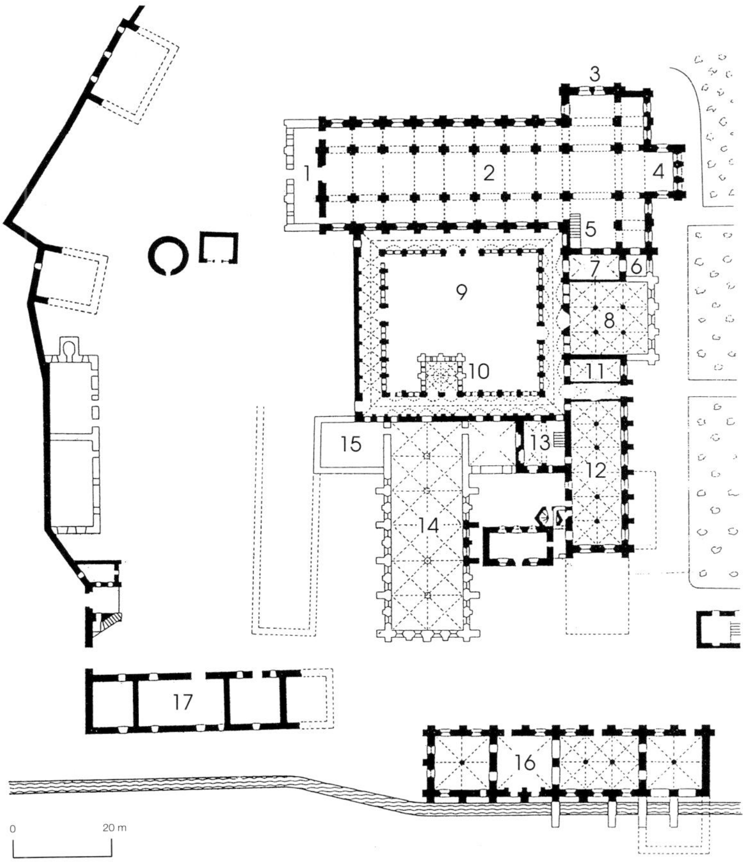

Plan des Zisterzienserklosters Fontenay
Die Anlage entspricht exemplarisch dem Idealplan des Ordens. Lediglich das Refektorium und die Küche (14 und 15) sind in Fontenay nicht mehr vorhanden, da an ihrer Stelle im 18. Jahrhundert ein neues Abtslogis errichtet wurde.

1 Narthex (nicht mehr vorhanden)
2 Kirche
3 Totenpforte
4 Rechteckiger Chor
5 Aufgang zum Dormitorium
6 Sakristei
7 Armarium
8 Kapitelsaal, darüber das Dormitorium
9 Kreuzgang
10 Brunnenhaus (nicht mehr erhalten)
11 Parlatorium (Sprechraum)
12 sogenannter Mönchssaal, Raum für die Novizen
13 Calefactorium (Wärmeraum)
14 Refektorium
15 Küche
16 Schmiede
17 Wirtschaftsgebäude

Das Kloster Fontenay

Schon die Lage von Fontenay besitzt noch vieles von ihrer Ursprünglichkeit. Das Kloster liegt an einem kleinen Nebenarm des Armançon inmitten eines weitläufigen Waldes, in dem sich die stille Abtei wie das steingewordene Abbild des Paradieses ausnimmt. Bernhard selbst hat diesen Vergleich oft gewählt und vom *paradisus claustralis* gesprochen.

Die Kirche wurde als erster Teil des Komplexes 1137 begonnen und nach nur zwölf Jahren Bauzeit von Papst Eugen III. 1149 geweiht. Schon ihre äußere Erscheinung legt in ihrer kompromißlosen Schmucklosigkeit Zeugnis vom Entsagungsideal ihrer Erbauer ab. Die Gliederung der Westseite ist gegenüber anderen Bauten der Epoche deutlich zurückgenommen. Zwei kräftig abgehobene Blendpfeiler setzen nach außen das Mittelschiff gegen die Seitenschiffe ab. Das Portal ist zwar mehrfach gestuft, besitzt aber, sehen wir von zwei kleinen eingestellten Säulchen im Gewände ab, keinen bauplastischen Dekor. Ungewöhnlich erscheint allerdings die beträchtliche Zahl von sieben Fenstern im Mittelteil, durch die die große Fläche eine gewisse Belebtheit erfährt.

Das Erlebnis dieses Innenraumes gehört zu den stärksten Eindrücken, die man im Rahmen einer Reise durch Burgund empfangen kann. Der Grundriß folgt dem traditionellen Muster des lateinischen Kreuzes. Das dreischiffige Langhaus erscheint mit seinen 45 m Länge überraschend aufwendig proportioniert, wenn man in Rechnung stellt, daß eine Zisterzienserkirche keinen »Publikumsverkehr« kannte. Die Größe erklärt sich aus der hohen Zahl von Mönchen und vor allem dem personenstarken Aufgebot der Konversen, die in manchen Klöstern zwei Drittel der Insassen stellten. Während die Mönche im Ostteil der Kirche ihren Platz hatten, war den Konversen deren westlicher Abschnitt zugewiesen; beide Bereiche waren durch einen Lettner gegeneinander abgeschirmt (in Fontenay nicht mehr vorhanden). Die Querschiffarme sind dem Langhaus lediglich appliziert, so daß es nicht zu einer räumlichen Durchdringung von Lang- und Querhaus kommt. Dennoch ist das letzte Joch vor dem Chor durch die Gurtbögen des Gewölbes als großes Quadrat gegenüber den schmaleren queroblongen Jochen des Langhauses abgesetzt und im Sinne einer Vierung betont. So wurde einerseits auf eine Vierung verzichtet, auf der anderen Seite erscheint das vierungsähnliche Quadrat bewußt hervorgehoben, da es die Grundeinheit definiert, aus der alle Maße der Architektur konsequent abgeleitet sind. Mit acht Jochen, von denen jedes im Mittelschiff die Hälfte, in den Seitenschiffen ein Viertel dieses Quadrates ausmacht, besitzt das Langhaus die vierfache Kantenlänge des Grundmaßes; die Querschiffarme entsprechen als Quadrate ebenfalls dem Grundmaß. In derart zwingender Konsequenz findet man das Prinzip des *Gebundenen Systems* nicht oft angewandt. Die Anlage der kleinen Seitenkapellen, die sich zu den Querschiffarmen öffnen, und die Gestalt des Hauptchors über jeweils eckigem Grundriß entspricht einer der Hauptforderungen Bernhards. Anstatt der in Burgund

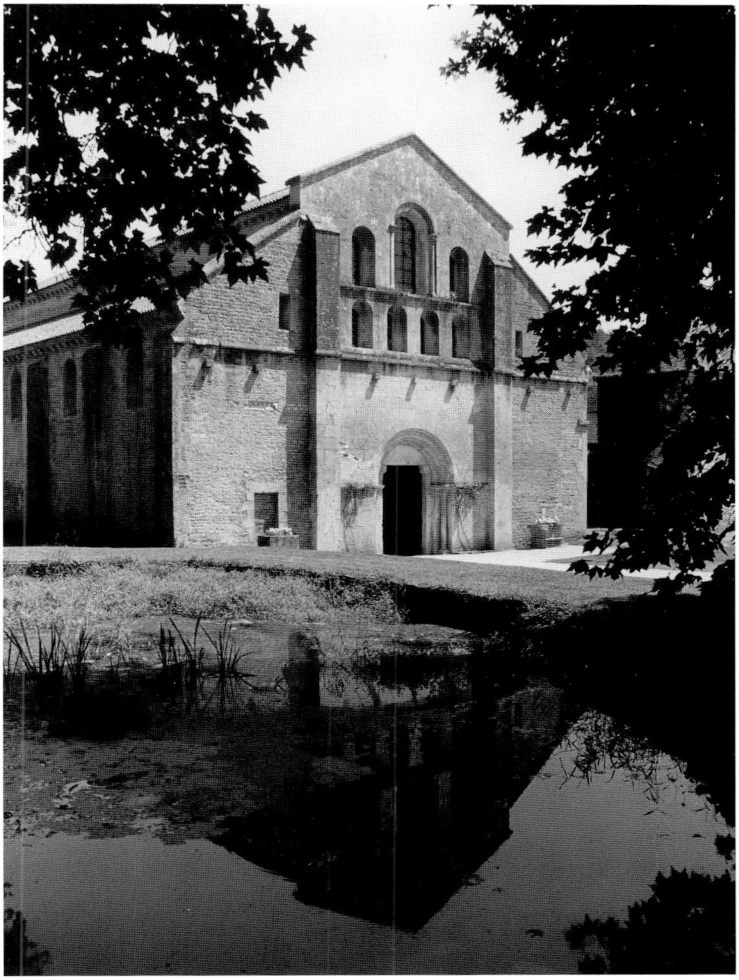

Fontenay, ehem. Zisterzienser-Klosterkirche von Westen
Schon am Außenbau ist ablesbar, daß es sich um eine dreischiffige Anlage handelt. Da sich das Mittelschiff jedoch kaum über die begleitenden Seitenschiffe erhebt, entfällt im Innern die Belichtung durch Obergadenfenster. Der hallenartige Aufbau ist die Erklärung für die Vielzahl der Öffnungen in der Westwand, wodurch eine hinlängliche Ausleuchtung der Kirche gewährleistet werden sollte. Eine ganz ähnliche Disposition mit getrepptem Portal und einer Fenstergruppe darüber zeigt die Fassade der Klosterkirche von Silvacane in der Provence.

verbreiteten Basilika erleben wir hier einen hallenartigen Bau, in dem die Seitenschiffe so weit heraufgeführt sind, daß für einen Obergaden kein Raum mehr blieb. (Von einer Halle läßt sich strenggenommen hier nicht sprechen, da die Seitenschiffe nicht dieselbe Höhe erreichen wie das Mittelschiff.) Es ist unschwer zu erkennen, daß die optimale Lösung der statischen Probleme den Vorrang gegenüber allem anderen hatte. Das Mittelschiff überfängt eine zugespitzte Tonne (die Gewölbehöhe beträgt 16 m, das ist die Verdoppelung der 8 m Seitenlänge des Grundmaßes). Obwohl damit gegenüber der Halbtonne eine stärkere Vertikalisierung des Gewölbeschubes einhergeht, wurden die Seitenschiffgewölbe bis an den Fußpunkt des Mittelschiffgewölbes herangeführt, um zusätzliche Sicherung zu bieten. Dabei erhielten die einzelnen Joche kleine, ebenfalls zugespitzte Transversaltonnen, so daß die Seitenschiffe ein fortlaufendes in sich verspanntes Gerüst abgeben. Der Verzicht auf einen Obergaden hätte automatisch zu einer stark reduzierten Lichtsituation geführt. Dem wirken die Fenster in der Westwand und die Fenstergrup-

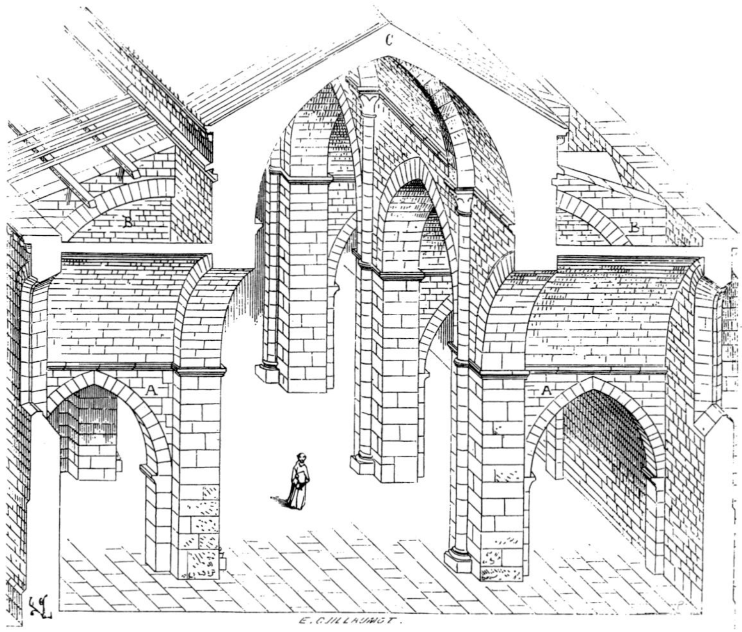

Fontenay, perspektivischer Schnitt durch das Langhaus der Klosterkirche
Das Mittelschiff ist mit der von den Cluniazensern kreierten Spitztonne überwölbt. Deren Last wird auf die Gewölbe der niedrigeren Seitenschiffe abgeleitet. In den Seitenschiffen kam noch einmal das in Tournus formulierte System einer Abfolge von Transversaltonnen zur Anwendung. Darüber hinaus wurden unter den Pultdächern - Strebebögen angelegt, ein neuartiges Stützsystem, das gerade erst an der Kathedrale in Durham (England) entwickelt worden war. Daraus sollte alsbald das frei am Außenbau zutage tretende Muster der Strebebögen gotischer Kathedralen hervorgehen. Das Schema macht deutlich, daß die Zisterzienser, so konservativ sie auch sonst erscheinen, an den baulichen Innovationen ihrer Zeit ein vitales Interesse hatten.

pen im Osten der Kirche entgegen. Indem der Chor niedriger angesetzt ist als das Langhaus, erscheint im letzten Joch vor dem Chor ein Wandstück, das von fünf Fenstern durchbrochen wird; die gerade Ostwand des Chores besitzt weitere in zwei Geschossen übereinander angeordnete Fenster; jene in den Seitenschiffen vermitteln dem Mittelschiff ein indirektes Licht. Da das gesamte Gebäude, abgesehen von den Halbsäulen an den Pfeilern, die sich im Mittelschiff über die Hochschiffwand als Gurtbögen ins Gewölbe fortsetzen, keine Gliederungsformen oder Architekturdekorationen besitzt, steht in der Gesamtwirkung der Eindruck von asketischer Konzentration im Vordergrund. Man erkennt die Zisterzienser als brillante Kompilatoren, was nicht heißt, daß sie sich in der geschickten Nachahmung bestehender Vorbilder erschöpften, vielmehr haben sie in der Verschmelzung unterschiedlicher Motive etwas vollkommen Neues geschaffen. So sehr sich die Zisterzienser auch gegen Cluny gestellt hatten, die baulichen Errungenschaften, die von dort ausgegangen waren, wußte man sich unverblümt zunutze zu machen. Ganz besonders scheint man vom Vorteil der Arkaden- bzw. der Gewölbezuspitzung überzeugt gewesen zu sein, denn keine der frühen Zisterzienserkirchen verzichtet darauf. Ungewöhnlicher ist indes der Zuschnitt der Seitenschiffe mit ihren kleinen quergestellten Tonnen. Doch auch dafür hatte die Baukunst Burgunds mit St-Philibert in Tournus Vorläufer parat.

Die Kirche von Fontenay gibt sich also einerseits als ein dem Erbe Burgunds verpflichtetes Bauwerk zu erkennen, andererseits stellt sie eine schöpferische Eigenleistung innerhalb der burgundischen Romanik dar. Der Verzicht auf Bilder, farbige Fenster und baulichen Dekor führte den Menschen in diesen Mauern auf den von Bernhard geforderten inneren

Weg. In der als pervers empfundenen übersteigerten Selbstdarstellung Clunys sah der Abt von Clairvaux ein Fest der Äußerlichkeit, die Kirchen seines Ordens sollten einem Fest der Innerlichkeit zur Anleitung dienen. Die Schmucklosigkeit war jedoch nur einer von mehreren Schritten auf diesem Weg, wenn auch vielleicht die maßgeblichste Voraussetzung. Da dem Auge keinerlei Ablenkung geboten ist, kehrt sich der Blick nach innen. Dort gilt es die Mitte und damit zur Harmonie zu finden. Deshalb haben Maß und Zahl in der Zisterzienserbaukunst ein so besonderes Gewicht. Mit dem Quadrat als dem Grundmaß hatte man das neben dem Kreis vollkommenste geometrische Gebilde gewählt. Aus ihm heraus sind alle Maßverhältnisse entwickelt, oder, umgekehrt betrachtet, alle Maße sind auf den Ursprung im Quadrat zurückzuführen.

Die dritte Dimension in der Spiritualität der Zisterzienser, die wiederum eng mit Maß und Zahl zusammenhängt, ist der Gesang, dessen Erlebnis dem heutigen Besucher in aller Regel vorenthalten bleibt. Wenn wir heute die Strenge der Architektur als so kompromißlos empfinden, dann wohl in erster Linie deshalb, weil uns das Erlebnis der Musik abgeht. Erst der Gesang erfüllt ein Bauwerk wie Fontenay mit Leben und

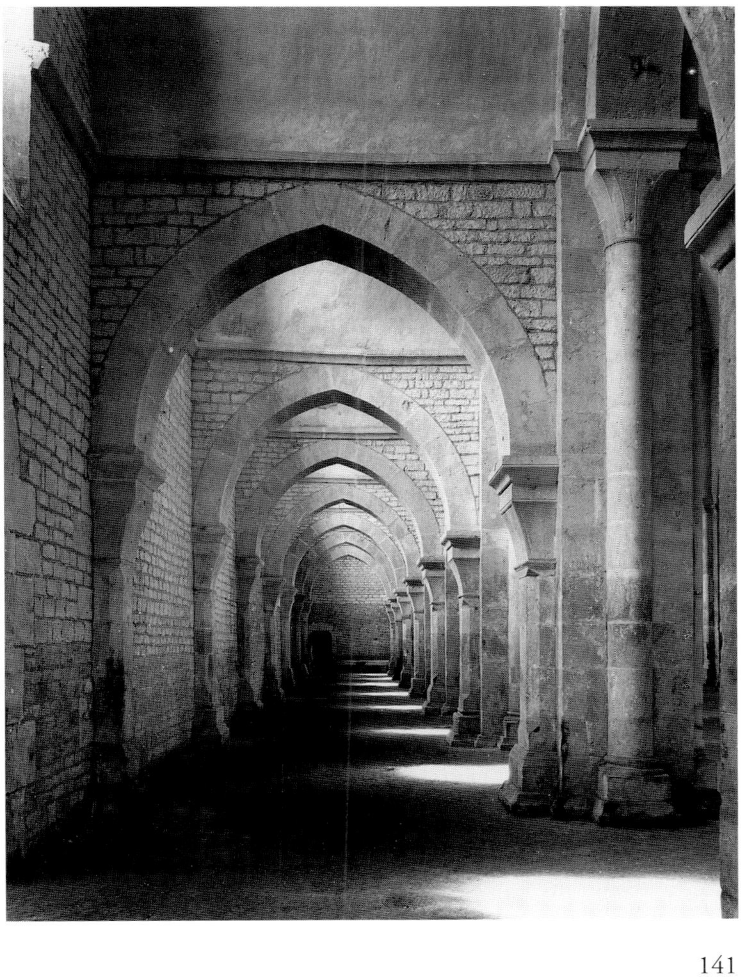

Fontenay, ehem. Zisterzienserkirche, Blick in das südliche Seitenschiff
Das System der über Schwibbögen aufgehenden Transversaltonnen bewirkt im Raumeindruck eine scharfe Abgrenzung der Joche gegeneinander. Das bauliche Muster von Fontenay sollte in seiner Zeit nicht ohne Wirkung bleiben. In Lescar in der südlichen Gascogne entstand in der zweiten Hälfte des 12. Jahrhunderts eine spätromanische Kathedrale, deren Gestalt sich eng an Fontenay anschließt. Lescar wiederum kann man als einen Wegbereiter der südfranzösischen Sondergotik interpretieren. Der vorherrschende Bautypus des Midi war im 13. Jahrhundert nicht der Basilikalbau nordfranzösischer Prägung, sondern der Wandpfeilersaal mit eingezogenen Kapellen (z. B. Kathedralen in Montpellier, Perpignan, Carpentras). Ein derartiger Raum entsteht, wenn man die Durchgänge der Seitenschiffjoche wie hier am Beispiel Fontenay vermauern würde. Von Fontenay zum Wandpfeilersaal Südfrankreichs ist also nur ein kleiner Schritt.

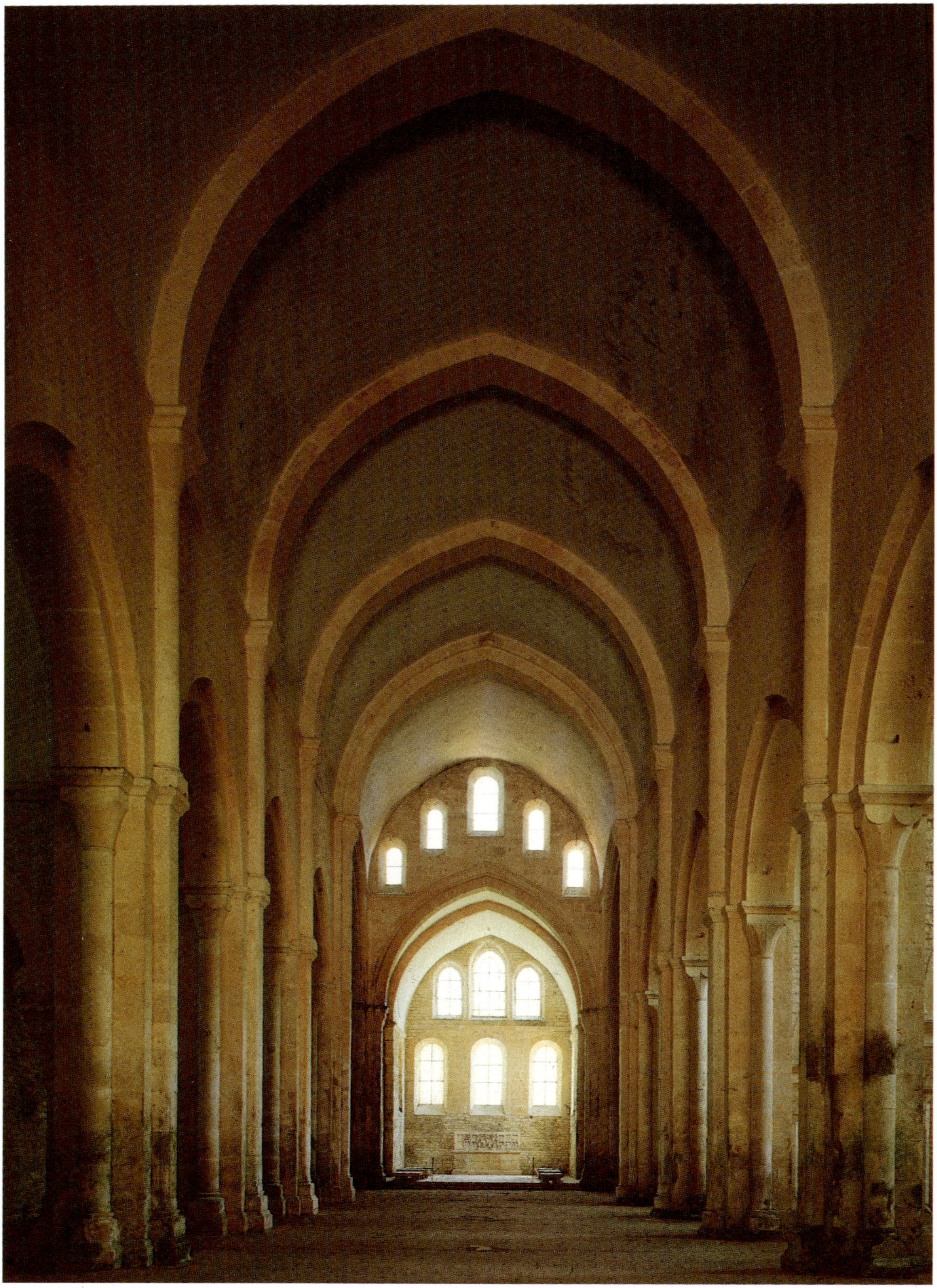

macht erfahrbar, daß die Architektur in erster Linie als ein großer Resonanzkörper zu denken ist. Ein einziger gregorianischer Gesang vermag die Kunst der Zisterzienser mehr zu verlebendigen als jeder noch so gelehrte Vortrag.

Der **Kreuzgang** steht nicht nur räumlich, sondern auch gedanklich mit der Kirche in direkter Verbindung. Seine vier Flügel schließen sich zu einem großen Quadrat zusammen, das wie ein Reflex auf das Grundmaß des Kirchenraums anmutet. Und wie jenes ist auch dieses als Symbol von Ordnung und Harmonie zu verstehen. Der Kreuzgang ist das Herzstück eines jeden Klosters; für die Zisterzienser, die im allgemeinen die Klausur nicht verließen, gilt dies in besonderem Maße. An seine Flügel grenzen alle Räumlichkeiten, so daß er in der Organisation des Klosteralltags die Funktion eines Verteilers und Zubringers erfüllte. Man kann ihn nur von den Konventsbauten her erreichen, denn ein freier Zugang nach draußen besteht nirgends. Seine Bedeutung drückt sich in der Wahl der architektonischen Mittel unmißverständlich aus. So ist jeder Kreuzgang der Zisterzienser gewölbt, in unserem Beispiel Fontenay mit einer Spitztonne, in die von der Hofseite her kleine Stichkappen einschneiden. Die offenen Arkaden zeigen einen Wechsel von kleineren Doppelsäulchen und massiven Pfeilern, wodurch ein bewegter rhythmischer Wechsel entsteht. Die Pfeiler tragen die eigentliche Gewölbelast, die mit Hilfe von übergreifenden Bögen von den Säulchen ferngehalten wird. Dieses Prinzip der *Sammelarkade* ist eine baustatisch überzeugende Lösung, wie sie gleichzeitig im optischen Eindruck dem Empfinden von Monotonie entgegenwirkt. Zudem bilden die Bogenöffnungen einen reizvollen Kontrast zur kompakten Masse der geschlossenen Wandflächen von Kirche und Konventsbauten. Im gedanklichen Kontext bindet sich die Sammelarkade nahtlos in die Idee des Ordnungsprinzips ein, eine Mehrschichtigkeit der Bedeutungsinhalte, die sich aus der Haltung des kontemplativen Mönchtums erhellt: In dessen Verständnis bildeten Funktionalität und deren gelungene Visualisierung eine untrennbare Einheit, weil erst in ihrem Zusammenwirken ein Widerschein der transzendentalen Ordnung erlebbar wird.

Wie schon am Portal und im Innern der Kirche ist auch im Kreuzgang die Schmucklosigkeit konsequent beibehalten. Bernhard hat seiner Ablehnung der romanischen Bilderwelt in der berühmten »Apologia ad Guillelmum« nachhaltigen Ausdruck verliehen. Diese Schmähschrift ist zwar an einen Mitstreiter, den Abt Wilhelm von St-Thierry, gerichtet, als eigentlichen Adressaten muß man aber die Cluniazenser und besonders deren Abt, Petrus Venerabilis, ansehen, dessen Reformbemühungen Bernhard als zu halbherzig erschienen. Namentlich die Kapitellplastik zeitgenössischer Kreuzgänge nimmt er dort aufs Korn:

»Außerdem im Kreuzgang bei den lesenden Brüdern, was machen dort jene lächerlichen Monstrositäten, die unglaublich entstellte Schönheit und formvollendete Häßlichkeit? Was sollen dort unreine Affen? was wilde Löwen? was monströse Zentauren? was Halbmenschen? was ge-

Farbtafel links:
Blick in den Innenraum der Zisterzienserkirche von Fontenay
Da das Mittelschiff keine Durchfensterung besitzt, kommt den Fenstergruppen im Westen und im Chor gesteigerte Bedeutung zu, und zwar nicht nur im Sinne der realen Belichtung des Kircheninneren, sondern auch in einer symbolischen Dimension, die gerade bei den bilderverachtenden Zisterziensern großes Gewicht hatte.
Im Westen zählt man 7 Fenster, unterteilt in zwei Gruppen zu 4 und 3. Im Osten sind es 6 im Chorhaupt zu je zwei Dreiergruppen, in der Schildwand, die vom niedrigeren Chor zum Mittelschiffgewölbe überleitet, 5 Fenster. Die entscheidenden Zahlen sind also: 3, 4, 5, 6 und 7.
Die vielschichtigen Bedeutungen, die das Mittelalter diesen Zahlen beigegeben hat, können hier nur stichwortartig aufgelistet werden.
3 – Dreieinigkeit
– Christi Auferstehung am 3. Tag
– dreiteiliger Kosmos (Himmel, Erde und Hölle)
– drei Zeiten: Patriarchen, Propheten und Apostel
– Kardinaltugenden (Glaube, Liebe, Hoffnung)
4 – vier Evangelien
– vier Elemente
– vier Himmelsrichtungen
– vier Temperamente
– vier Jahreszeiten und noch viele mehr
5 – Zeichen des Gesetzes (Pentateuch = die fünf Bücher Moses)
– die fünf Wunden Christi am Kreuz
6 – sechs Schöpfungstage
– sechs Altersstufen des Menschen
7 – Gott ruhte am 7. Tag
– sieben Säulen der Weisheit
– sieben Augen des heiligen Lammes
– sieben Gaben des Heiligen Geistes
– sieben Freuden Mariens

Farbtafeln rechts:
Kreuzgang des ehem. Zisterzienserklosters Fontenay
Insgesamt besitzt der Kreuzgang, bedingt durch die schweren Pfeiler und die verhältnismäßig niedrige Gewölbehöhe, eine massige, erdenschwere Erscheinung. Den gleichen Eindruck vermitteln die wohlerhaltenen Zisterzienserabteien in der Provence: Le Thoronet, Sénanque und Silvacane.

fleckte Tiger? was kämpfende Krieger? was blasende Jäger? Da siehst du unter einem Kopf viele Körper und da auf einem Körper viele Köpfe. Man sieht hier an einem Vierfüßler den Schwanz einer Schlange, dort an einem Fisch den Kopf eines Vierfüßlers. Dort eine Bestie, die vorne ein Pferd ist und hinten eine halbe Ziege; dort ein Tier mit Hörnern vorn, hinten aber ein Pferd. Mit einem Wort, so viel, so wunderbare Mannigfaltigkeit verschiedenartiger Geschöpfe erscheint überall, daß man eher in den gemeißelten als in den geschriebenen Werken liest; sich lieber den ganzen Tag damit beschäftigt, derlei zu bestaunen als das Gesetz Gottes zu bedenken. Bei Gott! Wenn man sich der Albernheiten schon nicht schämt, warum gereuen dann nicht die Kosten?«[30]

Diese für das Selbstverständnis der Zisterzienser zentrale Textpassage ist früher in dem Sinne gedeutet worden, daß Bernhard sämtliche Bilder in Bausch und Bogen ablehnte. Otto von Simson hat indes darauf aufmerksam gemacht, daß Bernhard sich sehr differenziert zu diesem Thema ausgelassen hat und die Bildersprache als Mittel der Belehrung an Pilgerkirchen und Kathedralen für durchaus akzeptabel hielt.[31] Er wandte sich explizit gegen die bildliche Ausschmückung der Kreuzgänge. Bernhards Bilderfeindlichkeit war eine selektive. Sie bezog sich auf die Klöster, in denen er jede Form von Ablenkung als mit dem Gedanken der mönchischen Askese unvereinbar und als Hemmnis für die Meditation ansah. Auch wenn dies von Bernhard nicht offen angesprochen wird, so scheint er sich doch auch gegen den fortschreitenden Formalismus zu wenden, der tatsächlich in der späten Romanik, also noch zu Lebzeiten des Heiligen, die künstlerischen Ausdrucksmöglichkeiten zwar zu einer nie gekannten Steigerung führte, doch hatten diese spürbar an religiöser Tiefe verloren. Der zwischen den Zeilen der Apologie mitschwingende Appell einer Rückkehr zur schlichten Form sollte in seiner Zeit nicht ungehört bleiben. Doch brachte die Wende, die sich bereits um 1140 in Chartres anzubahnen begann, nicht die (von Bernhard vielleicht erwartete?) Kehrtwendung, sondern legte vielmehr den Grundstein zu einem völlig neuen Kapitel der Kunstgeschichte: nicht die späte Romanik, sondern die frühe Gotik trug dem Postulat des großen Zisterziensers Rechnung, dessen Anliegen auch in dieser Hinsicht fast tragische Größe gewinnt. Anstatt der Rückbesinnung evoziert sein Engagement eine Beschleunigung in einer gänzlich neuen Richtung, die sich sehr bald vollständig von Bernhards Ideal und von dem durch ihn repräsentierten Zeitalter abwenden sollte.

Alle Räume des Klosters haben nicht nur ihre klar umrissene Bestimmung, sondern zugleich ihren nach der Regel genau definierten Platz im baulichen Kontext. Der Kapitelsaal ist nach der Kirche der liturgisch wichtigste Raum und befindet sich deshalb am Ostflügel, in einer Linie mit dem Kirchenchor gelegen. Darüber wurde das Dormitorium angelegt, denn die Schlafenszeit war knapp bemessen, und bei den wiederholten nächtlichen Gebetsstunden in der Kirche galt es, unnötige Wege durch die Klausur zu vermeiden. Als unwichtig wurde das Parlatorium empfunden, das sich neben dem Kapitelsaal befindet, entsprechend klein

30 Zitiert nach der Übersetzung des Originaltextes bei:
Braunfels, Klosterbaukunst a. a. O. (Anm. 11) S. 299f.
31 Otto von Simson, *Die gotische Kathedrale – Beiträge zu ihrer Entstehung und Bedeutung*, Darmstadt 1972, S. 70. Fortan zitiert: Simson, Kathedrale.

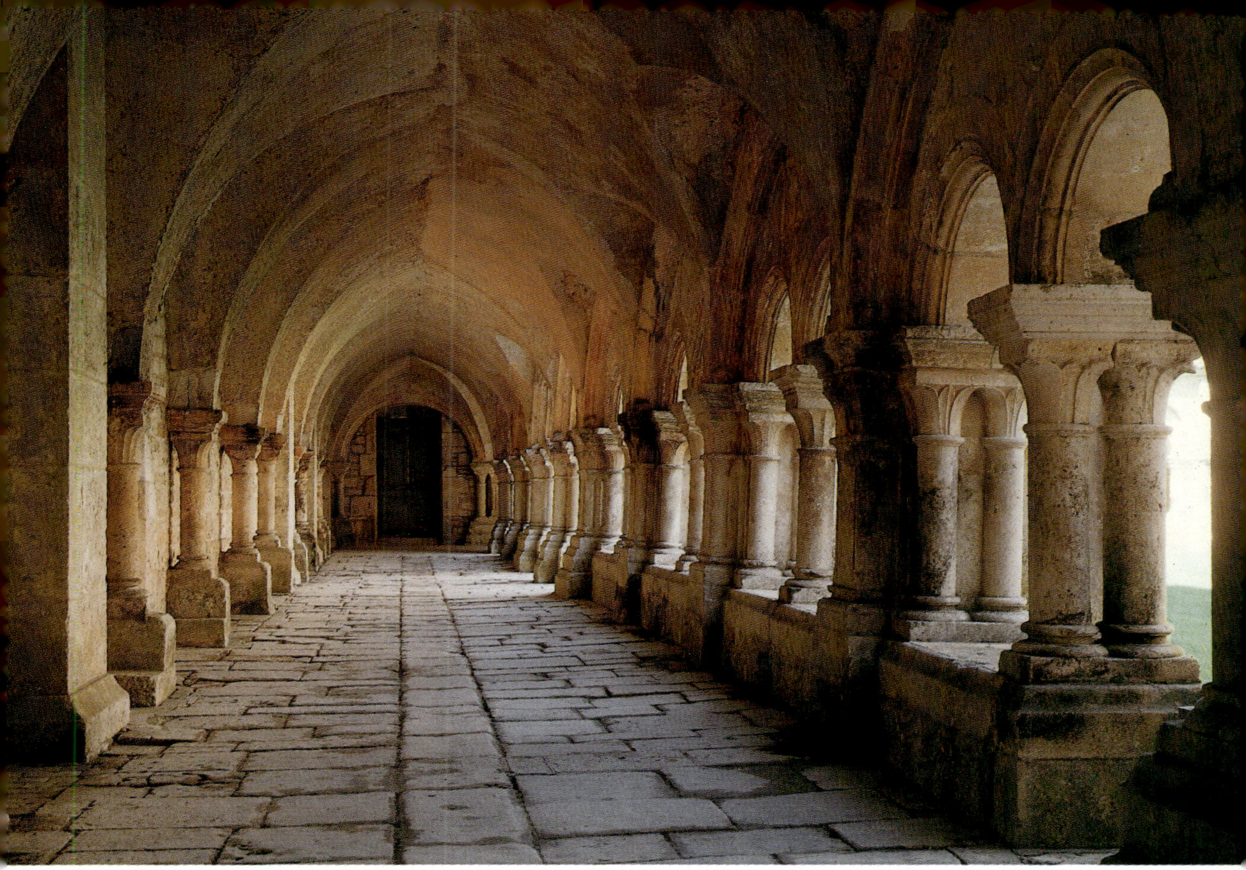

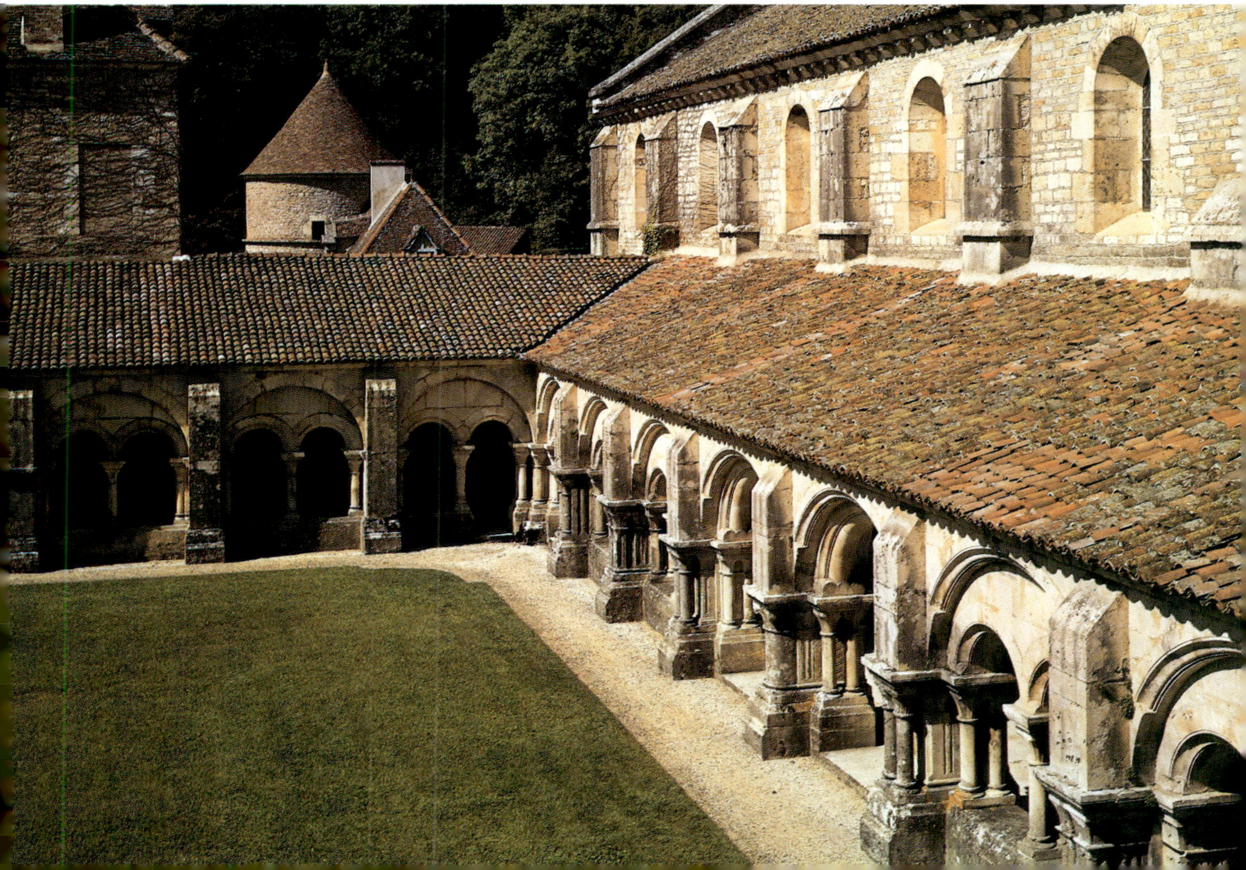

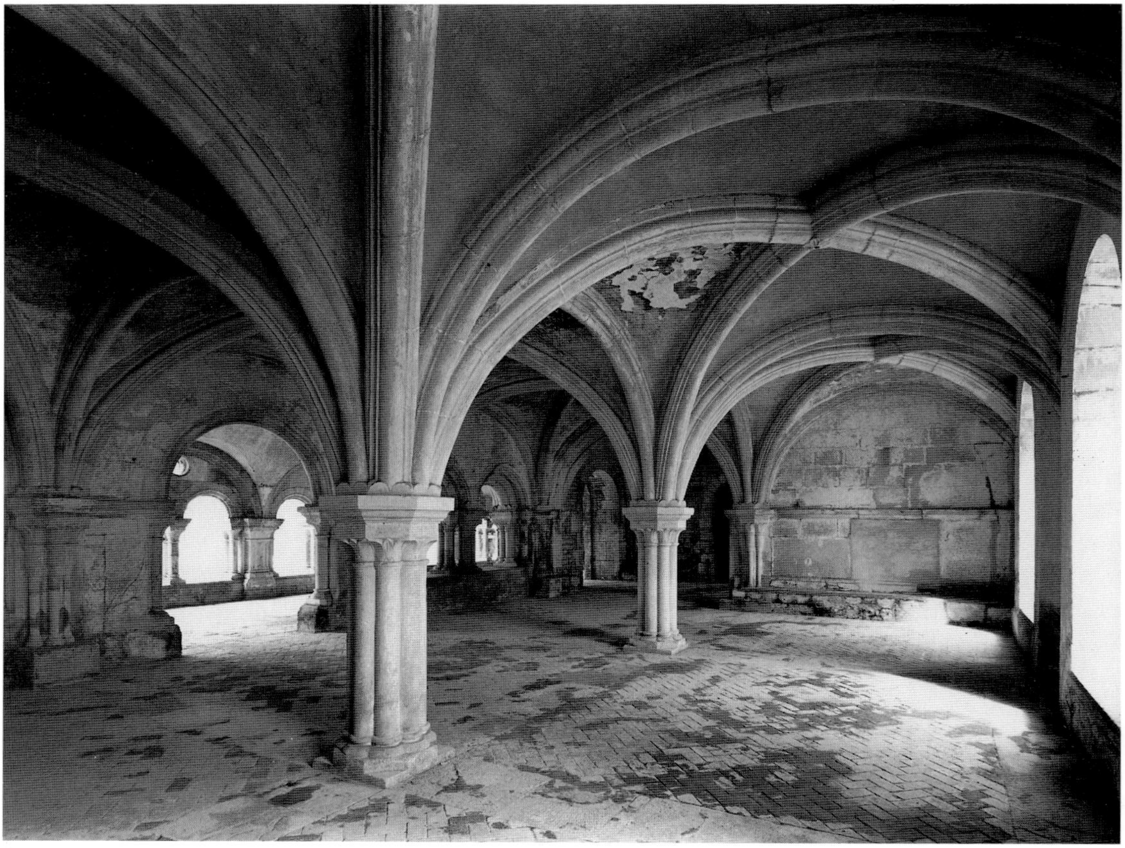

Fontenay, Kapitelsaal des ehem. Zisterzienserklosters
Im Kapitelsaal von Fontenay hat sich die Gotik Bahn gebrochen. Mittels vier im Zentrum des Raumes frei aufgestellter Bündelpfeiler wird der Kapitelsaal in neun quadratische Joche unterteilt, die von Kreuzrippengewölben überfangen werden. Gegenüber der wuchtigen Erscheinung der Kirche und des Kreuzgangs trägt der Kapitelsaal vergleichsweise elegante Züge.
Hier wurden täglich die Ordensregeln des hl. Benedikt sowie die vom hl. Bernhard formulierten Ergänzungen derselben vorgetragen (vgl. Abb. S. 132). Nach einer gewissen Zeit hatte jeder Mönch die Regel, die immerhin ein Buch von ca. 100 Seiten umfaßte, auswendig zu können. Nach den kapitelweisen Vorlesungen hat dieser Raum seinen Namen.

ist es ausgefallen. Daran schließt sich nach Süden der sogenannte Mönchssaal an, den man bereits in Cluny kannte. Er ist weniger aus der Klosterorganisation heraus zu verstehen, sondern eher das Ergebnis des raschen Wachstums der Klöster. Die große Zahl der Mönche – in Clairvaux sollen es beim Tode des hl. Bernhard 700 gewesen sein – machte es unumgänglich, das Dormitorium nach Süden über die Klausur hinaus fluchten zu lassen. Seiner Unterfangung dient der Mönchssaal, von dem nicht genau feststeht, welchen Zweck er erfüllte. Wahrscheinlich hielten sich hier die Novizen auf. Das Kalefaktorium am Südflügel war der einzig beheizbare Raum des Klosters. Hier war die Schreibstube untergebracht; Mönche, die in einen Regenguß geraten waren, durften sich dort trocknen. Eine weitere Besonderheit des Zisterzienserklosters ist die Lage des Refektoriums, das mit einer Schmalseite an den Kreuzgang stößt und deshalb weit von diesem abzweigt. Dadurch wurde es möglich, auch die Küche direkt am Kreuzgang unterzubringen. Der Speisesaal ist in Fontenay allerdings nicht mehr erhalten, weil er im 18. Jahrhundert einem neuen Abtslogis weichen mußte. Auch das Brunnenhaus wurde damals abgerissen. Der Trakt der Konversen ist in Fontenay gleichfalls untergegangen. Deren Refektorium und Dormitorium lagen am Westflügel. Erhalten blieb dafür das langgestreckte Gebäude mit der

Schmiede, deren Betrieb Fontenay seine Einkünfte verdankte. Ihre klare bauliche Struktur mit vier aneinandergereihten Räumen, an denen entlang das Wasser kanalisiert wurde, spricht in ihrer Nüchternheit gleichfalls von der Disziplin des strengen Ordens, in dem auch die Arbeit einem genau festgelegten Reglement unterlag.

Pontigny, ehem. Zisterzienser-Klosterkirche von Süden
Die Gesamtansicht der Klosterkirche, die gemäß den strengen Bauvorschriften keinen Glockenturm, sondern nur einen kleinen hölzernen Dachreiter besaß (der verlorengegangen ist), zeigt, daß die Baukunst der Zisterzienser an dem allgemeinen Höhenstreben des 12. Jahrhunderts keinen Anteil nahm.

Die Kirche von Pontigny

Pontigny gehört zu den Klöstern der ersten Stunde, nachdem Cîteaux unter dem Einfluß des hl. Bernhard in seine Expansionsphase getreten war. Der erste Kirchenbau dürfte sich eng an die schlichte Gestalt von Cîteaux und Clairvaux angelehnt haben. Wie man sich die frühesten Bauten der Zisterzienser vorzustellen hat, läßt sich heute nur noch im Vergleich mit Bauten des Chalaisianerordens nachvollziehen; von dessen zwölf Kirchen, die sich ausnahmslos im Südosten Frankreichs in den Landschaften Dauphiné und Haute-Provence befinden, sind noch vier erhalten: Chalais (bei Grenoble), Boscodon (bei Embrun) sowie Notre-Dame-de-Lure (bei Manosque) und Valbonne (zwischen Cannes und Nizza gelegen). Sie sind einschiffig, besitzen ein Querhaus, das das Langhaus nicht durchdringt, und einen quadratischen oder rechteckigen Chor.[32] Schon bald nach dem groß angelegten Umbau von Clairvaux sah man sich auch in Pontigny vor die Notwendigkeit gestellt, das Kloster den gewandelten Verhältnissen anzupassen. Der Neubau wurde bald nach 1150 begonnen. In Pontigny wurde also die zweite Phase der Ordensbaukunst der Zisterzienser, für die Fontenay exemplarisch steht, übersprungen. Pontigny ist vielmehr ein Beispiel für die dritte Generation von Bauten, die nach dem Tod des hl. Bernhard entstand. Hatte

32 Zur Geschichte und Baukunst der Chalaisianer ausführlicher: Thorsten Droste, *Dauphiné und Haute-Provence*, Köln 1992, S. 122f.

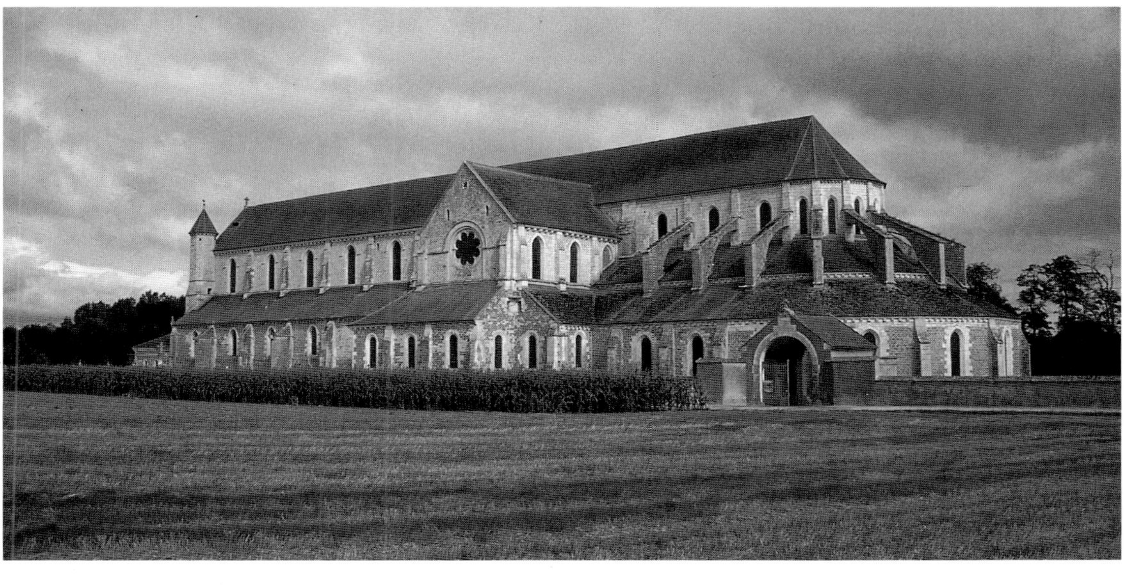

Pontigny, Langhaus der Zisterzienserkirche
Das Langhaus ist älter als der Chor. Es steht am Übergang von der Romanik zur Gotik. Das in der Barockzeit errichtete Chorgestühl verhindert den freien Blick nach Osten.

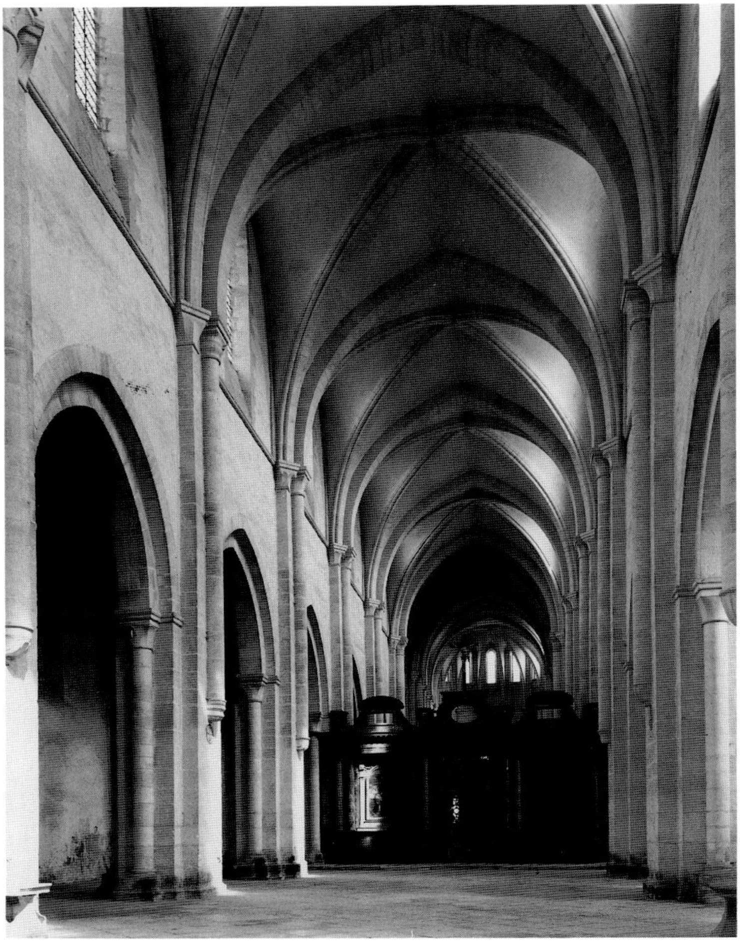

Grundriß der Zisterzienserkirche von Pontigny

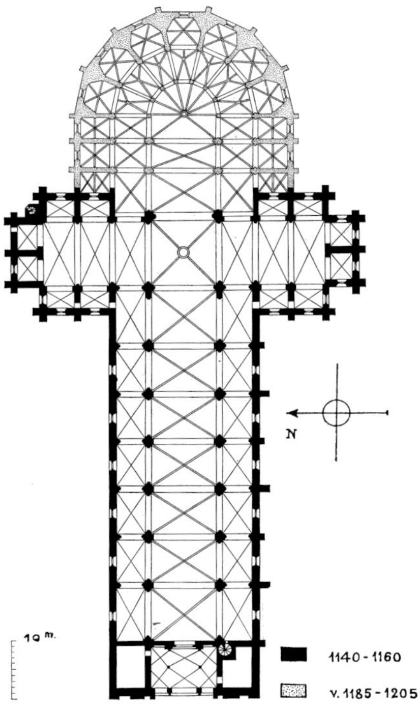

Fontenay in wichtigen Fragen Anleihe bei den Cluniazensern gemacht, so kam in Pontigny die von Vézelay vertretene Tradition noch einmal zu Wort. Die Hochschiffwand ist zweigeschossig angelegt, sowohl in den Seitenschiffen als auch im Mittelschiff kam das *Kreuzgratgewölbe* zur Anwendung. Anders als in Fontenay besitzt das dreischiffige Langhaus einen durchfensterten Obergaden. In ihrer Lichtfülle nimmt die Kirche von Pontigny erkennbar Anteil an den Neuerungsbestrebungen der Architektur, wie sie, vom Chor des Abtes Suger in St-Denis ausgehend, schon kurz nach der Mitte des 12. Jahrhunderts in den frühen gotischen Kathedralen manifest geworden sind. 1185, als der bis dahin noch stehende Chor der ersten Abteikirche abgerissen und gleichfalls neu gebaut wurde, sollte Pontigny noch tiefer von der jungen Gotik durchdrungen werden. Die Lage des Klosters in Nordburgund, nahe dem benachbarten Ursprungsland der Gotik, hat diesen Durchdringungsprozeß beschleunigt. Nun erhielt das Mittelschiff der Basilika ein Kreuzrippengewölbe, und der Chor wurde nach Art der Kathedralen mit einem Umgang und Kapellenkranz ausgestattet. Wieder zeigt sich, daß die Zisterzienser stets bereit waren, gerade auf technischem Gebiet überzeugende Lösungen rasch zu adaptieren, ohne deshalb in die Rolle der Kopisten zu verfallen.

Pontigny hat gotische Formen übernommen, ohne deshalb im eigentlichen Sinne gotisch zu sein. Wirklich *gotisch* sind folgende Merkmale: das *Kreuzrippengewölbe* und das damit einhergehende *Baldachinsystem*; der *Kapellenkranz* (wobei die Chorkapellen unmittelbar aneinanderrücken, während die Radialkapellen der Romanik immer räumlich voneinander isoliert erscheinen); das *Knospenkapitell* (nur im Chor).

Daneben lebt *älteres Formempfinden* gleichrangig in folgenden Punkten fort: im *Kontinuum der Wandfläche* – denn bei aller Lichtfülle erscheinen die Fenster auch weiterhin wie aus der Mauer herausgeschält; in der *Zweigeschossigkeit des Aufrisses*.

Als unverwechselbare *Merkmale der Zisterzienserkunst*, die weder in der Romanik noch in der Gotik ihre Parallelen finden, sind zu nennen: die *Turmlosigkeit; Verzicht auf farbige Fenster und bauplastischen Dekor; Zusammenfassung der Chorkapellen* nach außen in Gestalt eines fortlaufenden Mauerpolygons, wodurch die räumliche Situation im Innern verschleiert wird.

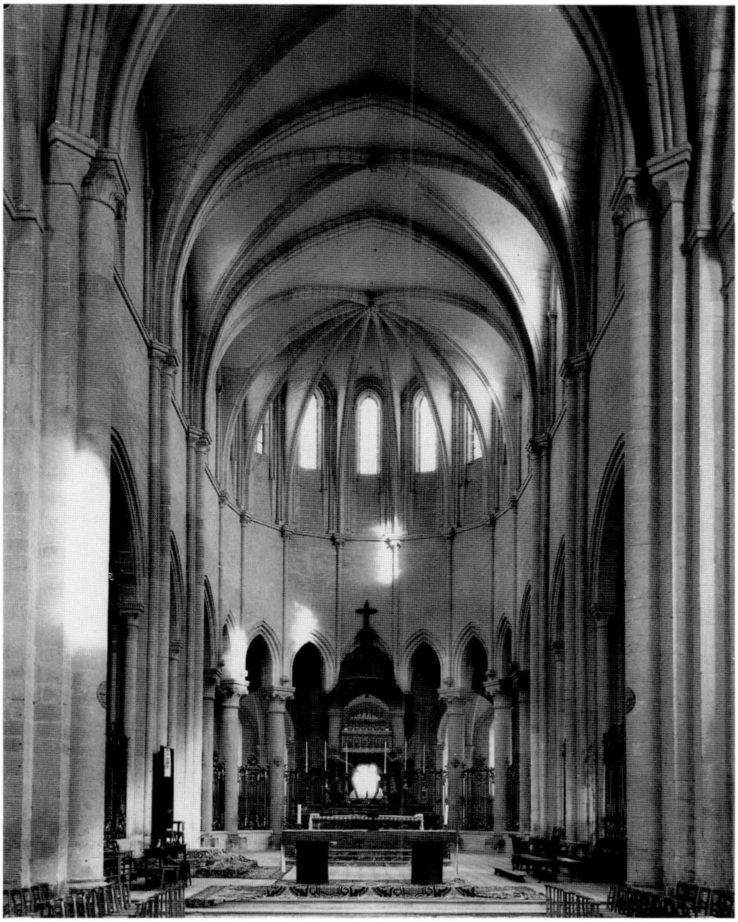

Pontigny, Chor der Zisterzienserkirche
Im Chor von Pontigny hat sich die Gotik endgültig Bahn gebrochen. Allein der Verzicht auf farbige Verglasung sorgt für eine nüchterne Atmosphäre, wie sie für den Orden typisch, jedoch gänzlich uncharakteristisch für die Kathedralarchitektur ist.

Der Einfluß von Pontigny reichte bis nach Spanien und England. Namentlich mit dem Klerus des Inselreiches unterhielt man gute und enge Beziehungen. Drei namhafte Erzbischöfe von Canterbury, haben sich aus den unterschiedlichsten Gründen jeweils längere Zeit in Pontigny aufgehalten: 1164 bis 1170 suchte Thomas Becket hier Schutz vor Heinrich II.; 1172, zwei Jahre nach seiner Rückkehr nach Canterbury wurde er auf Veranlassung des Plantagenet-Königs am Altar seiner Kathedrale ermordet. Ebenfalls vor den Nachstellungen seines Königs Johann Ohneland, einem der Söhne Heinrichs II., fand Erzbischof Stephen Langton von 1208 bis 1213 Zuflucht in Pontigny. Als letzter in dieser Reihe prominenter Flüchtlinge hielt sich Edmund Rich mehrere Jahre in Pontigny auf, wo er 1240 starb. 1246 wurde er kanonisiert und genießt seither bis auf den heutigen Tag in der Umgebung des Ortes Verehrung als lokaler Heiliger.
Zu Beginn des 20. Jahrhunderts erfuhr Pontigny vorübergehend eine neue Bedeutung als literarische Begegnungsstätte höchsten Niveaus. Die Initiative dazu ging von dem Philosophen Paul Desjardins (1859-1940) aus, der 1904 die »Décades« oder auch »Entretiens de Pontigny« ins Leben rief. Zu den Symposien kamen so bekannte Größen wie Thomas Mann, François Mauriac und T. S. Eliot, der, angeregt durch den Besuch in Pontigny, 1935 das Theaterstück »Der Mord im Dom« verfaßte, in dem er das Drama um den Mord an Thomas Becket verarbeitete. Mit dem Ausbruch des Zweiten Weltkriegs brachen die Entretiens de Pontigny ab.

Pontigny, ehem. Zisterzienser-Klosterkirche, Blick in das südliche Seitenschiff der Basilika

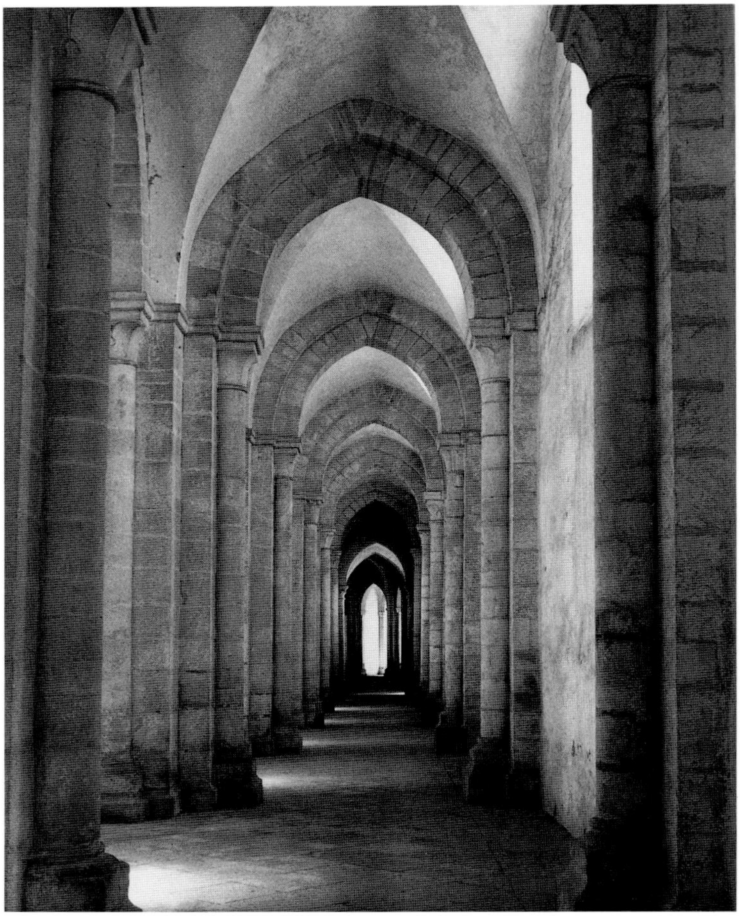

Jeder Versuch, einen Bau wie Pontigny einer der beiden großen Epochen des französischen Mittelalters zuzuweisen, muß fehlschlagen. Es ist gerade das Bezeichnende für die Zisterzienser, daß sie offen waren für Anregungen, doch letztlich zu ihren ganz eigenen Lösungen gelangten, die sich deutlich von der zeitgenössischen Baukunst absetzen. Das Kreuzrippensystem sollte indes fortan ein unverzichtbarer Bestandteil der Zisterzienserbaukunst bleiben. Die rasche Ausbreitung des Ordens brachte es mit sich, daß dieses Leitmotiv der Gotik allen Provinzen des Landes und auch über seine Grenzen hinaus von den Zisterziensern vermittelt wurde. Der Siegeszug der Gotik ist von den Zisterziensern maßgeblich mitgetragen worden.

Die gotische Kunst in Burgund

Ungeachtet seiner allseitigen geographischen Offenheit und der daraus resultierenden Bereitschaft, Anregungen aus unterschiedlichen Richtungen aufzunehmen, hat sich Burgund im 11. und 12. Jahrhundert mit seinen überragenden Leistungen zu einer autochthonen Kunstlandschaft entwickelt. Diese Eigenständigkeit der burgundischen Kunst ist aber nicht das Substrat ethnischer Veranlagungen, sondern Ausdruck der mönchischen Kultur. Die beiden wichtigsten Reformorden im 11. und 12. Jahrhundert, die Cluniazenser und die Zisterzienser, waren aus Burgund hervorgegangen und haben weit über die Grenzen dieser Landschaft hinaus die Kunst einer ganzen Epoche unverwechselbar geprägt. Als der Einfluß dieser beiden Orden zurückging, verlor Burgund eine wesentliche Antriebsfeder seiner bisherigen schöpferischen Kräfte.

Das 12. Jahrhundert – Epoche des Umbruchs

Wenn wir das 11. und stärker noch das 12. Jahrhundert als eine Epoche voller Spannungen und Gegensätze erfahren – an der Gestalt des hl. Bernhard wird dies in persona exemplarisch deutlich –, so haben wir darin die Folgeerscheinungen tiefgreifender Umwälzungen zu erblicken. Ähnlich weittragend sind in den letzten zweitausend Jahren nur die Veränderungen gewesen, die die Völkerwanderung und die Industrialisierung nach sich gezogen haben. Die höheren Erträge der Landwirtschaft infolge von Rodung, Urbarmachung und verbesserter Methoden und Techniken sowie die Ausweitung des Handels, dem gerade durch die Kreuzzugsbewegung neue Impulse zugeflossen waren, führten nicht nur zu einer deutlich verbesserten Versorgungslage und einem nie gekannten Wohlstand, sondern bewirkten auch einen enormen Anstieg der Bevölkerung in allen Ländern Europas. Hatte bis dahin eine ländlich orientierte Struktur vorgeherrscht, so erlebten alsbald die Städte ein expansives Wachstum, dessen Anfänge bis in das 10. Jahrhundert zurückreichen. Am Rande der alten urbanen Zentren entstanden Vororte, für die erstmals im 10. Jahrhundert der Begriff des *burgus* auftaucht. Burgund scheint dabei eine Vorreiterrolle gespielt zu haben, denn Edith Ennen lokalisiert das Entstehen des neuen Terminus im geographischen Bereich zwischen Rhône, Saône und Loire.[33] Die Bewohner dieser Siedlungen, Handwerker, Arbeiter, Gewerbetreibende, nannte man *burgi*,

Das derzeit wichtigste Grundlagenwerk zur gotischen Architektur: Dieter Kimpel und Robert Suckale, *Die gotische Architektur in Frankreich 1130-1270*, München 1985, Neuauflage 1998 (Hirmer)

33 Edith Ennen, *Die europäische Stadt des Mittelalters*, Göttingen 1972, S. 100.

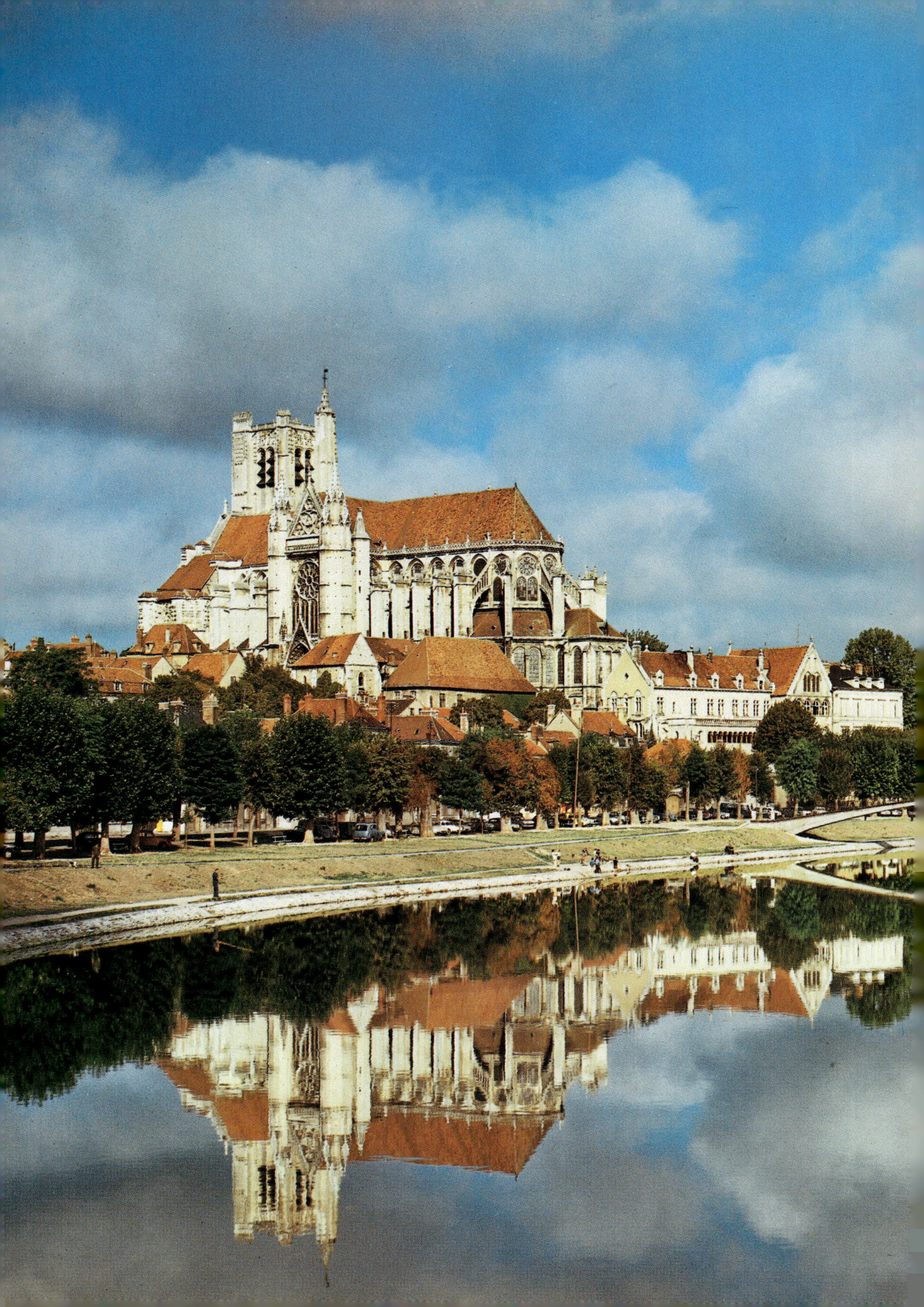

eine Wortschöpfung, die in den Begriffen Bürger oder bourgeois bis heute fortlebt. Das Klosterwesen dagegen ist Teil der ländlich geprägten Kultur des Frühmittelalters. Die fortschreitende Urbanisierung bedeutete den Niedergang der Klöster. In den 1130er Jahren ortet Georges Duby einen »Schwung, der das Abendland der Bauernkultur entreißt«.[34] Und weiter heißt es bei dem französischen Historiker: »Es war die Erneuerung eines geistlichen Wirkens, in der sich der Dienst an Gott nicht mehr vom wirklichen Leben ausschließt, sondern sich ganz im Gegenteil mitten ins Leben begibt, um das Alltägliche zu heiligen, in unmittelbarem Kontakt, in der Predigt und im Spenden der Sakramente. Dieser Gottesdienst ist dem des Mönchtums entgegengesetzt, und sein Erfolg bedeutet ein Zurückgehen des Mönchtums – also eine völlige Umkehr des religiösen Wertesystems.« Das wichtigste Anliegen der Mönche, das auch als Programm hinter ihrer phantasievollen Bilderwelt steht, ist der Wunsch, den Menschen gemäß der Devise des Paulus *per visibilia ad invisibilia* (z. B. 2. Kor. 4,18) zu führen. Ihr Wirken in dieser Welt diente einzig dem Ziel einer Vorbereitung auf das immerwährende Reich Gottes. In ihrer Kunst konnten sie sich deshalb auch nicht anders äußern als in Metaphern und Symbolen. Hier ist auch der entscheidende Grund dafür zu suchen, daß die romanische Skulptur immer Relief geblieben ist – die räumliche und zugleich inhaltliche Konkretisierung der Plastik blieb der Gotik vorbehalten. Die sich wandelnden gesellschaftlichen Verhältnisse und das Entstehen neuer religiöser Bedürfnisse, die von der mönchischen Haltung nicht mehr zu befriedigen waren, stärkte die Stellung der Weltgeistlichkeit. Deren Vertreter, die Bischöfe, hatten ihre Sitze in den Städten. In dem Maße, in dem die Äbte an Führungskraft verloren, wuchs die Autorität der Bischöfe. Dieses Schwinden des mönchischen Einflusses und das gleichzeitige Erstarken der Kathedralstädte vollzog sich auf breiter Front. Während die Klosterschule an Anziehungskraft einbüßte, blühte die Domschule auf, die ihrerseits, als Folge der Emanzipation des Bürgertums im 13. und 14. Jahrhundert, später hinter der Universität zurücktrat. Im Gesundheitswesen liegen die Dinge nicht anders. Klösterliche Hospize wurden von der neuen Gestalt des städtischen Spitals abgelöst, an die Stelle ritueller Symbolhandlungen rückte die pragmatische Krankenversorgung.

Die Klöster bzw. ihre Äbte, allen voran der hl. Bernhard, haben die Konsequenzen dieser Umbruchzeit, wenn vielleicht auch nicht bewußt erkannt, so doch gespürt. Wie anders soll man es sich erklären, daß seit dem späten 11. Jahrhundert in vermehrtem Maße Mönche nach einer Karriere in der Weltkirche strebten? Erst stellten die Cluniazenser, dann die Zisterzienser wichtige Bischöfe, zum Teil auch Päpste. Kalixtus II. (1119-24) war seit einem halben Jahrhundert der erste Papst, der nicht aus einem Kloster stammte. An Eugen III. (1145-53), einen Zisterzienser, knüpfte der hl. Bernhard hochfliegende Pläne: Mit ihm hoffte der Abt von Clairvaux ein Bollwerk gegen die fortschreitende Verweltlichung aufrichten zu können. Der Katalog seiner Forderungen an seinen einstigen Schüler gipfelte in der Maxime, daß er – Eugen – sich als Nach-

Farbtafel links:
Auxerre, Blick über die Yonne auf die Kathedrale
Auxerre bietet ein einzigartiges gotisches Stadtbild. Neben der Kathedrale St-Etienne (dazu ausführlich S. 164ff) umfaßt das Panorama die Chöre der gleichfalls gotischen Kirchen St-Germain und St-Pierre (vgl. Abb. S. 301).

34 Duby, hl. Bernhard a. a. O. (Anm. 29) S. 60.

folger Petri, nicht aber als Erbe Kaiser Konstantins zu betrachten habe. Doch Bernhard schwamm, wir sagten das bereits, gegen den Strom seiner Zeit, dessen innere Dynamik durch nichts mehr zu bremsen war.

Der schwindende Einfluß der Klöster führte schon bald nach der Mitte des 12. Jahrhunderts in Burgund zu einem künstlerischen Vakuum, das die Gotik ungewöhnlich rasch wieder auszufüllen begann. Daß die ersten gotischen Kirchen gerade in der Ile de France und nicht in irgendeiner beliebigen anderen Landschaft entstanden, hängt mit einer weiteren Veränderung auf politischem Gebiet zusammen. In der Zeit Ludwigs VI. (1108-37) hatte sich die Herrschaft der Kapetinger-Dynastie entscheidend gefestigt. Der König, bis zum frühen 12. Jahrhundert unter seinen Vasallen kaum mehr als ein primus inter pares, hatte seine Position stärken und damit dem Zentralismus den Weg ebnen können. Seine Nachfolger, Ludwig VII. (1137-80) und besonders Philipp II. August (1180-1223), hatten diesen Weg konsequent fortgesetzt, so daß Frankreich noch im Lauf des 13. Jahrhunderts zur vorherrschenden Macht in Europa aufsteigen konnte. Die gotische Kathedrale, zu deren Entstehen *alle* Kunstlandschaften Frankreichs Beiträge geleistet haben,[35] ist ja nicht nur Ausdruck vom wachsenden Selbstverständnis der Bischöfe, sondern zugleich auch gerade in ihrer Synthetisierung aller regionalen Einzelleistungen und dem Bestreben nach Zusammenfassung und Vereinheitlichung ein lebendiges Spiegelbild der politischen Realität. Hans Sedlmayr hat diesen Aspekt der Kathedrale mit Nachdruck herausgestellt.[36]

Das Herzogtum Burgund war in diesem Zusammenhang von der tätigen Mitwirkung ausgeschlossen und mußte sich in der ungewohnten Rolle des Rezipienten einrichten. Weder an Zahl noch an Größe können die Denkmäler der Gotik mit den Vorbildern des Kronlandes konkurrieren. Dennoch besitzt Burgund einen ansehnlichen Bestand gotischer Kirchen. In der Begegnung mit ihnen zeigt sich, daß es Burgund auch nach der Mitte des 12. Jahrhunderts gelang, einen individuellen Weg zu beschreiten und dem ersten europäischen Universalstil der Nachantike eigenes Empfinden beizumischen.

Der Beitrag Burgunds zur Entstehung der gotischen Kathedrale

Die Vorreiterrolle der Normandie und des normannischen England auf dem Weg der Baukunst in Richtung auf die Gotik ist unbestritten. Doch haben sämtliche Landschaften Frankreichs in irgendeiner Form Anteil am Entstehen des neuen Stils gehabt. Burgunds große Leistung war es im frühen 11. Jahrhundert gewesen, der Wölbungstechnik zum Durchbruch verholfen zu haben. Mit der Zuspitzung von Arkaden und Gewölbe hatten die Baumeister von Cluny III eine technische Innovation auf den Weg gebracht, an die die Gotik nahtlos anknüpfen konnte. Das

35 Eine genaue Übersicht über die Beiträge der unterschiedlichen Kunstlandschaften der Romanik in Frankreich zur Entstehung der Gotik gibt: Thorsten Droste, *Romanische Kunst in Frankreich*, Köln 1989.

36 Hans Sedlmayr, *Die Entstehung der Kathedrale*, Zürich 1950, Nachdruck Graz 1976, S. 354ff.

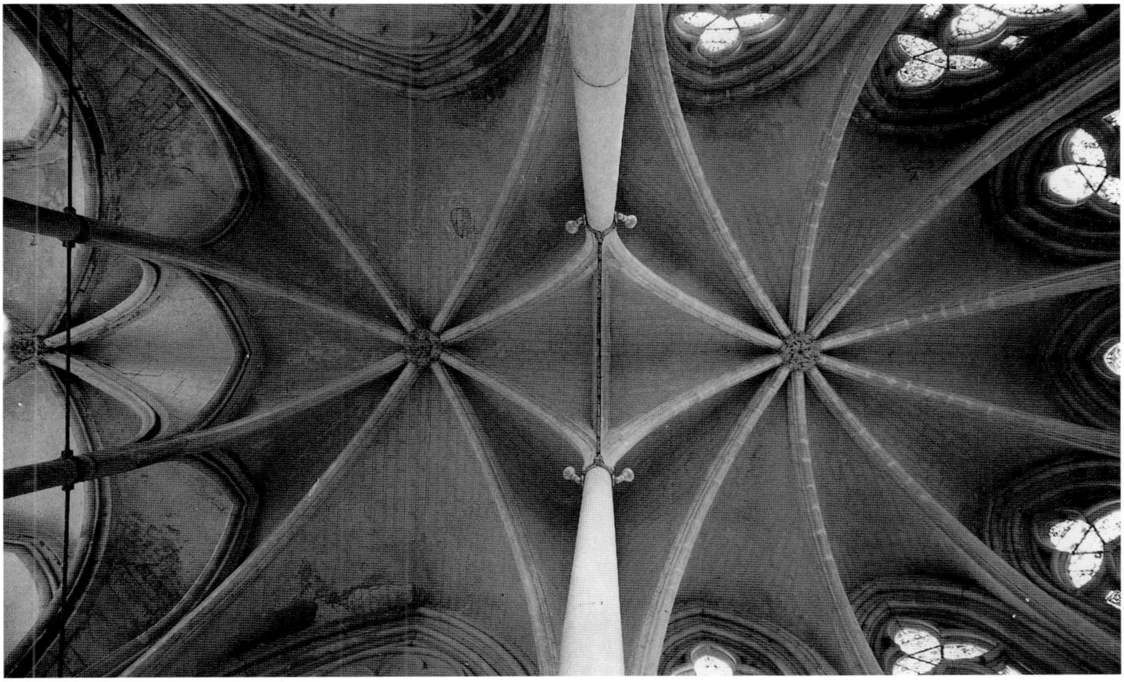

bedeutet indes nicht, daß das »Phänomen Kathedrale« gesamtheitlich von Cluny herzuleiten wäre. Gerade das von Sedlmayr so eindringlich beschriebene *Baldachinprinzip* hat in der Längsrichtung der fortlaufenden Tonne keine Wurzeln. Solche lassen sich eher in Tournus erkennen, wo sowohl im Narthex als auch in den Seitenschiffen der Basilika Kreuzgratgewölbe auftauchen (vgl. Abb. S. 23, 24). In Anzy-le-Duc findet sich dieses Muster in die Mittelschiffzone verlagert (Abb. S. 72), dasselbe erscheint in Vézelay (Abb. S. 118). Dieses System mit Rippen zu unterlegen und damit die wichtigste Voraussetzung für die gotische Baukunst zu schaffen, blieb der normannischen Architektur in der ersten Hälfte des 12. Jahrhunderts vorbehalten. Für die Entstehung des »gotischen Lichts« scheidet Cluny gleichfalls aus. Das Festhalten an der Tonne machte auch weiterhin – trotz der Zuspitzung - ein solides Mauerwerk erforderlich, in dem die Fenster wie Lichtschächte erscheinen. Die Ausdünnung der Wand, in Vézelay schon beträchtlich fortgeschritten, war letztlich nur mit Hilfe der Zweischaligkeit zu bewerkstelligen, wie sie aus der Normandie hervorgegangen war. Nicht einmal die Zisterzienser haben sich, ungeachtet ihrer Sehnsucht nach (spirituellem) Licht, der Möglichkeiten bedient, die ihnen die frühe Gotik in Form der Wandauflösung an die Hand gab. Die gotischen Rippen in **Pontigny** sind ein beiläufiger Bestandteil im architektonischen Kontext geblieben und haben das Bauwerk nicht integral durchdrungen. Der Anteil der Zisterzienser an der Gotik ist eher im Ordnungswillen insgesamt als im Detail auszumachen. Aber einer Leistung von **Cluny** ist noch zu gedenken: Der *dreigeschossige Aufriß* sollte in der Gotik fortwirken. Ohne diesen ist keine der hochgotischen Kathedralen seit Ende des 12. Jahrhunderts ausgekommen.

Auxerre, Gewölbe der Achskapelle der ehem. Abteikirche St-Germain
In dem Maße, wie sich die mittelalterliche Gesellschaft im 12. und 13. Jahrhundert immer deutlicher strukturierte, zeigt auch die gotische Architektur dieser Zeit das Bestreben, durch formale Gliederung die baulichen Riesenkörper der Kathedralen systematisch durchzugestalten. Das Prinzip der Rippen, Dienste und Gesimse schafft einen stringenten Zusammenhalt aller Einzelteile des Kathedralorganismus.

Während sich in der Ile de France mit dem von Abt Suger in den 1140er Jahren erbauten Chor von St-Denis ein klarer Schnitt vollzieht, die Romanik beinahe abrupt zu Ende geht und fortan in allen Bauten der Region um Paris ein kompromißloses Bekenntnis zur Gotik abgelegt wird, gibt es in Burgund eine Reihe von Bauten, die neben ihrer Hinwendung zum neuen Stil das Fortleben älterer Bautraditionen noch über die Mitte des 12. Jahrhunderts hinaus erkennen lassen.

Die **Kathedrale St-Mammès in Langres**, das auf der Schnittstelle zwischen Nordburgund, Lothringen und der Champagne liegt, zeigt ein Ineinandergreifen unterschiedlicher Auffassungen.[37] Der Bau wurde 1160

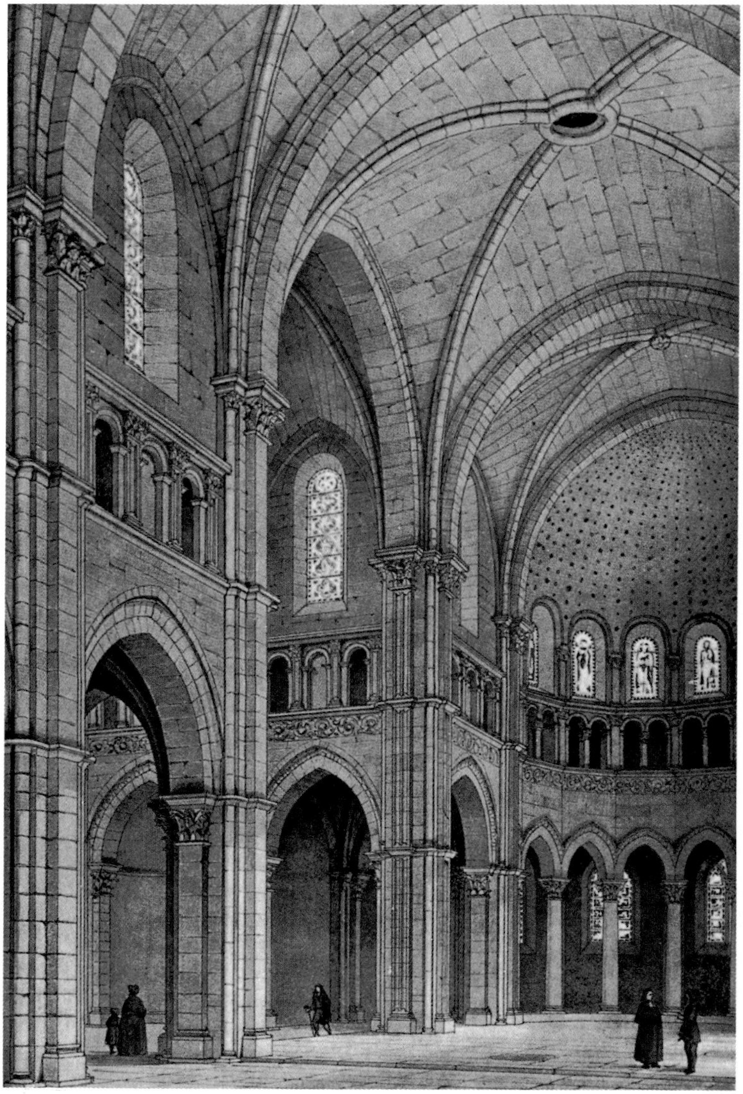

Langres, Kathedrale St-Mammès, Innenansicht (Stich aus dem 19. Jahrhundert)
Die Kathedrale von Langres ist ein Bau der Übergangszeit: um die Mitte des 12. Jahrhunderts entstanden, weist sie sowohl Elemente der Romanik als auch solche der Gotik auf und ist keinem der beiden Stile eindeutig verpflichtet.

37 Dazu ausführlich: Schlink, Zw. Cluny u. Clairvaux a. a. O. (Anm. 14).

begonnen. Im dreigeschossigen Aufriß spricht die cluniazensische Tradition mit, die über Autun und Notre-Dame in Beaune nach Langres vermittelt worden war. Die Verwendung des Kreuzrippengewölbes setzt andererseits bereits die Kenntnis der frühen Gotik voraus. Doch wird hier, ähnlich wie in Pontigny, nicht mit der Möglichkeit der Wandaufbrechung gespielt, die sich aus der technischen Neuerung hätte ergeben können. In Langres hält man am Wandkontinuum fest, wie auch das Triforium, anders als in gotischen Bauten, nicht räumlich in Erscheinung tritt. Von Cluny und von der frühen Gotik setzt sich St-Mammès durch seinen strengen Ernst ab. Zudem erscheinen die Raumverhältnisse ausgewogener, Höhe und Breite stehen bei einem Verhältnis von weniger als 2 : 1 (Höhe des Mittelschiffs = 23 m, Breite = 13 m) in einer Relation, wie sie von Vézelay her bekannt, aber auch für die meisten Zisterzienserkirchen typisch ist. Schlink sieht neben Cluny und der frühen Gotik in der Zisterzienserbaukunst die dritte Wurzel für Langres, und zwar direkt durch den Neubau von Clairvaux (nach 1135) angeregt. Eine exakte stilkritische Zuweisung von St-Mammès ist ausgeschlossen. Man kann nicht umhin, die Kathedrale von Langres als Beispiel eines romanisch-gotischen Übergangsstils einzustufen.

In der Zeit zwischen 1150 und 1180 finden sich noch andere, meist kleinere Bauten in Burgund, die sich gleichfalls aus den drei genannten Quellen, Cluny, Clairvaux und der frühen Gotik, nähren. Die Kollegiatskirche **Notre-Dame in Montréal** und **St-Lazare in Avallon** wären in dem Zusammenhang zu nennen.

Klarer liegen die Verhältnisse dagegen in **Sens**. Die Domstadt am Übergang von Nordburgund zur Ile de France besaß im Mittelalter eine kirchenpolitische Schlüsselstellung. Sie war der Sitz eines Erzbischofs, dem so bedeutende Suffragane wie Chartres und selbst Paris unterstanden. Das erklärt, warum die Kathedrale St-Etienne ein gotischer Bau der ersten Stunde ist. 1130 wurde St-Etienne zunächst noch ganz in romanischen Formen begonnen, doch schon um 1140 erfolgte unter dem Eindruck des in der Normandie aufgekommenen Systems der *Rippenwölbung* eine Bauplanänderung, die übergangslos in die frühe Gotik mündete. Sens besitzt die Form des sechsteiligen Gewölbes mit einem Stützenwechsel im Untergeschoß, wie er für die erste Generation der gotischen Kathedralen kennzeichnend ist. In der *Schrägstellung der seitlichen Dienste*, die im Gewölbe in die Diagonalrippen übergehen, führt der Architekt ein entscheidendes Motiv ein, das im Raumeindruck einen stringenteren Zusammenhalt zwischen den einzelnen Jochen bewirkt. Andererseits weist St-Etienne gewisse Archaismen auf, die eher im Widerspruch zur Gotik stehen. Während alle frühen Vertreter der Kathedralkunst in Anknüpfung an die Normandie einen viergeschossigen Aufriß besitzen (Arkade, Empore, Triforium, Obergaden) – erst in Chartres verzichtete man wieder auf das Emporengeschoß –, bleibt Sens der cluniazensischen Tradition mit dem *dreigeschossigen* Muster treu. Auch wird das Triforium nicht als begehbarer Laufgang gestaltet, was ihm auch die Bezeichnung einer *Scheinempore* eingetragen hat. Zudem läßt St-Etienne

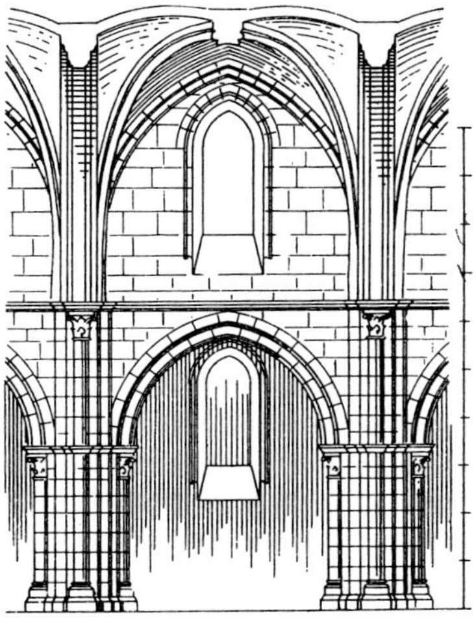

Montréal, ehem. Kollegiatskirche Notre-Dame, Schema des Wandaufrisses

Auch Notre-Dame in Montréal gehört zur kleinen Gruppe jener Bauten, die man weder als romanisch noch als gotisch klassifizieren kann. Mit der von Anzy-le-Duc und Vézelay geprägten Bauschule verbindet die Kirche, die 1170 begonnen und erst im frühen 13. Jahrhundert fertiggestellt wurde, ihr zweigeschossiger Aufriß. Dem gotischen Formengut ist das Kreuzrippengewölbe entnommen. Im Grundriß mit seinem geraden Chorabschluß spricht die Baukunst der Zisterzienser mit. Im ornamentalen Bereich ist auch ein Einschlag der mozarabischen Kunst Spaniens zum Niederschlag gekommen. Das doppeltorige Portal von Notre-Dame weist Auszackungen auf, die für viele romanische Kirchen Kastiliens, Aragons und Navarras kennzeichnend sind.

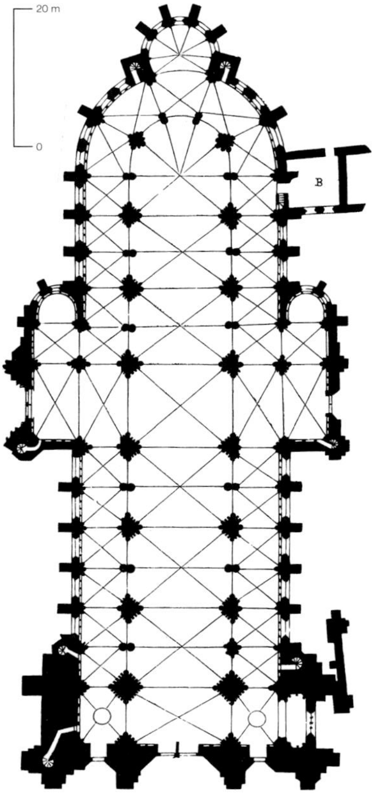

Sens, Grundriß der Kathedrale St-Etienne
Auffälligstes Kennzeichen ist der Verzicht auf ein Querhaus, was entscheidend zur bestechend einheitlichen Gesamterscheinung des Bauwerks beiträgt. Nur bei einer ganz kleinen Gruppe gotischer Kathedralen in Frankreich hat man denselben Bruch mit der Tradition gewagt.

Rechte Seite:
Sens, Inneres der Kathedrale St-Etienne
Zeitgleich mit dem Chor von St-Denis entstanden, gehört auch dieser Bau zu den maßgebenden Gründungswerken der Gotik.

die großzügige Durchfensterung vermissen, mit der gleichzeitig im Chor von St-Denis der Gotik die maßgebliche Richtung gewiesen wurde. Eine später vorgenommene Vergrößerung der Obergadenfenster hat allerdings – ähnlich wie in Notre-Dame in Paris – die ursprüngliche Disposition verändert (Vergrößerung der Chorfenster um 1230, im Langhaus erst um 1310).

Der konservative Zug von Sens hängt möglicherweise mit der Gestalt des Bauherrn zusammen. Den Grundstein legte Erzbischof Heinrich, dessen Beiname, *sanglier* (der Eber), beredten Aufschluß über das Temperament dieses Mannes gibt. Er hatte sich mit König Ludwig VI. überworfen und stand auch zum Papst in einem gespannten Verhältnis. Andererseits verband ihn eine Freundschaft ausgerechnet mit dem hl. Bernhard, der im Lauf der Jahre einen beträchtlichen Einfluß auf den cholerischen Erzmetropoliten auszuüben begann. Bereits vier Jahre vor der Grundsteinlegung von St-Etienne hatte Bernhard ihm die Mahnschrift *De moribus et officio Episcoporum tractatus* (Über die Lebens- und Amtsführung der Bischöfe) gewidmet, in der der Abt von Clairvaux besonders auf die Mäßigung im Bauen gepocht hatte. Die Reaktion Heinrichs mag selbst für Bernhard überraschend gewesen sein. Der ungestüme Kirchenmann legte ein Bekehrungsbekenntnis ab und versprach, sich an den Idealen der Zisterzienser zu orientieren. 1140 richtete Erzbischof Heinrich in Sens jene Synode aus, die Bernhard erfolgreich als Tribunal gegen den verhaßten Abälard benutzte. Die Auswirkung des Zisterziensergeistes auf den Bau der Kathedrale von Sens ist kontrovers beurteilt worden. Während Otto von Simson[38] in ihrer strengen Gesamterscheinung einen direkten Reflex auf Cîteaux bzw. Clairvaux sieht, lehnt Willibald Sauerländer[39] eine Einflußnahme von zisterziensischer Seite strikt ab. In der Tat sind die gewaltigen Ausmaße des 115 m langen Bauwerks mit dem von Cîteaux geforderten Purismus nur schwer in Einklang zu bringen. Doch ist daraufhinzuweisen, daß auch die Zisterzienser der Versuchung, sich in monumentalen Dimensionen zu artikulieren, sehr rasch erlagen; Pontigny ist sogar um 4 m länger als Sens! Zudem findet der strenge Ernst von St-Etienne nur in der gleichzeitigen Zisterzienserbaukunst sein Äquivalent. Wenn von Simson den Einfluß Bernhards vielleicht zu weit faßt, so wird man ihn andererseits doch nicht völlig von der Hand weisen können.

Gotische Skulptur

Während die frühe gotische Architektur Burgunds den Stempel der Zisterzienser trägt, so ist nur schwer zu entscheiden, wie weit der Geist des hl. Bernhard auch die Skulptur der Zeit um 1150 mitgeprägt hat. Die Popularisierung der Marienverehrung, als deren Folge im 12. Jahrhundert immer häufiger Standbilder der Muttergottes geschaffen wurden (zudem fällt es auf, daß nach 1150 die meisten Kathedralen das Patrozinium

38 Simson, Kathedrale a. a. O. (Anm. 31) S. 205f.
39 Willibald Sauerländer, *Das Jahrhundert der großen Kathedralen* (Universum der Kunst), München 1990, S. 14f.

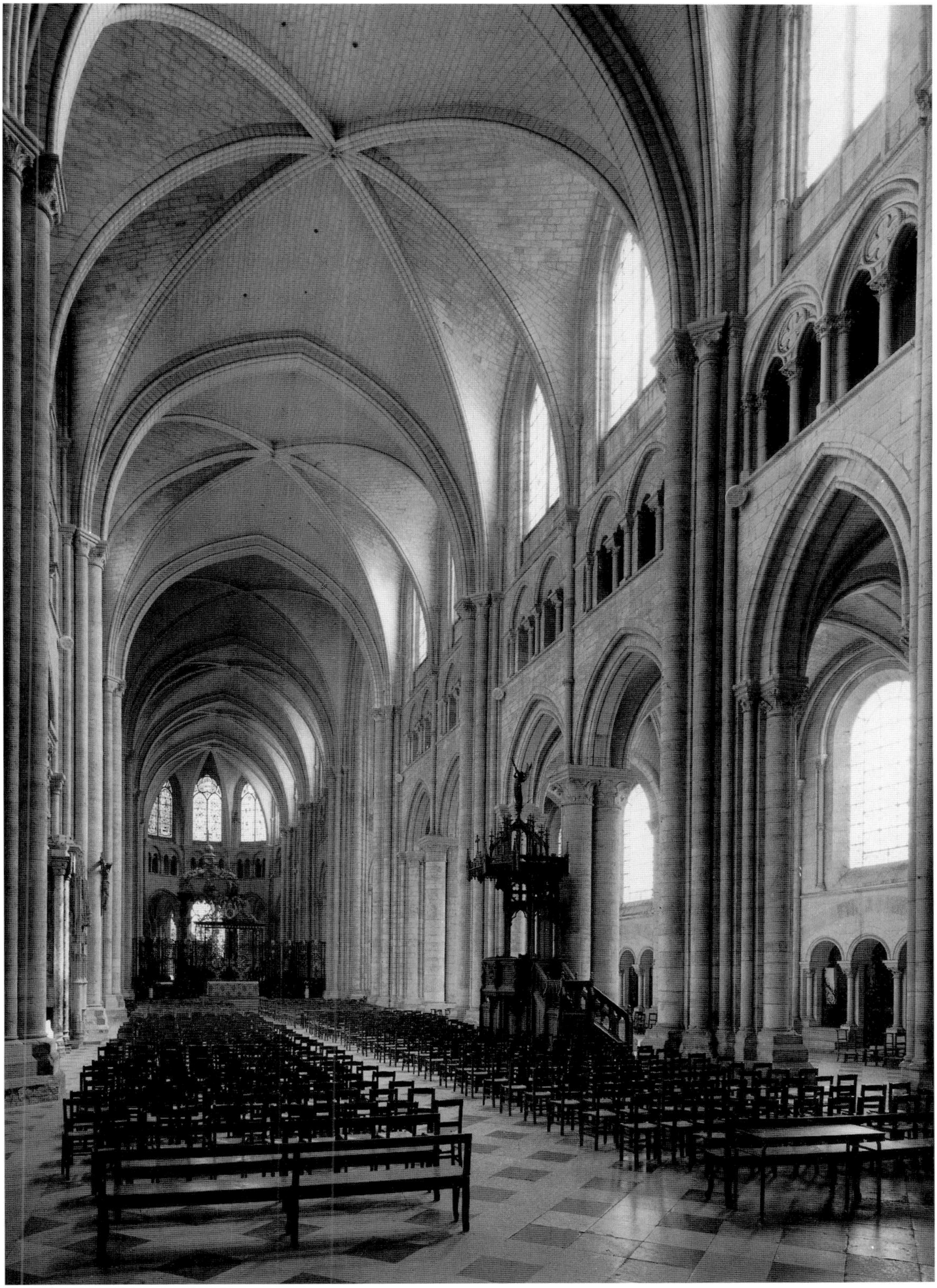

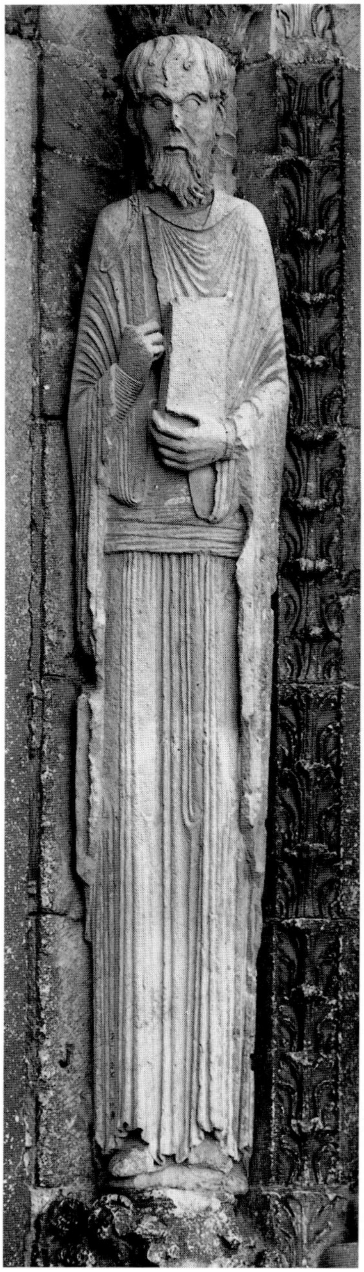

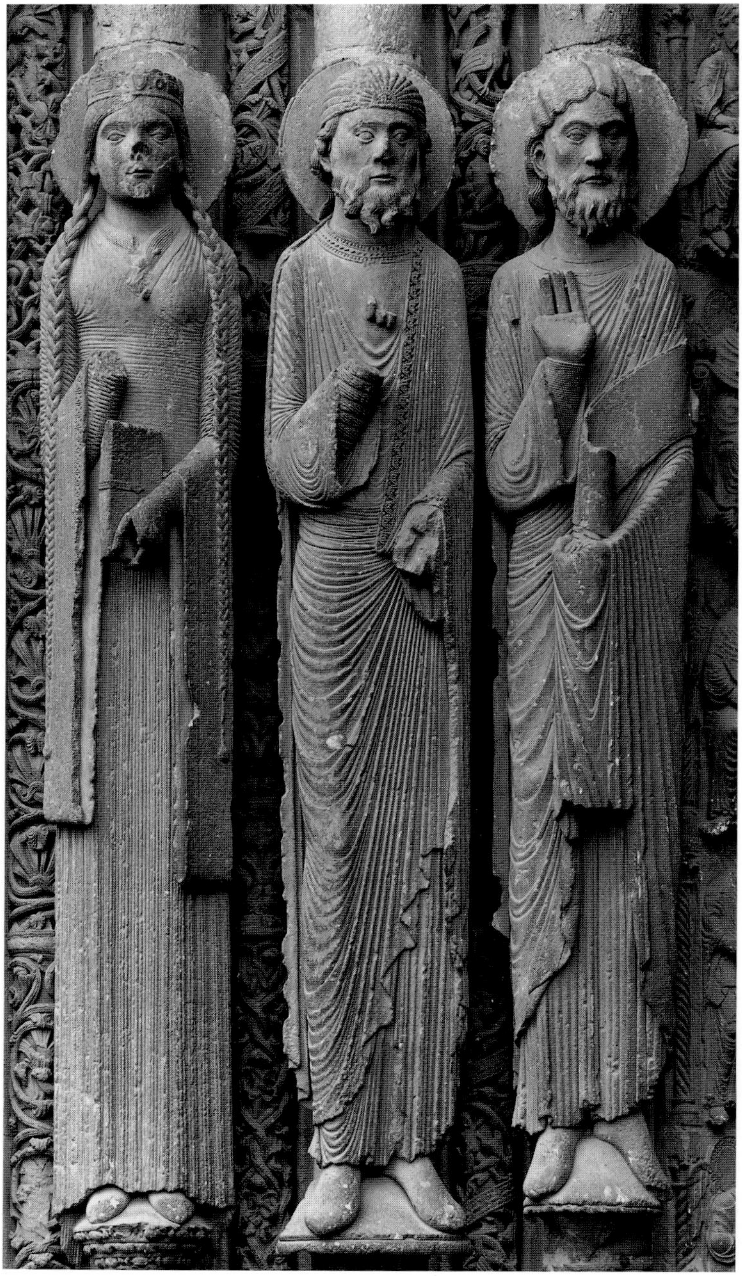

St-Lazare in Avallon, Prophetenfigur vom Portal; drei Gewändestatuen vom Königsportal in Chartres

Notre-Dame erhielten), ist ohne das Wirken Bernhards kaum vorstellbar. In der formalen Ausbildung der frühen gotischen Skulptur scheint zisterziensisches Denken zumindest anteilig mitzusprechen. Schon vor der Mitte des 12. Jahrhunderts erfolgte in **Chartres** in einer Art Gegenschlag des Pendels eine Abkehr von der barocken Bewegtheit der spätromanischen Plastik. Die Figuren erstarren und ziehen sich ganz in sich zurück. Das entscheidende Novum dieser Entwicklung ist aber in erster

Linie die *Lösung der Skulptur aus dem Relief.* Sie emanzipiert sich und tritt als vollplastische Figur räumlich in Erscheinung, wird dem Betrachter gleichermaßen inhaltlich wie auch in ihrer formalen Gestalt »begreiflicher«.

Das anschauliche Gegenstück zum Königsportal in Chartres bietet in Burgund die Kirche **St-Lazare in Avallon**. An der um 1150 entstandenen Fassade treten die beiden extrem unterschiedlichen Gesinnungen später Romanik und früher Gotik in einen spannungsvollen Kontrast. Die überbordende Ornamentfülle wurde von einem Meister burgundischer Schulung geformt, dessen Weg Bernhard Kerber bis nach Spanien verfolgt hat.[40] Die einzig erhaltene Figur des Gewändes, eine Prophetengestalt, steht dagegen in direktem Kontakt mit den entkörperlichten, extrem gelängten Statuen des Chartreser Meisters. St-Bénigne in Dijon besaß ein Portal ähnlicher Prägung, das uns jedoch nur in alten Stichen überliefert ist. Hier reihen sich auch die Trauernden vom Lazarusgrab im Musée Rolin in Autun ein (vgl. Abb. S. 105). Weitere Skulpturen der Frühgotik, in ihrer Qualität jedoch weit hinter jenen von Chartres zurückbleibend, finden sich am **Nordportal von Notre-Dame in Vermenton**, unweit von Vézelay. Der Vergleich zwischen Burgund und der Ile de France macht deutlich, daß man im Herzogtum wie in der Architektur so auch auf dem Gebiet der Monumentalskulptur den Neuerungen des Kronlandes gegenüber aufgeschlossen war und deren Errungenschaften ohne nennenswerte Zeitverzögerung übernahm.

Gegen das ausgehende 12. Jahrhundert löste sich die Figur wieder aus ihrer Erstarrung, um zu einer freieren Bewegung und einer körperlicher empfundenen Ausdrucksweise zu gelangen. Die nach 1184 entstandenen **Portalskulpturen von St-Etienne in Sens** gehören zu den frühesten Werken, in denen das antike Erbe wieder auflebt. Römische Porträthaftigkeit, hellenistischer Reichtum der Gewanddrapierung und allgemein antike Monumentalität verdichten sich in der neuen Form der gotischen Gewände- und Säulenfigur zu einer Kunstsprache, die um 1220 in Reims ihren ersten Höhepunkt fand. Von dort sprang der Funke nach Straßburg, Bamberg und Naumburg über. Diese reife Stufe ist in Burgund an einigen Figuren der **Fassade von Notre-Dame in Dijon** faßbar (die Portalskulpturen dort jedoch in der Revolution brutal verstümmelt), ferner an den **Gewändestatuen** der Kirche in **St-Thibault-en-Auxois**, an einigen Statuen der Westfassade von **Vézelay** und in dem kleinen **Tympanon von Notre-Dame in Semur-en-Auxois**, der sogenannten Porte des Bleds, wo in zwei Bildstreifen unter einer Halbfigur Christi Begebenheiten aus dem Leben des Apostels Thomas dargestellt sind. Notre-Dame in Semur ist übrigens in ihrer extrem steilen Proportionierung die am wenigsten burgundische Kirche. Sie steht der Gotik Nordfrankreichs sehr nah.

Insgesamt steht die burgundische Skulptur des späten 12. und 13. Jahrhunderts aber deutlich hinter den Werken der großen nordfranzösischen Kathedralen zurück. Die Stunde der Skulptur schlug in Burgund erst wieder im späten 14. Jahrhundert (siehe S. 203ff).

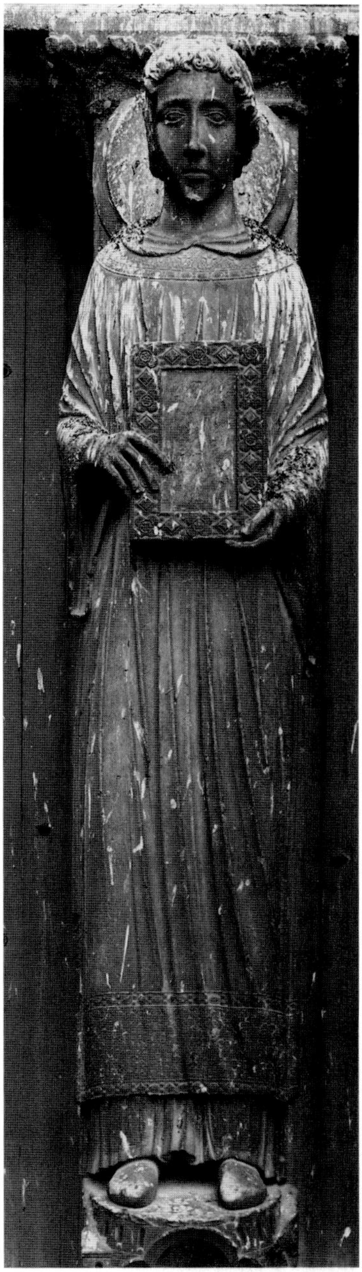

Sens, hl. Stephanus vom Hauptportal der Kathedrale St-Etienne
Eine der ersten monumentalen Trumeaufiguren der französischen Gotik.

40 Bernhard Kerber, *Burgund und die Entwicklung der französischen Kathedralskulptur im zwölften Jahrhundert*, Recklinghausen 1966.

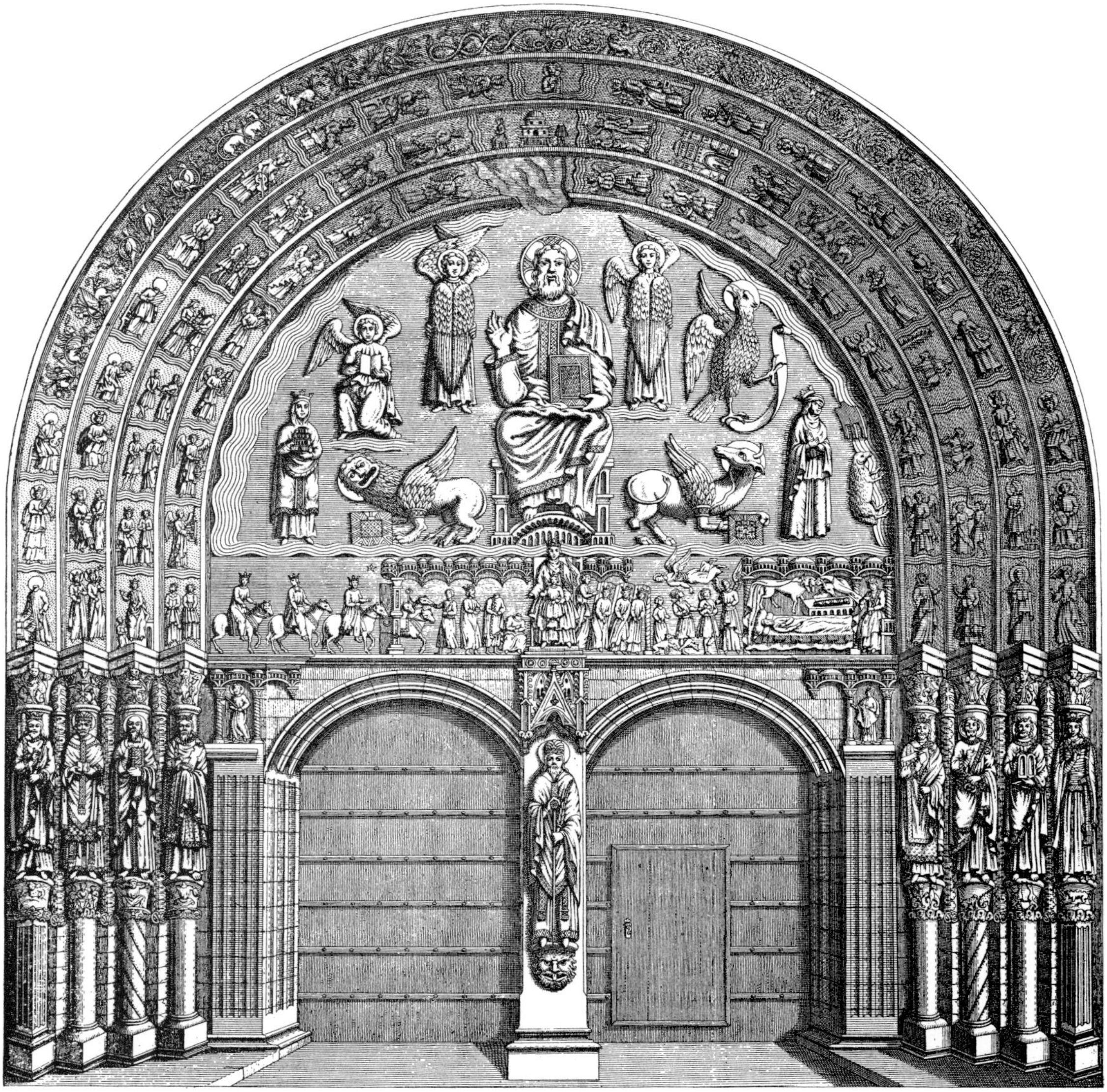

Zwei wichtige Beispiele hochgotischer Portallösungen im Vergleich. Links: das zerstörte Westportal von St-Bénigne in Dijon, rechts: das gut erhaltene Portal von St-Thibault-en-Auxois
Die Kirche Wilhelms von Volpiano (vgl. S. 27f) ist 1137 durch einen Brand schwer beschädigt und durch einen Neubau ersetzt worden, für den das oben abgebildete Portal geschaffen wurde. Dieser Bau fiel seinerseits Ende des 13. Jahrhunderts einem Einsturz des Vierungsturmes zum Opfer. Dem spätgotischen Neubau, der heute noch steht, wurde das gotische Portal des 13. Jahrhunderts inkorporiert. Dieses hat die Revolution fast vollständig zertrümmert. Sein Aussehen ist durch den Stich überliefert, den Dom Plancher 1739 in seiner »Histoire de la Bourgogne« veröffentlichte. Das Tympanon zeigt eine Maiestas Domini mit den vier Evangelistensymbolen, Engeln sowie Ecclesia und Synagoge. Im Architrav war die Geschichte der Heiligen Drei Könige dargestellt. Im Gewände befanden sich Statuen von Petrus, Paulus und alttestamentarischen Gestalten, am Trumeau stand der Titelheilige der Kirche, der hl. Benignus. Namentlich die Gewändefiguren lassen den entwickelten Stil der reifen gotischen Skulptur erkennen.

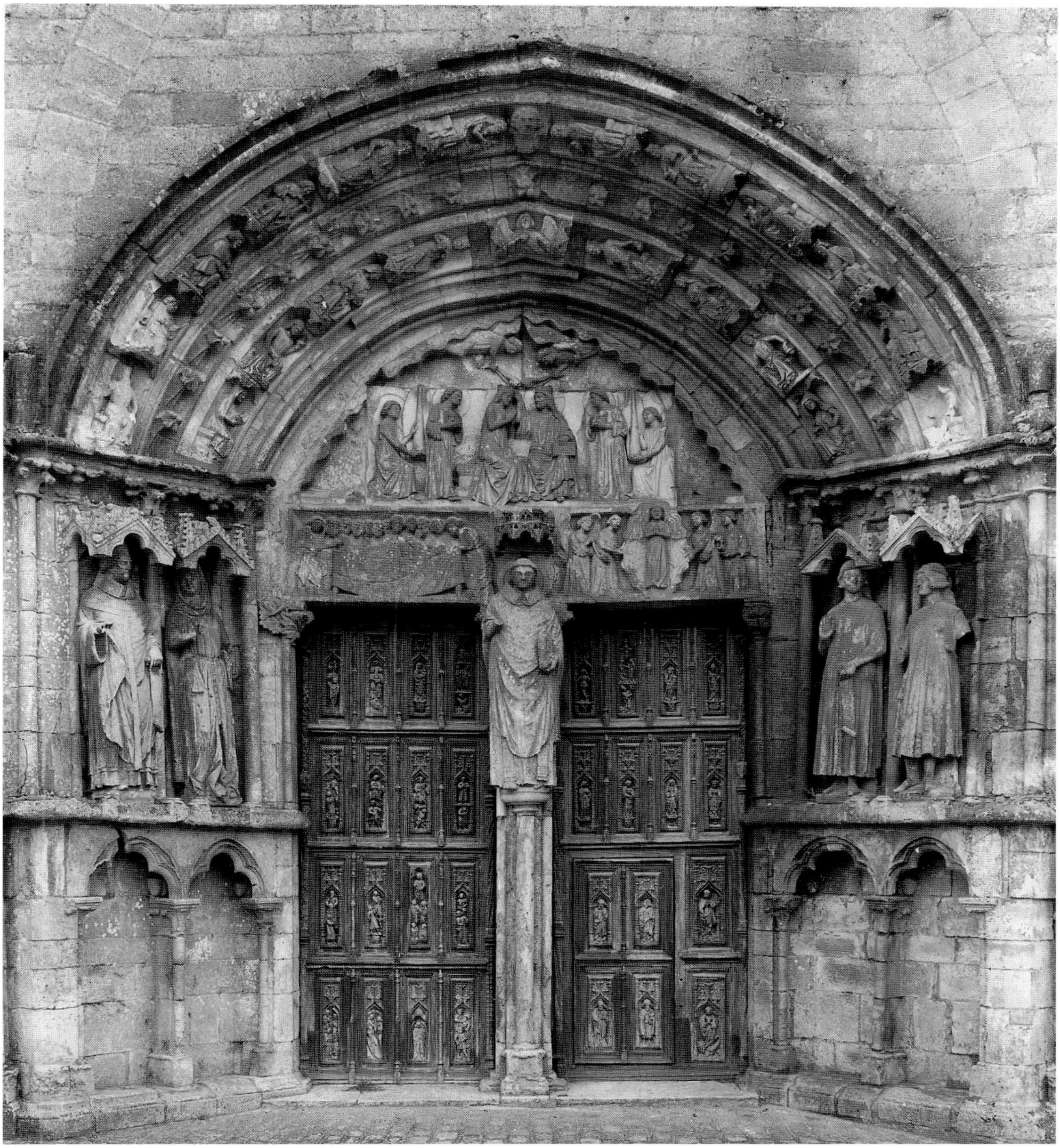

Nachdem 1240 die Reliquien des hl. Theobald nach St-Thibault gekommen waren, erlebte der Ort als Ziel einer überregionalen Wallfahrt einen enormen Aufschwung. Schon bald nach der Jahrhundertmitte wurde mit dem Bau der Kirche begonnen, von der nur die Ostteile erhalten blieben. In seiner extremen Dünngliedrigkeit ist dieser Bau eine der sublimsten Schöpfungen der burgundischen Hochgotik. Erhalten blieb ferner das Nordportal, in dessen Tympanon die Marienkrönung dargestellt ist, seit der Zeit um 1200 eines der beliebtesten Themen gotischer Figurenportale. Am Trumeau steht der hl. Theobald. Die vier Gewändestatuen besitzen keine Attribute und sind deshalb namentlich nicht zu bestimmen. Es fällt auf, daß sie zum Teil zeitgenössische Kleidung tragen, was Anlaß zu der Vermutung gegeben hat, es könne sich um historische Persönlichkeiten des 13. Jahrhunderts handeln. Dies trifft jedoch gewiß nicht zu. Im 13. Jahrhundert war die Darstellung von Nichtheiligen an derart exponierter Stelle noch völlig undenkbar. Diesen Schritt sollte erst das späte 14. Jahrhundert vollziehen. In den Archivolten erscheinen die klugen und törichten Jungfrauen sowie alttestamentarische Gestalten.

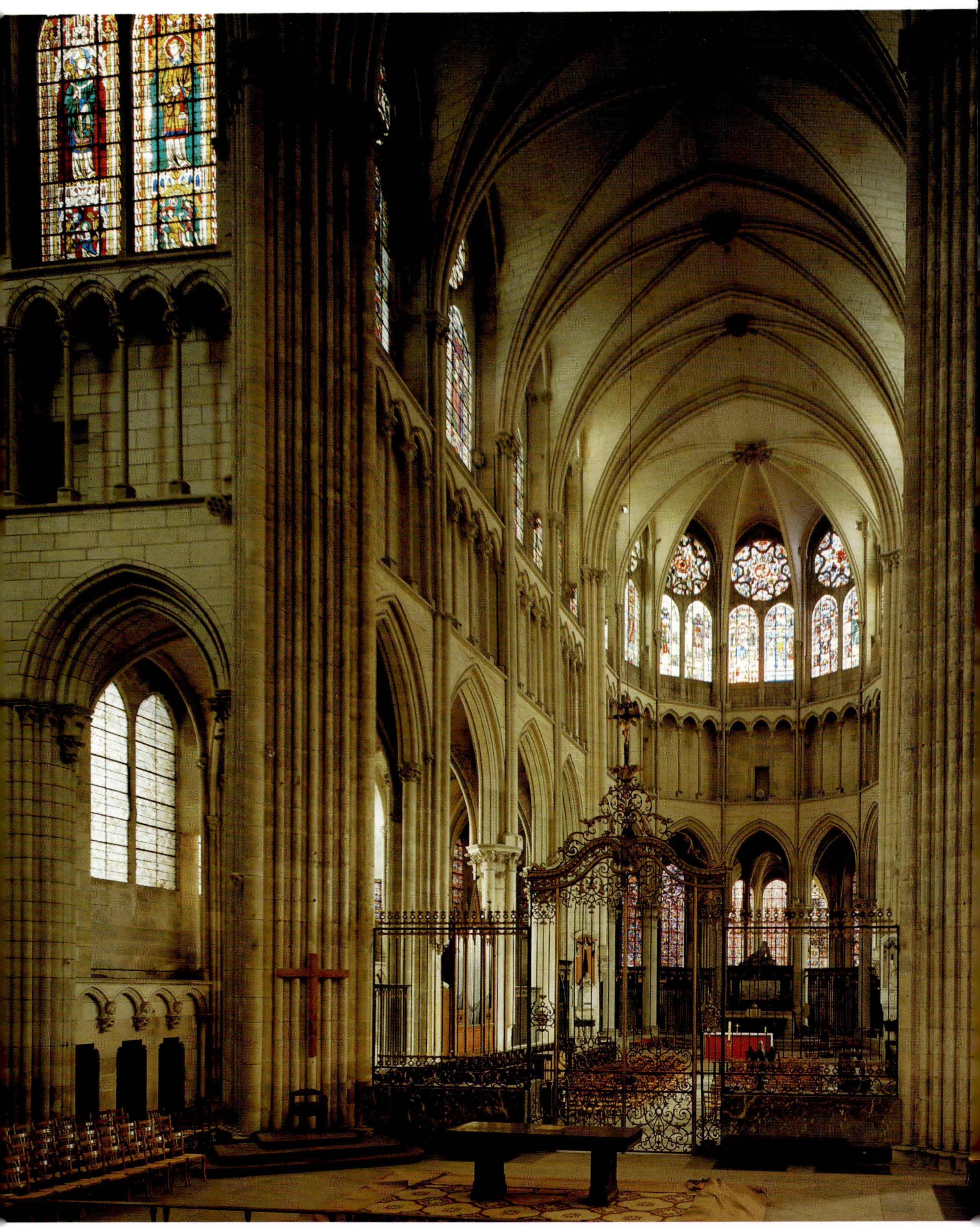

Auxerre – Triumph der Gotik

Mit ihren drei Kirchen – St-Etienne, die zugleich die Kathedrale ist, St-Germain (einstmals Klosterkirche) und St-Pierre (15. Jahrhundert) – bietet Auxerre das eindrucksvollste gotische Stadtpanorama Frankreichs, dessen bewegte Kulisse sich malerisch im Wasser der Yonne spiegelt. Bei näherer Betrachtung erweist sich einzig die Kathedrale als ergiebig. St-Germain wurde in der Revolution bis auf das Querschiff und den Chor abgerissen, St-Pierre ist ein kurioser Zwitterbau im Übergang von der Gotik zur Renaissance.

Die Kathedrale ließ Bischof Guillaume de Seignelay ab 1215 erbauen. Der Chor war bereits nach 20 Jahren fertiggestellt. Danach geriet das Projekt ins Stocken. Das Langhaus entstand erst im 14. Jahrhundert, wobei man sich aber weiterhin eng an den ursprünglichen Plan hielt. Bei Baubeginn war der Grundstein zur Kathedrale in Reims gerade erst gelegt (1211), die von Amiens noch nicht angefangen worden (1220). Als Vorbild konnte demnach nur Chartres dienen (Baubeginn 1195). Um so mehr überrascht es, zu welcher Freiheit die Baumeister der ersten reifen Kathedrale Burgunds fanden. Von der Kathedrale in Chartres, der ersten Vertreterin der hohen Gotik, übernahm man zwar den ganzen Standard in Form des dreigeschossigen Aufrisses (den man in dieser Zeit nicht mehr in Verbindung mit Cluny III zu sehen hat), der Verwendung des offenen Strebewerks, des vierteiligen Gewölbes und der starken Gewichtung des Chores, doch wurde die Wucht der Chartreser Gesamterscheinung erheblich gemildert und verfeinert. Das Triforium, in Chartres eine mehr ornamental wirkende Verbindungszone zwischen den Arkaden und den mächtigen Gruppenfenstern des Obergadens, ist in Auxerre stärker betont, so daß es zu einer gleichmäßigeren Gewichtung der einzelnen Abschnitte in der Hochschiffwand kommt. Die Stützen und Dienste sind schlanker und auf ein derart geringes Volumen ausgedünnt, daß der gesamte Bau ungeachtet seiner beträchtlichen Größe verblüffend zartgliedrig wirkt. Am deutlichsten aber setzt sich Auxerre in der *Proportionierung des Raumes* von der Kathedralgotik des Kronlandes ab. Während dort die Architekten in immer schwindelerregendere Höhen vordrangen (Gewölbehöhe in Chartres 36 m, in Reims 38 m, in Amiens bereits 42 m, und in Beauvais, dessen Chorgewölbe einstürzten, war die Schallmauer von 50 m erreicht), ist der typisch gotische Vertikalismus in St-Etienne aufgeweicht, wirkt eine betonte Breitenlagerung dem Aufwärtsstreben entgegen. Hans Jantzen[41] hat darin einen bewußten Verzicht auf »jene Großheit des kultischen Ausdrucks« gesehen, »die in den nordfranzösischen Kathedralen von vornherein in der Distanz zwischen Mensch und Bau empfunden wird«, und stellte für St-Etienne prägnant fest: »Der burgundische Sakralbau erstrebt eine menschlichen Maßen vertrautere Haltung.«

Mit dieser Gesinnung blieb Burgund nicht allein. Obwohl die Landschaft vorübergehend die führende Rolle, die sie noch bis gegen 1150 ge-

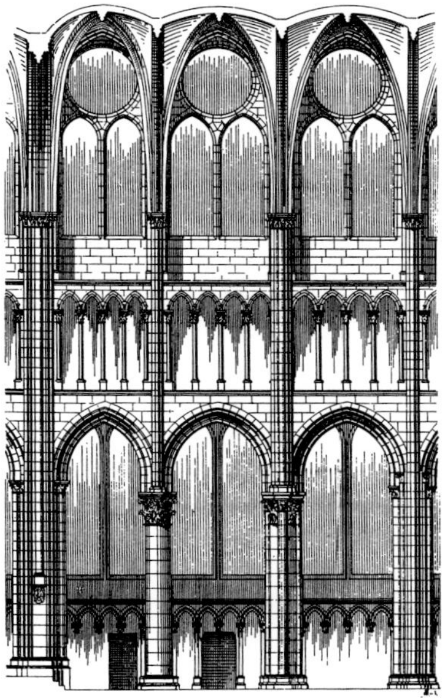

Wandaufriß der Kathedrale in Auxerre

Farbtafel links:
Auxerre, Kathedrale St-Etienne, Blick in den Chor
Die farbigen Fenster gehören neben denen von Chartres, Troyes und Bourges zu den bedeutendsten Leistungen der Glasmalerei im 13. Jahrhundert in Frankreich.
(Zu den Portalskulpturen und zur Ausstattung der Kathedrale s. S. 302.)

41 Hans Jantzen, *Die Gotik des Abendlandes*, Köln 1962, S. 88.

Rechte Seite:
Dijon, Notre-Dame, Westfassade
Die Westfassade von Notre-Dame ist nicht die eigentliche Kirchenfassade, sondern die Fassade der Vorhalle, die sich unten in drei großen Arkadenbögen öffnet. Die zweistöckige Galerie darüber erinnert an Bauten der toskanischen Romanik, ohne daß sich eine direkte Verbindung zwischen Burgund und der Toskana nachweisen ließe. Die Verselbständigung der Schauseite von der Kirche ist jedenfalls für das burgundische Mittelalter singulär. Die Wasserspeier wurden im 19. Jahrhundert erneuert.

spielt hatte, an die Ile de France abgegeben hatte, blieb ihr auch weiterhin der Part des Vermittlers zwischen Norden und Süden erhalten. Über Burgund fand die Gotik Eingang in die Südprovinzen Frankreichs, doch sollten auch hier die Ausgewogenheit zwischen Höhe und Breite gegenüber dem Vertikalismus den Ton angeben. Die Kathedralen St-Jean in Lyon und St-Maurice in Vienne stehen in enger Verbindung mit Auxerre. Das triumphale Pathos der kronländischen Gotik sollte bezeichnenderweise gerade in jenen Städten des Midi am auffälligsten zum Tragen kommen, in denen sich die Bischofskirchen als Bollwerke der Orthodoxie gegen die Ketzerei verstanden: in Béziers, Montpellier und besonders in Narbonne. Hier hatten die Bischöfe im Verein mit dem neuen Predigerorden der Dominikaner rücksichtslos jene Aufgabe erfüllt, an der Bernhard von Clairvaux noch gescheitert war.

Notre-Dame in Dijon und die bürgerliche Gotik

Die seit dem 11. Jahrhundert fortschreitende Urbanisierung hat in Burgund wie überall in Europa nicht nur die Stellung der Bischöfe gestärkt, sondern zugleich den Stein der Emanzipation des Bürgertums ins Rollen gebracht. Ein Rivalisieren dieser beiden Kräfte war unausweichbar. Seit dem späten 11. Jahrhundert kommt es allerorten zu Auseinandersetzungen zwischen den geistlichen Herren der Städte und jenen Bevölkerungsschichten, die, zu Wohlstand gelangt, ihre Rechte im politischen Kräftespiel vehement einforderten. Bereits 1066 wurde in Trier der Erzbischof ermordet, weil die Bürgerschaft von seiner Wahl ausgeschlossen worden war; 1074 wäre der Kölner Erzbischof Anno II. von aufgebrachten Kaufleuten beinahe gelyncht worden, nachdem er ein Handelsschiff requiriert hatte. In Burgund sollte Abt Artaud von Vézelay den Volkszorn am eigenen Leibe zu spüren bekommen. Im Laufe des 13. Jahrhunderts fand man in vielen Städten zu tragbaren Kompromissen und einer sinnvollen Aufteilung der Kompetenzen. Schon Ende des 12. Jahrhunderts hatte Herzog Hugues II. den Bürgern von Dijon weitgehende Zugeständnisse gemacht, die eine kommunale Selbstverwaltung ermöglichten. Seit dieser Zeit trat nun auch das Bürgertum, in Dijon wie anderswo, als neue Auftraggeberschicht hervor.

Dijon, Notre-Dame, Grundriß

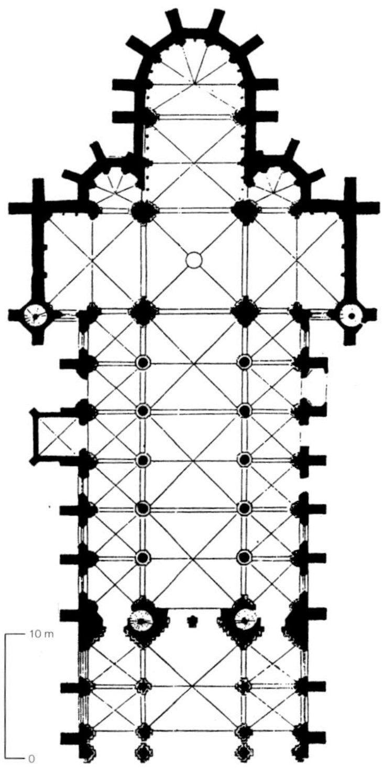

Das wichtigste Denkmal Burgunds, das aus einer Initiative der Bürger hervorging, ist die Kirche **Notre-Dame in Dijon**, die zwischen 1230 und 1251 errichtet wurde. Selten nur ist eine gotische Kirche derart konsequent nach dem Prinzip des *Gebundenen Systems* angelegt worden. Alle Proportionen leiten sich aus dem Grundmaß des Vierungsquadrates ab, in Breite und Länge ebenso wie in der Abmessung der Höhenverhältnisse. Mit St-Etienne in Auxerre hat Notre-Dame die Feingliedrigkeit und die Betonung des Triforiums gemeinsam, die gänzlich andere Dimensionierung gibt den Bau dagegen unmißverständlich als Pfarrkirche des Bürgertums zu erkennen, das sein Selbstverständnis im greifbaren

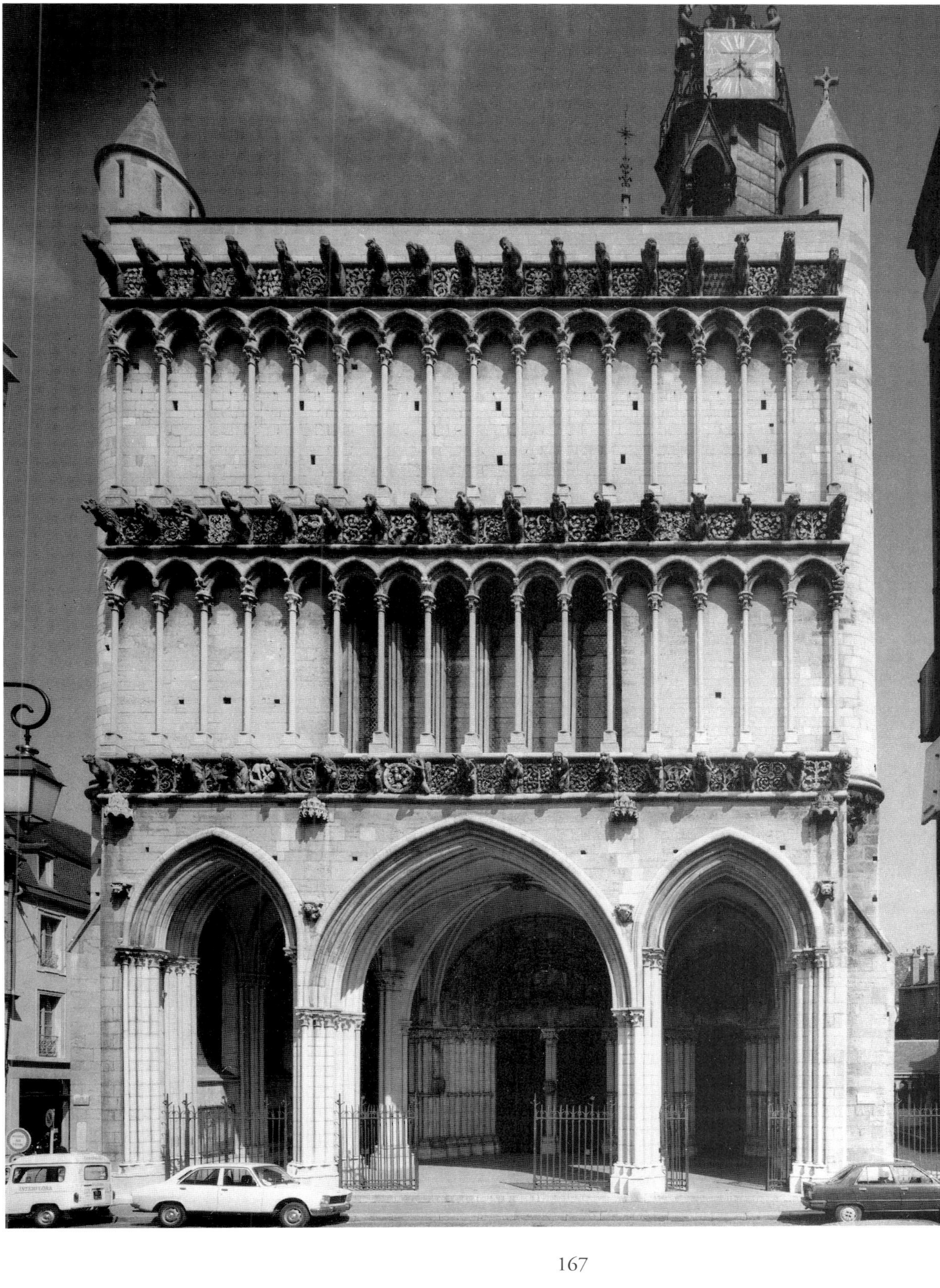

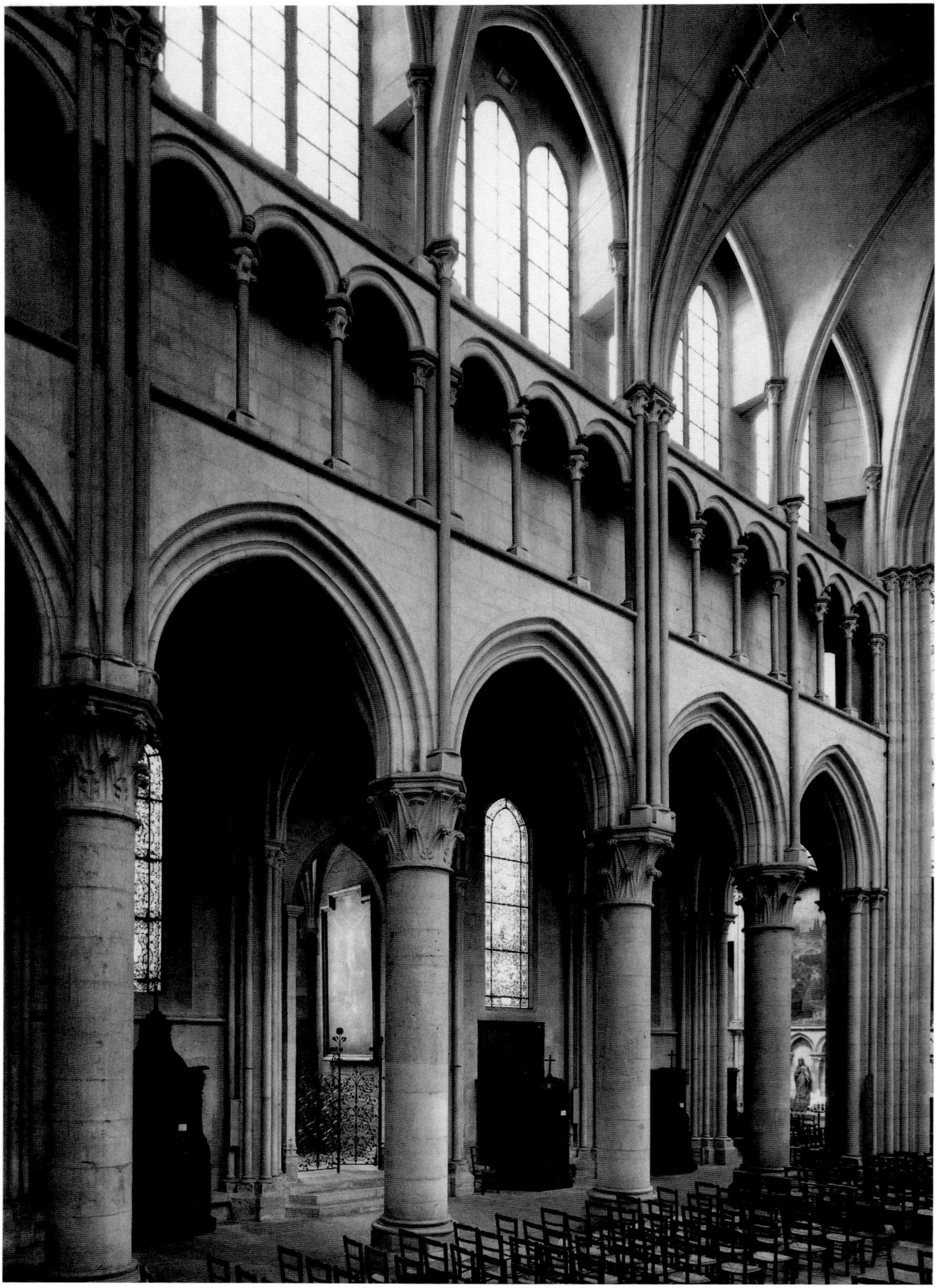

Maßstab und nicht in der Monumentalität artikulierte. Der Ruhm von Notre-Dame blieb selbst in Zeiten ungeschmälert, in denen die Kunst der Gotik als barbarisch abgetan wurde. Der aus Burgund stammende Festungsbaumeister Ludwigs XIV., Vauban, zollte ihr Anerkennung, und Soufflot, einer der Väter des Klassizismus, der gleichfalls in Burgund geboren worden war, hatte sich ein Modell von ihr zugelegt. Notre-Dame hat bis heute die Bewunderung auf sich gezogen und ist von Hans Jantzen als »die baukünstlerisch schönste, in den Abmessungen ausgewogenste Kirche Burgunds im 13. Jahrhundert« bezeichnet worden.[42]

Welche Originalität die burgundische Kunst auch im Zeitalter der Gotik hervorzubringen imstande war, zeigt der Blick auf die Fassade von Notre-Dame mit ihren in drei Geschossen übereinander angelegten offenen Galerien. Man fühlt sich spontan an romanische Bauten der Toscana erinnert, ohne daß ein direkter Bezug zu Italien hergestellt werden könnte. Ungewöhnlich ist zudem die Vielzahl der weit vorkragenden (falschen) Wasserspeier (diese im 19. Jahrhundert anstellte älterer Vorläufer angelegt). Keine andere Kirche des französischen Mittelalters besitzt eine vergleichbare Fassade.

In einer Hinsicht wirkt Notre-Dame indes merkwürdig altertümlich: Im Langhaus der Basilika kam noch einmal das Prinzip des sechsteiligen Gewölbes zur Anwendung, wie es für die frühen Kirchen der Gotik charakteristisch ist und bereits im späten 12. Jahrhundert wieder außer Mode gekommen war. Dieser Rückgriff verleiht dem Raum eine auffallend konservative Note. In der Mischung von Erfindungsgabe und gleichzeitigem Wurzeln im Althergebrachten erweist sich Notre-Dame allen hochrangigen Kunstäußerungen Burgunds zutiefst wesensverwandt.

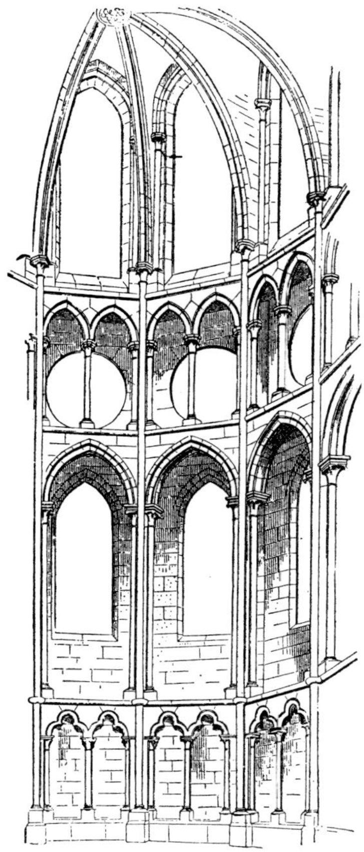

Dijon, Notre-Dame, Wandaufriß des Chores (nach Viollet-le-Duc)

Linke Seite:
Notre-Dame in Dijon, nördliche Hochschiffwand

So macht das Erlebnis dieses herausragenden Bauwerks noch einmal exemplarisch deutlich, was schon in der Beschäftigung mit allen anderen Kunstäußerungen Burgunds erkennbar wurde: Diese Landschaft ist wie kaum eine andere der Nährboden für eine unerschöpfliche Bandbreite unterschiedlicher Möglichkeiten gewesen, eine nie versiegende Quelle der Phantasie, der Kreativität und der immer gegenwärtigen Bereitschaft zum Neuen, zum Ungewöhnlichen. Doch ist alles dieses unlöslich verbunden mit einer konservativen Gesinnung; der Rückhalt im Gewachsenen ist die Wurzel jenes Baumes der Erscheinungen des Wunderbaren, an denen Burgund so überreich ist.

42 Hans Jantzen a. a. O. (Anm. 41) S. 88.

Die Epoche der Großen Herzöge

14.-15. Jahrhundert

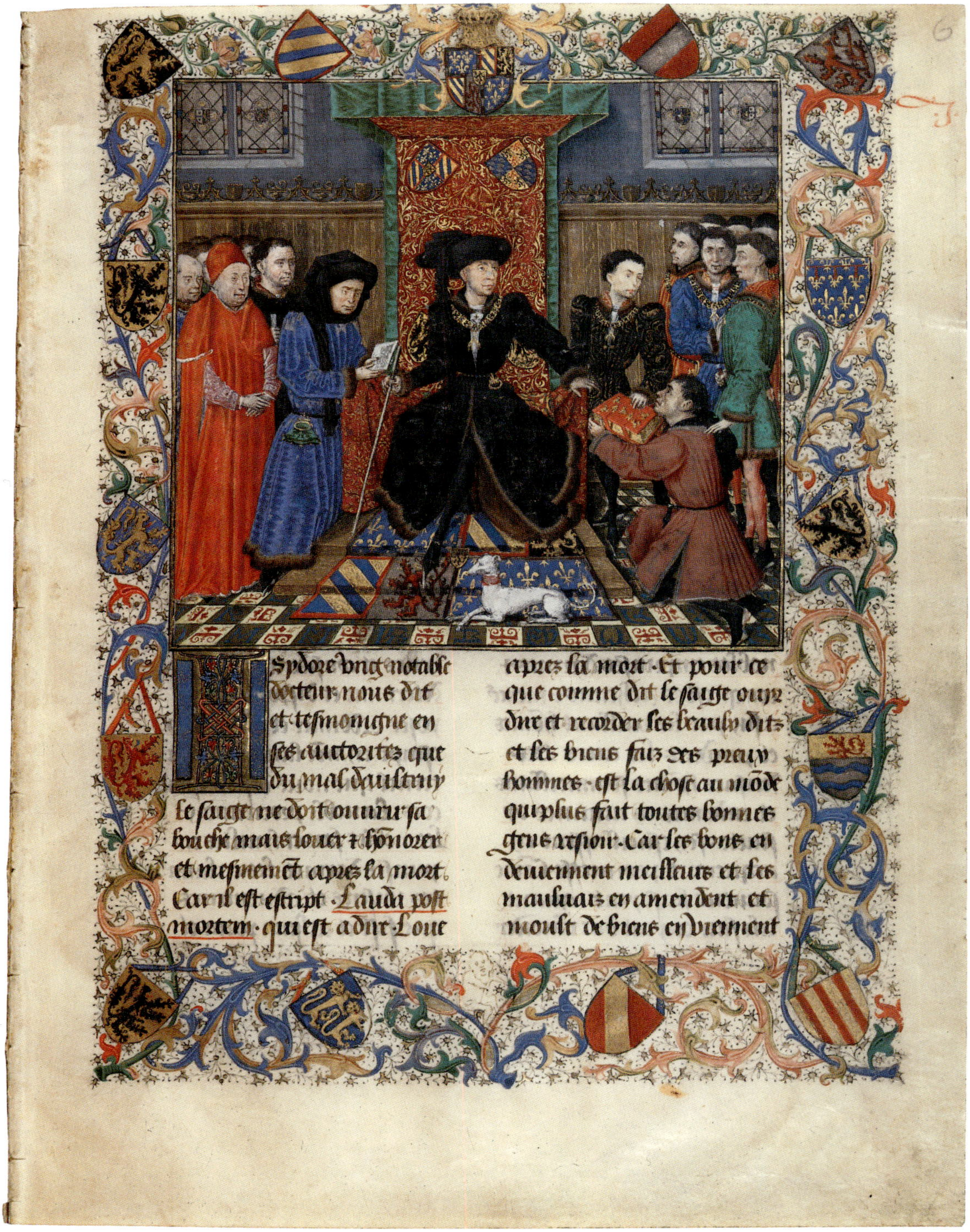
Isydore vng notable
docteur nous dit
et tesmoingne en
ses auctoritez que
du mal dautruy
le saige ne doit ouvrir sa
bouche mais louer et honorer
et mesmement apres la mort.
Car il est escript. Laudi post
mortem. qui est a dire Loue
apres la mort. Et pour ce
que comme dit le saige ouyr
dire et recorder les beaulx dit-
et les biens faiz des preux
hommes. est la chose au monde
qui plus fait toutes bonnes
gens acsion. Car les bons en
deviennent meilleurs et les
mauluais en amendent et
moult de biens en viennent

Die Geschichte vom Aufstieg und Fall der Burgunder Valois

Im Jahr 1328 war in Frankreich mit Karl IV. die königliche Linie der Kapetinger-Dynastie ausgestorben. Die Frage der Thronfolge sollte sich bald zu einem weltpolitischen Konflikt ausweiten, denn sowohl König Edward III. von England als auch Philipp von Valois konnten dank ihrer Blutsverwandtschaft mit dem letzten Kapetinger einen gleichberechtigten Anspruch auf die französische Krone erheben. Nachdem man zehn Jahre lang mit den Mitteln der Diplomatie vergeblich nach einem Kompromiß gesucht hatte, brach 1338 der Hundertjährige Krieg aus. Gleich zu Beginn des Waffengangs eilte England von einem Triumph zum anderen: 1340 Vernichtung der französischen Flotte bei Sluis, 1346 verheerende Niederlage der Franzosen bei Crécy, 1347 fiel Calais. Frankreich taumelte in die verhängnisvollste Epoche seiner Geschichte, denn den militärischen Debakeln folgten weitere Katastrophen: die Pest, die das Land seit 1348 wiederholt heimsuchte, dezimierte die Bevölkerung in einem dramatischen Ausmaß, Mißernten und als deren Folge Hungersnöte, soziale Spannungen und Revolten erschütterten das Land, das noch zu Beginn des 14. Jahrhunderts an der Spitze der europäischen Mächte gestanden hatte, in seinen Grundfesten. Es ist hier nicht der Ort, die Ereignisse des Hundertjährigen Krieges zu referieren. Wir wollen vielmehr die Geschichte dieser Epoche aus dem Blickwinkel Burgunds betrachten und konkret der Frage nachgehen, welche Rolle das Herzogtum im 14. und 15. Jahrhundert spielte.

Farbtafel links:
Dedikationsblatt zu »Taten des Girart de Roussillon« von Jean Wauquelin
Miniatur aus einer Handschrift des 15. Jahrhunderts. Wien, Österreichische Nationalbibliothek Cod. 2549, fol. 6
Die Illustration zeigt eine zeremonielle Begebenheit am Hofe Philipps des Guten. Der Autor überreicht dem Burgunderherzog die reich illustrierte Handschrift mit der Biographie des Girart de Roussillon, eines der vielbewunderten Ritterheroen des frühen Mittelalters, die sich im 14. und 15. Jahrhundert in Burgund größter Popularität erfreuten. Im Hofstaat erscheinen auch der Sohn Philipps des Guten, sein Nachfolger Karl der Kühne, mit dem das Haus Valois-Burgund 1477 erlosch, und der Kanzler Nicolas Rolin, der Stifter des Hôtel-Dieu in Beaune (dazu ausführlich S. 251ff bzw. 262ff). Ein Rankenfries aus Akanthusblättern rahmt die Szene. Darin erscheinen die Wappen sämtlicher Besitzungen Philipps des Guten.

Die Schlacht von Maupertuis 1356 und ihre Folgen

Unter den Schlachten des 14. Jahrhunderts ist jene von Maupertuis (bei Poitiers) die für Frankreichs folgenreichste, zugleich auch die für das »Seelenklima« des Landes, insbesondere seiner Ritterschaft symbolträchtigste. Die Franzosen hatten mit 30 000 Mann eine Streitmacht aufgeboten, die den Truppen des Schwarzen Prinzen, des Sohnes Edwards II., mit ihren rund 8000 Soldaten und Rittern drückend überlegen war.[43] Der Schwarze Prinz suchte denn auch, sich der Schlacht zu entziehen, wurde indes unweit von Poitiers von den Franzosen eingeholt und mußte sich stellen. Eine Reihe fataler Fehler bescherte der französischen Seite statt des sicher geglaubten Sieges ein Debakel. König Johann der Gute, den Barbara Tuchman ein »Genie des politischen Ungeschicks« genannt

43 Diese Zahlenangaben nach Barbara Tuchman, die mit ihrem Buch *Der ferne Spiegel* (Düsseldorf 1980) die bislang eindringlichste Darstellung zur Geschichte des Hundertjährigen Krieges geliefert hat.

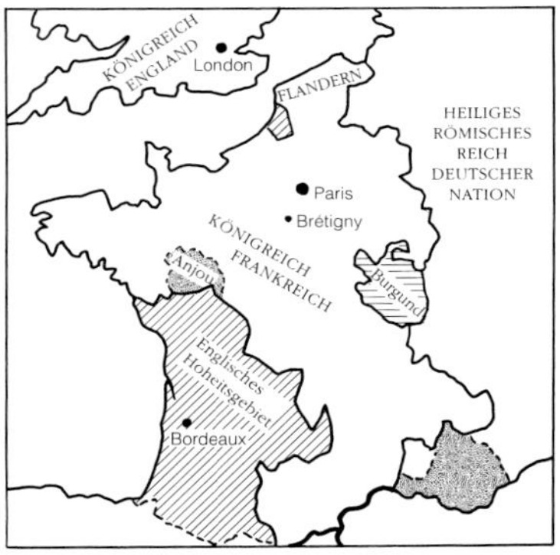

Frankreich nach dem Frieden von Brétigny, 1360
Nach der Mitte des 14. Jahrhunderts war wieder eine Situation entstanden, wie sie ähnlich schon einmal 200 Jahre zuvor durch die Eheschließung der Eleonore von Aquitanien mit Heinrich II. Plantagenet bestanden hatte: der ganze südwestfranzösische Raum (Aquitanien/Guyenne) stand unter englischer Souveränität.
Während das Haus Anjou in der Provence ein weitgehend selbständiges Herrschaftsgebiet aufgebaut hatte, war das Herzogtum Burgund zu diesem Zeitpunkt noch nicht in seine Expansionsphase eingetreten. Diese begann erst unter Philipp dem Kühnen, der 1364 mit Burgund belehnt wurde.

hat, schickte gleich mit der ersten Angriffswelle die zwei Marschälle Frankreichs in den Kampf, in dem beide fielen, so daß das französische Heer seiner wichtigsten Führerpersönlichkeiten beraubt war. Alsdann warfen sich die Ritter, die König Johann zunächst noch zurückgehalten hatte, überstürzt in das Kampfgetümmel. Ihr Ehrempfinden wollte es nicht dulden, den gemeinen Soldaten, die sich in vorderster Linie schlugen, die Schlacht zu überlassen. So überrannten sie von hinten ihre eigenen Leute, machten sie zum Teil sogar nieder: Franzosen gegen Franzosen inmitten einer Schlacht, in denen doch Frankreich England hatte demütigen wollen! Es brach Panik aus, das französische Heer begann sich aufzulösen, selbst die Söhne des Königs flohen mit Ausnahme des jüngsten, des gerade erst vierzehnjährigen Philipp, der sich heldenhaft gegen die Engländer schlug. Am Abend dieses 19. September 1356 bedeckten die Leichen Tausender gefallener Franzosen das Schlachtfeld – allein der Adel hatte 2426 Männer verloren –, und König Johann der Gute nebst seinem Sohn Philipp befand sich in englischer Gefangenschaft.

Das absurde Geschehen von Maupertuis läßt bei nüchterner Betrachtung eigentlich nur einen Schluß zu: Der straffen Organisation und einem unbedingten Siegeswillen bei den Engländern stand auf französischer Seite ein merkwürdiges, archaisch anmutendes Verständnis von Heldentum und Ritterideal gegenüber, das den tatsächlichen Zweck des Waffengangs, den militärischen Erfolg, überlagerte. Solch hehres Ruhmesdenken sollte gerade bei den burgundischen Herzögen in nostalgisch überspitzter Form noch lange fortleben und letztlich mit zu ihrem Untergang beitragen. Wir werden deshalb an anderer Stelle auf diesen Punkt näher einzugehen haben.

Die Niederlage von Maupertuis hatte für Frankreich weittragende Folgen. 1357 brachte der Schwarze Prinz König Johann und den Prinzen Philipp nach London, wo sie mehr als drei Jahre als Gefangene König Edwards II. blieben, wobei man freilich auch hier auf ritterliche Etikette hielt. In dieser Zeit kam Philipp zu seinem Beinamen »der Kühne«. Eine Anekdote berichtet davon, daß er bei einem Festbankett, an dem beide Könige teilnahmen, im Jähzorn einen Diener anging, als dieser sich anschickte, Edward zu bedienen. »Wo hast du gelernt, den König von England vor dem König von Frankreich zu bedienen«, soll der Tobende geschrien haben, was Edward zu der Feststellung veranlaßte: »Fürwahr, Cousin, ihr seid Philipp der Kühne!«

Im königslosen Frankreich brachen indes Revolten aus, suchte der dritte Stand sich der drückenden Steuerlasten zu entziehen und politisches Mitspracherecht zu gewinnen. Die Aufstände, von denen einer unter dem Namen »Jacquerie« in die Annalen einging, wurden jedoch vom Adel erstickt. Das allgemeine Chaos suchte Edward II. für die Interessen der englischen Krone auszuschlachten. Er konfrontierte Frankreich mit überzogenen Forderungen. Im Frieden von Brétigny wurde schließlich 1360 ein Kompromiß gefunden, der dennoch für Frankreich niederschmetternd war: Für König Johann war ein astronomisches Lösegeld zu zahlen; Edward ließ zwar seinen Anspruch auf die französische Krone fallen, erhielt dafür aber die Lehnshoheit über das ganze südwestliche Frankreich. Das bedeutete, daß etwa ein Drittel des damaligen Königreichs verlorenging.

Da Frankreich auch schon vor Maupertuis beziehungsweise Brétigny territoriale Verluste im Westen hatte hinnehmen müssen, war man gesonnen, an anderer Stelle – und das konnte nach Lage der Dinge nur im Osten sein – für einen Ausgleich für das Verlorene zu sorgen. So war schon 1349 mit der Dauphiné ein großer Teil des vormaligen Hochburgund an die Krone gekommen. Der erbenlose Humbert II. aus dem Hause d'Albon hatte seine Grafschaft dem König gegen bare Münze abgetreten. Um die enge Bindung zwischen Krone und Dauphiné deutlich herauszustellen, war in dem Abtretungsvertrag vereinbart worden, daß fortan der Thronfolger die Dauphiné als Apanage und damit verbunden den Titel »Dauphin« erhalten sollte.

Die Tinte unter dem Vertrag von Brétigny war kaum getrocknet, da eröffnete sich König Johann ganz überraschend die Möglichkeit, nun auch im Herzogtum Burgund Fuß zu fassen.

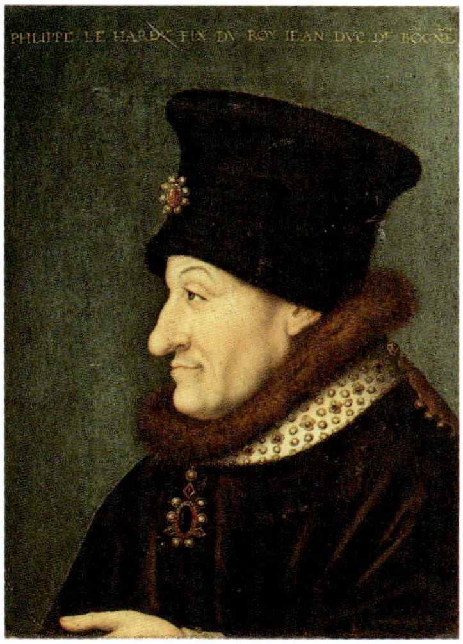

Herzog Philipp der Kühne (1342-1404)
Porträt eines anonymen Meisters (Umkreis der van Eyck?)
Versailles, Musée national du château
Es handelt sich bei diesem Porträt um eine Replik des 15. Jahrhunderts nach einem verschollenen zeitgenössischen Original.

Die Belehnung Philipps des Kühnen mit Burgund

Bis in das 11. Jahrhundert war Burgund ein Benfizial- oder Lehnsherzogtum gewesen, in dem verschiedene Dynastien aufeinander folgten. Als 1031 die Kapetinger die Herrschaft über das Herzogtum angetreten hatten, vollzog sich der Wandel zum Erbherzogtum. Nachdem die königliche Linie dieser Dynastie bereits 1328 ausgestorben war, erlosch 1361 auch das Haus Burgund: Der letzte burgundische Kapetinger, Philipp von Rouvres, wurde im jugendlichen Alter von 17 Jahren ein Opfer der Pest. Somit fiel das burgundische Lehen verfassungsrechtlich an die Krone zurück. Zudem durfte sich König Johann als Vormund seines Stiefsohnes Philipp von Rouvres, mehr noch als Sohn der Johanna von Burgund als erbberechtigt ansehen. Dies rief jedoch den lokalen Adel auf den Plan, der gegen eine mögliche Annexion des Herzogtums durch die Krone energisch Einspruch erhob. Als Johann im Januar 1362 in Cîteaux offiziell das Erbe antrat, mußte er den burgundischen Ständen einräumen, den Status des Herzogtums zu wahren, Burgund also keinesfalls zu einer unselbständigen Provinz zu degradieren. In dieser Situation sah Johann der Gute die Chance, seinen jüngsten Sohn, den Prinzen Philipp, für seine Solidarität und seinen mutigen Einsatz auf dem Schlachtfeld von Maupertuis würdig zu belohnen, und übertrug ihm zunächst die Statthalterschaft. Zwar scheint seine Belehnung mit der Herzogswürde bereits damals beschlossene Sache gewesen zu sein, doch die offizielle Instutionalisierung Philipps und seiner Linie vollzog erst sein Bruder, König Karl V., nachdem König Johann 1364 gestorben war.

Die geradezu leichtfertig anmutende, folgenschwere Entscheidung, das burgundische Lehen neu zu vergeben, macht einerseits die damalige

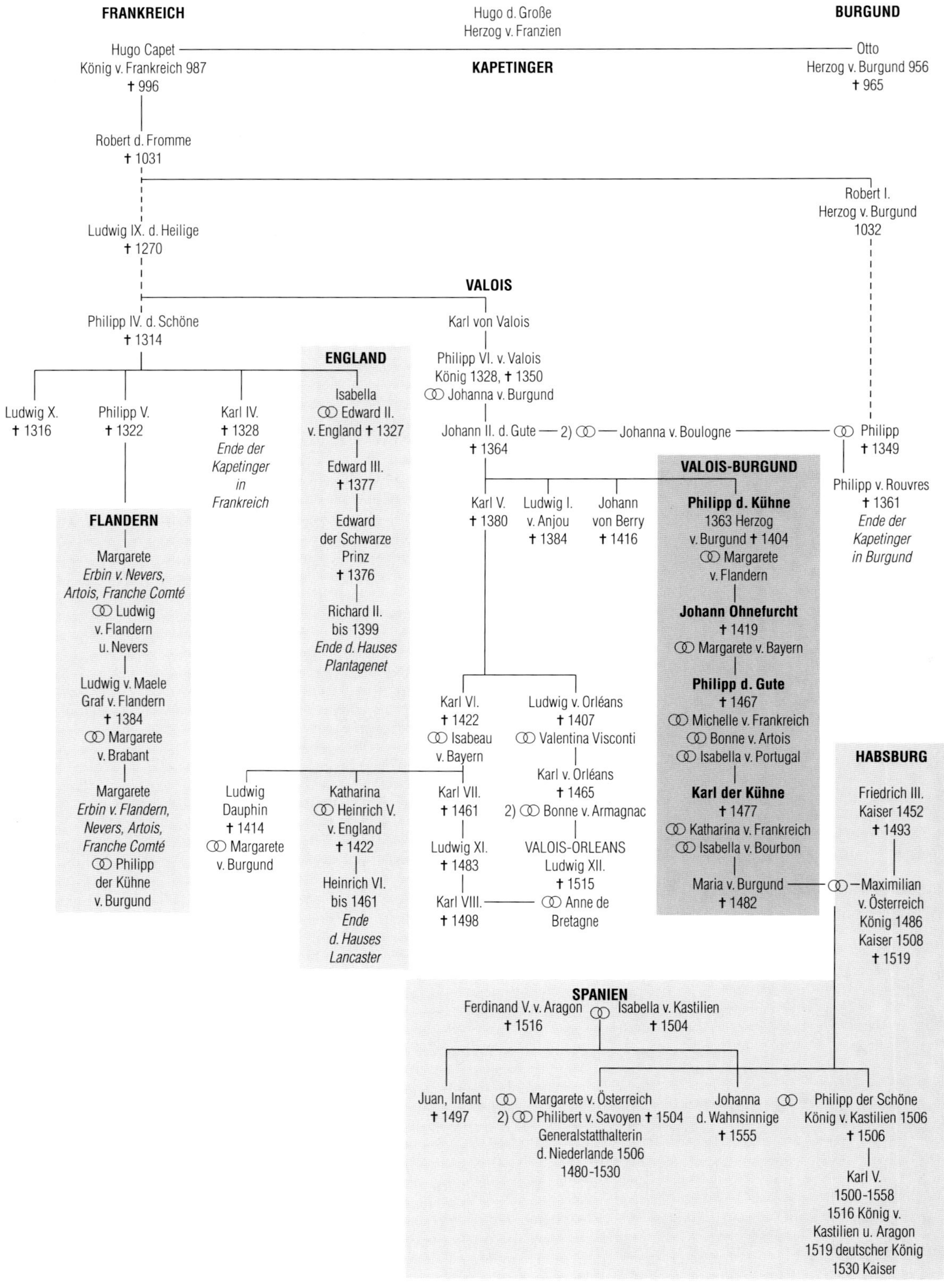

FRANKREICH
Hugo d. Große Herzog v. Franzien
BURGUND
Hugo Capet König v. Frankreich 987 † 996
KAPETINGER
Otto Herzog v. Burgund 956 † 965
Robert d. Fromme † 1031
Robert I. Herzog v. Burgund 1032
Ludwig IX. d. Heilige † 1270
VALOIS
Philipp IV. d. Schöne † 1314
Karl von Valois
ENGLAND
Philipp VI. v. Valois König 1328, † 1350 ⚭ Johanna v. Burgund
Isabella ⚭ Edward II. v. England † 1327
Ludwig X. † 1316
Philipp V. † 1322
Karl IV. † 1328 *Ende der Kapetinger in Frankreich*
Johann II. d. Gute — 2) ⚭ — Johanna v. Boulogne
† 1364
⚭ Philipp † 1349
Edward III. † 1377
VALOIS-BURGUND
Philipp v. Rouvres † 1361 *Ende der Kapetinger in Burgund*
Karl V. † 1380
Ludwig I. v. Anjou † 1384
Johann von Berry † 1416
Philipp d. Kühne 1363 Herzog v. Burgund † 1404 ⚭ Margarete v. Flandern
FLANDERN
Edward der Schwarze Prinz † 1376
Margarete *Erbin v. Nevers, Artois, Franche Comté* ⚭ Ludwig v. Flandern u. Nevers
Richard II. bis 1399 *Ende d. Hauses Plantagenet*
Johann Ohnefurcht † 1419 ⚭ Margarete v. Bayern
Ludwig v. Maele Graf v. Flandern † 1384 ⚭ Margarete v. Brabant
Philipp d. Gute † 1467 ⚭ Michelle v. Frankreich ⚭ Bonne v. Artois ⚭ Isabella v. Portugal
Karl VI. † 1422 ⚭ Isabeau v. Bayern
Ludwig v. Orléans † 1407 ⚭ Valentina Visconti
HABSBURG
Karl v. Orléans † 1465 2) ⚭ Bonne v. Armagnac
Margarete *Erbin v. Flandern, Nevers, Artois, Franche Comté* ⚭ Philipp der Kühne v. Burgund
Ludwig Dauphin † 1414 ⚭ Margarete v. Burgund
Katharina ⚭ Heinrich V. v. England † 1422
Karl VII. † 1461
Karl der Kühne † 1477 ⚭ Katharina v. Frankreich ⚭ Isabella v. Bourbon
Friedrich III. Kaiser 1452 † 1493
Ludwig XI. † 1483
VALOIS-ORLEANS Ludwig XII. † 1515
Heinrich VI. bis 1461 *Ende d. Hauses Lancaster*
Maria v. Burgund † 1482
⚭ – Maximilian v. Österreich König 1486 Kaiser 1508 † 1519
Karl VIII. † 1498
⚭ Anne de Bretagne
SPANIEN
Ferdinand V. v. Aragon † 1516 ⚭ Isabella v. Kastilien † 1504
Juan, Infant † 1497
⚭ Margarete v. Österreich 2) ⚭ Philibert v. Savoyen † 1504 Generalstatthalterin d. Niederlande 1506 1480-1530
Johanna d. Wahnsinnige † 1555
⚭ Philipp der Schöne König v. Kastilien 1506 † 1506
Karl V. 1500-1558 1516 König v. Kastilien u. Aragon 1519 deutscher König 1530 Kaiser

Schwäche des Königtums deutlich; andererseits zeigt sich darin eine noch ungebrochene Solidarität zwischen Herzogtum und Krone. Die Belehnung des Prinzen aus dem Hause Valois schien eine französisch orientierte burgundische Politik zu garantieren, und diese stand zu jener Zeit unter dem Vorzeichen der lebensbedrohenden Auseinandersetzung mit England.

Der Dynastiewechsel in Burgund bedingte noch andere, internationale Weichenstellungen: Der letzte Kapetinger-Herzog war nämlich mit der Erbin von Flandern, Margarete von Maele, verlobt gewesen. Nach seinem Tod drohte der flandrische Heiratspoker eine andere Wendung zu nehmen, indem nun das englische Königshaus als Brautwerber auftrat. Eine englisch-flandrische Allianz jedoch hätte Frankreich zum Verhängnis werden müssen. So hatte man in Paris und Dijon gute Gründe, die geplante Eheschließung zu hintertreiben. Es gelang unter Einschaltung des Papstes in Avignon, Urbans V., der der nahen Blutsverwandtschaft wegen diese Eheschließung kurzerhand verbot. Den Valois konnte nur daran gelegen sein, die geplante dynastische und letztlich territoriale Verbindung zwischen Burgund und Flandern zu erneuern. Es scheint, als habe Karl V. von Frankreich in seinem Bemühen, Margarete für seinen Bruder Philipp zu gewinnen, die Frage der burgundischen Belehnung gezielt als Lockmittel ausgespielt. Anders läßt sich die Feststellung des zeitgenössischen Historiographen Olivier de la Marche nicht interpretieren, der davon berichtet, wie dem Vater der Margarete, Ludwig von Maele, im Falle einer Ehe zwischen seiner Tochter und Philipp dem Kühnen zugesichert wurde, daß man diesem »das Herzogtum Burgund gebe, das der König aufs neue und durch Heimfall hatte, und daß er (Philipp) Titel- und Apanagefürst sei«.[44]

Deshalb besitzt die offizielle Belehnung Philipps des Kühnen mit Burgund im Jahr 1364 Demonstrationscharakter; die französische Seite war darum bemüht, dem Grafen von Flandern diese Verbindung schmackhaft zu machen. Dem König ging es um Frankreich und vor allem darum, den Einfluß Englands auf dem Kontinent einzudämmen. Philipp der Kühne war gewiß auch daran interessiert, England im Zaum zu halten. Doch ihm lag primär Burgund am Herzen und das eigene Emporkommen. So ist von Anfang an das Auseinanderdriften der Interessen von König und Herzog angelegt, das sich unter Philipps Nachfolgern zum offenen Konflikt ausweiten sollte.

Linke Seite:
Stammtafel der Herzöge von Burgund
In den von dynastischen Faktoren geprägten historischen Konstellationen des europäischen Spätmittelalters spielen die Großen Herzoge von Burgund eine Schlüsselrolle. Diese wird in der nebenstehenden Genealogie der französischen Kapetinger und Valois und ihrer burgundischen Seitenlinie unter Betonung dreier Aspekte anschaulich:
*1 **Flandern**, mit dessen Erwerb Philipp der Kühne durch Heirat mit Margarete von Maele dem Herzogtum Burgund eine neue territoriale und politische Dimension zwischen Frankreich und dem Deutschen Reich verlieh;*
*2 **England**, dessen dynastischer Anspruch auf die Krone Frankreichs den Hundertjährigen Krieg bedingte und in der Allianz mit Burgund der Emanzipation des Herzogtums von Frankreich Vorschub leistete;*
*3 **Habsburg**, das durch geschickte Heiratspolitik die ehemals burgundischen Niederlande und in der folgenden Generation Spanien an sich brachte, was den jahrhundertelangen historischen Konflikt mit Frankreich zur Folge hatte. Das burgundische Erbe wurde Bestandteil des Weltreichs Kaiser Karls V.*

Philipp der Kühne und die territoriale Ausdehnung Burgunds

1369 kam es zu der von Karl V. und Philipp dem Kühnen herbeigesehnten Verbindung: In Gent wurde mit großer Prachtentfaltung die Ehe zwischen dem Burgunder und der Margarete von Maele geschlossen. Außer der Freigrafschaft Burgund sowie den Grafschaften Nevers und Artois

44 Die Übersetzung dieser Quelle zitiert aus: *Burgund und seine Herzöge in Augenzeugenberichten*, hrsg. von Christa Dericum, Düsseldorf 1966 bzw. TB-Ausgabe München 1977, S. 35.

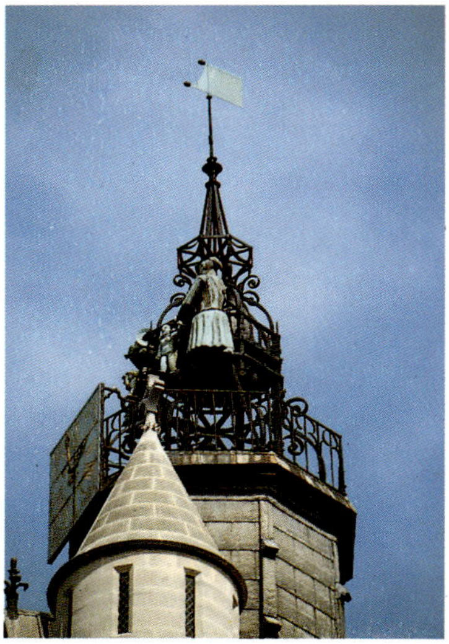

Dijon, der Jacquemart auf dem Südturm von Notre-Dame
1382 hatte Philipp der Kühne die Bronzefigur mitsamt der Glocke als Siegestrophäe aus dem flandrischen Courtrai nach Dijon gebracht. Am Beispiel des Jacquemart wird eine sehr gemütvolle Seite der Burgunder deutlich: Aus Mitleid mit dem einsamen Mann gab man ihm 1610 eine gleichfalls in Bronze gegossene Ehefrau, Jacqueline. Diese Ehe auf dem Turm blieb nicht ohne Folgen. 1714 stiftete der Dichter Aimé Piron den Sohn Jacquelinet, und 1881 fand die Familienplanung mit der kleinen Jacquelinette ihren Abschluß.

winkte die Herrschaft über Flandern, die Philipp der Kühne und Margarete denn auch 1384 nach dem Tode Ludwigs von Maele problemlos antraten.

Zuvor sah sich Philipp jedoch gezwungen, seine Autorität in Flandern unter Beweis zu stellen. 1375 war dort ein Aufstand der Kommunen ausgebrochen, der in Philipp von Artevelde eine starke Führerpersönlichkeit an seiner Spitze besaß. Ziel der Revolte war die Schaffung unabhängiger Stadtrepubliken nach dem Vorbild oberitalienischer Städte. Ludwig von Maele wandte sich 1382 hilfesuchend an Frankreich. Dort war 1380 der kränkelnde Karl V. jung verstorben und sein Nachfolger, Karl VI., noch unmündig. So wurde Philipp von Burgund automatisch zur bestimmenden Gestalt des französischen Heerzuges, der gegen die unbotmäßigen Städte Flanderns ins Feld zog. Die Entscheidung fiel noch im Jahr 1382 nahe der Stadt Roosebeke, wo die Truppen Philipps von Artevelde eine vernichtende Niederlage erlitten. Hier wurde nicht nur der Ruf der Unbesiegbarkeit der Burgunder begründet, Roosebeke markiert zugleich den Sieg des Feudalismus über das Bürgertum. Um ein Exempel zu statuieren, wurde die Stadt Courtrai eingeäschert und der »Jacquemart« als Kriegsbeute von Flandern nach Burgund gebracht, jene monumentale Bronzefigur, die noch heute auf dem Kirchturm von Notre-Dame in Dijon die Glocke schlägt.

Von diesem Triumph beflügelt, der durch den Friedensschluß mit der mächtigen Stadt Gent 1385 endgültig besiegelt wurde, sah sich Philipp der Kühne zu noch größeren Taten berufen. 1386 plante er die Invasion Englands, womit er sich in der Geschichte neben Wilhelm den Eroberer zu stellen gedachte. 1200 Schiffe wurden für diese Unternehmung aufgeboten, zum Teil prächtig bemalt und kostbar ausgestattet. Bei Philipp dem Kühnen obsiegte jedoch letztlich der Sachverstand, der 1477 Karl den Kühnen vor Nancy verlassen sollte. Die Invasion Englands wurde in letzter Minute abgeblasen.

War die Eheschließung Philipps des Kühnen mit Margarete von Maele bereits ein erster Geniestreich von großer politischer Tragweite, so stellte der Herzog in der Folgezeit unter Beweis, daß eine geschickte Heiratspolitik neben seiner militärischen Stärke einerseits und einer hohen Begabung für alle Schliche der Diplomatie andererseits zum dritten Trumpf des Hauses Valois-Burgund werden sollte. 1385 inszenierte er in Cambrai unter unvorstellbarem Aufwand eine Doppelhochzeit: Sein designierter Nachfolger, Johann von Nevers (später Johann Ohnefurcht) ehelichte Margarete von Bayern, seine Tochter Margarete ging mit deren Bruder Wilhelm von Straubing-Holland die Ehe ein. Acht Jahre später verheiratete Philipp seine Töchter: Katharina mit Erzherzog Leopold IV. von Österreich und Maria mit Amadeus VIII. von Savoyen. Das Haus Burgund hatte sich mit seiner Heiratspolitik nicht nur eine gleichrangige Stelle unter den führenden Dynastien Europas gesichert, sondern verfolgte planmäßig und zielbewußt seine territoriale Expansion in Hinblick auf ein eigenständiges, zusammenhängendes Staatengebilde. In

Farbtafel rechts:
Dijon, Blick vom Turm Philipps des Guten auf die gotische Kirche Notre-Dame mit dem Jacquemart

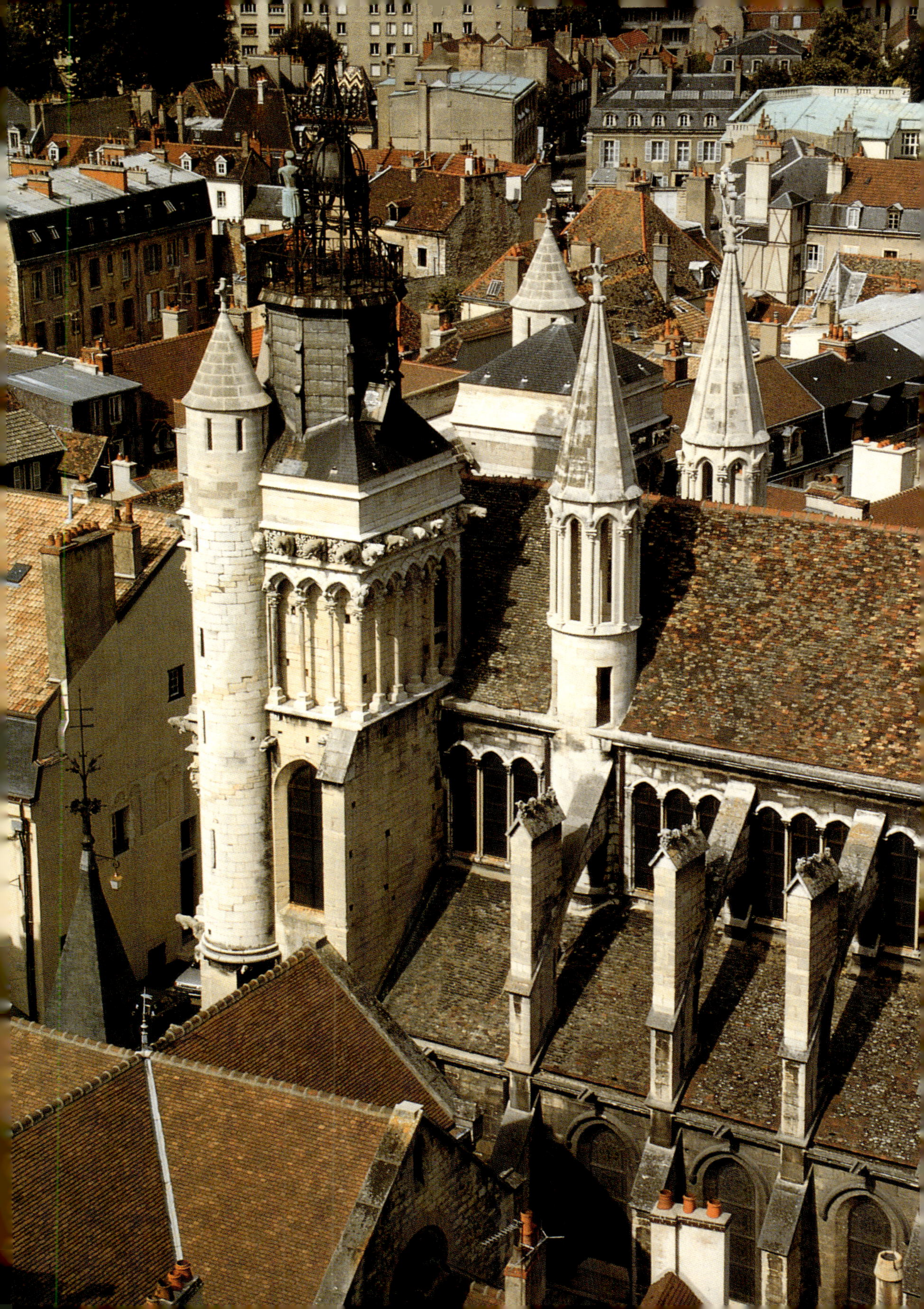

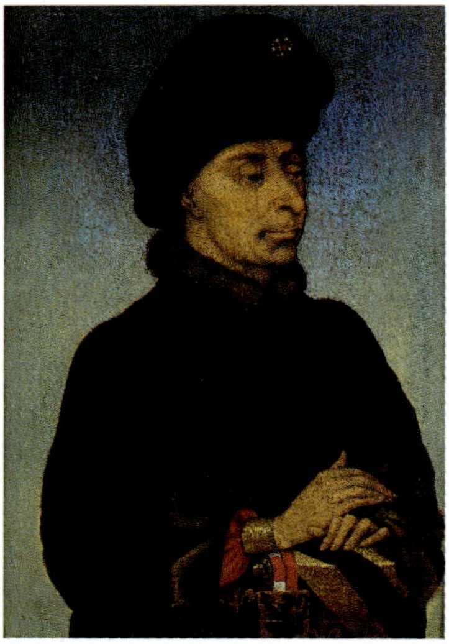

Herzog Johann Ohnefurcht (1371-1419)
Porträt aus dem Umkreis der Brüder van Eyck
Antwerpen, Koninklijk Museum voor Schone Kunsten

Farbtafel rechts:
Illustration aus den »Dialogen« von Pierre Salmon
Paris, Bibliothèque Nationale, Ms. fr. 23279, fol. 4 r
Das Bild zeigt König Karl VI. in legerer Haltung auf einem Prunkbett sitzend, im vertraulichen Gespräch mit Pierre Salmon, dem Autor der Dialoge. Links Herzog Johann Ohnefurcht von Burgund und neben ihm der Herzog von Berry, die schwarzgekleidete dritte Person ist vielleicht der Herzog von Orléans.
Der Künstler gehört zur ersten Garnitur der spätmittelalterlichen Miniaturisten Frankreichs. Da sein Name unbekannt geblieben ist, hat man ihm den Notnamen Boucicaut-Meister gegeben (nach einem zwischen 1401 und 1408 entstandenen Stundenbuch, das der Marschall Boucicaut, einer der großen Ritterhelden des frühen 15. Jahrhunderts, in Auftrag gegeben hatte). Die Merkmale des Boucicaut-Meisters sind die zu jener Zeit revolutionäre Anwendung der Perspektive und eine auffallende Liebe zum Detail. Erwin Panofsky hat ihn als »Pionier des Naturalismus« gewürdigt.

dem Zusammenhang konnte es für Burgund nur von Nutzen sein, daß der verhängnisvolle Krieg zwischen England und Frankreich Ende des 14. Jahrhunderts in eine Phase der Beruhigung getreten war. Als Philipp der Kühne im April des Jahres 1404 starb, hinterließ er seinem Nachfolger einen stabilen Herrschaftskomplex, den er binnen weniger Jahrzehnte gleichsam ex nihilo geschmiedet hatte.

Johann Ohnefurcht und der Kampf um die Vorherrschaft in Frankreich

Der Aufstand der flandrischen Städte in den 1370er und 80er Jahren hatte neben der angestrebten Emanzipation des Bürgertums noch einen anderen nicht zu unterschätzenden Auslöser. Die Herrschaft des Valois, eines Franzosen, wurde als Fremdbestimmung empfunden, gegen die sich der Stolz der großen Handelsmetropolen auflehnte. Beim Regierungsantritt Johanns Ohnefurcht, der den Beinamen seinem heldenhaften, wenngleich ergebnislosen Einsatz beim Kampf um Nikopolis 1396 gegen die Türken verdankte, lagen die Dinge anders. Der älteste Sohn Philipps des Kühnen war 1371 in Flandern geboren und sprach flämisch, was sein Vater nie gelernt hatte. So wurde er von den Flamen als einer der Ihren akzeptiert, wie er sich andererseits der burgundischen Heimat entfremdete. Tatsächlich ist Johann Ohnefurcht in den 15 Jahren seiner Regierung häufiger in Paris und in Flandern gewesen als in Burgund.

Schon mit seiner ersten Amtshandlung machte er deutlich, daß er nahtlos an die Großmachtpolitik des Vaters anzuknüpfen gedachte. Am Tag nach der Beisetzung Philipps des Kühnen gab Johann Ohnefurcht die Verlobung seiner Tochter Margarete mit dem Dauphin Ludwig bekannt. Da der amtierende König, Karl VI., infolge seiner Erkrankung an Epilepsie periodisch geistesgestört war und schließlich vollends dem Wahnsinn verfiel, bedeutet diese Annäherung des neuen Herzogs von Burgund an die Krone einen ganz realen Griff nach der Macht im ganzen Land. Es mußte demzufolge zwangsläufig zum Konflikt mit seinem Vetter Ludwig von Orléans, dem Bruder des Königs, kommen, der seinerseits auf dem Sprung war, königliche Befugnisse an sich zu ziehen. Am französischen Hofe herrschten infolge des Autoritätsverlustes der Krone chaotische Verhältnisse. Karl VI. war von Intriganten, von selbstsüchtigen Hofschranzen umgeben, die alle vornehmlich ein Ziel im Auge hatten: ihre Position zum Scheffeln immenser Reichtümer zu mißbrauchen. Korruption war an der Tagesordnung, Staatsgelder wurden skrupellos für private Zwecke ausgebeutet, die Finanzen des Königs waren zerrüttet. In dieser Situation kündigte Ludwig von Orléans eine drastische Erhöhung der Steuern an. Diesen unpopulären Schritt machte sich Johann von Burgund zunutze, indem er sich zum Sprecher des Volkes aufschwang und, nun in offener Rivalität zum Herzog von Orléans, Gegenmaßnahmen in Gestalt von Reformen ankündigte. Zwar suchten die beiden Kon-

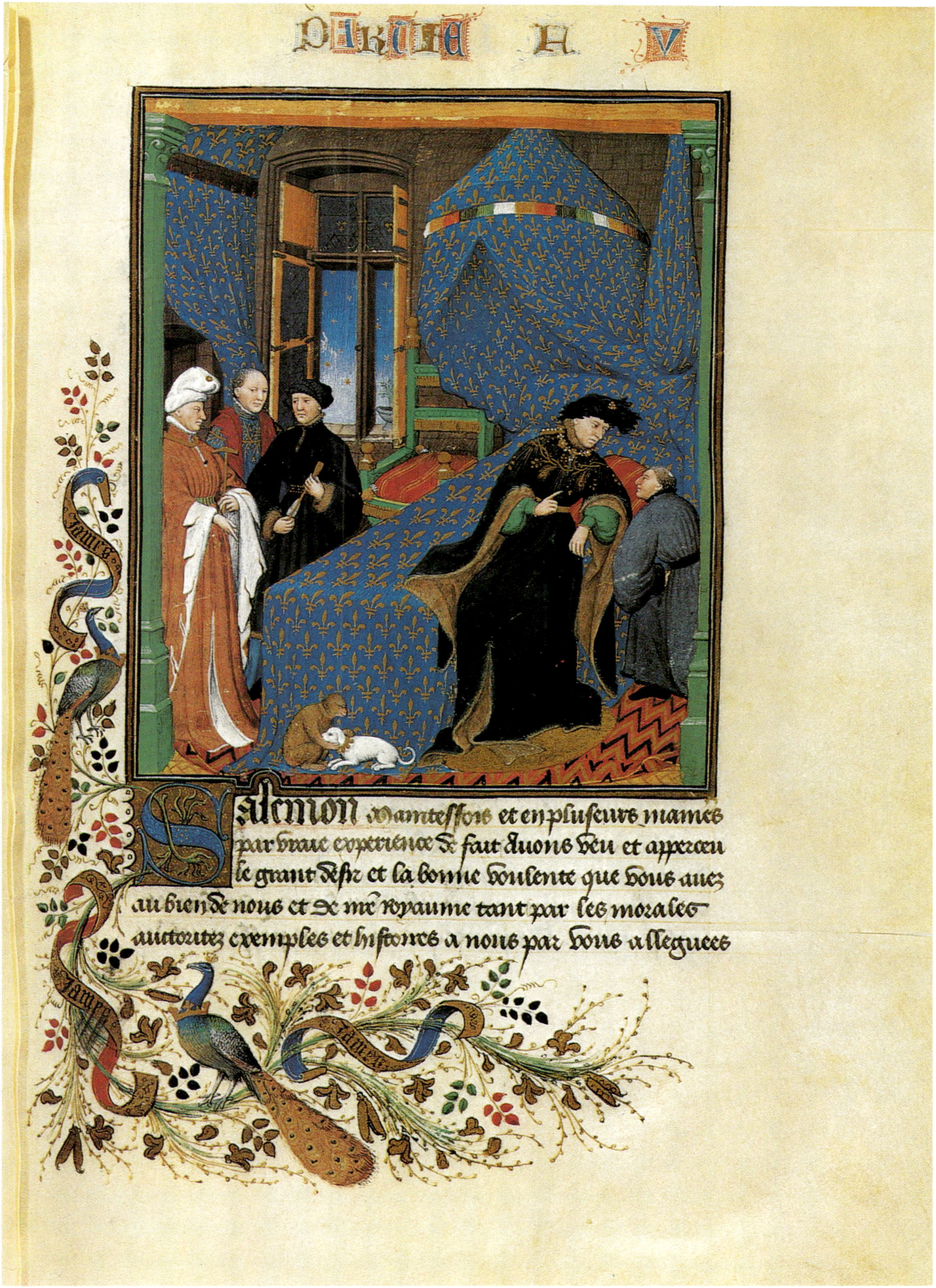
Salemon Maintesfois et en plusieurs manieres
par vraie experience de fait avons veu et apperceu
le grant desir et la bonne voulente que vous avez
au bien de nous et de nre royaume tant par les morales
auctoritez exemples et histoires a nous par vous alleguees

trahenten 1405 noch einmal nach einem Konsens, doch wenig später brach der Zwist erneut aus, und dieses Mal kam es zur Eskalation. Im November 1407 wurde Ludwig von Orléans in Paris auf offener Straße ermordet. Johann Ohnefurcht war sich seiner Sache so sicher, daß er keine Scheu hatte, sich in der Öffentlichkeit als der Drahtzieher dieses Anschlags erkennenzugeben. Nun sieht man den Herzog von Burgund in die Rolle des Volkstribunen, ja des Volksverhetzers hineinwachsen. Der gewaltsame Tod Ludwigs von Orléans wurde als Tyrannenmord dargestellt, Johann als Befreier des Volkes gepriesen. Als sich 1409 zudem die Königin Isabeau unter seinen Schutz stellte, muß sich Johann als heimlicher König von Paris gefühlt haben.

Doch dieser allzu unverhohlene Griff nach der Macht rief die Opposition auf den Plan. Sie gruppierte sich um den Sohn des ermordeten Herzogs von Orléans, Karl. 1410 schlossen Karl von Orléans und sein Schwiegervater Bernhard von Armagnac einen gegen Johann Ohnefurcht gerichteten Pakt, dem sich noch die Herzöge von Berry und Bourbon anschlossen. Die Sache Orléans war dadurch zu einer Sache Armagnac geworden, die Weichen in Richtung auf einen Bürgerkrieg gestellt, der 1411 zum Ausbruch kam. Paris verwandelte sich in einen Hexenkessel, in dem Bourguignons und Armagnacs abwechselnd die Oberhand hatten. Johann von Burgund, der sich anfangs auf die Sympathie des Volkes stützen konnte und der starke Mann in der Hauptstadt war, mußte 1414 unter dem Druck der »Révolution Cabochienne«, dem Aufstand des Pöbels, fliehen. Inzwischen weitete sich der Krieg über Laon, Saint-Quentin und Soissons bis in das Artois aus und erreichte damit burgundisches Hoheitsgebiet, so daß das von Philipp dem Kühnen so planvoll gezimmerte Herrschaftsgebäude in Gefahr geriet. In dieser Bedrängnis ließ sich Johann Ohnefurcht 1414 zu Arras einen Frieden abzwingen, in dem er vor allem darauf verzichten mußte, Kontakte zu den Engländern aufzunehmen, womit er eben noch geliebäugelt hatte; Paris sollte er nur mit Billigung des Königs betreten dürfen – welche Demütigung für den Mann, der gerade noch das ungekrönte Haupt dieser Stadt gewesen war!

In diese Zeit der Parteienkämpfe und der totalen Konfusion fiel eine erneute Invasion der Engländer, die von den Bürgerkriegswirren auf dem Kontinent zu profitieren hofften. Der Sieg bei Azincourt am 25. Oktober 1415 sollte ihren Überlegungen Recht geben. Johann Ohnefurcht hatte sich von dieser Schlacht, in der seine Brüder Philipp von Nevers und Anton von Brabant fielen, ferngehalten und es den Armagnacs überlassen, für die Sache Frankreichs zu fechten. Hatte sich Philipp der Kühne noch als Franzose gefühlt, so sieht man seinen Sohn einem derartigen Empfinden bereits entfremdet. Sein Interesse galt ausschließlich der eigenen Hausmacht, Burgund. Dies bestätigt auch die Tatsache, daß Johann Geheimverhandlungen mit Heinrich V. von England führte, den er sogar als König von Frankreich anerkannte. Lieber sah der Burgunder einen Engländer auf dem französischen Thron als einen Armagnac! Das war offener Verrat, und entsprechend hat Joseph Calmette in seiner Dar-

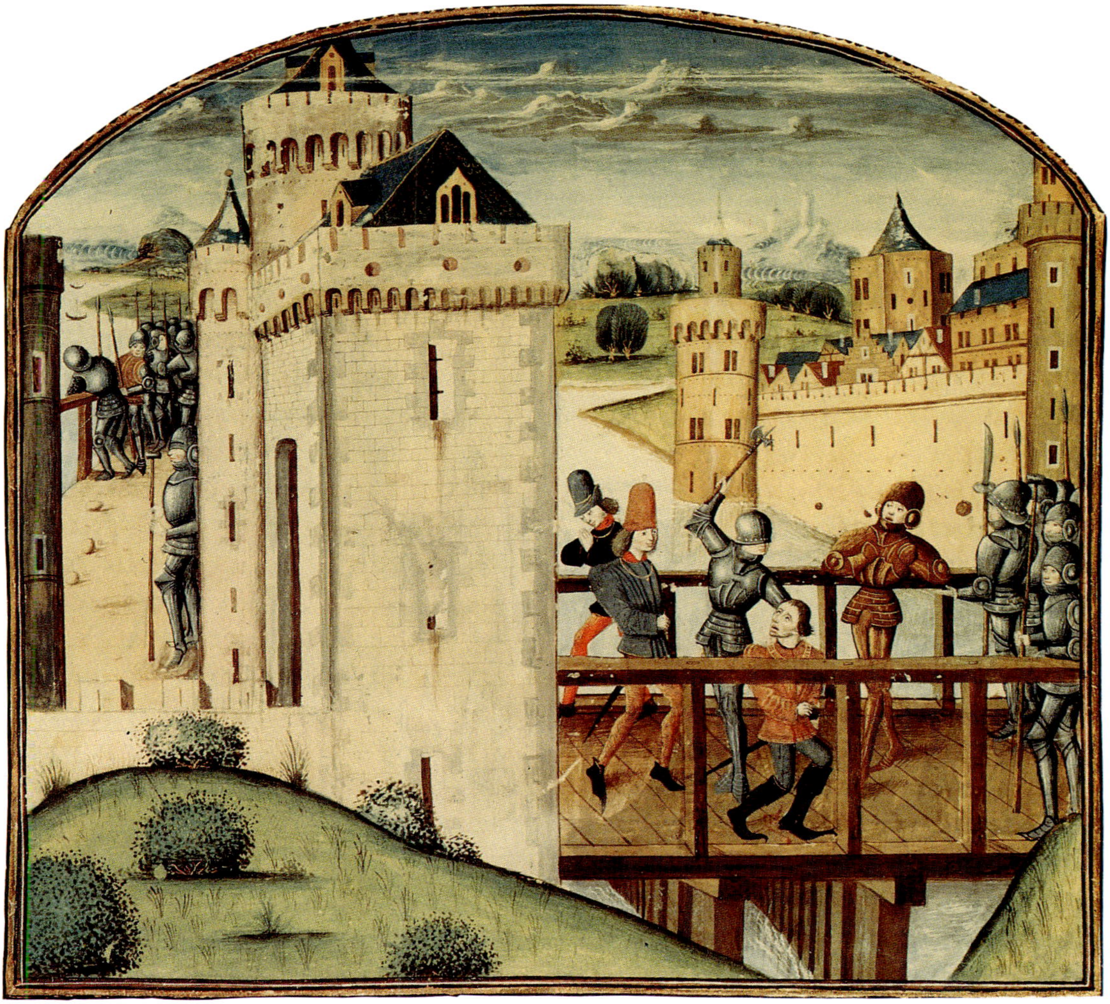

stellung der Geschichte der Großen Herzöge dazu ungeschminkt festgestellt: »Die große seelische Krise, an der Frankreich im 15. Jahrhundert fast zugrunde gegangen wäre, kündigt sich bereits an, und es ist nicht zu leugnen, daß die Verantwortung dafür Johann Ohnefurcht trifft.«[45]

Im Frühjahr 1418 hielten die Bourguignons wieder Einzug in Paris, das ihnen durch Verrat in die Hände gefallen war. Es folgte ein Massaker an den Armagnacs, auch vier Bischöfe waren unter den Opfern, darunter jener von St-Denis. Johann selbst hatte sich dieses Mal wohlweislich von der Hauptstadt ferngehalten. Er hielt sich in Troyes auf, wohin er auch die Königin Isabeau hatte bringen lassen. Nachdem 1414 der Dauphin Ludwig und 1417 dessen Bruder Johann gestorben waren, suchte der Burgunderherzog jetzt, wenn auch erkennbar halbherzig, die Verständigung mit deren Nachfolger, dem Dauphin Karl (später Karl VII.). Für den 10. September 1419 wurde ein Treffen auf der Brücke von Montereau vereinbart. Dort kam es sogleich zu einem heftigen Wortwechsel zwischen

Die Ermordung Johanns Ohnefurcht auf der Brücke von Montereau am 10. September 1419
Illustration aus einer Handschrift, die sich in der Bibliothèque de l'Arsenal in Paris befindet (Ms. 9084)
Das Motiv der Brücke von Montereau taucht später im Bild der Rolin-Madonna von Jan van Eyck wieder auf (vgl. S. 265).

45 Joseph Calmette, *Die Großen Herzöge von Burgund*, München 1963, S. 146.

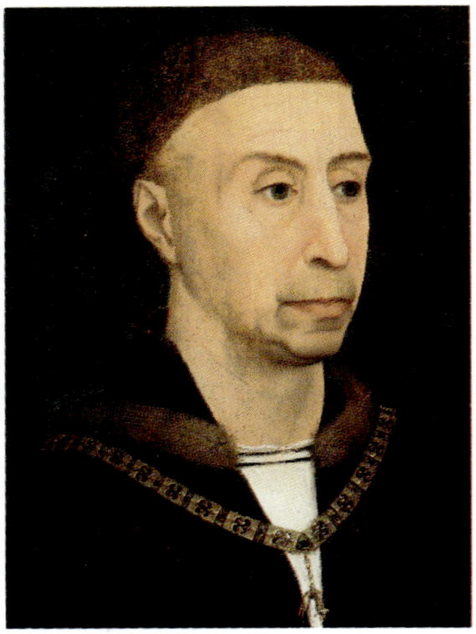

Herzog Philipp der Gute (1396-1467)
Porträt aus der Nachfolge Rogier van der Weydens. Berlin, Staatliche Museen, Gemäldegalerie
Das Bild zeigt Herzog Philipp den Guten mit der Ordenskette vom Goldenen Vlies. Diesen bedeutendsten Laienorden des Spätmittelalters hatte der Burgunder 1429 anläßlich seiner Vermählung mit Isabella von Portugal gestiftet. Mit der Gründung des Ordens stellte der burgundische Herzog eine symbolträchtige Parallele zum Zug der Argonauten her, der dem von ihm geplanten (aber nicht realisierten) Kreuzzug als Vorbild leuchten sollte. 1434 erschienen die ersten 66 Artikel der Ordensstatuten, die 1451 um weitere 21 ergänzt wurden.
Als Maria von Burgund 1482 starb, fiel die Würde des Großmeisters an das Haus Habsburg und über Marias Sohn Philipp den Schönen an Spanien. Nach dem Aussterben der spanischen Habsburger im Jahre 1700 kam es zwischen Kaiser Karl VI. und dem Bourbonen Philipp V. von Spanien zum Streit um dieses burgundische Erbe, ohne daß eine Klärung erzielt wurde. Fortan gab es deshalb einen spanischen und einen österreichischen Zweig des Ordens vom Goldenen Vlies, der erst 1871 aufgelöst wurde. So hat sich auf dynastischen Umwegen ein zentrales Kapitel burgundischen Hofzeremoniells aus der Zeit der Valois-Herzöge noch bis ins 19. Jahrhundert gehalten.

den Kontrahenten, der Dauphin brach die Auseinandersetzung schon nach wenigen Minuten ab. Es folgte ein Handgemenge, in dessen Verlauf Johann Ohnefurcht erschlagen wurde.

Es konnte nie geklärt werden, ob es sich um einen Totschlag gehandelt hat oder ob der Dauphin Karl von vornherein den Mord geplant hatte. Eines steht jedenfalls fest: Das Verhältnis Burgunds zu Frankreich war während der folgenden Regierungszeit Philipps des Guten von dem Mord auf der Yonnebrücke überschattet.

Johann Ohnefurcht hatte sein heimliches Ziel, die Vormachtstellung in Frankreich, verfehlt, und sein gewaltsamer Tod mag manchem wie eine vom Schicksal inszenierte Sühne für den Mord an Ludwig von Orléans erscheinen. Trotzdem sind die 15 Jahre seiner Regierung aus burgundischer Sicht nicht als ein Versagen zu werten, im Gegenteil: Indem Johann Ohnefurcht ständig zwischen den Interessen der Häuser Valois und Lancaster manövriert und diese zum Teil bewußt gegeneinander ausgespielt hatte, war es ihm gelungen, daß der junge burgundische Staat sich ungezwungen entfalten konnte und mehr und mehr in den Rang einer selbständigen Macht zwischen den Herrschaftsblöcken Frankreich und Deutschland hineinwuchs. Daran anknüpfend sollte die Politik Philipps des Guten zur konsequenten Fortsetzung des väterlichen und großväterlichen Erbes werden.

Philipp der Gute und der Aufstieg Burgunds zur Großmacht

Philipp der Gute war 1396 in Dijon geboren worden, war also beim Tode Johanns Ohnefurcht noch blutjung. Mit mehr als einem halben Jahrhundert Regierungszeit sollte ihm die mit Abstand längste Amtsperiode der vier Großen Herzöge beschieden sein. In den ersten Jahren war sein Handeln von der Rache für den Mord am Vater diktiert. Hatte Johann Ohnefurcht mit England noch in einem Geheimvertrag paktiert, so legte Philipp der Gute jede Scheu vor der Öffentlichkeit ab. Er sah sich gleich dreifach dazu berechtigt: Als Rächender handelte er als guter Sohn, als Burgunder war es sein legitimes Anliegen, die eigene Hausmacht zu stärken, und schließlich durfte er sich darüber hinaus als redlicher Franzose fühlen, hatten doch die Armagnacs Frankreich ins Chaos gestürzt. Tatsächlich aber gilt es festzuhalten, daß die ursprüngliche Idee König Johanns des Guten, mit Burgund eine Stützte des Herrscherhauses zu gewinnen, inzwischen in ihr Gegenteil pervertiert worden war.

1420 wurde zwischen Philipp und Heinrich V. von England in Troyes ein Vertrag geschlossen, der dem französischen Königshaus den Todesstoß versetzen sollte. Der Dauphin wurde für enterbt erklärt, die Krone Frankreichs sollte an das Haus Lancaster übergehen, legitimiert durch die Heirat König Heinrichs V. mit Katharina von Frankreich, einer

Schwester des Dauphin. Dies bedeutete zugleich ein Aushebeln des bis dahin geltenden männlichen Erbfolgerechts. Noch im Dezember desselben Jahres zogen Heinrich V. und Philipp der Gute triumphal in Paris ein.

1422 verstarben binnen weniger Wochen erst Heinrich V. und dann Karl VI. So war der Fall eingetreten, für den man im Vertrag von Troyes Vorsorge getroffen hatte. Der einjährige Sohn Heinrichs V. und Katharinas, Heinrich VI., wurde zum Doppelmonarchen in England und Frankreich. Der Dauphin Karl sah dem Treiben jedoch nicht tatenlos zu, sondern erklärte sich schon wenige Tage nach dem Ableben des in geistiger Umnachtung gestorbenen Vaters in Bourges, wohin er ausgewichen war, zum legitimen König von Frankreich. De facto besaß Frankreich jetzt zwei – allerdings ungekrönte – Könige: den »König von Paris« und den »König von Bourges«.

In der Folgezeit sah sich Frankreich an den Rand seiner Existenz gedrängt. Auf den Sieg der Engländer bei Verneuil folgte die Besetzung von Orléans, das der Schlüssel auf dem Weg nach Reims war. Wer dort die Krone erhielt, war automatisch nach mittelalterlicher Rechtsauffassung der legitime König.

Die Hintergründe des plötzlichen Umschwungs sind allgemein bekannt und sollen hier nur kurz skizziert werden: 1429 fand das in Agonie liegende Frankreich in Gestalt der Jeanne d'Arc aus dem lothringischen Domrémy seine unverhoffte Retterin. Dem Hirtenmädchen, das einer göttlichen Eingebung folgte, gelang es, ein französisches Nationalgefühl und den verlorengegangenen Siegeswillen neu zu entfachen. Sie befreite Orléans und führte den Dauphin zur Krönung nach Reims. Zwar geriet die Jungfrau bereits im Jahr darauf in die Gefangenschaft der Burgunder, die sie den Engländern auslieferten, welche ihr den Prozeß machten und sie am 31. Mai 1431 in Rouen als vermeintliche Hexe verbrannten, doch der Umschwung in der Geschichte zugunsten Frankreichs war dadurch nicht mehr zu stoppen. Auch Philipp der Gute erkannte die Vorzeichen der Wende und suchte schon bald die Versöhnung mit Karl VII. 1435 kam es zum Bruch zwischen Burgund und England, im September desselben Jahres wurde in Arras ein Friedensvertrag aufgesetzt, der zugleich endgültig mit dem Gegensatz Armagnacs – Bourguignons aufräumte. Allerdings ließ sich der Herzog von Burgund sein Einlenken fürstlich honorieren. So mußte Karl VII. den Mord an Johann Ohnefurcht offiziell verurteilen und schwören, durch Errichtung von Kirchen in Dijon, Paris, Rom und Santiago de Compostela sowie der Aufstellung eines Kreuzes auf der Brücke von Montereau öffentlich Buße zu tun; ferner hatte die Krone die Städte Auxerre nebst dem Auxerrois, Luxeuil, Bar-sur-Seine, Boulogne-sur-Mer sowie die Städte an der Somme an Burgund abzutreten. Damit war der Hundertjährige Krieg zwar immer noch nicht zum Abschluß gekommen, tatsächlich schleppte er sich noch bis in die 1450er Jahre hin (1453 letzte Schlacht bei Castillon-la-Bataille an der Dordogne), doch die Allianz England-Burgund war zerbrochen und Frankreich der tödlichen Umklammerung entronnen.

Frankreich auf dem Höhepunkt des Hundertjährigen Krieges (um 1420)
Nachdem die Engländer, tatkräftig von Burgund unterstützt, nicht nur weiterhin über große Teile Südwestfrankreichs geboten, sondern auch den gesamten Norden Frankreichs inklusive der Hauptstadt Paris hielten, wurde der französische Herrscher spöttisch als »König von Bourges« bezeichnet.
Die Wende kam 1429, als es Jeanne d'Arc gelang, Orléans, das eine strategische Schlüsselstellung innehatte, zu befreien.

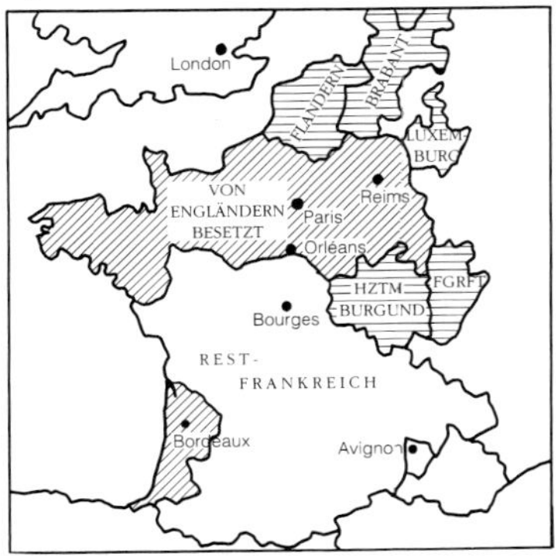

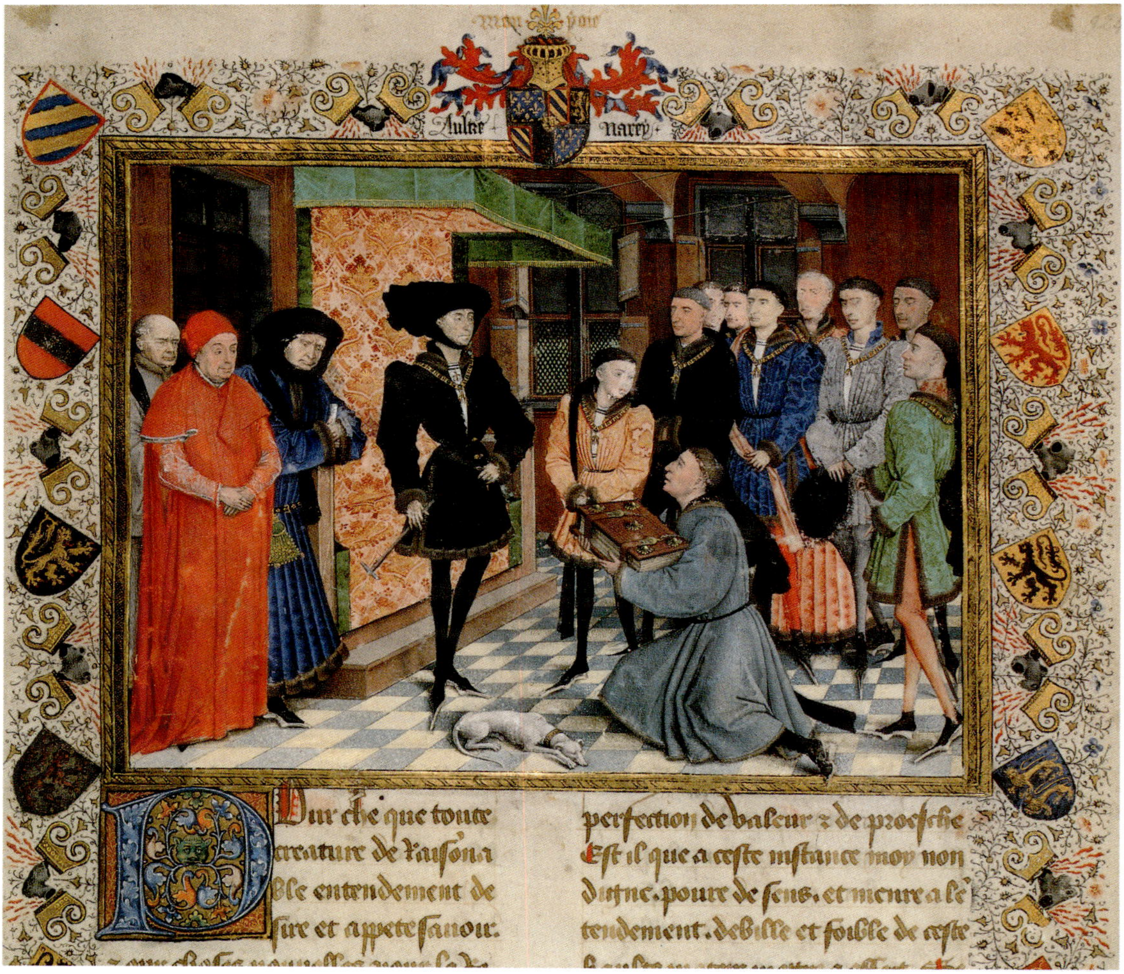

Jean Wauquelin überreicht Herzog Philipp dem Guten seine Übersetzung der Hennegauer Chronik Miniatur (Höhe 14 cm) von Rogier van der Weyden, um 1448 Brüssel, Bibliothèque Royale Albert Ier

Wie auf dem Dedikationsblatt zum Buch mit den Taten des Girart de Roussillon (Abb. S. 172) erscheinen auch hier zu seiten des Herzogs sein Sohn Karl der Kühne und der Kanzler Nicolas Rolin.

Der große Sieger war aber wieder einmal der burgundische Herzog. Nicht nur war seinen Rachegefühlen adäquat Genugtuung widerfahren, zudem hatte er die Entbindung von den Lehenspflichten erwirkt und mit den Gebietsgewinnen darüber hinaus seine territorialen Ambitionen ergiebig befriedigt. Indem er die wirren Jahre zwischen 1426 und 1430 geschickt dazu nutzte, die burgundische Expansionspolitik unbeirrt fortzusetzen, zeigt sich, daß der Enkel Philipps des Kühnen ebenso wie der Großvater befähigt war, alle nur denkbaren Register zu ziehen, wo es um die Ausweitung Burgunds ging. Er gewann einige Territorien durch Kauf (z. B. die Grafschaft Namur), andere durch Heiratspolitik oder durch Erbschaft (z. B. das Herzogtum Brabant), und wo diese Mittel nicht fruchteten, mit Hilfe durchtriebener Diplomatie oder Waffengewalt (z. B. Holland, Seeland, Friesland, Hennegau). Der Blick auf die eben genannten Gebietserweiterungen macht aber auch deutlich, daß die bereits unter Johann Ohnefurcht begonnene Orientierung der Burgunder nach Norden noch deutlicher akzentuiert wird. La Bourgogne ist im

15. Jahrhundert nur noch die Keimzelle eines größeren, äußerst heterogenen Staatengebildes, mit dessen nördlichen Teilen das historische Herzogtum nicht einmal durch ein geographisches Bindeglied territorial verzahnt ist. Um so begreiflicher erscheint der Wunsch Philipps des Guten, die nördlichen und die südlichen Länder seines Herrschaftsbereiches direkt miteinander zu verbinden. 1443 war er diesem Ziel mit der Gewinnung Luxemburgs einen entscheidenden Schritt nähergerückt. Nun trat die burgundische Expansionspolitik in ein neues Stadium, denn die bislang zum Teil weit verstreuten Territorien begannen tatsächlich zusammenzuwachsen, es zeichnete sich das Wiederaufleben des vor sechs Jahrhunderten untergegangenen Mittelreichs Kaiser Lothars ab. Deshalb keimte neben den territorialen Gelüsten ein weiterer Wunsch, nämlich durch Erlangung einer Krone Burgund den Glanz einer Monarchie zu verleihen. Doch scheiterte dieses Ansinnen des Herzogs an dem Widerstand des deutschen Kaisers Friedrich III.

Daraufhin wandte sich Philipp der Gute einer neuen Idee zu: Er plante einen Kreuzzug gegen die Türken, die 1453 Konstantinopel erobert hatten. Das Zeitalter der Kreuzzüge war längst vorüber, und doch galt die Organisation eines Kreuzzugs gegen die Ungläubigen immer noch als vornehmste Aufgabe eines christlichen Herrschers. Seit dem Zweiten Kreuzzug hatten alle derartigen Unternehmungen in den Händen bedeutender gekrönter Häupter gelegen (Ludwig VII., Richard Löwenherz, Kaiser Friedrich I. Barbarossa, Ludwig der Heilige). Man hat den Eindruck, daß es Philipp dem Guten nicht allein um die Frage des Kampfes gegen das Heidentum ging, sondern daß er sich als Ersatz für die entgangene Krone in die Ahnengalerie der großen Kreuzzügler einreihen wollte, um damit gleichsam durch die Hintertür doch noch die Aura des Gekrönten zu gewinnen. Allein, der Plan, für den schon konkrete Vorbereitungen getroffen worden waren, kam ebensowenig zur Ausführung wie die einst von Philipp dem Kühnen ins Auge gefaßte Invasion Englands. Zum einen vereitelte eine Erkrankung des Herzogs das Unterfangen, zum anderen mag aber auch sein fortgeschrittenes Alter eine Rolle gespielt haben – oder hatte noch einmal in letzter Minute der Sinn für die Realitäten über den Hang zum Utopischen triumphiert?

Das Selbstbewußtsein des Burgunders wurde 1461 in Reims offen zur Schau gestellt. Im Juli des Jahres war Karl VII., der einstige Widersacher Philipps des Guten, gestorben. Zu seinem Nachfolger salbte man an der traditionellen Krönungsstätte Ludwig XI., der sich mit dem Vater entzweit und fünf Jahre lang am herzoglichen Hof in Dijon gelebt hatte. Philipp der Gute durfte sich also in der Rolle des Ziehvaters des neuen Königs von Frankreich sonnen und gab dem mit seinem prachtvollen Auftreten sinnfälligen Ausdruck. Mit seinem Pomp übertraf er sogar das königliche Gefolge.

Als Philipp der Gute sechs Jahre später starb (15. Juni 1467), erbte sein Sohn Karl der Kühne eines der mächtigsten Reiche des damaligen Europa, Landschaften, in denen die Wirtschaft, aber auch Kunst, Literatur, Musik und die Wissenschaften blühten.

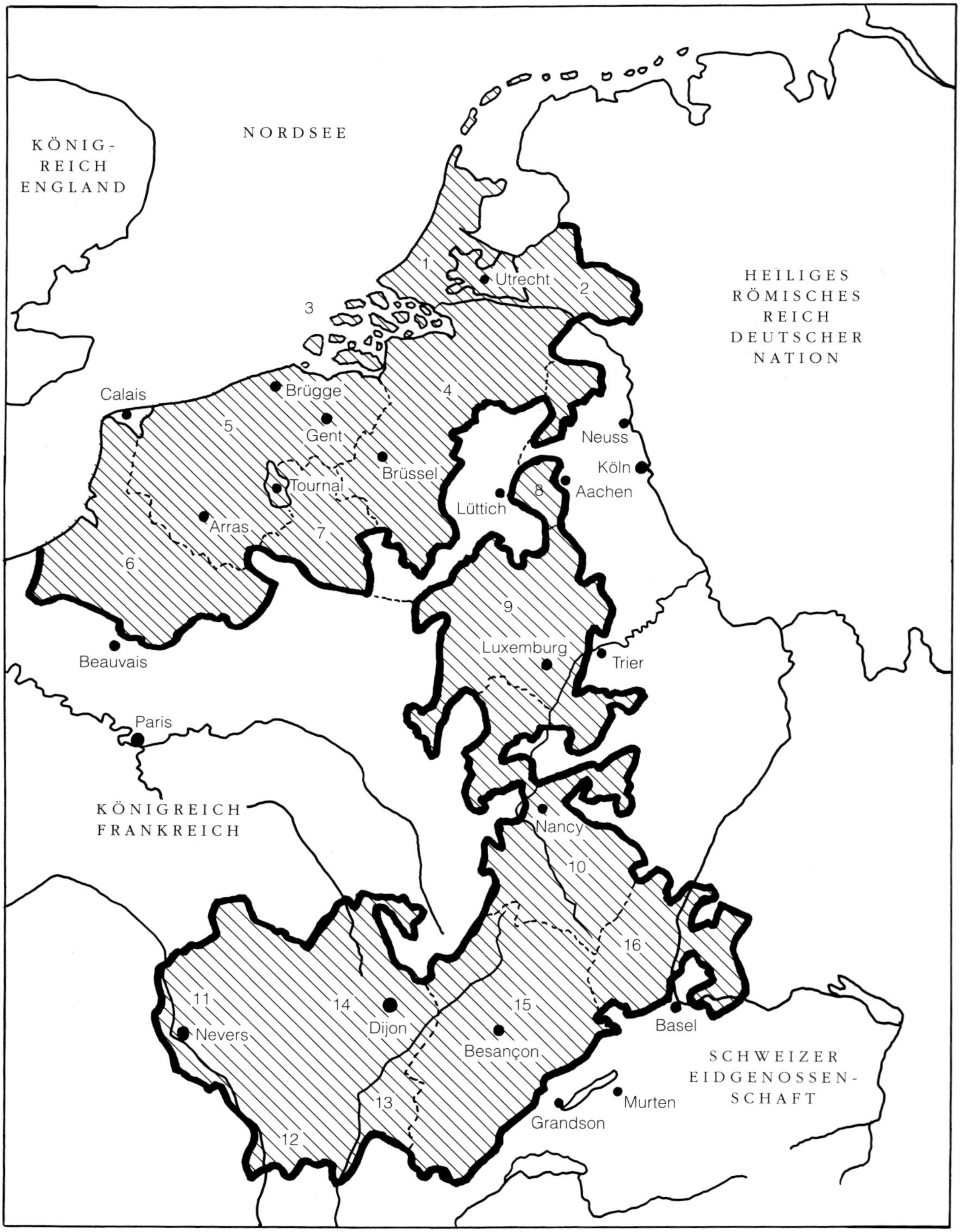
KÖNIGREICH ENGLAND
NORDSEE
HEILIGES RÖMISCHES REICH DEUTSCHER NATION
KÖNIGREICH FRANKREICH
SCHWEIZER EIDGENOSSENSCHAFT
Utrecht
Calais
Brügge
Gent
Brüssel
Tournai
Arras
Beauvais
Paris
Neuss
Köln
Aachen
Lüttich
Luxemburg
Trier
Nancy
Basel
Dijon
Nevers
Besançon
Grandson
Murten
1
2
3
4
5
6
7
8
9
10
11
12
13
14
15
16

Karl der Kühne und der Griff nach der Kaiserkrone

Karl der Kühne wurde am 11. November 1433 in Dijon geboren. Obwohl bei seinem Regierungsantritt erst 33 Jahre alt, war er zu diesem Zeitpunkt bereits zum zweiten Mal verwitwet. 1468 heiratete er in dritter Ehe Margarete von York, die Schwester König Edwards IV. von England. Die Hochzeit fand am 3. Juli in Brügge, einer der zahlreichen herzoglichen Residenzen, statt und soll die aufwendigste Feier des gesamten 15. Jahrhunderts gewesen sein.

Der Gegensatz zwischen Burgund und dem König von Frankreich flammte alsbald wieder auf. Nur hatte Karl der Kühne, anders als seine Vorgänger, die es überwiegend mit schwächeren Gegnern zu tun hatten, in Ludwig XI. einen mindestens ebenbürtigen, wenn nicht sogar überlegenen Kontrahenten. Ludwig XI. war ein Genie der Diplomatie und der Intrige, weshalb man ihn auch die »universelle araignée« (allgegenwärtige Spinne) genannt hat.[46]

Doch ging die erste Runde im Ringen der Giganten zunächst einmal an den Burgunder. Im Sommer 1468, also kurz nach der Prunkhochzeit von Brügge, trafen sich der Herzog und der König auf dem Schloß Peronne zu Verhandlungen. Während dieser Tage brach in Lüttich eine Revolte aus. Indem die Aufständischen sich den burgundischen Truppen mit dem Ruf »vive le Roy!« entgegenwarfen, konnte kein Zweifel daran bestehen, daß niemand anderes als Ludwig XI. höchstselbst die Volkserhebung angezettelt hatte. Es war ihm dummerweise die Zeitplanung entglitten, der Aufstand früher ausgebrochen als beabsichtigt. Die Hiobsbotschaft erreichte Karl den Kühnen binnen kürzester Zeit. Er handelte rasch und entschlossen, indem er den König von Frankreich in Peronne unter Arrest stellte. Sodann diktierte er dem Gefangenen einen blamablen Vertrag: Der König hatte an der fälligen Strafexpedition gegen das unbotmäßige Lüttich persönlich teilzunehmen.

Zudem sah sich Karl, nachdem die Feindschaft des Königs in derart ungeschminkter Form zutage getreten war, nicht mehr daran gehindert, eine erneute Allianz mit England einzugehen. 1472/75 schien sich das Gespenst des Hundertjährigen Krieges noch einmal zurückmelden zu wollen. Außerdem ging Karl der Kühne Bündnisse mit Johann II. von Aragon und Neapel ein. Aber sein ungestümes Temperament hinderte ihn daran, die Zeit für sich arbeiten zu lassen. 1472 suchte er allein auf sich gestellt in der offenen Schlacht die Entscheidung, ohne zu diesem Zeitpunkt auf tätige Unterstützung von seiten der Bündnispartner rechnen zu dürfen. Ludwig XI. siegte bei Beauvais, und Karl war zu einem Einlenken gezwungen.

Scheinbar unbeschadet von dieser Schlappe verfolgte Karl der Kühne zielstrebig die Idee eines burgundischen Großreichs weiter, besetzte Teile des Elsaß und Lothringens und setzte schließlich fort, was sein Vater bereits als Plan verfolgt hatte: die Erlangung der Königswürde, ja, er ging noch einen Schritt weiter, er verstieg sich bis zu der Utopie, nach der

Karte Seite 188:
Das Burgunderreich zum Zeitpunkt seiner größten Ausdehnung unter der Herrschaft Karls des Kühnen, 1473

1 Grafschaft Holland
2 Herzogtum Geldern
3 Grafschaft Seeland
4 Herzogtum Brabant
5 Grafschaft Flandern
6 Boulogne, Picardie, Ponthieu, Eu und Vermandois
7 Grafschaft Hennegau
8 Herzogtum Limburg
9 Herzogtum Luxemburg
10 Herzogtum Lothringen
11 Grafschaft Nevers
12 Grafschaft Charolles
13 Grafschaft Mâcon
14 Herzogtum Burgund
15 Freigrafschaft Burgund
16 Oberrheinische Pfandlande (Elsaß)
Ferner standen unter burgundischem Einfluß:
– das Erzbistum Utrecht
– das Bistum Lüttich und
– das Bistum Tournai

46 Es ist klar, daß die Bezeichnung der »universelle araignée« für Ludwig XI. nicht vom Hofe stammt, sondern aus der Feder von burgundfreundlichen Autoren. Calmette (s. o.) nennt die Chronisten Chastellain und Molinet als Urheber des Spitznamens.

Krone des deutschen Kaisers greifen zu wollen. Karl der Kühne wollte der Nachfolger Karls des Großen werden! Das anfängliche Entgegenkommen des deutschen Kaisers mag ihn in dieser Wahnidee noch bestärkt haben. Im September 1473 kam es zu dem denkwürdigen Treffen zwischen dem Herzog von Burgund und Kaiser Friedrich III. in Trier. Es wurde darüber verhandelt, Karl den Titel eines »römischen Königs« zu verleihen. Der Burgunder bot im Gegenzug dem Sohn und designierten Nachfolger des Kaisers, Maximilian, die Hand seiner Tochter Maria von Burgund an. Diese Verbindung sollte später tatsächlich, doch erst nach dem Tode Karls des Kühnen, zustandekommen. Aber Karl schraubte in Trier seine Erwartungen und seine Forderungen immer höher, schließlich forderte er für sich selbst die Anwartschaft auf die Kaiserkrone. Damit hatte er den Bogen überspannt und den Verhandlungsspielraum des Habsburgers überreizt.

So hatte sich letztlich Karl der Kühne selbst um die angestrebte Königskrone gebracht, der er zum Greifen nahe gewesen war. In Trier waren bereits alle Vorbereitungen für seine Krönung zum »römischen König« in die Wege geleitet worden, der Krönungsornat lag schon bereit. Alles zerplatzte, nachdem Friedrich III. das Zutrauen in einen sinnvollen Abschluß der Verhandlungen verloren und Trier bei Nacht und Nebel im November 1473 verlassen hatte.

Der Untergang des Hauses Burgund

Das Scheitern in Trier und die Ereignisse des darauf folgenden Jahres 1474 markieren den Wendepunkt im Schicksal des letzten der Großen Herzöge. In London wurde der Vertrag mit dem englischen König Edward IV. erneuert. Für den Fall einer Thronbesteigung Edwards in Frankreich winkten dem Burgunder goldene Zeiten: Unter zahlreichen Gebieten sollte er unter anderem die Champagne erhalten; seine gesamten Besitzungen, soweit sie unter der Hoheit Frankreichs standen, sollten lehnsfrei werden. Doch anstatt sich jetzt auf den Bündnispartner und die bevorstehenden Ereignisse im Westen zu konzentrieren, wandte sich Karl der Kühne nach Osten, wo er sich in einen innerdeutschen Streit um das Erzbistum Köln ziehen ließ. Er belagerte monatelang die Stadt Neuß am Rhein.

Nachdem er zuvor in einer programmatischen Rede in Dijon die Wiedererstehung des lotharingischen Reiches beschworen hatte, mußten nun alle Nachbarn den Großmachtsrausch des Burgunders fürchten. Noch im selben Jahr 1474 brach im Elsaß ein Aufstand gegen den von Karl dem Kühnen eingesetzten Landvogt Peter von Hagenbach und dessen brutales Regiment aus, kurz darauf, 1475, erhob sich René II. von Lothringen gegen Burgund. Inzwischen hatten sich die Schweizer Eidgenossen mit dem Erzrivalen Österreich verbündet und einem burgundischen Kontingent bei Héricourt eine schmachvolle Niederlage bereitet.

Im Sommer 1475 erfolgte dann die von langer Hand geplante Landung Edwards IV. in Calais. Der englische König marschierte zielstrebig auf die Krönungsstadt Reims, die Ludwig XI. fieberhaft zum Widerstand rüsten ließ. Erst jetzt verließ Karl der Kühne Neuß, um sich Edward anzuschließen, mußte jedoch einen großen Teil seiner Streitmacht zurücklassen, die im Kampf vor allem gegen die Lothringer gebunden war. Der Engländer sah darin einen Vertrauensbruch seines Bündnispartners und suchte deshalb die Verständigung mit Ludwig XI., mit dem im August desselben Jahres ein Friedensvertrag abgeschlossen wurde. Joseph Calmette hat diesen Akt als das definitiv letzte Kapitel des Hundertjährigen Krieges gewertet. Nun war auch Karl der Kühne gezwungen, mit dem französischen König Frieden zu schließen, um sich wieder ungehindert seinen Operationen im Osten zuwenden zu können. Vor allem ging es ihm darum, an den Eidgenossen Rache für die Niederlage bei Héricourt zu nehmen.

Im ersten Anlauf eroberte er im Februar 1476 Grandson, wo seine Soldateska ein Blutbad unter den Einwohnern anrichtete. Auf dem Weitermarsch in Richtung auf Neuchâtel geriet das burgundische Heer in einen Hinterhalt der Schweizer und wurde vernichtend geschlagen. Von nun an handelte der Burgunder wie ein Rasender, schlug alle Vernunft in den Wind und inszenierte damit letztlich selbst seinen Untergang. Denn hektisch überstürzt ließ er neue Truppen ausheben, die er im Zustand schlechtester Vorbereitung bereits im Juni bei Murten in die nächste Schlacht und damit in ein unabwendbares Verderben führte. Mehr als 8000 gefallene Burgunder bedeckten das Schlachtfeld, auf dem die Schweizer zudem reiche Beute gemacht hatten. Der Ruf der Unbesiegbarkeit der burgundischen Armee war endgültig dahin. René von Lothringen, der in Murten als Verbündeter an der Seite der Eidgenossen mitgefochten hatte, nahm sich im Oktober Nancy, die Hauptstadt Lothringens, zurück. Karl der Kühne, der inzwischen vollends den Blick für die Realitäten verloren hatte, setzte ihm nach und belagerte Nancy, das von einem zahlenmäßig weit überlegenen Gegner gehalten wurde. Am 5. Januar 1477 fiel Karl der Kühne vor Nancy, sein Leichnam wurde erst zwei Tage später im halb gefrorenen Morast entdeckt. Da Karl keinen männlichen Erben hinterließ, war der Traum vom burgundischen Großreich über Nacht zerplatzt.

Ludwig XI. zögerte keinen Augenblick und ließ, kaum daß er die Nachricht vom Tode des Rivalen erhalten hatte, 6000 Soldaten im Herzogtum einmarschieren, das er als erledigtes Lehen einzuziehen gedachte. Er kaschierte diese gewaltsame militärische Annexion mit dem Hinweis darauf, daß es ihm darum ginge, Maria von Burgund, die Tochter Karls des Kühnen, zu schützen, die er mit dem minderjährigen Dauphin vermählen wollte. Doch Maria machte das Spiel nicht mit. Sie handelte als echte Burgunderin, also gegen den König, und ging nun doch die Ehe mit Maximilian ein, die ihr Vater bereits 1473 ins Gespräch gebracht hatte. Während der französische Teil Burgunds, also wiederum das alte

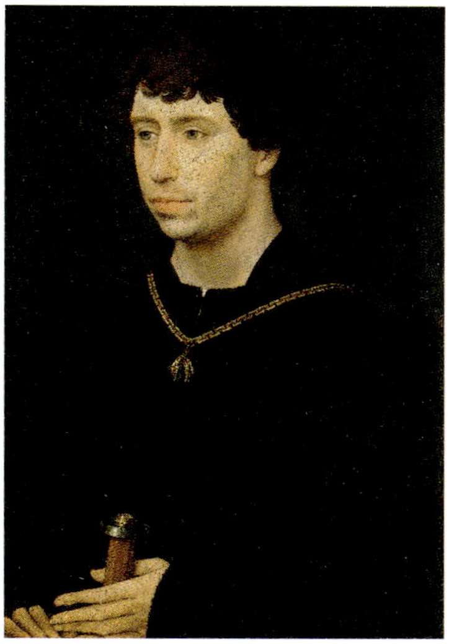

Karl der Kühne (1433-1477)
Porträt von Rogier van der Weyden, um 1460
Berlin, Staatliche Museen, Gemäldegalerie
Das Porträt zeigt den späteren Herzog Karl den Kühnen im Alter von Ende Zwanzig, als er noch Graf von Charolles war. Um den Hals trägt er die Ordenskette vom Goldenen Vlies. Karl der Kühne war bereits im Jahr seiner Geburt in den von seinem Vater gestifteten Orden aufgenommen worden.

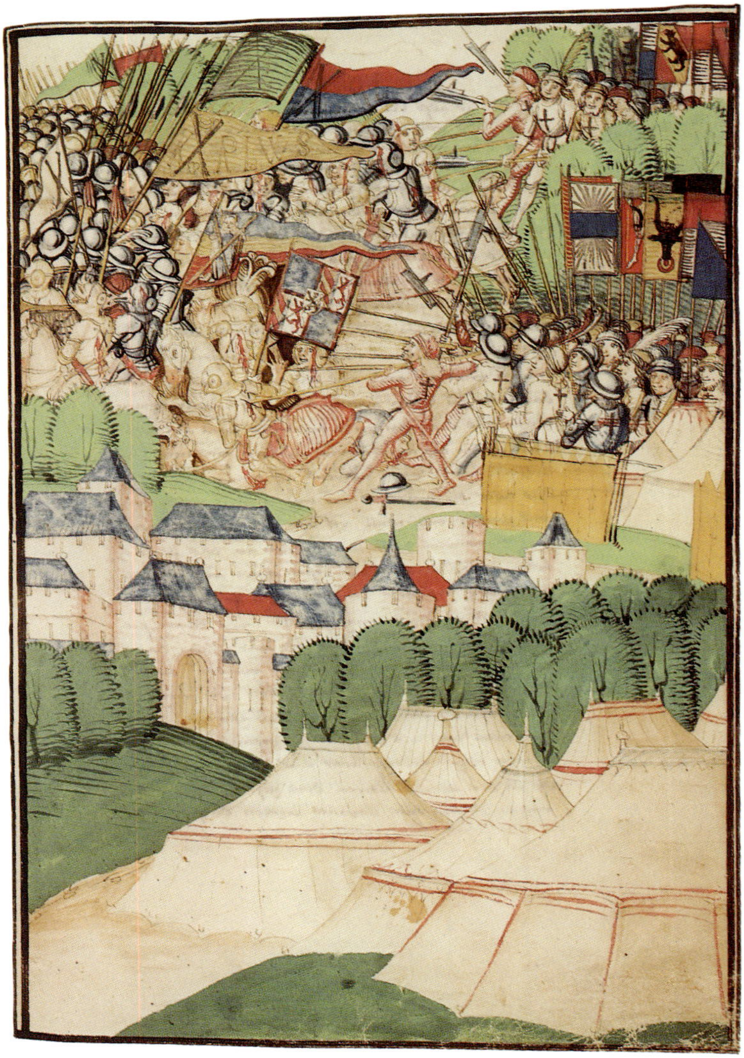

Die Schlacht bei Héricourt
Illustration aus der Berner Chronik von Diebold Schilling, Band III. Bern, Burgerbibliothek
Im Herbst 1474 hatten die Schweizer Eidgenossen, verbündet mit den Elsässern und Österreichern, damit begonnen, das Städtchen Héricourt bei Belfort zu belagern. Die burgundische Streitmacht, die Anfang November zum Entsatz der Stadt eintraf, erlitt am 13. November 1474 eine demütigende Niederlage, mit der der Ruf der Unbesiegbarkeit der Burgunder endgültig dahin war.
Die Chronik des Diebold Schilling ist ein zeitgenössisches Dokument, denn der Schreiber erhielt 1474, im Jahr des Schweizer Sieges bei Héricourt, von der Stadt Bern den Auftrag zur Niederschrift der Stadtchronik. Das Werk ist mit 607 Miniaturen illustriert und stellt damit die aufwendigste Chronik der Eidgenossenschaft im 15. Jahrhundert dar.

Herzogtum, Provinz Frankreichs wurde, kamen die außerfranzösischen Besitzungen an das Haus Habsburg. Calmette resümiert in diesem Zusammenhang treffend:
»Ebenso wie Ludwig die Vermählung Ferdinands von Aragon mit Isabella von Kastilien nicht verhindern konnte, durch die Spanien zu einer für Frankreich bedrohlichen Einheit wurde, hatte er es nicht verstanden, die Ehe Marias mit Maximilian zu hintertreiben, mit der seinem Land die österreichische Gefahr erstand. Zu allem Unglück wird auch noch der Sohn von Maria und Maximilian, Philipp der Schöne, die Tochter des spanischen Königs, Johanna die Wahnsinnige, heiraten, und der Enkel beider ist Karl V. Indem Ludwig XI. die Tochter des letzten großen Herzogs in die Arme eines Erzherzogs und künftigen Kaisers trieb, hat er dem Königreich, das er von den Kriegen mit den Engländern befreite, die Vorbedingungen für einen zweiten Hundertjährigen Krieg geschaf-

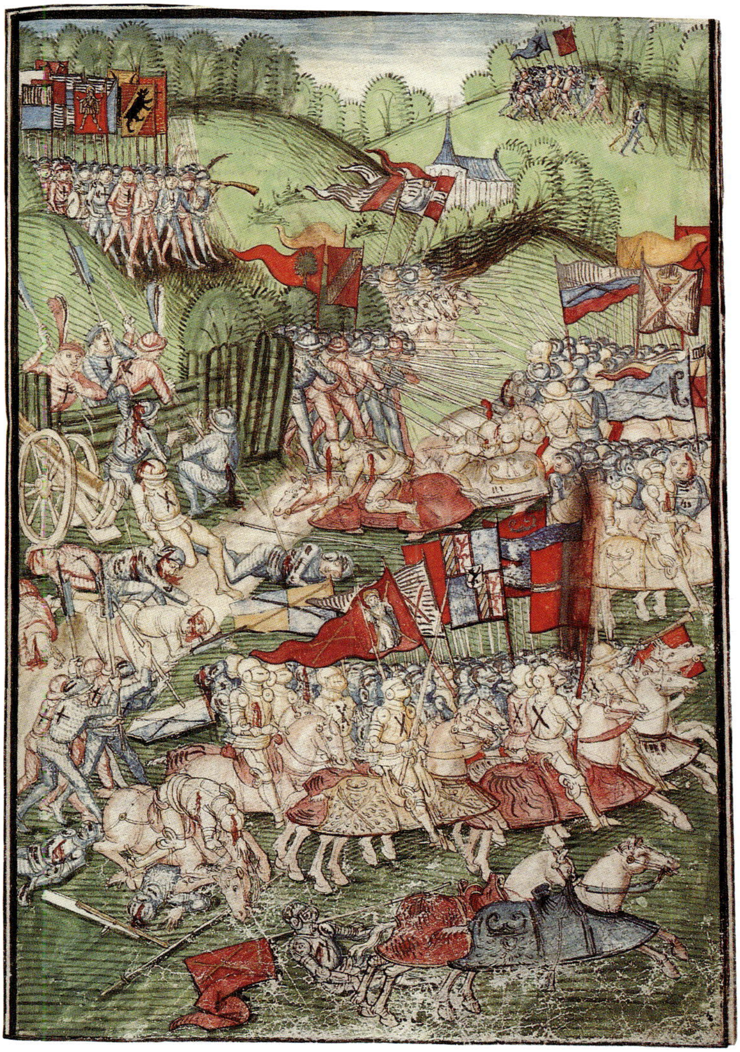

Die Schlacht bei Murten
Illustration aus der Berner Chronik des Diebold Schilling, Band III. Bern, Burgerbibliothek
Die Miniatur zeigt die Schlacht auf ihrem Höhepunkt. Um die Mittagszeit dieses 22. Juni 1476 gelang es den Schweizer Eidgenossen, eine »Grünhag« genannte Palisadenbefestigung der Burgunder zu durchbrechen. Mit ihren langen Lanzen stachen sie die Kanoniere und alles Fußvolk, das sich nicht mehr retten konnte, erbarmungslos nieder. Die burgundische Reiterei dagegen suchte ihr Heil in der Flucht. Man erkennt sie im Vordergrund an dem Wimpel mit dem Andreaskreuz, dem Wahrzeichen Burgunds im Mittelalter. Kurz nach dem Fall des »Grünhag« war diese katastrophale Niederlage Karls des Kühnen besiegelt.
Der Spruch, wonach Karl der Kühne
»vor Grandson das Gut
vor Murten den Mut
und vor Nancy das Blut«
verloren habe, trifft indes nur partiell zu. Denn anstatt aus der Erfahrung von Murten zu lernen, stürzte sich der Burgunder wie rasend in die nächsten fatalen militärischen Unternehmungen, in deren letzter er, bei der Belagerung von Nancy, zu Tode kam.

fen, den langen, in der Geschichte berühmten Zweikampf mit der habsburgischen Macht.«[47]

Die Plötzlichkeit, mit der das burgundische Reich wie ein Kartenhaus in sich zusammenfiel, mag überraschen, die Tatsache des Niedergangs als solche scheint unausweichlich. Burgund war im 15. Jahrhundert ein ähnlich artifizielles Gebilde wie ein halbes Jahrtausend zuvor das Mittelreich Kaiser Lothars, das die Großen Herzöge zu neuem Leben erwecken wollten. Zu groß waren die ethnischen, kulturellen und vor allem geographischen Gegensätze, als daß dieses Burgund länger hätte Bestand haben können. Im Europa des 15. Jahrhunderts war der Zug der Geschichte bereits in eine andere Richtung abgefahren, und die hieß Nationalstaatlichkeit. Der Versuch der Herzöge einer Restituierung des lotharingischen Reiches lief dieser allgemeinen Strömung diametral entgegen und war deshalb zum Scheitern verurteilt.

47 Calmette a.a.O. (Anm. 45) S. 354.

Würde man die Darstellung jener bewegten Epoche auf das Referieren der historischen Ereignisse beschränken, entstünde ein verzerrtes Bild. Der atemberaubende Aufstieg der vier Valois-Herzöge liest sich im ersten Hinsehen wie ein von einem geradlinigen Willen vorangetriebener Prozeß, der jähe Absturz trägt die Züge einer griechischen Tragödie. Tatsächlich aber sind die Dinge ungemein vielschichtig, ist diese Epoche ein Zeitalter extremer Gegensätze, und der Keim zum Untergang war von Anbeginn angelegt.

Johan Huizinga hat in seiner brillanten Kulturgeschichte zum »Herbst des Mittelalters«[48] herausgestellt, daß das seelische Klima des 14. und 15. Jahrhunderts depressive Züge trug. »Gegen Ende des Mittelalters ist der Grundton des Lebens bittere Schwermut. Der Klang mutiger Lebensfreude und des Vertrauens auf die Kraft zu hohen Taten, wie er durch die Geschichte von Renaissance und Aufklärung zieht, wird in der französisch-burgundischen Sphäre des 15. Jahrhunderts kaum vernommen.«[49] Die Faktoren, die zu einer derartigen gedrückten Grundstimmung führten, sind vielfältig und können nur stichwortartig aufgelistet werden: Kriege, Seuchen, Hungersnöte, Revolten, Bürgerkriege,

48 Johan Huizinga, *Herbst des Mittelalters – Studien über Lebens- und Geistesformen des 14 und 15. Jahrhunderts in Frankreich und in den Niederlanden*, 1923. Fortan zitiert: Huizinga.
49 Huizinga a.a.O. S. 36. Dieses sowie die nochfolgenden Zitate nach der deutschen Übersetzung 11. Aufl., Stuttgart 1975.

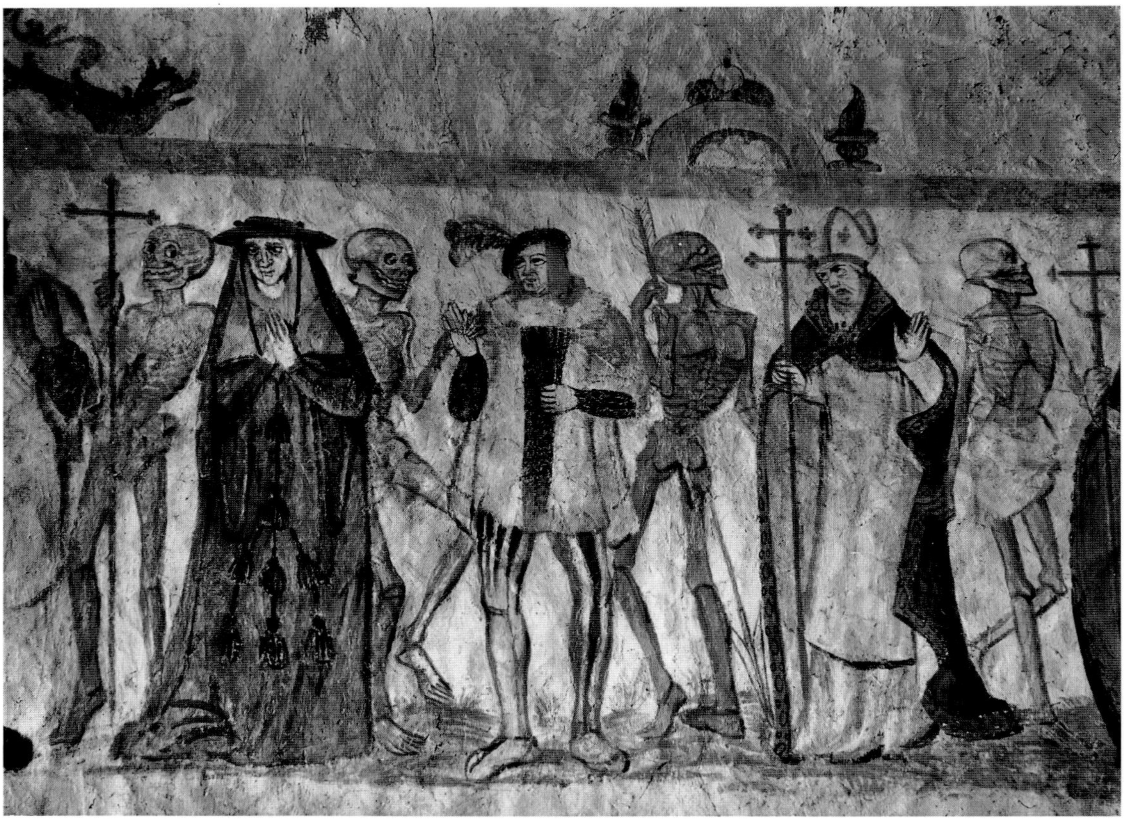

Familien- und Nachbarschaftsfehden, Mißernten, Naturkatastrophen, Korruption, das Kirchenschisma, soziale Spannungen. Die Prachtentfaltung, die andererseits gerade die Herzöge Burgunds an den Tag legten, steht im scheinbaren Widerspruch dazu. Aber sie will nicht als Ausdruck der Lebensbejahung erscheinen, vielmehr als ein verkrampftes Gegensteuern. Dies gilt ganz besonders für die Idealisierung des Rittertums.

Schon auf dem Schlachtfeld von Maupertuis war offen zutage getreten, daß das Rittertum in seiner eitlen Ruhmsucht abgewirtschaftet hatte. Huizinga analysiert denn auch treffend: »Die Epoche des echten Lehnswesens und der Blüte des Rittertums endet schon im 13. Jahrhundert. Was dann folgt, ist die städtisch-fürstliche Periode des Mittelalters, in der die Handelsmacht des Bürgertums und die auf ihr beruhende Geldmacht der Fürsten die herrschenden Faktoren in Staat und Gesellschaft sind.«[50] Obgleich ja gerade der zweite Satz dieses Zitates voll und ganz auf die Burgunderherzöge zutrifft, gewinnt man den Eindruck, als ob sie selbst vor dieser Wirklichkeit die Augen geschlossen hätten, um mit verklärtem Blick jene Epoche des Rittertums zu beschwören, die real bereits im Rückzug begriffen war. Das Aufkommen der Artillerie im 14. Jahrhundert hatte das Kriegshandwerk in rasch zunehmendem Maße mechanisiert und den heroischen Kampf von Mann gegen Mann auf den zweiten Platz verwiesen. Im krassen Gegensatz zu dieser Entwicklung erfährt die Idee des Rittertums eine die Wirklichkeit verzerrende Überhöhung. Johann Ohnefurcht war an dem Debakel der abendländischen Ritterschaft vor Nikopolis (1396) beteiligt gewesen, doch nicht die Niederlage zählte, sondern der heldenmütige Einsatz, das pathetische Eintreten für den Kampf gegen die Ungläubigen. Im 14. und 15. Jahrhundert wetteiferten die Fürstenhöfe mit der Gründung neuer Ritterorden. Anläßlich seiner Hochzeit mit Isabella von Portugal 1429 stiftete Philipp der Gute den »Orden vom Goldenen Vlies«, der sich seine eigenen Regeln nebst einem glänzenden Zeremoniell schuf. Derselbe Herzog sparte nicht an Vergleichen zwischen sich selbst und König Artus, Lancelot oder Gottfried von Bouillon, die als Inbegriffe des Rittertums schlechthin galten. In der Vorstellungswelt des letzten burgundischen Valois, Karls des Kühnen, steigerten sich derartige Vergleiche zu utopischen Phantastereien. Karl hegte eine innige Verehrung für Alexander den Großen und wähnte sich allein schon deshalb mit dem sagenumwobenen Eroberer wesensverwandt, weil sie beide von einem Vater namens Philipp abstammten. In Trier wollte er sich in die Nachfolge Karls des Großen und Kaiser Lothars stellen. Wunsch und Wirklichkeit klafften auseinander.

Mit der Stilisierung des Rittertums wurden auch die Turniere die ganz große Mode. Da dem Ritter auf militärischem Gebiet die Felle davonschwammen, wurde die Ritterlichkeit in den Rang einer höheren Lebensform erhoben, trat das Element der Kampfeswirklichkeit hinter der Aureole des schönen Scheins zurück, wurde aus Kampf ein Spiel, das Spiel wiederum zu einer Kunstform mit einer verwirrenden Vielfalt an Reglements. Derart abgehoben sieht Huizinga die Verklärung des Ritter-

Linke Seite:
La Ferté-Loupière, Detail aus dem Freskenzyklus in der Kirche mit der Darstellung des Totentanzes, spätes 15. Jahrhundert
Der figurenreiche Totentanz – es sind 42 Personen aller gesellschaftlicher Klassen dargestellt – ist einer der umfangreichsten und zugleich besterhaltenen Zyklen des Spätmittelalters in Frankreich. Der Bildtypus kam, ebenso wie der Triumph des Todes, im 14. Jahrhundert unter dem Eindruck der ersten großen Pestepidemie auf. Im 15. Jahrhundert erlebt das Thema die Ausweitung zu personenstarken, makabren Prozessionen. Der schonungslose Hinweis auf die Vergänglichkeit, die Sterblichkeit, die Nichtigkeit des schönen Scheins ist sinnbildhafter Ausdruck für die depressive Grundstimmung im »Herbst des Mittelalters«.
La Ferté-Loupière liegt in Nordburgund, knapp 20 km südwestlich von Joigny in der Landschaft Senonnais.

50 Huizinga a. a. O. (Anm. 48) S. 73.

Farbtafel rechts:
Miniatur aus »Les Très riches Heures du Duc de Berry«. Chantilly, Musée Condé
Die Illustration zum Evangelium des ersten Fastensonntags zeigt im Vordergrund das Schloß Mehun-sur-Yèvre; dahinter erscheint die Versuchung Christi auf dem Berge.
Das Stundenbuch des Herzogs Jean de Berry ist die bekannteste unter den spätmittelalterlichen illuminierten Handschriften Frankreichs. Der Auftraggeber war ein Bruder König Karls V. und Herzog Philipps des Kühnen von Burgund, mit denen er als Mäzen wetteiferte. Von Mehun-sur-Yèvre, einem seiner 17 Schlösser, sind infolge der Zerstörung in der Revolution nur noch klägliche Reste erhalten. Einstmals muß Mehun zu den prächtigsten Residenzen des 15. Jahrhunderts gezählt haben.
Claus Sluter unternahm im Auftrag Philipps des Kühnen eine Reise dorthin, um sich Anregungen für die Ausstattung des Schlosses Germolles in Burgund zu holen.
Das Stundenbuch des Herzogs von Berry wurde zwischen 1410 und 1415 von den Brüdern Limburg – Jean, Pol und Herman – gemalt. Sie waren Neffen Jean Malouels, der seinerseits als Maler am Hof des Burgunderherzogs tätig war (vgl. S. 241f).
Die Illustration enthält eine gewisse Ironie: Der Teufel, der Christus »alle Reiche der Welt und ihre Herrlichkeit« anbietet, zeigt dem Heiland ausgerechnet eines der Schlösser des prunkliebenden Herzogs von Berry, der damit (unbewußt?) als Inbegriff des Weltmenschen charakterisiert wird.

tums, daß er schonungslos feststellt: »Es ist Wahn und Traum, eitles Pläneschmieden.«[51]

Besondere Aufmerksamkeit galt dem Hofzeremoniell, das alle Fragen des Lebens bis hin zu belanglos erscheinenden Nebensächlichkeiten in feste Formen kleidete. So weiß man zum Beispiel, daß der oberste Hofkoch, der diesen Rang erst nach einem komplizierten Wahlverfahren einnehmen konnte, auf einem Stuhl inmitten der herzoglichen Küche thronte und seinen Kochlöffel mehr wie einen Dirigentenstab handhabte denn als tatsächliches Hilfsmittel zum Rühren. Feste aller Art, besonders die fürstlichen Hochzeiten, aber auch Leichenbegängnisse, Siegesfeiern, Umzüge und dergleichen wurden mit einer Pracht aufgezogen, vor der selbst die in diesen Dingen weltmeisterlich begabten Venezianer vor Neid erblaßt wären. Doch all der Glanz trägt spürbar den Beigeschmack der Weltflucht, der überspreizten Hinwendung zu einer schöneren Lebensform, die das Hier und Jetzt eben gerade nicht anzubieten hatte.

Als eine andere Form der Flucht vor der Wirklichkeit muß die Pastoralidylle erscheinen, mit der die höfische Gesellschaft in ihrem selbstgezimmerten goldenen Käfig die Illusion vom einfachen Landleben kultivierte. Das Schloß Germolles bei Chalon-sur-Saône wurde von Philipp dem Kühnen als ländliches Refugium gestaltet. Hier befand sich unter anderem ein von Claus Sluter gearbeitetes (nicht mehr erhaltenes) Relief, das das Herzogspaar als Schäfer und Schäferin inmitten einer Schafherde zeigte. Dazu Huizinga: »Es herrscht die Vorstellung, im Hirtenleben sei die unbekümmerte Natürlichkeit der Liebe verkörpert. Dorthin wollte man fliehen, wenn nicht in Wirklichkeit, so doch im Traum.«[52] Wenn wir andererseits bedenken, daß man gerade den Bauern dieser Zeit mit der größten Verachtung begegnete, entlarvt sich die heitere Schäferidylle als Maskerade der Weltverleugnung.

Den geschilderten weltlichen Seiten in der Lebensgestaltung der Großen Herzöge und ihrer Zeit gesellt sich andererseits eine ebenso deutlich akzentuierte Religiosität zur Seite, die mit dem Schlagwort der *devotio moderna* belegt wurde. Dies kommt nicht nur nach außen in der Stiftung von Klöstern, Kirchen und Hospizen sowie in den zahllosen Auftragswerken christlicher Kunst zum Ausdruck, sondern äußert sich auch in dem glutvollen Glaubenseifer, der durch alle Schichten der damaligen Gesellschaft ging. Alle Erscheinungen der sichtbaren Welt waren mit symbolischen und christologischen Vorstellungen befrachtet. Dies führte dazu, daß das religiöse Element oftmals in einem extremen Maße verdiesseitigt erscheint, fast schon wie eine Profanierung. Der Kirchgang war ein gesellschaftliches Ereignis, bei dem man Neuigkeiten austauschte, Freunde traf oder die neueste Kleidung vorführte. Huizinga bemerkt: »Philipp der Gute selbst ist eins der schlagenden Beispiele jener Verbindung von Frömmigkeit und weltlichem Sinn. Der Mann der verschwenderischen Feste und der zahlreichen Bastarde, der schlauen politischen Berechnung und des gewaltigen Stolzes und Zornes, ist ernsthaft fromm.«[53]

51 Huizinga a. a. O. (Anm. 48) S. 112.
52 Huizinga a. a. O. S. 183.
53 Huizinga a. a. O. S. 251.

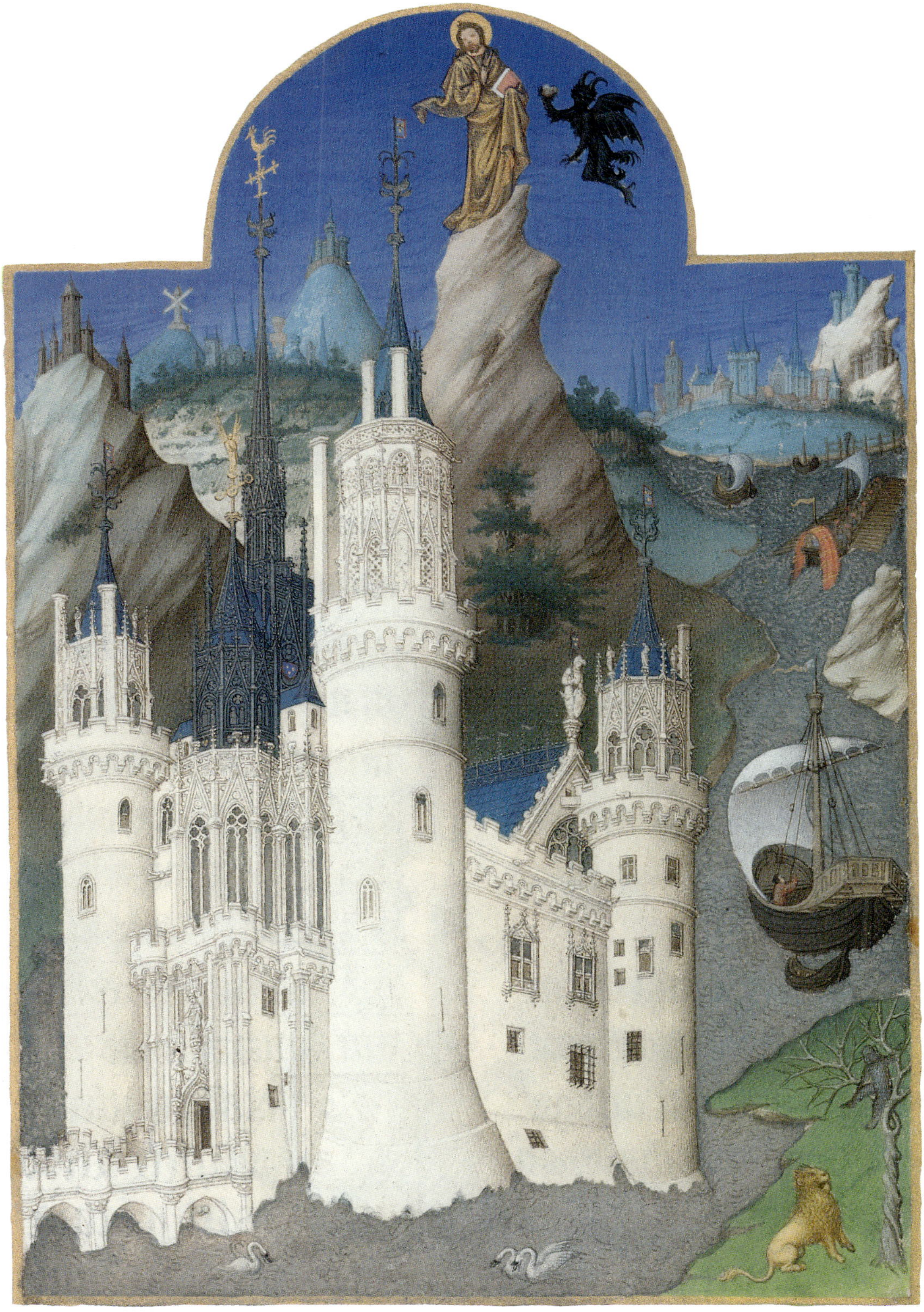

Tausendblumenteppich
Bern, Historisches Museum
Nach den Siegen bei Grandson und Murten fiel den Schweizer Eidgenossen eine reiche Beute in die Hände. Neben einer Unmenge an Proviant konnten auch zahlreiche kostbare Gegenstände wie Feldzeichen, Pokale, Schmuckstücke, Geschirr, edles Besteck, Siegel sowie eine beträchtliche Anzahl an Teppichen eingebracht werden. Das kostbarste Stück dieser »Burgunderbeute« ist der sogenannte Tausendblumenteppich, der 1466 in einem Brüsseler Atelier gearbeitet wurde. Er zeigt im Zentrum das Burgunderwappen und die Kette des Ordens vom Goldenen Vlies. Unter den zahllosen Blumen sind 35 Arten botanisch bestimmbar. Da es sich dabei ausschließlich um Pflanzen handelt, die zur Mittelmeerflora gehören, wird vermutet, daß ein aus Italien stammendes Herbarium als Vorlage für die Webarbeit diente.

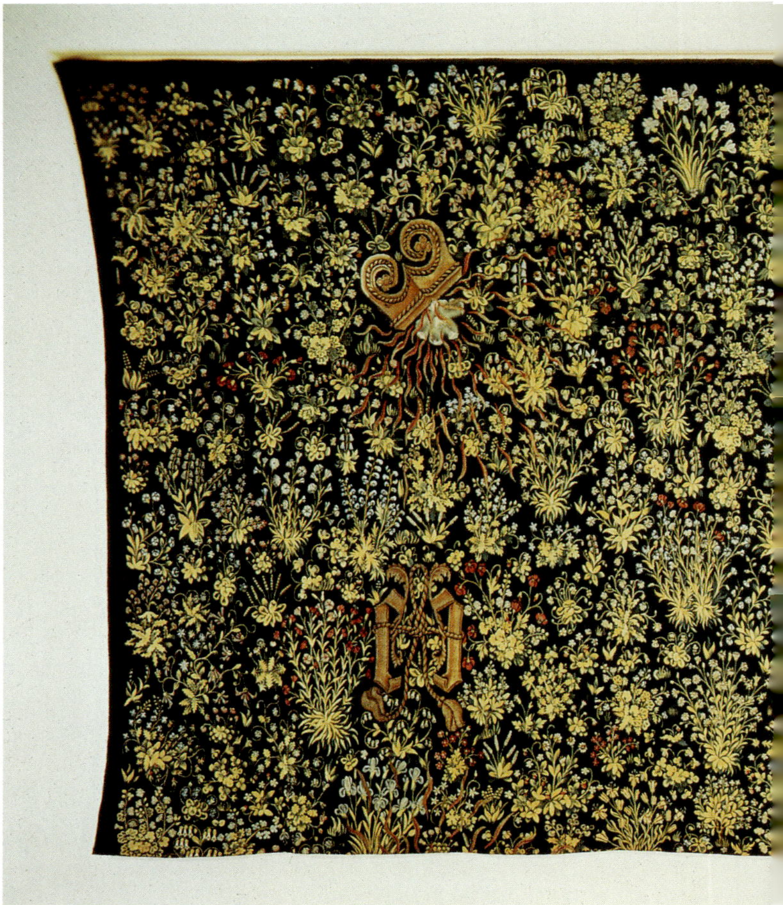

Wir erleben also im »Herbst des Mittelalters« eine Epoche größter Spannungen und Gegensätze, eine konfliktreiche Zeit extremster Polarisierungen. Im Anachronismus der Ritternostalgie, aber auch im Traum von der Pastorale wird die Weltfremdheit der Herzöge faßbar. Und darin steckte ein weiterer wesentlicher Keim für den Niedergang des Hauses Burgund.

Die höfische Kultur

Die burgundisch-höfische Kultur im Spätmittelalter verdankte ihr Aufblühen nicht nur dem unermüdlichen Mäzenatentum der Herzöge, sondern wurde überhaupt erst durch die Tatsache ermöglicht, daß gerade Burgund wie auch seine neu hinzugekommenen Besitzungen im Norden, vor allem Flandern und Holland, von den Verheerungen des Hundertjährigen Krieges, die Frankreich so schwer zusetzten, kaum berührt wurde. Die Wirtschaft konnte sich deshalb hier freier entwickeln, und

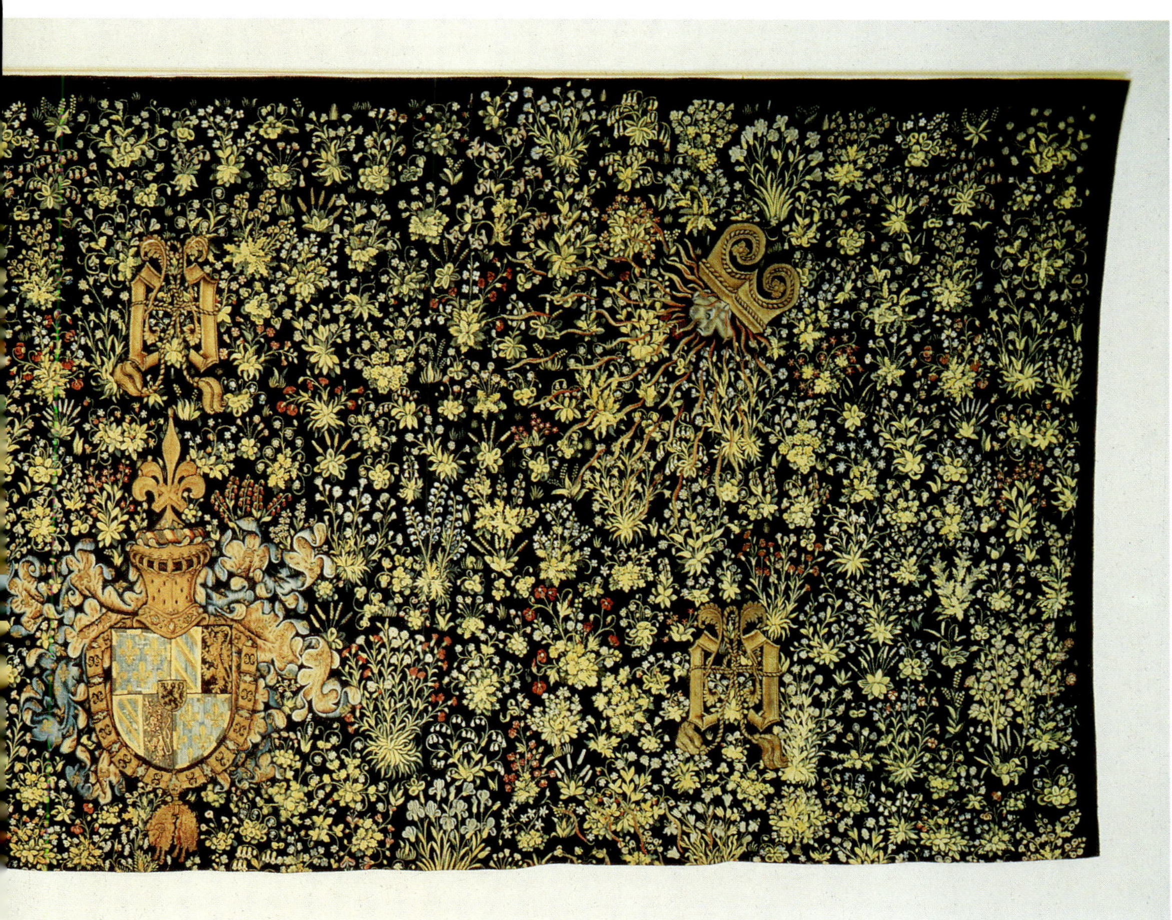

sie bildete den Nährboden für die Künste. Im Herzogtum selbst stand das agrarische Element im Vordergrund, wohingegen in den Nordprovinzen die Industrie die Landwirtschaft überflügelte. In der Bourgogne war, und daran hat sich bis auf den heutigen Tag nichts geändert, der Weinbau die wichtigste Einnahmequelle, in den Städten des Nordens dagegen sorgten die Tucherzeugung (Brügge, Gent, Antwerpen), die Herstellung von Luxusgütern (Brüssel), aber auch die Gewinnung von Erz und Kohle (Lüttich) für volle Kassen.

Die industrielle Überlegenheit der nördlichen Provinzen gegenüber der Bourgogne findet in der gleichzeitigen Kunst ihre Entsprechung. Vor allem niederländische Künstler waren im Auftrag der Herzöge tätig. Weltruhm erlangte die von Jean de Marville begründete und von Claus Sluter fortgeführte Bildhauerwerkstatt, die ihren Sitz in Dijon hatte. Die Malergenies jedoch – die Brüder van Eyck, Robert Campin und Rogier van der Weyden – betrieben ihre Ateliers in der niederländischen Heimat, von wo viele Auftragswerke nach Burgund geschickt wurden. Bevor wir auf die beiden großen Bereiche der Bildhauerei und Malerei ausführlicher eingehen ist aber noch auf jene Gattungen zu verweisen, die der heutige Besucher der Bourgogne dort entweder gar nicht oder nur am Rande erleben kann.

Das burgundische Spätmittelalter bescherte den Kleinkünsten, allen voran der Buchmalerei, noch einmal eine Blütezeit. Als eifrige Sammler und Auftraggeber von Büchern boten die Herzöge zahlreichen Illuminatoren Arbeit und Brot. Dies gilt ebenfalls für die Verwandten Philipps des Kühnen, König Karl VI. und Jean, Herzog von Berry. Am Hofe des letzteren entstand mit den »Très riches heures du Duc de Berry« von den Händen der Brüder Limburg die bekannteste bebilderte Handschrift des europäischen Spätmittelalters (vgl. Abb. S. 197).

Große Wertschätzung genossen die Wandteppiche, die in Arras und den Werkstätten Flanderns in großer Zahl gewebt wurden. Man stattete mit ihnen nicht nur Schlösser und Residenzen aus, sondern dekorierte auch Schiffe, selbst auf Feldzügen wurden sie mitgeführt. Einige erlesene Stücke fielen den Eidgenossen bei Grandson und Murten in die Hände und sind heute in den Museen von Bern und Basel zu bewundern.

In diesen Bereich eines verfeinerten Lebensstils gehören auch kostbares Geschirr, aufwendiges Tafelsilber, verschwenderische Dekorationen jeder Art und natürlich extravagante Bekleidung.

Insgesamt muß man, gerade in Anbetracht der vielen Verluste, die Phantasie aufs Äußerste bemühen, um sich eine Vorstellung von jener Aura des Märchenhaften zu machen, mit der sich die Herzöge zu umgeben verstanden.

Eine große Rolle spielte außerdem die Musik. Alle vier Herzöge gelten als ausgesprochene Musikliebhaber. Philipp der Kühne hatte in Dijon eine Sängerschule ins Leben gerufen; von Karl dem Kühnen wird berichtet, daß er in das Feldlager nach Neuß ein ganzes Orchester mitnahm. Die Mehrstimmigkeit der burgundischen Schule wurde in der niederländischen Polyphonie der Frührenaissancezeit weiterentwickelt. Die Pflege der Musiktradition hat sich auch über das Aussterben der Valois-Dynastie hinaus im Kulturleben Burgunds einen festen Platz bewahrt und noch im 18. Jahrhundert in der Gestalt Jean-Philippe Rameaus einen herausragenden Vertreter gefunden.

Abschließend sei die Literatur mit einem kurzen Seitenblick gestreift. Dazu Laetitia Boehm: »Eine Dynastie mit so superbem Staatsbewußtsein wie die burgundische bedurfte neben den für die Schauseite schmückenden Künsten natürlich primär der literarischen Propaganda und Memorierung. Die Hofliteratur spiegelt sich in einer Vielzahl von Namen, die alle Genres und Niveaus vom billigen Machwerk bis zum wertvollen Zeitdokument vertreten.«[54] Das ausgeprägte Interesse der Herzöge für ihre fürstliche Selbstdarstellung brachte es zwangsläufig mit sich, daß eine große Zahl von Historiographen in ihren Diensten stand, die oftmals in mehreren Funktionen bei Hofe tätig waren. Olivier de la Marche etwa genoß als Geschichtsschreiber dieselbe Beliebtheit wie als Organisator opulenter Festlichkeiten, über die er dann selbst mit stolz-

54 Laetitia Boehm, Geschichte Burgunds a.a.O. (Anm. 1) S. 214.

geschwellter Brust zu berichten wußte. Dasselbe gilt für Jean Molinet. Als Chronisten zeichneten sich ferner Philipp de Mézières und Georges Castellain aus. Daneben wurden von einer Legion von Autoren Gedichte, Ritterepen, Romane aber natürlich auch religiöse Schriften wie Heiligenviten und andere erbauliche Prosa sowie Schmähschriften und Propagandawerke aller Art verfaßt.

Die größte Wertschätzung Karls des Kühnen genoß Philipp de Commynes, dem als einzigem der großen Autoren die Ehre einer Aufnahme als Ritter des Ordens vom Goldenen Vlies widerfuhr. Doch ausgerechnet dieser hochdekorierte Hofautor fiel von Karl dem Kühnen ab und verdingte sich bei Ludwig XI., der ihn mit offenen Armen empfing. Commynes hatte offenbar den drohenden Untergang des Hauses Burgund erahnt. So hat er denn auch die Unbesonnenheit Karls des Kühnen mehrfach getadelt und mit bestechender Klarsicht die Belagerung der Stadt Neuß als verhängnisvollen Fehler angeprangert.

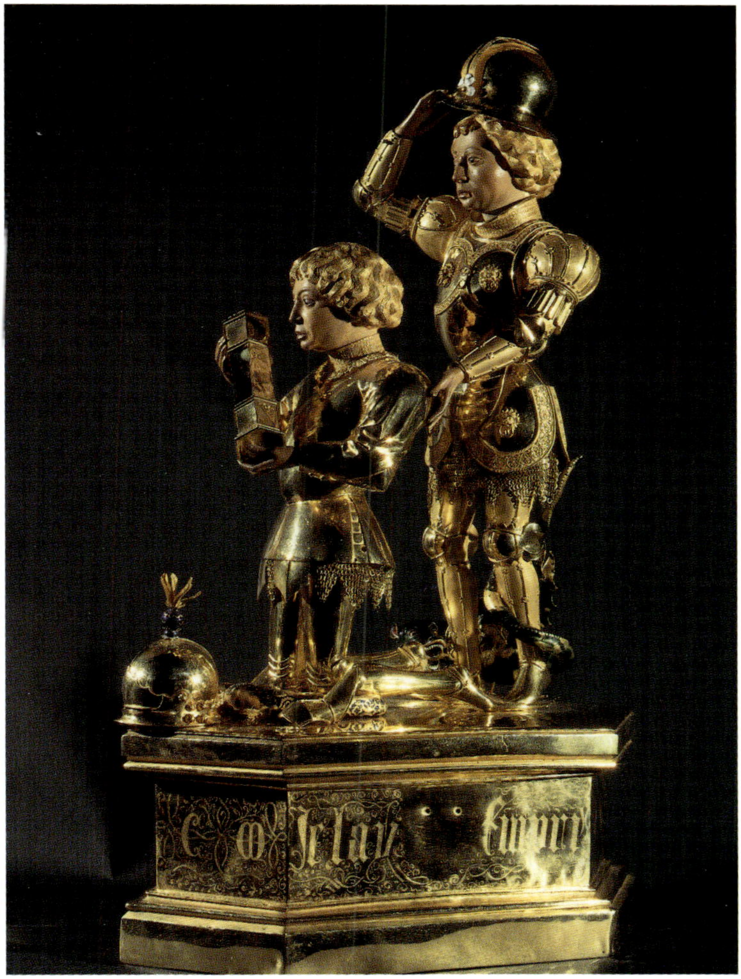

Reliquiar Karls des Kühnen Lüttich, Schatzkammer der Kathedrale
Nicht nur die Buchmalerei erlebte im 15. Jahrhundert noch einmal eine späte Blüte, auch die Goldschmiedekunst nahm Anteil an dem hohen Rang der Künste am Hof der Burgunderherzöge. Ein Hauptwerk dieser Zeit ist das Reliquiar, das der Goldschmied Gérard Loyet, ein Franzose, 1471 im Auftrag Karls des Kühnen für die Kathedrale in Lüttich schuf. Das Reliquiar zeigt den Stifter kniend mit einer Reliquie des hl. Lambert in Händen. Hinter ihm steht der Ritterheilige Georg. Der Aufbau dieser Gruppe mit dem knienden Stifter und einem stehenden Heiligen entspricht dem Typus, den Claus Sluter in monumentalem Maßstab am Portal der Kartäuserkirche in Champmol festgelegt hatte (vgl. S. 205 ff).

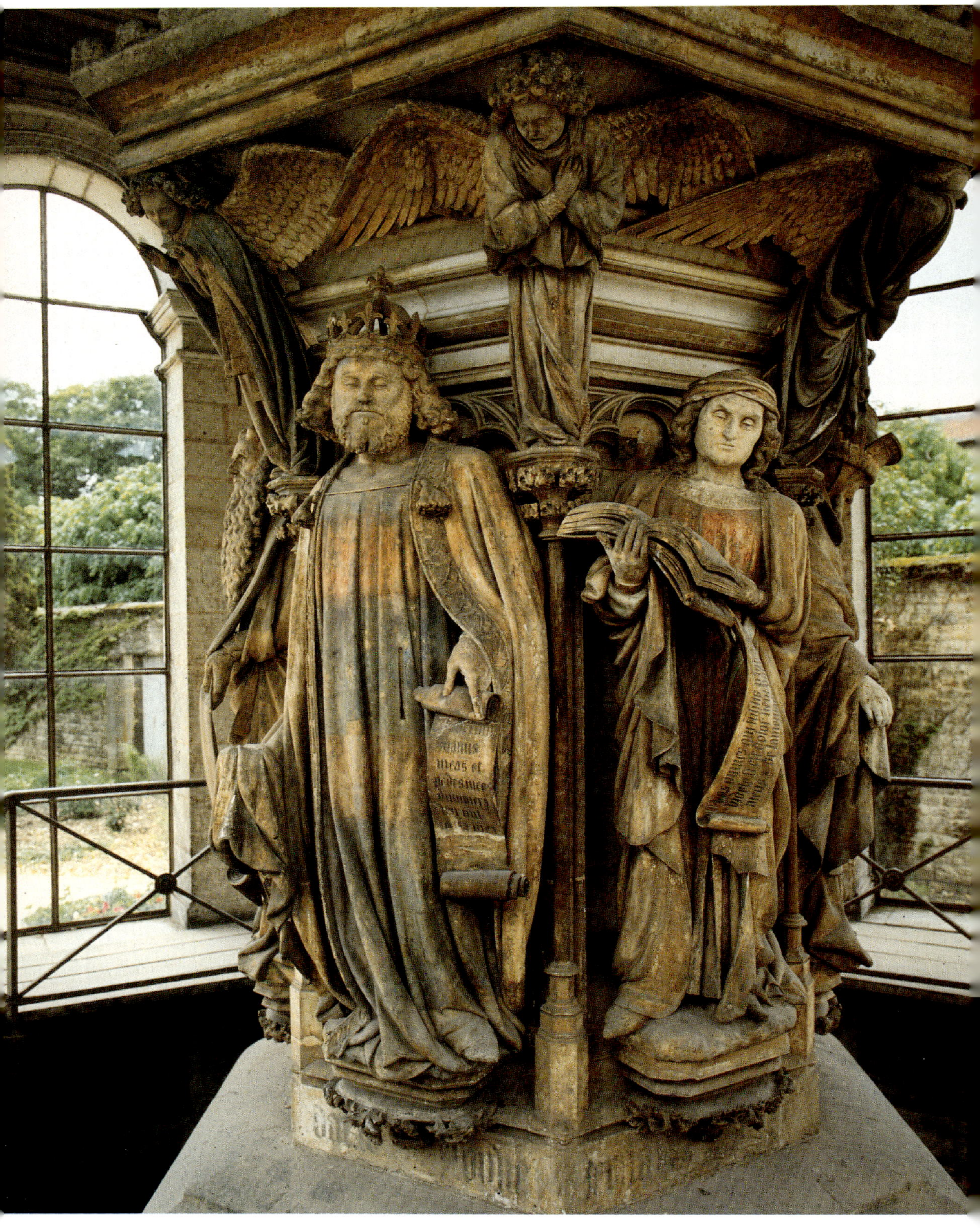

Claus Sluter und die Skulptur um 1400

Eine umfassende Übersicht über die Kunst im Reich der Burgunderherzöge im 14. und 15. Jahrhundert würde neben den Denkmälern in der Bourgogne zwangsläufig auch solche in den heutigen Staaten Belgien und Holland darzustellen haben, wobei der Malerei der breiteste Raum zukäme. Wir konzentrieren uns jedoch auch in dieser spätgotischen Epoche auf das Herzogtum. Insbesondere geht es natürlich um die Hauptwerke der Malerei und Plastik aus der Zeit der Valois-Herzöge, die sich hier erhalten haben, auch wenn wir zur Vervollständigung der Darstellung einzelne Werke außerhalb unserer Route miteinbeziehen müssen.

Nachdem das Kapitel zur gotischen Kunst des 13. Jahrhunderts unseren Blick über Sens und Auxerre zuletzt nach Dijon gelenkt hatte, knüpfen wir direkt dort wieder an und stellen zunächst die Werke des genialen Claus Sluter vor, die sich in der ehemaligen Kartause von Champmol sowie in den städtischen Museen befinden.

Die Kartause von Champmol

Die Grablege der Kapetinger-Herzöge befand sich in Cîteaux, dem Mutterkloster des Zisterzienserordens. Zwei Gründe bewogen Philipp den Kühnen, für die neue Dynastie einen anderen Ort als Familiengrablege zu bestimmen. Zum einen galt es deutlich zu machen, daß mit den Valois ein Herrscherhaus angetreten war, das aus dem Schatten der Krone hervorzutreten gedachte; zum anderen war auf das Gebet der im 14. Jahrhundert als verweichlicht geltenden Zisterzienser nicht mehr viel zu geben. Da es Aufgabe der Mönche in einem Kloster mit Stiftergräbern war, für die Seelen der Verstorbenen zu beten, achtete man streng darauf, daß es sich um Geistliche mit untadeligem Lebenswandel handelte, denn nach mittelalterlicher Auffassung wog das Gebet desjenigen am schwersten, der am entsagungsvollsten lebte. Deshalb waren die Zisterzienserkirchen im 12. Jahrhundert so populär, im 13. Jahrhundert liefen ihnen die Bauten der Franziskaner und der Dominikaner den Rang ab. Nun war zwar die Kongregation der Kartäuser, die der Heilige Bruno von Köln 1084 nördlich von Grenoble gegründet hatte, der älteste dieser Reformorden, doch hatte er, im Gegensatz zu den anderen, keinen Niedergang durchmachen müssen. Der Kartäuserorden ist der einzige christ-

Farbtafel links:
Der Mosesbrunnen Claus Sluters in der ehem. Kartause von Champmol in Dijon
Der Mosesbrunnen ist das Hauptwerk Claus Sluters (ausführlich S. 212ff). Von der Kreuzigungsgruppe, die einst auf der Deckplatte über den Prophetengestalten stand, ist nur ein Torso der Christusfigur erhalten geblieben (vgl. Abb. S. 213).
Die Abbildung läßt noch Spuren der einstigen Fassung erkennen. Die Bemalung der Figuren schuf Jean Malouel, Hofmaler Philipps des Kühnen in Dijon.
Zum Schutz vor Witterungseinflüssen ist das Denkmal heute durch einen verglasten Pavillon geschützt.

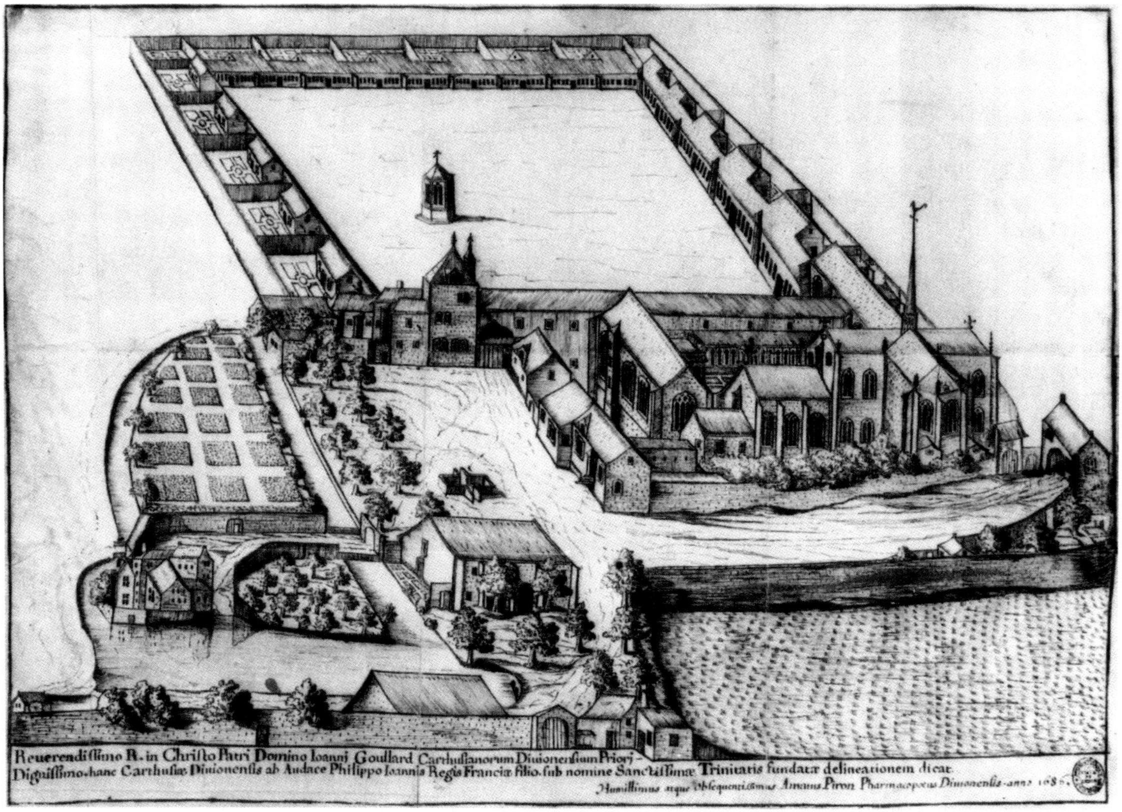

Historische Ansicht der Kartause von Champmol in Dijon von 1686
Ende des 18. und zu Beginn des 19. Jahrhunderts wurde das Kartäuserkloster, das Philipp der Kühne gestiftet hatte, fast vollends zerstört. Erhalten blieben lediglich ein Teil des Mosesbrunnens im Zentrum des großen Kreuzgangs und das Portal der Klosterkirche. Die Kirche selbst wurde zunächst ein Opfer der Spitzhacke, dann aber im 19. Jahrhundert, allerdings stark verkleinert, wieder aufgebaut.
Im Fall von Champmol handelte es sich um eine sogenannte Doppelkartause mit 24 (statt wie gewöhnlich 12) Mönchen. Diese Anzahl und die besondere Lebensform der Kartäuser bedingte die auffallende Weiträumigkeit der Klosteranlage: Kartäuser leben nicht in der Gemeinschaft, jeder Mönch bewohnt vielmehr ein eigenes kleines Haus, in dem er sich, soweit möglich, selbst versorgt. Es gehört deshalb, wie auf dem Stich gut zu erkennen ist, zu jeder Zelle ein kleiner Gemüsegarten. Nur zweimal am Tag treffen sich die Ordensbrüder zur gemeinsamen Liturgie in der Kirche. An bestimmten Festtagen finden auch gemeinsame Mahlzeiten statt. Die Kartäuser praktizieren also eine Form mönchischen Lebens, die eine Mischung von Anachoretentum (Einsiedlertum) und Zönobitentum (Mönchsgemeinschaft) darstellt.
Aufgrund seiner extrem strengen Regel hatte der Orden nicht jene Magnetwirkung, wie sie von den Zisterziensern ausging. Sein Radius blieb deshalb zunächst auf das Umfeld des Mutterklosters bei Grenoble beschränkt. Nach der Mitte des 12. Jahrhunderts erfolgte die allmähliche Ausbreitung über die Grenzen Frankreichs hinaus: 1060 Seitz in Deutschland, 1162 Lunden in Dänemark, 1163 Scala Dei in Spanien, 1178 Witham in England. Mitte des 13. Jahrhunderts gab es 50, Ende des 14. Jahrhunderts 150 und zu Beginn des 16. Jahrhunderts 206 Klöster. Reformation und Religionskriege brachten erste Rückschläge; nach der Revolution wurde der Orden in Frankreich verboten und erst im 19. Jahrhundert wieder zugelassen. Die Wechselfälle der Geschichte haben dem Orden zwar immer wieder schwer zugesetzt, seine Existenz aber nicht auslöschen können. Selbst im 20. Jahrhundert ist es wieder zu Neugründungen gekommen: 1967 Benfica in Spanien, 1971 das erste außereuropäische Kloster – Arlington in den USA/Bundesstaat Vermont – und 1984 das erste Kloster in Lateinamerika (Brasilien). Heute zählt der Kartäuserorden weltweit noch 23 Klöster, 17 davon für Mönche und 6 für Nonnen, die meisten davon (6) in Spanien.

liche Mönchsorden, der bis auf den heutigen Tag niemals einer Reform bedurfte. Zur Zeit der Valois-Herzöge war er der strengste Orden, und das Gebet seiner Mönche wurde hoch geachtet. Dies wird auch in der Gründungsakte von Champmol deutlich, in der es heißt: »Für das Seelenheil gibt es nichts Besseres als die Gebete der frommen Mönche, die aus Liebe zu Gott freiwillig Armut erwählen und alle Nichtigkeiten und Freuden der Welt fliehen.«[55]

Den Plan zur Gründung der Kartause vor den Toren von Dijon hatte Philipp der Kühne bereits 1373 gefaßt. Doch erst nach dem Tod seines Schwiegervaters Ludwig von Maele 1384 verfügte er über die nötigen Mittel zur Realisierung des Projekts, zu dem 1385 der Grundstein gelegt wurde. Die klassische Kartause zählt zwölf Mönche. Philipp der Kühne hatte, wie in allen seinen Projekten, nur die größtmöglichen Dimensionen vor Augen. Die Stiftungsurkunde nennt konkrete Zahlen: »Da die Kartäuser unablässig Tag und Nacht für das Heil der Seelen und für die gedeihliche Entwicklung des öffentlichen Wohles und der Fürsten beten«, sei es sein (Philipps) Wille, »aus seinen Mitteln für vierundzwanzig Mönche, fünf Laienbrüder und ihren Prior eine Kartause zu Ehren der Heiligen Dreifaltigkeit zu stiften.«[56] Die Kartause von Champmol fiel also doppelt so groß wie gewöhnlich aus. Man scheint mit ungeheurem Elan an das Projekt herangegangen zu sein, denn bereits für das Jahr 1388 ist die Weihe der Kirche überliefert. Über die Fertigstellung des gesamten Klosterkomplexes sind wir nicht genau unterrichtet. Die Kirche, eine einschiffige Halle, nahm im 15. Jahrhundert die Gräber des Stifters sowie das seines Sohnes und einige prachtvolle Altäre auf, die sich heute im Museum im ehemaligen Herzogspalast von Dijon befinden. Philipp hatte zudem verfügt, daß jeder Mönch in seiner Zelle ein Andachtsbild haben solle. Die spannungsvolle Polarität, die für die ganze Epoche so charakteristisch ist, tritt auch hier wieder zutage: Der asketischste Orden der Christenheit wurde mit verschwenderischer Ausstattung überschüttet.

1792 ist das Kloster wie alle im Lande aufgehoben worden, 1833 richtete sich in seinen Baulichkeiten eine psychiatrische Klinik ein. Zug um Zug wurde die mittelalterliche Substanz abgetragen und durch neue, den Erfordernissen eines Hospitalbetriebes angemessenere Gebäude ersetzt. Von der Kartause sind heute nur noch das Portal der Kirche (die jetzige Kapelle ist ein Neubau des späten 19. Jahrhundert) und der Mosesbrunnen mit den Meisterwerken des Claus Sluter erhalten.

Das Kirchenportal

1386 wurde Jean de Marville damit beauftragt, einen Entwurf für das Portal der Kirche auszuarbeiten. Der Bildhauer flämisch-niederländischer Herkunft stand bereits seit 1372 in Diensten Philipps des Kühnen und war Leiter der in Dijon tätigen Bildhauerwerkstatt. 1380 hatte er mit der

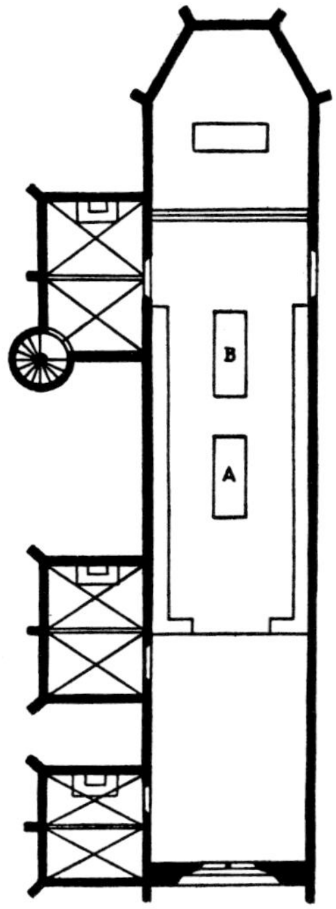

Grundriß der ehem. Klosterkirche der Kartause von Champmol (Rekonstruktion)
So wie für die Ausstattung des Klosters die besten Kräfte der Zeit aufgeboten wurden (Sluter, Broederlam), zog Philipp der Kühne auch als Baumeister der Kirche einen der namhaftesten Architekten des 14. Jahrhunderts nach Dijon: Drouet de Doumartin, der zuvor im Auftrag des Königs in Paris am Louvre tätig gewesen war. Die von ihm entworfene Kirche, die 1385 begonnen und nach erstaunlich kurzer Bauzeit bereits 1389 geweiht wurde, war ein einschiffiger Saal. Die Schlichtheit des Grundrisses ist als Zugeständnis an das Entsagungsideal der Kartäuser zu verstehen – das einzige Mal, daß der Auftraggeber der strengen Lebensform der Mönche in Champmol Rechnung trug. Das Gewölbe bestand aus einem raffiniert verschlungenen Muster von spätgotischen Rippen.
A = Grab Johanns Ohnefurcht
B = Grab Philipps des Kühnen

55 Zitiert nach der Übersetzung der Quelle in: Braunfels, Klosterbaukunst a.a.O. (Anm. 11) S. 163.
56 ebda.

Planung des Fürstengrabes begonnen, wurde aber von diesem Projekt ebenso wie von der Vorbereitung auf das Portal durch andere Aufträge immer wieder abgelenkt. Als Jean de Marville 1389 starb, waren lediglich die Baldachine am Portal plaziert. Die Leitung der Werkstatt wurde nun Claus Sluter übertragen, der 1385 Mitarbeiter Jean de Marvilles geworden war.

Da das Portalgewände bereits aufgemauert und auch die Baldachine zu Häupten der beim Tode Marvilles noch nicht gefertigten Statuen montiert waren, hatte sich Sluter mit einem fest vorgegebenen Rahmen auseinanderzusetzen. Die gleich gestalteten Nischen der beiden Heiligen und der Stifter deuten darauf hin, daß Marville vier Standfiguren geplant hatte. Sluter wich von diesem Konzept ab, indem er den Herzog und die Herzogin kniend darstellte.

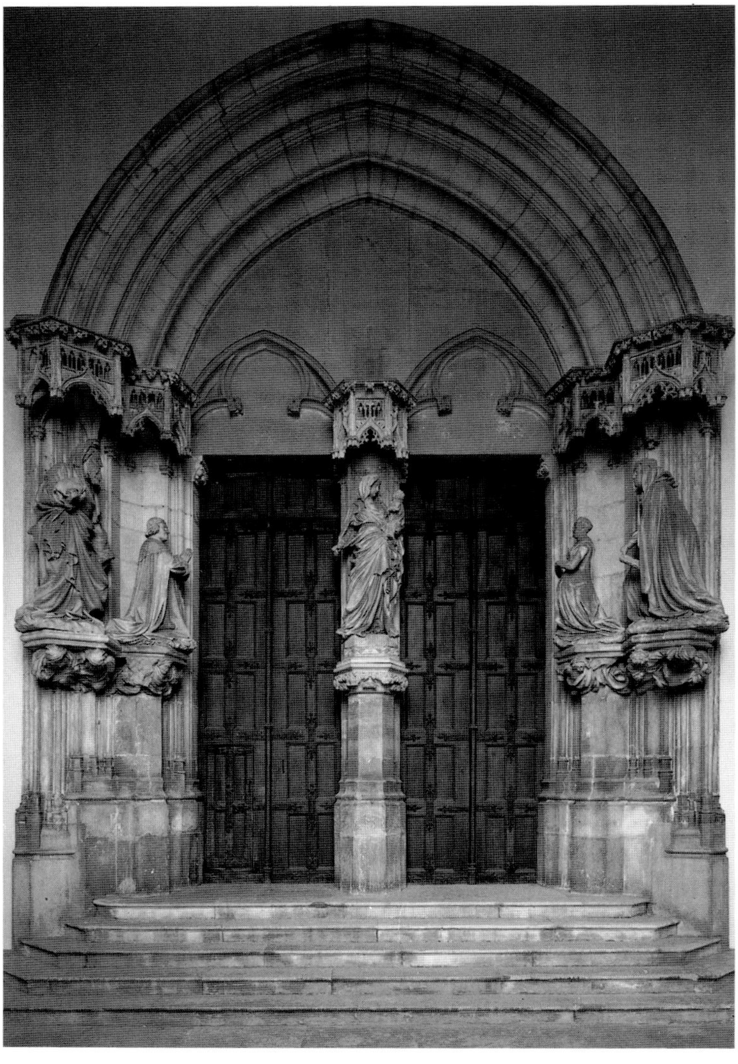

Dijon, ehem. Kartause von Champmol, Portal der Klosterkirche mit den Statuen Claus Sluters
Obwohl die fünf Figuren voneinander isoliert erscheinen – links der Stifter Philipp der Kühne mit dem hl. Johannes, am Trumeau die Madonna, rechts die Herzogin Margarete von Maele mit ihrer Namenspatronin als Fürsprecherin – hat Sluter einen kompositorischen Duktus geschaffen, der sie alle in eine subtile Verbindung miteinander bringt: Ausgehend von der Gestalt des Johannes, dessen schräg um die Beine gezogene Gewandfalten in den Kompositionsfluß einleiten, gleitet das Auge des Betrachters auf das auslaufende Gewand des Herzogs, das die Bewegung nahtlos aufgreift und in der straffen Linienführung des Rückens aufwärts führt zum Gesicht des Stifters. Dessen Blickrichtung folgend, gelangt man zur Trumeau-Madonna, die ihrerseits ihr Haupt der rechten Gruppe zugewendet hat. Die schrägen Gewandfalten der Herzogin führen zwangsläufig zur hl. Margarete, bei der der kompositorische Ablauf in weit auf den Boden auslaufenden Faltendraperien wie in einem Schlußakkord endet.

Im Zentrum der Gruppe besetzt die monumentale Gestalt der Muttergottes den Trumeau (Mittelpfeiler des Portals). Die elegante Drehung ihres Körpers und die Freude an der Stofflichkeit des kunstvoll drapierten Gewandes korrespondieren mit jener überall in der Zeit um 1400 in Europa vorherrschenden Stilströmung, die man den »Internationalen weichen Stil« genannt hat. Als ein typisches Werk dieser Richtung läßt sich Sluters Madonna dennoch nicht ansprechen. Während um 1400 in der Skulptur Kleinformate vorherrschen, besitzt sie Lebensgröße. Anstatt des heiteren Lächelns der »schönen Madonnen« richtet sie einen eher ernsten Blick auf das Kind. Hier offenbart sich bereits die ganze persönliche Handschrift des großen Bildhauers, die in den nur wenige Jahre später entstandenen Prophetenfiguren des Mosesbrunnens noch deutlicher Kontur gewinnen sollte.

Der Typus der Trumeaumadonna geht auf die Zeit um 1200 zurück, als in der Hochgotik die Marienverehrung immer populärer wurde. Die ältesten Beispiele sind die Madonnen von der Westfassade von Notre-Dame in Paris (um 1210) und vom Marienkrönungsportal in Amiens (um 1220).[57] Bei ihnen handelt es sich noch um kerzengerade aufgerichtete Statuen ins straffer Kleidung, die zudem eng mit der Architektur verklammert sind. Freier bewegt sich dagegen die zweite Amienser Trumeaumadonna, die berühmte »Vièrge dorée« vom Südportal der Kathedrale aus der Zeit um 1270. Und Amiens besaß am sogenannten Beau pilier noch eine dritte Madonna (aus dem 14. Jahrhundert, im 19. Jahrhundert infolge Verwitterung zerstört und nur durch Photographien überliefert), die in ihrer frischen Lebendigkeit noch einen Schritt über die Vièrge dorée hinausging. Georg Troescher hat eine direkte Beziehung zwischen der Sluterschen Madonna und den Amienser Marienstatuen sehen wollen.[58] Nun ist nicht auszuschließen, daß Sluter auf seinen verschiedenen Reisen in die Heimat die Beispiele in Amiens aus eigener Anschauung kennengelernt hat. Er hat sich indes so weit von diesen Vorbildern gelöst, daß eine direkte Verbindung nicht stringent nachzuweisen ist.

Philipp der Kühne und Margarete von Maele knien zu seiten der Madonna, der sie sich betend zuwenden. Während die demütige Körperhaltung der beiden Stifter mit der *devotio moderna* in Zusammenhang zu bringen ist, drückt ihr Minenspiel ein erstaunliches Maß an Selbstbewußtsein aus. Die Lippen Philipps des Kühnen umspielt die Andeutung eines Lächelns, er wirkt intelligent und willensstark, die Züge der Margarete von Maele dagegen erscheinen härter und verraten ihre Persönlichkeit, die Jean Froissart, einer der großen Chronisten des 14. Jahrhunderts, als hart und bissig beschrieben hat.

Hinter den Stiftern stehen Johannes der Täufer und die heilige Katharina. Beide wenden sich der Muttergottes zu und verleihen ihrem Anliegen, das Herzogspaar ihrem Schutz zu empfehlen, durch ihre Gestik und die leicht vornüber gebeugte Körperhaltung sinnfälligen Ausdruck.

Die Frage, inwieweit Claus Sluter in einer bildhauerischen Tradition zu sehen ist, hat ganze Generationen von Kunsthistorikern entzweit. Wäh-

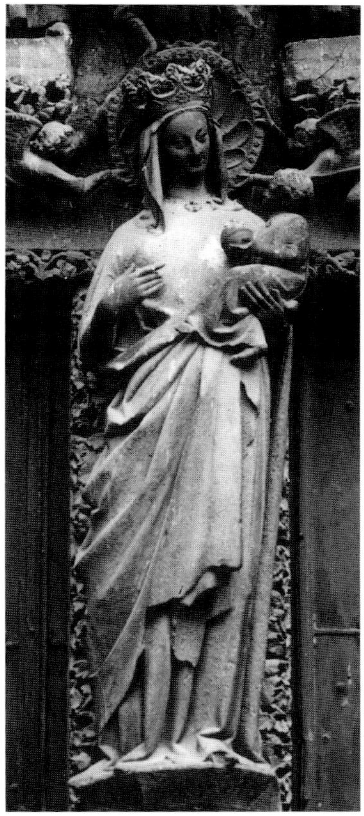

Amiens, die »Vierge dorée« vom Südquerhaus der Kathedrale, um 1270
Sluters Trumeau-Madonna in Dijon steht am Ende der Entwicklung eines Bildtypus, dessen Ursprung in das frühe 13. Jahrhundert zurückreicht, als die Madonnenstatue am Portalmittelpfeiler der hochgotischen Kathedralen der Ile de France aufkommt. Eine der bekanntesten ist die Madonna am Südquerhausportal der Kathedrale von Amiens. Möglicherweise kannte Sluter diese Figur.

57 Die Datierungen nach Willibald Sauerländer, *Gotische Skulptur in Frankreich 1140-1270*, München 1970.
58 Goerg Troescher, *Claus Sluter und die burgundische Plastik um die Wende des XIV. Jahrhunderts*, Freiburg i. Br. 1932. Troescher hat sogar einen längeren Aufenthalt Sluters in Amiens vor seiner Dijoner Zeit angenommen. Diese These ist längst überholt. Fortan zitiert: Troescher, Claus Sluter.

Dijon, Portal der Klosterkirche der ehem. Kartause von Champmol, Trumeau-Madonna von Claus Sluter

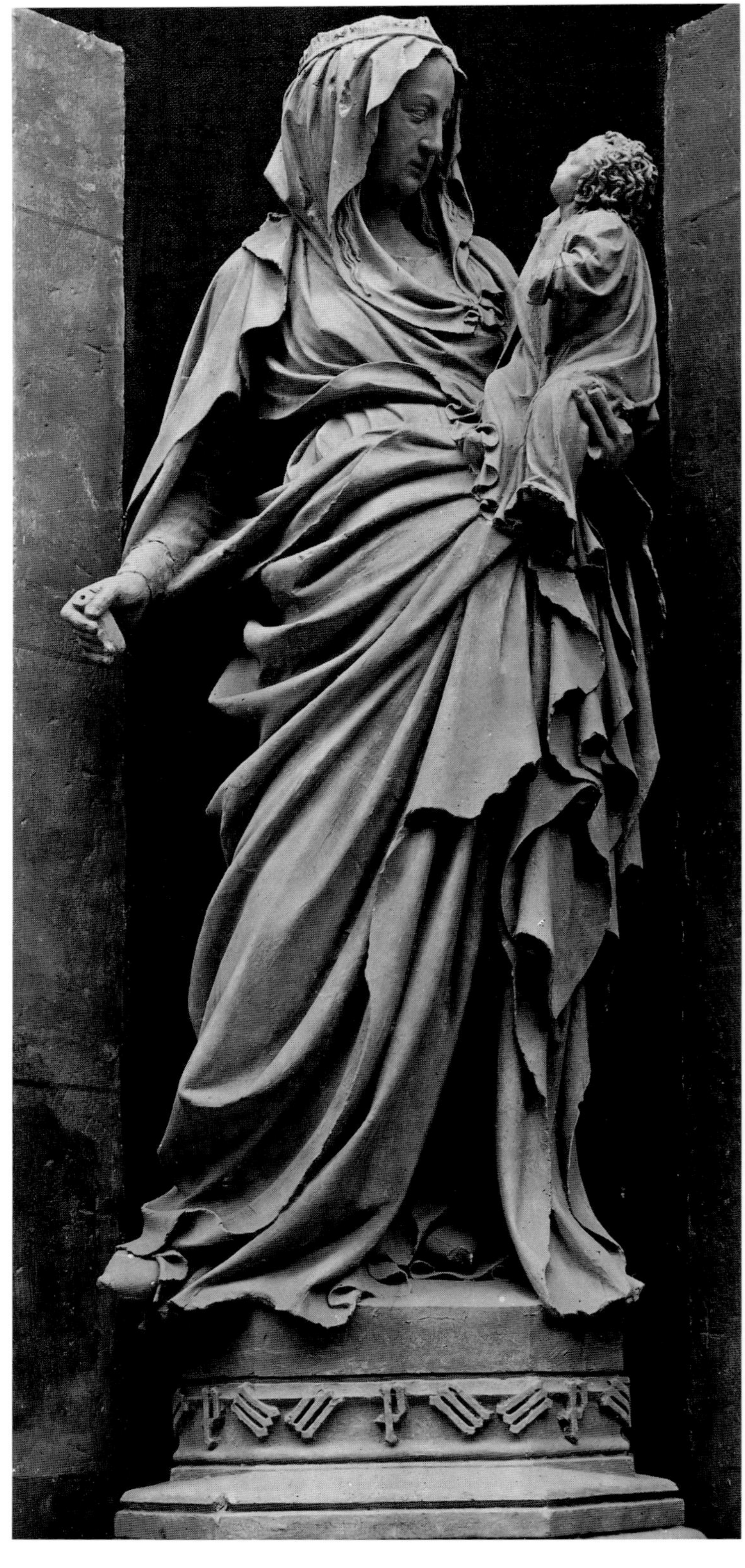

rend Troescher (vgl. Anm. 58) Sluter in eine fortlaufende Entwicklung eingereiht, ja, sogar versucht hat, eine Herkunft des großen Bildhauers aus Deutschland nachzuweisen, was auf keinen Fall zu halten ist, vertritt A. Colombet die extreme Gegenauffassung, indem er Sluter als reinen Autodidakten verstanden wissen will, der gänzlich ohne Vorbilder und Bezug zu den Werken früherer Generationen ausgekommen sei.[59] Wie immer in solchen Fällen wird die Wahrheit wohl eher in der Mitte liegen. Man kann Sluter nicht aus seiner Zeit herausschälen. Seine Werke stehen erkennbar in Verbindung mit der gegen Ende des 14. Jahrhunderts herrschenden Strömung des Weichen Stils. Andererseits findet er eine solche Fülle ausgefallener künstlerischer Lösungen, daß man in ihm einen echten Erneuerer zu sehen hat. Dies muß um so mehr überraschen, als Sluter keinen Einfluß auf den äußeren Rahmen des Portals nehmen konnte, der von einem Vertreter einer älteren Generation konzipiert worden war. In der bislang umfassendsten Forschungsarbeit zur Kunst Claus Sluters von Kathleen Morand hat die Autorin denn auch prägnant formuliert: »Sluter's solution to the problem was simple, dramatic and revolutionary.«[60]

Folgende Doppelseite:
Dijon, Portal der Klosterkirche der ehem. Kartause von Champmol: das Stifterpaar Philipp der Kühne und Margarete von Maele mit den hll. Johannes und Margarete

Sluters »dramatische« Neuerungen, mit denen er sich von der gotischen Tradition löst, lassen sich an drei Hauptzügen festmachen:

1. Die fünf Statuen des Kirchenportals der Kartause von Champmol haben ein anderes Verhältnis zur Architektur als alle hoch- und spätgotische Portalskulptur. Sie haben sich nicht nur von der Wand gelöst, sondern ignorieren darüber hinaus die Nischen, deren enge Begrenzungen, in die sie wohl nach dem Plan des älteren Jean de Marville hätten eingefügt werden sollen, zwanglos übergreifen. Die Architektur, der bis dahin immer die Führungsrolle gegenüber der Bauplastik zugefallen war, verliert ihre Dominanz. Die Statuen emanzipieren sich zu *vollplastischen Monumentalskulpturen*, die den Blick auf sich ziehen. Man könnte sich die ganze Gruppe auch durchaus frei aufgestellt denken.
2. Für Bildwerke, die ja noch dem späten 14. Jahrhundert angehören, ist der Verismus namentlich in den Gesichtszügen des Stifterpaares revolutionär. Zwar kannten schon die Künstler von Chartres und Reims, von Bamberg und Naumburg die Individualisierung von Gesichtszügen und formten Physiognomien, die unterschiedliche Charaktere oder auch Seelenzustände widerspiegeln, doch Sluter formuliert als erster das *echte Porträt*, das es als Bildgattung zu seiner Zeit noch nicht gab. Wir sahen, daß die Charakterisierung der Margarete von Maele, wie sie Froissart verbal überliefert hat, mit Sluters Gestaltung vollkommen übereinstimmt. Wir können davon ausgehen, daß es sich bei Philipp dem Kühnen gleichfalls um ein realistisches Porträt handelt.
3. Eine weitere Neuerung in der Sluterschen Konzeption ist die Auffassung der fünf Gestalten als *Gruppe*. Gotische Gewändefiguren waren bis dahin entweder als Einzelpersonen behandelt oder zu Zweiergruppen zusammengefaßt worden, wenn sich eine derartige Konstellation aus der Thematik ergab (z. B. Verkündigung oder Heim-

59 A. Colombet, *Où Sluter puisa-t-il son inspiration*, in: Pays de Bourgogne No. 89, 1975, S. 165f.
60 Kathleen Morand, *Claus Sluter – Artist at the court of Burgundy*, London und Austin/Texas 1991, S. 81.

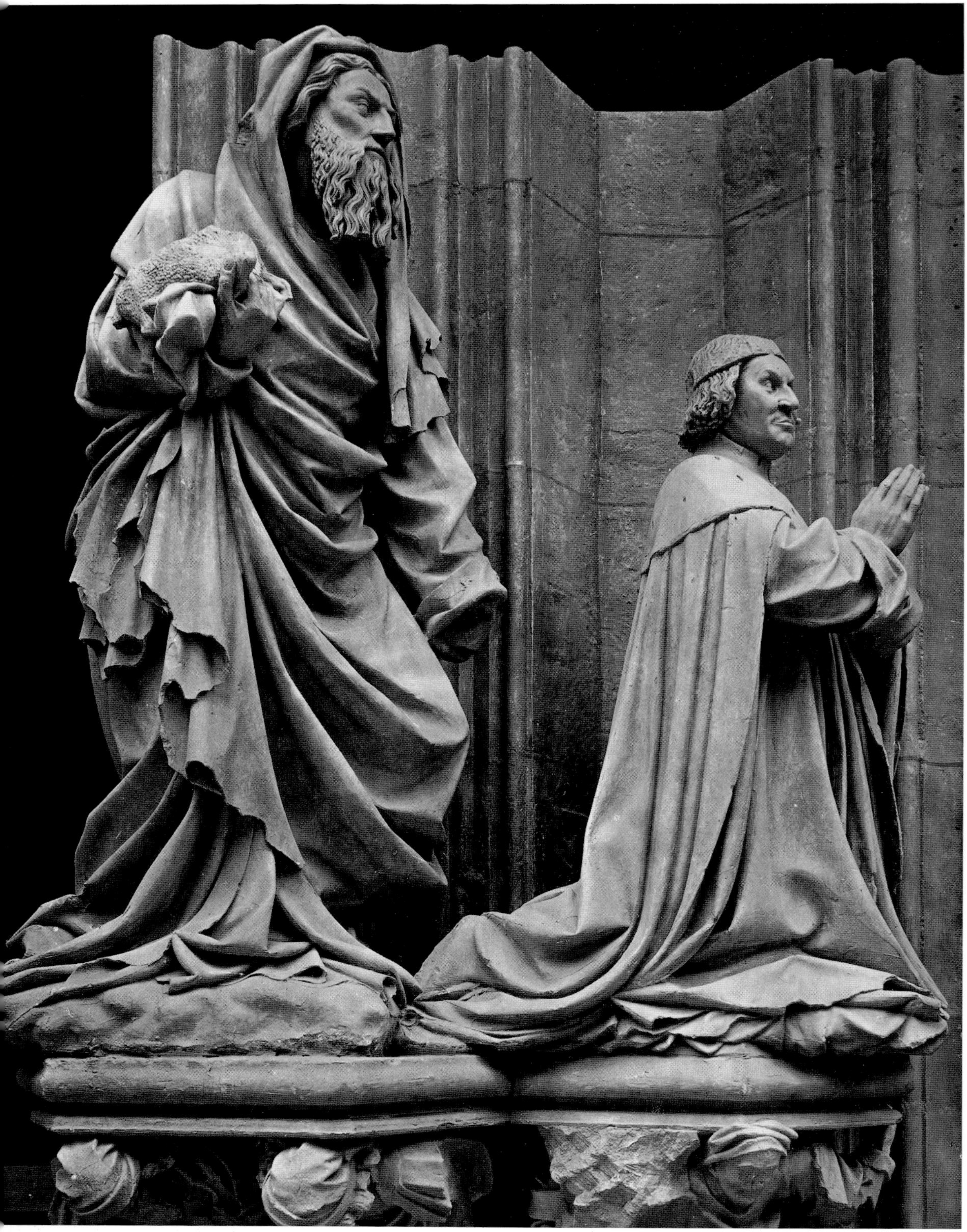

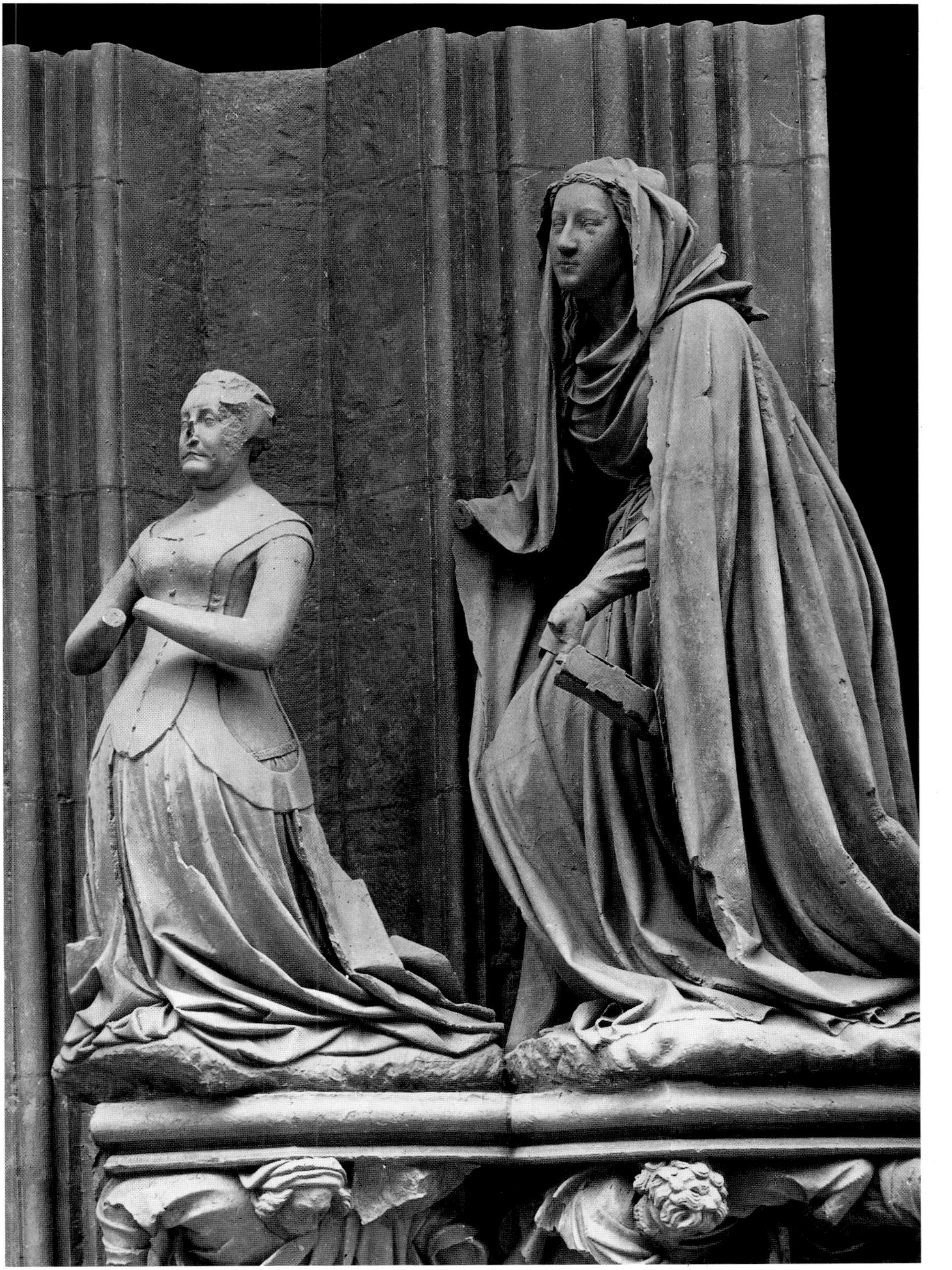

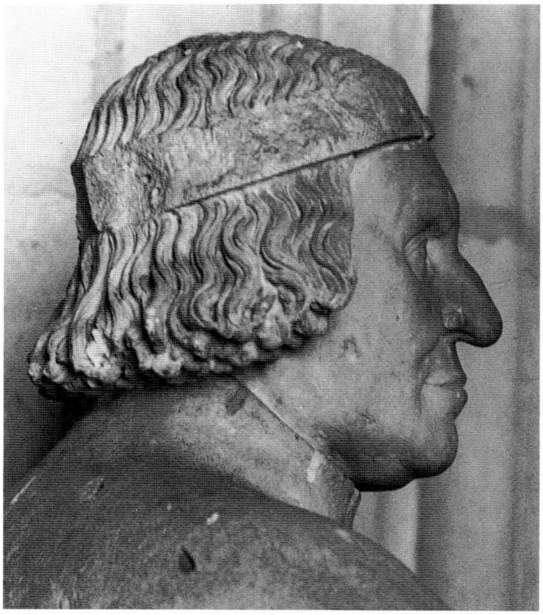

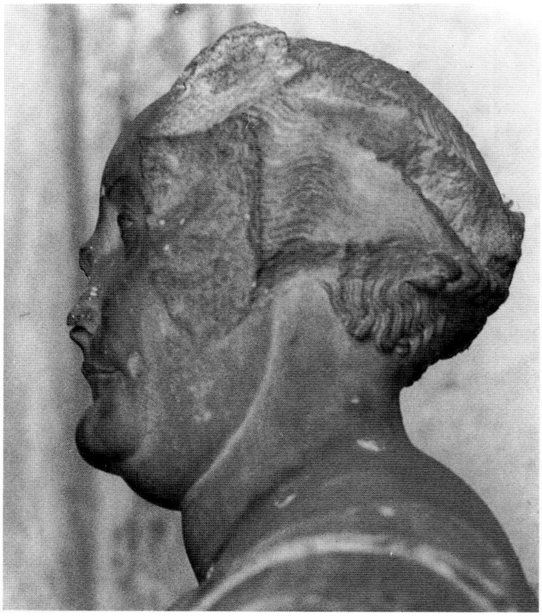

Die Gesichter des Stifterpaares am Portal der Klosterkirche der ehem. Kartause von Champmol: Herzog Philipp der Kühne und Margarete von Maele
Es handelt sich bei diesen Arbeiten Claus Sluters um frühe Beispiele des echten Porträts, das als eigenständige Kunstgattung in der Malerei erst im 15. Jahrhundert Verbreitung finden sollte.

suchung). Am Portal der Kartäuserkirche aber spannt Sluter einen großen Bogen, der einen *szenischen Bezug* zwischen den dargestellten Personen herstellt.

Der Mosesbrunnen

Die Arbeiten am Kirchenportal waren noch nicht beendet, als Philipp der Kühne Sluter 1395 mit dem Mosesbrunnen ein weiteres großes Projekt in der Kartause übertrug. Mit den erhaltenen Prophetenfiguren hat der Meister seine vorigen Arbeiten am Portal noch übertroffen; sie markieren den Höhepunkt seines Schaffens.

Der Name »Mosesbrunnen« hat sich erst im 19. Jahrhundert eingebürgert. Davor hieß das Denkmal »Kalvarienberg«, was uns Aufschluß über sein ursprüngliches Aussehen gibt. Denn der Sockel mit den sechs Propheten ist nur Teil eines verlorengegangenen größeren Zusammenhangs, der aus drei Komponenten bestand: Ebenerdig war das kreisrunde Brunnenbecken mit einem Durchmesser von etwas mehr als 7 m angelegt; in seiner Mitte erhob sich der mächtige Sockel mit den Propheten; darüber ging die Kreuzigungsgruppe auf: der Kruzifixus, den die Gestalten von Maria, Magdalena und Johannes umstanden. 1407 war ein hölzernes Dach über dem Brunnen errichtet worden, das im 16. Jahrhundert einstürzte. Dabei wurde die Kreuzigungsgruppe zerstört. Einzig vom Corpus Christi blieben ein Torso des Oberkörpers mit dem Kopf und die gekreuzten Unterschenkel erhalten. Diese Fragmente befinden sich heute im Archäologischen Museum von Dijon. Die Höhe betrug vom

Boden des Brunnens bis zur Spitze des Kreuzes ebenfalls rund 7 m, so daß der Umriß des Gesamtaufbaus einen ausgewogenen pyramidalen Charakter gehabt haben muß.

Der Kopf des gekreuzigten Erlösers ist im Zustand des Todes dargestellt. Der Akzent liegt nicht so sehr auf dem Leiden als auf dem Ausdruck des Ausgelittenhabens. Insgesamt erscheint dieser Christustorso konventioneller als die kühnen Prophetengestalten, auch als die Portalfiguren. Kathleen Morand hat den Schlüssel für diese stilistische Ungereimtheit gefunden, indem sie in den erhaltenen Dokumenten auf eine Abrechnung stieß, die eine Honorarzahlung an Claus von Werve, den Neffen Sluters, für dessen Mitarbeit an dem Kruzifix nennt.[61] Die Gruppe wurde 1399 aufgestellt. In diesem Jahr war Claus Sluter infolge einer schweren Erkrankung für mehrere Monate ausgefallen, so daß Claus von Werve vorübergehend alleinverantwortlich an dem Projekt tätig war. Der Christus könnte folglich durchaus von seiner und nicht von Sluters Hand stammen.

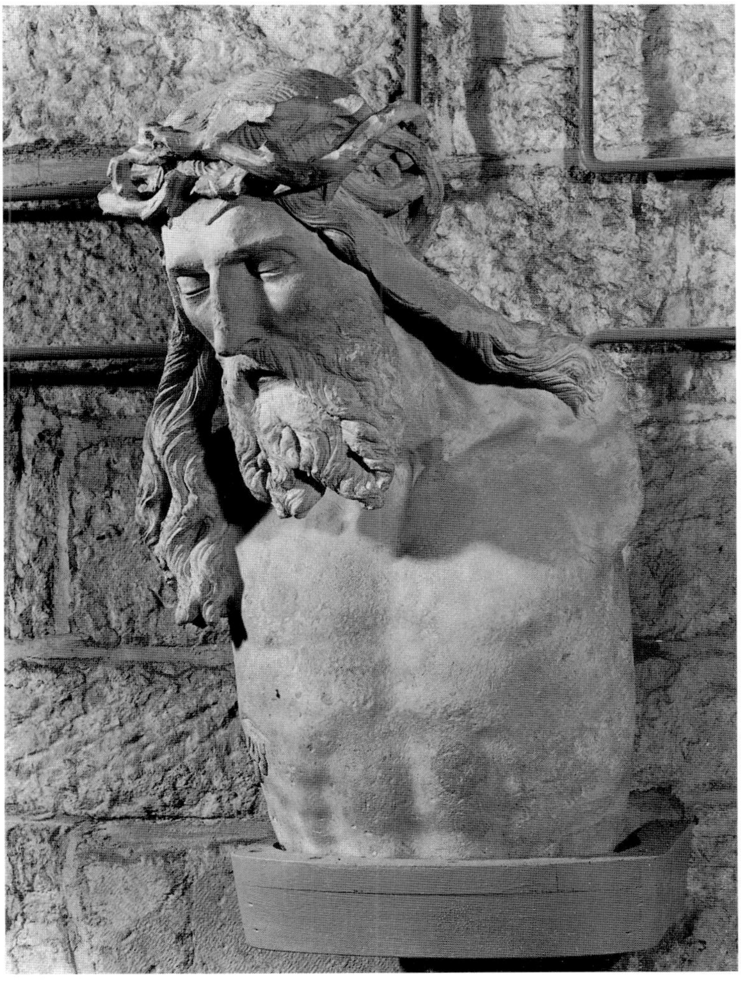

Torso des Gekreuzigten vom Mosesbrunnen Claus Sluters
Dijon, Musée Archéologique
Der Torso ist der einzige Überrest von der Kreuzigung, die sich einstmals über der Prophetengruppe des Mosesbrunnens erhob. Er befindet sich im Obergeschoß des Archäologischen Museums von Dijon, das auf der Nordseite der Kathedrale St-Bénigne im Dormitoriumstrakt des einstigen Benignusklosters untergebracht ist.

61 K. Morand, Claus Sluter a. a. O. (Anm. 60) S. 336.

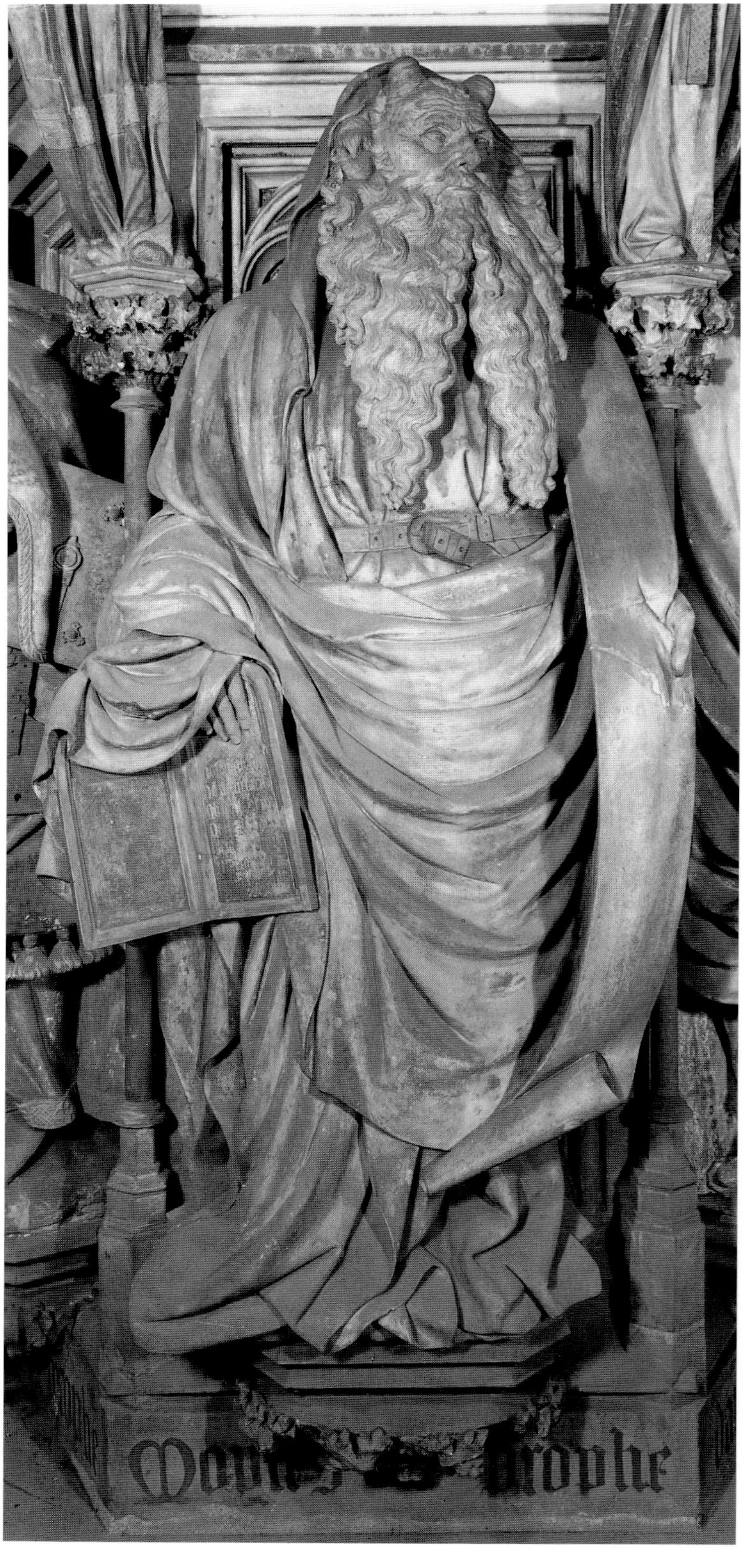

Moses vom Mosesbrunnen Claus Sluters in der ehem. Kartause von Champmol (Höhe 170 cm)
Die Gestalt des Moses entstand im Jahr 1402.
Bei früheren Restaurierungen wurden die Gesetzestafeln, die Hörner und ein Teil des Schriftbandes ergänzt.

Die monumentale Brunnenanlage war inmitten des Kreuzgangs errichtet worden, der den Mönchen zugleich als Friedhof diente. Er markierte damit real wie auch im symbolischen Sinne die Mitte des klösterlichen Lebens. Brunnen in mittelalterlichen Kreuzgängen dienten der Versorgung der Konventualen mit Wasser (in den Klöstern der Zisterzienser steht der Brunnen immer in Nähe des Eingangs zum Refektorium) und hatten zudem grundsätzlich die Bedeutung einer »fons vitae« (Lebensbrunnen). Die Symbolik des Mosesbrunnens ist ungleich vielschichtiger. Dem Gedanken des Lebensbrunnens gesellt sich hier der typologische Aspekt der Gegenüberstellung von Altem und Neuem Bund hinzu. Die Quelle, die Moses mittels seines Stabes aus dem Felsen schlug, wird zur vorausweisenden Metapher auf die Seitenwunde des Erlösers. Zudem ist der Kalvarienberg steingewordenes Abbild der Kartäuser-Devise »stat crux dum volvitur orbis« (frei übersetzt: die Welt ist ständig in Bewegung, einzig das Kreuz steht unverrückbar).

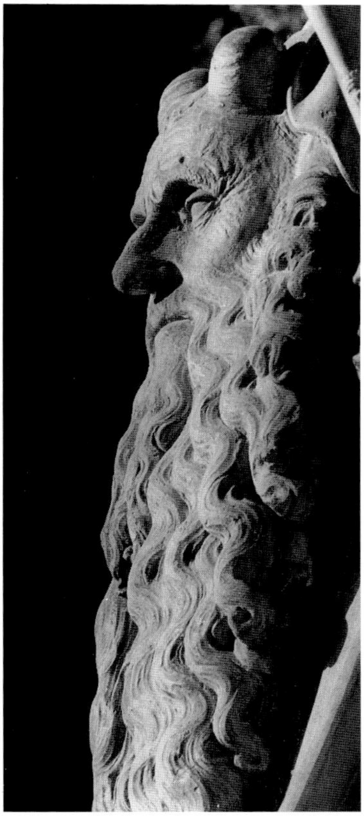

Claus Sluters Moses im Profil

Der Brunnen trägt seinen jetzigen Namen nach jener Figur, »die von jeher den tiefsten Eindruck auf den Betrachter gemacht hat«.[62] Der Prophet ist in ein ausladendes Gewand gehüllt, das über dem Leib und den Beinen in weit schwingenden Schüsselfalten zu Boden wallt. Die rechte Hand hält die Gesetzestafeln, die linke ein Spruchband. Auf der Tafel liest man »Imolabit agnum (eum) multitudo filiorum Israhel ad vesperam« (Exodus 12, 6: Und ein jegliches im ganzen Israel soll's schlachten gegen Abend...). Dieser Spruch wie auch jene Bibelzitate, die wir bei den anderen fünf Propheten entziffern können, unterstreichen den typologischen Hintergrund des Programms. Der stärkste Eindruck geht vom Gesicht des Propheten aus. Ein zweigeteilter Bart wogt bis auf den Leib hinunter. Barthaar und Hörner rahmen das Gesicht eines seherischen Greises, der ungeachtet aller Runzeln von Weisheit und Kraft erfüllt ist. Seine Augen schauen in die Ferne und scheinen dort das kommende Heil der Erlösung zu erfassen. Dieser Moses ist ein Wissender, ein im Alter Gereifter, nichts erinnert mehr an den Affekttotschläger der jungen Jahre. Luthers »Ein feste Burg« mag manchem vor dieser Gestalt durch den Kopf gehen.

Rechts von Moses steht König David, gleichfalls eine Figur von monumentaler Schwere. Sluter charakterisiert ihn indes als gänzlich andere Persönlichkeit. Sein Gewand verläuft in geraden Bahnen ohne Brechungen von den Schultern bis zum Boden. Während in der Gestalt des Moses eine aus der Breitenlagerung resultierende Ruhe den Ton angibt, herrscht hier ein aufwärts führender Vertikalismus vor. David ist als ein Mann mittleren Alters verstanden, eine ebenso kraftvolle wie verhaltene Herrschergestalt. Die Krone weist ihn als Führer des Volkes aus, die Harfe, die seine halb vom Gewand verdeckte Rechte hält, spielt auf seine musischen Seiten an. Seine Blickrichtung gilt dem Spruchband in der linken Hand, auf das auch deren Zeigefinger explizit hindeutet. Dort liest man »Foderunt manus meas et pedes meos, numerarunt ossa mea« (Psalm 22,16-17: Sie haben meine Hände und Füße durchbohrt, alle meine Gebeine haben sie gezählt).

62 G. Troescher, Claus Sluter a.a.O. (Anm. 58) S. 100.

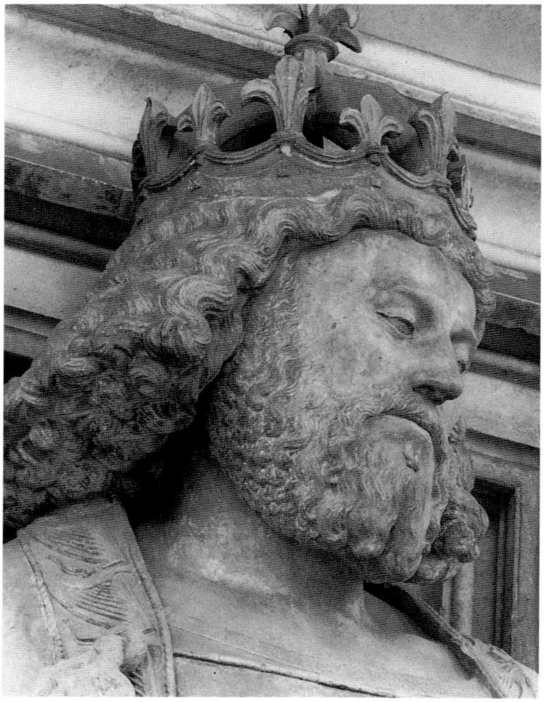

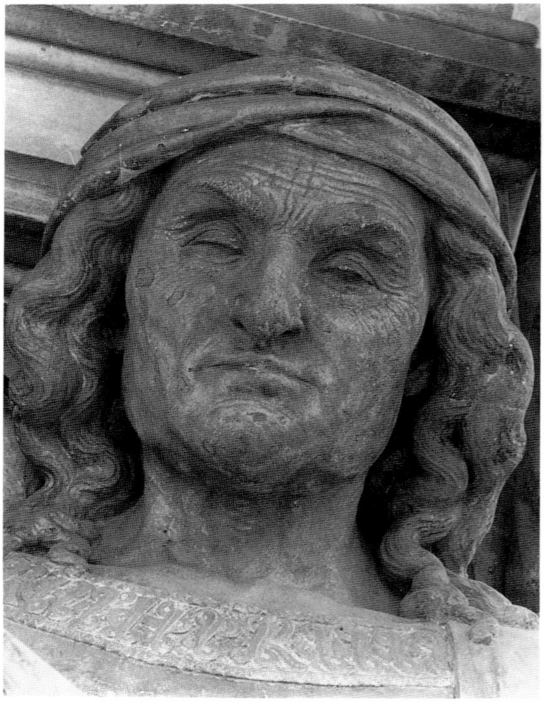

Köpfe der Propheten David (links) und Jeremia vom Mosesbrunnen Claus Sluters
Beide entstanden zusammen mit dem Moses im Jahr 1402. Während Moses als Einzelfigur gearbeitet ist, sind David und Jeremia, indem sie die Köpfe einander leicht zuwenden, als Paar aufgefaßt (vgl. Abb. S. 202). Dieselbe Intention, monumentale Figuren zu Gruppen zusammenzufassen, ist als Eigenart Sluters auch am Portal der Kartäuserkirche festzustellen.

Jeremia, rechts von David, steht altersmäßig zwischen Moses und David, ein Mann um die sechzig. Er trägt das bewegteste Gewand von allen, was aus der abgewinkelten Haltung der Arme resultiert, die ein aufgeschlagenes Buch halten. Sein Kopf ist leicht zur Seite geneigt, das Gesicht von einem Ausdruck der Skepsis erfüllt, um den Mund haben sich tiefe Falten des Leidens eingegraben. Sluter gelingt es, die besondere Tragik des Autors der Klagelieder und am meisten verachteten unter den Propheten herauszuarbeiten, der die Erfüllung seiner verlachten Prophetien (Gefangennahme der Juden, Zerstörung des Tempels durch König Nebukadnezar) noch selber miterleben mußte. Aus dem Buch hängt das Spruchband herab: »O vos omnes qui transitis per viam, attendite et videte si est dolor sicut dolor meus« (Klagelieder 1, 12: Euch allen, die ihr vorübergeht, sage ich: schaut doch und seht, ob irgendein Schmerz ist wie mein Schmerz).

Es folgt der hochbetagte Zacharias, in ein Gewand gehüllt, dessen massige Stoffbahnen ihn schier zu Boden zu drücken scheinen. Auf dem Kopf trägt er die Judenmütze, auch sie von lastender Schwere, so daß das Haupt vornüber geneigt ist. Obwohl Zacharias im selben Lebensalter dargestellt ist wie Moses, schlägt Sluter in diesem Greis einen anderen Ton an. Nicht die Majestät des Alters, sondern Gram und Resignation stehen im Vordergrund. In Zacharias spiegelt sich jene Schwermut wider, die Huizinga als Grundton für das Seelenklima im burgundischen Spätmittelalter ausgemacht hat. Vielleicht ist aber auch etwas von Sluters eigenem Lebensgefühl in diese Gestalt eingeflossen, denn er schuf sie

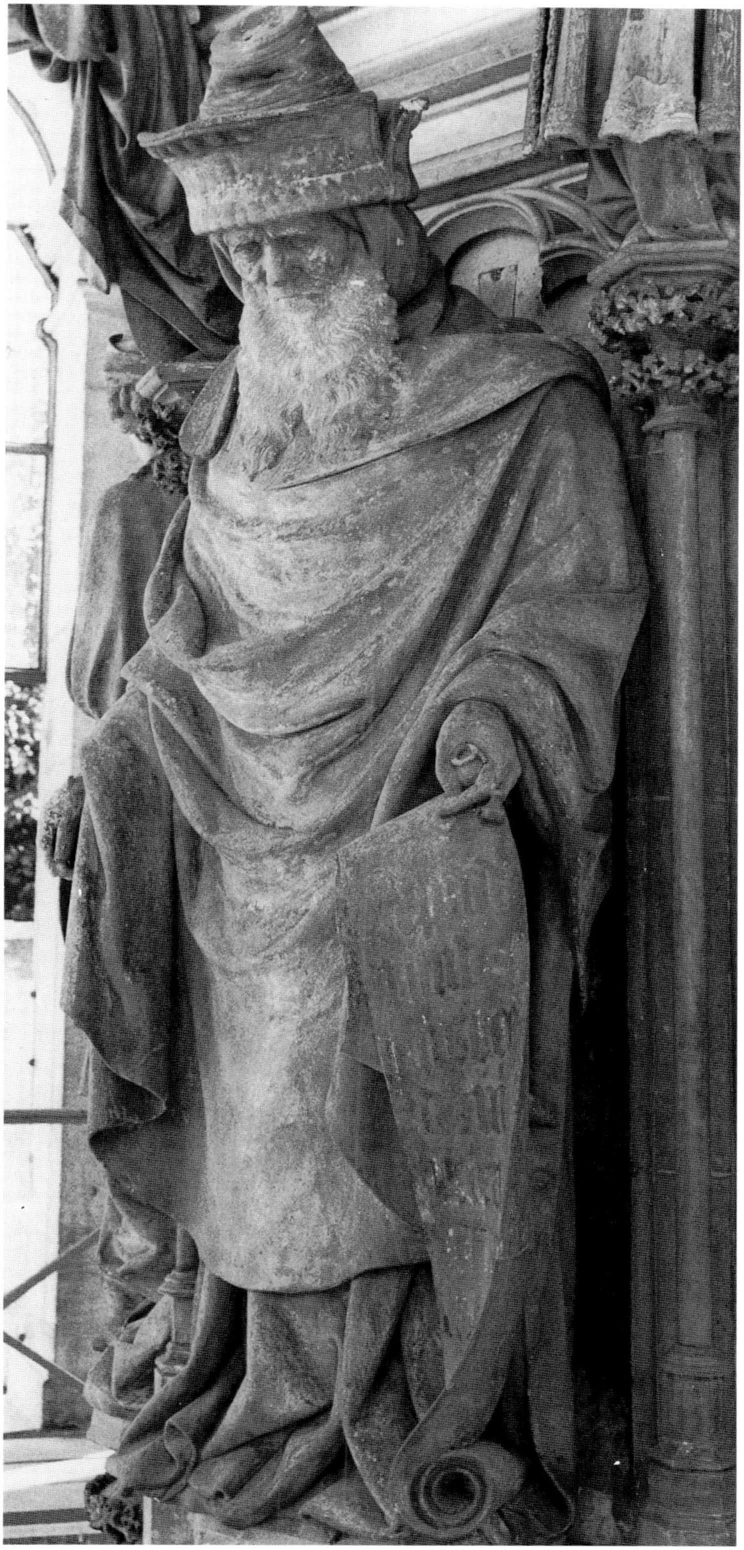

Der Prophet Zacharias vom Mosesbrunnen Claus Sluters (Höhe 179 cm)
Die Figur des Zacharias entstand zusammen mit den Statuen Daniels und Jesajas im Anschluß an die Gruppe Moses/David/Jeremia 1404 oder 1405. Bei früheren Restaurierungen wurden Teile des Hutes und des Schriftbandes erneuert.

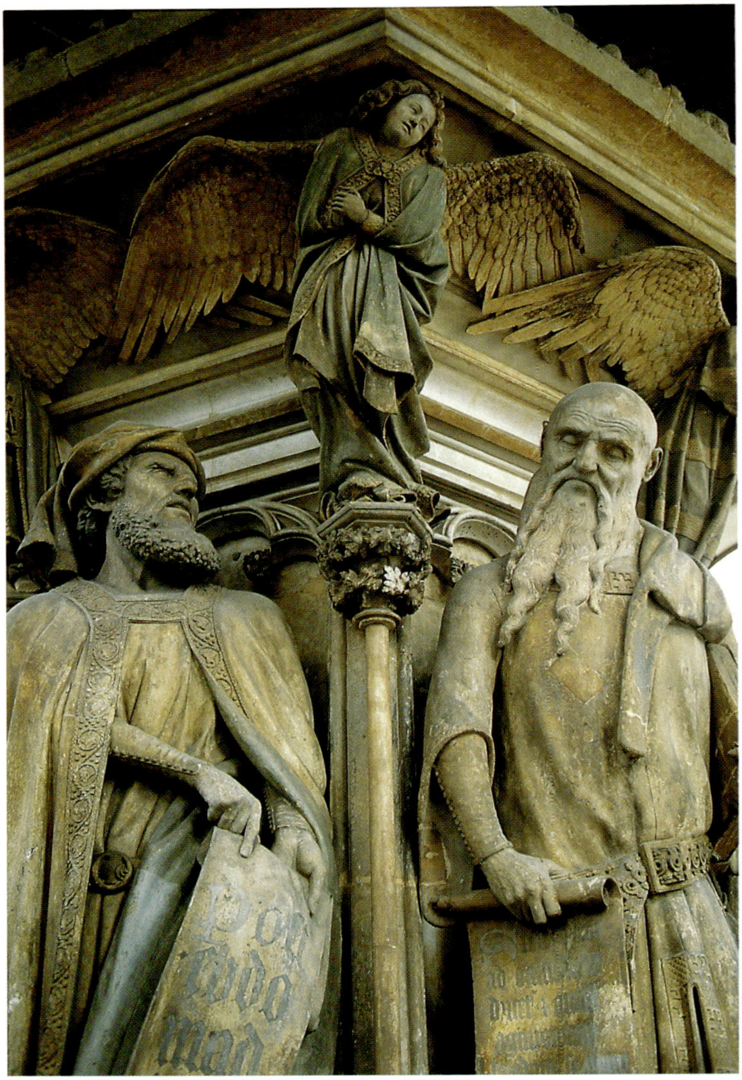

Detail vom Mosesbrunnen Claus Sluters in der ehem. Kartause von Champmol in Dijon: die Propheten Daniel und Jesaja sowie ein trauernder Engel (Höhe Daniel 169 cm; Höhe Jesaja 160 cm)
Während die Propheten von der Hand Sluters stammen, werden die trauernden Engel, die den Übergang von den Propheten zum Gebälk mit der Kreuzigungsgruppe darüber bilden, dem Neffen Sluters, Claus de Werve, zugeschrieben.
So wie David und Jeremia eine Zweiergruppe bilden, sind auch Daniel und Jesaja als Paar zu verstehen. Während der eine leidenschaftlich debattiert, wird der andere als geduldiger Zuhörer dargestellt.
Daniel ist noch fast völlig original erhalten, lediglich seine Nase und der Zeigefinger der rechten Hand sind das Ergebnis späterer Restaurierung; dagegen mußten im 19. Jahrhundert an der Figur des Jesaja umfangreichere Reparaturen vorgenommen werden. Die Skulptur war 1848 vorübergehend von ihrem Platz entfernt worden, weil Studenten der Kunsthochschule einen Bronzeabguß von ihr anfertigten. Dabei war es zu erheblichen Beschädigungen gekommen.

nach seiner schweren Erkrankung, die ihn monatelang zur Untätigkeit verurteilt und wohl bis nahe an die Schwelle des Todes geführt hatte. Das bis auf den Boden hinabreichende Spruchband zeigt als Zitat die Inschrift: »Appenderunt mercedem meam triginta argenteos« (Zacharias 11, 12: Und sie wogen mir den Lohn dar, dreißig Silberstücke).

Daniel ist die energischste Gestalt in der Prophetenversammlung. In einer fast ruckartigen Bewegung wendet er sich dem benachbarten Jesaja zu, den er, darauf deutet der leicht geöffnete Mund hin, direkt anspricht. Die scharf gemeißelten Gesichtszüge, der schwungvoll leicht aufwärts gerichtete Bart und der Elan seiner Körperdrehung zeigen ihn von einem drangvollen Temperament erfüllt. Beinahe herrisch weist er mit dem Zeigefinger der rechten Hand auf das Spruchband, das die linke fest im Griff hat. Dort liest man: »Post hebdomades sexaginta duas occidetur

Christus« (Daniel 9, 26: Und nach zweiundsechzig Wochen wird Christus getötet werden).

Daniel, ein Mann vielleicht um die fünfzig, spricht zu dem deutlich älteren Jesaja, der als einziger glatzköpfig (aber natürlich wie alle anderen mit Bart) dargestellt ist. Während die anderen Propheten in stark gebauschte Gewänder gekleidet sind, liegt seines eng am Körper, da es um die Hüfte von einem breiten Gürtel gerafft wird. Jesaja erweist sich als geduldiger Zuhörer, der dem beredten Daniel mit weit vorgebeugtem Kopf lauscht. Sein Gesicht läßt kaum Emotionen erkennen. Es ist ein ruhiges Greisengesicht von einer »illusionslosen Nüchternheit«, wie Troescher treffend bemerkt hat.[63] Während er unter dem linken Arm ein großes geschlossenes Buch trägt, hängt von der rechten Hand das obligate Spruchband zu Boden, auf dem wir folgenden Vers lesen: »Sicut ovis ad occisionem, et quasi agnus coram tondente se, obmutescet et non aperiet os suum« (Jesaja 53, 7: Wie ein Lamm, das zur Schlachtbank geführt wird, und wie ein Schaf, das verstummt vor seinem Scherer und seinen Mund nicht auftut...).

Von den Köpfen der Propheten leiten sechs kleinere Engel zu der darüber befindlichen Deckplatte über, auf der sich ursprünglich die Kreuzigungsgruppe erhob. Weinend und klagend betrauern sie den irdischen Tod des Heilands und markieren damit sowohl formal als auch inhaltlich überzeugend den Übergang vom Sockel zur Szene der Kreuzigung darüber.

In den Jahren 1997-2000 wurde das zuvor ziemlich verwahrloste Terrain rings um den Pavillon mit dem Mosesbrunnen gärtnerisch neu gestaltet. Es wurden Wege und Beete derart angelegt, daß wieder ein Erahnen von der Gestalt des vormals hier befindlichen Kreuzgangs der Kartause möglich ist.

In einer Hinsicht knüpft Sluter nahtlos an das Figurenensemble des Kirchenportals an: Auch hier, bei den Propheten, handelt es sich nicht um isolierte Einzelfiguren, sondern es sind Gruppen und damit *szenische Zusammenhänge* zu erkennen. Einzelfiguren sind lediglich Moses und Zacharias. Sie stehen am Sechseck des Sockels über Kreuz und scheinen gedanklich im Sinne von Antipoden miteinander zu korrespondieren: Moses als Inbegriff von weiser Lebensbejahung, Zacharias demgegenüber als Ausdruck der Altersresignation. David und Jeremia sowie Jesaja und Daniel sind als Zweiergruppen direkt aufeinander bezogen.

Die Lösung von der Architektur, als Wesensmerkmal der Portalfiguren bereits angesprochen, ist auch für die Propheten kennzeichnend. Sie bewegen sich völlig frei vor dem Hintergrund, der seine einstige Funktion als Bildträger verloren hat. Bei Jesaja, den man sich ohne weiteres als vollplastische Freifigur denken kann, hat Sluter den höchsten Grad an Verräumlichung erreicht.

Die Physiognomien der sechs Männer sind von einer prägnanten Individualität und Eindringlichkeit. Man kann deshalb wohl als sicher annehmen, daß der Künstler nach lebenden Vorbildern gearbeitet hat, möglicherweise Vertretern der jüdischen Gemeinde von Dijon, die erst wenige Jahre zuvor in der Hauptstadt des Herzogtums wieder Fuß gefaßt hatte, nachdem man sie, wie in so vielen Städten Frankreichs, als vermeintliche Verursacher der Pest von 1348 für einige Jahrzehnte aus den Mauern verbannt hatte. Demnach handelt es sich bei diesen Bildnissen

63 G. Troescher, Claus Sluter a. a. O. (Anm. 58) S. 103.

Einer der trauernden Engel am Gebälk des Mosesbrunnens von Claus Sluter
Die sechs Engel gelten als Arbeiten von Sluters Neffen Claus de Werve, der nach dem Tod des Onkels die Leitung der herzoglichen Bildhauerwerkstatt in Dijon übernahm.

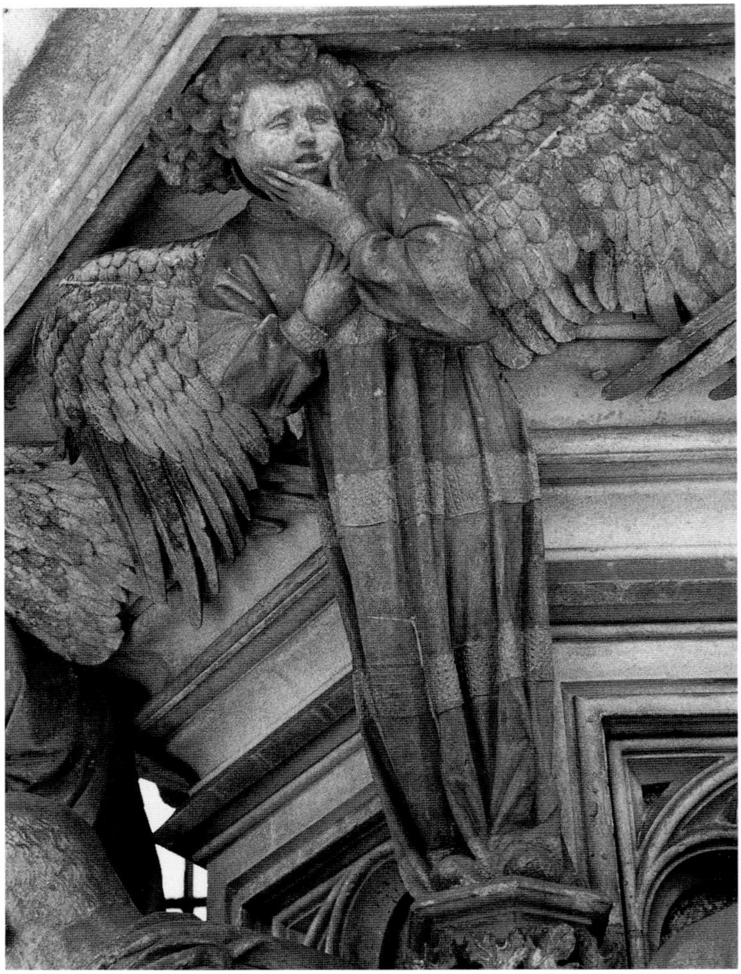

gleichfalls um *echte Porträts*. Auch sonst hat Sluter den Realismus bis zum Äußersten gesteigert. Die Gürtelschnalle des Jesaja ist akribisch genau gearbeitet, im aufgeschlagenen Buch Jeremias ist jede Seite einzeln zu erkennen, zum Teil zeigen selbst noch die Schuhe kunstvolle Verzierungen. Von Jeremia ist überliefert, daß er eine Brille aus Metall trug, worin Sluter einen ganz konkreten Bezug zu Errungenschaften seiner Zeit herstellte.

Bis vor kurzem ist man davon ausgegangen, daß der Name des Mosesbrunnens auch deshalb seine Berechtigung hat, weil die Gestalt des Moses in der Hauptansicht der Gesamtanlage aufgestellt war, in einer Achse also mit der Frontalansicht des Gekreuzigten. Gert Kreytenberg ist diesem Problem nachgegangen und zu einer verblüffenden neuen Erkenntnis gelangt:[64] 1508 wurde eine Kopie des Mosesbrunnens für das Heiliggeist-Hospital in Dijon angefertigt, die zwar nicht mehr existiert, von der jedoch eine Nachzeichnung aus dem 18. Jahrhundert überliefert

64 Gert Kreytenberg, *Zur Komposition des Skulpturenzyklus am sogenannten Mosesbrunnen von Claus Sluter*, in: Pantheon Jahrg. XLIII 1985, S. 15-20.

ist. Dort ist unzweifelhaft König David als die zentrale Figur zu identifizieren. Es gibt keinen Grund für die Annahme, daß man den Sluterschen Plan bei einer Kopie, die dem Original exakt nachgebildet war, willkürlich geändert hätte. Demnach war es nicht Moses, sondern David, der mit dem Erlöser in einer Achse stand. Dieser Bezug scheint auch schlüssiger, denn Christus ist aus dem Stamm Davids hervorgegangen. Darstellungen der Wurzel Jesse, wo David und der Heiland in einer ebenso realen wie gedanklichen Achse miteinander in Verbindung gebracht werden, kennen wir zuhauf, vor allem an den gotischen Kathedralen Frankreichs.

Bei dem Versuch einer dramaturgischen Deutung des Mosesbrunnens ist immer wieder ein Zusammenhang mit dem zeitgenössischen Mysterienspiel diskutiert worden – eine These, an der sich die Geister scheiden. Emile Mâle, Joseph Calmette, Johan Huizinga und erst unlängst Hella Schreckenberg[65] haben vehement für eine solche Verbindung plädiert. Gert Kreytenberg und noch in jüngster Zeit Kathleen Morand (vgl. Anm. 60 und 64) haben sich dagegen ausgesprochen. Eines liegt allerdings auf der Hand: Die theatralische Note, die Sluter bereits am Kirchenportal angeschlagen hatte, ist auch am Mosesbrunnen zum Niederschlag gekommen, ja gegenüber der Fünfergruppe an der Kirchentür sogar noch gesteigert. Unter diesem Aspekt erweist es sich als aufschlußreich, den Grundtenor der sechs Propheten noch einmal genauer zu beleuchten. Trauer läßt keiner von ihnen erkennen. Diese Gefühlsäußerung bleibt den Engeln vorbehalten. Selbst Zacharias, der von allen am spürbarsten depressive Züge trägt, scheint weniger vom Tod des Erlösers berührt als vielmehr resignativ in sich versunken zu sein. Und genau hier liegt die Parallele zum Mysterienspiel. Dort tritt nämlich die Allmutter Natur als Klägerin auf und fordert den Tod Jesu. Maria erscheint in der Rolle der Verteidigerin, in welcher sie sich mit ihrem Plädoyer zuerst an die Patriarchen, alsdann an die Propheten wendet, die allesamt das Ersuchen um Gnade ablehnen. Auch die letzte Instanz, die Apostel und Evangelisten, schließt sich der ablehnenden Haltung der Patriarchen und Propheten an. Christus muß sterben, da er nur durch seinen Opfertod die Menschheit erretten kann – wie in der bekrönenden Szene dargestellt. Demzufolge spielten die Propheten als Träger dieser Darstellung die Rolle von Richtern, was ihre verschiedenen Haltungen – distanziert der eine, seherisch der andere, argumentierend ein dritter und so fort – plausibel machen würde. Wir können nicht entscheiden, ob Sluter bei der Arbeit am Mosesbrunnen nun ganz bewußt das Szenario des zeitgenössischen Mysterienspiels im Sinn hatte, aber es ist nicht von der Hand zu weisen, daß deutliche Parallelen zwischen beiden bestehen. Jedenfalls haben die Propheten Sluters ihrerseits nachweislich zu szenischen Umsetzungen stimuliert. Pierre Quarré hat herausgefunden, daß bei dem triumphalen Einzug Karls des Kühnen in Dijon 1473 unter anderem ein prächtig dekoriertes Holzgerüst aufgebaut war, auf dem lebende Gestalten in Kleidung und Gestik die Sluterschen Statuen nachstellten.[66]

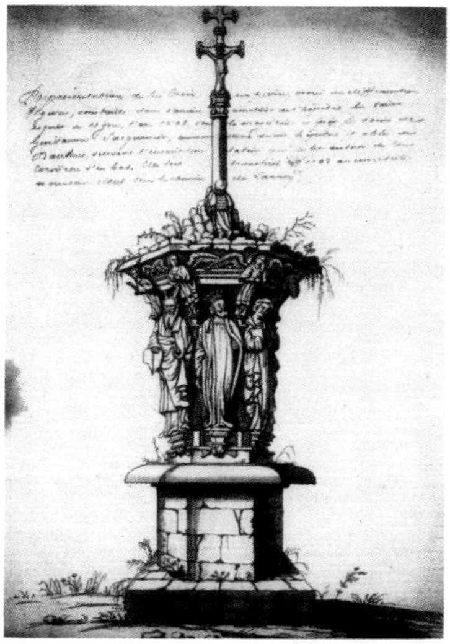

Tuschzeichnung einer Kopie des Mosesbrunnens von 1760
Die Kopie, die nicht mehr erhalten ist, wurde 1508 für den Friedhof des Krankenhauses St-Esprit in Dijon angefertigt. Während der Sockel mit den Prophetenfiguren originalgetreu nachgebildet ist, weicht die Bekrönung von der Sluterschen Konzeption erheblich ab. Statt des lebensgroßen Kruzifixus erscheint hier der Gekreuzigte in Kleinformat und mit einem Stifter am Fuße des Kreuzesstammes. Die Assistenzfiguren – Johannes, Maria und Magdalena – fehlen.

65 Hella Schreckenberg, *Claus Sluter*, Bochumer historische Studien/Mittelalterl. Geschichte Nr. 6, Bochum 1987, S. 35.
66 Pierre Quarré, *La sculpture en Bourgogne à la fin du moyen âge*, Fribourg und Paris 1978.

In der Revolution wurden die Grabmäler Philipps des Kühnen und seines Sohnes Johann Ohnefurcht zertrümmert. 1818 bis 1827 fand eine Restaurierung statt, die unter Verwendung der geretteten originalen Teile zu einer kompletten Rekonstruktion beider Denkmäler führte. Da die Kartäuserkirche zu diesem Zeitpunkt zerstört war, wurden sie in das Museum von Dijon überführt, das man im ehemaligen Palast der Burgunderherzöge eingerichtet hatte.

Diese Residenz hat in der Neuzeit wiederholte Umbauten und Erweiterungen erfahren, denn sie diente seit dem 16. Jahrhundert unter anderem als Parlamentsgebäude der Ständeversammlung. Von der baulichen Substanz des 14./15. Jahrhunderts sind deshalb nur noch vereinzelte Partien erhalten. Im äußeren Erscheinungsbild der komplexen Anlage dominiert der hoch aufragende Hauptturm des Schlosses, la Tour Philippe le Bon, in dessen wuchtiger Erscheinung noch die Erinnerung an den frühmittelalterlichen Donjon fortlebt. In einem der Innenhöfe sieht man als weiteren Teil der spätmittelalterlichen Anlage die Tour de Bar, in deren Untergeschoß sich vormals die Sainte-Chapelle des Palastes befand. Sie diente den Rittern vom Goldenen Vlies als Versammlungsort. Heute sind dort Skulpturen und Kleinkunstwerke des Mittelalters ausgestellt. Außerdem ist noch die Küche erhalten, deren stattliche Abmessungen Rückschlüsse auf das Ausmaß der Gelage und Festlichkeiten erlauben. Im ersten Stock des Nordflügels ist die Salle des Gardes aus dem 15. Jahrhundert untergebracht, die nach einem Brand im frühen 16. Jahrhundert ihr heutiges Aussehen erhielt. In der Epoche der Großen Herzöge hatte dieser Raum als Festsaal gedient. Heute sind in ihm die Gräber aufgestellt, die sich vormals in der Kartause befanden.

Die Ausführung des Philipp-Grabes hat sich über Jahrzehnte hingezogen. Bereits 1384 hatte Jean de Marville mit der Planung begonnen. Doch wurde die Werkstatt von anderen Aufträgen, zuvorderst dem Kirchenportal und alsbald dem Mosesbrunnen, immer wieder abgelenkt, wenngleich man sich auch kontinuierlich mit dem Grab beschäftigt zu haben scheint. Erhaltene Rechnungsbelege geben jedenfalls darüber Auskunft, daß ständig einige Gehilfen an der Herstellung des komplizierten architektonischen Rahmens sowie dessen Polierung arbeiteten. 1402 war das Projekt so weit fortgeschritten, daß man die Aufstellung im Kircheninnern in Angriff nehmen konnte. Die schwarze Sockelplatte war derart groß geraten, daß sie nicht durch die Kirchentür paßte. Man mußte eigens ein Loch in die Chorwand brechen, um sie ins Innere bugsieren zu können. Danach kam die Angelegenheit offenbar erst einmal wieder ins Stocken. Sluter war ganz von der Arbeit an den Prophetenfiguren des Mosesbrunnens in Anspruch genommen. Erst der Tod Philipps des Kühnen brachte wieder einen Motivationsschub. Sluter, der bald nach dem Herzog verschied, konnte nicht mehr Hand an das Werk legen. So oblag es seinem Neffen und Nachfolger in der Leitung der Werkstatt, Claus de Werve, das Denkmal zur Vollendung zu bringen, als dessen letzten Teil es die Liegefigur des Verstorbenen zu meißeln galt. 1410 war alles fertig und am Ort seiner Bestimmung aufgestellt.

Am Grab Philipps des Kühnen lagen die Verhältnisse anders als beim Portal der Kartäuserkirche, wo Sluter gezwungen war, einen von seinem Vorgänger festgelegten Rahmen zu akzeptieren. Hier gab es zwar, als Sluter die Leitung der Werkstatt 1389 übernahm, einen Plan, doch steckte das Projekt noch derart in den Kinderschuhen, daß es ein Leichtes für Sluter war, den gesamten Aufbau noch einmal vollends zu überarbeiten. Der Vergleich mit dem Kirchenportal, wo so deutlich erkennbar die konventionellere Auffassung des älteren Jean de Marville und das nach Erneuerung strebende Temperament Sluters auseinanderdriften, legt die Vermutung nahe, daß auch das Grabmal zunächst in einer traditionellen Form konzipiert war. Die freiräumliche und szenische Gruppierung der Trauernden dürfte aber kaum auf Jean de Marville zurückgehen.

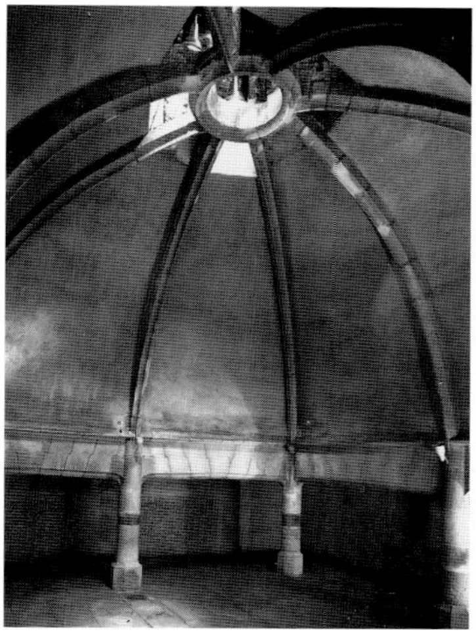

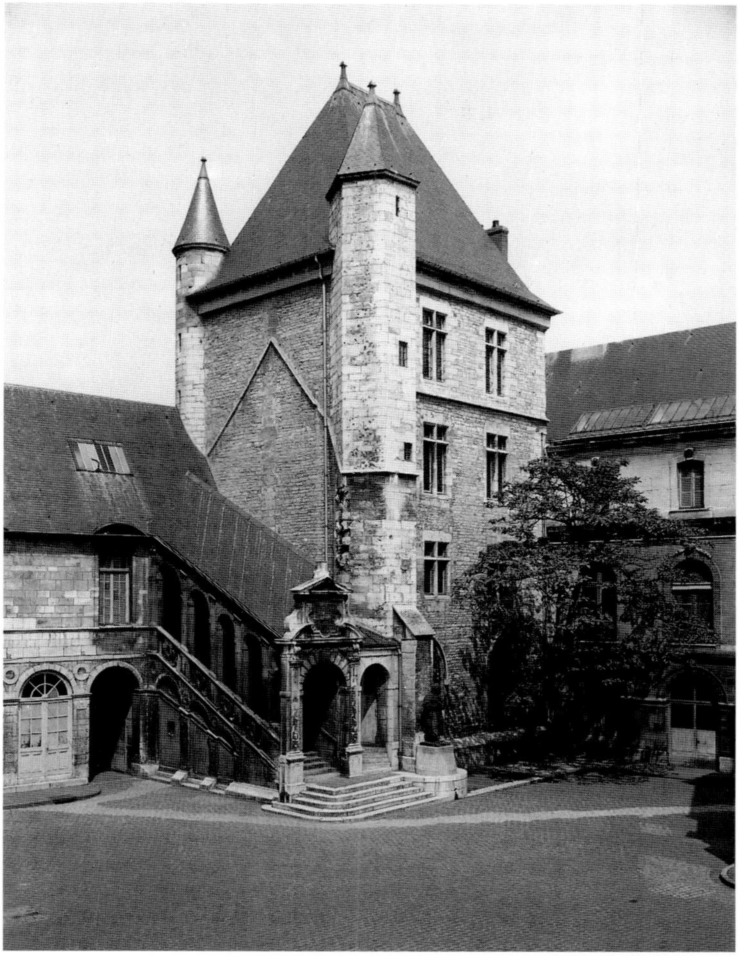

Dijon, ehem. Herzogspalast, die Küche aus dem 15. Jahrhundert (oben) und die »Tour de Bar«
Beide Bauteile gehören zum spätmittelalterlichen Bestand des Herzogspalastes. In seiner heutigen Gesamterscheinung dominieren die Bauten des 17. und 18. Jahrhunderts. In dieser Zeit diente der Palast als Sitz des Ständeparlaments, weshalb das Gebäude auch den Namen »Palais des Etats« trägt. In der in der Tour de Bar einst befindlichen Sainte-Chapelle tagten die Versammlungen der Ritter des Ordens vom Goldenen Vlies. Ursprünglich bezog sich das Bild vom Goldenen Vlies auf Jason und den Argonautenzug. Doch gegen die Verehrung eines Heiden meldeten Kleriker schon bald nach der Gründung des Ordens durch Philipp den Guten massive Bedenken an. Andererseits wollte man auf das originelle Signum nicht verzichten. Den Ausweg aus dem Dilemma bot ein theologischer Etikettentausch: Statt auf Jason berief man sich fortan auf den alttestamentarischen Richter Gideon, dessen trocken gebliebenes Vlies typologisch als Hinweis auf die Unbeflecktheit der Muttergottes interpretiert wurde, deren Schutz der Orden unterstellt war.

Detail vom Grab Philipps des Kühnen: Pleurants aus der Werkstatt Claus Sluters
Dijon, Musée des Beaux-Arts
In weite, fließende Gewänder gehüllt, deren Falten keine Brechungen aufweisen, sind diese Figuren typische Vertreter des Internationalen Weichen Stils der Zeit um 1400. Auf der anderen Seite frappiert der Naturalismus der Trauernden mit ihren zum Teil spontanen Gesten, wie hier ganz links der Mönch, der sich die Tränen aus dem Auge reibt.

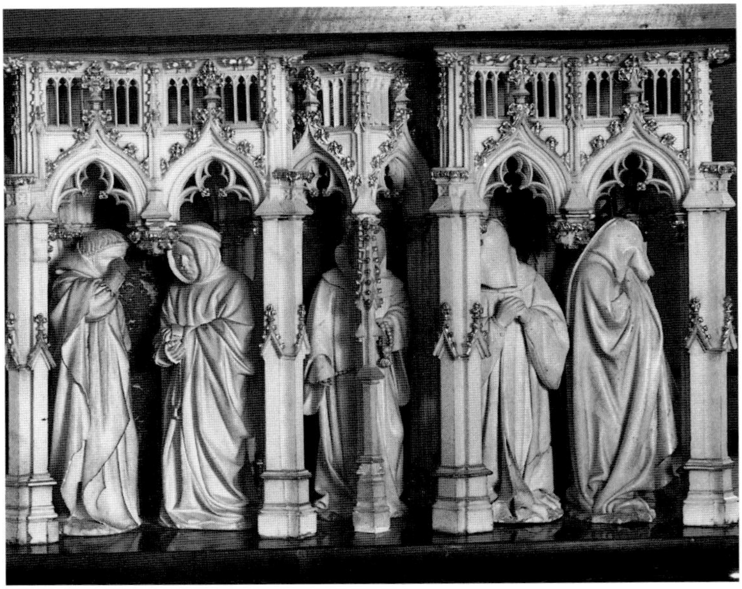

Das Denkmal baut sich in mehreren Zonen auf. Das Fundament bildet ein breit ausladender, mehrfach profilierter Sockel aus schwarzem Marmor. Er trägt die filigranhaft durchbrochene Architektur aus weißem Alabaster, unter deren Bögen sich die Prozession der Trauernden bewegt. Die Deckplatte darüber korrespondiert in Farbe, Material und der reichen Profilierung mit dem Sockel. Auf ihr liegt der *Gisant* (Terminus für die Liegefigur des Verstorbenen) mit zwei knienden Engeln zu Häupten.

Während kein Zweifel daran besteht, daß für den Entwurf des Denkmals das schöpferische Genie Sluters verantwortlich zeichnet, sind die Meinungen darüber, wie weit sein persönlicher Anteil an der tatsächlichen Ausführung geht, extrem auseinandergegangen. Hier ist nicht der Raum, die konträren Hypothesen zu referieren. Insgesamt läßt sich folgendes feststellen: Sluters Vorliebe galt der monumentalen Figur und nicht dem Kleinformat. Demzufolge dürfte er den Löwenanteil der den Sockel umziehenden *Pleurants* (Terminus für die Trauernden) seinen Gehilfen beziehungsweise seinem hochbegabten Neffen überlassen haben, der ja auch mit den Engeln am Mosesbrunnen unter Beweis gestellt hatte, daß er trefflich mit Skulpturen unterlebensgroßer Dimension umzugehen verstand. Wenn dennoch Sluters Geist so lebendig aus den Figuren spricht, dann wohl deshalb, weil der Meister seiner Werkstatt Vorzeichnungen geliefert hatte. Eine exakte Benennung, wo im Einzelfall der Meißel des Meisters nachzuweisen wäre, muß immer Hypothese bleiben, denn es wird nicht mehr zu klären sein, welche Teile des Skulpturenprogramms beim Ableben des Meisters ausgeführt waren und welche nicht.

Die Pleurants, 40 an der Zahl, verdanken ihre Erhaltung möglicherweise einem alten Mißverständnis. Sie wurden nämlich früher immer als Kartäusermönche angesprochen. Vor den Bildern dieser frommen Männer mag die Zerstörungswut von 1793 zurückgeschreckt sein. Bei genauer Betrachtung stellt man jedoch fest, daß die Figuren in unterschiedliche

Gewandungen gekleidet sind. Zwar sind die meisten als Angehörige des geistlichen Standes zu identifizieren, doch neben den Mönchen erscheinen auch Meßdiener, Diakone und Bischöfe, also Vertreter des Weltklerus. Und einige sind unschwer als Laien zu erkennen. Folglich kann es sich bei dem Grabmalsockel auch nicht, wie früher angenommen, um eine bildliche Übertragung des Kartäuser-Kreuzgangs handeln. Die Sluter-Forschung ist sich heute vorbehaltlos darin einig, daß man in der Abfolge der Pleurants jene personenreiche Prozession zu sehen hat, die den Leichnam des in Flandern verstorbenen Herzogs 1404 nach Dijon heimholte. Es ist überliefert, daß damals einige tausend Ellen schwarzen Tuches ausgegeben worden waren, um alle in dem Zug Mitmarschierenden gleich zu gewanden. Es ist sehr wahrscheinlich, daß Sluter, den ja ein fast freundschaftliches Verhältnis mit seinem fürstlichen Auftraggeber verbunden hatte, und auch Claus de Werve Zeugen dieses imposanten Spektakels waren.

Man kann nur staunen, mit welch überbordender Phantasie die unterschiedlichsten Typen charakterisiert wurden. Einige sind mit weit über das Gesicht fallenden Kapuzen ganz in sich versunken, andere schneuzen sich oder reiben die Augen, man beobachtet Nachdenkliche, Gestikulierende, Sprechende, Weinende und solche, die einander Trost zuzusprechen scheinen. Insgesamt herrscht das gleiche Interesse an der Individualisierung der Person, wie es auch für die monumentalen Figuren Sluters so bezeichnend ist.

Grabmal Herzog Philipps des Kühnen von Claus Sluter
Dijon, Musée des Beaux-Arts
Während die Pleurants am Sockel noch weitgehend original sind, wurde der Gisant im 19. Jahrhundert fast vollständig rekonstruiert.

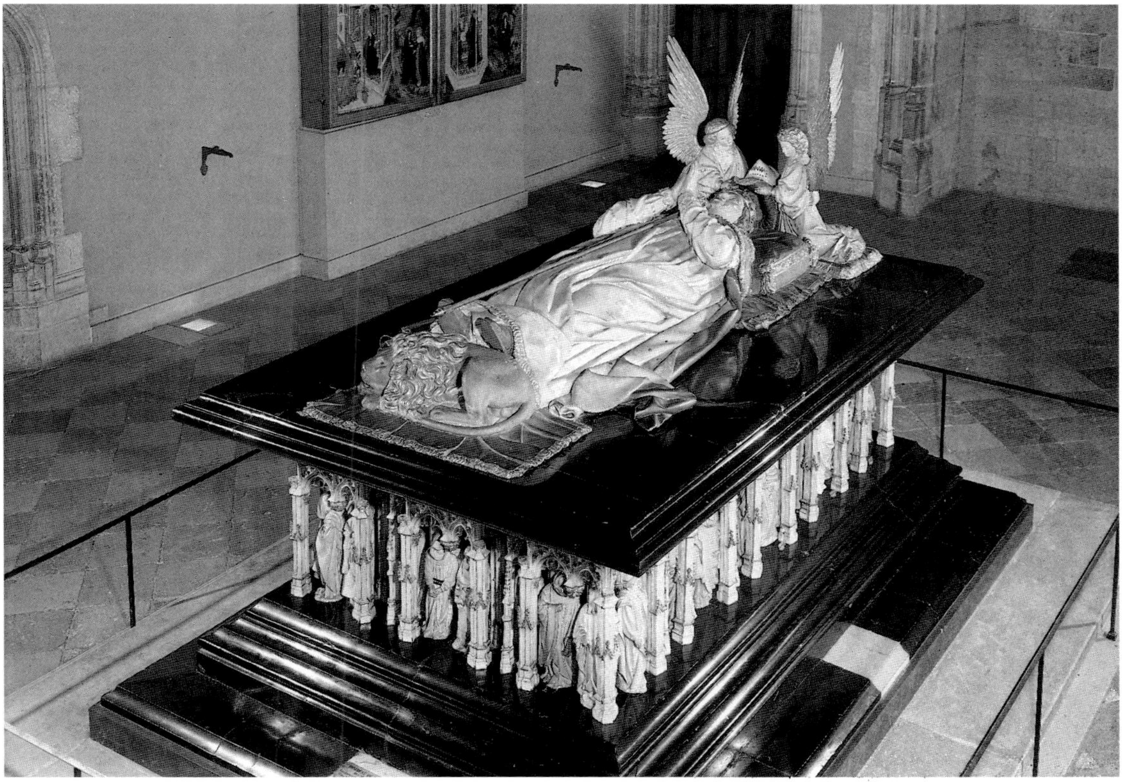

Teilansicht des Grabmals Philipps des Kühnen (vgl. Abb. S. 225)
Lediglich die Hände sind original, alles andere wurde in der Revolution zerstört. Die Engel halten das Wappen des Herzogs, in dem vormals seine Devise »Il me tarde« (Es drängt mich) erschien.
Im Hintergrund erkennt man einen der beiden großen Schnitzaltäre des Jacques de Baerze, die ebenfalls hier, in der ehemaligen »Salle des gardes« des einstigen Herzogsschlosses, ausgestellt sind.

Aus den erhaltenen Rechnungsbüchern geht hervor, daß Sluter bereits 1392 in Paris den gewaltigen Alabasterblock gekauft hatte, aus dem der Gisant des Herzogs geschlagen werden sollte. Doch mußte das Werkstück dann jahrelang unbearbeitet in Dijon auf Halde liegen. Erst nach dem Tod des Herzogs wurde der Monolith in Angriff genommen. Falls Sluter überhaupt noch selbst Hand an das Werk gelegt hat, dürfte sein Anteil gering geblieben sein und sich bestenfalls auf das Porträt des Fürsten beschränkt haben. In der Hauptsache ist der Gisant das Werk des Claus de Werve. Gegen diese Figur richtete sich 1793 der Volkszorn mit besonderer Ungezügeltheit, so daß sie fast vollständig kaputtgeschlagen wurde. Als 1825 der Bildhauer Joseph Moreau die Rekonstruktion übernahm, waren vom Original nur noch die zum Beten aneinandergelegten Hände vorhanden, alles andere mußte neu geschaffen werden. Als

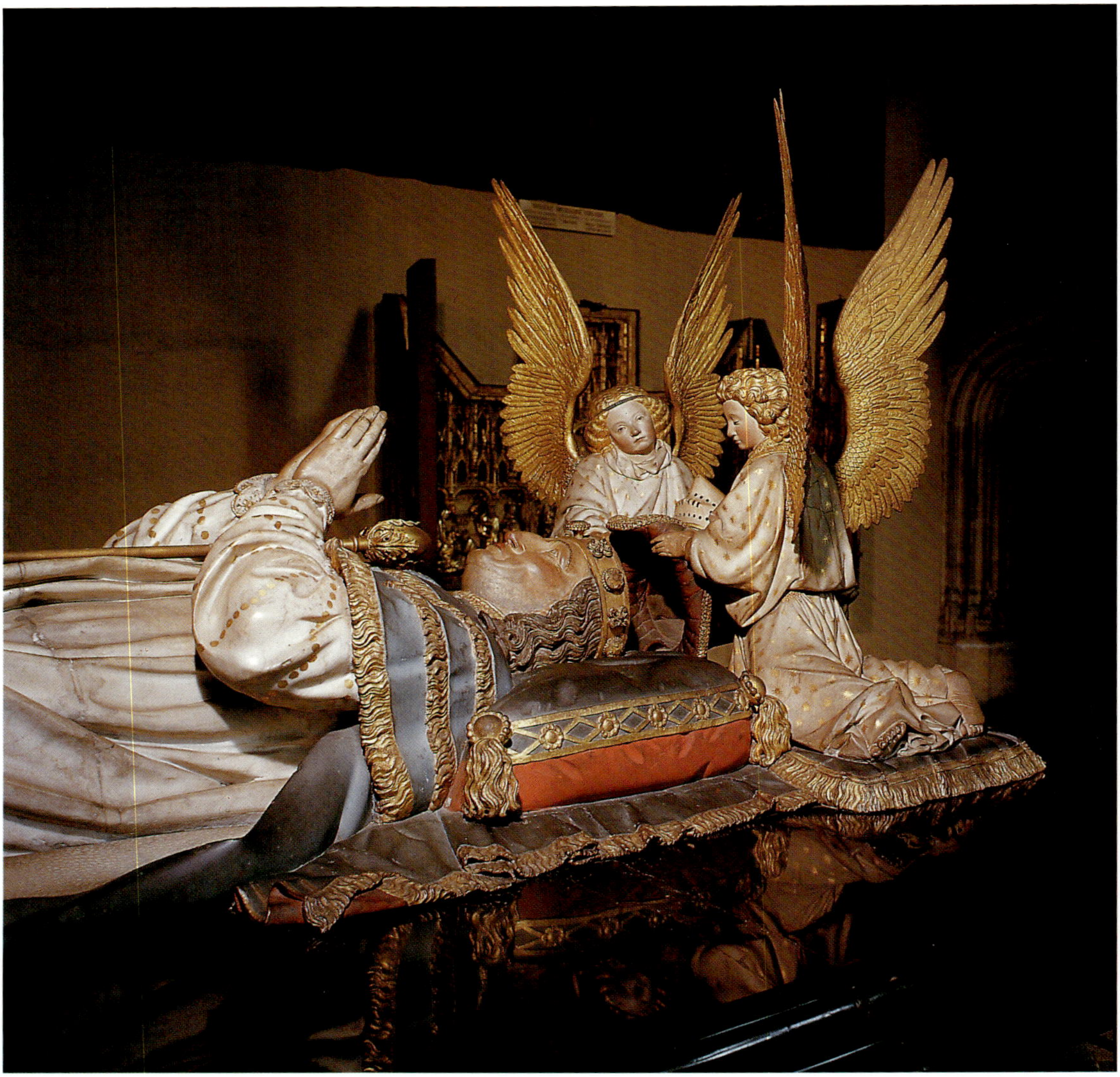

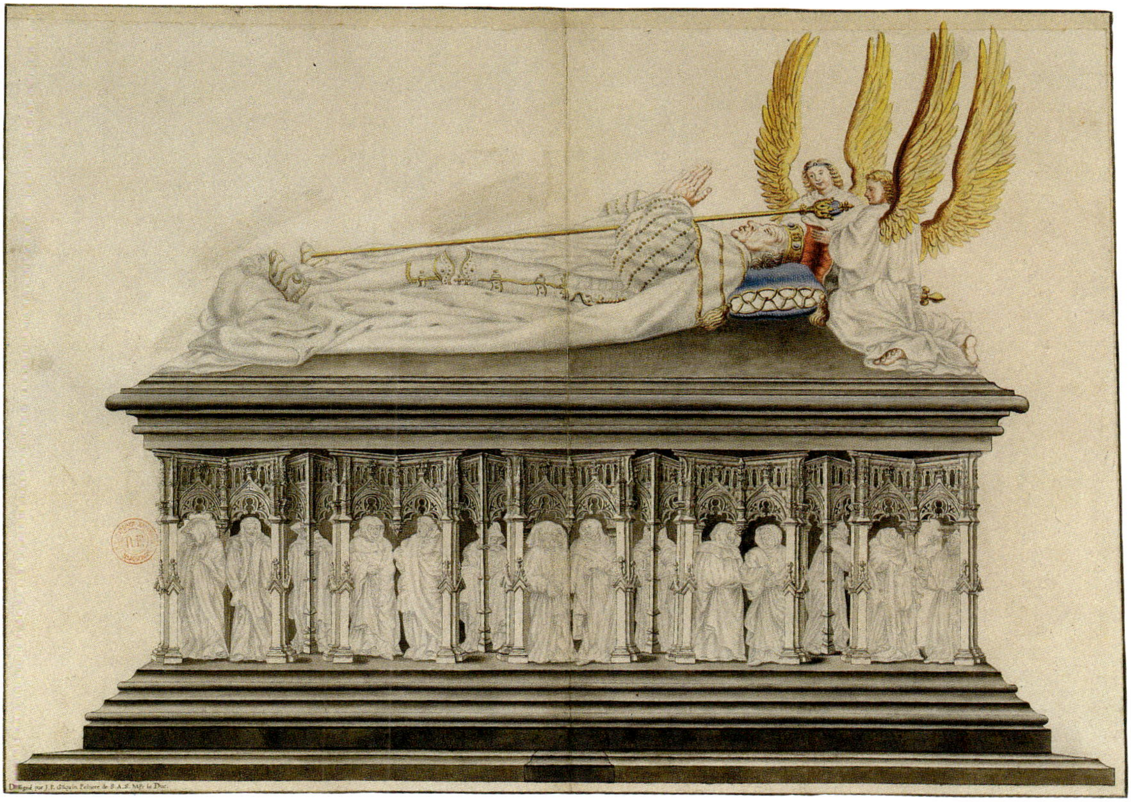

Ansicht des Grabmals Philipps des Kühnen vor der Zerstörung
Die Zeichnung stammt von dem Maler Jacques-Philippe Gilquin und befindet sich heute in der Bibliothèque Nationale in Paris (nouv. acq. fr. 5916). Die Abweichung der Rekonstruktion des Gisant gegenüber dem Original fällt ins Auge: Sluter hatte den Herzog in Ritterrüstung wiedergegeben, die Version des 19. Jahrhunderts zeigt ihn dagegen in einen weiten Mantel gehüllt.

Grundlage für die Rekonstruktion dienten zwei Ansichten des Denkmals aus dem 18. Jahrhundert, die allerdings gegenüber der Nachbildung des 19. Jahrhunderts beträchtliche Abweichungen erkennen lassen. Heute sieht man den Leib des Liegenden von einem faltenreichen Mantel verhüllt, während er ursprünglich in eine Ritterrüstung gekleidet war, die ein weiter Hermelinpelz von hinten und an den Seiten umfloß. Das Original zeigte den Herzog also in der Doppelfunktion von christlichem Streiter und weltlichem Herrscher, wohingegen jetzt nur noch die Fürstenrolle betont wird. Damit ist ein wesentlicher Sinnzusammenhang verlorengegangen. Denn, aufgebahrt inmitten der Versammlung der betenden Mönche, war Philipp als einer der Ihren, als Diener des Glaubens gekennzeichnet. Auf die Rolle des christlichen Ritters deutet jetzt einzig der Helm hin, den die beiden Engel nahe seinem Kopf auf einem Kissen abgelegt haben.

Wie sich Sluter einerseits mit der Konzeption des Grabmals in eine lange Tradition einreihte, so gelang es ihm andererseits, auch dieser Aufgabe völlig neue Aspekte abzugewinnen. Figurengeschmückte Sarkophage kannte bereits die Antike. Im Mittelalter lebte der römische Typus des Steinsarges mit Skulpturen wieder auf, wobei die Figuren auch weiterhin Relief blieben.[67] Da das Grab Philipps des Kühnen in Wahrheit ein *Kenotaph* (Leergrab) ist, denn der Leichnam wurde in der Krypta der

67 Dem Thema der Pleurants und der Entwicklung des Grabdenkmals im Mittelalter war 1971 eine Ausstellung in Dijon gewidmet. In dem Katalog zu dieser Ausstellung ist der Weg, den wir nur kurz skizzieren konnten, ausführlich dokumentiert: *Les pleurants dans l'art du moyen âge*, Dijon 1971. Der Text stammt in der Hauptsache von dem bedeutenden Sluterforscher Pierre Quarré.

Kartäuserkirche beigesetzt, konnte der Bildhauer den Kasten, der nun nicht mehr den Verstorbenen aufzunehmen hatte, aufbrechen. Damit ergab sich die Möglichkeit, die Gestalten der Pleurants aus ihrer Bindung in das Relief zu lösen und als *vollplastische Freifiguren* zu arbeiten. Ungeachtet ihres sehr viel kleineren Formates liegen sie also in ihrem Bestreben nach Verräumlichung auf einer Linie mit den Monumentalfiguren am Portal und am Mosesbrunnen. Sluter hat damit einen *neuen Grabmalstypus* geschaffen, der an zahlreichen Fürstengräbern Nachfolge finden sollte.

Das Gesamtwerk Sluters in Dijon ist als der steingewordene Ausdruck des fürstlichen Selbstbewußtseins seines Auftraggebers zu verstehen. So wie Philipp der Kühne die Linie der Burgunderherzöge von Anbeginn auf eine burgundische Eigenständigkeit eingeschworen hatte, war die Kartause als Manifestation dieses dynastischen Anspruchs der Valois-Herzöge und ihrer politischen Ziele konzipiert. Die Kartause in ihrer Gesamtheit und die Herzogsgräber insbesondere stehen in ostentativer Konkurrenz zur Königsgrablege in St-Denis. Burgund, de facto unter Lehnshoheit der französischen Krone, erfährt hier in Champmol eine Aufwertung zum himmlischen Lehen, dessen man sich mit immerwährendem Gebet versicherte.

Unten und rechts:
Grisaillefiguren vom Genter Altar der Brüder van Eyck. Gent, St-Bavo
Die Außenansicht des Genter Altars zeigt die Stifterfiguren in Anbetung der in Grisaille wiedergegebenen Gestalten Johannes des Täufers und Johannes des Evangelisten. Diese Disposition verdeutlicht, daß die Malerei des frühen 15. Jahrhunderts Anregungen von der spätmittelalterlichen Skulptur empfangen hatte.

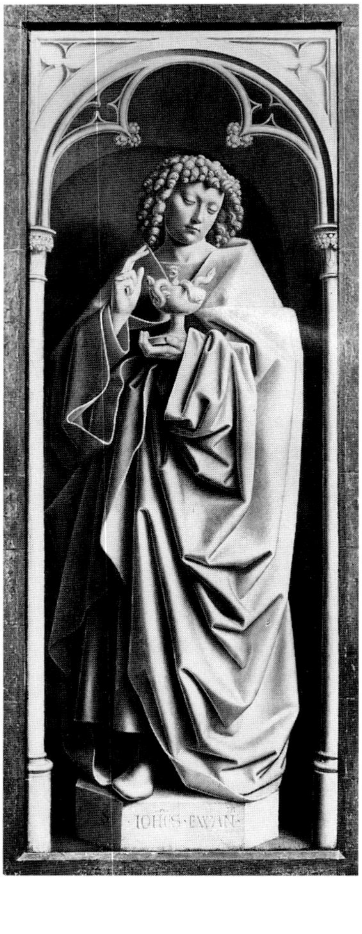

Werk und Wirkung Claus Sluters

Wenn man bedenkt, daß Sluter eines der größten Genies der abendländischen Kunstgeschichte ist, dann mutet es beinahe beschämend an, wie wenig wir von seiner Biographie wissen. Vermutlich stammte er aus Haarlem, wo er zwischen 1340 und 1350 geboren wurde. In den 1380er Jahren taucht sein Name in der Gilde der Bildhauer und Architekten in Brüssel auf. 1385 nennt ihn Jean de Marville als zweiten Gehilfen in seiner Dijoner Werkstatt, deren Leitung Sluter nach Marvilles Tod 1389 übernahm. Sluter war mehrfach auf Reisen. Eine Fahrt führte ihn 1393 zum Schloß Mehun-sur-Yèvre, einem Besitz des Herzogs von Berry, wo er die Bekanntschaft mit dem Bildhauerkollegen André Beauneveu machte und sich Anregungen für die »Schäferei« Philipps des Kühnen in Germolles holen sollte. Auf anderen, ebenfalls beruflich begründeten Reisen kam er nach Paris, besonders dann, wenn es galt, geeignetes Werkmaterial einzukaufen. Eher privater Natur waren die Besuche in der Heimat. Dort wurde er 1395 auf das Talent seines damals erst vierzehnjährigen Neffen Claus de Werve aufmerksam, den er im Jahr darauf nach Dijon holte und der das Werk Sluters nach dessen Tod fortführte. In welch hohem Ansehen der Künstler bei Hofe stand, beweist die Tatsache, daß er in den Rang eines Kammerherrn erhoben wurde, was nicht nur eine große Ehre bedeutete, sondern auch handfeste materielle Vorteile mit sich brachte wie etwa die Befreiung von der Steuer. Wiederholt sind auch spontane Zahlungen Philipps des Kühnen an Sluter belegt, Sonderzuwendungen, mit denen der Fürst seine große Zufriedenheit zum Ausdruck brachte. Sein Sohn und Nachfolger Johann Ohnefurcht ließ eine derartige Generosität gegenüber den Hofkünstlern vermissen.

1399 unterbrach eine lange, schwere Krankheit sein reiches künstlerisches Schaffen. Zu dieser Zeit muß sich Sluter bereits Sorgen um die Gestaltung seines Lebensabends gemacht haben. Im April 1404 schloß er mit dem Kloster St-Etienne in Dijon einen formellen Vertrag, in dem ihm eine angemessene Unterkunft garantiert wird. Mit diesem Eintritt in eine Kongregation lag der Bildhauer Philipps des Kühnen im Sinne der *devotio moderna* ganz im Trend seiner Zeit. Wie die Geburt ist auch das Todesdatum des Meisters nicht genau zu bestimmen. Sluter muß entweder Ende 1405 oder im Januar 1406 gestorben sein, denn Ende Januar 1406 verzeichnet eine Urkunde die Auflösung seines Nachlasses.

Die erhaltenen Werke Sluters befinden sich ausnahmslos in Dijon: das Portal der Kartäuserkirche, der Mosesbrunnen und das Grabmal Philipps des Kühnen. Ähnlich also wie der Name des Gislebertus in Autun verankert ist, bleibt der Name Claus Sluter unlöslich mit Dijon verbunden. Obwohl er nicht aus Burgund selbst stammte, hat er im Laufe seines Lebens in der Hauptstadt des Herzogtums burgundisches Empfinden so weit adaptiert, daß man sein Œuevre allgemeinhin als burgundisch anspricht. Offenbar hatte er tatsächlich in seiner Wahlheimat den ihm adäquaten Boden gefunden, denn seit der frühen Romanik war ja Burgund ein Stammland der Bildhauerkunst. Der plastische Gestaltungswille ist dieser Landschaft auch über das Ende des Mittelalters hinaus nicht abhanden gekommen, wie im Zusammenhang mit Beaune und Brou noch zu zeigen sein wird.

Sluter steht an der Wende zwischen zwei Epochen, dem Mittelalter und der Renaissance. In mancher Hinsicht zeigt er sich noch ganz dem Althergebrachten verbunden. Die Anatomie seiner Propheten etwa weist Ungereimtheiten auf. Der Gewandung gegenüber der Körperlichkeit den Vorrang einzuräumen, ist gotisches Formengut. Demgegenüber sind seine einschneidenden Innovationen – Porträt, Verräumlichung der Skulptur und das Zusammenbinden von Gruppen sowie die Monumentalisierung der Figur – zukunftweisend. Der Moses des Michelangelo, ebenfalls Teil eines größeren Figurenensembles, ist die Fortsetzung des Sluterschen Vorbildes mit den Mitteln der italienischen Hochrenaissance. Aber auch die Malerei, die in den Niederlanden im 15. Jahrhundert die Bildhauerei überflügelte, zeigt sich von Sluters Werk beeinflußt. Sie schuf mit dem selbständigen Porträt eine neue Bildgattung, die direkt an Sluters individuelle Physiognomien anknüpft. Welchen Eindruck die Steinskulpturen auch auf die Maler gemacht haben, zeigt sich an den Grisaillefiguren, die erstmals am Genter Altar der Brüder van Eyck und bald danach am Weltgerichtsaltar des Rogier van der Weyden in Beaune auftauchen. Auch das Hauptthema des Genter Altares, die Verehrung des Lammes in Verbindung mit einem Brunnen, also die Assoziation von Blut und lebensspendendem Wasser, findet sich in der inhaltlichen Konzeption des Mosesbrunnen/Kalvarienberges vorbereitet. In dem Zusammenhang gewinnt das Siegel Claus

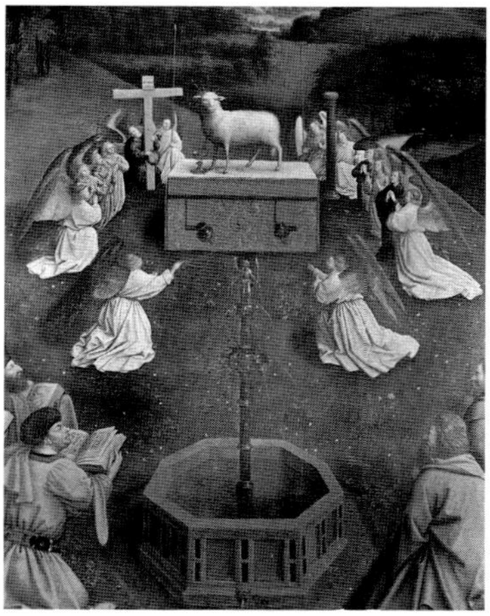

Detail aus dem Genter Altar der Brüder van Eyck: Anbetung des Lammes
Die ikonographische Verbindung von Opfer und Brunnen war im Mosesbrunnen Claus Sluters in Dijon vorbereitet worden.

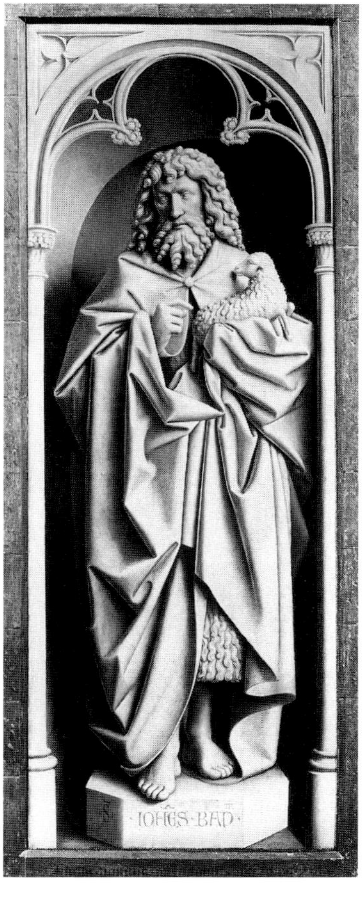

Farbtafeln rechts:
Gesamtansicht des Grabdenkmals Johanns Ohnefurcht und seiner Frau Margarete von Bayern (oben) und Teilansicht mit den Köpfen des Herzogspaares
Nacheinander waren an diesem Denkmal, dessen Fertigstellung sich über Jahrzehnte hinzog, Claus de Werve, der Spanier Juan de la Huerta und schließlich Antoine Le Moiturier tätig.

Sluters, das zwei Schlüssel zeigt, symbolhafte Dimension: Als Vollender des Mittelalters und Wegbereiter der Renaissance fiel ihm in der Kunstgeschichte die Aufgabe zu, eine Tür zu schließen und eine andere zu öffnen.

Das Grabmal Herzog Johanns Ohnefurcht

Als Johann Ohnefurcht 1410 oder 1411 in Dijon das fertiggestellte Grab seines Vaters zu Gesicht bekam, äußerte er spontan den Wunsch, ein ähnliches Monument für sich selbst zu haben. Allein, seine hochfliegenden politischen Ambitionen lenkten sein Interesse bald wieder auf andere Schauplätze, zudem hielt er sich mehr in Paris und in Flandern auf als in der Hauptstadt des Herzogtums. Hinzu kommt, daß seine militärischen Operationen den größten Teil seines Budgets verschlangen und die Geldmittel für andere Projekte knapp waren. Der Plan lebte erst wieder nach seiner Ermordung 1419 auf. Anfangs war jedoch auch Philipp der Gute von den sich überstürzenden Ereignissen in der Endphase des Hundertjährigen Krieges in Anspruch genommen. 1433 erhielt Claus de Werve den Auftrag zu einem Grabmal für Johann Ohnefurcht. Dem Künstler ging es nun ähnlich wie 30 Jahre zuvor seinem Onkel: Er arbeitete einen Entwurf aus, den er jedoch nicht mehr realisieren konnte. Als Claus de Werve 1439 starb, war das Projekt über das Anfangsstadium der Planung noch nicht hinausgelangt, und die Werkstatt wurde nach mehr als einem halben Jahrhundert ihres Bestehens aufgelöst. 1443 erhielt die Arbeit neuen Auftrieb. Inzwischen hatten sich die Wogen des Hundertjährigen Krieges geglättet, Philipp der Gute hatte seine Expansionspolitik erfolgreich vorantreiben können, und mit der Idee eines burgundischen Königtums erschien die Errichtung eines weiteren Monumentalgrabes mehr denn je als sinnfälliger Ausdruck des dynastischen Anspruchs. Der Werkstattbetrieb wurde reaktiviert und mit Juan de la Huerta ein spanischer Bildhauer als ihr Leiter berufen. Huerta schuf ein Grab, das sich bis ins Detail an das Slutersche Vorbild hielt. Bis 1455 waren der architektonische Rahmen und die meisten der Pleurants fertiggestellt. 1456 verließ der Spanier Dijon, ohne daß wir die Hintergründe für seinen Abbruch der Arbeiten kennen. Juan de la Huerta war offenbar ein ungestümes Temperament. 1448 wurde er nach einer handfesten Auseinandersetzung mit Dijons Bürgermeister Philipp Mâchefoing dazu verurteilt, als Sühne eine Madonna für das Portal des Rathauses von Dijon zu meißeln. Auch muß er sehr geschäftstüchtig gewesen sein, denn er besaß ein Patent zur Ausbeutung von Silber-, Gold- und Bleiminen, weshalb er oft in geschäftlichen Angelegenheiten unterwegs war. Nach seinem Fortgang blieb das Denkmal unfertig liegen. Erst Anfang der 1460er Jahre machte Antoine Le Moiturier einen neuen Anlauf, der schließlich mit der Fertigstellung der beiden Gisants 1470 zum Abschluß des Projekts führte. Le Moiturier stammte aus einer südfranzösischen Bildhauerfamilie. Sein Onkel, Jacques

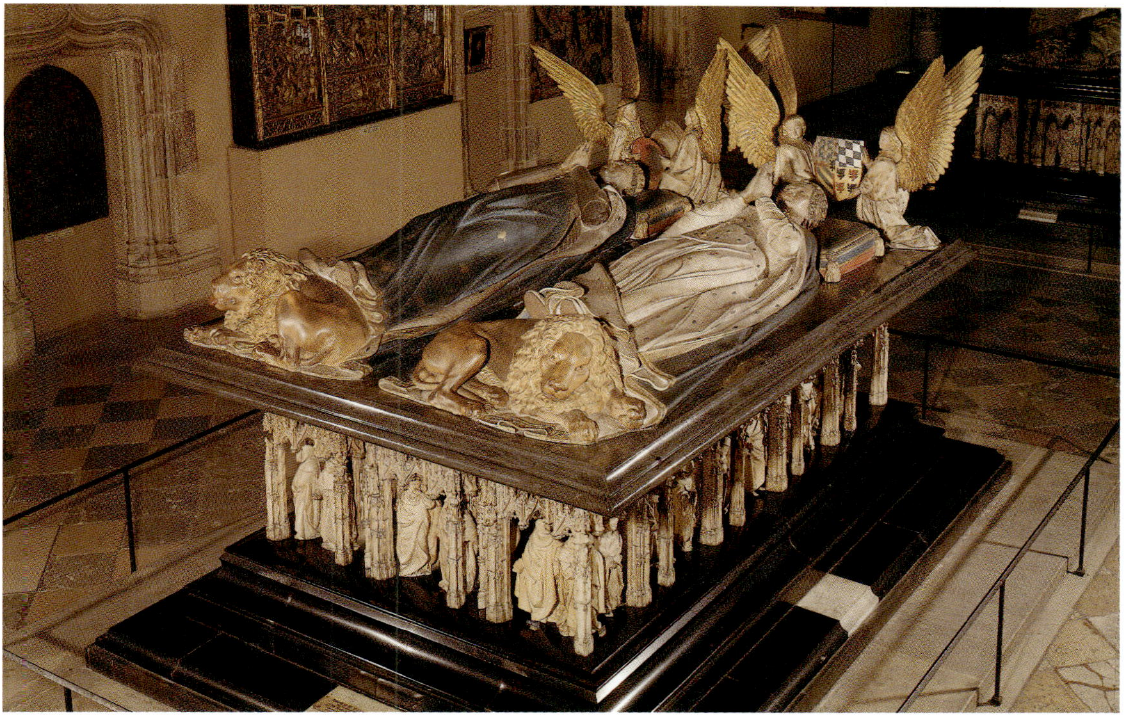

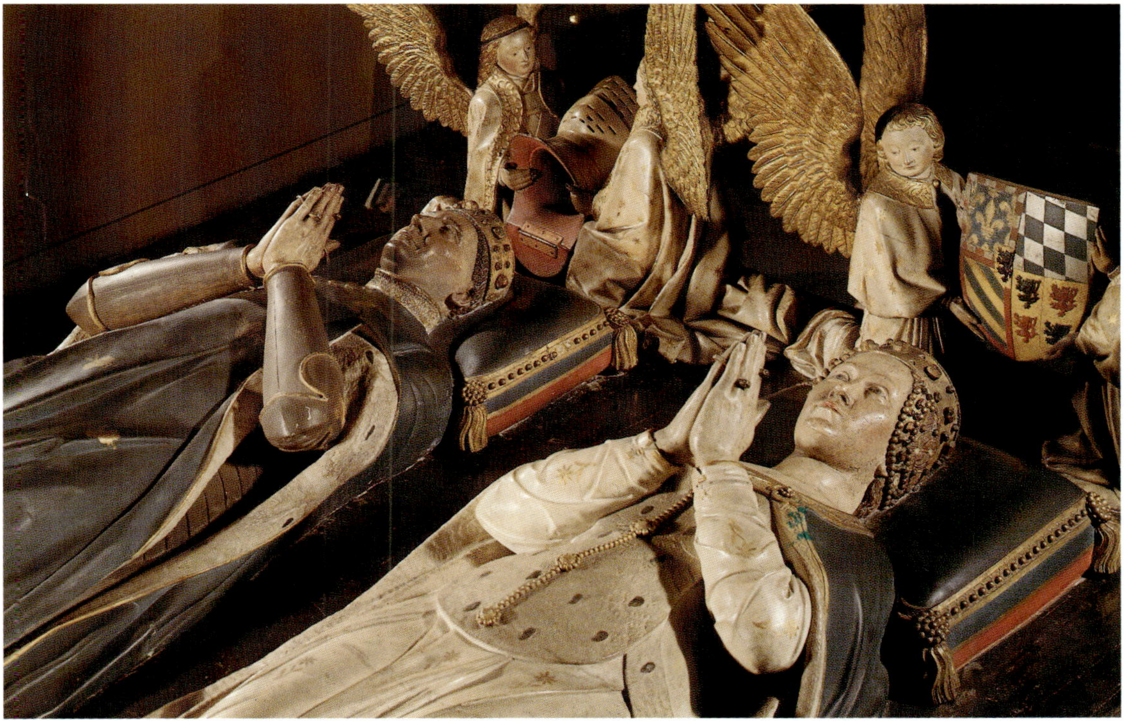

»Passionsaltar« von Jacques de Baerze aus dem letzten Jahrzehnt des 14. Jahrhunderts (Höhe 159 cm, Länge 502 cm)
Dijon, Musée des Beaux-Arts
Dieser Schnitzaltar zeigt im Mittelteil die Anbetung der Könige, Kreuzigung und Grablegung; in den Seitenflügeln Statuetten verschiedener Heiliger (vgl. Abb. S. 234). Über den bildlichen Darstellungen geht ein reich verziertes Maßwerk auf, das man als das Himmlische Jerusalem deuten könnte.

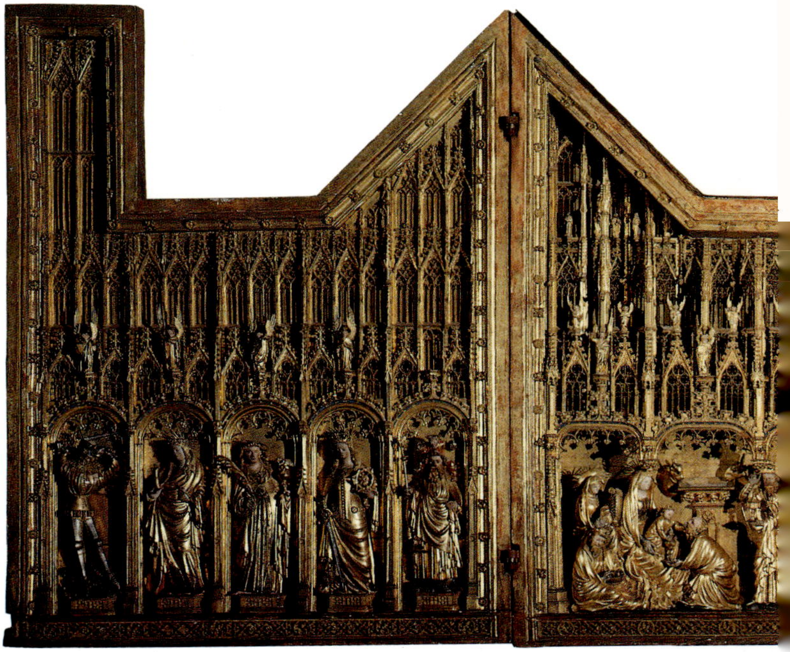

Morel, hat in Souvigny das Grab Karls I. von Bourbon und seiner Frau Agnes von Burgund geschaffen. Le Moiturier hatte seinen Ruhm mit der Gestaltung der Portale der Klosterkirche von St-Antoine-l'Abbaye, dem Mutterkloster des Antoniterordens in der Dauphiné, begründet.

Keiner der drei an dem Grab des Johann Ohnefurcht beteiligten Künstler hat dem Werk seinen Stempel aufdrücken können. Man folgte getreulich dem von Sluter vorgegebenen Muster. Einzig in der Vergrößerung des Umfanges, der durch das Doppelgrab gegeben war, besteht eine Abweichung.

Auf der Deckplatte ruhen die Gestalten des Johann Ohnefurcht und seiner Frau Margarete von Bayern. Das Denkmal wurde 1793 gleichfalls geschändet und zur selben Zeit wie das Kenotaph Philipps des Kühnen restauriert. Von den Gisants blieben nur die Köpfe erhalten, alles andere ist Rekonstruktion. Die Pleurants sind dagegen weitgehend original.

Die Wirkung dieses Ensembles der beiden monumentalen Gräber in ihrer angestammten Umgebung der Kartäuserkirche, dem Pantheon der Valois-Herzöge, muß überwältigend gewesen sein. Sie standen dort genau in der Mittelachse der Kirche (vgl. Plan S. 205), eingerahmt vom Chorgestühl der Kartäusermönche, deren Gebete, von einer Seite zur anderen hinübergesprochen, demnach direkt auf die Denkmäler gerichtet waren. Noch Kaiser Karl V. hatte den Wunsch geäußert, bei seinen burgundischen Vorfahren beigesetzt zu werden; die Geschichte hat ihm jedoch seinen Platz im Escorial zugewiesen.

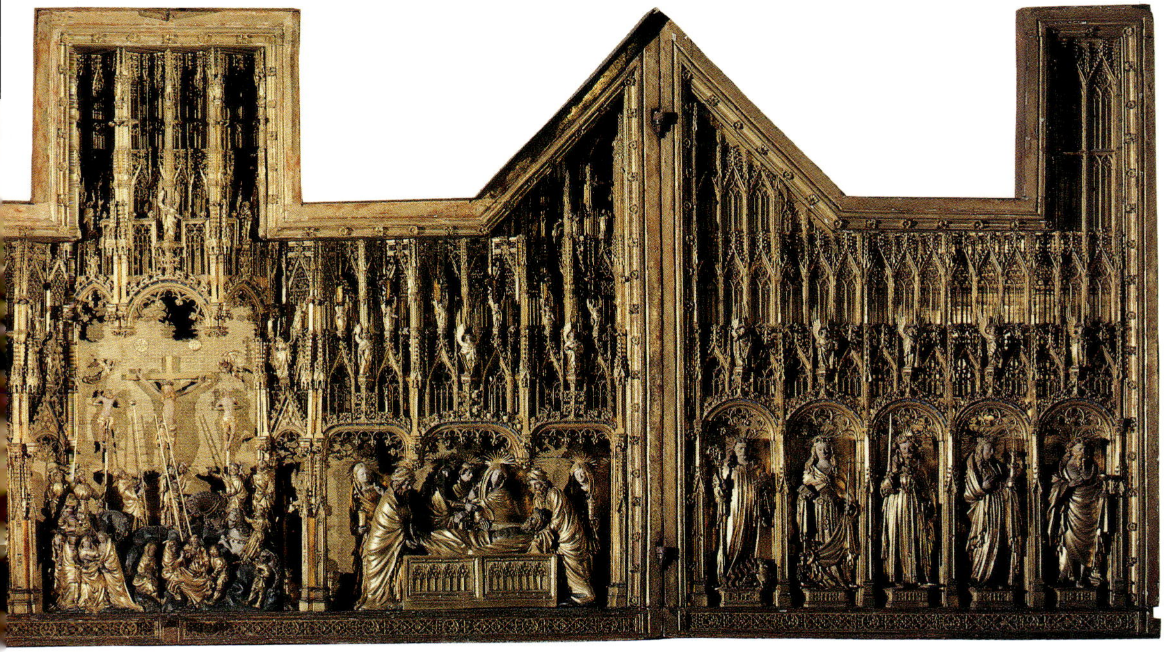

Jacques de Baerze und sein Verhältnis zu Sluter

Im selben Saal des Museums, in dem die Herzogsgräber aufgestellt sind, befinden sich die beiden großen Holzaltäre, die Jacques de Baerze seit 1390 für die Kartause von Champmol geschnitzt hat. Die beiden Triptychen waren 1399 fertiggestellt. Sie stimmen nicht nur in ihren Maßen überein, sondern folgen auch im Aufbau demselben Muster.

Der Mittelteil des »Heiligen- und Märtyreraltars« ist dreigeteilt und hat folgende Szenen: Enthauptung des Täufers, Martyrium der hl. Katharina, die hl. Barbara mit ihrem Henker und die Versuchung des hl. Antonius. Die schmaleren Seitenflügel besetzt eine Reihung von unterschiedlichen Heiligen und Märtyrern, die meisten von ihnen durch einprägsame Attribute namentlich identifizierbar. Der »Passionsaltar« zeigt im Mittelteil die Anbetung der Könige, Kreuzigung und Grablegung. In den Seitenflügeln haben auch hier zahlreiche Statuetten von Heiligen Platz genommen. Die Außenseiten des Passionsaltars hat Melchior Broederlam mit vier Szenen aus dem Marienleben bemalt (dazu im nächsten Kapitel ausführlicher).

Die Altäre – es sind die einzigen uns bekannten Werke des Jacques de Baerze – folgen einem Schema, das im 14. Jahrhundert im Rheinland entwickelt worden war und sich rasch in allen nordalpinen Ländern verbreitet hatte. Die Holzschnitzerei bleibt in ihrer eher konservativen Haltung hinter den kühnen Neuerungen Sluters zurück. Und doch gewinnt man den Eindruck, als sei de Baerze von den Arbeiten Sluters nicht unberührt geblieben. Die stereotype Reihung der Heiligen auf den

Folgende Doppelseite:
Details der beiden Schnitzaltäre des Jacques de Baerze im Musée des Beaux-Arts in Dijon
Links:
Ausschnitt aus dem linken Flügel des »Passionsaltars«
Die Figur des hl. Georg (links) ist möglicherweise einer verlorenen Georgsfigur Sluters nachempfunden

Rechts oben:
Mittelteil aus dem »Heiligen- und Märtyreraltar«
Rechts unten:
Ausschnitt aus dem Mittelteil des »Passionsaltars« mit der Grablegung Christi
Das Kompositionsschema der Grablegung entspricht dem der monumentalen Gruppen in Semur-en-Auxois und Tonnerre (vgl. Abb. S. 236, 237).

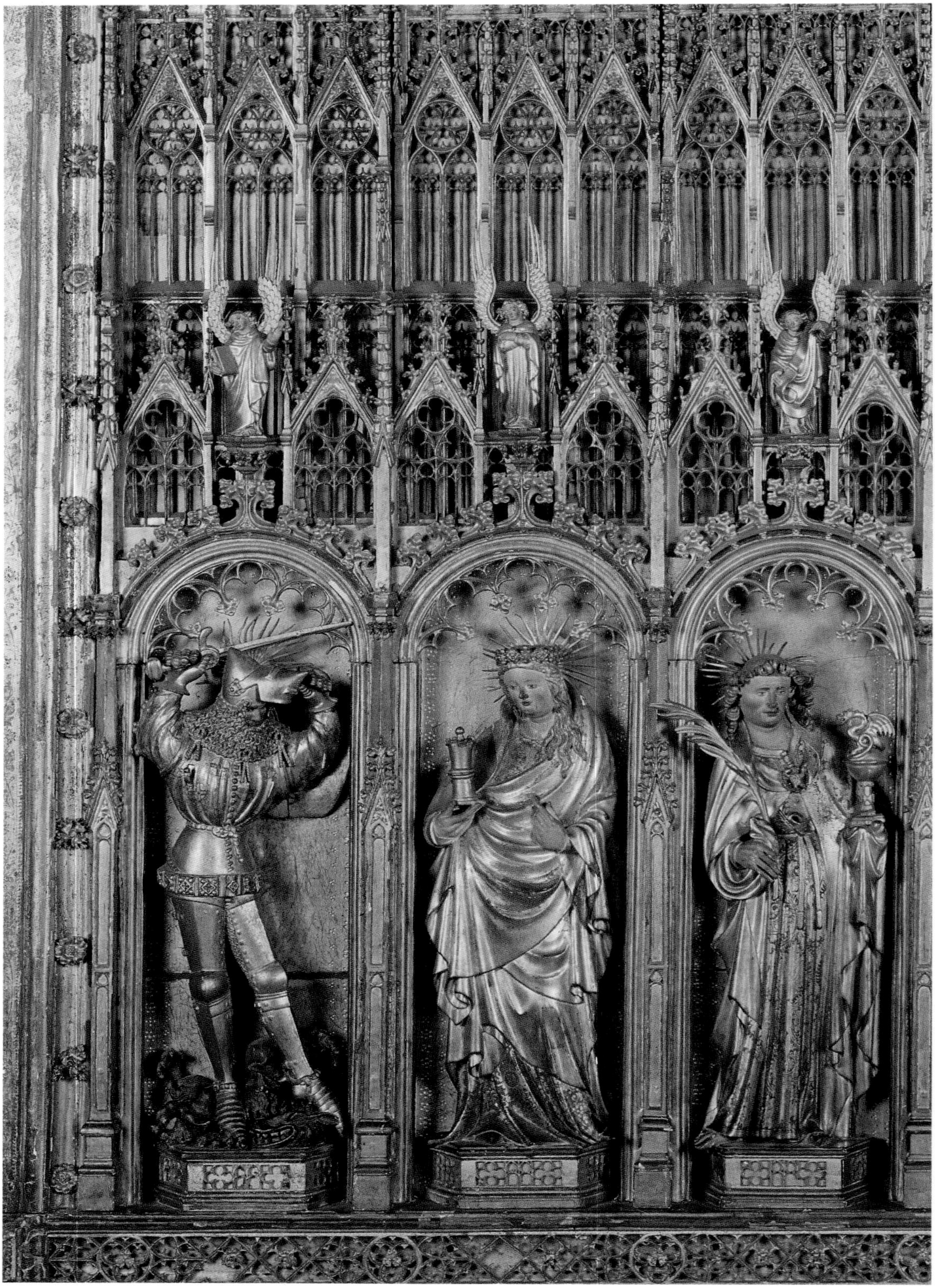

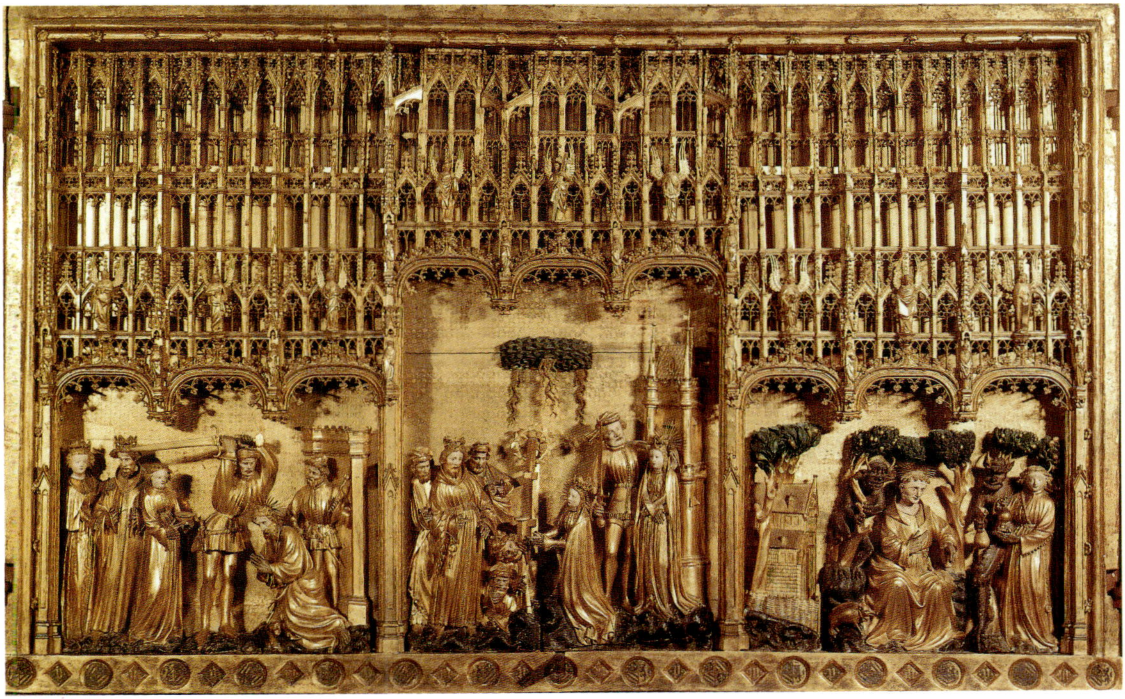

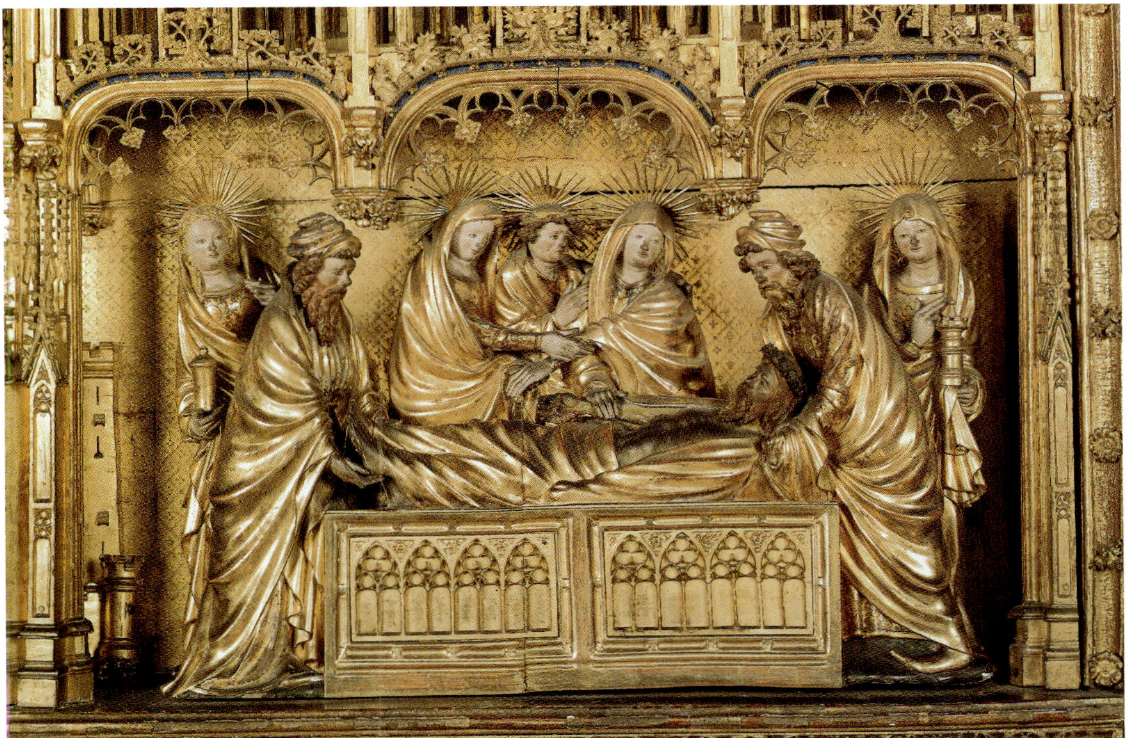

Tonnerre, Grablegungsgruppe der Brüder Michel und Georges de la Sonnette im Krankenhaus Notre-Dame-des-Fontenilles
Das Ensemble folgt einem festen Bildtypus: Immer sind es Nikodemus und Joseph von Arimathia, die den Leichnam des Herrn in den Sarkophag betten; um die Muttergottes im Zentrum gruppieren sich Johannes, Maria und zwei weitere heilige Frauen.
Das Testament des Stifters Lancelot de Buronfosse, das sich auf dieses Werk bezieht, ist erhalten und gibt beredten Aufschluß über das Selbstbewußtsein des wohlhabenden Bürgers. Gleich zweimal wird in der Urkunde herausgestellt, daß der Stifter erhebliche Mittel für das Werk bereitgestellt hat.

Seitentafeln entspricht der Kunst der vorsluterschen Zeit. Die szenische Gruppierung der Mitteltafeln kommt dagegen erst im späten 14. Jahrhundert auf. Während die Figuren der Märtyrerszenen eher noch etwas steif wirken, sind die der Anbetung, Kreuzigung und Grablegung beschwingter und erscheinen dementsprechend fortschrittlicher, was auf den Einfluß Sluters schließen lassen könnte. Wiltrud Mersmann hat auf die Möglichkeit eines engen Zusammenhangs zwischen dem Holzschnitzer und dem Bildhauer hingewiesen.[68] In der Reihe der Heiligen fällt die Gestalt des Ritterheiligen Georg, der bei den ritterfanatischen Herzögen höchste Verehrung genoß, wegen seiner schwungvollen Eleganz auf. Mersmann schließt daraus, daß Jacques de Baerze mit dieser Figur eine Kopie nach einem verschollenen Original Sluters gearbeitet hat. Tatsächlich wurden 1951 bei Ausgrabungsarbeiten in der ehemaligen Kartause Fragmente von dieser steinernen Ritterfigur gefunden, die diese Annahme plausibel erscheinen lassen.

Die Skulptur der Zeit nach 1400

Das Werk Claus Sluters hat nachhaltig auf die Holzschnitzer und Bildhauer Burgunds und der angrenzenden Landschaften gewirkt. Qualitätvolle Arbeiten in Holz und Stein finden sich in Rouvres-en-Plaine, St-Thibault-en-Auxois, Poligny, Arbois, Beaume-les-Messieurs und an

68 Wiltrud Mersmann, Jacques de Baerze und Claus Sluter, in: Aachener Kunstblätter, Band 39, 1969, S. 149-159.

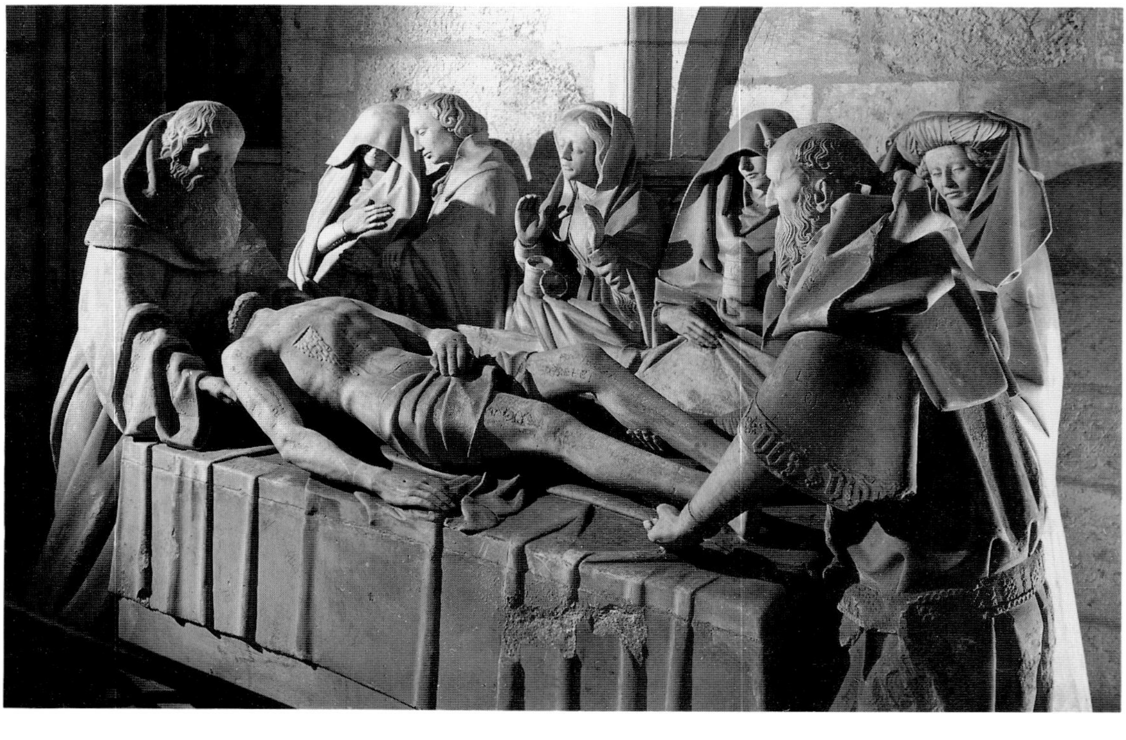

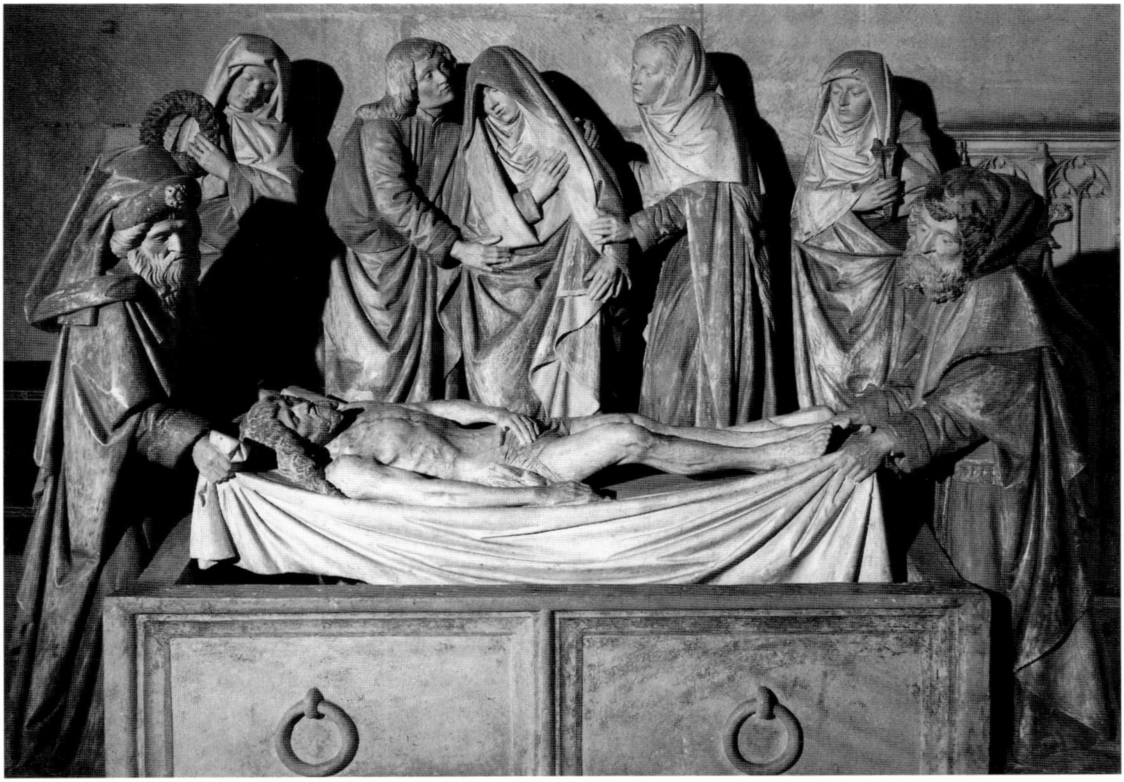

zahlreichen anderen Orten. Sluters Einfluß reichte nach Südfrankreich, aber auch nach Spanien und in die Niederlande.

Im 15. Jahrhundert wurde eines der beliebtesten Themen in ganz Frankreich die monumentale Grablegungsgruppe, wofür auch Burgund zwei großartige Beispiele besitzt. Die besondere Theatralik dieses Sujets war bestens dazu angetan, den Realismus Sluters aufzugreifen und fortzuführen. Die eine dieser beiden Gruppen befindet sich in Semur-en-Auxois in der gotischen Kirche Notre-Dame. Pierre Quarré (vgl. Anm. 66) hat sie der Hand des Juan de la Huerta zugeschrieben. Die zweite steht im mittelalterlichen Krankenhaus von Tonnerre und wurde 1454 im Auftrag des Kaufmanns Lancelot de Buronfosse von den Brüdern Michel und Georges de la Sonnette geschaffen. In ihrer Profanierung des Themas geht sie noch über Sluter hinaus. Die Gestalten des Nikodemus und des Joseph von Arimathia hat Roland Recht als »feiste, reichgekleidete Burgunder Bürger« apostrophiert.[69]

Auch die Sepulkralplastik des 15. Jahrhunderts ist in der Nachfolge Sluters zu sehen. Die drei für das Grabmal des Johann Ohnefurcht verantwortlichen Künstler standen offensichtlich im Banne Sluters und konnten sich von ihm nicht befreien. Anders sieht es beim Grabmal des Philipp Pot aus, das um 1480 entstanden ist und sich heute im Louvre befindet. Pierre Camp hat es dem Bildhauer Guillaume Chandelier zugeschrieben.[70] Die Pleurants sind hier zu lebensgroßen Figuren umge-

Semur-en-Auxois, Grablegungsgruppe in der Kirche Notre-Dame
Die Grablegung in Semur zeigt dieselbe Figurenkonstellation wie jene im Krankenhaus zu Tonnerre. Sie ist später entstanden (um 1490) und gehört zu den letzten großen Äußerungen spätmittelalterlicher Skulptur in Burgund.

69 Roland Recht in: *Ausklang des Mittelalters 1380-1500* (Universum der Kunst), München 1989, S. 84.
70 Pierre Camp, *Les imageurs Bourguignons de la fin du moyen âge*, Dijon 1990.

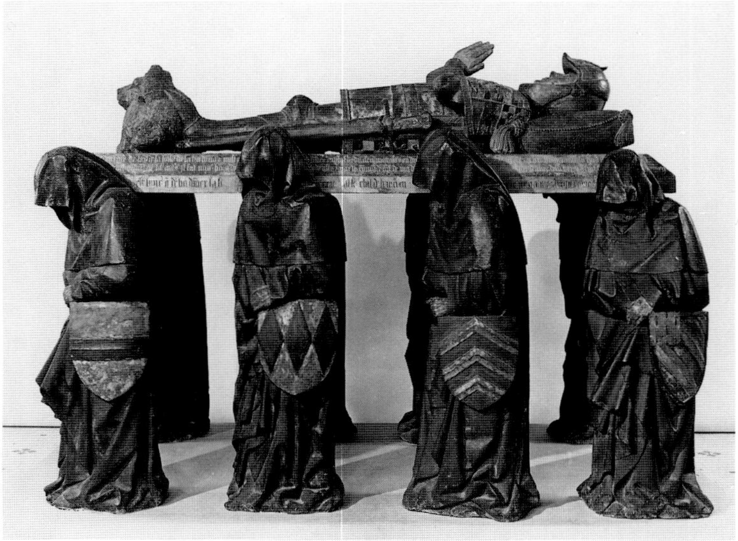

Grabmal des Philipp Pot
Paris, Musée du Louvre
Das um 1480 entstandene Denkmal steht nicht nur mit den Herzogsgräbern in Dijon in Verbindung, sondern zeigt sich darüber hinaus von den Grablegungsgruppen (z. B. den vorstehend abgebildeten in Semur-en-Auxois und Tonnerre) inspiriert, wo die Trauernden gleichfalls in Lebensgröße erscheinen. Philipp Pot (1428-1494) diente nach dem Tod Karls des Kühnen König Ludwig XI. und dessen Nachfolger Karl VIII. als Seneschall von Burgund.

deutet worden, die als Sargträger die Platte geschultert haben, auf der der Gisant ruht.

Doch keines der genannten Werke kann sich mit der überragenden Qualität der Sluterschen Arbeiten messen. Zu dessen hohem Niveau schwang sich erst 100 Jahre später noch einmal der Deutsche Conrat Meit bei den Grabmälern in Brou auf, von denen das letzte Kapitel dieses Buches handeln wird.

Die Malerei des späten Mittelalters

Vergleicht man den in Burgund heute noch vorhandenen Bestand an Werken der Malerei mit dem einstigen Reichtum dieser Denkmälergattung im Herzogtum, so will es beinahe unmöglich erscheinen, ein einigermaßen geschlossenes Bild von diesem zentralen Kapitel der europäischen Kunstgeschichte zu entwerfen. Vieles findet sich auf Museen in aller Welt verstreut – Brüssel, Berlin, Paris, London, Madrid, New York, Chicago usw. –, zudem können wir nur vage abschätzen, wie hoch die offenbar horrenden Verluste zu beziffern sind. Das Wenige, was geblieben ist, zeichnet sich indes durch eine derart überragende Qualität aus, daß der hohe Rang, den die burgundisch-niederländische Malerei im 15. Jahrhundert einnahm, an diesen Werken exemplarisch deutlich wird.

Wir verweilen zunächst noch in Dijon und wenden uns den dort im Museum aufbewahrten Werken zu. Dabei ist es unerläßlich, zunächst die Situation der Malerei an der Wende vom 14. zum 15. Jahrhundert zu beleuchten, und zwar anhand von Beispielen, die sich heute nicht mehr in Burgund befinden.

Die Maler am Hofe Philipps des Kühnen und Johanns Ohnefurcht

Im selben Jahr 1373, als Jean de Marville damit begann, in Dijon eine Bildhauerwerkstatt aufzubauen, veranlaßte Philipp der Kühne die Einrichtung eines Malerateliers, zu dessen erstem Leiter Jean d'Arbois aus der Grafschaft Burgund berufen wurde. Ihm trat im Jahr darauf Jean Petit zur Seite, den man aus Troyes in der Champagne geholt hatte. Burgund konnte auf keine nennenswerte Maltradition zurückblicken, während die Skulptur seit der Romanik ihren festen Platz in der Kultur des Landes hatte. Das Tafelbild, dessen Anfänge im 13. Jahrhundert liegen und mit liturgischen Neuerungen in Zusammenhang stehen, war demnach, verglichen mit der Skulptur, eine verhältnismäßig junge Gattung. Wir müssen uns darüberhinaus vergegenwärtigen, daß das Aufgabenfeld der Maler im 14. Jahrhundert breit gefächert war, die Tafelmalerei nur einen Teil ihres Schaffens ausmachte. Der Maler jener Zeit galt als Handwerker, und dementsprechend praktisch orientiert haben wir uns seine Tätigkeit vorzustellen. Von Jean d'Arbois und Jean Petit ist überliefert, daß sie vorwiegend mit Dekorationsaufgaben zu tun hatten, wie Bemalung von

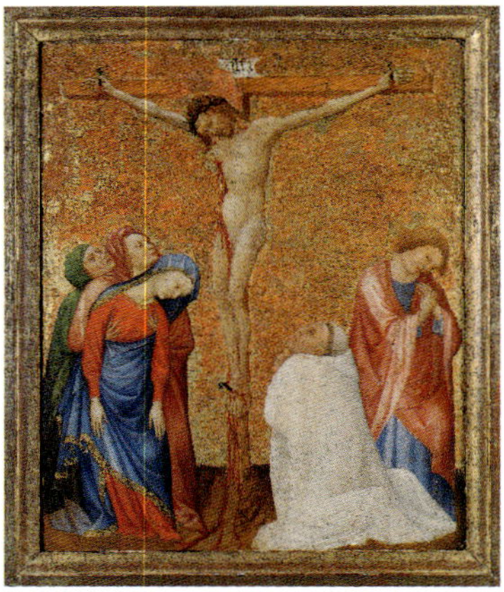

Jean de Beaumetz, Kreuzigung mit einem Kartäusermönch, 1389/95 Tempera auf Holz, 60 x 48 cm Paris, Musée du Louvre
Es ist nicht gesichert, daß es sich bei dem Bild tatsächlich um eine eigenhändige Arbeit des Jean de Beaumetz handelt. Da es jedoch unzweifelhaft aus der Kartause von Champmol stammt, dürfte es in seinem engsten Umkreis entstanden sein.

Kutschen, Möbeln und Prunkrüstungen, Entwürfe für Teppiche, Ausmalung der herzoglichen Schlösser in Rouvres, Germolles und Argilly, sogar die Bemalung von Flaggen, Fahnen, Feldzeichen, Bannern und Wimpeln fiel in ihr Ressort. Selbst von Melchior Broederlam, einem der Begründer der altniederländischen Tafelmalerei, wissen wir, daß er für Philipp den Kühnen Harnische verzierte. Das Augenmerk des 14. Jahrhunderts war also vorwiegend auf die Gebrauchskunst gerichtet, das religiöse Tafelbild sollte erst im 15. Jahrhundert seine beherrschende Stellung erobern. Dieser Prozeß ging Hand in Hand mit einer anderen Entwicklung: Wir erleben den Übergang von der anonymen Geschichte der Kunst zur Kunstgeschichte der Künstlerpersönlichkeiten. Gerade Burgund sollte daran entscheidenden Anteil haben.

Während man davon ausgehen kann, daß Jean d'Arbois und Jean Petit aufgrund ihrer heterogenen Aktivitäten ein ortsungebundenes Wanderleben führten, begann unter Jean de Beaumetz, der 1375 nach Dijon berufen worden war, die Institutionalisierung des nun stärker an den hiesigen Hof gebundenen Malateliers. Jean de Beaumetz stammte vermutlich aus der Gegend um Arras, wo es mehrere Orte mit dem Namen Beaumetz gibt. Sein Aufenthalt in Arras ist jedenfalls vor 1361 belegt, anschließend war der Maler in Valenciennes tätig. Philipp der Kühne wurde in Paris auf ihn aufmerksam und ernannte ihn 1375 zum Hofmaler, 1377 folgte die Erhebung in den Rang eines herzoglichen Kammerherrn. Beaumetz war bis zu seinem Tode 1396 Leiter der Dijoner Hofwerkstatt. Während dieser Jahre wurde das Atelier personell erheblich verstärkt. 1388 beschäftigte Beaumetz 19 Gehilfen, die meisten von ihnen flämischer Herkunft. Es muß ein enger Kontakt zu Claus Sluter bestanden haben, denn auf der Reise, die den Bildhauer 1393 im Auftrag Philipps des Kühnen nach Mehun-sur-Yèvre führte, befand sich Beaumetz in seiner Begleitung.

Neben die oben genannten vielfältigen Obliegenheiten des Ateliers trat in den 1390er Jahren die Aufgabe, die Kartause von Champmol mit mehr als zwei Dutzend Andachtsbildern zu versehen. Charles Sterling hat 1955 zwei Tafeln, die sich heute im Louvre beziehungsweise in Cleveland (Museum of Art) befinden, dem Atelier des Jean de Beaumetz zugewiesen.[71] Hierbei handelt es sich um Beispiele jener Andachtsbilder, die sich einst in den Zellen der Kartäusermönche befanden und dort als Gegenstand stiller Betrachtung dienten. Sie zeigen eine Kreuzigung mit der Gruppe der trauernden Frauen und einen am Boden knienden Kartäusermönch in Demutshaltung. Hans Belting sieht die Bildteile inhaltlich aufeinander bezogen: »Die Rollen der *passio* und der *compassio* sind auf Christus und Maria verteilt und schließen den betrachtenden Kartäuser symbolisch und anschaulich mit im Bild ein.«[72] Diese Form des kleinformatigen Andachtsbildes sollte in der Folgezeit den Weg aus den Klöstern in den weltlichen Bereich des wohlhabenden Bürgertums finden.

Die Arbeiten aus dem Beaumetz-Atelier zeigen eine konservative, der hochgotischen Malerei verbundene Haltung, der Goldgrund weist sie als

71 Charles Sterling, *Œuvres retrouvées de Jean de Beaumetz, peintre de Philippe le Hardi*, in: Bulletin des Musées Royaux des Beaux-Arts de Belgique IV, 1955, S. 57ff.
72 Hans Belting, *Das Bild und sein Publikum im Mittelalter*, Berlin 1981, S. 96.

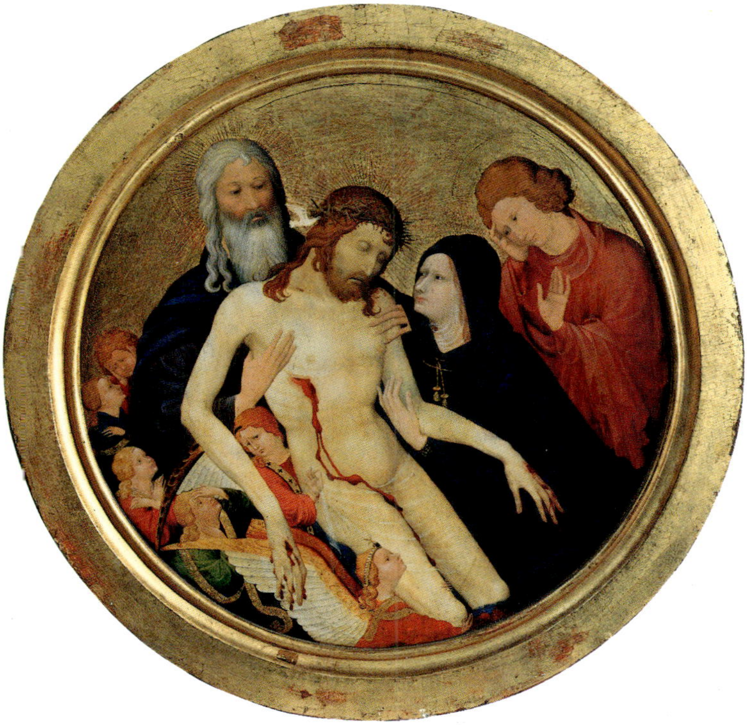

Jean Malouel, Pietà, um 1400
Tempera auf Holz,
Durchmesser 52 cm
Paris, Musée du Louvre
Der Tondo befand sich ursprünglich, wie auch das nebenstehende Andachtsbild aus der Werkstatt des Jean de Beaumetz, in der Kartause von Champmol.

zutiefst dem Mittelalter verpflichtet aus. Die Figuren lassen den Einfluß Italiens, speziell der Schule von Siena, erkennen (spindeldürre Finger, schlitzförmige Augen), die weich fließende Gewandung besonders der Frauen korrespondiert mit den allgemeinen Stilströmungen der Zeit um 1400. Die gleichzeitigen revolutionären Neuerungen in der Skulptur sind hier dagegen nicht zum Niederschlag gekommen.

Schon bald nach dem Tode des Jean de Beaumetz übertrug Philipp der Kühne die Leitung des Ateliers Jean Malouel aus Nijmwegen, der zuvor in den Diensten der französischen Königin Isabeau gestanden hatte. Mit ihm hielt bei Hofe endgültig die Dominanz der Niederländer Einzug. Obwohl auch Malouel noch mit den unterschiedlichsten Projekten zu tun hatte – so fiel es zum Beispiel in seinen Verantwortungsbereich, die Sluterschen Propheten am Mosesbrunnen farbig zu fassen –, schob sich die Tafelmalerei allmählich als wichtigste Aufgabe in den Vordergrund. Es gibt allerdings nur noch ein einziges Bild, das der Hand Malouels unstrittig zugewiesen werden konnte: ein Tondo, der sich heute im Louvre befindet. Das Rundbild, das um 1400 im Auftrag Philipps des Kühnen gemalt wurde und auf der Rückseite das Wappen des Burgunderherzogs trägt, zeigt eine ungewöhnliche Ikonographie: Maria und Johannes betrauern den Leichnam Christi, den Gottvater, assistiert von kleinen Engeln, stützt, zwischen den Häuptern von Vater und Sohn erscheint eine Taube, das Symbol des Heiligen Geistes. In dieser Darstellung sind mehrere Bildgedanken enthalten: Als *Imago pietatis*, als Andachtsbild also, steht die Passion im Vordergrund. Kreuzabnahme, Grablegung des Herrn, Beweinung und Pietà (Präsentation des Leichnams) verschmelzen zu einer neuen Form, die sowohl in der Malerei als auch in der Skulptur eine variantenreiche Nachfolge fand und für den sich schon bald die Bezeichnung *Pitié de Nôtre Seigneur* einbürgerte. Als weitere Komponente kommt das Trinitätsmotiv und damit der Bildtypus des »Gnadenstuhls« zum Tragen, das hier in einem ganz konkreten Zusammenhang mit der Kartause von Champmol zu sehen ist, die der Heiligen Dreifaltigkeit geweiht war.

Anders als noch bei den Andachtsbildern aus der Beaumetz-Werkstatt spricht in der Komposition des Tondos von Malouel der Stil Sluters mit, namentlich in der szenischen Bezogenheit der Figuren aufeinander, aber auch in deren kompaktem körperlichen Volumen. Für dieses letztere läßt sich neben der burgundischen Skulptur die italienische Malerei des Trecento als zweite Inspirationsquelle anführen, wobei auch hier wieder die sienesische Schule besonders ins Gewicht fällt. Ein solcher Zusammenhang zwischen Siena und Dijon ist keineswegs an den Haaren herbeigezogen, sondern besitzt einen realen Hintergrund. Als Anfang des 14. Jahrhunderts die Päpste in Avignon Residenz bezogen hatten und es in der Folgezeit darum ging, den neuerbauten Papstpalast auszuschmücken, kamen zahlreiche Maler aus Italien nach Frankreich, als bekanntester unter ihnen Simone Martini aus Siena. Wiederholt waren burgundische Gesandtschaften am päpstlichen Hof, und auch Philipp der Kühne ist mindestens einmal persönlich in Avignon gewesen. In der Kartause von Champmol befand sich nachweislich eine Arbeit Simone Martinis, von der Fragmente erhalten und heute über Museen in Antwerpen, Paris und Berlin verstreut sind.

Nach dem Tod Jean Malouels 1414 folgte ihm der aus Brabant gebürtige Henri Bellechose auf dem Posten des Werkstattleiters. Von ihm kennen wir gleichfalls nur ein einziges gesichertes Werk, das für die Kartause von Champmol gemalt wurde und möglicherweise noch von Jean Malouel begonnen worden ist. Auch diese Arbeit gehört heute zum Bestand des Louvre. Das großformatige Altarbild zeigt ebenso wie der Tondo die kompositorische Durchdringung verschiedener Motive. In der Hauptsache geht es um das Martyrium des hl. Dionysius von Paris (St-Denis). Auf der linken Seite sieht man Christus, der dem todgeweihten Bischof die Kommunion durch die Gitterstäbe seines Gefängnisses erteilt. Rechts kniet der Heilige vor dem Richtblock, während vor ihm bereits der enthauptete Rusticus am Boden liegt und hinter ihm sein zweiter Begleiter, Eleutherius, desselben traurigen Schicksals harrt. Die beiden Bildhälften teilt ein großer Kruzifixus, über dem die Taube und die Gestalt Gottvaters erscheinen. Auch hier nimmt also die Trinität eine zentrale Stelle ein, was nicht nur mit der Kartause in Zusammenhang zu sehen ist, sondern verdeutlicht, daß man diesem Sujet besondere Beachtung schenkte, nachdem erst 1334 das Fest der Dreifaltigkeit offiziell institutionalisiert worden war.

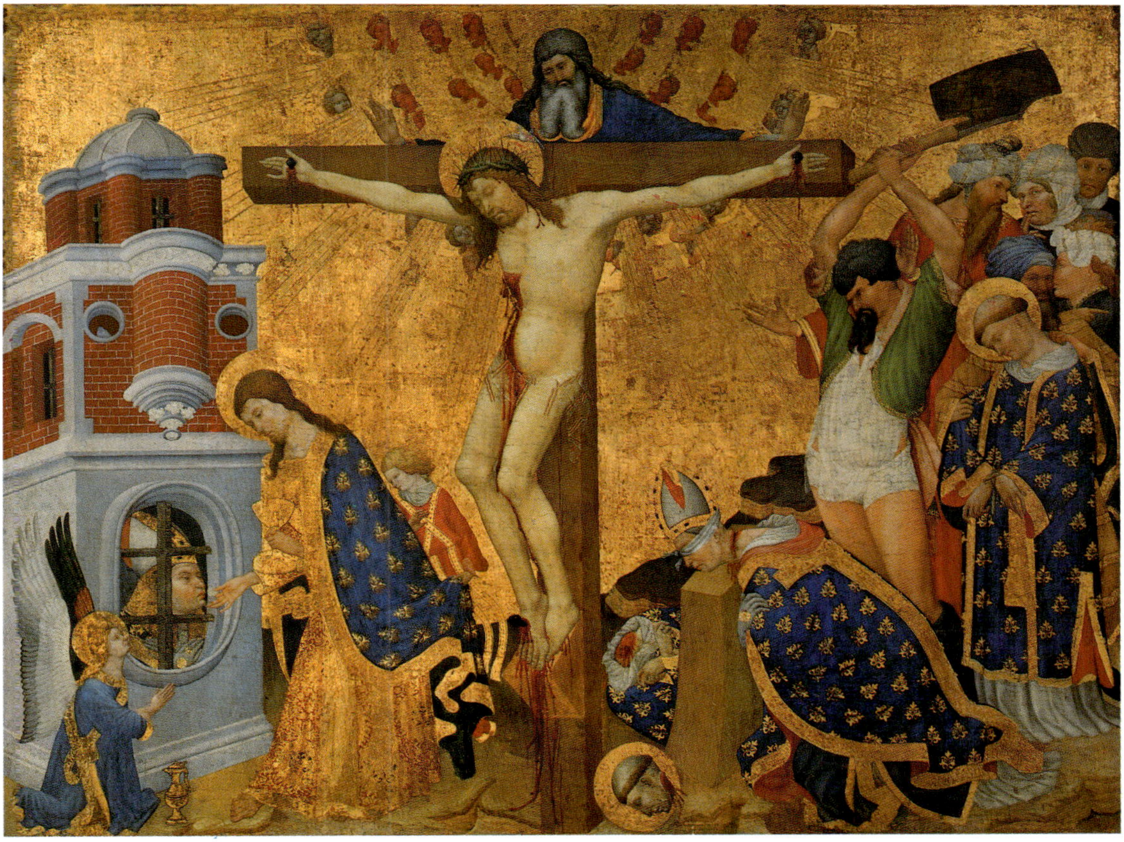

Wenn auch Henri Bellechose von den unterschiedlichen Einflüssen aus italienischer, speziell sienesischer Malerei und gleichzeitiger burgundischer Skulptur berührt erscheint, im Detail letztere sogar überspitzt, indem in einer Fortsetzung des Sluterschen Realismus die Gestaltung der Gesichter des Henkers und der Gruppe der Zuschauer zur Ausbildung »von vulgären Typen führt«[73], bleibt auch dieser Künstler traditioneller Darstellungsweise verhaftet. Der Goldgrund sowie die reichliche Verwendung von Gold in den Gewändern des hostienspendenden Heilands und der Märtyrer und die damit einhergehende Flächigkeit des Bildes geben den Maler als Vertreter eines zu Ende gehenden Zeitalters der Kunst zu erkennen.

Mit Henri Bellechose sank denn auch noch zu seinen Lebzeiten – er ist in Dijon bis in die Zeit um 1440 nachzuweisen – die Bedeutung der herzoglichen Malerwerkstatt in Dijon. Nach Bellechose sind aus Burgund selbst keine Werke von Rang mehr hervorgegangen. Bereits 1425 hatte Philipp der Gute Jan van Eyck zum »varlet et paintre de chambre« ernannt. Jan van Eyck arbeitete zunächst am herzoglichen Hof in Lille, seit 1430 als Hof- und Stadtmaler in Brügge. Obwohl er beste Beziehungen zum Hof hatte und etliche seiner Arbeiten nach Burgund gelangten, ist er im Herzogtum selbst niemals tätig gewesen. Die Niederlande im

Henri Bellechose, Christus am Kreuz und Martyrium des hl. Dionysius, vollendet 1416
Tempera auf Holz, auf Leinwand übertragen, 162 x 211 cm
Paris, Musée du Louvre
Die nordalpine Malerei namentlich der Niederlande hat zahlreiche Anregungen von Italien her erhalten. Doch war es kein einseitiges Empfangen. Es fand ein Fluß des Gebens und Nehmens in beiden Richtungen statt. Der Bildtypus mit der Halbfigur Gottvaters über dem Gekreuzigten taucht in der Tafel des Henri Bellechose erstmalig auf. Wenig später malte Masaccio eine ganz ähnliche Version der Trinität (Florenz, S. Maria Novella).

73 Albert Châtelet in: *Ausklang des Mittelalters 1380–1500* (Universum der Kunst), München 1989, S. 202.

weiteren Sinne hatten Burgund den Rang abgelaufen. Georg Troescher hat dazu resümiert: »Es erscheint durchaus verständlich, daß die immer geringer werdende Bedeutung der Hofmalerwerkstatt in Dijon nunmehr völlig verblassen und der Titel selber im Stammland praktisch wertlos werden mußte.«[74] Fortan flossen die Bilder nur noch von Norden nach Süden, so daß wir nicht mehr von einer burgundischen, sondern nur mehr von einer *niederländischen Kunst in Burgund* sprechen können. Doch sind die Werke der Niederländer in dieser expansiven Epoche burgundischer Herrschaft so sehr ein Stück der burgundischen Kultur geworden, daß eine Darstellung der spätmittelalterlichen Kunstgeschichte des Herzogtums diese miteinzuschließen hat.

74 Georg Troescher, *Burgundische Malerei*, Berlin 1966, S. 117.

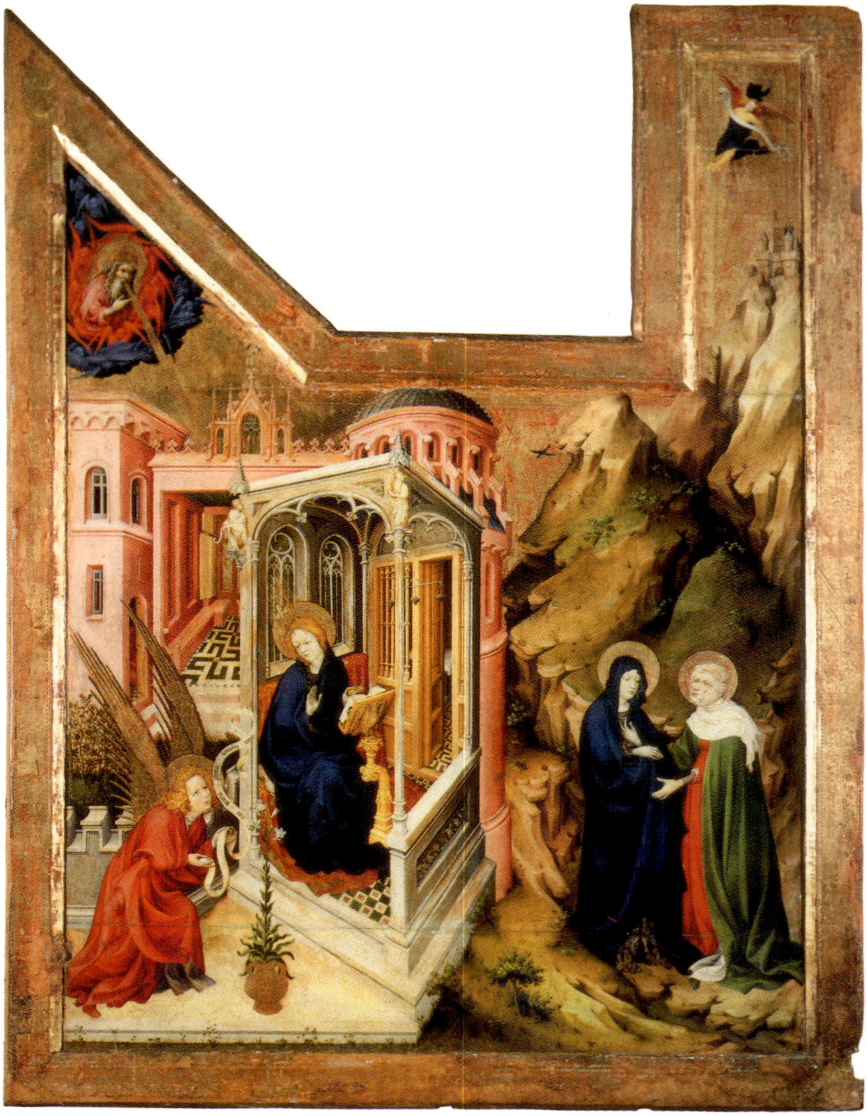

Die Altarflügel des Melchior Broederlam

Mußte für die Betrachtung der burgundischen Malerei bis hierher auf Beispiele zurückgegriffen werden, die sich heute außerhalb der Grenzen Burgunds befinden, werden im folgenden Hauptwerke der Malerei behandelt, die man sich in Dijon und in Beaune in direkter Anschauung vergegenwärtigen kann.

Die Außenseiten der beiden von Jacques de Baerze geschnitzten Altäre (vgl. S. 232-235) versah Melchior Broederlam in den Jahren zwischen 1394 und 1399 mit je zwei gemalten Tafeln. Die Flügel des Heiligen- und

Melchior Broederlam, Außenansicht der Flügel des Passionsaltars von Jacques de Baerze, 1394-99
Öl auf Holz, 162 x 130 cm
Dijon, Musée des Beaux-Arts
Verkündigung und Heimsuchung
Darbringung im Tempel und Flucht nach Ägypten

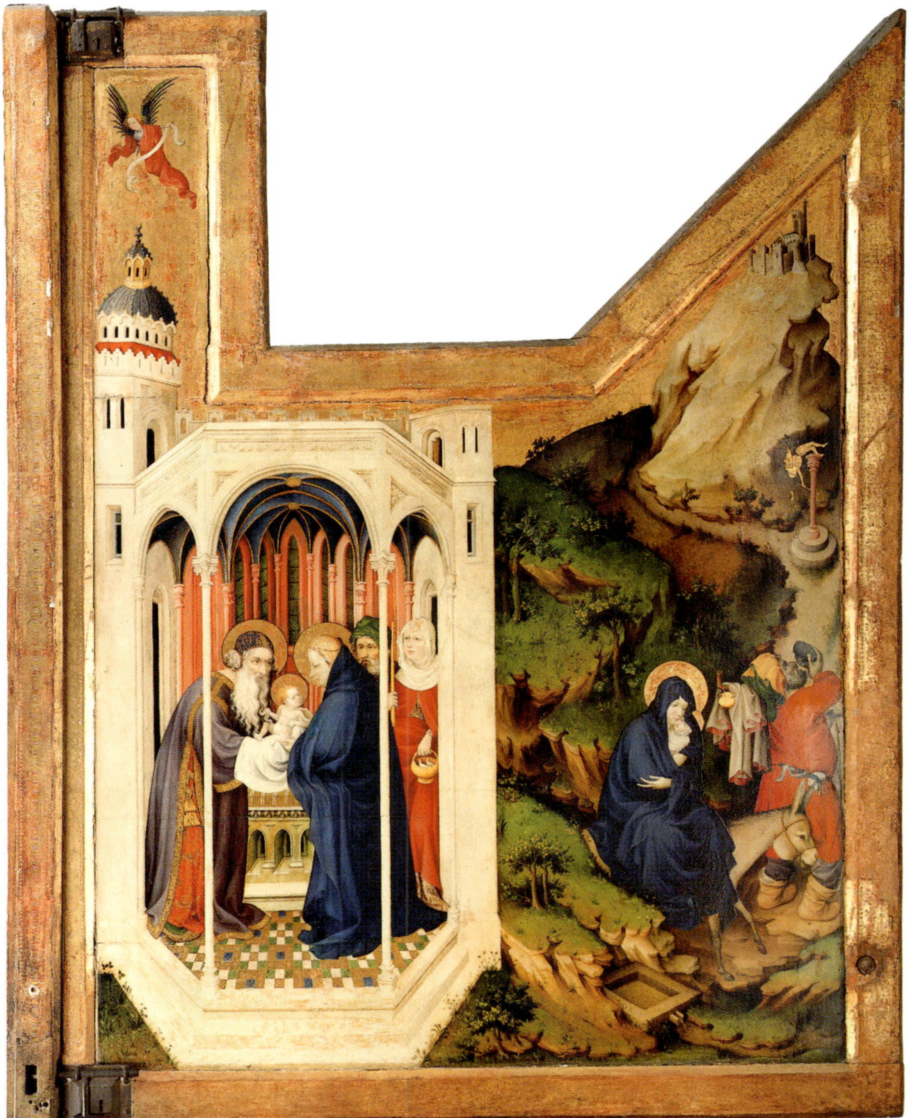

Märtyreraltars gingen verloren, erhalten blieben die des Passionsaltars. Der Künstler schildert auf ihnen vier Sequenzen aus dem Leben Mariens beziehungsweise aus der Kindheit Jesu: Verkündigung und Heimsuchung auf der linken Tafel, Darbringung im Tempel und Flucht nach Ägypten auf der rechten. Broederlam hat aus denselben Quellen wie Malouel und Bellechose geschöpft, die Anregungen indes in einem entschieden moderneren Sinne verarbeitet. So nutzt er die Architekturen in den Szenen der Verkündigung und der Darbringung nicht als bloße Staffage, sondern gewinnt ihnen eine tiefenräumliche Qualität ab. Auch er hat dabei die Malerei der großen Sienesen im Auge. Der gotische Innenraum, in dem sich die Darbringung des Christuskindleins abspielt, ist eine fast wörtliche Replik auf eine Darstellung Ambrogio Lorenzettis zum selben Thema, die in den Uffizien in Florenz aufbewahrt wird. Das Sprechende in den Gebärden des Verkündigungsengels, der beiden Frauen der Heimsuchungsgruppe oder des Priesters Simeon bei der Darbringung sind, verglichen mit den Schnitzereien des Jacques de Baerze oder den Bildern Malouels und Bellechoses, fortschrittlicher und treffen sich mit Sluters Hang zu einer erzählfreudigen Darstellungsweise. Die Fähigkeit zur Visualisierung seelischer Zustände spiegelt die innige Umarmung von Mutter und Kind in der Szene mit der Flucht wider. Von einem für das ausgehende 14. Jahrhundert unerhörten Realismus zeugt die Gestalt des Joseph in demselben Bilde. Der stämmige, bäurische Vater hat den Kopf weit zurückgebogen und löscht den Durst aus einer Flasche. Eine weiträumige Gebirgslandschaft hinterfängt die vier Szenen, der altertümliche Goldgrund, bei Bellechose noch 20 Jahre später in Gebrauch, ist einer *Verdiesseitigung der Themen*, verbunden mit einem neuen *Naturverständnis* gewichen. Melchior Broederlam hat mit den beiden Dijoner Tafeln Bilder geschaffen, die zur Grundlage der altniederländischen Malerei wurden, und Erwin Panofsky hat nicht zu hoch gegriffen, als er den Künstler »the greatest of all pre-Eyckian panel painters« nannte.[75]

Die großzügige Bildkonzeption Broederlams mag dadurch mitbedingt sein, daß der Künstler in der Hauptsache als Wandmaler tätig war, vor allem in den herzoglichen Schlössern der nördlichen Provinzen. Davon ist allerdings nichts erhalten geblieben, so daß die beiden Tafeln in Dijon jetzt das einzige sind, was wir von diesem wichtigen Mitbegründer der altniederländischen Malerei besitzen.

Broederlam, von dessen Leben kaum etwas bekannt ist, war 1381 am Hofe Ludwigs von Maele tätig und trat nach dessen Tod (1384) unter anderem in den Dienst Philipps des Kühnen. 1390 hielt er sich in Dijon auf, als anläßlich eines großen Turniers – König Karl VI. stattete der Hauptstadt des Herzogtums einen Besuch ab – eine große Anzahl von Prunkharnischen zu bemalen war, woran auch Jean de Beaumetz beteiligt war. Zwischen 1390 und 1393 hielt er sich in Paris auf, wo er in Kontakt mit der dortigen Hofkunst kam. Broederlam ist bald nach 1409 in Ypern gestorben. Ob die Tafeln für die Baerze-Altäre in Ypern, dem Wohnort des Künstlers, oder in Dijon entstanden, ist nicht zu klären.

75 Erwin Panofsky, *Early Netherlandish Painting – Its origins and character*, New York 1971, S. 86.

Das Weihnachtsbild des Meisters von Flémalle

In dem an die Salle des Gardes des Museums in Dijon mit den Herzogsgräbern anschließenden Raum ist ein Hauptwerk aus der Frühzeit der altniederländischen Malerei ausgestellt: Die Geburt Christi des Meisters von Flémalle. Dieser Künstler wurde Anfang des 20. Jahrhunderts namentlich als Robert Campin identifiziert, der Lehrer Rogiers van der Weyden. Seither ist allerdings die Diskussion um die Gleichsetzung Campins mit dem Meister von Flémalle nicht verstummt. Dies hat auch Otto Pächt wieder in Zweifel gezogen.[76] Da das letzte Wort zu diesem Thema noch nicht gesprochen ist, bleiben wir hier deshalb bei der alten Bezeichnung »Meister von Flémalle«.

Das um 1425 entstandene Bild, das wie fast alles, was wir hier zu besprechen haben, aus der Kartause von Champmol stammt, bricht mit allen Traditionen. Der mittelalterliche Goldgrund ist nun vollends getilgt, die Szenerie in eine weite Landschaft eingebettet. Mit der Form des halbzerfallenen bethlehemitischen Stalls hat der Künstler einen neuen Bildtypus kreiert, der über Dürer und Tintoretto bis hin zu den Krippen unserer Tage zum gängigen Repertoire der Weihnachtsikonographie geworden ist. Vergegenwärtigen wir uns die unterschiedlichen Bildgedanken wird deutlich, daß der Maler mit verschiedenen Motivquellen experimentiert hat. Das weiße Gewand der Muttergottes, die betend vor dem Neugeborenen kniet, ist als Symbol der Reinheit zu deuten. Darauf bezieht sich auch die Gruppe der beiden Frauen am rechten Bildrand, die kompositorisch schwer gewichtet erscheint und den Kreis um das Kind schließt. Spruchbänder erleichtern ihre namentliche Festlegung – übrigens das einzige Mal, daß sich der Meister von Flémalle dieses Mittels bedient hat. Demnach ist die stehende der beiden Frauen die Hebamme Salome, die kniende ihre Kollegin Zebel. Dies geht auf eine apokryphe Stelle zurück, die in der »Legenda aurea« des Jakobus de Voragine geschildert wird: »Als die Stunde kam, da Maria gebären sollte, ... rief Joseph zwei Wehmütter herbei, die eine hieß Zebel, die andere Salome ... Da nun Zebel empfand, daß Maria Jungfrau war, da rief sie: ›Wahrlich, diese ist Jungfrau und hat geboren.‹ Das wollte Salome nicht glauben, und wollte es aber prüfen, da erstarb ihr die Hand und verdorrte. Unter dem erschien ein Engel und gebot ihr, daß sie das Kind anrührte, davon ward sie alsbald wieder gesund.«[77] Deutlich hat denn auch der Künstler die Hände der zweifelnden Hebamme betont. Ihre linke Hand zeigt auf die schlaff herabhängende rechte, die ihrerseits auf das am Boden liegende Knäblein weist. Indem der Meister von Flémalle die Episode nicht bloß als Zitat am Rande streift, sondern zu einem Hauptbestandteil des Weihnachtsbildes macht, definiert er das Heilungswunder, das sich an der ungläubigen Salome vollzieht, als den Beweis für das Mysterium der jungfräulichen Empfängnis. So wie im Mosesbrunnen Sluters wohl ein Bezug zum zeitgenössischen Mysterienspiel anklingt, hat Emil Mâle auch die Bildidee des Meisters von Flémalle aus dieser selben Richtung herge-

76 Otto Pächt, *Van Eyck – Die Begründer der altniederländischen Malerei*, München 1989. Fortan zitiert: Pächt.
77 Zitiert nach der Übersetzung der Legenda aurea von Richard Benz, 14. Aufl., Darmstadt 1984.

leitet.[78] Eine weitere Besonderheit ist die Kerze in Josephs linker Hand, die mit der hl. Birgitta zusammenhängt. Dieser hatte die Muttergottes in einer Vision das Mysterium der Geburt Christi offenbart, wobei die Heilige Joseph in der Geburtsgrotte mit einer Kerze in Händen gesehen hat. Das Bild mit Birgitta und dem kerzentragenden Joseph in der Geburtshöhle taucht in der italienischen Malerei des 14. Jahrhunderts auf.[79] Der Meister von Flémalle beruft sich auf ein Zitat, ohne jedoch die Gesamtheit des italienisch/byzantinischen Bildtypus aufzugreifen, denn gegenüber der Höhle gab er dem abendländisch-westlichen Topos des Stalles den Vorzug. Insofern erscheint die Kerze zu einer Metapher für das Licht, das im Dunkel aufgeht, umgedeutet und korrespondiert mit der am oberen Bildrand hinter den Bergen aufgehenden Sonne, einem uralten Christussymbol, dessen Wurzeln in die griechische Mythologie (Apollo) hinabreichen.

Die gedankliche Tiefe und symbolische Befrachtung des Bildes entspricht dem religiösen Zeitgeist der *devotio moderna.* Doch paart sich diese Seite mit einem frappierenden *Realitätssinn.* Dieser kommt nicht nur in der Landschaft mit ihren vielen köstlichen Details zum Niederschlag oder etwa in der Gruppe von Hirten, die den Stall durch eine rückwärtige Tür betritt, er äußert sich vielleicht am schärfsten in der physischen Gestalt des Christuskindes. Normalerweise zeigen die Künstler an dieser Stelle pausbackige Kleinkinder, der Meister von Flémalle aber präsentiert uns wirklich ein Neugeborenes: mager, zerbrechlich, mit mickrigen Gliedmaßen. Als weitere stilbildende Komponente kommt die Freude an der *Farbigkeit* hinzu, die den vorangegangenen Bildern unbekannt war. Sie will wie ein Reflex auf die Pracht und den Pomp der höfischen Kultur erscheinen. Tiefe Religiosität und nüchterner Realitätssinn, Heiliges und Profanes, Farbenfreude und Symbolschwere, festliche Gestimmtheit und ruhige Verhaltenheit – alle die Dinge, die wir in der Lebenswirklichkeit des späten Mittelalters als spannungsvolle Gegensätze ausgemacht haben, finden in diesem Werk der Malkunst wie selbstverständlich zu einer Synthese.

Ein Vergleich zwischen den Altarflügeln Melchior Broederlams und dem Weihnachtsbild des Meisters von Flémalle verdeutlicht, welch atemberaubenden Sprung die Malerei im ersten Drittel des 15. Jahrhunderts gemacht hat. War zu sehen, daß Broederlam seinen Zeitgenossen bereits vorausgeeilt war, so geht der Meister von Flémalle noch sehr viel weiter. Die Architektur hat bei Broederlam etwas Unwirkliches, erinnert mehr an die kostbare Hülle eines Schreins als an reale Bauwerke, der Flémaller dagegen macht den Stall als halbe Ruine zu einem Teil der Wirklichkeit. Die fortschreitende *Verdiesseitigung* zeigt sich auch in der unterschiedlichen Handhabung der Landschaft. Broederlam setzt sie als Staffage, als Hintergrundfolie des szenischen Geschehens ein, der Flémaller hebt die Gegensätzlichkeit zwischen Mensch und Natur auf und benutzt die Landschaft, um eine tiefe *räumliche Illusion* zu erzeugen. War bei dem älteren Broederlam der Goldgrund schon weit zurückgedrängt,

78 Emil Mâle, *L'Art réligieux de la fin du moyen âge en France*, Paris 1925, S. 35 ff.

79 Ausführliche Schilderung dieser Zusammenhänge bei Pächt a. a. O. (Anm. 76) S. 68 ff.

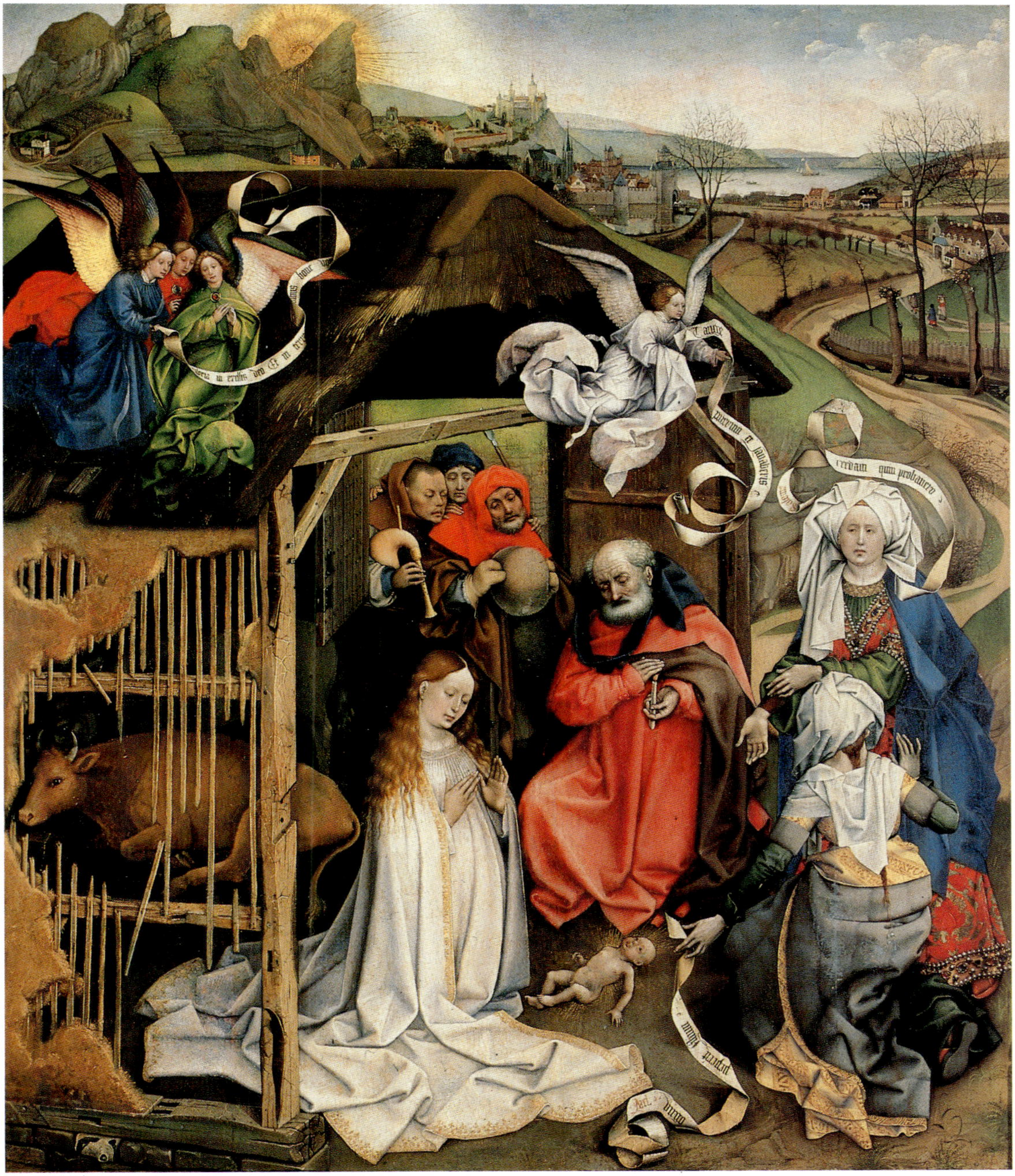

so ist er bei dem jüngeren Meister vollends eliminiert, ja, er geht noch einen Schritt weiter: Seine Heiligen tragen keine Nimben mehr, Gold findet punktuell nur noch an einer einzigen Stelle Verwendung: bei der aufgehenden Sonne. Hier sehen wir die vielleicht radikalste Abkehr von der mittelalterlichen Tradition. Die gotischen Bilder definieren das Gold als Widerschein des Göttlichen, ihnen ist es ein Medium des Sakralen.

Meister von Flémalle (Robert Campin?), Geburt Christi, um 1425
Öl auf Holz, 87 x 70 cm
Dijon, Musée des Beaux-Arts

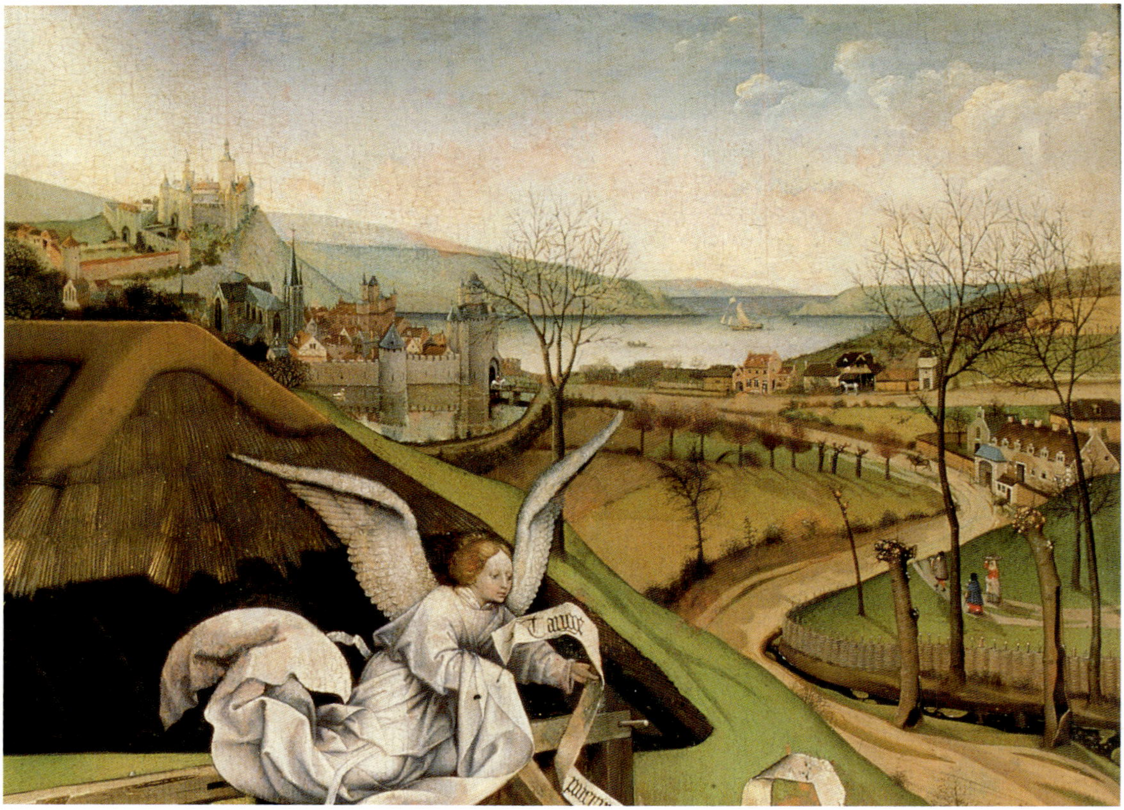

Meister von Flémalle, Ausschnitt aus dem Gemälde »Geburt Christi« (vgl. Abb. S. 249)
Die realistisch aufgefaßte Landschaft – hier ein frühes Beispiel – gehört zu den Errungenschaften der neuen niederländischen Malerei nach 1400. Die Emanzipation der Landschaft von religiöser Thematik zur eigenständigen Bildgattung sollte sich erst im Laufe des 16. Jahrhunderts vollziehen.

Da das Licht des mittelalterlichen Bildes grundsätzlich als Reflex einer Jenseitswirklichkeit verstanden wurde, kennt die Malerei bis zum Anbruch des 15. Jahrhunderts das Phänomen des Schattens nicht. Mit dem Fortfall des Goldgrundes zugunsten einer realistischen Landschaftsauffassung erfuhr auch das Licht eine qualitative Umdeutung zu einer real definierten Quelle der Helligkeit. Dies führte zwangsläufig nicht nur zu einer Aufwertung der Farbigkeit insgesamt, sondern im besonderen zur Ausbildung unterschiedlich heller beziehungsweise dunkler abgestuften Partien in einem Bild, konkret zum *Wechselspiel von Licht und Schatten*. Deutlich ist auf dem Weihnachtsbild zu erkennen, wie die Bäume im Licht der am Horizont aufgehenden Sonne lange Schlagschatten werfen.

Der Vergleich zwischen dem Meister von Flémalle und den Vertretern der vorangegangenen Generation zeigt, daß mehr als nur eine beliebige Fortentwicklung stattgefunden hat. Zwischen dem Dionysiusmartyrium des Henri Bellechose und dem Weihnachtsbild des Flémallers liegt nur die Spanne eines knappen Jahrzehnts. In ihrer unterschiedlichen Auffassung gehören sie jedoch zwei verschiedenen Welten an.

Das Hôtel-Dieu in Beaune

Das Hôtel-Dieu in Beaune ist eine der großen und entsprechend berühmten Sehenswürdigkeiten in Burgund, zumal es im Vergleich zu anderen Zeugnissen der Herzogszeit relativ unverfälscht auf uns gekommen ist. Mehr noch als in Dijon fühlt man sich hier in jene widerspruchsvolle Epoche zurückversetzt, die in der Vorsorge für das Seelenheil ihre Endzeitstimmung zu kompensieren suchte. Als eine Stiftung des Kanzlers Nicolas Rolin (dessen Persönlichkeit wir im Zusammenhang mit dem Gemälde von van Eyck im Louvre ausführlicher würdigen wollen, vgl. S. 262ff) wurde das Hospiz 1443 in Anlehnung an die große Krankenanstalt in Valenciennes gegründet. In Burgund selbst gab es mit

Beaune, Innenhof des Hôtel-Dieu mit dem prachtvollsten Dach des burgundischen Spätmittelalters
Im Winkel der beiden Flügel erhebt sich der Treppenturm, der die beiden Geschosse des Bauwerks miteinander verbindet. Davor der geschmiedete Brunnen, der wie die Architektur das Werk flandrischer Künstler ist.

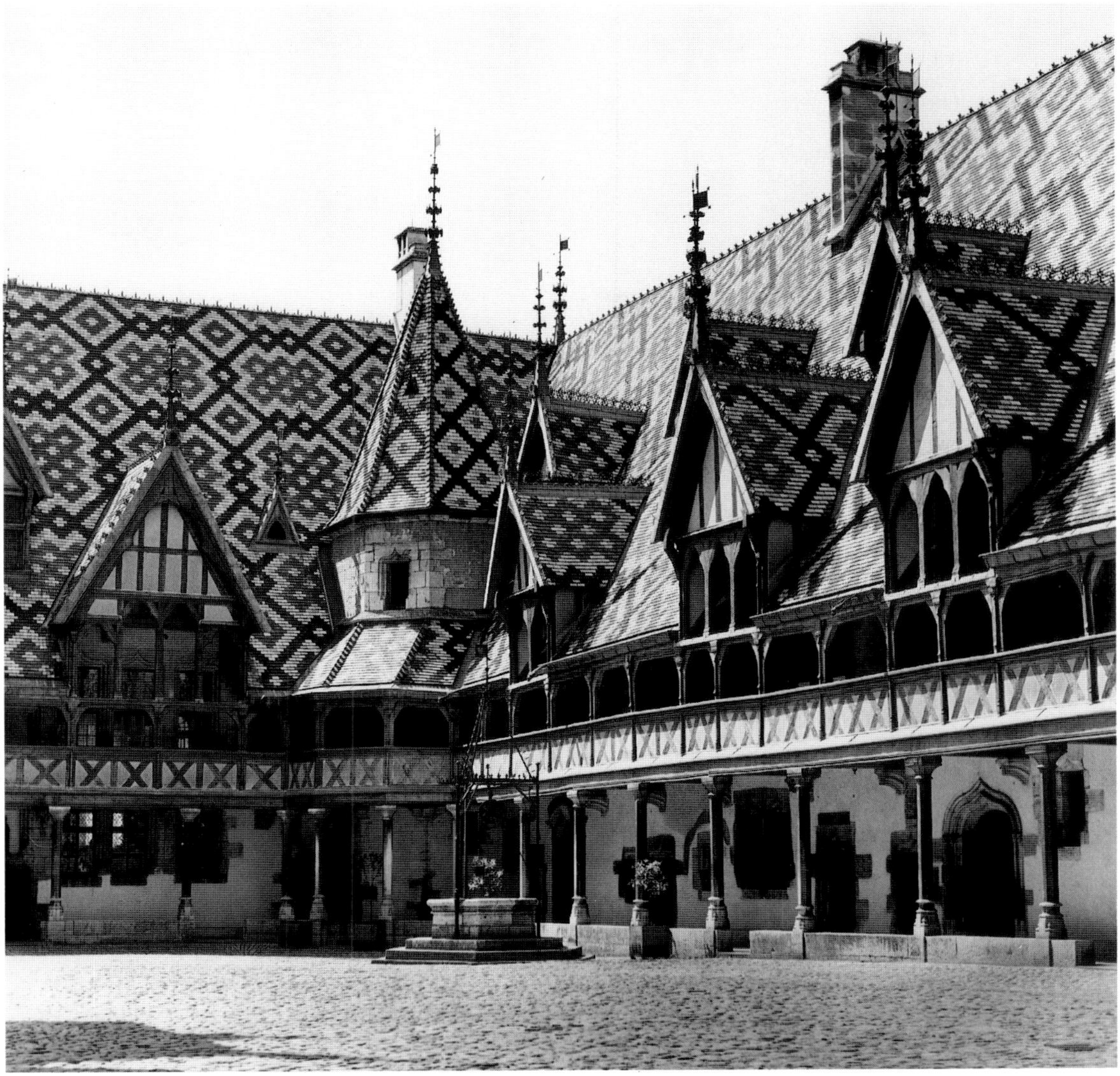

dem Hospital in Tonnerre, das Ende des 13. Jahrhunderts entstanden war, ein direktes Vorbild. 1451 wurde die Kapelle im Krankensaal geweiht, und im Jahr darauf konnte das Hospiz seinen Betrieb aufnehmen. Zur Versorgung der Patienten wurden Nonnen aus Valenciennes geholt. Sie gehörten dem Orden der Heiligen Marta an, dessen Mutterhaus sich in Mecheln befand. Rolin, ein Geschäftsmann und als solcher ein kühl kalkulierender Kopf, hatte sich Gedanken über die langfristige Finanzierung des von ihm initiierten Projekts gemacht. Er vermachte der Stiftung deshalb 800 ha Weinberg, die der Verwaltung des Krankenhauses bis auf den heutigen Tag unterstehen und ihm seit nunmehr über 500 Jahren einen sicheren finanziellen Boden gewährleisten.

Das Hôtel-Dieu ist nach Art eines Klosters mit vier Gebäudetrakten um einen geschlossenen Innenhof angelegt. Ein krasserer Gegensatz als der zwischen der Erscheinung des Gebäudekomplexes nach außen und dem Eindruck, den der Besucher beim Betreten des Innenhofes erhält, ist kaum denkbar. Das Äußere präsentiert sich schmucklos, eintönig Grau und burghaft abweisend. Der Innenhof prunkt indes mit einer überbordenden Fülle von spätgotischen Architekturdekorationen, zwei Flügel wurden zudem mit farbig glasierten Dachziegeln gedeckt, die großflächige Muster bilden. Die reichliche Verwendung von Holz, für die Architektur Burgunds eher atypisch, hängt mit den Baumeistern zusam-

Beaune, Hôtel-Dieu, Blick in den Krankensaal
Das Herzstück des Hospizes in Beaune ist der große Krankensaal, der noch bis 1968 seiner Bestimmung diente. Er ist 52 m lang, 15 m breit und 16 m hoch. An den Längsseiten stehen 28 Betten, von denen aus die Kranken auf den Weltgerichtsaltar Rogier van der Weydens schauten, der ursprünglich im Hintergrund des Saales aufgestellt war. Die dort befindliche Kapelle ist durch einen Lettner (im 19. Jahrhundert weitgehend rekonstruiert) vom Saal der Kranken abgetrennt, so daß man den Altar nur bei geöffneten Lettnertüren sehen konnte.

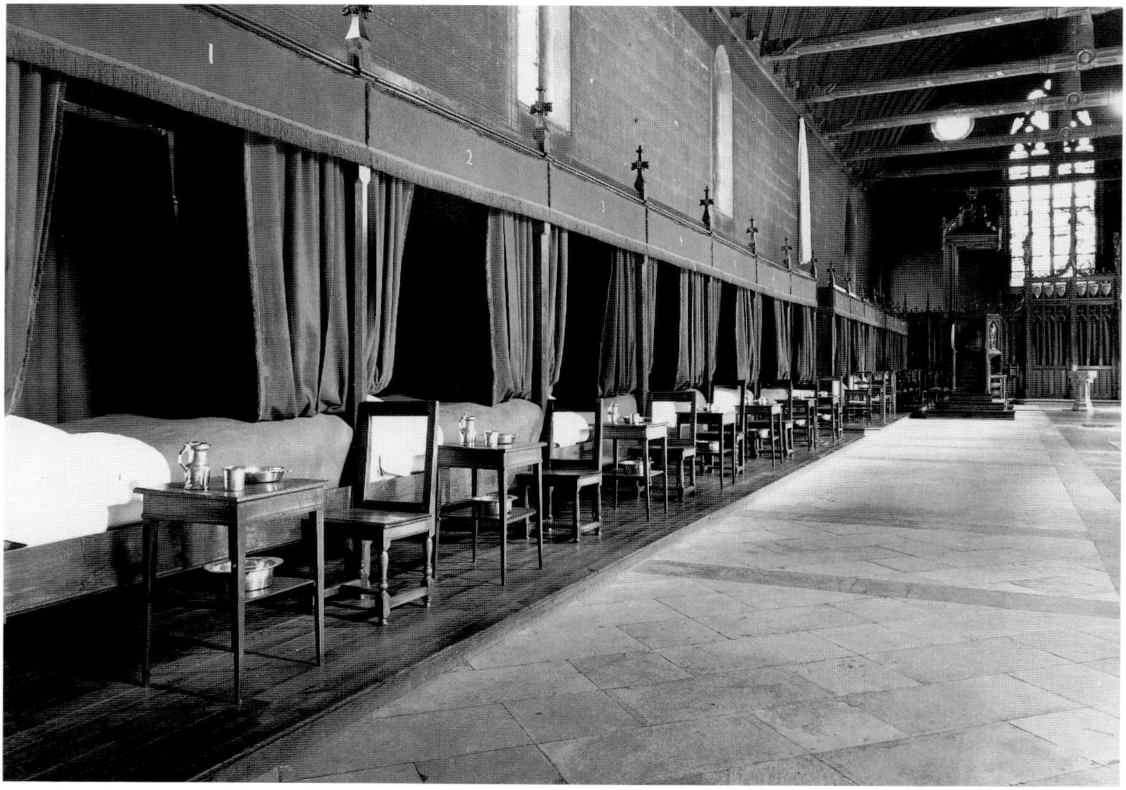

men, die wie die wichtigsten Vertreter aus den Bereichen Skulptur und Malerei jener Zeit aus dem flämisch-niederländischen Norden des Burgunderreiches stammten.

Bei dieser Gelegenheit kommt zum Bewußtsein, daß in Burgund die Architektur in der Zeit der Großen Herzöge im Orchester der Künste nicht die erste Geige spielte. Diese Rolle hatte zunächst die Skulptur inne, später von der Malerei abgelöst. Dies scheint verständlich, wenn man bedenkt, daß die Herzöge entsprechend der territorialen Heterogenität ihres Herrschaftsbereichs zwischen verschiedenen Residenzen pendelten. Ein Reich, das keinen eigentlichen Mittelpunkt besaß, mußte zwangsläufig von Mobilität erfüllt sein. An Großbauten bestand nur geringes Interesse. Das Hôtel-Dieu ist mit seinen stolzen Dimensionen also eher eine Ausnahmeerscheinung im Burgund des 15. Jahrhunderts.

Das Herzstück der Anlage bildet der große Krankensaal, der noch heute weitgehend unverändert das Aussehen besitzt, das ihm vor einem halben Jahrtausend verliehen wurde. Im hinteren Teil ist die Krankenhauskapelle durch einen hölzernen Lettner abgetrennt. Hier war ursprünglich der Altar Rogier van der Weydens aufgestellt, der schon vor Jahren aus konservatorischen Gründen in einen anderen Raum verbracht wurde.

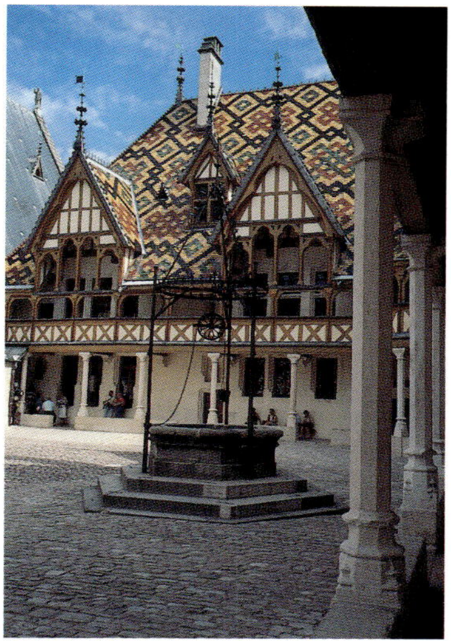

Hôtel-Dieu in Beaune, Teilansicht
Die farbig glasierten Dachziegel korrespondieren mit den bemalten Holzteilen des Fachwerkbaus. Die Gestalt des bunten Daches, aus Flandern hervorgegangen, fand über das Hôtel-Dieu Eingang in die burgundische Architektur des zu Ende gehenden Mittelalters. Ähnlich prachtvoll wurde das Dach des Schlosses La Rochepot in der Nähe von Beaune gestaltet (vgl. Abb. S. 307).

Der Weltgerichtsaltar des Rogier van der Weyden

Von allen Bildern des burgundischen Spätmittelalters ist das große Polyptychon Rogier van der Weydens in Beaune, eines der Hauptwerke der niederländischen Malerei überhaupt, das einzige, das sich, wenn auch nicht mehr im Raum seiner ursprünglichen Bestimmung, so doch noch in demselben Gebäude befindet, für das es gemalt worden war. Es hat das Jüngste Gericht zum Gegenstand, ein Thema, das allen Epochen des Mittelalters ein zentrales Anliegen war und in der Kunst der Romanik und Gotik vorwiegend als Bauplastik in den Tympana der Kirchen plaziert wurde. In das zweidimensionale Medium des Tafelbildes übersetzt, läßt die Disposition Rogiers eine vage Erinnerung an die Gerichtsportale des 12. und 13. Jahrhunderts anklingen. Der Künstler teilt die Darstellung in zwei Register, einen irdischen und einen himmlischen Bereich, wie es ähnlich schon am Weltgerichtsportal des Gislebertus in Autun zu sehen war. In der thematischen Zentrierung weicht Rogiers Version dagegen von den älteren Beispielen beträchtlich ab.

Zunächst gilt es jedoch, sich das Bild und seine Einzelteile zu erschließen. Der Altar setzt sich aus neun holzgerahmten Tafeln zusammen. Diese Form des monumentalen Polyptychons war durch die Brüder van Eyck in Gestalt des Genter Altars erstmalig artikuliert worden. Rogier geht über das Vorbild hinaus. In Gent umschließen die Rahmungen eigene Bildgedanken, hier übergreift das Thema alle Tafeln und bindet sie deshalb zu einer einzigen kohärenten Komposition zusammen.

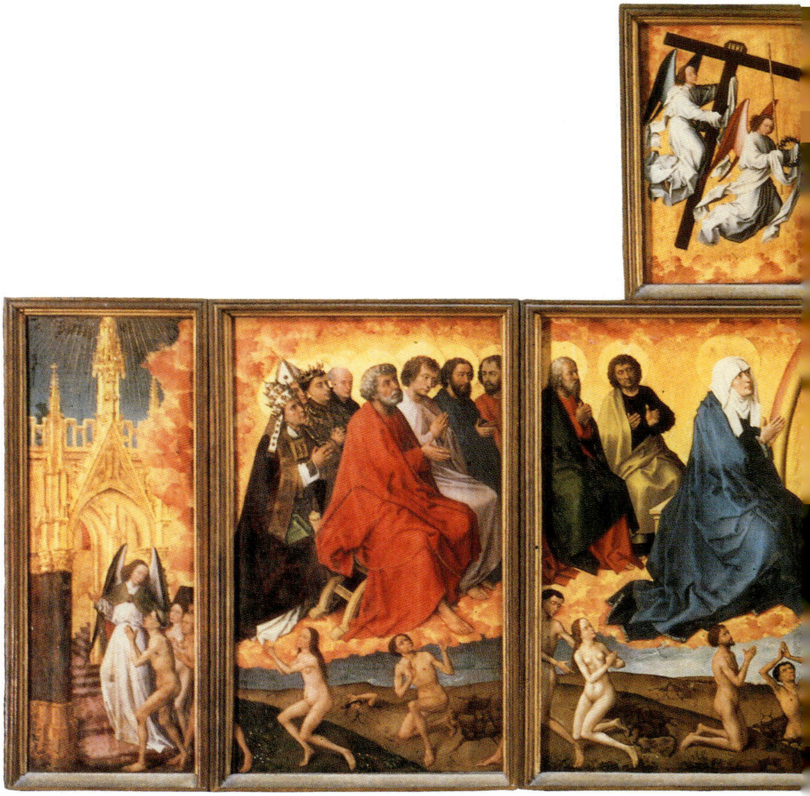

Der Weltgerichtsaltar des Rogier van der Weyden im Hôtel-Dieu in Beaune
Öl auf Holz
Die Farbtafel zeigt den Altar im aufgeklappten Zustand mit der Sonntags- beziehungsweise Festtagsansicht. Der Altar ist 560 cm breit und im erhöhten Mittelteil 215 cm hoch.

Der Mittelteil ist erhöht. Dort thront auf einem Regenbogen als zentraler Blickfang Christus in der Rolle des Weltenrichters. Er ist in einen langen, weit ausladenden roten Mantel gekleidet, Symbol seines Leidens (Blut) wie seiner herrscherlichen Gewalt (Purpur). Wo der Stoff über der Brust auseinanderklafft, wird die Seitenwunde sichtbar, wie man auch an den entblößten Füßen und den Händen die Wundmale ausmachen kann. Deutlich klingt also an, daß der Richter die Legitimation zu seinem Tun auf dem Weg des eigenen Leidens erlangt hat. Diesen Aspekt unterstreichen die von links und rechts auf zwei kleineren Tafeln herbeischwebenden Engel, die die Marterwerkzeuge des Herrn tragen. Die rechte Hand des Richters weist nach oben und in Richtung auf die Paradiesseite. Sie berührt dabei eine Lilie, Zeichen der Reinheit und der Unschuld. Die Linke neigt sich zur Höllenseite nach unten; über ihr erscheint ein blutrot gefärbtes Schwert, das hier nicht nur als Zeichen des harten aber gerechten Urteilens zu verstehen ist, sondern daneben auf jenes zweischneidige Schwert anspielt, das Johannes in seiner Vision des Weltenendes als vom Munde des wiederkehrenden Christus ausgehend beschrieben hat.

Durch eine senkrechte Achse mit dem Richter verbunden steht unter ihm die zentrale Figur des seelenwägenden Erzengels Michael. Er ist wie die kleineren Engel zu seiten Christi ganz in Weiß gekleidet, das hier

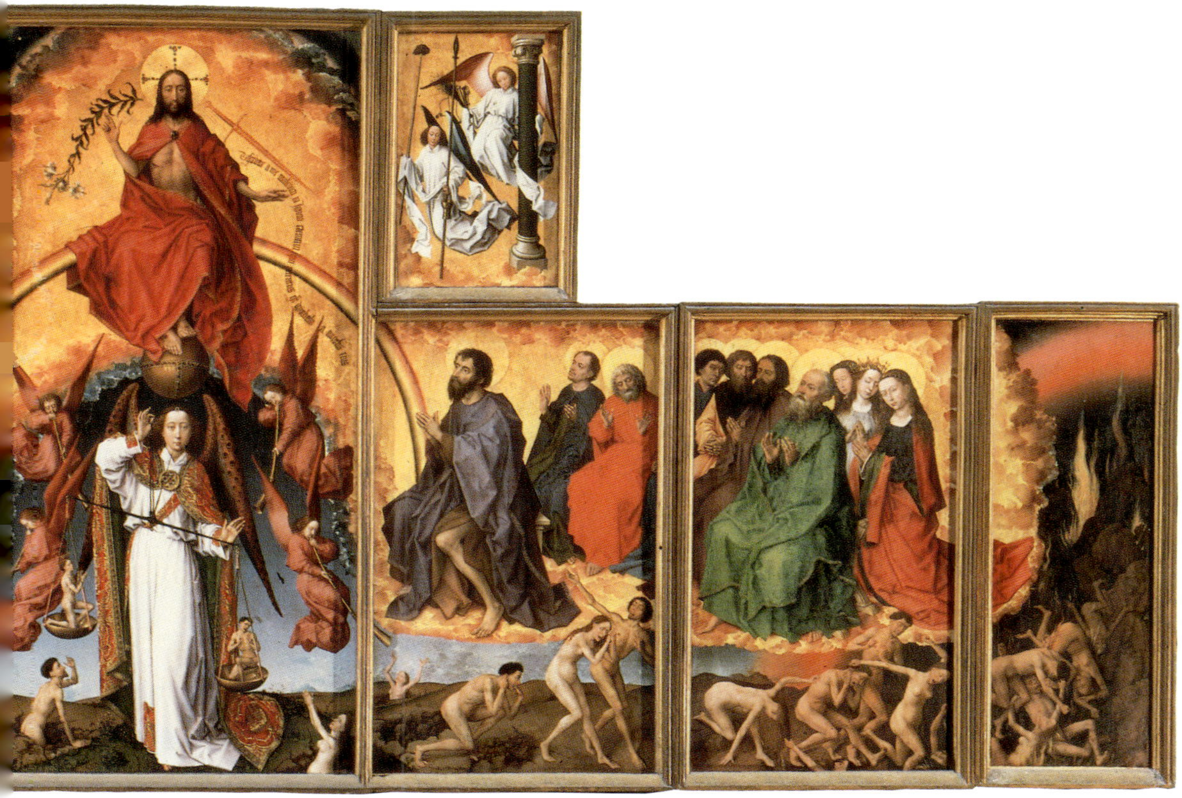

wohl weniger als Zeichen der Reinheit denn als Symbol der Klarheit, der Wahrheit und der letzten Erkenntnis zu verstehen ist. Von seinen Schultern wallt ein aus Goldbrokat gewirkter Überwurf zum Boden hinunter, den über der Brust des Erzengels eine minuziös gemalte Agraffe zusammenhält. In das Rund dieses Schmuckstückes sind drei kleine Dreipässe eingesetzt, die als Fassung für jeweils eine Perle dienen. Im Zentrum der Agraffe leuchtet ein Diamant auf. Da alles in diesem Bilde symbolgesättigt ist, dürfen wir auch hier eine Bedeutung vermuten. Wahrscheinlich spielt Rogier an dieser Stelle auf die Dreieinigkeit an. Die Flügel Michaels bestehen aus den Federn eines Pfaus, der dem Mittelalter als unsterblich und deshalb als Sinnbild der Auferstehung galt. Die Gesichter des Richters und des Erzengels sind nur äußerlich unterschieden, der Teint des Engels ist heller, seine Frisur ein wenig anders gelockt, und er trägt natürlich keinen Bart. Ansonsten frappiert die Verwandtschaft beider Physiognomien. Da Rogier bei den anderen Personen prononciert unterschiedliche Typen charakterisiert, handelt es sich auch in diesem Punkt um einen bewußt gewählten Ausdruck. Mit der Gleichheit zwischen Christus und Michael setzt der Maler den hebräischen Namen des Erzengels, der übersetzt »Wer ist wie Gott« bedeutet, künstlerisch um. Michael umfliegen vier posauneblasende Engel, die die Toten auferwecken.

Der Erzengel Michael mit der Seelenwaage, Ausschnitt aus dem Weltgerichtsaltar des Rogier van der Weyden im Hôtel-Dieu in Beaune

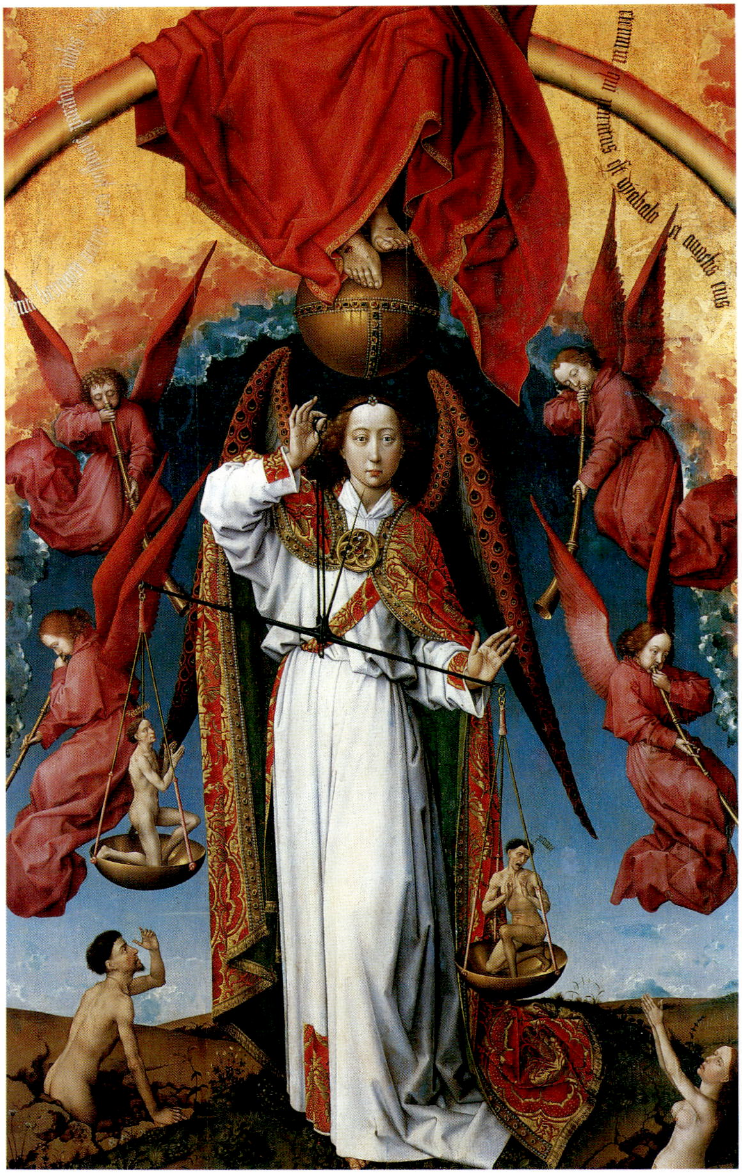

An den Enden des Regenbogens, der in die benachbarten Felder ausgreift, sitzen Maria und Johannes der Täufer. Betend richten sie ihre Blicke empor zur Gestalt des Richters. Diese *Deesis* genannte Konfiguration entstammt der byzantinischen Ikonographie. Während dort aber die beiden Assistenzfiguren grundsätzlich stehen, hatte bereits die gotische Portalskulptur der Ile de France (Chartres, Mittelportal des Südquerhauses der Kathedrale; Hauptportal der Kathedrale in Amiens) Maria und Johannes sitzend dargestellt und zu Fürbittern umgedeutet. Rogier knüpft an dieser Stelle unmittelbar an die Bildschöpfung des 13. Jahrhunderts an.

Hinter den beiden Fürbittern erscheint die Versammlung der Apostel, deren Reihe sich auf den benachbarten Tafeln fortsetzt. Sie tragen keine Attribute und sind deshalb nur im Einzelfall namentlich zu bestimmen. Links außen erkennen wir an seinem traditionellen gestutzten weißen Bart Petrus in rotem Gewand. Die Farbe ist gleichermaßen ein Hinweis auf den Märtyrertod des Apostelfürsten wie ein Symbol der Liebe. Ihm zur Seite sitzt der jugendlich bartlose Johannes in Weiß – Zeichen von Unschuld und Erkenntnis, aber auch Symbol des Glaubens. Die dritte der Kardinaltugenden, die Hoffnung, repräsentiert der grüne Mantel des Paulus, der Petrus gegenüber ganz rechts thront.

Hinter den Aposteln sind die Gruppen der Auserwählten postiert. Links hat sich eine reine Männerriege mit einem Papst, einem Bischof, einem König und einem Mönch versammelt, gegenüber antworten ihnen drei weibliche Gestalten: eine Jungfrau, eine Prinzessin und eine nicht näher zu definierende Heilige.

Die Außentafeln zeigen das Paradies zur Rechten Christi in Form einer lichterfüllten gotischen Architektur, an deren Portal ein Engel die Seelen der Auserwählten empfängt, und die Hölle zur Linken des Richters. Dort taumeln die Verdammten in den finsteren Orkus, aus dem im Hintergrund Flammen auflodern.

Die Versammlung der Heiligen und den Weltenrichter hinterfängt eine von Gelb nach Rot zu den Rändern hin changierende Lichtaura. Was am Portal in Vézelay mit Hilfe der indirekten Lichtführung spirituell angestrebt wird, erscheint hier sinnlich erfahrbar in das Medium der leuchtenden Farbwirkung übersetzt. Ausgehend von Rogier van der Weyden ist die Form des leuchtenden Himmelgewölks über die »Assunta« Tizians (Venedig, Frarikirche) zum unverzichtbaren Ausdrucksmittel der Barockmalerei geworden.

Aus Erdspalten entsteigen am unteren Bildrand die Auferstehenden ihren Gräbern und streben ihren unterschiedlichen Losen zu. Es fällt auf, daß sie alle etwa gleichaltrig erscheinen. Dies könnte auf Honorius von Autun zurückgehen, einen der großen geistlichen Autoren Burgunds des 12. Jahrhunderts, der die These aufgestellt hatte, wonach die Menschen am Tag der Auferstehung ihr Aussehen im Alter von 33 Jahren annähmen – eine Entsprechung zum Lebensalter, in dem Christus gekreuzigt wurde. In der Gewichtung zwischen Auserwählten und Verdammten hat der Künstler eine Wertung vorgenommen: Während nur sieben Glückselige sich dem Engel an der Paradiespforte zuwenden, streben beinahe doppelt soviele Verurteilte der Hölle entgegen. Die Gefahr der Verdammnis scheint höher veranschlagt worden zu sein als die Aussicht auf Erlösung. Zudem fällt es auf, daß die Frauen auf der Seite der Auserwählten in der Minderzahl, gegenüber aber bei den Verlorenen im Übergewicht sind. Nach mittelalterlicher Auffassung war es für die Frau als Urheberin der Sünde ungleich schwieriger, in das Paradies zu gelangen, als für Männer.

Noch in einer anderen Hinsicht ist eine Wertung in das Bild eingeflossen. Die Gesamtheit der Auserwählten ist auf seiten der Männer (also die Gruppe hinter Petrus und Johannes) durch vier Personen vertreten, von denen drei dem geistlichen Stand angehören. Die Hervorhebung der Kirche als Institution, auch im Paradiesbild in Form eines gotischen Kirchenportals angesprochen, weist sie explizit als jene Instanz aus, die dem Christenmenschen den Weg zum Heil ermöglicht.

Rogiers Weltgericht entfernt sich vom Stil des Meisters von Flémalle, der ja möglicherweise sein Lehrmeister war. Sahen wir in Dijon auf dem Weihnachtsbild eine unbändige Freude am Detail, das der Maler mit Liebe und Akribie behandelt hat, worin er mit Jan van Eyck eng verwandt ist, reduziert Rogier van der Weyden seine Bildauffassung auf die menschliche Gestalt und verzichtet auf szenische Ausschmückung. Es fehlen die vielen Bestandteile, die für die Weltgerichtsikonographie der mittelalterlichen Portale charakteristisch sind, wie Monster, Sarkophage, das Ausmalen von Folter und Qualen; besonders registriert man die Ab-

Die Paradiespforte, Detail aus dem Weltgerichtsaltar des Rogier van der Weyden im Hôtel-Dieu in Beaune

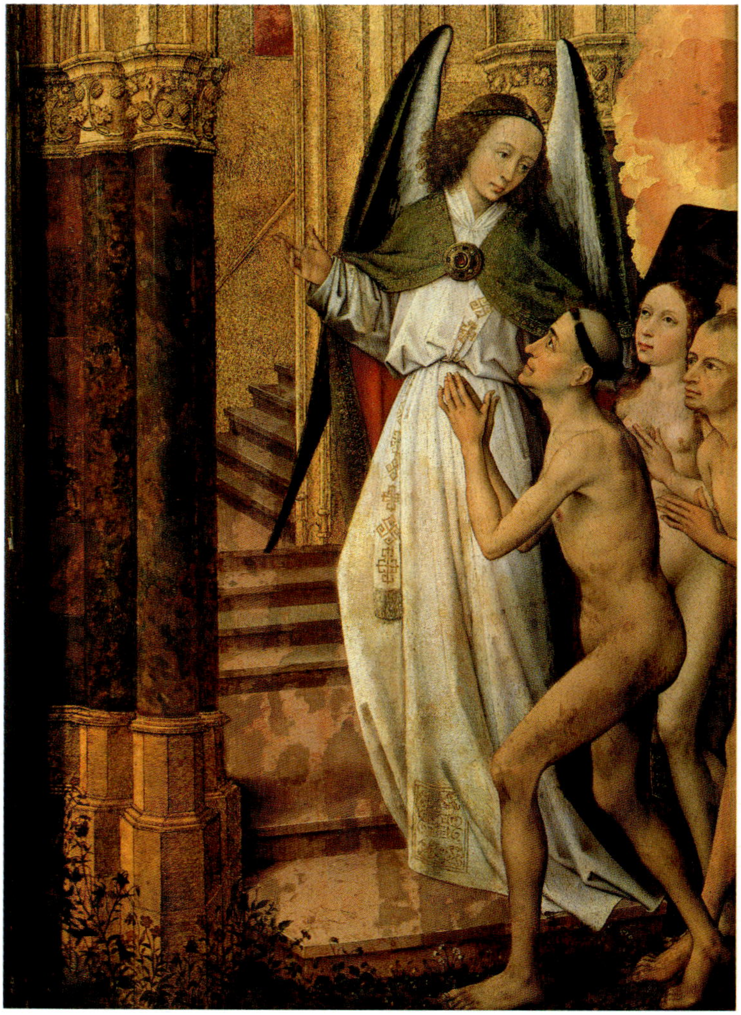

senz der Teufel, ohne die doch sonst keine Darstellung dieses Themas auskommt. Und doch mangelt es der Rogierschen Version nicht an Bedrückung auf der Seite der Verdammten. Qual und Entsetzen, Verzweiflung und Angst spiegeln sich allein in ihrer Gestik und Mimik wider, und das in einer solchen Drastik, daß man davon keinesfalls unberührt bleiben kann – um wie vieles weniger der furchterfüllte Betrachter des 15. Jahrhunderts!

Der Verzicht auf Beiwerk und die Reduzierung des Szenischen auf die menschliche Gestalt trägt zur *Monumentalisierung* des ja auch in seinen objektiven Maßstäben gewaltigen Altars bei. Welches Bangen, welche Furcht, welche tiefen seelischen Schichten mag der Altar in den zeitgenössischen Betrachtern angesprochen haben, die das Bild in Erwartung des Todes von ihrem Krankenlager aus vor Augen hatten.

Die Darstellung des Weltgerichts wurde allerdings nur an Sonn- und Feiertagen zur Schau gestellt. Alltags blickten die Kranken zur Stunde

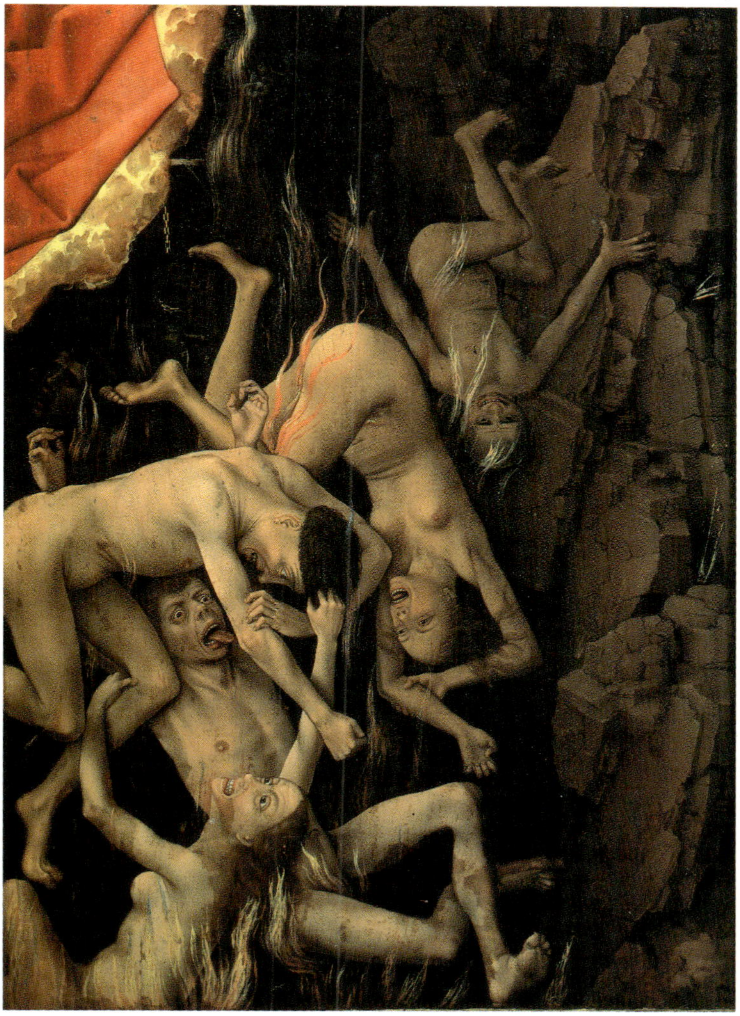

Die Hölle, Detail aus dem Weltgerichtsaltar des Rogier van der Weyden im Hôtel-Dieu in Beaune

Der Weltgerichtsaltar des Rogier van der Weyden im Hôtel-Dieu in Beaune in geschlossenem Zustand
Die Alltagsansicht des Altars zeigt die Stifter, den Kanzler Nicolas Rolin und seine Frau Guigonne de Salins. Sie wenden sich betend an die in Grisaille gemalten Patrone des Hôtel-Dieu, die hll. Sebastian und Antonius. Die von Rogier gewählte Anordnung folgt dem Vorbild des Genter Altars der Brüder van Eyck, der 1432 vollendet war (vgl. Abb. S. 228/229). Wie dort erscheint über den Stiftern (hier nicht abgebildet) eine gleichfalls in Grisaille gemalte Verkündigungsgruppe.
Um den Besuchern sowohl die Außen- als auch die Innenansicht des Altars präsentieren zu können, wurden Vorder- und Rückseite voneinander getrennt und separat nebeneinander aufgestellt.

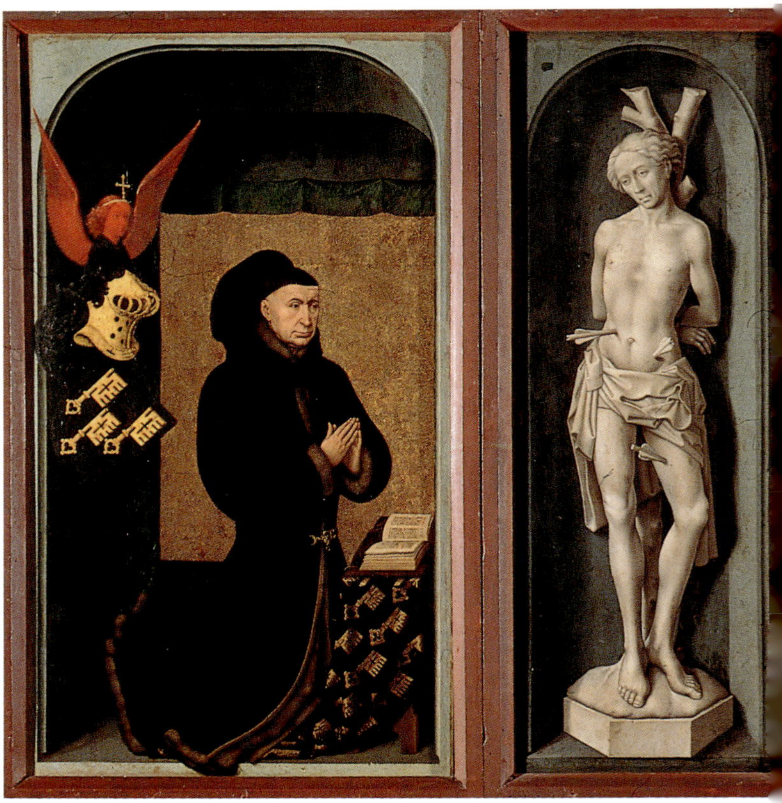

der Messe, wenn die Tür zwischen Kapelle und Krankensaal geöffnet war, auf den geschlossenen Altar und sahen dann dessen Außenansicht. Deren beide Flügel sind in sechs Felder unterteilt. In den beiden großen Außentafeln knien die Stifter, der Kanzler Nicolas Rolin und seine Frau, Guigonne de Salins, beide in feierlich ernster Haltung und schwarz gekleidet. Hinter ihnen schweben zwei Engel, die ihre Wappen tragen. Die Stifter adorieren die Heiligen Sebastian und Antonius. Sebastian war neben Rochus der populärste Schutzpatron aller Seuchenkranken, besonders der Pestkranken. Antonius, dessen Reliquien erst im 11. Jahrhundert in die Burgund benachbarte Dauphiné gelangt waren, wurde von solchen angefleht, die an dem nach diesem Heiligen benannten Antoniusfieber erkrankt waren, einer äußerst schmerzhaften toxischen Infektion, die durch einen im Roggen nistenden Parasitenpilz ausgelöst wurde. Über den beiden männlichen Heiligen sind die beiden Figuren der Verkündigung plaziert. Sie stehen für den Moment, in dem das Heil in die Welt gelangt. Der Engel und Maria sind ebenso wie die beiden männlichen Heiligen unter ihnen als Grisaillen gemalt, imitieren also Steinskulpturen. In dieser Disposition schließt sich Rogier van der Weyden noch deutlich enger als in der Hauptansicht mit dem Weltgericht an den Genter Altar der Brüder van Eyck an. Dort sind die Stifter gleichfalls in ihrer natürlichen Erscheinung wiedergegeben, während die beiden männlichen Heiligen zwischen ihnen als Statuen erscheinen. Die Zurück-

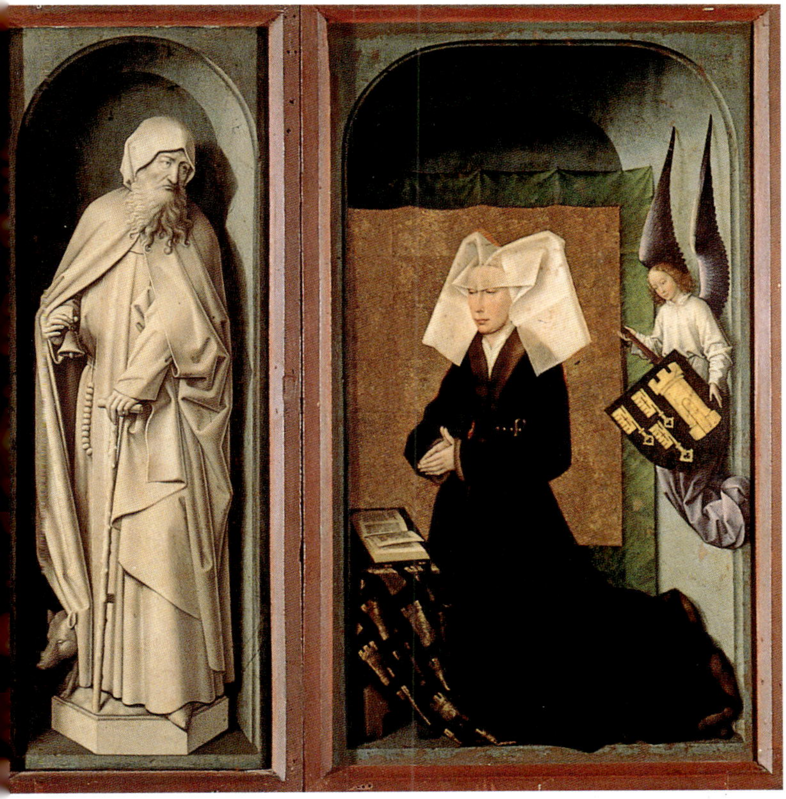

nahme der Farbe auf der Alltagsseite trägt einmal zur Steigerung der Wirkung der Hauptansicht der Altäre bei, zum anderen aber bedeutet diese Form der Gegenüberstellung von Stiftern und Heiligen auch die Konfrontation des Sterblichen mit dem Überzeitlichen.

Nach dem Erlebnis der Skulpturen Claus Sluters in Dijon erschließt sich uns darüber hinaus eine weitere Erkenntnis: Im ausgehenden 14. Jahrhundert hatte die Skulptur gegenüber der Malerei den Vorrang. An den Altären des Jacques de Baerze wird diese Hierarchie der Kunstgattungen sinnfällig. Während der Altar in der Hauptsache das Werk eines Bildschnitzers ist und in aufgeklapptem Zustand ausnahmslos Holzplastiken zeigt, besetzen die gemalten Bilder Melchior Broederlams dort den zweitrangigen Platz auf den Außenansichten der beiden Flügel. Um das Jahr 1400 übernahmen die Maler wesentliche Anstöße von seiten der Bildhauer, aus deren Schatten sie dann in überraschend kurzer Zeit heraustraten. Am Weltgerichtsaltar des Rogier van der Weyden sehen wir die Hierarchie umgekehrt: Die Malerei beherrscht das Feld, die Skulptur wird – und selbst das nur mehr in gemalter Form – an eine weniger bedeutsame Stelle verwiesen.

Die Frage der Datierung des Weltgerichtsaltars in Beaune ist kontrovers diskutiert worden. Während Heinrich Musper den Italienaufenthalt Rogiers im Heiligen Jahr 1450 als Voraussetzung für die Entstehung des Werkes ansah und dementsprechend eine Datierung nach 1451 vor-

80 Heinrich Th. Musper, *Rogier van der Weyden*, in: Kindlers Malerei Lexikon, München 1976.

81 Odile Delenda, *Rogier van der Weyden – Das Gesamtwerk des Malers*, Stuttgart und Zürich 1988.

Die neueste Publikation zu Rogier van der Weyden:
Dirk de Vos, *Rogier van der Weyden – Das Gesamtwerk*, München 1999 (Hirmer)
Der Autor beschreibt auffallende Qualitätsschwankungen innerhalb des Altars und erklärt diese mit einer zeitweiligen Absenz des Künstlers (Italienreise 1450), während derer Mitarbeiter seiner Werkstatt zum Zuge gekommen sein sollen.

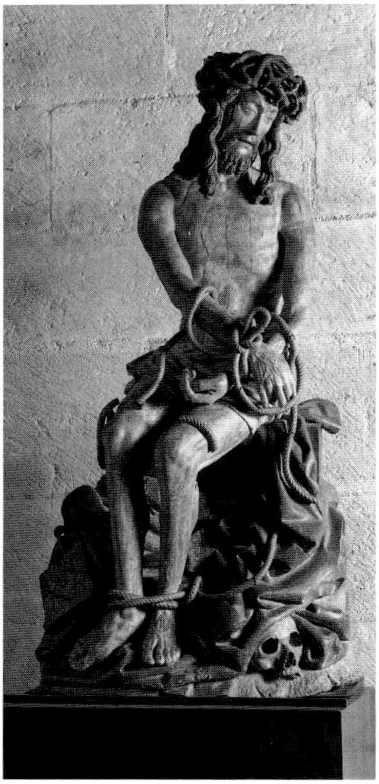

»Christus im Elend«, um 1500
Holz, farbig gefaßt, Höhe 175 cm
Beaune, Hôtel-Dieu
Die Figur des dornengekrönten, gefesselten Christus befindet sich jetzt im Krankensaal gleich neben dem Eingang. Ursprünglich hatte sie ihren Platz in der Mittelachse, gradlinig mit dem Weltgerichtsaltar im Ostteil des Saales verbunden.
Die Skulptur repräsentiert einen Bildtypus, der um 1500 in Burgund aufkam und im Französischen »Pitié de Notre Seigneur« genannt wird. Die Figur in Beaune gilt als sein ältester Vertreter. In ihrer Nachfolge stehen zahlreiche ähnliche Christusgestalten, die man noch heute überall in Burgund und in den angrenzenden Nachbarlandschaften antrifft.
Während der Weltgerichtsaltar mit einem moralischen Appell verbunden war, ist dieser Christus als Identifikationsfigur für die Kranken gedacht, bei dessen Betrachtung sie Trost in ihrem eigenen Leid finden konnten.

schlug[80], hat sich erst in jüngerer Zeit Odile Delenda für die Zeit davor ausgesprochen[81]. Beide haben stichhaltige Argumente. Musper führt stilkritische Überlegungen ins Feld. Danach sind die großzügige und ganz auf die menschliche Gestalt abgestellte Disposition sowie die räumliche Staffelung der unterschiedlichen Gruppen der Gerichtsbeisitzer nur mit Rogiers Italienaufenthalt in Verbindung zu bringen. Das Paar zweier Verdammter, das rechts unterhalb von Johannes dem Täufer erscheint, ist sogar ein Zitat nach Masaccios Adam-und-Eva-Gruppe in der Brancacci-Kapelle in Florenz. Delenda stützt ihre Datierung dagegen auf ein überzeugendes historisches Argument: Auf den Außenflügeln erscheinen als Patrone des Hôtel-Dieu Sebastian und Antonius. 1447 hatte der Stifter Rolin jedoch bei Papst Nikolaus V. den Antrag auf eine Änderung des Patronats gestellt: Johannes der Täufer sollte an die Stelle von Antonius treten. Wahrscheinlich fürchtete der gewiefte Jurist Rolin Kompetenzrangeleien mit den Antonitern, die eifersüchtig über ihre verbrieften Privilegien wachten. Der Papst stimmte dem Antrag 1451 zu. Es ist schwer vorstellbar, daß der Künstler den hl. Antonius als Patron zu einem Zeitpunkt darstellte, als bereits das Verfahren lief, diesen durch einen anderen Heiligen abzulösen. Wir können lediglich festhalten, daß das Werk der Zeit um 1450 entstammt.

Rogier van der Weyden wurde 1399 oder 1400 in Tournai geboren. 1427 trat er in die Werkstatt Robert Campins in Tournai ein, die er fünf Jahre später als Meister verließ. Kurz darauf siedelte er nach Brüssel, dem Wohnort seiner Frau über, wo er bis zu seinem Tode im Jahr 1464 lebte. Anders als Jan van Eyck, der überwiegend auf sich allein gestellt blieb, hat van der Weyden einen großen Werkstattbetrieb unterhalten, was die Bewältigung einer Vielzahl hochkarätiger Aufträge ermöglichte. Sein Werk steht nicht nur unter dem Einfluß seines Lehrers Campin, sondern zeigt sich auch stark vom Œuvre Jan van Eycks inspiriert. In der *Monumentalisierung der Figur* und der *Konzentration auf das Wesentliche* ließ er jedoch die Vorbilder hinter sich und fand zu seinem eigenen unverwechselbaren Stil. Rogier van der Weyden hat seinerseits nicht nur die Künstler in der eigenen Heimat beeinflußt – besonders Hans Memling wäre zu nennen –, sondern auch in der deutschen Kunst Nachfolge gefunden, etwa im Werk Stefan Lochners.

Der Stifter des Hôtel-Dieu und die Rolin-Madonna Jan van Eycks

Unter den vielen, die am Hofe der Valois-Herzöge zu Ansehen, Ehren, Ämtern und Vermögen gekommen waren, nimmt Nicolas Rolin eine herausragende Stellung ein. Er hatte bereits unter Johann Ohnefurcht gedient und wurde 1422 unter Philipp dem Guten Kanzler, bekleidete also das höchste Amt im Staate Burgund, das er fast 40 Jahre bis zu seinem

Tode innehatte. Er war in Autun geboren worden und entstammte gutbürgerlichen Verhältnissen. Den Fürsten hatte er abgeschaut, wie man Karriere macht. Mit Ehrgeiz und Arbeitseifer allein wäre es damals kaum möglich gewesen, die starren gesellschaftlichen Schranken zu überwinden. Heiratspolitik war immer noch das sicherste Mittel. Die erste Frau Rolins, die in jungen Jahren starb, stammte aus demselben Milieu wie er selbst, brachte ihm aber neben einer stattlichen Mitgift, mit der er sein legendäres Vermögen begründete, auch vorteilhafte gesellschaftliche Kontakte in die Verbindung. In zweiter Ehe heiratete er Marie des Landes, eine Frau aus dem niederen Adel. Nachdem er ein zweites Mal verwitwet war, ehelichte er mit Guigonne de Salins eine Frau aus dem burgundischen Hochadel. Damit war der Weg zu höchsten Würden frei, Rolin wurde 1424 in den Ritterstand erhoben. 1436 lancierte er seinen Sohn Jean auf den Bischofsthron seiner Heimatstadt Autun, wo dieser unter anderem die Gotisierung der romanischen Kathedrale St-Lazare betrieb. 1435 war Rolin maßgeblich an dem Zustandekommen des Friedensvertrages von Arras beteiligt, der ja nicht nur das Ende des Hundertjährigen Krieges einläutete, sondern vor allem mit großen Vorteilen für Burgund verbunden war.

In vorgerücktem Alter muß dieser skrupellose Machtmensch mit dem sicheren Instinkt für maximalen Profit von ernsthafter Sorge um sein Seelenheil erfüllt gewesen sein. Das Hôtel-Dieu mit dem Weltgerichtsaltar Rogiers van der Weyden steht als Stiftung in seiner Zeit einzigartig da. Offenbar suchte Nicolas Rolin das Bestmögliche aufzubieten, um sich eines Logenplatzes im Jenseits zu versichern.

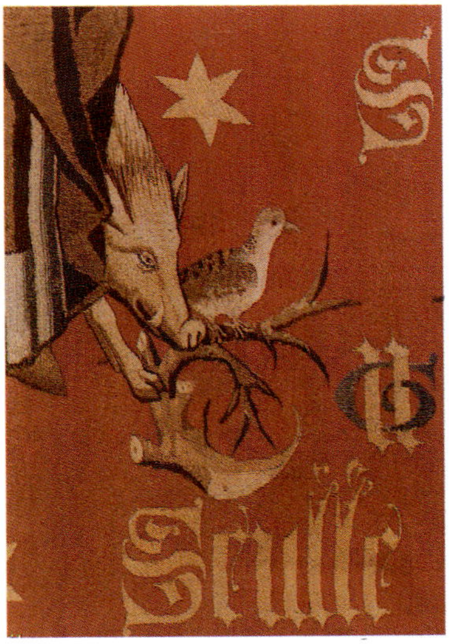

Detail aus einem Wandteppich des Hôtel-Dieu in Beaune mit der Devise des Stifters
Das Hôtel-Dieu besitzt noch 30 der »Tapisseries Roses« (nicht alle sind ausgestellt), die an hohen Festtagen an den Betten des Krankensaales aufgehängt wurden. Auf ihnen erscheint die Devise des Stifters: »Seulle« (zu deutsch: Einzige, oder besser: Du allein!), ein Treuebekenntnis des Kanzlers Rolin zu seiner Frau Guigonne de Salins, zugleich eine Anspielung auf die Muttergottes.

Über die Persönlichkeit des ehrgeizigen Kanzlers gibt die Altartafel, die Jan van Eyck in seinem Auftrag um 1436 für dessen Grab in Autun gemalt hat (heute im Louvre), beredten Aufschluß. Dort kniet Rolin vor der Madonna. Abweichend vom herkömmlichen Muster des Stifterbildes befindet er sich nicht in Begleitung eines Heiligen, der ihn dem Schutz der Muttergottes empfehlen könnte. Die kantigen Gesichtszüge des etwa fünfzigjährigen Mannes verraten Energie und Tatkraft. Sein Blick ist konzentriert und geht in Richtung auf das Christuskind auf dem Schoß der Mutter, die ihrerseits die Augen niedergeschlagen hat. Sein Gegenüber ist also weniger Maria als mehr das Kind, die Verkörperung des Heils, das der Stifter für sich reklamierte. Obwohl ein Mann der Tat, Inbegriff der *vita activa* in seiner Zeit, sehen wir Rolin hier in stiller, jedoch nicht demütiger Haltung, mit dem Ausdruck eines kraftvollen Selbstbewußtseins. Van Eyck hat die Anbetung in einen etwa quadratischen Raum gestellt, was die kontemplative Ruhe der Szene noch verstärkt. In einer eindringlichen Studie zu diesem Bild sagt Dieter Jansen: »In diesem *Cubiculum genetricis*, dem himmlischen Palast Mariens, erscheint Rolin ... nicht als der lebende Kanzler, sondern ... als eine bessere Vision des eigenen Selbst. Dort wird er zum Hausgenossen Christi, zum Bruder Christi in der *Similitudo Dei*: Dort sieht er in Christus seinen Bruder, das heißt den menschgewordenen Gott ...«[82]

82 Dieter Jansen, *Similitudo – Untersuchungen zu den Bildnissen Jan van Eycks*, Köln und Wien 1988.

Farbtafel rechts:
Jan van Eyck, Die Madonna des Kanzlers Rolin, um 1435
Öl auf Holz, 66 x 62 cm
Paris, Musée du Louvre
Das Bild ist ein eindrucksvolles Beispiel für das mikroskopische Sehen Jan van Eycks. Im Hintergrund der Architektur hat der Maler Figurenkapitelle wiedergegeben, die zum Teil ikonographisch exakt zu bestimmen sind. Man erkennt unter anderem: Sündenfall, Vertreibung aus dem Paradies, Opfer Kains und Abels, die Arche Noah, die Trunkenheit Noahs, Abraham und Melchisedech. Neben den darin beinhalteten typologischen Gedanken – Hinweis auf den Opfertod des Erlösers – schwingen auch Anspielungen auf den Stifter mit, etwa in den Gestalten des trunkenen Noah und Melchisedechs mit dem Kelch, die sich als Hinweise auf Rolins Beruf als Weinhändler verstehen lassen. In übertragenem Sinn wird Rolin zugleich als »Arbeiter im Weinberg des Herrn« angesprochen.

Daneben wird aber auch ganz konkret auf die Leistungen Rolins angespielt, die in dem von ihm eingefädelten Friedensvertrag von Arras ihren Gipfel gefunden hatten. Die Architektur öffnet sich im Hintergrund in drei großen Arkaden, durch die ein Ausblick in eine weite Flußlandschaft frei wird. Den Fluß überspannt eine Brücke, auf der ein Kreuz zu erkennen ist. Jansen interpretiert sie als die Brücke von Montereau, auf der Johann Ohnefurcht 1419 ermordet worden war. In dem Vertrag von Arras hatte Nicolas Rolin als Unterhändler Philipps des Guten dem französischen König die Sühne an diesem Mord abgetrotzt, die unter anderem in der Aufrichtung eines Kreuzes auf der Brücke von Montereau bestand. Jansen resümiert: »*Civitas Dei* und *Civitas humana* werden in der Rolin-Madonna einander überkreuz zugeordnet: oben Himmel, unten Erde, rechts die Heilsperson, links der Mensch, im Hintergrund das Flußtal als die *Civitas humana*, im Vordergrund der *Hortus conclusus* und das *Cubiculum genetricis* als *pars pro toto* der *Civitas Dei*; schließlich die beiden Betrachter an der Gartenmauer, die die Blickverbindung zwischen beiden Welten veranschaulichen, der Herrschaftsgestik Christi – als dem Herrn der *Civitas Dei* – wird der Kanzler im Staatsgewand als Vertreter der *Civitas humana* gegenübergestellt. Himmlisches und Weltliches sind miteinander verschränkt.«[83]

Kehren wir noch einmal an den Anfang dieses Kapitels zu den Andachtsbildern aus der Beaumetz-Werkstatt zurück – welche Räume hat die Malerei in den wenigen Jahrzehnten zwischen 1390 und 1440 durchmessen! Bei Beaumetz herrschte noch die transzendente Jenseitserwartung, bei van Eyck bricht das Irdische in den Bereich des Göttlichen ein und vermischt sich mit diesem.

Jan van Eyck genoß das größte Ansehen Philipps des Guten, in dessen Auftrag er sogar eine diplomatische Mission nach Portugal unternahm. Er gilt noch vor dem Meister von Flémalle als der eigentliche Begründer der altniederländischen Malerei. Dies resultiert nicht zuletzt daraus, daß man in ihm den Erfinder der Ölmalerei hat sehen wollen. Inzwischen steht fest, daß es auch schon vor van Eyck das Malen mit Ölfarben gab, doch ist es sein Verdienst, diese Technik verfeinert zu haben. Jan van Eyck hat die sogenannte *Mischtechnik* entwickelt, bei der im Wechsel wasserlösliche Temperaschichten und terpentinlösliche Ölschichten in dünnen Lasuren übereinander aufgetragen werden. Dieser maltechnische Fortschritt machte erst die Überwindung des mittelalterlichen Goldgrundes möglich, indem nun die Farbe zu einer nie gekannten Leuchtkraft fand. Durch Antonello da Messina, einen Wanderkünstler aus Süditalien, der sich vorübergehend in den Niederlanden aufgehalten hatte, wurde die neue Maltechnik nach Italien vermittelt, wo sie begeistert aufgenommen wurde.

Nach dem Tode Jan van Eycks, der um 1390 geboren worden war und 1441 in Brügge starb, und dem Ableben Rogiers van der Weyden 1464 finden sich unter den Malern im Umkreis der letzten Valois-Herzöge keine illustren Namen mehr. Die zweite Generation der großen Nieder-

83 D. Jansen, Similitudo ... a. a. O. (Anm. 82) S. 94.

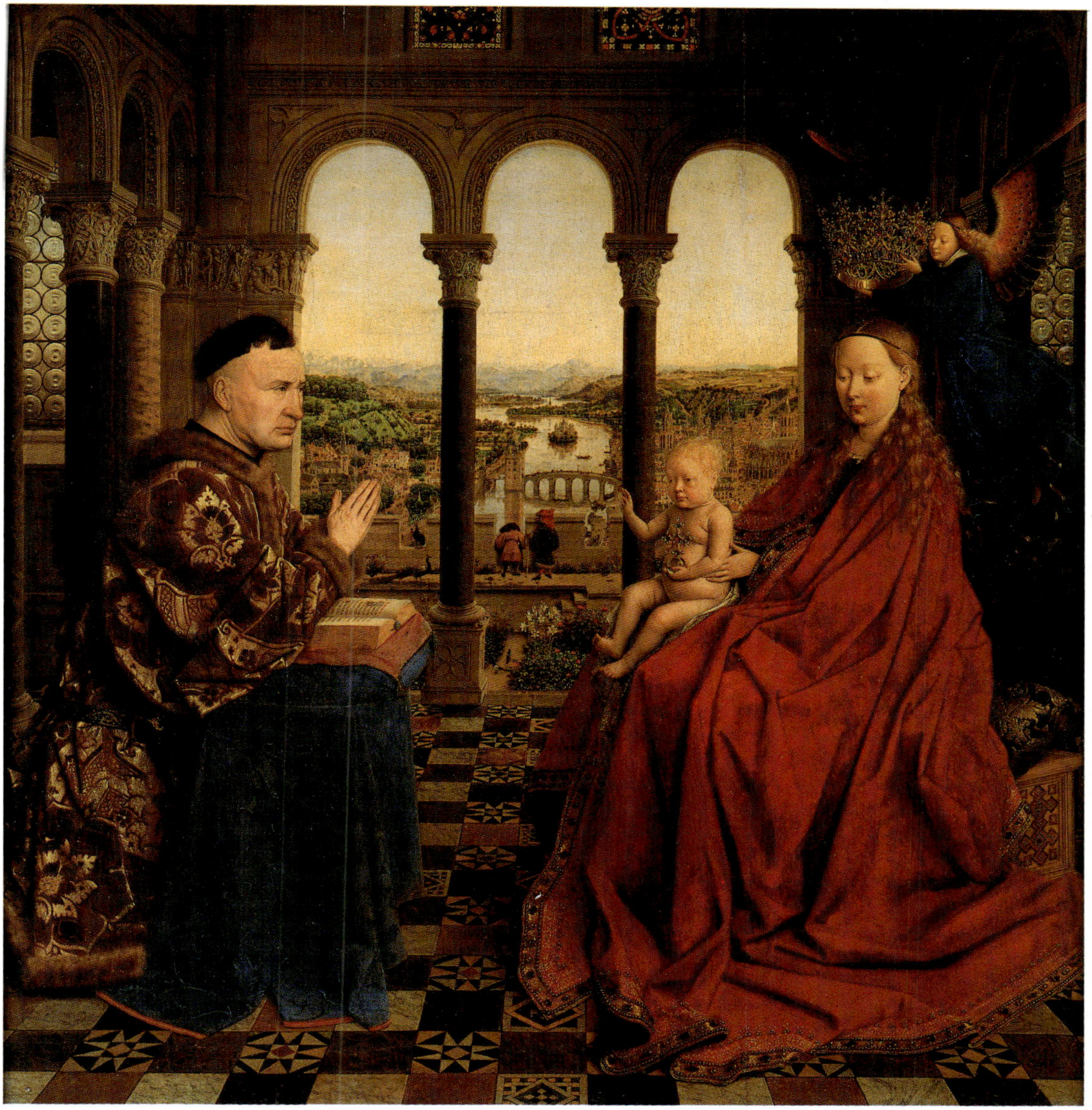

länder – Dirk Bouts, Hugo van der Goes, Hans Memling – waren überwiegend für das zu Reichtum und politischem Einfluß gelangte Großbürgertum tätig, das die Herzöge und deren Höflinge bereits vor dem Ablauf der Valois-Zeit in Burgund aus der Rolle der Mäzene verdrängt hatte.

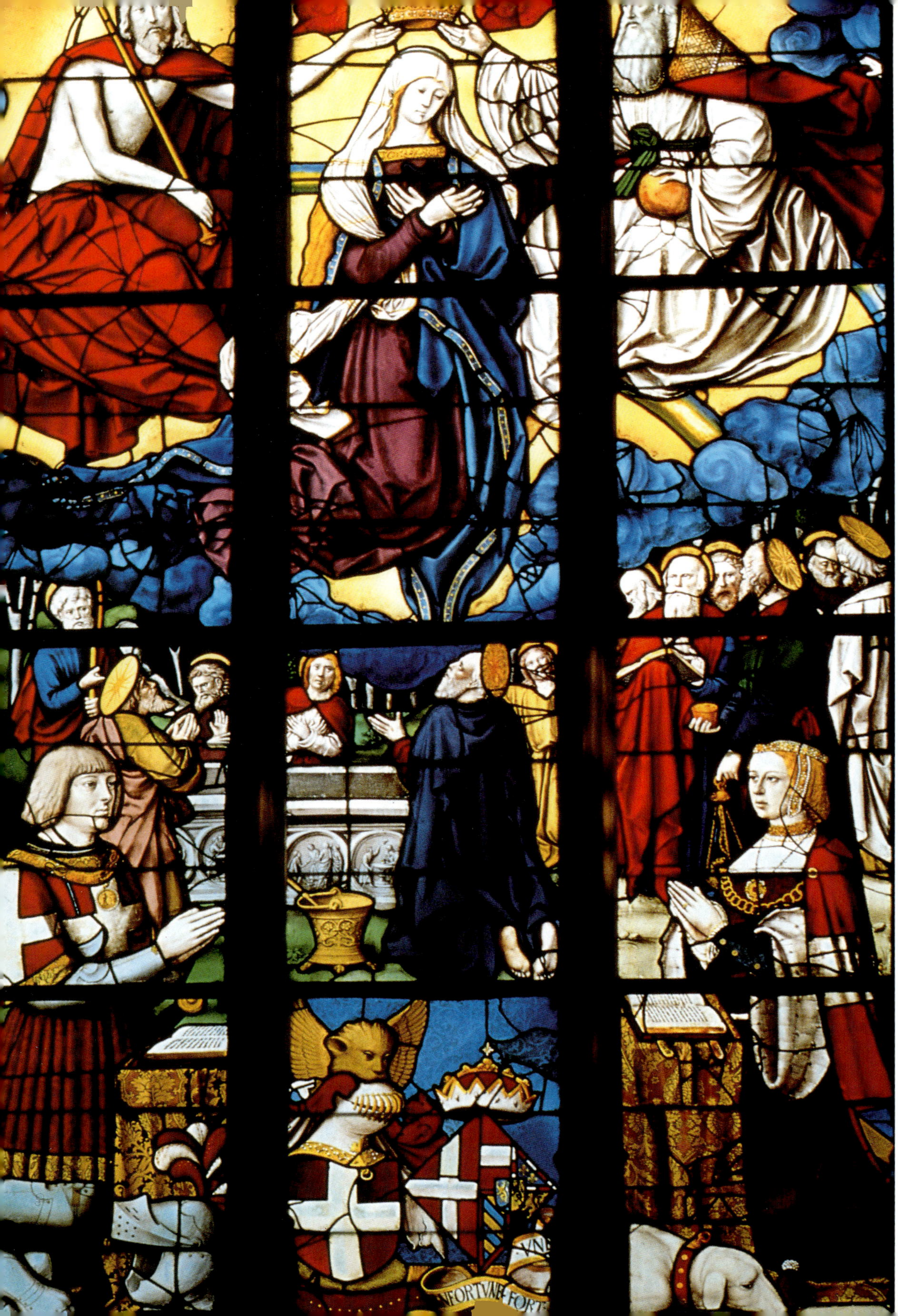
VNE
NFORTVNE FORT

Brou – Ausklang des Mittelalters

Vor den Toren des Städtchens Bourg-en-Bresse 30 km östlich von Mâcon steht das ehemalige Augustiner-Chorherrenstift von Brou. Obwohl östlich der Saône und damit streng genommen nicht mehr im Herzogtum Burgund gelegen, kann man Brou aus der Kunstgeschichte Burgunds nicht ausklammern, denn hier wurde das letzte Kapitel des burgundischen Mittelalters geschrieben.

Die Stifterin Margarete von Österreich

Bei ihrem frühen Tod 1482 hinterließ Maria von Burgund, die mit dem Kaisersohn Maximilian verheiratete Tochter Karls des Kühnen, zwei Kinder: Philipp, den man später »den Schönen« nannte, und Margarete, in der Geschichte als »Margarete von Österreich« bekannt. Wir stehen an der Schwelle der Neuzeit: Mit dem Untergang Burgunds und dem gleichzeitigen Erstarken der Nationalstaaten verschiebt sich das europäische Kräfteverhältnis und wird insbesondere der französisch-habsburgische Gegensatz zu einem historischen Faktor. Diese neuen politischen Konstellationen spiegelt insbesondere die Biographie der Margarete von Österreich. Dreijährig wird sie gleichsam als Pfand von Ludwig XI. an den französischen Hof geholt und mit dem Dauphin Karl vermählt. Derselbe zieht jedoch als König Karl VIII. die Eheschließung mit Anne de Bretagne vor, um sich des bis dahin selbständigen Herzogtums im Westen zu versichern; Margarete, die kindliche Königin von Frankreich, wird kurzerhand ins heimatliche Flandern zurückgeschickt, zumal die burgundische Frage mit dem Vertrag von Senlis an Bedeutung verloren hat.

Eine Weichenstellung von weltpolitischem Ausmaß bedeutet die Doppelhochzeit des Jahres 1497: getreu dem burgundischen Vorbild und dem habsburgischen Wahlspruch »bella gerant alii, tu, felix Austria, nube!« (Krieg sollen die anderen führen, Du, glückliches Österreich, heirate!) verheiratete König Maximilian seine Kinder Philipp und Margarete mit Tochter und Sohn der katholischen Könige von Spanien. Dabei war es Margarete, die als Gattin des Infanten Juan für eine glänzende Zukunft als Königin des jungen Weltreiches bestimmt war. Doch es kam anders. Nur ein halbes Jahr nach der Hochzeit in Burgos wurde der Infant Juan von einem Fieber hinweggerafft, das von den Zeitgenossen einem ungewöhnlich leidenschaftlichen Eheleben zugeschrieben wurde. Der

Farbtafel links:
Brou, ehem. Klosterkirche, Fenster in der nördlichen Seitenkapelle des Chores, auch »Kapelle der Herzogin« genannt
Unter der Darstellung von Himmelfahrt und Krönung der Maria, seit der gotischen Portalskulptur ein verbreitetes Thema in der christlichen Kunst, erscheinen die Stifterfiguren, Margarete von Österreich und ihr jung verstorbener Gatte Philibert der Schöne von Savoyen. Das Glasbild geht auf einen Stich von Albrecht Dürer aus dem Jahr 1510 zurück, der in Flandern kopiert worden war.
Das Fenster wurde, wie auch die anderen farbigen Fenster der Kirche, in Brou selbst hergestellt. Aus Abrechnungen sind die Namen von Jean Brachon, Jean Orquois und Antoine Noisin bekannt. Man vermutet, daß diese Künstler aus Lyon berufen wurden, wo sich Anfang des 16. Jahrhunderts bedeutende Glaswerkstätten befanden.

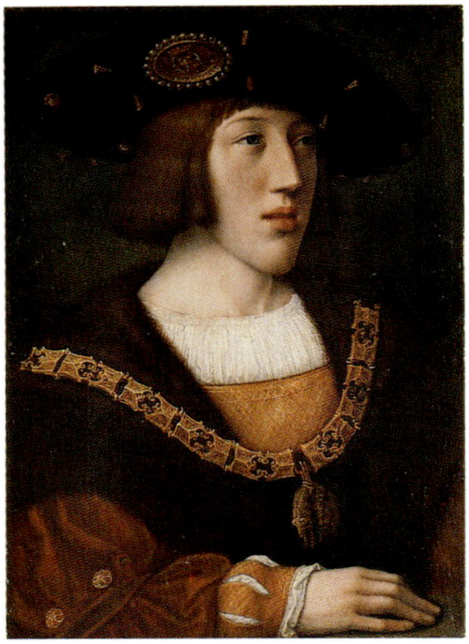

Porträt Karls V. (1500-1558)
von Barent van Orley, um 1515
Öl auf Holz, 37 x 27 cm
Musée de Brou
Das Bildnis zeigt den späteren Kaiser Karl V. etwa fünfzehnjährig, als er eben die Volljährigkeit erreicht hatte und somit die Vormundschaft seiner Tante Margarete von Österreich erlosch. 1516 tritt der junge Karl nach dem Tod seines Großvaters Ferdinand von Aragon als Carlos I das spanische Erbe an und verläßt die heimatlichen Niederlande. 1519 wird er zum deutschen König gewählt und 1530 zum Kaiser gekrönt.

von seiner Mutter Isabella und seiner Witwe Margarete betrauerte Prinz erhielt in Avila ein Epitaph aus weißem Alabaster, in dem die Hoffnungen der spanischen Dynastie begraben waren, nachdem auch das Kind des jungen Paares tot zur Welt kam. Margarete kehrte ein zweites Mal nach Flandern zurück. Dennoch gehörte Spaniens Zukunft den Habsburgern. Als die Königin Isabella 1504 starb, nahm Margaretes Bruder Philipp als Gatte der Infantin Johanna gegen den Willen ihres Vaters Ferdinand den Titel eines Königs von Kastilien an. 1506 traf er in Burgos ein, wo der lokale Adel dem fremden Habsburger als König huldigte. Doch schon wenige Monate später starb Philipp der Schöne. Seine Witwe, Johanna »die Wahnsinnige«, die bereits vorher Anzeichen geistiger Verwirrung gezeigt hatte, versank alsbald in völliger Umnachtung. Das immense spanisch-habsburgische Erbe fiel an ihren sechsjährigen Sohn Karl (als König von Spanien: Carlos I., als Kaiser: Karl V.).

Margarete, Witwe des spanischen Infanten, war inzwischen ein drittes Mal verheiratet worden, und dieser kurzen Episode ihres Lebens verdanken wir die Hauptwerke der spätgotischen Kunst in Brou. Nachdem erst die französische und dann die spanische Krone zum Greifen nahe gewesen und wieder verloren waren, bestimmte ihr die hohe Politik eine Verbindung mit dem Herzog Philibert von Savoyen. Darf man den Quellen Glauben schenken, verband die beiden Gatten ungeachtet der politischen Motivation ihrer Verbindung eine innige Liebe. Doch schon nach drei Jahren schlug das Schicksal erneut zu: Philibert »der Schöne« verunglückte bei einem Jagdunfall tödlich. Margarete war mit 24 Jahren zum zweiten Male verwitwet. Solchermaßen hart geprüft und um ihr persönliches Glück betrogen, soll sie schon damals die Absicht bekundet haben, fortan mit niemanden mehr die Ehe einzugehen. Als ihr dann Maximilian wenig später die Statthalterschaft über Niederländisch-Burgund übertrug, identifizierte sie sich ganz mit der neuen Aufgabe und widmete sich hingebungsvoll ihren damit verbundenen politischen Verpflichtungen. Sie verließ Bourg-en-Bresse, die Hauptstadt der kleinen Grafschaft, in der sie mit Philibert von Savoyen die kurzen Jahre des gemeinsamen Glücks genossen hatte, und bezog in Mecheln Residenz. Dort nahm sie auch ihren Neffen Karl auf, den Sohn Philipps des Schönen und Johannas der Wahnsinnigen, den sie als ihr Mündel großzog. Diese Jahre haben den Heranwachsenden fürs Leben geprägt. Karl V. hat sich bekanntlich weniger als Deutscher oder Spanier, sondern viel mehr als Flame beziehungsweise Burgunder gefühlt. Nach Erlangung der Volljährigkeit im Jahr 1515 sprang Karl allerdings rüde mit seiner Tante um. Bevor er nach Spanien aufbrach, um sein dortiges Erbe anzutreten, ließ er sie durch einen Regentschaftsrat ersetzen. 1518 jedoch erhielt Margarete ihre Machtbefugnisse zurück.

Margarete von Österreich führte in den Niederlanden ein Regiment ganz im habsburgischen Sinne; vor allem war es ihr angelegen, die ihr unterstehenden Territorien zu einem Bollwerk gegen die Reformation zu machen. Ihr Verdienst in der Geschichte aber ist es, sich im Konflikt zwischen Habsburg und Frankreich erfolgreich vermittelnd eingeschaltet zu haben. Der berühmte »Damenfrieden« von Cambrai 1529 war im Wesentlichen ihr Werk. Darin verzichtete König Franz I. endgültig auf seine Ansprüche über Italien und auf die Kaiserkrone. Margarete von Österreich hatte damit ihrem Neffen Karl den Weg geebnet. 1530 wurde dieser in Bologna zum Kaiser gekrönt; es war die letzte Krönung eines deutschen Herrschers in Italien.

Neben ihren couragierten Auftritten auf der weltpolitischen Bühne pflegte Margarete von Österreich ihre musischen Ambitionen. Sie dichtete und malte und war darüber hinaus eine unermüdliche Sammlerin und Mäzenin. Ihre Stiftung Brou sollte ihr ganz persönliches Denkmal werden. Bereits 1506 hatte sie das Kloster gegründet und dessen Ausbau mit wahrem Feuereifer gefördert. Doch ihr von tragischen Ereignissen überschattetes Leben hat auch in dieser Hinsicht keine Erfüllung gefunden. Margarete von Österreich starb 1530, zwei Jahre vor der Fertigstellung von Brou, das sie selbst nur als Baustelle erlebt hat.

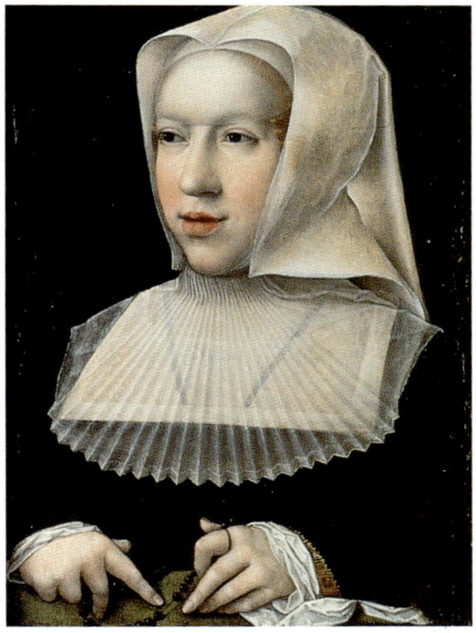

Margarete von Österreich, Porträt von Barent van Orley, 1504/18
Öl auf Holz, 37 x 27 cm
Musée de Brou
Barent van Orley (um 1492-1542) wurde 1518 Hofmaler der Statthalterin Margarete von Österreich. Dieses Porträt zeigt die Fürstin in strenger Witwentracht.

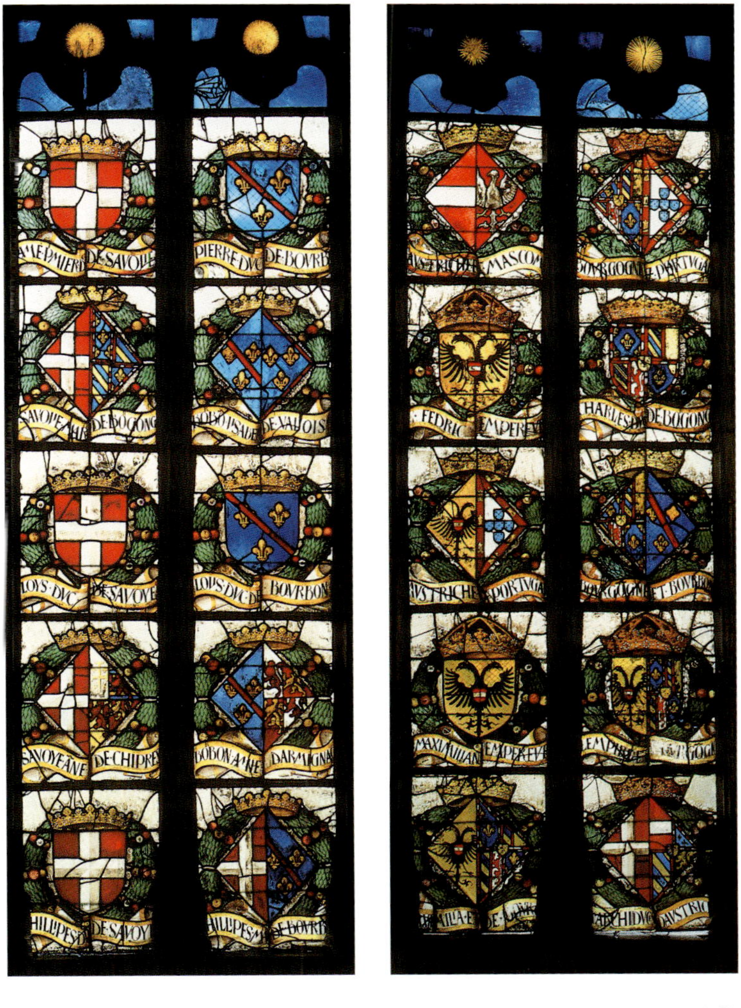

Brou, Fenster im Chorhaupt der ehem. Klosterkirche
Der Chor der Klosterkirche von Brou besitzt fünf große Lanzettfenster. Das mittlere zeigt die Erscheinung des auferstandenen Christus vor Maria (unten) und Magdalena (darüber); die beiden seitlichen Fenster sind einerseits der Stifterin Margarete von Österreich, andererseits Philibert von Savoyen gewidmet: beide sind anbetend der Mitte zugewandt dargestellt. Ganz außen erscheinen ihre Wappen (hier im Ausschnitt abgebildet), die als Stammbäume der beiden Ehegatten zu lesen sind. Bei den Vorfahren Margaretes ist in der linken Reihe der habsburgische Doppeladler zu erkennen, die Wappen in dem Streifen daneben beziehen sich auf ihre burgundischen Ahnen. Die beiden Streifen im Fenster der Philibertseite dokumentieren seine Abstammung von den Häusern Savoyen (linker Streifen) und Bourbon (rechts).

Brou, Grundriß des ehem. Augustinerklosters
Anfangs war der Komplex deutlich bescheidener, mit nur einem Kreuzgang angelegt. Doch schon bald nach der Grundsteinlegung wurde der ursprüngliche Plan geändert und beträchtlich erweitert. Brou besitzt drei Kreuzgänge mit unterschiedlicher Funktion: Der erste, direkt an die Kirche angrenzend, war der Herzogin und ihren Gästen vorbehalten. Der große Kreuzgang daneben gehörte den Augustinermönchen. Um den dritten, nach Osten ausgerichteten Kreuzgang schließlich gruppierten sich die Wirtschaftsräume des Klosters. Heute ist in den ehemaligen Klosterbauten ein sehenswertes Museum eingerichtet.

Die Vorgeschichte von Brou reicht ins Jahr 1480 zurück. Damals war Herzog Philipp von Savoyen bei einem Jagdunfall schwer verletzt worden. Seine Frau, Margarete von Bourbon, gelobte für den Fall seiner Genesung die Stiftung eines Klosters. Zwar wurde Philipp wieder gesund, doch schon drei Jahre später starb Margarete von Bourbon, ohne noch die Zeit gehabt zu haben, ihr Gelübde zu erfüllen. Als nun 1504 der Sohn Margaretes von Bourbon und Philipps von Savoyen, Philibert der Schöne, seinerseits den Folgen eines Jagdunfalls erlag, besann sich dessen Witwe, Margarete von Österreich, des unerfüllten Gelöbnisses der Schwiegermutter und machte sich unverzüglich daran, dieses nun doch noch zu realisieren. Ihr ging es aber nicht mehr um die Stiftung einer Votivkirche, sondern Brou war als Grablege für ihre Familie vorgesehen – von Dynastie in einem weiteren Sinn kann man nicht sprechen, weil aus der kurzen Ehe mit Philibert keine Kinder hervorgegangen waren. Das fertige Resultat erhebt jedoch in seiner Größe und Pracht den Anspruch auf den

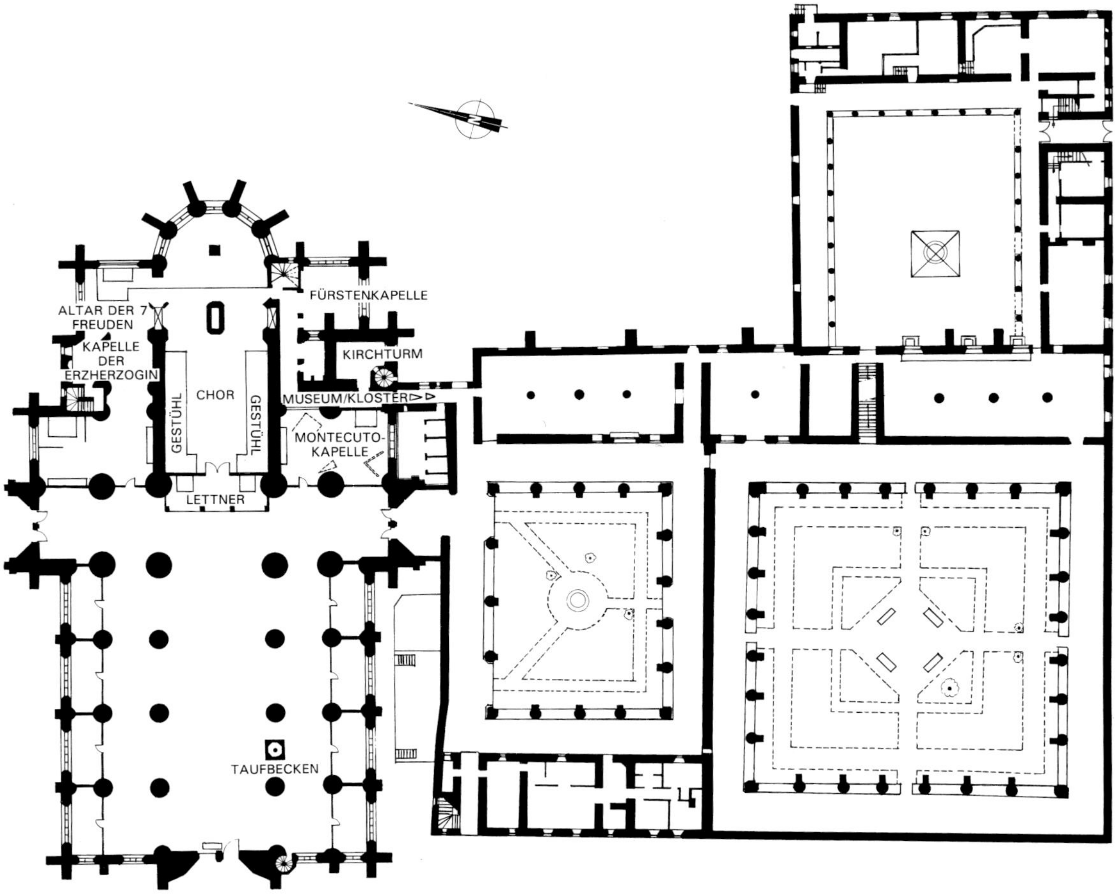

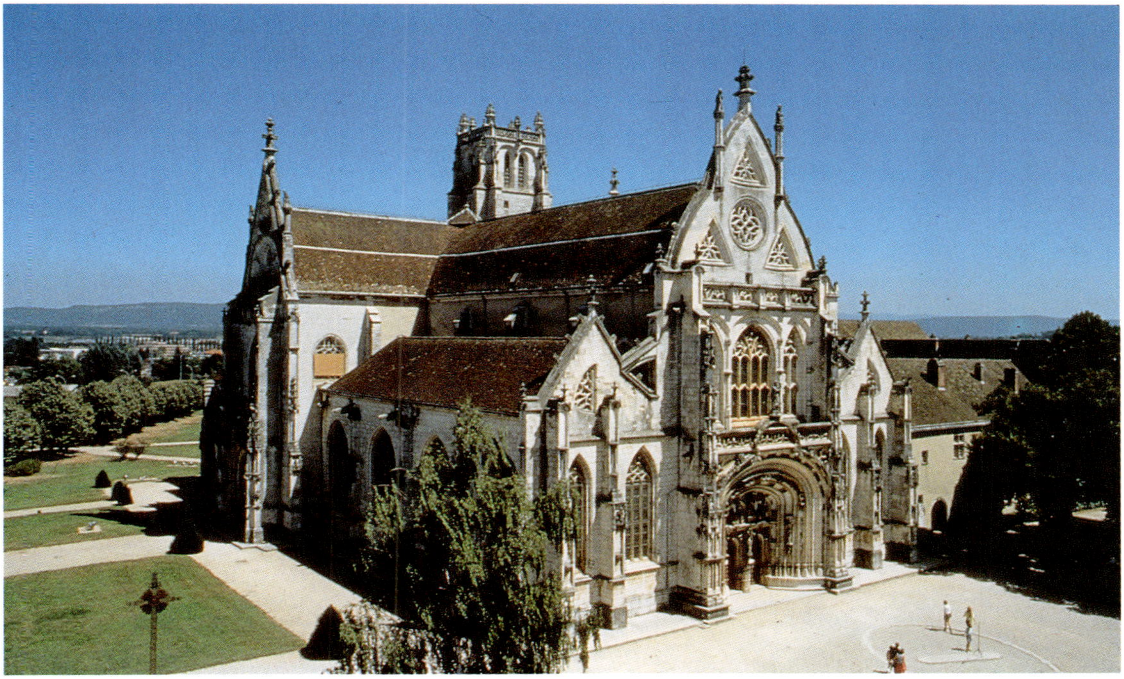

Rang eines dynastischen Pantheons. Wie weiland die Kartause von Champmol als Abgrenzung und zugleich Übertrumpfung von Cîteaux, der Grablege der burgundischen Kapetinger gedacht war, so versuchte die habsburgische Enkelin Karls des Kühnen, mit Brou das Vorbild der burgundischen Ahnen in den Schatten zu stellen.

1506 wurde Brou vor den Toren von Bourg-en-Bresse gegründet. Zuvor hatte sich an dieser Stelle bereits ein bescheidenes Priorat der Benediktiner befunden. Diese wurden nun von Augustiner-Chorherren abgelöst, denen dieselbe Aufgabe zufiel wie den Kartäusern in Champmol, nämlich Gebet und Fürbitte zugunsten der Stifter an deren Gräbern zu sprechen. Nachdem Margarete die Generalstatthalterschaft über die Niederlande angetreten hatte, verfügte sie über die nötigen Geldmittel für einen zügigen Ausbau von Brou. Anfangs scheint man auch rasch vorangekommen zu sein; bereits zwei Jahre nach der Grundsteinlegung soll ein großer Teil des Klosters mit seinen drei stattlichen Kreuzgängen annähernd fertig gewesen sein. Doch schon bei der Errichtung der Kirche, die zunächst nach einem Plan Jean Perréals begonnen worden war, verlangsamte sich das Tempo spürbar. Daran waren die häufigen Änderungswünsche der Auftraggeberin ebenso schuld wie wiederholte finanzielle Engpässe, Zwistigkeiten zwischen den vor Ort tätigen Künstlern sowie Probleme bei der Beschaffung der zum Teil kostbaren Materialien. Zudem war das Procedere nicht eben einfach, denn die Auftraggeberin scheint bis ins Detail planerisch aktiv mitgewirkt zu haben. Andererseits war sie selbst nie vor Ort, was dem praktischen Ablauf der Dinge nicht eben förderlich war. 1512 kam es zu einem Architekten-

Brou, die ehem. Klosterkirche von Westen
Während der Innenraum und vor allem seine prachtvolle Ausstattung der Zerstörungswut der Revolutionszeit entgingen, wurde das figurenreiche Portal Ende des 18. Jahrhunderts schwer in Mitleidenschaft gezogen. Bei der im 19. Jahrhundert durchgeführten Restaurierung mußten einige der zerstörten Skulpturen nachgearbeitet werden. In einer Anordnung, die dem Sluterschen Kirchenportal der Kartause von Champmol folgt, kniet seitwärts das Stifterpaar. Sie beten eine Figur des »Ecce-homo-Christus« an. Am Trumeau erscheint der hl. Nikolaus von Tolentino, der wichtigste Heilige des Augustinerordens. Hoch über dem Portal ragt die Gestalt des hl. Andreas auf, des Nationalheiligen von Burgund (19. Jh.).

wechsel. Der Niederländer Loys van Boghem übernahm die Leitung des Projekts, die er bis zu dessen endgültigem Abschluß nicht mehr abgab. Entwürfe für die Grabmäler hatte bereits 1516 ein weiterer Niederländer, Jan van Zoom, vorgelegt, Teile davon wurden auch schon bald ausgeführt, doch erst ab 1526 ist mit Nachdruck an den Denkmälern gearbeitet worden, nachdem Margarete dem Deutschen Conrat Meit die Verantwortung für deren Fertigstellung übertragen hatte.

1530 starb Margarete von Österreich im Alter von 50 Jahren infolge einer Verletzung am Bein, die vom Wundbrand befallen worden war. Zu diesem Zeitpunkt waren die Gräber noch nicht vollendet, und auch an der Kirchenfassade waren die Arbeiten noch in vollem Gange. Karl V. veranlaßte als Nachlaßverwalter seiner Tante den zügigen Abschluß des Projekts. 1532 konnten schließlich die sterblichen Überreste der Margarete von Österreich nach Brou überführt und dort zur letzten Ruhe gebettet werden.

Brou ist in seiner Gesamtheit ein überragendes Denkmal, einzigartig ist auch sein Erhaltungszustand. Weder Religionskriege noch Revolution, die für die schlimmsten Verluste mittelalterlicher Kunst in Frankreich verantwortlich sind, haben dem Komplex zugesetzt.

Die Kirche ist eine dreischiffige Basilika, deren Mittelschiff, unterteilt in Arkadenzone und Obergaden, einen zweigeschossigen Aufriß besitzt. Das zweischiffige Querhaus fluchtet nur geringfügig über die Außenseiten der Basilika. In seiner Mitte trennt ein großer steinerner Lettner den Chor vom Westteil. Es ist einer der letzten noch erhaltenen Lettner der französischen Kunstgeschichte, zugleich vielleicht ihr originellster, denn abgesehen von seiner Funktion als Chorschranke sollte er der Stifterin als Empore dienen, von der aus sie am Chorgebet der Mönche hätte teilnehmen können. Der Chor ist das Herzstück der Anlage. Er beherbergt die Stiftergräber. Ein prachtvoll geschnitztes Chorgestühl, kostbare Altäre und die farbige Verglasung umgeben sie mit einem feierlich gestimmten Ambiente.

Schon der Außenbau gibt die Kirche von Brou als ein spätes Denkmal der Gotik zu erkennen. Das reich verzierte Maßwerk der spitzbogigen Fenster, Figurennischen an den Strebepfeilern, Krabbenbesatz auf den Giebelschrägen, alles das schöpft aus dem Fundus der gotischen Kunst. Einzig der gedrückte Korbbogen über dem Portal läßt sich als Indiz für die heraufziehende Renaissance erkennen – im Innern dann von Renaissance keine Spur mehr! Ein System von Netzrippengewölben überfängt alle Joche des Gebäudes. Die Breitenlagerung des Raumes – Länge gesamt 72 m, Breite der Basilika 30 m, Höhe des Mittelschiffs 21 m – ist nicht als Niederschlag der Renaissance zu werten, vielmehr spiegelt sich darin ein Raumempfinden, das wir bereits im Zusammenhang mit der Kathedrale in Auxerre und Notre-Dame in Dijon als für die burgundische Gotik charakteristisch beschrieben haben. In einem klassischen Sinne gotisch, also stärker die Vertikale betonend, präsentiert sich der Chor, dessen Fenster schmale, hohe Lanzetten bilden.

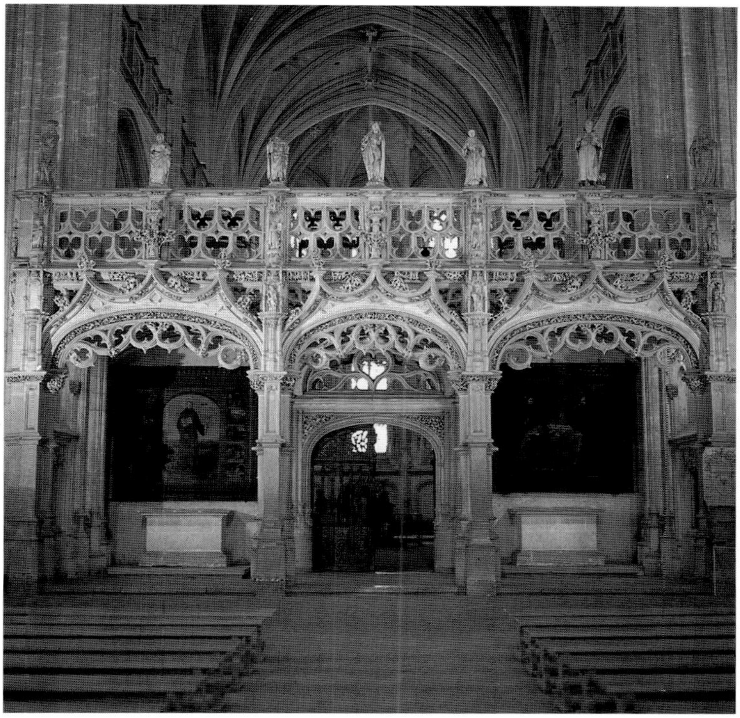

Brou, der Lettner in der ehem. Klosterkirche
Der Lettner von Brou versah eine Doppelfunktion: Zum einen diente er als Chorschranke, die den Laienraum von den Mönchen trennte, zum anderen trägt er eine Empore, die einen direkten Zugang zum angrenzenden Kreuzgang besitzt, an dem die Privaträume der Stifterin lagen.
Darüber hinaus erfüllt der Lettner in seiner überbordenden Schmuckfülle eine ästhetische Aufgabe: Er sorgt für einen stilvollen Übergang vom weitgehend schmucklos gehaltenen Westteil der Kirche zu deren »Herzstück«, dem Chor mit den prächtigen Stiftergräbern.

Das Dekorationswollen der späten Gotik feiert in Brou einen letzten Triumph. Überall verzieren verschlungene Ornamente den Bau, im Chor steigert sich die Dekorationsfülle zu einem wahren Rausch. Georg Troescher hat in diesem Zusammenhang treffend von einem »spätgotischen Rokoko« gesprochen.[84] Vergegenwärtigt man sich die handwerkliche Perfektion der zahllosen Details, so wird nachvollziehbar, daß die Errichtung von Brou Unsummen verschlungen haben muß. Aus den Abrechnungen wird ersichtlich, daß zeitweilig bis zu 400 Steinmetze auf der Baustelle beschäftigt waren!

Überall begegnet man den ineinander verschlungenen Initialen *P* (für Philibert) und *M* (für Margarete) sowie der Devise der Margarete von Österreich: *Fortune – Infortune – Fort une*, in der unterschiedliche Bedeutungsnuancen mitsprechen und die deshalb sehr verschieden übersetzt beziehungsweise interpretiert wurde. Während zum Beispiel Françoise Baudson die knappe lateinische Formel mit »Ob im Glück oder im Unglück, immer stark« übersetzt hat und damit in dem Wahlspruch den Ausdruck vom ungebrochenen Durchhaltewillen der starken Frauenpersönlichkeit sehen wollte[85], findet sich bei Troescher folgende Übersetzung: »Glück oder Unglück, es ist alles eins, alles eins«[86], womit der Akzent deutlich in Richtung auf eine eher resignative Haltung verschoben wird. Beides schwingt mit, das tragische Schicksal Margaretes, aber auch ein gutes Maß an Zuversicht.

Der Blick auf die Baudaten von Brou – Baubeginn 1506, Fertigstellung 1532 – und das Erscheinungsbild der Kirche wollen nicht zusammen-

84 Georg Troescher, *Conrat Meit von Worms – Ein rheinischer Bildhauer der Renaissance*, Freiburg i. Br. 1927, fortan zitiert: Troescher, Conrat Meit.
85 Françoise Baudson, *Brou*, Paris 1977.
86 Troescher, Conrat Meit a. a. O. (Anm. 84)

Rechte Seite:
Brou, Innenansicht der ehem. Klosterkirche
Im Vordergrund stehen die Gräber der Margarete von Bourbon (links), ihres Sohnes Philibert des Schönen (Mitte) und der Margarete von Österreich (rechts).
Das Chorgestühl wurde zwischen 1530 und 1532 aus Eichenholz geschnitzt. Es besitzt 74 Sitze, was Aufschluß über die Personenstärke des Klosters gibt. Dem Bildprogramm liegt die typologische Gegenüberstellung von Altem und Neuem Testament zugrunde. Auf der Nordseite (hier rechts im Bild) sind Szenen und Figuren des Alten Bundes dargestellt, gegenüber erscheinen Begebenheiten und Gestalten des Neuen Bundes.
Der Entwurf stammt möglicherweise von demselben Bildhaueratelier, das für die Planung der Grabdenkmäler zuständig war. Man nimmt jedoch an, daß die Ausführung einer Gruppe von Bildschnitzern übertragen wurde, die aus Bourg-en-Bresse selbst oder aus der näheren Umgebung stammte.

passen: eine gotische Kirche am Beginn des 16. Jahrhunderts? In Italien war zu diesem Zeitpunkt die Renaissance bereits aus ihrer frühen Phase in die Epoche der Hochrenaissance übergegangen, und auch in Frankreich begann sich das neue Zeitalter überall zu regen. Die Konsequenz, mit der man in Brou an der Gotik festhielt und die moderne Kunstrichtung ausklammerte, ist verblüffend und hat wohl drei Hauptgründe:

Die Stifterin entstammte einer Familie mit ausgeprägten Merkmalen. Die berühmte »Habsburgerlippe« ist ein ebenso bezeichnendes physiognomisches Merkmal, wie die konservative Haltung als ein auffallender charakterlicher Zug aller Vertreter dieser Dynastie gelten kann.[87] Kurz vor der Errichtung von Brou hatte Margaretes Vater, Maximilian I., den man bezeichnenderweise auch als den letzten Ritter des Mittelalters apostrophiert hat, in Augsburg den Grundstein zum Chor von St. Ulrich und Afra gelegt, der sich nahtlos in die Tradition der deutschen Spätgotik stellt und die Neuerungen der Renaissance gleichfalls konsequent ignoriert.

Mitausschlaggebend dürften ferner die Persönlichkeiten der beiden Architekten gewesen sein. Jean Perréal wurde um die Mitte des 15. Jahrhunderts geboren, war demnach, als er die Planung von Brou übernahm, ungefähr 60 Jahre alt. Als Vertreter einer älteren Generation war er noch im Geist der Spätgotik aufgewachsen, der er auch über den Jahrhundertwechsel hinaus verpflichtet blieb. Als Loys van Boghem an seine Stelle trat, hatte Margarete mit diesem einen Architekten gewählt, der einer Landschaft entstammte, wo sich ebenfalls, gerade in der Architektur, die Sonder- oder Spätgotik mit zäher Beharrlichkeit noch lange über den Beginn der Renaissance hinaus hatte behaupten können. Folglich war es ihm auch offenbar kein Problem, in die Fußstapfen Perréals zu treten und dessen Werk ohne nennenswerte Erneuerungen fortzuführen.

Den Hauptausschlag für das gotische Erscheinungsbild von Brou hat man indessen in der besonderen Bestimmung des Gebäudes zu suchen. Das Sanktuarium, von Margarete von Bourbon zunächst als Votivkirche gedacht, erfuhr in der Planung ihrer Schwiegertochter die Umdeutung zum Memorialbau. Sein Kern sind die drei Stiftergräber, über denen sich die Architektur wie ein großer kostbarer Schrein erhebt. Nicht dem Bauwerk, sondern seinem Inhalt kommt in diesem Falle der Primat zu. Fast will es scheinen, als sei bewußt eine Annäherung an die mittelalterlichen Heiligenschreine gesucht worden. Zwar handelt es sich bei jenen überwiegend um Werke der Goldschmiedekunst, doch streben sie, wie allein der Blick auf den basilikal aufgebauten Dreikönigenschrein in Köln lehrt, ihrerseits eine Annäherung an die Sakralarchitektur an. Daneben findet der filigrane Dekor der Schreine in der raffinierten Bauornamentik Brous seine adäquate Entsprechung. Brou ist somit weniger als Kirche, eher als ein ins Monumentale gesteigerter Schrein zu verstehen.

Das Zusammenwirken dieser unterschiedlichen Faktoren – Auftraggeberin, Architekten und die besondere Bestimmung des Bauwerks – hat dazu geführt, daß Brou als rein gotische Kirche konzipiert wurde, die letzte ihrer Art in der französischen Kunst.

87 Noch 1990 wurde Otto von Habsburg nicht als Vertreter einer liberalen oder gar links orientierten Partei, sondern als Abgeordneter der CSU in das Europaparlament in Straßburg gewählt.

Die Grabdenkmäler

Zwar stand der Bildhauer Conrat Meit bereits seit 1512 in Diensten der Margarete von Österreich, für die er an deren Residenz in Mecheln tätig war, doch erst 1526 wurde ihm die Arbeit an den Grabdenkmälern in Brou übertragen. Der architektonische Rahmen der drei Gräber wird zu diesem Zeitpunkt bereits im wesentlichen fertig gewesen sein, so daß Meits Hauptaufgabe in der Erstellung des figuralen Dekors bestand.

Den Mittelpunkt der Denkmälergruppe bildet das Grab Philiberts des Schönen, ihm zu seiten ruhen seine Mutter und seine Frau. **Der Katafalk Margaretes von Bourbon** folgt einem traditionellen Typus, der entwicklungsgeschichtlich noch hinter den Valois-Gräbern Claus Sluters

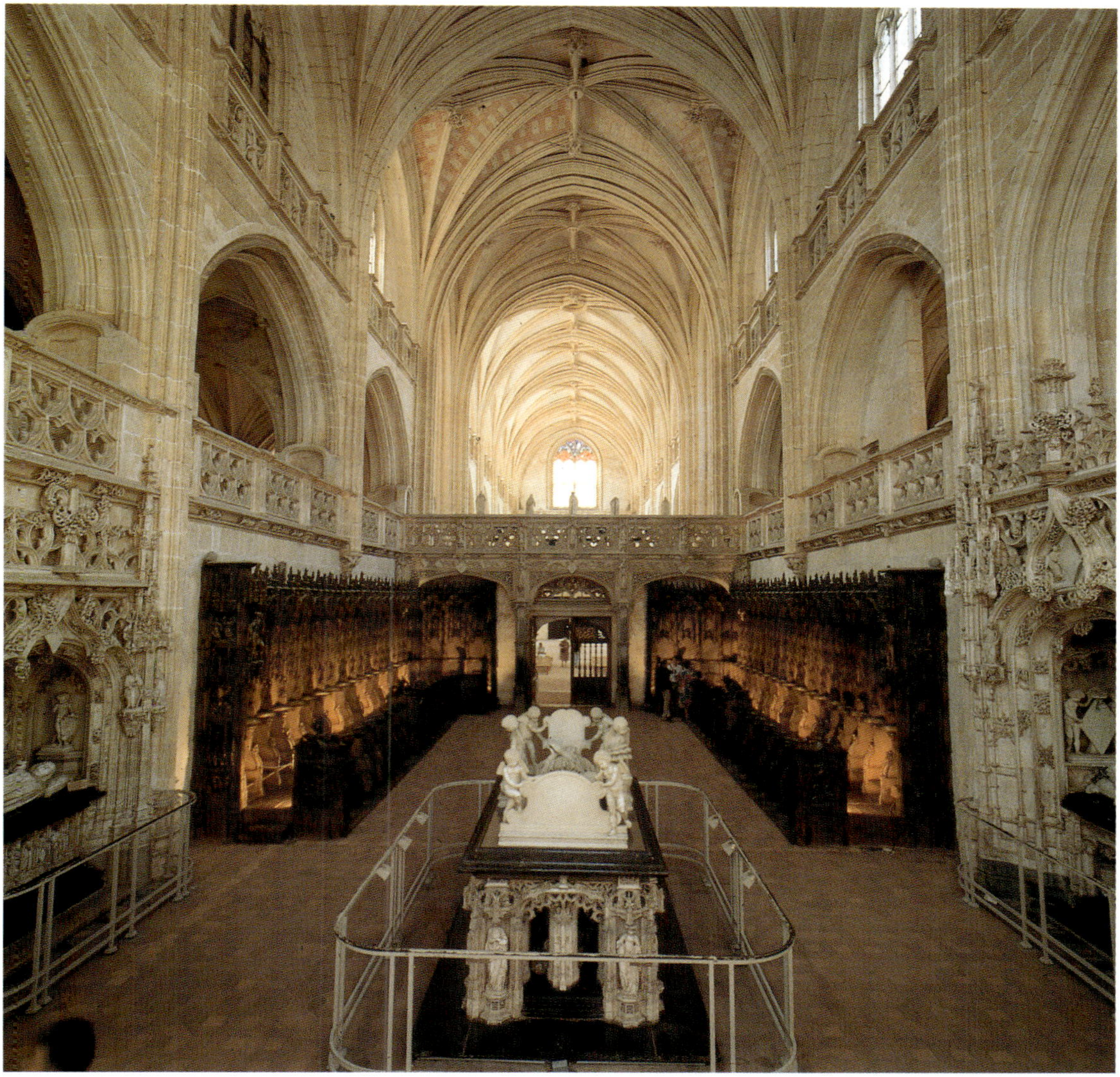

Brou, Grabmal der Margarete von Bourbon

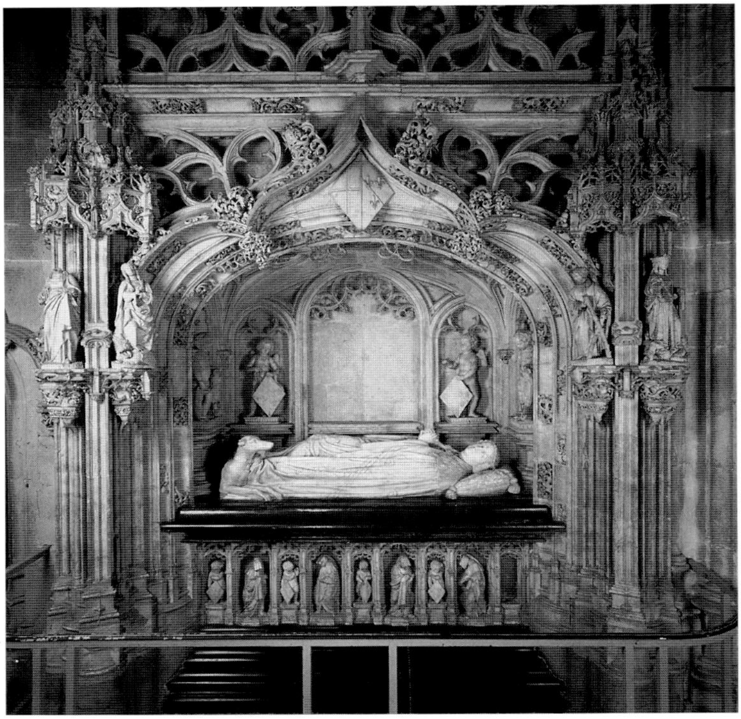

und Claus de Werves in Dijon zurückbleibt. Es handelt sich um ein Wandgrab mit nur einer Schauseite. Diese ist in neun unterschiedlich große Arkaden unterteilt, in denen wechselnd Pleurants – in diesem Fall trauernde Augustiner – und Putten stehen. Hinter den Arkadenbögen erscheint eine durchgehende Mauerung, so daß die Statuetten nicht jene Freiräumlichkeit besitzen, die Sluters Pleurants am Grab Philipps des Kühnen so lebendig wirken lassen. Die künstlerische Qualität ist zudem nicht allzu hoch zu veranschlagen. Diese Arbeiten wurden bereits vor der Ankunft Conrat Meits in Brou geschaffen. Als Meit seine Tätigkeit 1526 aufnahm, dürfte er als erstes die aus Alabaster geschlagene Liegefigur der Margarete von Bourbon geschaffen haben. Der Vertrag, den der Künstler mit seiner herzoglichen Auftraggeberin geschlossen hatte, sah nämlich vor, daß nur die beiden Gisants der Gräber Margaretes von Österreich und Philiberts des Schönen aus Marmor zu erstellen seien, für alles andere war der weniger kostenaufwendige Alabaster vorgesehen.[88] Die beiden Marmorblöcke, die für diesen Zweck aus Carrara geordert waren, trafen 1528 in Brou ein, konnten von Meit also erst in Angriff genommen werden, nachdem er bereits seit zwei Jahren in Brou tätig war. Ist der unterschiedliche Wert des Werkstoffes – Alabaster für Margarete von Bourbon, dagegen Marmor für die Stifterin selbst und ihren Gemahl – eine kleine weibliche Spitze der Schwiegertochter gegen die Schwiegermutter? Immerhin wissen wir, daß Margarete von Österreich bis ins Detail mitsprach und daß sie außerdem nicht das allerbeste Verhältnis zur Schwiegermutter hatte, der sie sogar den Tod Philiberts anlastete. Die

88 Der volle Wortlaut des am 24. April 1526 in Mecheln aufgesetzten Vertrages zwischen Margarete von Österreich und ihrem Hofbildhauer Conrat Meit bei: Troescher, Conrat Meit a. a. O. (Anm. 84) S. 63ff. Anm. 68.

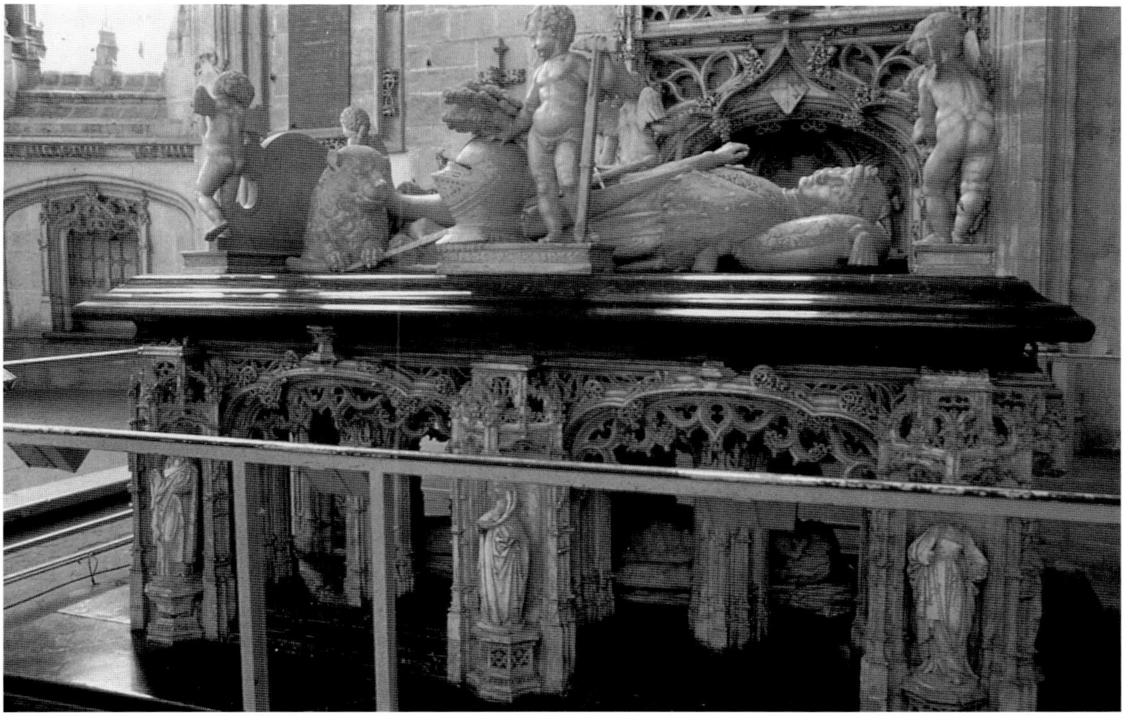

Brou, Grabmal Philiberts des Schönen

Habsburgerin soll in dem Unfall ihres Mannes eine göttliche Strafe für die Nichterfüllung des schwiegermütterlichen Gelöbnisses zur Stiftung des Klosters gesehen haben.

Margarete von Bourbon liegt, in einen schweren mit einem Hermelinkragen besetzten Mantel gehüllt, auf einer schwarzen Deckplatte. Die lockere Faltung ihrer Hände und die leichte Neigung des Kopfes in Richtung auf den Betrachter geben ihr ein lebendiges Aussehen, lassen sie eher schlafend als tot erscheinen. Das Grab überfängt eine von reichen Flamboyantornamenten umspielte Bogennische, deren seitliche und rückwärtige Begrenzungen ihrerseits in kleine Nischen unterteilt sind. Dort standen ursprünglich sechs Putten, von denen jetzt noch vier erhalten sind. Sie stammen gleichfalls von Conrat Meit beziehungsweise von Gehilfen seiner Werkstatt. Der Windhund zu Füßen der Herzogin ist ein geläufiges Symbol der Treue.

Das Grab Philiberts des Schönen bildet den Mittelpunkt nicht nur der Gräbergruppe, sondern der künstlerischen Gesamtkonzeption der Kirche. Es steht in der Mittelachse des Gebäudes, auf einer Linie mit dem Portal und dem Altar. Als allseitig freistehendes Denkmal gewinnt es trotz des Verzichts auf einen Baldachin, wie ihn die beiden Damengräber besitzen, monumentalen Charakter. Hier nun ist ein Grabtyp formuliert, der an Sluter anknüpft und über ihn hinausgeht. Der Katafalk ist noch weiter durchbrochen, als es in Dijon der Fall ist. Anstelle der dortigen personenreichen Prozession der Trauernden ist die Zahl der Statuetten hier auf zehn reduziert. Es handelt sich um raffiniert gekleidete Frauenfiguren, die in Nischen der Stützpfeiler Platz genommen haben. Ihre Deutung ist nicht geklärt. Es kann sich um Personifikationen der Tugenden handeln oder um Darstellungen von Sibyllen. Zwischen ihnen wird der Blick frei auf das Innere des Katafalks. Dort liegt, nur mit einem Lendentuch bekleidet, die Gestalt des verstorbenen Herzogs von Savoyen. Seine Nacktheit und der Gesichtsausdruck mit halb geschlossenen Augen, hängenden Mundwinkeln und eingefallenen Wangen machen deutlich, daß hier wahrhaft der Tote gemeint ist, der sterbliche Mensch in seiner vergänglichen Körperlichkeit. Wie anders erscheint da die lebensvolle Figur des prunkvoll gekleideten Fürsten darüber auf der schwarzen Deckplatte! Sie besitzt volle Gesichtszüge, die Augen scheinen geöffnet, die Mundwinkel deuten ein Lächeln an. Die betenden Hände sind leicht von der Brust abgewinkelt, wie es nur ein Mensch tun kann, der bei wachem Bewußtsein ist. Sechs bewegte Putten umringen den Gisant, von denen nur einer eine Spur von Trauer zeigt. Die anderen sind tatkräftig ihrer Bestimmung hingegeben, die Attribute der weltlichen Autorität des Herzogs zu halten, seine Wappen und Teile seiner Rüstung. Der Künstler benutzt die neue Form der *Verdoppelung der Liegefigur*, um den *Gegensatz von Tod und Leben* zu schildern. Die triumphale Überhöhung des Gisant macht indes deutlich, daß hier nicht Philibert gemeint ist, wie er in seinem kurzen Leben real auf Erden wandelte, viel-

Brou, Frauenstatuetten vom Grabmal Philiberts des Schönen
Am Gewand der rechten der beiden Gestalten ist noch der Überrest einer Peitsche auszumachen. Dieses Detail wurde als Indiz dafür gedeutet, daß es sich bei den Statuetten um Darstellungen der Sibyllen handelt. Demnach wäre diese hier die Agrippinische Sibylle, aus deren Prophetien die christliche Auslegung den Hinweis auf die Geißelung Christi glaubte herauslesen zu können.

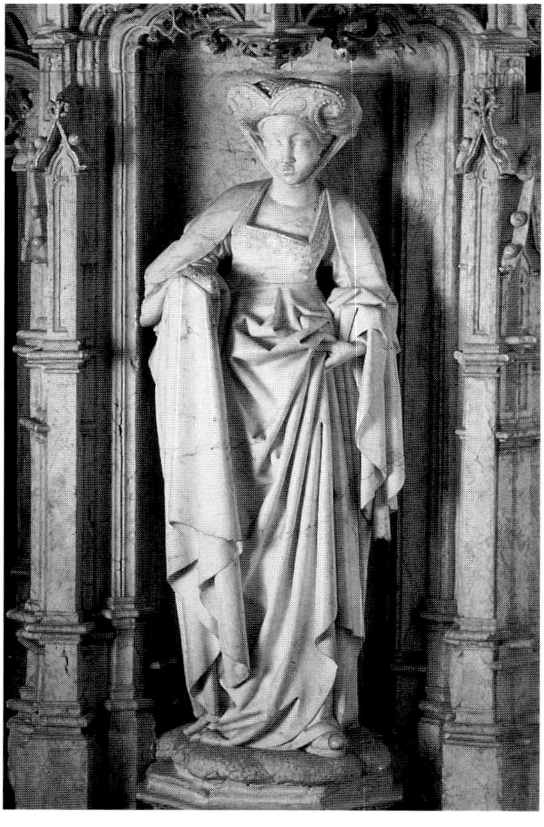

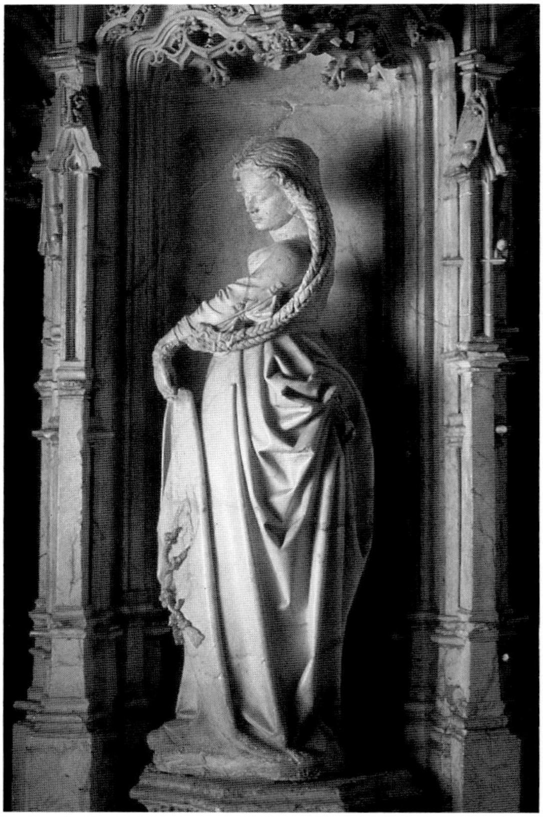

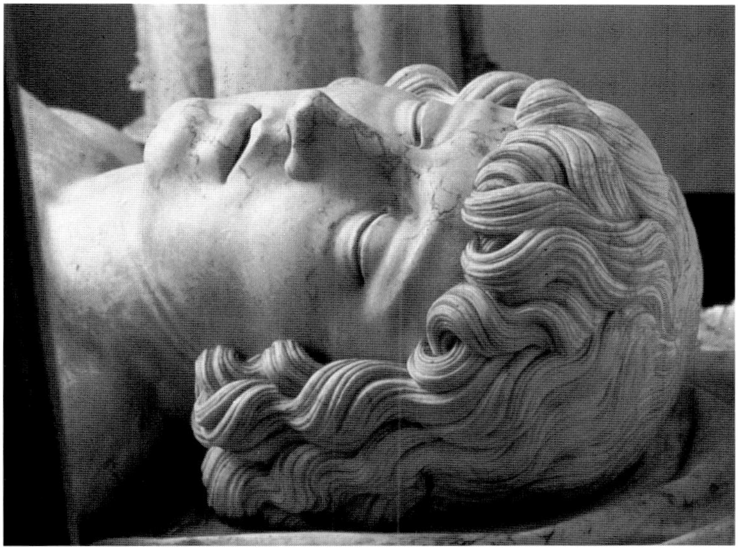

Brou, Detail vom Grabmal Philiberts des Schönen
Der Kopf gehört zu der auf der Deckplatte ruhenden Gestalt des Verstorbenen; er ist leicht zur Seite gewendet, in Richtung auf das Grabmal seiner Frau, Margarete von Österreich.

mehr trägt die Gegenüberstellung von Tod und Leben den Zug einer Apotheose. Wir sehen den strahlenden Fürsten in überzeitlicher Herrscherpose, umweht von der Aura des immerwährenden Ruhms, der jenseits aller Vergänglichkeit unsterblich ist.

Dieser Typus eines zweigeschossigen Grabdenkmals war kurz zuvor von Michel Colombe in Nantes entwickelt worden, wo der bretonische Bildhauer im Auftrag der Anne de Bretagne ein Doppelgrab für deren Eltern geschaffen hatte. Es wurde deshalb auch die Vermutung geäußert, daß Michel Colombe an den Entwürfen für die Gräber in Brou mitgewirkt habe[89], wofür es aber keine gesicherten Hinweise gibt.

Der packende Verismus der beiden Porträts ist gerade deshalb so frappierend, weil Conrat Meit Bildnisse eines Mannes schuf, den er nie von Angesicht kennengelernt hatte. Doch offenbar war gerade das Porträt Philiberts des Schönen eine Aufgabe, der sich Meit schon in seiner Mechelner Zeit wiederholt zu widmen hatte, wobei ihm gewiß Beschreibungen Margaretes von Österreich im Ohr klangen, die ein vertrauensvolles Verhältnis zu ihrem Hofbildhauer unterhielt. Da es sich bei diesen Skulpturen ausschließlich um kleinformatige Büsten oder Statuetten handelt, ist das meiste abhanden gekommen. Doch zwei Bildnisse in Berlin und London konnten als Porträts Philiberts des Schönen identifiziert werden.[90] In Brou griff Meit deshalb auf Erfahrung und eine lebendige Erinnerung zurück.

Der Vergleich mit dem Grab der Mutter Philiberts führt uns den Übergang von der Gotik zur Renaissance plastisch vor Augen. Die Pleurants am Katafalk Margaretes von Bourbon wie auch die Frauenstatuetten am Philibert-Grabmal, die nicht von Meit, sondern noch vor seinem Eintreffen in Brou von einer älteren niederländisch-flämischen Bildhauergruppe gearbeitet wurden, stehen in der Tradition der gotischen Gewandfigur. Der menschliche Körper findet kaum Beachtung, er dient

89 François Mathey, *Kirche und Kloster in Brou*, Le Guerche-de-Bretagne 1989.
90 Die von Conrat Meit geschaffenen Porträts Philiberts des Schönen hat bearbeitet: Constance Lowenthal, *Conrat Meit's Portraits of Philibert the Fair of Savoy*, in: Studien zum europäischen Kunsthandwerk – Festschrift für Yvonne Hackenbroch, München 1983, S. 123-28.

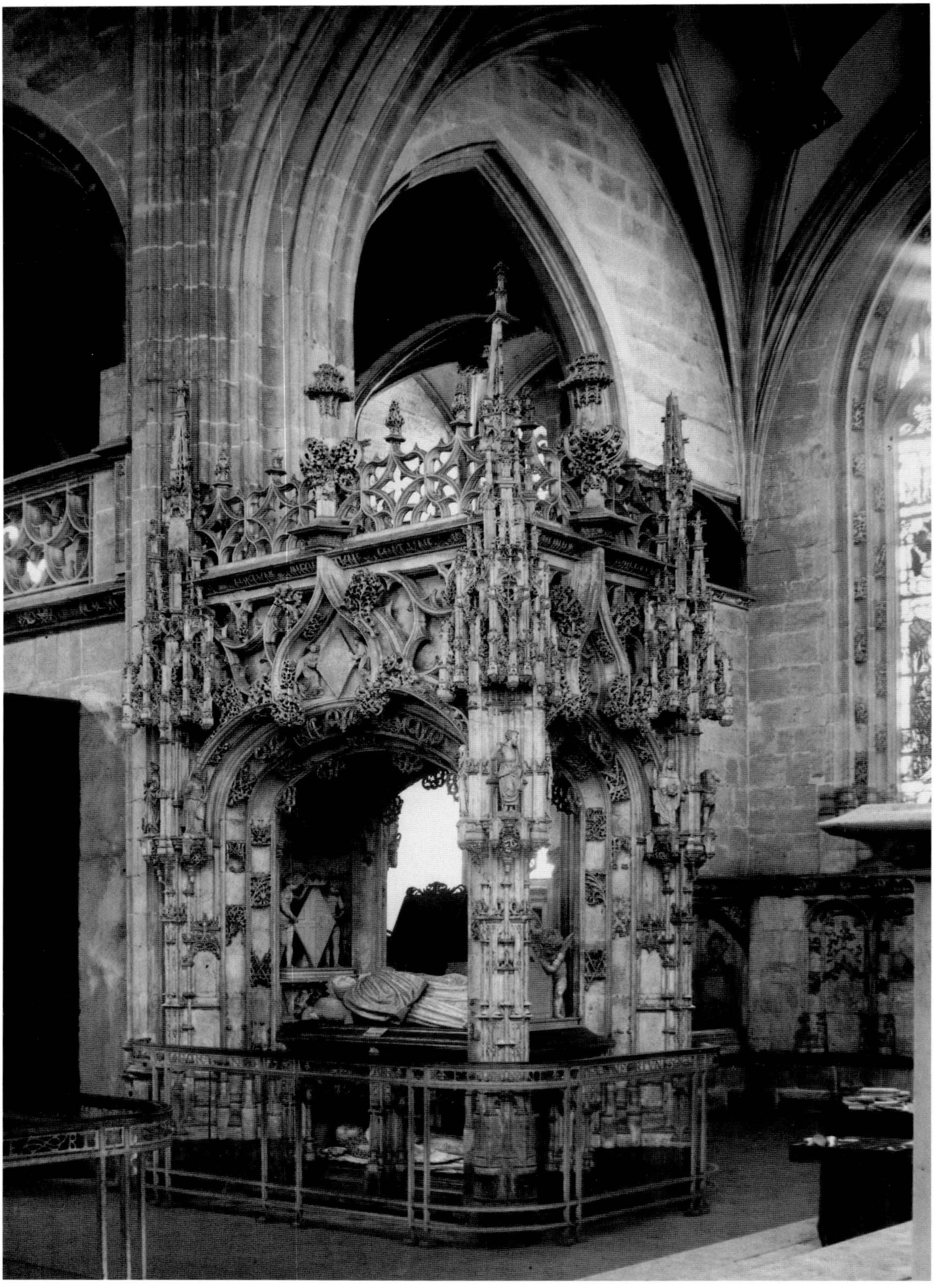

vielmehr als Staffage für opulent und raffiniert angeordnete Stoffdraperien. Genau dieses ist der Punkt, in dem auch der sonst in seiner Zeit so bahnbrechende Sluter ein Gotiker geblieben war. Conrat Meit enthüllt den Menschen, studiert seine Anatomie, entdeckt in seiner *physischen Wirklichkeit* eine neue *Schönheitlichkeit*. Dies gilt für die wohlgerundeten Putten ebenso wie für den feierlich aufgebahrten Leichnam Philiberts im Inneren des Katafalks. Der nackte menschliche Körper als Inbegriff von Naturschönheit, eine dem Mittelalter zutiefst fremde Vorstellung, ist eines der zentralen Anliegen der Renaissance. Im Werk Sluters sahen wir ein Vorausahnen davon, und doch ist Sluter der Spätgotik verbunden geblieben. In Brou liegen die Dinge anders. Conrat Meit traf auf Gegebenheiten, auf zum Teil schon realisierte Entwürfe, die noch den Geist der Gotik atmen, doch bettete er in diesen spätgotischen Rahmen reine Werke der frühen Renaissance. Die beiden Epochen spielen in seinen Werken nicht mehr ineinander, sondern sind klar voneinander zu trennen.

Das Grabmal der Margarete von Österreich stellt eine Mischung aus den beiden anderen Denkmälern dar. Mit einer Schmalseite lehnt es sich an die Architektur und, indem es zudem von einem mächtigen Baldachin überwölbt ist, zitiert es den Typus des Wandgrabes. Da aber die drei übrigen Seiten frei im Raum stehen, kommt insgesamt doch die Wirkung eines selbständigen Denkmals stärker zum Tragen. In seiner Dreigeschossigkeit – zuunterst die Liegefigur der Verstorbenen, darüber der Gisant, zuoberst ein verschwenderisch dekorierter Steinbaldachin – übertrumpft dieses Monument der Stifterin noch die Gräber der Schwiegermutter und des Ehegatten.

Die eigentliche Tumba korrespondiert mit dem Grab Philiberts. Wie dort, so ist auch hier der Katafalk aufgebrochen und gibt den Blick auf die liegende Gestalt Margaretes frei, ja, die Öffnungen sind hier sogar noch um einiges größer, so daß die Figur besser erkennbar wird als bei ihrem Gegenüber. Während Philibert als Mann fast völlig entblößt dargestellt werden konnte, war eine hüllenlose Wiedergabe der Stifterin natürlich kein Thema. Meit zeigt uns ihren Körper in ein schlichtes Leichentuch gehüllt. Aller künstlerischer Ausdruck konzentriert sich auf das Antlitz des Verstorbenen. Der Bildhauer zeigt sie uns nicht in dem Alter, in dem sie starb (also als Fünfzigjährige), sondern schildert sie als Frau von Mitte Zwanzig. Er hält damit, wie es auch in dem Vertrag unmißverständlich festgelegt war, jenes Lebensalter fest, in welchem sie den geliebten Mann verloren hatte. Da es sich also um ein Porträt handelt, das nicht mit der Erfahrung übereinstimmte, die der Künstler im realen Kontakt mit seiner Herrin selbst gemacht hatte, konnte er sich interpretatorische Freiheiten herausnehmen – und er hat diese Möglichkeit weidlich ausgeschöpft! Zum einen erscheint das Frauengesicht idealisiert. Hat Margarete von Österreich wirklich derart weiche, ebenmäßige Züge gehabt? Eine ebenfalls von Conrat Meit geschaffene Porträtbüste der Herzogin, die einige Jahre früher entstanden war (heute im Bayerischen

Abbildung links:
Brou, Gesamtansicht des Grabmals der Margarete von Österreich

Folgende Seite:
Details vom Grabmal der Margarete von Österreich
Die Fürstin im Alter von Mitte Zwanzig (unten) und etwa fünfzigjährig.

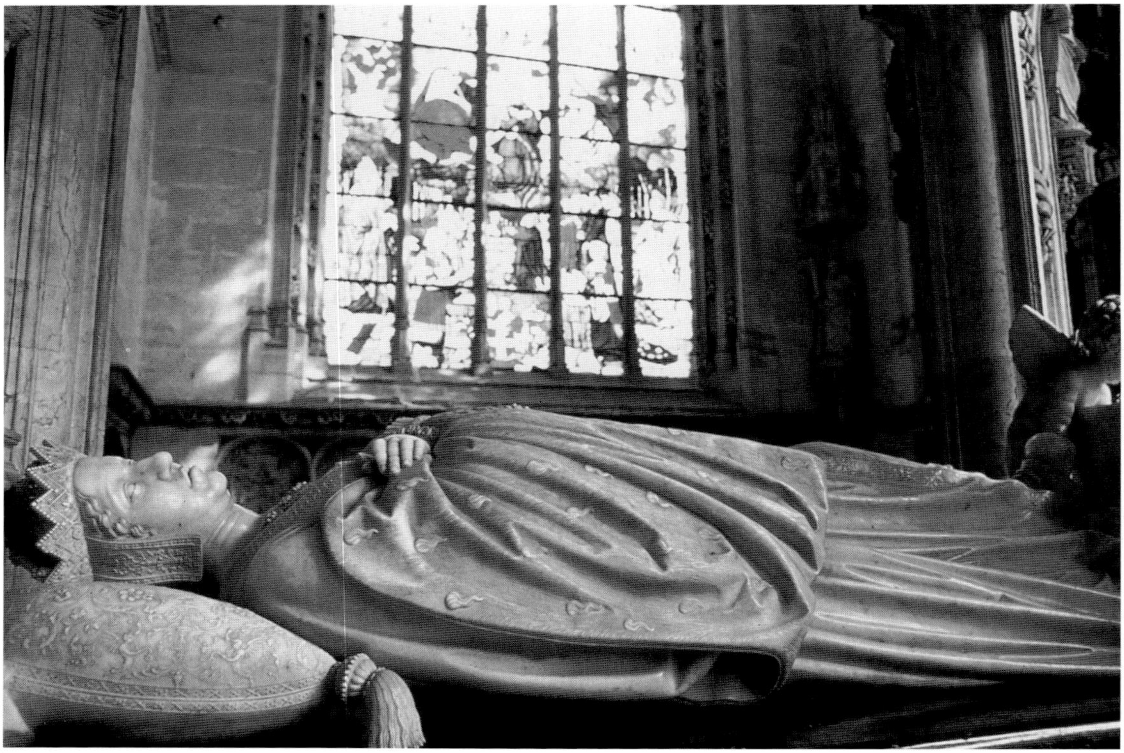

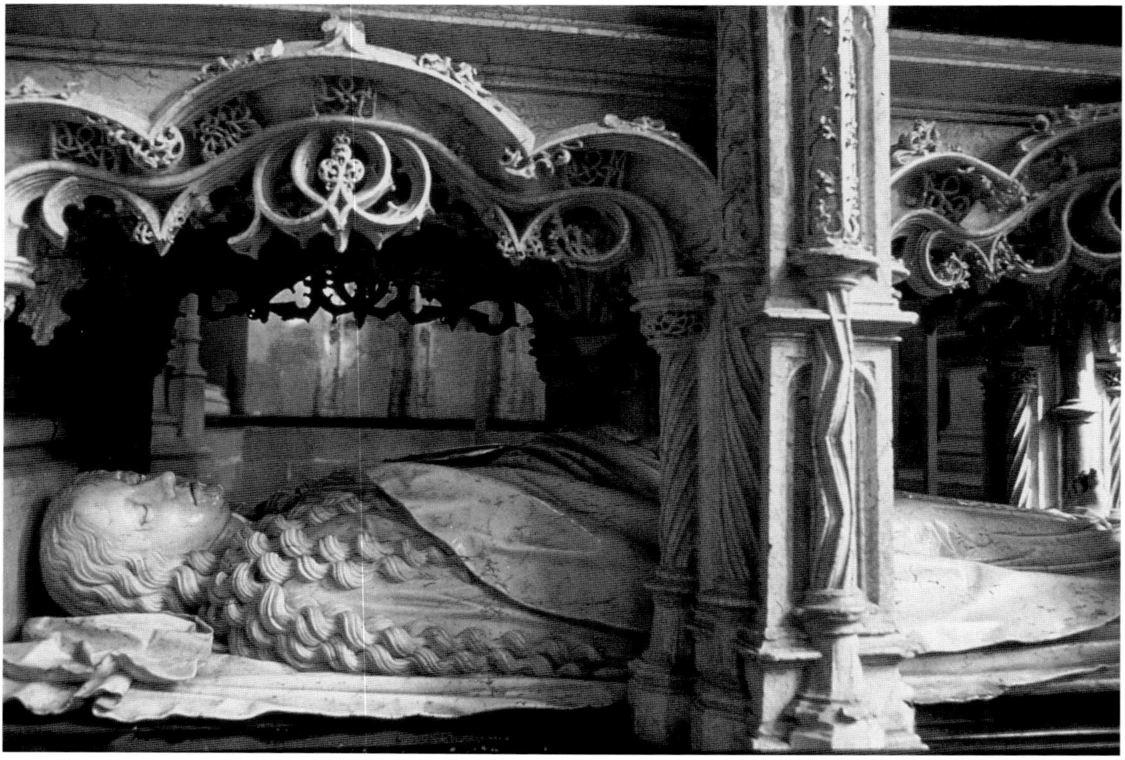

Nationalmuseum in München), zeigt sie mit einer deutlich derberen Physiognomie: einer dickeren Nase, aufgeworfenen Lippen und kräftigen Wangen. Die Schönheit der jungen Frau unterstreicht der Künstler effektvoll mit den minutiös ausgefeilten Locken, die das Gesicht und den Körper bis hinab in die Lendengegend umspielen. Seinen hohen Rang erfährt das Werk jedoch erst aus der Seelentiefe, die Meit dem Stein abgewonnen hat. Ungeachtet der Idealisierung spricht auch der Gram der mit 24 Jahren zum zweiten Male verwitweten Frau aus diesem Gesicht, dessen Lippen leicht geöffnet sind. Meit hat mit diesem Porträt eines der eindringlichsten Bildnisse der nordalpinen Renaissance geschaffen. Theodor Müller hat dazu bemerkt: »Hier ist die Einkehr in einen Bezirk der Verewigung vollzogen. Die körperliche Erscheinung wurde zum Gleichnis des Seelischen.«[91]

Der Gisant zeigt uns Margarete im vollen Ornat ihrer weltlichen Würde. Hatte der Künstler in das Porträt der Verstorbenen unten seine ganze Sympathie für die Herrin eingebracht, so erweist er sich beim zweiten Bildnis der Herrscherin als eher neutraler Chronist. Das Gesicht zeigt ungeschminkt die Physiognomie einer Frau um die Fünfzig, mit hängenden Wangen, Falten auf der Stirn und einer fleischigen Nase. Und doch geht von dieser Gestalt eine spürbare Würde aus, eine majestätische Größe, die sie, wie den benachbarten Gatten, in den Rang einer überzeitlichen Erscheinung erhebt.

Obwohl die drei Grabmäler parallel nebeneinander angeordnet wie isoliert wirken, hat Conrat Meit einen subtilen Bezug unter ihnen hergestellt. Die Häupter aller fünf Liegefiguren sind leicht zur Seite gedreht. Margarete von Bourbon wendet ihren Kopf in Richtung auf den Sohn. Der neigt beide Male, oben wie unten, sein Haupt der Ehefrau Margarete zu, die ihrerseits Philibert dem Schönen zugewandt ist. Die Haltungen sind nur eben angedeutet und ohne falsches Pathos. Gerade diese Schlichtheit macht die Innigkeit der emotionalen Bindung der Porträtierten so authentisch nachvollziehbar. Wie nah sich Margarete dem verstorbenen Ehemann auch noch Jahrzehnte nach dessen Tod fühlte, verdeutlicht ein besonders anrührendes Detail, das der Besucher von Brou heute allerdings nicht erkennen kann, weil eine Absperrung verhindert, daß man sich über den Gisant der Herzogin beugt: Sie trägt über der Brust ein kleines Medaillon mit einem Miniaturporträt Philiberts des Schönen.[92]

Im Gesamtkunstwerk von Brou kommt ein eigentümlicher, spezifisch femininer Zug zum Tragen. Wir sehen das in der Feinnervigkeit des überbordenden Ornaments, in der Ausgewogenheit der räumlichen Proportionen, besonders aber teilt er sich in der ungespreizt vorgetragenen Gefühlsbetontheit der Grabskulpturen mit. Der Geist der Stifterin ist in allem gegenwärtig. Das soll jedoch nicht heißen, daß hier nur die Molltonarten des Weiblichen angestimmt werden, im Gegenteil: Man staunt über das stolze Selbstbewußtsein, mit dem sich die Stifterin überall in

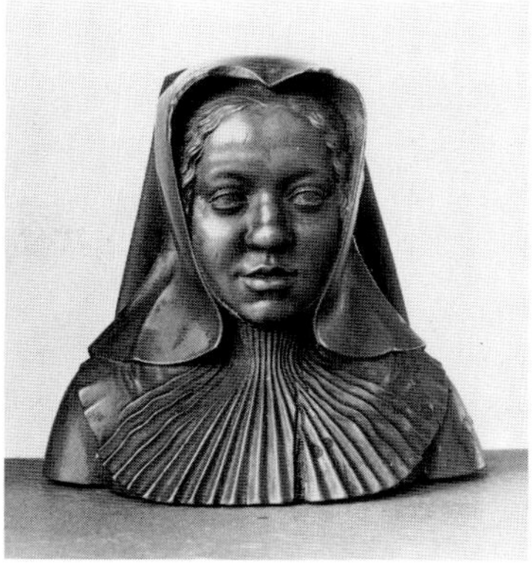

Conrat Meit, Porträtbüste der Margarete von Österreich München, Bayerisches Nationalmuseum

Detail vom Grabmal der Margarete von Österreich
Die Herzogin trägt ein Medaillon mit dem Porträt Philiberts des Schönen.

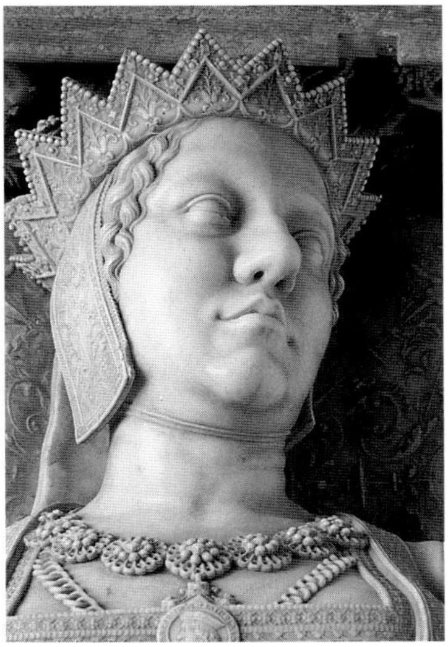

91 Theodor Müller, *Deutsche Plastik der Renaissance bis zum Dreißigjährigen Krieg*, München 1963, S. 9.
92 Eine Abbildung dieses Details bei Constance Lowenthal a.a.O. (Anm. 90).

einem sehr modernen Sinne als emanzipiert zu erkennen gibt. Ein halbes Dutzend Mal begegnen wir ihrem Bildnis: am Portal, am Grab, in den Fenstern – in Kalkstein, in Alabaster, in Marmor, in Glasmalerei – mal unterlebensgroß, mal in Lebensgröße, mal überlebensgroß. Margarete ist immer präsent, doch hat ihre Gegenwart nichts Aufdringliches, sie erscheint wie selbstverständlich.

Über die zeitliche Kluft eines halben Jahrtausends hinweg kann sich auch der Betrachter heutiger Tage dem Gefühl der Ergriffenheit in Brou kaum entziehen.

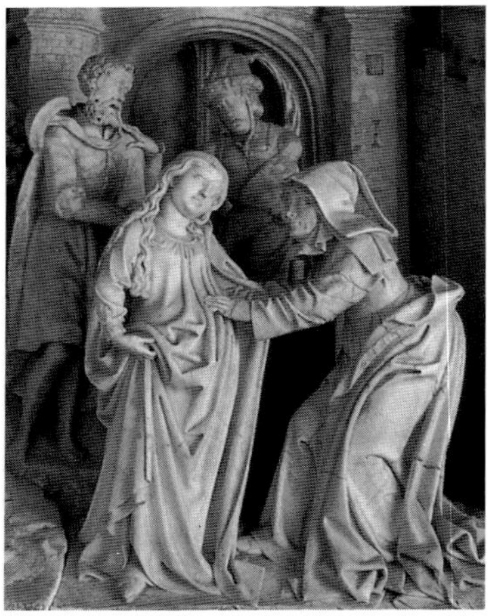

Brou, Detail vom »Altar der sieben Freuden Mariens« in der Kapelle der Herzogin: Heimsuchung
Der Altar ist 6,67 m hoch und 4 m breit. In seiner überbordend verzierten Rahmung ist er noch spätgotisch, die naturalistische Auffassung der Figuren dagegen läßt bereits den Einfluß der Renaissance erkennen. Obwohl aus Alabaster gearbeitet, wirkt er wie ein Schnitzaltar. Dargestellt sind folgende Szenen: Verkündigung, Heimsuchung, Geburt, Anbetung der Könige, der Auferstandene erscheint der Mutter, Pfingsten und – im Zentrum des Altars – die Himmelfahrt Mariae.
Die Bekrönung bilden drei weibliche Statuen: Maria und die hll. Margarete und Magdalena.
Die namentlich nicht bekannten Künstler sind auch in diesem Fall Flamen gewesen.

Der Bildhauer Conrat Meit

Obwohl Conrat Meit in einer Zeit lebte, in der die Persönlichkeiten der Künstler aus der Anonymität heraustreten, sind wir über seine Biographie denkbar schlecht unterrichtet. Auf dem Sockel einer Statuette der Judith, die sich in München befindet (Bayerisches Nationalmuseum), nennt er den Ort seiner Herkunft: *Conrat Meit von Worms.* Man vermutet, daß er dort um das Jahr 1480 geboren wurde. Nach einer von Troescher angenommenen Lehrzeit in Straßburg ist Meit zwischen 1506 und 1510 in Wittenberg am Hof Kurfürst Friedrichs III. des Weisen nachgewiesen, wo er mit der Werkstatt Lucas Cranachs zusammenarbeitete. Dort ist er möglicherweise das erste Mal mit Albrecht Dürer zusammengekommen. 1512 ernannte ihn Margarete von Österreich zu ihrem Hofbildhauer. Seither lebte er in Mecheln, wo er auch 1514 heiratete. Dürer traf mit ihm auf seiner niederländischen Reise 1420 zusammen, vielleicht bereits zum zweiten Male. Im Gegensatz zu der nur vermuteten Begegnung der beiden Künstler in Wittenberg steht ihr Zusammentreffen in Mecheln außer Frage, denn Dürer rühmte Conrat Meit damals als »den guten Bildschnitzer, desgleichen ich nicht gesehen habe«.[93] Meit hatte sich bis dahin vor allem als Schöpfer kleinformatiger Plastiken einen Namen gemacht. Er arbeitete in allen erdenklichen Materialien: Holz, Alabaster, Bronze, Marmor. Neben dem Porträt galt sein Hauptaugenmerk dem menschlichen Akt, den er in Form von Themen wie Lukretia, Adam und Eva, Judith, Venus und ähnlichem variantenreich darzustellen verstand. Vielleicht war seine ausschließliche Beschäftigung mit dem Kleinformat dafür verantwortlich, daß Margarete ihm erst so spät die ihm ungewohnte Aufgabe der Grabmäler in Brou übertrug. Doch zeigte sich dort, daß Conrat Meit mit dem monumentalen Maßstab ebenso souverän umzugehen wußte wie mit den unterlebensgroßen Formaten. Wenngleich Meit in seinem Spätwerk auch immer wieder Kleinplastiken schuf, hatte er sich doch seit seiner Tätigkeit in Brou mit der Monumentalskulptur einen neuen Wirkungsbereich erschlossen, der fortan das zweite Standbein seines Schaffens ausmachen sollte. In der Kathedrale von Besançon befindet sich eine (unvollendete) Pietà Meits, von der Troescher mutmaßt, der Künstler habe sie während seines Auf-

93 Die Quelle zitiert: Friedrich Winkler, *Conrat Meits Tätigkeit in Deutschland,* in: Jahrbuch d. Preußischen Kunstsammlungen, 1924, S. 43-61.
94 Als solchen betitelt ihn: DuMont's Bild-Lexikon der Kunst, Köln 1976.
95 Theodor Müller a.a.O. (Anm. 91) S. 9.

enthaltes in Brou gemeißelt, als er zwischen der Fertigstellung der alabasternen Liegefiguren und dem Eintreffen der Marmorblöcke für die Gisants möglicherweise einen zeitlichen Spielraum hatte. Nach Abschluß der Arbeiten in Brou zog Meit mit seiner Werkstatt weiter nach Lons-le-Saunier, wo er im Auftrag der Philiberte von Luxemburg Figuren für das Grab von deren Sohn schuf, die aber restlos zerstört sind. 1534 ließ sich Meit in Antwerpen nieder, wo er ein Haus kaufte und die letzten Jahre seines Lebens verbrachte. Der genaue Zeitpunkt seines Todes ist nicht zu ermitteln. So wie seine Geburt im dunkeln bleibt, verwischen sich auch am Lebensende des Meisters seine Spuren. Man nimmt an, daß er um das Jahr 1550 herum gestorben ist.

Conrat Meit gilt heute als »die Hauptgestalt der deutschen Renaissancebildhauerei«.[94] In seinem Œuvre haben der Idealismus der italienischen Renaissance und der Realismus deutscher Prägung zu einer Synthese gefunden. In Brou erweist er sich darüber hinaus als würdiger Erbe Sluters, dessen Aufbruch in Richtung auf die Renaissance Meit konsequent zu Ende geführt hat. Theodor Müller hat ihn deshalb auch als den »Vollender der künstlerischen Tradition des niederländisch-burgundischen Zwischenreichs« betitelt.[95]

Brou ist darum auch mehr als nur das persönliche Mausoleum einer unmittelbaren Nachfahrin der Valois-Herzöge. Es bildet den Schlußakkord jener großen von Philipp dem Kühnen begründeten Glanzzeit Burgunds im Spätmittelalter, deren letzte Wellen 50 Jahre nach dem Tod Karls des Kühnen endgültig ausliefen. Zugleich beschließt Brou das kapitelreiche Buch der mittelalterlichen Kunst Burgunds.

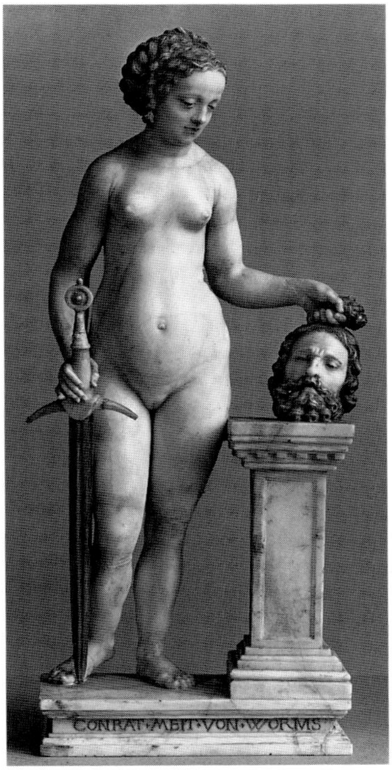

Conrat Meit, Statuette der Judith München, Bayerisches Nationalmuseum

Epilog

Der Bogen, der sich in Burgund von den frühen Denkmälern der Romanik bis zu den Zeugnissen des Spätmittelalters und der anbrechenden Renaissance – konkret: von Tournus bis nach Brou – spannt, umfaßt genau ein halbes Jahrtausend, von circa 1000 bis in die Zeit um 1500. Wir haben diesen Weg der Kunstgeschichte streng chronologisch nachvollzogen, und dabei ergab es sich – die historischen und geographischen Gegebenheiten legen das zwanglos nahe –, daß dieser geistige Weg vor Ort als eine große Rundfahrt von Süden nach Norden und wieder zurück in den Süden konkret »erfahrbar« wird. Die Ausführungen zur frühen Romanik hatten nahe bei Mâcon, in Tournus, begonnen, und sie enden mit Brou in derselben Gegend. Tournus liegt nur 50 Kilometer von Brou entfernt und ist von dort in einer guten halben Stunde Autofahrt zu erreichen, so daß sich der Kreis unserer imaginären und doch zugleich realen Rundreise nahtlos schließt.

Beide Kirchen, die frühe in Tournus und jene späte in Brou, haben bei aller Unterschiedlichkeit ihrer baukünstlerischen Erscheinung verblüffende Gemeinsamkeiten, denn beide sind Memorialbauten, und beide wurden für einen Philibert errichtet. Der in Tournus war ein Heiliger, der in Brou ein weltlicher Fürst. Den Dienst an den verehrten Gräbern versahen hier wie dort Mönche eines dazugehörigen Klosters. Doch welche Kluft tut sich zwischen diesen Gedächtniskirchen auf! Zum Grabe des hl. Philibert strömten die gläubigen Pilger, namenlos der Einzelne in der Anonymität der Gruppe, und beteten an der verehrten Stätte um der eigenen Erlösung willen; in Brou versammelte sich nur eine ausgewählte Schicht, um für das Heil der dort Beigesetzten betend zugleich deren Rang in der Welt in bleibender Erinnerung zu halten. Die Kirche von Tournus verzichtet auf allen Dekor, der Blick des Menschen wird nach innen gekehrt, die Begegnung mit dem Göttlichen vollzieht sich, unbeeinträchtigt von optischen Ablenkungen, in einer rein spirituellen Sphäre. In Brou dagegen werden alle Register sinnlich ansprechender Ausdrucksmöglichkeiten gezogen, um in der völligen Hingabe an die sichtbare Schönheit einer Auffassung zu huldigen, derzufolge sich das Göttliche in der gelungenen künstlerischen Form widerspiegelt. Mit der sich wandelnden Auffassung ging ein verändertes Verständnis des Menschseins einher. Die Individualität des Menschen galt dem frühen Mittelalter nichts, das ausgehende Mittelalter dagegen verlieh der Tat des Einzelnen heroische Größe. Es ist der Weg einer fortschreitenden Laisierung. In einer Studie zu Brou hat Eberhard Ruhmer diese Wandlung auf den Punkt gebracht: »Der Weg vom Mausoleum über die fürstliche Grabplatte zur profanen Grabeskirche ist ein Weg ständig und schließlich ins Übermäßige wachsender Ansprüche. Die Grabeskirche, die mittelalterliche Devotion den Religionsgründern, Aposteln, Heiligen und Märtyrern zuzubilligen pflegte, dient jetzt letzter Erhöhung des erhabenen Menschen.«[96]

Die extremen Gegensätze zwischen Brou und Tournus springen ins Auge. Und doch fassen wir beide Denkmäler, die ein halbes Jahrtausend voneinander trennt, unter dem Oberbegriff des Mittelalters zusammen. Dies scheint dennoch gerechtfertigt, weil ungeachtet aller Gegensätzlichkeiten eine Gemeinsamkeit beide miteinander verklammert: Sie sind aus einer tiefen Gläubigkeit hervorgegangen und aus der unumstößlichen Überzeugung, daß das Tun auf Erden nicht ohne Konsequenz im Jenseits bleiben wird.

Burgund hat in allen Jahrhunderten des Mittelalters Überragendes geleistet. Eine derartige Lückenlosigkeit finden wir sonst nur noch im Rheinland, in Oberitalien und der Toskana. Mit dem Aussterben der burgundischen Valois-Dynastie Ende des 15. Jahrhunderts ging auch die beherrschende Stellung Burgunds als eine der führenden europäischen Kunstlandschaften zu Ende. Brou ist Anfang des 16. Jahrhunderts die letzte Blüte eines absterbenden Baumes. Das 16. Jahrhundert sollte in Frankreich dem Loiretal gehören, wo die Hauptlinie des Hauses Valois und ihre Vasallen mit Blois, Amboise, Chambord und zahlreichen anderen Schlössern ihre prachtvollen Residenzen schufen. In Burgund entstanden als sichtbare Zeugen des Feudalzeitalters nur noch vereinzelt Denkmäler von Rang, etwa die Schlösser Tanlay oder Ancy-le-Franc. Nachdem 1589 mit Heinrich III. auch die Hauptlinie der Valois ausgestorben war und die Bourbonen auf den Thron gelangten, senkte sich der Vorhang über der Loire als politischem und kulturellem Schauplatz; fortan zogen Paris und Versailles alle schöpferischen Kräfte des Landes an sich. Erst in unseren Tagen ist der starre Zentralismus aufgebrochen, sind die Regionen Frankreichs und mit ihnen die Bourgogne aus ihrem provinziellen Schlummer wieder erwacht. Burgund hat, wenn auch in einem ganz prosaischen Sinn, seine alte Funktion als Drehscheibe der Völker erneut eingenommen. Das Autobahnkreuz bei Beaune ist einer der meistfrequentierten Verkehrsknotenpunkte im modernen Europa geworden. Und der unvergleichliche Wein Burgunds, der in alle Länder unseres Erdballs exportiert wird, kündet in der ganzen Welt von der hohen Lebenskultur, die bis auf den heutigen Tag für diese Landschaft im Herzen Frankreichs kennzeichnend geblieben ist.

96 Eberhard Ruhmer, *Temple de la Fidelité – Die Kirche von Brou und ihre Gräber*, in: Die Kunst und das schöne Heim, 64. Jahrg. 1965, S. 51ff.

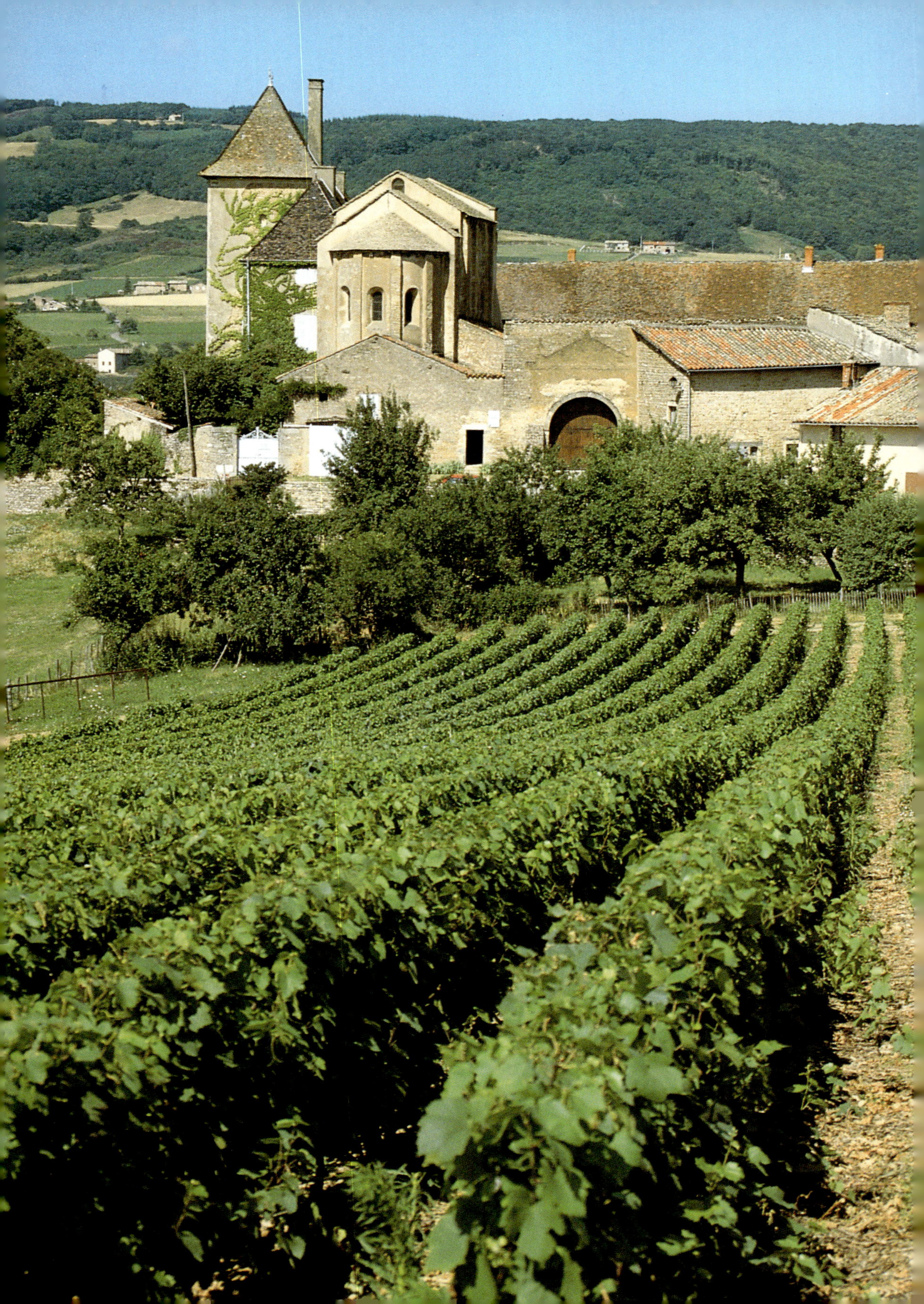

Anhang

Burgund heute

Farbtafel Seite 288:
Berzé-la-Ville, romanische Chapelle-aux-Moines von Osten

1793 hatte die Revolution den historischen Namen Burgund von der Landkarte getilgt und durch die neuen Verwaltungseinheiten der Départements ersetzt. Als 1793 in Frankreich eine tiefgreifende Gebietsreform durchgeführt wurde, die das Land in 22 Regionen gliederte, wurde der Name Burgund/Bourgogne wieder eingeführt. In dieser Region, die weitgehend dem historischen Herzogtum (vor seiner Expansionsphase zur Zeit der Großen Herzöge) entspricht, sind jetzt die vier Départements Côte-d'Or (Hauptstadt: Dijon), Saône-et-Loire (Hauptstadt: Mâcon), Yonne (Hauptstadt: Auxerre) und Nièvre (Hauptstadt: Nevers) zusammengefaßt. Dijon hat seither als Hauptstadt der Region Bourgogne seinen früheren Rang als Metropole Burgunds wiedergewonnen. Obwohl die vier Départements mit je 7000-8000 km^2 annähernd gleich groß sind, fällt die Bevölkerungsdichte (insgesamt leben etwa 1,6 Millionen Menschen in der Region Bourgogne) sehr unterschiedlich aus. Das überwiegend agrarisch orientierte Département Nièvre hat lediglich 240 000 Bewohner, im Département Saône-et-Loire dagegen leben knapp 700 000 Menschen, die meisten von ihnen in den großen Städten Mâcon und Chalon sowie in dem Industrierevier rund um Le Creusot. In dieser einzigen größeren Industrieregion Burgunds gibt es bedeutende Schwerindustrie (metallverarbeitende Betriebe, Rüstungsindustrie). Allerdings hat die Krise der Metallbranche in den 1980er und erneut zu Beginn der 1990er Jahre zu einem deutlichen Produktionsrückgang und zu einer in dieser Region extrem hohen Arbeitslosigkeit geführt. Dagegen ist Dijon seit Durchführung der Gebietsreform zu einem neuen Industriestandort geworden, an dem sich vor allem pharmazeutische und textilverarbeitende Betriebe angesiedelt haben. Dies ging hier deutlich zu Lasten des Weinanbaus. Heute ist das unangefochtene Zentrum des Weins, der nach wie vor das wichtigste Exportgut Burgunds darstellt, die Stadt Beaune. Dijon, heißt es, sei die Hauptstadt *de la Bourgogne* (Burgunds), Beaune dagegen die Hauptstadt *du Bourgogne* (des Burgunders, gemeint ist der Burgunderwein).

Die Kultur des Weinbaus reicht in Burgund in die Römerzeit und blickt damit auf eine zweitausendjährige Tradition zurück. Herzog Philipp der Kühne unternahm 1395 den Versuch, die Produktion von Masse auf Qualität umzustellen, indem er den Anbau der billigen Gamaytraube verbot und nur noch den der Pinottraube zuließ, ein Edikt, das sich allerdings als nicht durchsetzbar erwies. Die konsequente Umstellung von der preiswerten Massenerzeugung zu qualitativ hochwerti-

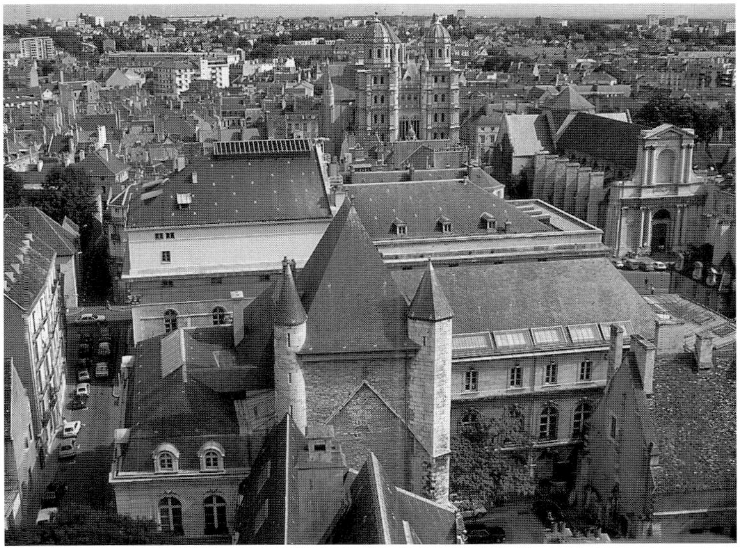

Dijon, Blick vom Turm Philipps des Schönen nach Osten
Im Vordergrund die Tour de Bar des ehemaligen Herzogspalastes, im Hintergrund die Fassade der Kirche St-Michel

gen Weinen vollzog erst das 19. Jahrhundert, nachdem infolge der Reblauskatastrophe praktisch der gesamte Bestand an Weinstöcken neu angepflanzt werden mußte. Spricht man von Burgunderwein, denkt jeder spontan an Rotwein. Und doch verhält es sich so, daß der Ausstoß an Weißwein jenen an Rotwein deutlich übersteigt. Jährlich werden etwa 1 Million Hektoliter Weißwein gekeltert, vorwiegend in Nordburgund (Chablis) und im Süden (Montrachet und Meursault bei Beaune, Pouilly-Fuissé bei Mâcon – um nur die bedeutendsten Lagen zu nennen). Die Produktion an Rotwein beläuft sich dagegen auf rund 300 000 Hektoliter, die fast ausschließlich in den Orten entlang der Côte-d'Or (nördlich und südlich von Beaune) gekeltert werden (die wichtigsten Lagen: Beaune, Chambertin, Vosne-Romanée, Aloxe-Corton, Chambolle-Musigny, Pommard). Da fast 90 % des erzeugten Weins das höchste Gütesiegel AOC (Appellation d'origine controllée) trägt, verfügt Burgund heute nach dem Bordelais über die zweitgrößte Anbaufläche für Qualitätsweine weltweit.

Gleich dem Wein besitzt auch die Gastronomie Burgunds Weltruf. Überall fallen im Landschaftsbild die weißen Charollaisrinder auf, ein hochwertiges Fleischvieh, das inzwischen in vielen anderen Gegenden Europas und Amerikas gezüchtet wird. Weitere nennenswerte Eigenprodukte sind Geflügel, Pasteten, diverse Käsesorten, Creme de Cassis (Johannisbeerlikör, der, mit Weißwein oder Champagner gemischt, den erfrischenden Kir ergibt) und der berühmte Senf aus Dijon. Mit diesen kulinarischen Erzeugnissen verbindet sich die den Burgundern eigene Begabung großer Kochkunst. Nirgendwo auf der Welt findet man eine solche Dichte sterngekrönter Restaurants wie im Bereich zwischen Dijon und Lyon. So wird denn auch kaum einer, der heute in Burgund reist, die Tafelfreuden als willkommene Abrundung der kulturgeschichtlichen Eindrücke verschmähen.

Leitfaden für Reisende in Burgund

Der Reisende erreicht **Tournus** (ausführlich S. 21 ff), wo unsere Rundfahrt beginnt, bequem über die Autobahn. Im weiteren Verlauf der Rundreise folgt man fast ausschließlich kleineren Landstraßen. Auf dem Weg von Tournus nach Cluny bieten sich erste Zwischenstationen an:

Brancion ist eine Festung, deren Ursprung in das 11. Jahrhundert zurückreicht. Ende des 14. Jahrhunderts ließ Philipp der Kühne die Burg beträchtlich verstärken. Im 16. Jahrhundert wurde die Anlage im Zuge der Religionskriege zum Teil zerstört. Dennoch blieben eindrucksvolle Partien erhalten, die man heute besichtigen kann. Durch die Gassen eines der malerischsten Dörfer Burgunds gelangt man zur *romanischen Kirche St-Pierre*, deren herbe und gänzlich schmucklose Erscheinung in Zusammenhang mit der Baukunst der Zisterzienser zu sehen ist. Das Kloster La Ferté, eine der ersten Filiationen von Cîteaux, lag nur wenige Kilometer von hier entfernt. An den Fuß des Hügels, auf dem sich Brancion erhebt, schmiegt sich ein weiteres kleines Denkmal des 12. Jahrhunderts: *La Chapelle-sous-Brancion.*

Von Brancion aus erreicht man in wenigen Minuten Chapaize.

Chapaize (siehe S. 16, Randspalte) besitzt mit seiner *Kirche St-Martin* ein anschauliches Beispiel für den Stil der frühromanischen Baukunst im Süden Burgunds. Rund um das Dorf gibt es gut markierte Wanderwege, die durch ein besonders beschauliches Gebiet führen.

Romanische Kapelle La Chapelle-sous-Brancion

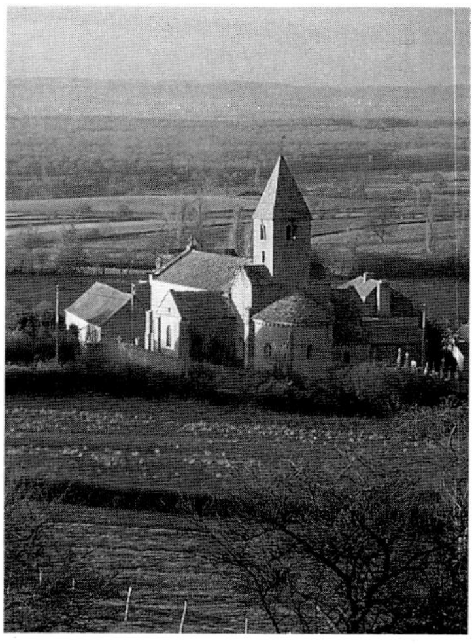

Wenige Kilometer weiter in westlicher Richtung erreicht man in **Cormatin** (Schloß aus dem frühen 16. Jahrhundert mit guterhaltener Ausstattung) das Tal der Grosne. Bevor man von dort Cluny ansteuert, sollte man einen Abstecher nach Taizé unternehmen.

Taizé hat durch Frère Roger Schutz Weltruf erlangt. 1940 hatte der aus der Schweiz stammende Calvinist nahe der Demarkationslinie zwischen dem von den deutschen Besatzungstruppen okkupierten Teil Frankreichs und dem Südteil des Landes, über den das Vichy-Regime die Aufsicht führte, eine Fluchthilfe für Verfolgte, vor allem Juden, organisiert. Aus dieser Initiative ist nach Ende des Zweiten Weltkriegs die *Communauté de Taizé* hervorgegangen, eine calvinistisch-protestantische Bruderschaft, zu deren Hauptanliegen die Ökomene und die Jugendarbeit zählen. 1962 wurde die *Eglise de la Reconciliation* geweiht, an deren Errichtung die Aktion Sühnezeichen wesentlichen Anteil hatte. Es gehört zu den bewegendsten Eindrücken einer Reise durch Burgund, in dieser Kirche, nur 10 km von Cluny entfernt, eine moderne Auffassung mönchischer Liturgie zu erleben (morgens, mittags und abends finden die gemeinsamen

Gebetsstunden statt, zu denen jeder Zutritt hat). Die kleine *romanische Dorfkirche*, die gleichfalls zur Communauté gehört, dient ausschließlich dem stillen Gebet und der Meditation.

Die Hauptsehenswürdigkeiten von **Cluny** sind auf Seite 31 ff ausführlich vorgestellt. Hier ist nachzutragen, daß der Ort mit *Notre-Dame* auch eine sehenswerte Kirche des 13. Jahrhunderts besitzt, eines der ganz wenigen Beispiele gotischer Baukunst in Südburgund. Von der *romanischen Kirche St-Marcel* blieb der reich gegliederte Glockenturm erhalten (das Langhaus ist ein Neubau des 19. Jahrhunderts). Seltenheitswert besitzen die *romanischen Häuser* in der rue de la République (Nr. 25) und in der rue d'Avril (Nr. 6).

Den schönsten Blick auf Cluny hat man in den Vormittagsstunden von der D 15 aus, die in östlicher Richtung hügelan führt (Ausschilderung: Donzy-le-Pertuis).

Von Cluny aus erreicht man mit dem Wagen die romanische Kapelle **Berzé-la-Ville** mit ihren berühmten Fresken (vgl. S. 60-63) in wenigen Minuten (Richtung Mâcon, jedoch nicht der neuen Schnellstraße folgen, sondern die Ausschilderung »Route touristique« beachten!). Auf dem Weg dorthin sieht man auf einer Anhöhe die *Burg von Berzé-la-Ville*, die älteste Baronie in der Grafschaft Mâcon, die ihre heutige bauliche Gestalt im Spätmittelalter erhielt.

Südlich der Schnellstraße Cluny-Mâcon weist eine gute Ausschilderung den Weg zu einem **Circuit Lamartine**. Alphonse de Lamartine (1790-1869), Dichter und Politiker, stammte aus Mâcon. Seine Familie hatte im Mâconnais weitläufige Besitzungen, Manoirs und Landhäuser, die dieser Circuit erschließt. Dabei kommt man auch am **Felsen von Solutré** vorbei (siehe S. 11, Randspalte).

Auf der N 79 ist ein zügiges Vorankommen nach Paray-le-Monial gewährleistet. Auf etwa halber Strecke zwischen Cluny und Charolles lohnt der Abstecher hinauf auf den **Butte de Suin**, von wo aus man aus einer Höhe von knapp 600 m bei klarer Sicht das ganze Mâconnais, das Charollais und das Brionnais bis zum Tal der Loire im Westen überblickt.

Über Charolles führt der Weg weiter nach **Paray-le-Monial**. Wegen des spärlichen Hotelangebotes im Brionnais eignet sich dieser Ort gut als Standquartier für einen oder zwei Tagesausflüge in das **Brionnais** mit seinen *romanischen Kirchen*, die im Haupttext (S. 69 ff) vollzählig beschrieben sind (besonders empfehlenswert: das Hôtel des Trois Pigeons).

Bevor man sich von Paray-le-Monial auf den Weg in das mittlere und nördliche Burgund macht, empfiehlt sich ein Abstecher in das **Nivernais**. Man folgt dem Lauf der Loire stromabwärts über **Bourbon-Lancy** (malerische Altstadt, Fachwerkhäuser) und Decize nach **Nevers**. Die Stadt besitzt neben der *frühromanischen Kirche St-Etienne* (S. 29) als zweiten bedeutenden Sakralbau des Mittelalters die *Kathedrale St-Cyr-et-Ste-Julitte*, an der alle Epochen des Mittelalters vom 11. bis zum 15. Jahrhundert mitgewirkt haben. Ungewöhnlich für die französische Architektur ist die

Doppelchorigkeit, die in der salischen Baukunst Deutschlands verbreitet war (z. B. Worms, Mainz). Der Westchor ist romanisch. In seiner Wölbung erscheint ein Fresko des 12. Jahrhunderts mit einer Maiestas-Darstellung (Christus und die vier Evangelistensymbole). Während die Basilika dem 13. Jahrhundert entstammt, erhielt der Chor seine endgültige Gestalt erst im 15. Jahrhundert. Schräg gegenüber der Kathedrale steht das *ehemalige Herzogspalais*. In seiner Baugeschichte – in der zweiten Hälfte des 15. Jahrhunderts begonnen, Ende des 16. Jahrhunderts fertiggestellt – spiegelt sich das wechselvolle Schicksal des Nivernais wider: Nach dem Aussterben der burgundischen Valois belehnte die Krone das Haus Cleve mit der Grafschaft, die von Franz I. zum Herzogtum erhoben wurde. Infolge der Heirat der Henriette von Cleve mit Ludovico Gonzaga kam das Nivernais 1566 an eine Seitenlinie des Mantuaner Herzogshauses, die die Glasbläserei und die Herstellung von Fayencen in Nevers heimisch machte. Im 17. Jahrhundert dann gelangte das Nivernais durch Verkauf an Kardinal Mazarin, der es seinerseits seinem Neffen Philipp Jules Mancini überließ. Die Mancini geboten bis zur Revolution über das Nivernais. In der schmucklosen Nüchternheit der Fassade des Herzogspalais' spricht die italienische Renaissance deutlicher mit als an den meisten anderen gleichzeitigen Profanbauwerken Frankreichs. Ferner sind stattliche Partien der einstigen Stadtbefestigungsanlage erhalten, besonders die stolze *Porte du Croux*, die aus der Zeit Philipps des Kühnen datiert.

Ein kleines Stück die Loire weiter abwärts gelangt man nach **La Charité-sur-Loire** mit der Ruine ihrer von Cluny abhängigen *romanischen Kirche* (vgl. S. 81). Von dort sind es nur wenige Minuten zum Dorf **Donzy-le-Pré**. Von dessen *romanischer Kirche* steht nur noch ein Teil der Westseite, doch lohnt der kleine Umweg wegen des erhaltenen *spätromanischen Portals* (um 1150). Es zeigt eine Muttergottes zwischen dem Propheten Jesaja und einem Engel mit einem Weihrauchfaß. Aus der Bewegtheit der Figuren spricht der »barocke Spätstil« von Charlieu (Nordportal), es spielt aber auch der »Kantenstil« von Perrecy-les-Forges mit herein, ein Beweis dafür, daß es starre Trennungslinien zwischen den unterschiedlichen Strömungen in der späten romanischen Skulptur Burgunds nicht gibt.

Vom Nivernais sich wieder nach Osten wendend, erreicht man Autun am besten auf der D 978 über Château-Chinon.

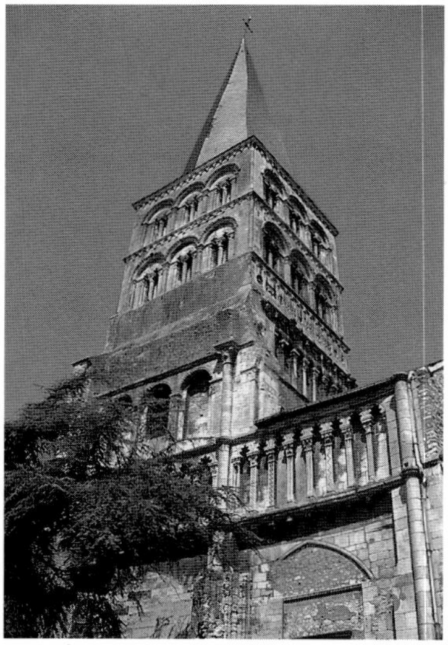

La Charité-sur-Loire, ehem. Klosterkirche, Turm der Westfassade
Von den ursprünglich zwei Türmen der Westseite blieb nur dieser erhalten.

In **Autun** sind sowohl die Antike als auch das Mittelalter präsent (zur Antike vgl. S. 14, Randspalte, zum Mittelalter S. 87 ff). Das *Musée Rolin* besitzt außer der Eva des Meisters Gislebertus und den Fragmenten des Lazarusgrabes (vgl. S. 97 ff, 104 ff) weitere wertvolle Exponate: einen romanischen Christuskopf aus dem Kloster St-Odon, polychrom bemalte Statuen der Muttergottes und der hl. Katharina aus dem 15. Jahrhundert und ein Bild der Geburt Christi von der Hand des Meisters von Moulins, das um 1480 datiert ist und auf dem der Stifter, Kardinalerzbischof Jean de Rolin, der Sohn des Kanzlers Rolin, erscheint. In der klei-

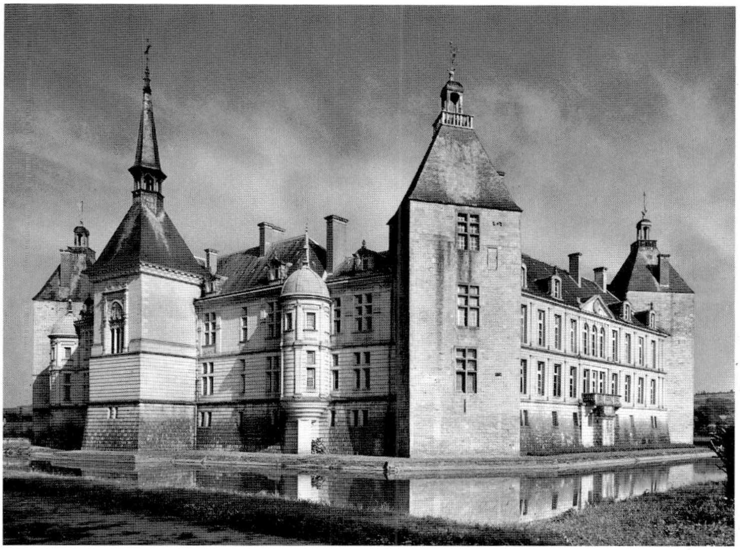

Schloß Sully
Obwohl das Schloß ein reines Wek der Renaissance ist, mutet die Gesamtwirkung der Architektur mit den stark betonten Ecktürmen und dem Burggraben noch stark mittelalterlich an.

nen Tafel haben der niederländische Einfluß und der Realismus des Jean Fouquet zu einer ganz eigenen Sprache gefunden.

Eine originelle Hotelempfehlung in Autun: das Hôtel St-Louis in der rue de l'Arbalète. Fragen Sie nach dem Zimmer Nr. 6, das vielleicht ausgefallenste – doch keineswegs kostspieligste! – Gastzimmer in Burgund. Napoleon hat dort wiederholt genächtigt, und seither ist der Raum kaum verändert worden – abgesehen von Ergänzungen in Gestalt von TV und Minibar.

Ein kleiner Ausflug führt von Autun zum nahegelegenen **Château de Sully**, einem Renaissancebau des 16. Jahrhunderts, in dem im 19. Jahrhundert der Marschall Mac-Mahon, Herzog von Magenta, geboren wurde, der von 1873 bis 1879 Präsident der Dritten Republik war.

Einen der schönsten landschaftlichen Eindrücke Burgunds vermittelt die Fahrt von Autun nordwärts durch die Hügelketten des **Morvan**. Diese Region ist extrem dünn besiedelt und besonders waldreich. Das Holz war den Einwohnern des Morvan über Jahrhunderte die wichtigste Lebensgrundlage. Es wurde auf den Flüssen nordwärts transportiert und in Paris als Brennholz verkauft. Um auch in regenarmen Zeiten bei niedrigem Wasserstand den reibungslosen Flößerverkehr zu gewährleisten, wurden im 17. und 18. Jahrhundert überall im Morvan kleine Stauseen angelegt, um im Bedarfsfall den Pegel der Flüsse anheben zu können. Heute dienen diese künstlichen Gewässer als Fischgründe.

Über **Saulieu** mit seiner *romanischen Kirche St-Andoche* (Fassade und Chor sind neu, nur die dreischiffige Basilika mit ihrem Kapitellzyklus stammt aus dem 12. Jahrhundert, vgl. S. 104) gelangt man nach **Vézelay** (ausführlich S. 108 ff). Wem die Quartiere in diesem stark frequentierten Ort zu teuer sind, weicht in das nahe Avallon aus. Von hier läßt sich ein Ausflug nach Quarré-les-Tombes mit seinen merowingischen

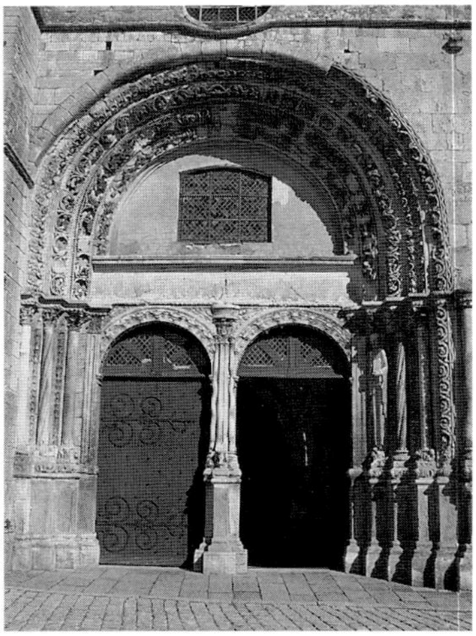

Avallon, Portal der romanischen Kirche St-Lazare
In der ursprünglich dreiteiligen, um die Mitte des 12. Jahrhunderts entstandenen Portalanlage, die man sich wie in Vézelay innerhalb eines Narthex vorzustellen hat, vereinigen sich spätromanische und frühgotische Elemente (vgl. Abb. S. 160).

Gräbern (vgl. S. 15, Randspalte) und über St-Léger-Vauban – dort wurde der geniale Festungsbaumeister Ludwigs XIV. geboren – zum **Kloster Ste-Marie-de-la-Pierre-qui-vire** unternehmen, wo der Verlag Zodiaque seinen Sitz hat, bekannt durch seine Publikationen zum Thema der romanischen Kunst; die Klosterbaulichkeiten sind allerdings neueren Datums.

Das Städtchen **Avallon** lädt nicht nur wegen seiner *romanischen Kirche St-Lazare* zum Verweilen ein (hierher gelangte die Kopfreliquie des hl. Lazarus, während der Korpus in Autun aufbewahrt wurde), sondern auch wegen der anheimelnden *Altstadt* mit ihren vielfältigen Einkaufsmöglichkeiten. Die Kirche wurde 1106 geweiht, erwies sich jedoch schon bald infolge des zunehmenden Pilgerstroms als zu klein und mußte nach Westen um etwa 20 m verlängert werden. Im Zuge dieser nachträglichen Baumaßnahmen entstand um die Mitte des 12. Jahrhunderts das *Portal*, das spätromanische und frühgotische Elemente vereint (vgl. S. 167 f). St-Lazare ist keiner der in Burgund vertretenen Bauschulen zuzuweisen, zeigt vielmehr eine Mischung aus cluniazensischen, älteren burgundischen und zisterziensischen Merkmalen.

Die Weiterfahrt von Avallon nach Fontenay sollte man mit einem kleinen Schlenker nach Südosten verbinden, um eine ausgesprochen liebliche und kulturell besonders aussagekräftige Region Burgunds kennenzulernen.

Zunächst ist das Dorf **Montréal** östlich von Avallon anzusteuern. Hier soll im 6. Jahrhundert Königin Brunhilde eine Residenz gehabt haben. Im hohen Mittelalter war Montréal durch einen dreifachen *Mauerring* gesichert, von dem trotz der Zerstörung unter Heinrich IV. noch beträchtliche Teile stehen, die beredte Auskunft über die einstige Bedeutung des Ortes geben. Heute ist Montréal ein verschlafenes Nest. Etwas außerhalb der Mauern liegt auf der Terrasse, von der man einen schönen Blick über das Tal des Serein hat, die *romanische Kirche Notre-Dame* (vgl. S. 157, Randspalte). In den Auszackungen ihres zweitorigen Portals ist maurischer Einschlag zu beobachten. Die Architektur steht im Übergang von der späten Romanik zur frühen Gotik. Bemerkenswert ist die Ausstattung: Im Chor steht ein Alabasteraltar des 14. Jahrhunderts, der aus England stammt und Szenen aus dem Leben Mariens zeigt (die Rahmung neugotisch). Das Chorgestühl wurde Anfang des 16. Jahrhunderts von den Brüdern Rigoley geschnitzt; neben diversen biblischen Szenen haben sich die beiden selbst dargestellt, wie sie nach getaner Arbeit zu Tische sitzen und tafeln.

Über Epoisse erreicht man als nächste Station das wehrhafte **Semur-en-Auxois**. 1371/72 hatte Philipp der Kühne die Stadt zu einer der bestbefestigten Plätze seines Herzogtums ausbauen lassen. In Form einer 8 umzieht die zum Teil noch aufrecht stehende Mauer das Stadtgebiet. Von einstmals 18 Rundtürmen sind 4 erhalten geblieben. Das wichtigste Denkmal von Semur ist die einstige *Kollegiatskirche Notre-Dame* aus dem

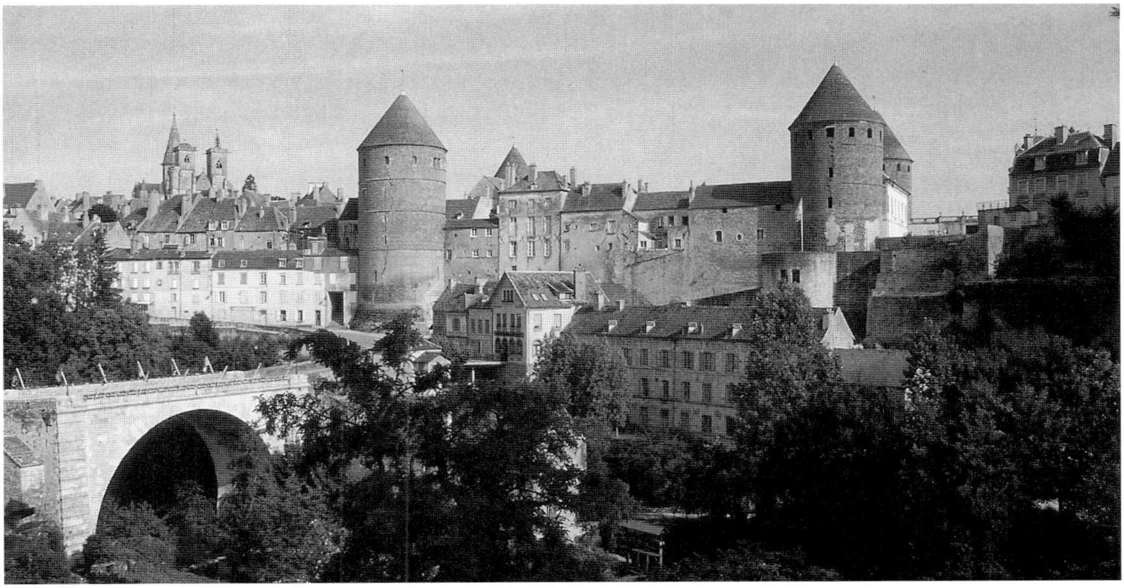

Semur-en-Auxois, Blick auf die Stadt von Nordwesten

zweiten Viertel des 13. Jahrhunderts. Sie ist die am wenigsten burgundische aller gotischen Kirchen des einstigen Herzogtums. Während nämlich die Gotik Burgunds um einen Ausgleich zwischen Vertikale und Horizontale bestrebt war, schließt sich Notre-Dame in ihrem akzentuierten Höhenstreben eng an die Vorbilder der Ile de France an. Das Verhältnis von Höhe zu Breite beträgt 3,3:1. Der plastische Portaldekor der Westseite ging in der Revolution verloren, doch ist die *Porte des Bleds* auf der Nordseite der Kirche den Zerstörungen entgangen. Dargestellt sind in zwei Registern Szenen aus dem Leben des Apostels Thomas: seine Ungläubigkeit im Angesicht des wiederauferstandenen Heilands sowie Begebenheiten seines angeblichen missionarischen Wirkens in Indien. Es handelt sich um eine qualitätvolle Arbeit aus der Zeit um 1250. Im Inneren der Kirche ist in einer Seitenkapelle die *Grablegungsgruppe* von 1490 aufgestellt (siehe S. 237).

Von Semur-en-Auxois geht es auf der D 954 hinüber in das Tal des Armançon. Nahe dem Dorf Alise-Ste-Reine erhebt sich der **Mont Auxois**, auf dem sich die keltische Festung *Alesia* befand. Hier war im Jahr 52 v. Chr. der Schauplatz des letzten großen Ringens zwischen Galliern und Römern. Nach mehrwöchiger Belagerung durch die Truppen Cäsars mußte der gallische Heerführer Vercingetorix kapitulieren. Er wurde im Triumphzug durch Rom geführt und sechs Jahre später im Kerker erdrosselt. Napoleon III. ließ zwischen 1861 und 1865 die Grundmauern des Festungswalls ausgraben und als Pendant zum Hermannsdenkmal im Teutoburger Wald eine Kolossalstatue des Vercingetorix aufstellen. Die Grabungen haben zugleich den Nachweis erbracht, daß der Hügel auch in nachrömischer Zeit besiedelt blieb. Man fand Reste eines merowingischen Sanktuariums.

Nach nur 3 km in Richtung Südosten erreicht man vom Mont Auxois aus das Städtchen **Flavigny-sur-Ozerain**, das noch Teile seiner *mittelalterlichen Befestigung* und etliche alte *Wohnhäuser* besitzt. Die *Klosterkirche St-Pierre*, in der Revolution schwer verstümmelt, hat als Teil ihrer romanischen Substanz die Krypta bewahrt, die *Pfarrkirche St-Genès* ist ein gotisches Bauwerk des 13. Jahrhunderts, das im 15. und 16. Jahrhundert einschneidende Veränderungen erfuhr. Die Ausstattung ist ungewöhnlich skulpturenreich. In der Nachfolge Sluters steht ein Verkündigungsengel aus dem 15. Jahrhundert.

Ebenfalls nur knapp 3 km (nach Nordosten) sind es vom Mont Auxois zum **Château Bussy-Rabutin**. Die drei Flügel des Renaissanceschlosses sind aus einer mittelalterlichen Anlage hervorgegangen, von der zwei trutzige Rundtürme in den Neubau des 16. Jahrhunderts integriert sind. Den Haupttrakt ließ Mitte des 17. Jahrhunderts Roger de Rabutin neu gestalten, der wegen seines respektlosen Verhaltens gegenüber dem König erst für ein Jahr in die Bastille mußte, um nachher auf seinen burgundischen Besitz verbannt zu werden. Vom Leben am Hofe abgeschnitten, ließ der exilierte Lebemann im Inneren des Schlosses Galerien mit den Porträts zahlreicher Zeitgenossen – vor allem der schönen Damen – anlegen, die, wie auch andere Stücke der alten Einrichtung, den Zerstörungen der Revolutionszeit entgangen sind.

Vorbei an Montbard gelangt man abseits des Armançontales zur ehemaligen **Zisterzienserabtei Fontenay** (ausführlich S. 138 ff). Leider darf man nicht allein durch das Kloster streifen, sondern muß sich einer Führung anschließen. Am Ende des Rundgangs trifft man auf den gutsortierten Buchladen.

Wer genügend Zeit hat, sollte von Fontenay aus den Abstecher nach **Châtillon-sur-Seine** nicht versäumen (von Montbard 33 km auf der D 980 nach Nordosten), um das interessanteste *Archäologische Museum* Burgunds zu besuchen. Hier ist der berühmte *Schatz von Vix* ausgestellt, der 1953 bei Grabungen zutage gefördert wurde. Es handelt sich um die Grabbeigaben einer keltischen Fürstin aus dem 6. Jahrhundert v. Chr. Der Leichnam war auf einem Wagen aufgebahrt, der im Modell rekonstruiert werden konnte. Das prachtvollste Stück der Grabfunde ist ein riesiger Bronzekrater von 1,64 m Höhe und 208 kg Gewicht: ein spätarchaisches Bronzegefäß griechischer Herkunft, das größte, das wir aus der Antike kennen. Um den Hals des Gefäßes legt sich ein 14 cm hoher Fries mit Darstellungen von Streitwagen und Hopliten (Fußsoldaten). In Vitrinen sind weitere Bronzegegenstände sowie diverse Schmuckstücke ausgestellt. Der Schatz von Vix veranschaulicht den regen Austausch zwischen Kelten und Griechen bereits im 6. vorchristlichen Jahrhundert.

Das Museum ist in der *Maison du Philandrier* untergebracht, einem stattlichen Adelspalais des 16. Jahrhunderts. Als sakrales Bauwerk zieht die *Kirche St-Vorles* die Aufmerksamkeit auf sich: ein frühromanischer Bau des 11. Jahrhunderts, der nachträglich wiederholt verändert wurde.

In einer Seitenkapelle soll der hl. Bernhard – er war Klosterschüler in St-Vorles – im jugendlichen Alter eine Marienerscheinung gehabt haben, die für seinen Werdegang von maßgeblicher Bedeutung war.

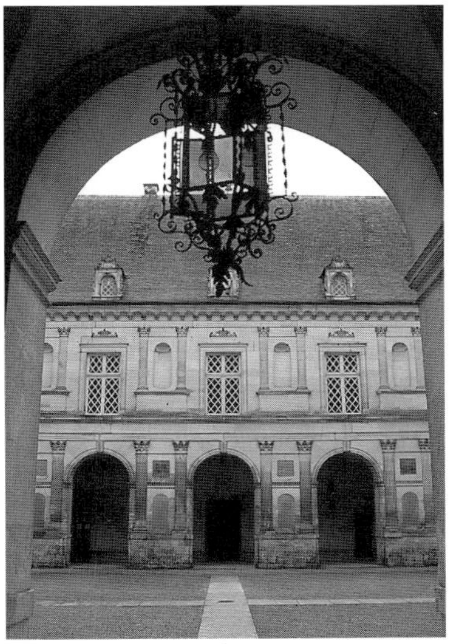

Schloß Ancy-le-Franc, Blick in den Innenhof
Die Gliederung der Hofflügel besitzt in dem von Bramante entworfenen Hof des Belvedere im Vatikan ein prominentes Vorbild.

Von Châtillon-sur-Seine geht es auf der D 965 wieder nach Westen Richtung Tanlay und Tonnerre. Von Montbard aus folgt man der D 905 im Tal des Armançon nach Norden.

20 km nordwestlich von Montbard kommt man durch den Ort **Rougemont**. Dessen *gotische Kirche Notre-Dame* aus der zweiten Hälfte des 13. Jahrhunderts ist in enger Anlehnung an Notre-Dame in Semur-en-Auxois entstanden. Im Inneren befindet sich eine liebliche Madonna, ein schönes Beispiel für den Weichen Stil der Zeit um 1400.

Zwischen Rougemont und Tonnerre beweisen zwei Schloßbauten, daß der künstlerische Impetus in Burgund nach der Valoiszeit nicht vollends zum Erliegen kam. **Ancy-le-Franc** darf sogar als ein Hauptwerk der Renaissance in Frankreich gelten. Der Bauherr war Antoine de Clermont, der mit einer Schwester der legendären Diana von Poitiers, Mätresse König Heinrichs II., verheiratet war. 1546 wurde der Grundstein gelegt. Das Schloß ist eine quadratische Anlage mit vier gleich gestalteten Flügeln. In seiner ganz auf Symmetrie angelegten Axialität, dem Verzicht auf verspielten Dekor und der Hervorhebung gliedernder Teile (Pilaster, Gesimse etc.) steht es der italienischen Baukunst des 16. Jahrhunderts näher als der gleichzeitigen französischen. Es gilt deshalb als sicher, daß der Entwurf von einem Italiener herrührt. In einem der Architekturtraktate von Sebastiano Serlio erscheint eine Zeichnung von Ancy-le-Franc. In der etwas spröden Erscheinung des ringsum von einem Wassergraben umgürteten Schlosses klingt noch die Erinnerung an mittelalterliche Wehrbauten an.

Das Schloß **Tanlay** dagegen kann als ein typischer Vertreter der französischen Renaissance gelten. Die verschwenderische Verwendung unterschiedlicher Architekturdekorationen, die wie ein letzter Ausläufer der

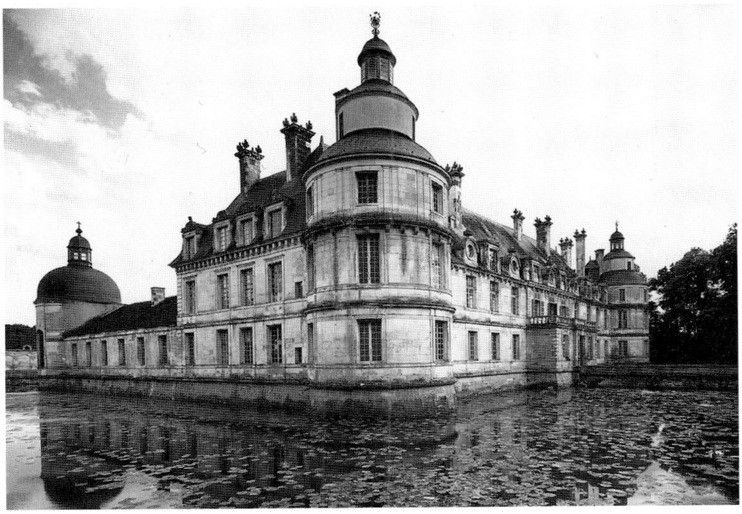

Schloß Tanlay, Blick auf das Corps de logis aus dem 17. Jahrhundert

Gotik erscheint, ist auch für viele Schlösser im Tal der Loire kennzeichnend. Tanlay wurde wie Ancy-le-Franc um die Mitte des 16. Jahrhunderts angelegt (Baubeginn 1555 durch den Architekten Andelot), jedoch erst im 17. Jahrhundert mit Errichtung des Hauptflügels (Corps de logis) fertiggestellt. Man betritt den Schloßpark durch das sogenannte Kleine Schloß, eine römischen Triumphtoren nachempfundene Portikusanlage des frühen 17. Jahrhunderts. Obwohl auch Tanlay von einem Wassergraben umgeben ist, tritt hier der wehrhafte Gedanke hinter dem Aspekt der offenen Landschaftsgestaltung zurück.

Die nächste Etappe auf dem Weg nach Nordburgund ist das Städtchen **Tonnerre**. Das hiesige *Hospital* gilt als Vorbild für das Hôtel-Dieu in Beaune. Es wurde 1293 von Margarete von Burgund gestiftet, der Witwe jenes Karl von Anjou, der der Stauferherrschaft in Süditalien ein gewaltsames Ende setzte. Hier ist eines der Hauptwerke der spätmittelalterlichen Bildhauerkunst Burgunds ausgestellt, die monumentale *Grablegungsgruppe* von Michel und Georges de la Sonnette aus dem Jahr 1454 (siehe S. 236 f). Gleichfalls von hervorragender Qualität ist eine überlebensgroße *Statue der Muttergottes mit Moses am brennenden Dornbusch* (der Dornbusch gilt als typologischer Hinweis auf die unbefleckte Empfängnis) aus dem 14. Jahrhundert. Das Barockzeitalter, in Burgund nur selten gegenwärtig, ist hier durch das aufwendige *Grabmal des Marquis de Louvois und seiner Frau* vertreten. Louvois war Minister unter Ludwig XIV. Die begleitenden Kolossalstatuen aus Bronze, Personifikationen der Weisheit und der Wachsamkeit, sind typisch für die repräsentativallegorische Hofkunst des 17. Jahrhunderts.

Von Tonnerre führt der Weg durch seicht geschwungene Weinberge nach **Chablis**. Der Name läßt das Herz des Weinkenners höherschlagen

Tonnerre, Krankensaal des Hôpital Notre-Dame-des-Fontenilles

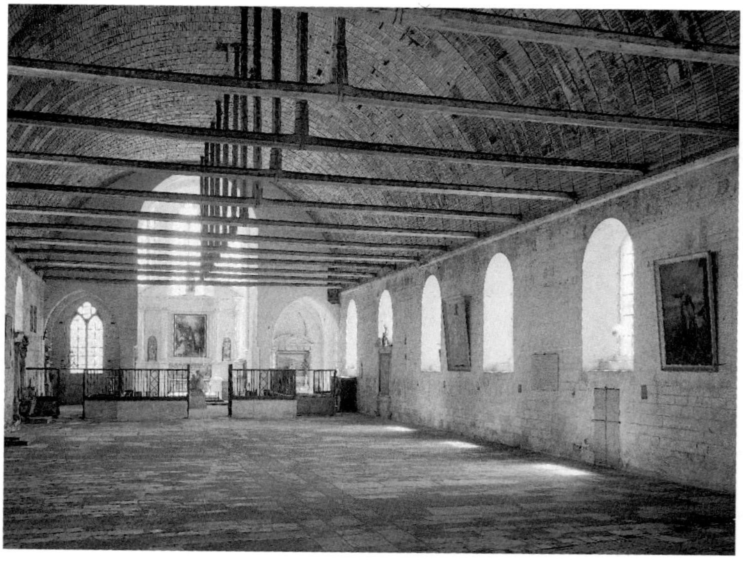

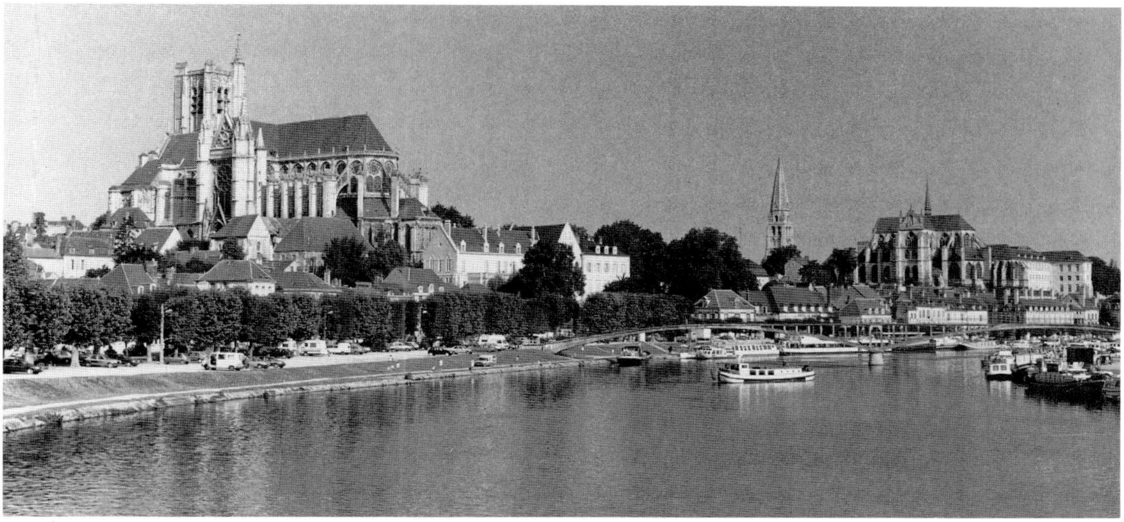

Auxerre, Blick vom rechten Yonneufer auf die Kathedrale St-Etienne (links) und die Kirche St-Germain

(Weinprobe und Direkteinkauf bei vielen Winzern rund um Chablis möglich, Hinweise beachten). Mit der *Kirche St-Martin* besitzt das Städtchen aber auch ein sehenswertes Bauwerk der Gotik. Obwohl St-Martin im 13. Jahrhundert entstand (trotz verschiedener Erneuerungen im 17. und 19. Jahrhundert eine insgesamt einheitliche Raumwirkung), steht die Architektur in ihrer frühgotischen Gesinnung (im Mittelschiff sechsteiliges Gewölbe, kein Maßwerk in den Fenstern, kompakter Wandaufriß) der ersten Generation der Kathedralen des 12. Jahrhunderts näher als den zeitgleichen Vertretern wie etwa Reims. Vermutlich hat die Kathedrale von Sens Pate gestanden. Auch hier finden sich wieder ausdrucksvolle Beispiele der burgundischen Plastik. Im Inneren der Kirche erlebt man eine Statue des hl. Petrus aus dem späten 13. Jahrhundert sowie die eines namentlich nicht bestimmbaren Papstes aus der Zeit um 1300.

In **Pontigny** (ausführlich S. 147 ff) sollte man vor Betreten der ehemaligen Zisterzienserkirche die gewaltigen Ausmaße der Architektur erfassen, die sich am besten vom freien Feld auf der Südseite erschließen. In den Sommermonaten stehen Studenten der Kunstgeschichte bei Bedarf Rede und Antwort zur Geschichte und Baukunst von Pontigny.

Auxerre besitzt die eindrucksvollste gotische Kulisse unter den Städten Frankreichs. Um diese nicht im Gegenlicht zu erleben empfiehlt es sich, den Besuch der Stadt in die Vormittagsstunden zu legen und den Rundgang am Ufer der Yonne zu beginnen, von wo man den Blick auf die Kirchen St-Pierre, St-Etienne (Kathedrale) und St-Germain hat.

Obwohl an der *Kathedrale St-Etienne* vom 13. bis ins ausgehende 15. Jahrhundert gebaut wurde (zur Architektur ausführlich S. 165), überrascht ihre Homogenität. Die Westseite zeigt das hochgotische Prinzip der Zweiturmfassade. Beinahe vollendet wurde allerdings nur der nördliche der beiden Türme. Das einstmals figurenreiche Bildprogramm der Portale wurde im 16. Jahrhundert von Calvinisten zum Teil zerstört.

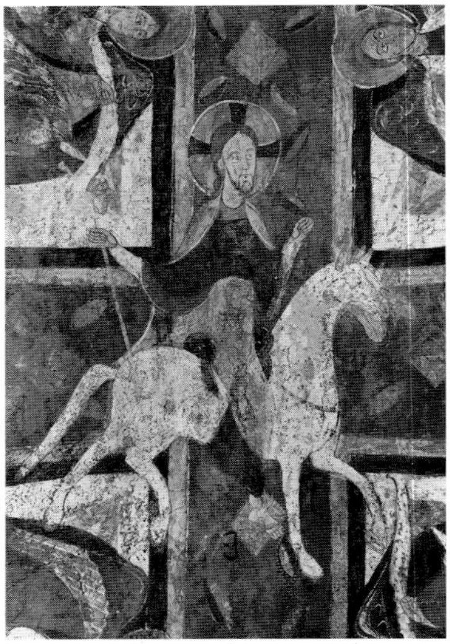

Auxerre, romanisches Fresko in der Krypta der Kathedrale St-Etienne
Den Chor von St-Etienne unterfängt eine Krypta des 11. Jahrhunderts. Im Gewölbe ihrer Scheitelkapelle befindet sich dieses Fresko aus der Zeit um 1100. Es zeigt den auf einem Schimmel reitenden Christus, den vier gleichfalls reitende Engel umgeben. Eine weitere Darstellung Christi als Pantokrator in der Apsis gleich dahinter entstammt dem 13. Jahrhundert.

Sämtliche Gewändestatuen gingen verloren, erhalten blieben vor allem die Archivolten und Tympana der *drei Portale*. Das älteste von ihnen ist das *Südportal* (rechts), dessen Skulpturen, um 1260 entstanden, in enger Verbindung mit den Werken der Reimser Dombauhütte stehen. In den Streifen des Tympanon und den Archivolten werden Szenen aus dem Leben Johannes des Täufers und der Kindheit Jesu geschildert. Das *Mittelportal* besitzt Skulpturen aus unterschiedlichen Epochen: Die Reliefs im Gewände und an den Türpfosten (dort die törichten und klugen Jungfrauen) datieren aus dem letzten Drittel des 13. Jahrhunderts, Türsturz und Tympanon dagegen mit Szenen des Weltgerichts gehören der Zeit um 1400 an, ohne jedoch als ausgesprochen typisch für den Weichen Stil dieser Zeit gelten zu können. Das *Nordportal* (links) aus dem frühen 14. Jahrhundert zeigt einen Marienzyklus: im Architrav die Himmelskrönung der Muttergottes (das Tympanon darüber zerstört), in den Archivolten verschiedene Szenen aus ihrem Leben. Die Sockelreliefs sind mit ihren Genesisszenen typologisch auf die Marienikonographie bezogen. Auch die beiden *Portale der Querschiffarme* besitzen Skulpturenschmuck. Das an der Südseite aus dem späten 14. Jahrhundert ist dem Titelheiligen der Kathedrale, Stephanus (französische: Etienne) gewidmet, das künstlerisch weniger bedeutende im Norden aus dem 15. Jahrhundert dem hl. Germanus.

Sehenswert sind außerdem die romanischen Fresken in der Krypta des 11. Jahrhunderts sowie die Schatzkammer mit Werken der Kleinkunst.

Von der Kathedrale geht man nur wenige Minuten zur ehemaligen *Abteikirche St-Germain*. Der hl. Germanus (378-448) war seit 418 Bischof seiner Heimatstadt. Nach seinem Tode erlangte er große Popularität, und sein Grab wurde zu einem der meistbesuchten Pilgerziele des mittelalterlichen Frankreich. Von der romanischen Substanz der Kirche steht einzig noch der Südturm der Fassade. Das übrige Gebäude entstand zwischen dem 13. und dem 15. Jahrhundert. Die Westteile wurden Anfang des 19. Jahrhunderts abgebrochen. Die erhaltenen Ostteile mit den ersten Jochen des Langhauses, dem Querhaus und dem Chor stehen in der Nachfolge der Kathedrale. Die große Kostbarkeit von St-Germain ist die *frühmittelalterliche Krypta*: eine dreischiffige Konstruktion (die Säulen und Kapitelle zum Teil spätantike Spolien), um die sich ein Umgang legt, der im 13. Jahrhundert vergrößert und verstärkt wurde. In diesem Umgang sieht man *Fresken aus karolingischer Zeit* (Mitte 9. Jahrhundert), die ältesten christlichen Wandmalereien Frankreichs (Leben und Tod des hl. Stephanus, Anbetung der Könige, zwei Bischöfe).

St-Pierre, südlich der Kathedrale gelegen, wurde im 16. Jahrhundert fast völlig zerstört und im 17. Jahrhundert wiederaufgebaut. Dabei entstand ein kurioses Gemisch unterschiedlicher Stile. Im Gesamteindruck dominiert die Gotik.

Die Gassen der Altstadt mit vielen Fachwerkbauten gruppieren sich um die aus dem späten 15. Jahrhundert stammende *Tour de l'Horloge*, mit der sich das aufstrebende Bürgertum ein profanes Denkmal gesetzt hat.

Die N 6 ist die direkte Verbindung zwischen Auxerre und Sens. Auf der Fahrt nach Sens kommt man durch **Villeneuve-sur-Yonne.** Der Ort besitzt in Gestalt seiner *Pfarrkirche Notre-Dame* ein weiteres sehenswertes Denkmal der burgundischen Gotik. Der Chor des frühen 13. Jahrhunderts wirkt noch kompakt spätromanisch und steht mit der Kathedrale in Sens in Verbindung. Im Langhaus hat sich dagegen die hohe Gotik Bahn gebrochen. Die Fassade entstand erst im 16. Jahrhundert und kann als eines der raren Beispiele sakraler Renaissancekunst in Burgund gelten.

In **Sens** erreichen wir den nördlichsten Punkt unserer Rundreise. Den Mittelpunkt der Stadt bildet die *Kathedrale St-Etienne*, einer der Gründungsbauten der Gotik (zur Architektur S. 157 ff, zur Skulptur S. 161). Die *Skulpturen der Portale* (die Gewändestatuen wie in Auxerre zerstört) sind Schlüsselwerke der gotischen Skulptur. In den Archivolten des Johannesportals (links, um 1184), den Sockelreliefs des Mittelportals und vor allem dem Stephanus am Trumeau (um 1200, Abb. S. 161) tritt zum ersten Mal der antikisierende Zug auf, der wenig später an den Querhausportalen der Kathedrale in Chartres zur Entfaltung und um 1235 in Reims zur Vollendung gelangen sollte. Weitere bedeutende Skulpturenfragmente findet man im *Museum*, das auf der Südseite der Kathedrale in Räumen des einstigen bischöflichen Palais' eingerichtet wurde.

Für ein zügiges Vorankommen nach Süden kann man von Auxerre bis Dijon der Autobahn A 6 folgen. Beschaulicher und landschaftlich abwechslungsreicher ist die Fahrt auf der N 6, die südlich von Auxerre über **Vermenton** führt. Die dortige *Kirche Notre-Dame* besitzt auf der Nordseite ein Portal mit drei frühgotischen Gewändestatuen (die übrigen Statuen sowie Architrav und Tympanon in der Revolution zerstört), die in der Nachfolge des Königsportals der Kathedrale in Chartres stehen (vgl. Abb. S. 160).

Ein anderes wichtiges Denkmal der Gotik in **St-Thibault-en-Auxois** erreicht man ebenso bequem über die Autobahn (Abfahrt: Semur-en-Auxois) wie über die Landstraße (auf halber Strecke zwischen Avallon und Saulieu die N 6 verlassen und der D 70 Richtung Dijon folgen). Die *Kirche* des hl. Theobald besitzt auf ihrer Nordseite ein *Portal*, das um die Mitte des 13. Jahrhunderts oder kurz danach entstanden ist und in der Nachfolge von Reims steht (Abb. S. 163). Es ist eines der wenigen gotischen Portale Burgunds, das die Jahrhunderte weitgehend unbeschadet überstanden hat.

Das Langhaus der Kirche ist verloren, einzig der hochgotische Chor blieb von der Architektur übrig. In seiner kühnen Steilheit (27 m Gewölbehöhe) hängt er eng mit der Baukunst der Ile de France zusammen, in seiner sublimen Wandauflösung erweist er sich dagegen den burgundischen Vertretern der Gotik verwandt.

Kurz vor Dijon bietet sich ein weiterer Abstecher zum **Château de Commarin** an, das Bauteile aller Epochen besitzt. Die runden Türme an den Ecken der dreiflügeligen Anlage entstammen dem 13. Jahrhundert,

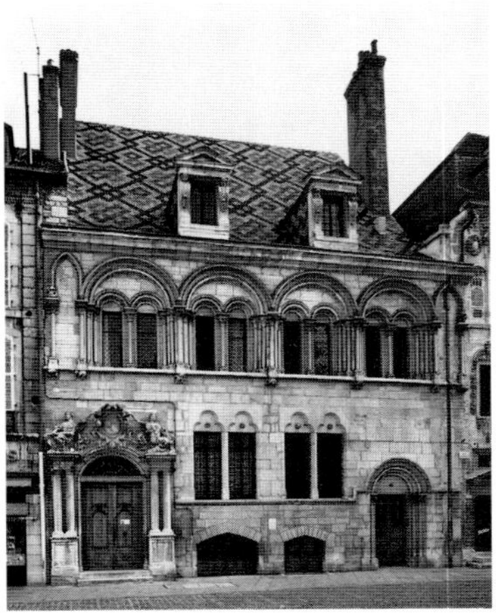

Dijon, Hôtel Aubinot
Dieses Haus Nr. 40 in der rue des Forges (im Plan Nr. 30) stammt aus dem 13. Jahrhundert (Portal 17. Jahrhundert) und ist einer der ältesten Profanbauten Burgunds.

im Inneren befindet sich eine gotische Kapelle. Der linke Flügel wurde im 17. Jahrhundert errichtet, Corps de logis und der rechte Flügel entstanden erst im 18. Jahrhundert.

Dijon, einst Hauptstadt des Herzogtums und heute Kapitale der Bourgogne, besitzt einen derartigen Denkmälerreichtum, daß man allein für die Hauptsehenswürdigkeiten einen ganzen Tag zu veranschlagen hat. Alle Epochen der Kunst sind in dieser faszinierenden Stadt vertreten. Allerdings wird man die Denkmäler kaum in der Reihenfolge ihrer chronologischen Entstehung besichtigen. Am besten beginnt man einen Rundgang im Herzen der Stadt und stellt den Besuch des *Musée des Beaux-Arts* an den Anfang (zu den Skulpturen dort ausführlich S. 222 ff, zu den Bildern S. 245 ff).

Die *gotische Kirche Notre-Dame* (vgl. S. 166 ff) findet sich gleich auf der Rückseite des Museums. Nicht weit ist es von hier zur *Kirche St-Michel.* Ende des 15. Jahrhunderts begonnen und 1529 geweiht, ist sie mit ihrer monumentalen Zweiturmfassade (erst im 17. Jahrhundert fertiggestellt) das bedeutendste Denkmal Dijons aus der Zeit nach dem Aussterben der Valois-Herzöge, zugleich der wichtigste Vertreter der sakralen Baukunst des 16. Jahrhunderts in Burgund. Während sich an der Fassade der Gliederungswille der Renaissance und die Schmuckfreudigkeit der späten Gotik zu einem unkonventionellen Gemisch der Stile vereinen, dominiert im Rauminneren noch deutlich spätgotisches Empfinden.

Die frühe Romanik ist in Gestalt des Untergeschosses der *Rotunde von St-Bénigne* vertreten (ausführlich S. 27 f). Die Basilika Wilhelms von Volpiano aus dem frühen 11. Jahrhundert war bereits 1271 durch den Einsturz des Vierungsturmes zerstört worden. Umgehend wurde die *gotische Kathedrale St-Bénigne* errichtet und 1394 geweiht. In den Abmessungen ihres Grundrisses hielt man sich an den Vorgängerbau. Künstlerisch kann St-Bénigne mit den großen Leistungen der Gotik in Burgund (vor allem Auxerre und Notre-Dame hier in Dijon) nicht konkurrieren. Der Bau wirkt merkwürdig flach und akademisch-trocken. Die benachbarte *Kirche St-Philibert* (profaniert und praktisch immer geschlossen, gelegentlich für Ausstellungen oder andere kulturelle Veranstaltungen genutzt) ist der einzige vollständig erhaltene romanische Bau in Dijon. Das kleine Portal auf der Südseite ist aus Einzelteilen unterschiedlicher Herkunft kompiliert.

In den einstigen Konventsbauten von St-Bénigne befindet sich heute das *Archäologische Museum* mit einer bedeutenden Sammlung vor allem mittelalterlicher Skulptur (im Obergeschoß), darunter das Christusfragment vom Mosesbrunnen Claus Sluters (vgl. S. 213). Beim Einsturz von St-Bénigne wurde auch die Westfassade zerstört, die dem Bau Wilhelms von Volpiano kurz nach der Mitte des 12. Jahrhunderts vorgeblendet worden war. Fragmente von ihrem Skulpturendekor, vor allem zwei kleine Tympana, sind jetzt die wichtigsten Exponate des Archäologischen Museums. Das eine zeigt eine Abendmahlsdarstellung, das andere eine Maiestas. Um 1160/70 entstanden, stehen diese Werke stilistisch an der

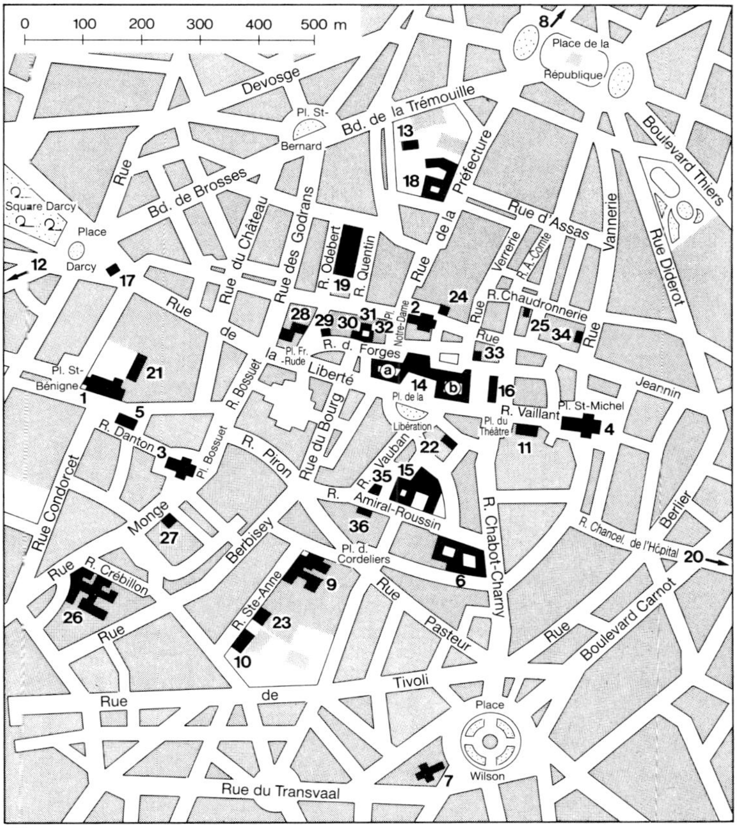

Dijon, Stadtplan

1 *St-Bénigne, Kathedrale*
2 *Notre-Dame*
3 *St-Jean*
4 *St-Michel*
5 *Ehem. Kirche St-Philibert*
6 *Ehem. Jesuitenkirche und -kolleg; Städt. Bibliothek*
7 *St-Pierre*
8 *Sacré-Cœur*
9 *Ehem. Karmeliterinnenkloster*
10 *Ehem. Bernhardinerinnenkloster*
11 *Ehem. Kirche St-Étienne; Musée Rude; Handelskammer*
12 *Ehem. Kartause Champmol*
13 *Cellier de Clairvaux*
14 *Ehem. Schloß*
a *Rathaus, ehem. Palais des États*
b *Musée des Beaux-Arts, ehem. Logis du Roi*
15 *Justizpalast*
16 *Theater*
17 *Porte Guillaume*
18 *Präfektur*
19 *Markthallen*
20 *Universität*
21 *Musée Archéologique*
22 *Musée Magnin*
23 *Musée d'Art Sacré*
24 *Hôtel de Vogüé*
25 *Maison des Cariatides*
26 *Ehem. Hôtel de l'Académie*
27 *Hôtel Bouchu*
28 *Hôtel des Godrans*
29 *Hôtel Morel-Sauvegrain*
30 *Hôtel Aubriot*
31 *Hôtel Chambellan*
32 *Maison Milsand*
33 *Hôtel Berbis*
34 *Hôtel Chartraire de Montigny und ehem. Hôtel du Commandant Militaire*
35 *Hôtel Legouz de Gerland (Lièegard)*
36 *Hôtel Fyot de Mimeure*

Wende von der späten Romanik zur frühen Gotik und sind den Tympana in La Charité-sur-Loire eng verwandt (vgl. S. 81). Es handelt sich um Reste der Seitenportale (das zerstörte Hauptportal aus derselben Zeit siehe Abb. S. 162).

Die einstige *Kartause von Champmol* liegt etwas außerhalb der Stadt. Zu Fuß geht man von St-Bénigne etwa 20 Minuten dorthin, mit dem eigenen Wagen oder Taxi dauert es keine 5 Minuten (Parkmöglichkeit am Eingang zum Klinikgelände). In dem Gewirr der Klinikbauten, die heute über das Areal der zerstörten Kartause verstreut sind, ist der Weg zum Mosesbrunnen und zum Portal der Klosterkirche gut ausgeschildert. (Diese Hauptwerke Claus Sluters eingehend beschrieben auf S. 203 ff bzw. 212 ff).

Neben den Kirchen und Museen gilt es in Dijon die Vielzahl *profaner Wohnbauten* zu beachten, die alle einzeln zu benennen hier zu weit führen würde. Als Orientierung diene der Stadtplan. Die schönsten Beispiele findet man in der *rue des Forges* zwischen Notre-Dame und dem ehemaligen Herzogspalast.

Ausflug von Dijon in östlicher Richtung: In **Rouvres-en-Plaine** stand einst das Schloß des letzten Burgunderherzogs aus dem Geschlecht der Kapetinger. Davon ist nichts erhalten geblieben. Dennoch lohnt der Weg hierher wegen der *Kirche St-Jean*. Ihr Chor stammt aus dem zweiten Vier-

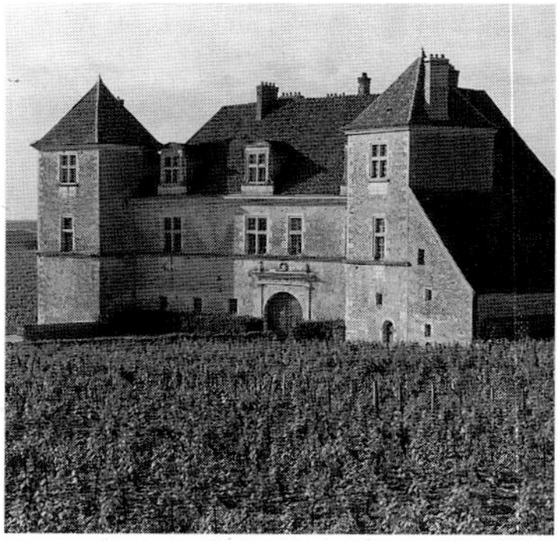

Clos de Vougeot
Die Baulichkeiten des einstigen Weinguts der Zisterzienser sind heute nicht mehr in Benutzung und stehen zur Besichtigung offen. Die Weinberge rund um den Clos de Vougeot werden dagegen weiter bewirtschaftet und bringen einen der besten Rotweine Burgunds hervor.

tel des 13. Jahrhunderts, der übrige Bau entstand an der Wende vom 13. zum 14. Jahrhundert. Im südlichen Querhausarm steht eine überlebensgroße Johannesstatue aus der zweiten Hälfte des 14. Jahrhunderts. In der Nachfolge Sluters ist der Altar in der Nordkapelle zu sehen, den drei Figuren, Maria und die beiden Johanni, bekrönen. Möglicherweise handelt es sich um Arbeiten des Juan de la Huerta.

Auxonne besitzt mit der *Pfarrkirche Notre-Dame* ein weiteres Beispiel der hochgotischen Baukunst. In ihr befindet sich eine Madonna mit Weintraube, eine hervorragende Skulptur aus der Sluternachfolge, die wie die Arbeiten in Rouvres-en-Plaine mit Juan de la Huerta in Verbindung gebracht wurde.

Dijon und Beaune sind durch Autobahn und Nationalstraße miteinander verbunden. Wir folgen der N 74. Zwischen den Weinorten Gevrey-Chambertin und Nuits-St-Georges liegt inmitten der endlosen Rebflächen der **Clos de Vougeot**, ein Weingut, das die Zisterzienser vom 12. Jahrhundert bis zur Revolution bewirtschafteten. Es umfaßt Baulichkeiten vom 13. bis zum 19. Jahrhundert. Zum ältesten Bestand gehören die zyklopischen Weinpressen. Dendrochronologische Untersuchungen haben den Nachweis erbracht, daß es sich um Hölzer aus karolingischen Wäldern handelt, die vermutlich einige hundert Jahre gelagert wurden, bevor sie im 12. Jahrhundert Verwendung fanden. Heute befindet sich das Denkmal im Besitz der Winzerbruderschaft »La Confrérie des Chevaliers du Tastevin« (Tastevin nennt man in Burgund die kleine Silberschale, aus der Weinproben verkostet werden).

Im Clos de Vougeot findet alljährlich eine der »Trois Glorieuses« (die drei bedeutendsten Weinversteigerungen Burgunds) statt. Jene im Clos de Vougeot wird am 3. Samstag im November abgehalten. Ihr folgt die Versteigerung der Erträge des Hospizes in Beaune am Sonntag, am darauffolgenden Montag die dritte der »Trois Glorieuses« in Meursault.

Die Hauptsehenswürdigkeit von **Beaune** ist das *Hôtel-Dieu* (ausführlich S. 251 ff). Daneben besitzt die Stadt mit der *Kirche Notre-Dame* einen Ableger der Bauschule von Cluny. Im Chor ist eine Teppichfolge mit Szenen aus dem Marienleben ausgestellt, die Ende des 15. Jahrhunderts möglicherweise als Auftragsarbeit von Kardinal Rolin in Tournai gewebt wurde.

Wer es bisher noch nicht unternommen hat, sollte spätestens hier in Beaune einen Weinkeller besichtigen. Den größten in ganz Burgund besitzt das *Haus »Le Patriarche«*, dessen Gänge mehrere Kilometer lang sind. Es ist allerdings nicht zu verschweigen, daß für bessere Weine exorbitante Preise zu berappen sind.

Ein Ausflug führt von Beaune 15 km westlich über die Weinorte Pommard und Auxey-Duresses zum **Château La Rochepot**. Das Schloß entstand in seiner heutigen Gestalt im 15. Jahrhundert über den Grundmauern eines Vorgängerbaus aus dem 12. Jahrhundert. Der Bauherr war Philipp Pot, dessen einst in Cîteaux befindliches Grabmal heute im

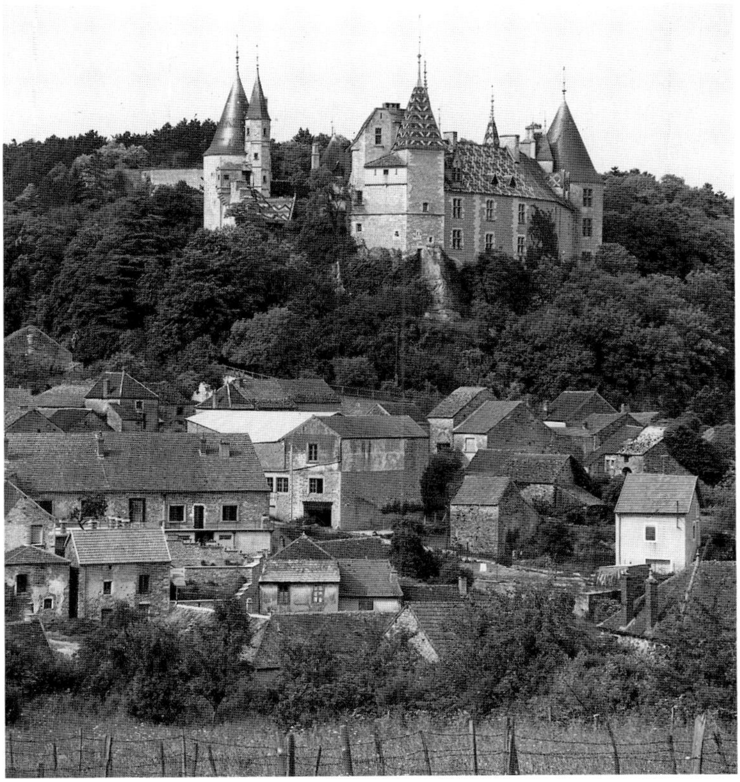

Schloß La Rochepot bei Beaune

Louvre ausgestellt ist (Abb. S. 238). Nachdem die Revolution dem Gebäude schwer zugesetzt hatte, erfolgte bereits im 19. Jahrhundert eine umfassende Wiederherstellung. Der Haupttrakt des malerisch in die Landschaft eingebetteten Schlosses besitzt ein dem Hôtel-Dieu verwandtes Dach aus farbig glasierten Ziegeln.

Im Dorf zu Füßen des Schlosses befindet sich eine kleine *romanische Kirche* mit figürlichen Kapitellen, die in der Nachfolge des Meisters Gislebertus stehen.

Die einzige größere Stadt Burgunds, die nicht mit herausragenden Denkmälern aufwartet, ist **Chalon-sur-Saône**. Erwähnung verdienen dort aber doch die beiden Museen. Das *Musée Denon* besitzt einige gute Bilder italienischer und französischer Meister (Guercino, Caravaggio, Ph. de Champaigne, Géricault). Das *Musée Nicéphore-Niepce* erinnert an den Erfinder der Photographie.

In **Bourg-en-Bresse** endet unsere Rundfahrt durch das burgundische Mittelalter. In der Stadt selbst gibt es keine nennenswerten Denkmäler, doch lädt die hübsche Fußgängerzone zu einem geruhsamen Bummel ein. Die Hauptattraktion ist die in dem Vorort **Brou** gelegene Kirche der Margarete von Österreich (ausführlich S. 267 ff).

Diese Routenführung entspricht einer vierzehntätigen Reise, die sich folgendermaßen strukturieren ließe:

1. Tag: Nach einer Übernachtung in Tournus (gute Hotelauswahl) am Morgen Besichtigung von St-Philibert. Am Vormittag Weiterfahrt Richtung Cluny. Auf dem Wege dorthin jeweils kurzer Halt in Brancion und Chapaize. Zur Mittagszeit in Taizé (Gottesdienst um 12.15 Uhr). Mittagspause in Taizé (gute Picknickmöglichkeiten). Nachmittags Besichtigungen in Cluny, dort Übernachtung.

2. Tag: Am Morgen nach Berzé-la-Ville. Anschließend Abstecher zum Felsen von Solutré. Weiterfahrt Richtung Charolles mit Abstecher auf den Butte de Suin. Nachmittags Paray-le-Monial, dort Übernachtung (eventuell zwei Nächte).

3. Tag: Ganztägiger Ausflug zu den romanischen Kirchen im Brionnais. Am Vormittag Semur-en-Brionnais (Licht auf der schönen Chorpartie!) und Charlieu. Dort Mittagspause. Am Nachmittag die Kirchen St-Julien-de-Jonzy, Anzy-le-Duc und Montceaux-l'Etoile (wegen der Lichtverhältnisse diese Kirchen mit Westportalen nachmittags). Rückkehr nach Paray-le-Monial.

4. Tag: Am Morgen von Paray-le-Monial nach Perrecy-les-Forges. Ein besonderer Tip: Nur wenige km nördlich von Perrecy (Richtung: Toulon-d'Arroux) liegt das buddhistische Heiligtum Kagyu-Ling, das 1982 als erstes seiner Art in Europa von aus Tibet vertriebenen Mönchen gegründet wurde. Ihre Begründung für die Wahl des Ortes: die besondere spirituelle Tradition Burgunds!

Weiterfahrt im Tal der Loire über Nevers hinaus bis nach La Charité-sur-Loire. Am Nachmittag Nevers, Besichtigungen und Quartiernahme (gute Hotelauswahl im Stadtzentrum).

5. Tag: Eventuell Fortsetzung der Besichtigungen in Nevers. Anschließend Fahrt über Château-Chinon nach Autun. Mittags oder am frühen Nachmittag in Autun (romantisches Picknick in der Ruine des römischen Theaters). Beginn der Besichtigungen. Übernachtung in Autun.

6. Tag: Eventuell den ganzen Tag in Autun mit erneuter Übernachtung dort oder nach Ende der Besichtigungen Weiterfahrt nach Saulieu (dort überraschend qualitätvolles Hotelangebot!).

7. Tag: Besichtigung in Saulieu. Weiterfahrt nach Vézelay. Ganzer Tag in Vézelay. Übernachtung in Vézelay oder in Avallon. Eventuell am Abend Chorgebet der Mönche in der Abbaye Sainte-Marie-de-Pierre-qui-vire bei St-Léger-Vauban (18.00 Uhr).

8. Tag: Am Vormittag Avallon und Montréal. Zur Mittagszeit in Semur-en-Auxois. Eventuell ein Abstecher auf den Mont Auxois. Erst am späteren Nachmittag zum Kloster Fontenay, weil dort erfahrungsgemäß am Vormittag und am frühen Nachmittag der meiste Betrieb herrscht. Übernachtung in Montbard oder in Châtillon-sur-Seine.

9. Tag: Von Châtillon-sur-Seine bzw. Montbard zu den Schlössern Ancy-le-Franc und Tanlay. Mittagspause in Tonnerre. Dort Besichtigung des Krankenhauses. Nachmittags Chablis. Gegen Abend in Auxerre.

10. Tag: Am Vormittag Besichtigungen in Auxerre. Am frühen Nachmittag Weiterfahrt nach Sens. Dort Besuch der Kathedrale und Übernachtung.

11. Tag: Fahrt von Sens nach Dijon. Auf dem Weg Abstecher nach St-Thibault-en-Auxois. Am Nachmittag Beginn der Besichtigungen in Dijon (Museum).

12. Tag: Ganzer Tag in Dijon mit erneuter Übernachtung.

13. Tag: Fahrt von Dijon nach Beaune. Ganzer Tag in Beaune.

14. Tag: Fahrt von Beaune nach Bourg-en-Bresse, Besichtigung in Brou. Am späteren Nachmittag Beginn der Heimreise oder eventuell zum Abschluß der Reise noch einmal Übernachtung in Tournus.

Auskünfte

Über alle touristischen Fragen informiert:

Comité Régional du Tourisme de Bourgogne
Conseil Régional – B. P. 16 02
F-21035 Dijon Cédex

Man erhält in deutscher Sprache Hotelverzeichnisse, Broschüren zu Einzelthemen wie: Romanisches Burgund, Gästezimmer, Campingplätze etc. Bei einer schriftlichen Anfrage ist genau mitzuteilen, zu welchen Themen man Informationen wünscht.
Jährlich bringt das Ministère du Tourisme eine aktualisierte, deutschsprachige Broschüre mit dem Titel »Burgund – Das Jahresmagazin für Frankreichurlauber« heraus, die auf Anfrage kostenlos zugesandt wird. Man erhält sie in Deutschland bei:

Maison de la France
Postfach 10 01 28
60001 Frankfurt/Main

in Österreich:

Maison de la France
Argentinierstr. 41 a
A-1040 Wien

und in der Schweiz:

Maison de la France
Löwenstrasse 59 – Postfach 72 26
CH-8023 Zürich

Studienreisen nach Frankreich
unter Führung des Autors:
Dr. Thorsten Droste
Cerciat
F-31160 Aspet
Fax 00 33 5 61 88 44 79

Öffnungszeiten

Es gelten folgende Faustregeln: Kirchen sind normalerweise von 7 bis 19 Uhr geöffnet, in Einzelfällen auch erst ab 8 oder 9 Uhr. Sie schließen in Ausnahmefällen mittags zwischen 12 und 14 Uhr. Während der Messen und anderer liturgischer Feiern sind Besichtigungen nicht gestattet.
Die Museen und Schlösser, soweit in Staatsbesitz, sind vormittags von 9 bis 12 und nachmittags von 14 bis 18 Uhr geöffnet. Dienstags haben alle staatlichen Denkmäler in Frankreich Ruhetag.
Wer sich an den oben beschriebenen vierzehntägigen Leitfaden hält, sollte mit der Besichtigung in Tournus an einem Dienstag beginnen. Dann ist gewährleistet, daß man auch alle aufgeführten Denkmäler geöffnet antrifft. Vielerorts ist am Mittwoch kein Eintritt zu bezahlen.
Nachstehend die Öffnungszeiten der wichtigsten Sehenswürdigkeiten.

Ancy-le-Franc, Schloß
Ende März bis 11. November täglich 9-12 und 14-18 Uhr

Autun, Musée Rolin
Ganzjährig täglich 9-12 und 14-18 Uhr, geschlossen dienstags und an Sonntagvormittagen sowie am 1. Januar, 1. Mai, 14. Juli, 1. und 11. November

Auxerre, St-Germain
Ganzjährig täglich 9-12 und 14-18 Uhr, geschlossen dienstags und an sämtlichen Feiertagen

Beaune, Hôtel-Dieu
Dezember bis Mitte März täglich 9-11.30 und 14-17.30 Uhr, im übrigen Jahr täglich durchgehend 9-18.30 Uhr

Berzé-la-Ville, Chapelle aux Moines
Von Ostern bis Allerheiligen täglich 9-12 und 14-18 Uhr, geschlossen an Sonntagvormittagen und Dienstagnachmittagen

Bourg-en-Bresse, Kirche und Museum in Brou
Ganzjährig täglich 9-12 und 14-18 Uhr, im Sommer bis 19 Uhr, geschlossen am 1. Januar, 1. Mai, 1. und 11. November, 25. Dezember

Cluny, Abteiruine
April bis Juni täglich 9-12 und 14-18 Uhr, Juli bis September täglich durchgehend 9-19 Uhr, Oktober 9.30-12 und 14-17 Uhr, November bis März 10-11.30 und 14-16 Uhr bzw. an Samstag- und Sonntagvormittagen 10-12 Uhr

Dijon, Musée des Beaux-Arts
Werktags durchgehend 9-18 Uhr (in der Mittagszeit werden manche Säle geschlossen, nicht jedoch die Salle des Gardes mit den Herzogsgräbern), an Sonn- und Feiertagen 10-12 und 14-18 Uhr
Krypta von St-Bénigne
Täglich durchgehend 9-18 Uhr
Musée Archéologique
Juni bis August täglich außer dienstags durchgehend 9.30-18 Uhr, September bis Mai täglich außer dienstags 9-12 und 14-18 Uhr
Ehem. Kartause von Champmol
Mosesbrunnen und Kirchenportal von Claus Sluter jederzeit zugänglich

Fontenay, ehem. Zisterzienserabtei
Täglich 9-12 und 14.30-18.30 Uhr. Offizielle Führung (Dauer eine knappe Stunde)

Montréal, romanische Kirche
Ostern bis 11. November ganztags geöffnet. Außerhalb dieser Zeiten telephonische Anmeldung im Pfarramt, Tel. 86 32 12 74

Paray-le-Monial, Musée Hiéron
Das Museum mit dem romanischen Tympanon aus Anzy-le-Duc wurde 1990 geschlossen. Bei Drucklegung dieser Auflage war es weiterhin unklar, ob es in absehbarer Zeit zu einer Wiedereröffnung kommt.

Sens, Museum
Juni bis September täglich außer dienstags 10-12 und 14-18 Uhr, im übrigen Jahr montags, donnerstags und freitags nachmittags 14-18 Uhr, mittwochs, samstags und sonntags 10-12 und 14-18 Uhr

Tanlay, Schloß
Anfang April bis Ende Oktober täglich außer dienstags 9.30-11.30 und 14.15-17.15 Uhr

Tonnerre, Hôpital Notre-Dame-de-Fontenilles
Juni bis Ende September und während der Osterferien täglich außer dienstags 9-12 und 14-18 Uhr

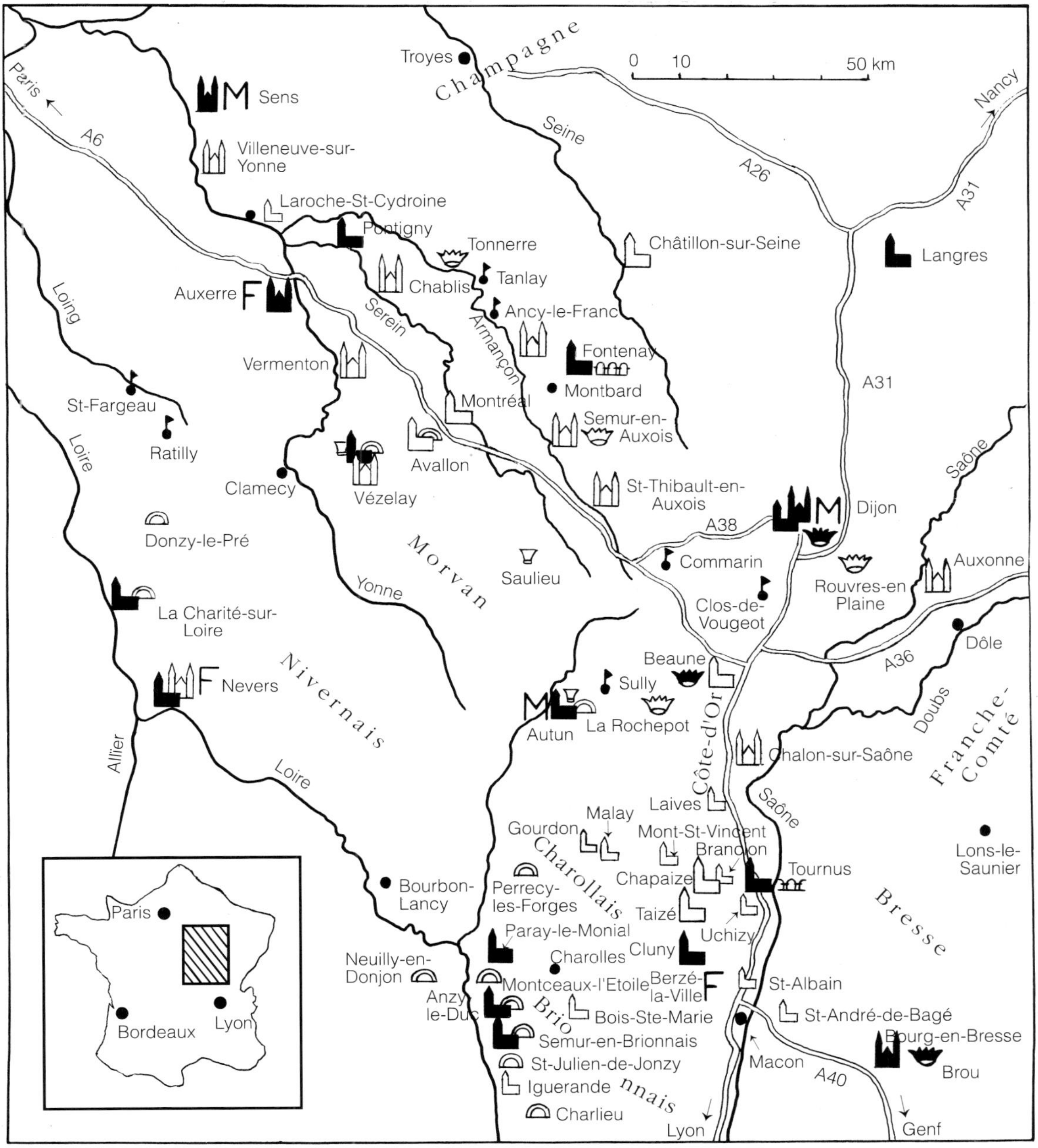

Bedeutendes romanisches Denkmal (11./12. Jh.)

Interessantes romanisches Denkmal

Weitere romanische Denkmäler von zweitrangiger Bedeutung

Romanische Portalskulpturen

F Romanische Wandmalereien

Romanische Kapitellzyklen

Romanischer Kreuzgang

Romanische Kreuzgangsruine

Bedeutendes gotisches Denkmal (13. Jh.)

Interessantes gotisches Denkmal

Bedeutendes Denkmal aus der Zeit der "Großen Herzöge" (14./15. Jh.)

Interessantes Denkmal der Herzogszeit

Burg bzw. Schloß

M Museum mit wichtigen Exponaten mittelalterlicher Kunst

Register

(Hauptstellen halbfett, Abbildungsverweise kursiv)

Abbildungsnachweis

Antwerpen, Koninklijk Museum voor Schone Kunsten 180
Berlin, Bildarchiv Preußischer Kulturbesitz 184, 191
Bern, Bernisches Historisches Museum 198, 199
Bern, Burgerbibliothek 192, 193
Bildarchiv Foto Marburg 128, 207, 280
Bourg-en-Bresse, Musée de Brou (Hervé Nègre) 266, 268, 269 re, 271, 273, 275, 276, 277, 278 (2), 279, 282 (2), 283 u, 284
Brüssel, Bibliothèque Royale Albert Ier 186
Cliché Bruno Counassout C Inventaire Général, S.P.A.D.E.M. (1982) 269 u
Dijon, Musée des Beaux-Arts 223 li, 224, 244, 245, 249, 250
Thorsten Droste, Tutzing 10, 17, 20, 32, 34, 49, 70, 86, 139, 147, 178, 179, 218, 220, 226, 253, 263, 288, 291, 293, 296, 297, 299 o, 301, 306
Editions Gallimard, Paris 146, 201, 202, 206, 262
Editions photographiques Auguste Allemand, Orsay 72
David Finn, New York 212 (2), 215, 216 (2), 217
Editions Gallimard, Paris 146, 201, 202, 206, 262
Editions la »goélette«, Paris 260/261
Giraudon, Paris Umschlagvorderseite, 21, 106/107, 124, 132, 145 (2), 152, 207, 208, 210, 211, 213, 214, 223 re, 225, 228 (2), 229, 231 (2), 232/233, 234, 235 (2), 236, 254/255, 256, 257, 258, 260/261, 300
Hermann Hessler, Kaiserslautern 23, 23u, 109, 148, 194, 237, 295
Hirmer Fotoarchiv, München 55 li, 56, 57, 58, 61, 62, 63, 65, 66, 67, 68, 69, 73, 74, 75, 76, 77, 78, 80, 81, 82, 83 o, 87, 91, 93, 95, 96, 97, 98, 99, 101, 102, 103, 104, 105, 111, 112, 113, 115, 117, 121, 122, 123, 155, 159, 160, 161, 163, 164, 167, 168, 302, 304
München, Bayerisches Nationalmuseum 283 o, 285
Werner Neumeister, München 2, 14, 26, 29, 30re, 35, 51, 53, 84, 85, 110, 251, 252, 299, 307
Paris, Bibliothèque Nationale 130, 181, 183, 227
Paris, Réunion des Musées Nationaux 175, 197, 238, 240, 241, 243, 265
Jean Roubier, Paris 28
Hans R. Schläpfer, Reussbühl 15
F. Walch, Paris 118, 142
Wien, Österreichische Nationalbibliothek 172
Zodiaque 24 (2), 25, 30li, 50, 59, 116, 120, 141, 149, 150

Die Karten und Pläne zeichnete der Autor.
Der Stadtplan von Dijon auf S. 305 reproduziert mit freundlicher Genehmigung des Verlages Philipp Reclam jun., Stuttgart.